교통사고 분쟁해결과
보험제도

교통사고 법률시리즈 4

교통사고 분쟁해결과 보험제도

류승훈 지음

한국학술정보㈜

서 문

현대 과학기술문명의 총아 또는 이기로서 다양한 찬사를 한 몸에 받아왔던 자동차도 급기야 그로 인한 인적·물적 손해가 급격히 증가함에 따라, 차츰 사회적 위험물로 인식되어지고 있다. 자동차의 실생활에서의 엄청난 기여에도 불구하고, 그 폐해적 측면이 부각됨에 따라 그로 인한 사후 구제책의 하나인 보험의 역할이 점차 증대되고 있고, 아울러 사전예방책도 그 의미를 더하게 되었다. 교통사고 발생 시 그로 인해 피해를 입게 된 자의 구제와 관련한 문제는 이제 단순한 개인의 문제로서가 아닌 사회적 문제로서 사회의 책임으로 그 부담을 돌려야 한다는 주장(사회보장적 측면을 강조하는 입장)이 자연스럽게 토로될 수 있는 시점에 이르렀다.

교통사고로 인해 피해를 입은 자에게 최대의 배상을 해 주어야 하는 것이 이상적이고 당연한 귀결이라 할 수 있으나, 현실은 그러하지 못하다. 이러한 현실의 근저에는 경제적·법적 측면의 한계성이나 체계적합성의 문제가 얽혀 있기 때문인데, 무엇보다도 이는 불법행위손해배상의 제도적 측면의 문제점에 기인한다고 보인다. 즉, 피해자의 과실이 사고의 발생 및 확대에 기여한 경우라면 이러한 피해자의 부주의도 고려하는 것이 공평하다는 데 근거하는 것으로, 이러한 책임분담의 법리 내지 과실상계제도의 활용에 의해 손해의 적정하고 공평한 분배가 가능하게 됨은 주지의 사실이나, 문제는 과실상계가 법관의 자유재량에 의해 임의적으로 행하여지고 있기 때문에, 과연 법관이 어떠한 기준에 근거하여 이를 행하고 있는지에 대해 의문이 제기되고 있음에 따른 것이다.

그러나 최근 들어 ADR의 중요성이 인식되면서 법원에서 조정 등에 의해 교통사고 손해배상문제를 해결하려는 경향이 뚜렷하게 나타나고 있다. 그렇기 때문에 더더욱 사고당사자에 의한 재판결과를 예측하기 어려워지게 되었고 법적 안정성을 기대하기 곤란한 결과를 초래할 수도 있게 되었다. 이러한 문제점의 해결을 위해서는 일단 우리 판례의 입장을 분석해 보고, 이를 기초로 하여 현실적으로 합당한 과실상계비율을 정하는 작업이 시급하다. 이러한 기준설정작업은 우리의 현실적인 도로여건 내지 상황, 교통량의 정도, 기타의 사회·경제적 지표 및 교통문화의 수준 등을 고려하여 합리적으로 행해져야 한다.

이러한 문제점을 해결하기 위해 나름대로의 원칙을 바탕으로 일본이나 독일 등 외국의 법제도를 비교·고찰하고, 현재의 법제도상의 모든 기초이론을 총망라하여, 이를 우리의 현실에 맞도록 정리·체계화하는 작업이 필요하였고 그 결과물로 1995년에 『자동차사고와 민사상 책임분담』을 출간한 바 있다. 당시에는 완벽한 자료수집에 기초한 각국의 판례 및 기준례의 정리·분석을 시도하려 하였으나, 향후의 기반작업으로서 기초자료를 정리하는 정도로 만족힐 수밖에 없었다. 자료 수집을 위해 일본, 유럽 등을 다니면서, 아직도 우리의 교통현실이나 교통의식수준이 더욱 개선되어야 한다는 자성과 함께, 이를 개선하기 위한 작은 밑거름을 위하여 재차 힘든 발걸음을 재촉해야 했었던 기억이 새롭다. 2002년의 책 작업에서는 기존의 책을 수정, 보완해 총 3권으로 하여 『자동차사고와 손해배상 I, II, III』으로 출간하였다. 이번의 작업에서는 그간의 축적된 자료를 기초로 하여 자동차 그리고 교통사고에 관한 7권의 교통법률시리즈로 출간하기로 하였다. 교통사고로 인한 손해배상뿐만 아니라 자동차와 관련한 법제도, 교통사고 발생 시의 처리와 대처방안, 교통사고 관련 법령 내용 소개, 자동차와 보험 등의 관련 내용이 망라되어 있다.

　본 작업을 위해 도와주신 많은 분들께도 진심으로 감사드린다. 특히 제자들의 도움이 컸다. 김형건 박사와 김동우 사장에게 고마움을 표한다. 학부생인 권혁태, 정희현 군은 교정작업뿐 아니라 도표작업 등 손이 많이 가는 부분에 커다란 도움을 주었다. 아울러 이 시리즈물의 기획 및 편집을 위해 애써 주신 관계자 여러분께도 감사드린다.

　끝으로, 본 시리즈가 교통사고와 관련한 분쟁을 최소화하고 우리의 교통현실 내지 교통의식의 발전에 조금이라도 기여할 수 있기를 진심으로 기원해 본다.

2011년 세 용이 머무는 곳에서
류 승 훈

CONTENTS

제2편 교통사고와 보험제도

CONTENTS

제1편 교통사고와 분쟁해결

제1장 사적 분쟁해결방법 일반론

인간의 삶이 영위되고 있는 복잡하고 다양한 현실의 세계 속에서는 어떠한 이유에 기한 것이든 다양한 형태의 분쟁이 존재하게 마련이고, 이러한 분쟁을 가능하면 평화적이고 종국적으로 해결하여 공동체의 질서를 유지하기 위한 분쟁해결의 시스템이 기능하고 있다. 19세기 이후의 서구사회에 있어서 분쟁해결의 방식은 크게 두 가지로 나누어 볼 수 있는데, 즉 사법재판제도에 의한 방식과 분쟁당사자의 자율적 의사의 합치에 의한 자주적 분쟁해결방식이라 하겠다.

전자의 경우는 로마법 이래 전통적인 법원칙에 따른 국가 통치권의 행사에 의거한 것으로 오늘날 분쟁해결을 위한 일반적이고 대표적인 방식이라 할 수 있다. 후자의 경우는 과거의 사실에 대한 시비를 가리면서도 오히려 분쟁당사자에게 있어 평화를 회복시키고 새로운 기초 위에서 장래를 향해 공존의 가능성을 찾는 데 중점을 두는 분쟁해결방식이라 하겠다. 양자의 방식은 그 활용에 있어서 일장일단을 갖고 있는데 특히 오늘날에 있어서는 공식적인 분쟁해결방식인 소송제도에 대한 불만, 즉 재판의 지연, 과다한 소송비용, 재판과정의 기술적 어려움 및 사소한 분쟁에 대한 재판절차의 부적합성으로 인하여 분쟁해결제도 역시 분쟁의 실체에 접근할 수 있는 다양한 해결방식에 의해 대체 내지는 보완되어야 한다는 현실적 요청이 강하게 대두되고 있다. 즉 경직적이고 형식적인 절차에서 탈피하여 보다 원만하게 그리고 사회적 상식에서 벗어나지 않으면서도 인간적 정리를 깨뜨리지 않는 민사분쟁해결 수단의 요구가 분출하고 있다고 하겠다.[1]

결국 소송을 통한 분쟁해결의 적체현상을 해소함으로써 거래관계의 원활을 기하고 나아가 건전한 사회질서를 유지하기 위해서는 소송제도 이외의 또 다른 적절한 분쟁해결수단을 강구할 필요가 있는 것이다. 이는 소송이라는 다소 극단적인 방식을 이용함에 따른 부작용을 최소화하고 어느 일방의 일방적인 승리나 패배로 귀결되는 것이 아닌, 관련 당

---

1) 류승훈, 『민사소송법』, 서울: 신화(2005), 10면.

사자 모두가 수긍할 수 있는 결론에 도달하도록 이끄는 것이 향후의 우리 현실에서는 더욱 바람직하지 않겠는가라는 의미라고 보인다.

제1절 재판절차를 이용한 분쟁해결

Ⅰ. 통상의 소송절차

1. 판결절차

합의체에 의한 절차와 단독판사에 의한 절차로 나눌 수 있다. 먼저 합의체인 경우, 재판장은 합의체의 대표기관으로서, 신문·소송지휘권·법정경찰권·판결의 선고 및 석명권의 행사를 한다. 재판장의 명령·처치에 대한 이의는 합의체가 결정하며 이유를 간결하게 명시하여 즉시 재판할 수 있다. 또한 수명법관의 지정, 법원이 하는 각종의 촉탁, 기일지정, 공시송달명령, 집행법상의 일련의 조치, 소장심사, 소장각하명령 등을 하게 된다. 수명법관은 합의체 구성 법관으로서 일정한 사항이 위임된 자로서, 화해의 권고, 법원 외에서의 증거조사 및 준비절차 따위를 주재한다.

단독판사에 의한 절차는, ⅰ) 비변호사의 소송대리, ⅱ) 조서기재의 생략, ⅲ) 준비서면의 불요, ⅳ) 준비절차의 불실시 등이 그 특색이라 하겠다.

2. 강제집행절차

판결절차와는 그 목적을 달리한다. 강제집행절차는 채권자가 집행법원 또는 집행관 및 예외적으로 수소법원에 판결 그 밖의 공적 증서(예: 지급명령, 공정증서 등)로 급부의무를 명확히 한 것에 의하여 채무자에 대해 국가의 강제력을 행하여 그 채무를 실현하도록 하는 절차로서, 민사집행법에 의하게 된다.

3. 부수절차

증거보전절차와 가압류·가처분절차를 들 수 있다. 가압류절차는 금전채권 또는 금전으로 환산할 수 있는 청구에 대해 동산 또는 부동산에 대한 강제집행을 보전키 위한 절차를 말한다. 가처분절차는 계쟁물에 대한 가처분과 임시지위를 정하는 절차이다. 이 밖에 소송비용액확정절차(민소 제110조 이하) 및 집행문의 부여절차를 들 수 있다(민집 제29조 이하).

Ⅱ. 특별절차

1. 간이소송절차

간이소송절차의 대표적인 예로서 소액사건심판절차와 독촉절차(지급명령)를 들 수 있다. 소액사건심판절차는 통상의 소송절차를 피하고 쉽게 이용할 수 있도록 한 소송절차로서, 금전 그 밖에 대체물이나 유가증권의 일정 수량의 지급을 목적으로 하는 청구의 값이 2000만 원을 초과하지 아니하는 제1심의 민사사건에 대해 인정되는 절차이다. 구술 및 임의출석에 의한 소의 제기가 허용되며, 공휴일 및 야간의 개정, 소송대리의 특별규정 등 소송절차의 간이, 신속을 기하기 위한 특별규정을 두고 있다.

독촉절차는 금전, 그 밖의 대체물이나 유가증권의 일정한 수량의 지급을 목적으로 하는 청구에 관하여 인정된 절차이다. 채권자의 일방적인 신청에 따라 지급명령을 하고, 이 지급명령에 대하여 일정기간 내에 채무자가 이의신청을 하지 않는 경우에 채권자는 확정된 지급명령에 의하여 강제집행이 가능하다.

2. 가사소송절차

가사소송절차는 가사에 관한 소송과 비송 및 조정에 대한 절차의 특례를 규정한 절차이다. 인격존엄과 남녀의 평등을 기본으로 하고 가정평화와 친족상조의 미풍양속을 유지하는 데 그 목적이 있다.

3. 도산절차

기존의 회사정리법, 화의법, 개인채무자회생법을 단일 법률인 '채무자 회생 및 파산에 관한 법률'(통합도산법, 2006. 4. 1. 시행)로 통합하여 규율하고 있다. 회생절차를 회사정리절차를 중심으로 일원화하고 화의절차는 폐지하였다. 내용은 회생절차, 파산절차, 개인회생절차로 나뉜다. 이하에서는 통합도산법의 내용을 중심으로 각 절차를 소개하기로 한다.

1) 회생절차

회생절차는 법원 관리 아래 진행되는 기업 구조조정 절차로 과거 법정관리에 해당된다. 해당 기업을 살리는 것이 청산 시의 가치보다 높고, 갱생의 가능성이 있다고 판단될 때 진행된다. 기존의 회사정리법은 법원의 감독을 받는 제3자가 관리인으로 선임된 후 경영을 담당함으로써 기업가가 경영권 박탈을 우려하여 회생절차를 기피하는 현상이 뚜렷하고 경영 노하우를 활용하지 못하는 문제가 있었다. 이에 원칙적으로 기존의 경영자를 관리인으로 임명하도록 하되, 재산 유용 등 부실경영의 책임이 있거나 채권자협의회가 요청하는 등 예외적인 경우에는 제3자를 관리인으로 임명할 수 있도록 하고 있다.

채권자협의회의 기능강화와 관련해서 채권자협의회 구성을 의무화하고(중소기업과 개인은 제외), 감사 선임 시 의견제출권 및 회생계획 인가 후 회사경영 상태에 대한 실사청구권을 부여하고 있다.

포괄적 금지명령제도를 도입하여, 특별한 사정이 있다고 인정되는 경우 법원은 1개의 결정으로 모든 회생채권자 등에 대하여 회생채무자의 재산에 대한 강제집행 등의 금지를 명할 수 있도록 하고 있다.

채무자와 특수한 관계에 있는 친족 등에 대한 재산증여, 채무변제 등도 부인권의 대상으로 확대하였고, 부인권 행사기간을 지급정지 후 1년 내로 하고 있다.[2]

도산기업의 M&A를 활성화하기 위해 회생계획 인가 전에도 법원의 허가를 얻어 영업이나 자산을 양도할 수 있도록 하였으며, 인수희망자에 대해서도 정보공개청구권을 부여하고 있다.

---

[2] 통합도산법시행령은 부인권 확대와 관련하여 '채권자를 해하는 것을 알고 있었던 것으로 추정되는' 특수관계인의 범위를 배우자, 8촌 이내 혈족, 4촌 이내의 인척, 본인이 100분의 30 이상 출자한 법인 기타 단체와 임원 등으로 규정하였다.

2) 파산절차

파산절차는 개개 채권자의 개별적인 소송이나 강제집행을 배제하고 모든 채권자를 위하여 채무자의 모든 재산으로부터 공평한 만족을 얻게 하기 위한 절차이다. 따라서 채무자가 도산의 위기에 직면하게 되면 제반 사정을 신중하게 종합적으로 검토해서 기업을 더 이상 존속시킬 수 없는 최악의 상태라고 판단된 때에는 기업활동을 끝내고 기업의 재산관계를 전면적으로 청산하는 절차에 들어가게 된다. 파산절차에서는 채권자 또는 채무자가 파산신청을 할 경우에 법원은 파산원인이 확인되면 파산선고를 한다. 이후 법원은 파산관재인을 선임하여 파산관재인이 파산자의 재산(파산재단)을 관리, 현금화하는 절차를 밟게 되며, 이를 채권의 우선순위, 채권액에 따라서 각 채권자에게 변제한다.

통합도산법에서는 개인채무자가 파산신청 시 면책신청도 동시에 할 수 있도록 하였다(반대의 의사표시가 없는 한 파산신청 시 면책신청도 한 것으로 간주함). 이는 기존에 파산선고 후에만 면책을 신청할 수 있어 절차가 지연되는 문제가 있어 이를 시정한 것이다. 파산자에게도 인간적인 생활을 할 수 있도록 보장해 주기 위해 압류금지재산 외에도 일정한 주거비, 생계비를 파산절차의 적용대상에서 제외되는 면제재산에 포함시켰다. 통합도산법 시행령은 주택임대차보호법상 보호되는 소액보증금(1,200만~1,600만 원)과 6개월 생활비 720만 원을 파산재단에서 제외하였고, 간이파산제도의 적용범위를 2억 원에서 5억 원으로 확대하였다.

3) 개인회생절차

본래 개인회생제도란 재정적 어려움으로 인하여 파탄에 직면하고 있는 개인채무자로서 장래 계속적으로 또는 반복하여 수입을 얻을 가능성이 있는 자에 대하여 채권자 등 이해관계인의 법률관계를 조정함으로써 채무자의 효율적 회생과 채권자의 이익을 도모하기 위하여 마련된 절차로서, 2004. 9. 23.부터 시행하게 되었다. 그러나 당시의 '개인채무자회생법'은 폐지되었고 이후 '채무자 회생 및 파산에 관한 법률'('통합도산법')으로 통합되어 규율되고 있다.

통합도산법에서는 총 채무액이 5천만 원 미만일 때에는 총 채무의 5%, 총 채무액이 5천만 원 이상일 때에는 총 채무의 3%에 100만 원을 더한 금액을 반드시 변제하도록 하여 채무자의 도덕적 해이를 방지토록 하였다(최저변제액의 상한은 3천만 원으로 함). 채무자의 조속한 회생을 돕기 위해 최장 변제기간을 5년으로 하였고, 종래 대법원규칙에서 보호하던 생계비 이상의 금액을 채무변제에 사용되는 가용소득에서 공제할 수 있도록 시행령에 위임하였다.[3]

개인회생의 신청은 채무자의 주소지를 관할하는 지방법원에 하며, 신청서에는 채무자의 성명, 주민등록번호 및 주소, 신청취지 및 원인, 채무자 재산 및 채무, 채무자에게 연락 가능한 전화번호 등을 기재하여야 한다. 신청자격은 일정한 수입이 있는 급여소득자와 영업소득자로서, 현재 과다한 채무로 인해 지급불능의 상태에 빠졌거나, 지급불능의 상태가 발생할 염려가 있는 개인에 한정된다.

제2절 민사소송에 의한 분쟁해결

Ⅰ. 개 설

민사소송의 개념 정립에 앞서 다루지 않으면 안 되는 부분은 무엇보다도 민사소송의 목적이 무엇인가 하는 것에 대한 부분일 것이다. 이는 민사소송을 바라보는 각각의 입장에 따라, 즉 소송관·가치관 등에 의해 그 대답이 다양해질 수 있고 또한 그 시대적 상황 및 시대사조에 따라서 그 차이를 보일 수 있기 때문이다. 민사소송의 목적을 어떻게 볼 것인가와 관련하여 현재 여러 가지 견해가 주장되고 있는바, 먼저 권리보호설은 국가가 사인의 자력구제를 금하는 대신 사인의 권리를 보호해 주지 않으면 안 된다는 입장에서 민사소송제도가 존재한다고 보며, 민사소송을 사인의 권리보호를 위한 제도로 파악하고 있다. 사법질서유지설은 국가가 스스로 제정한 사법질서를 유지하고 그 실효성을 확보하기 위해 소송제도가 존재한다는 입장으로서 민사소송을 국가의 사법질서 유지를 위한 제도로 보고 있다. 분쟁해결설은 사인 간의 관계에서 발생되는 분쟁을 강제적으로 해결하려는 데에 민사소송의 목적이 있다고 보고, 민사소송을 사적 분쟁해결을 위한 제도로 보는 입장이다. 다원설은 민사소송의 목적을 사권보호, 사법질서 유지 또는 분쟁해결

---

3) 통합도산법 시행령은 4대 보험료를 가용소득에서 공제토록 하고 있다.

의 어느 한 측면에 한정시키지 않고 이를 복합적으로 함께 고려하지 않으면 안 된다는 입장이다. 절차보장설은 소송과정에서의 당사자에 대한 절차관여를 보장하는 것이 민사소송의 목적이라고 보는 입장이다.

1. 민사소송이란

민사소송이란 사권을 보호하고 사법질서의 유지를 그 목적으로 하는 재판절차를 말한다. 사법상의 법률관계를 그 대상으로 하므로 구체적 권리 · 의무에 관한 분쟁이어야 하며 이러한 사법상의 권리관계를 확정 · 보전 · 실현함을 그 과제로 하는 절차를 말한다. 또한 민사소송제도는 일반적 · 강제적 그리고 공권적 분쟁해결제도이다.

민사소송의 개념을 보다 잘 이해하기 위해서는 민사소송에서의 법원과 당사자 그리고 당사자 상호 간의 관계를 어떻게 이해할 것인가를 명확히 해야 할 것이다. 이와 관련해서는 법률관계설과 법률상태설의 입장이 대립하고 있다. 먼저 법률관계설은 Oskar Bülow에 의해 최초로 주장된 것으로 소가 제기되면 소송주체 사이에 하나의 구체적 권리 · 의무관계가 형성된다는 입장이다. 이러한 소송법률관계는 당사자와 법원 간에 그리고 당사자 상호 간에 발생하는 소송의 법률관계를 가리키는 것으로서 소의 제기에 의해 발생하며 소송종결에 의해 소멸하게 된다. 소송이 개시되어 종료될 때까지 법원, 당사자 및 소송관계인 사이에 이루어지는 소송법률관계는 심리, 재판의 대상인 사법상의 권리의무관계와는 별개의 것으로서 사법상의 권리의무관계가 존재하지 아니하는 경우에도 소송법률관계는 성립하게 된다. 그 예로서 소극적 확인의 소를 들 수 있다. 소송법률관계의 구속성의 내용과 관련해서도 질적인 차이를 보이고 있는바, 사법적 법률관계는 사법상의 법률관계에서 생기는 권리의무관계인 데 비하여, 소송법률관계는 제도로서의 소송제도의 이용을 둘러싸고 생기는 공법상의 법률관계라는 점에 그 특징이 있다. 당사자는 분쟁의 이해관계인이라는 면에서는 서로 대립하지만 정당한 재판을 구하는 면에서는 지향하는 바가 공통하고, 이러한 점에서 완전한 자의는 허용될 수 없고 합목적적인 규제에 복종해야 하는 관계에 있다고 하겠다. 그러나 소송법률관계설에 대해서는 정태적 고찰방법이라는 점에서 소송관계의 발전적 성격에 맞지 아니하다는 비판이 제기되고 있다.[4]

---

4) 소송수행의 개개의 단계, 즉 증거조사단계나 판결단계는 법률상태라고 볼 수 있으나, 전체로서의 소송은 원고, 피고, 법원 3자 간의 하나의 계속적 법률관계로 파악하고 있다(이시윤, 7면). 우리 판례도 법률관계설의 입장을 취하고 있는 것으로 보인다.(대판 1990. 5. 11, 89다카15199).

법률상태설은 J. Goldschmitt에 의해 주장된 것으로 당사자는 소송에 있어서 의무가 아니라 단지 부담을 지는 것에 그치기 때문에 이를 법률관계로 파악할 수 없고 소송은 확정판결의 기판력을 목적으로 동태적으로 발전해 나가는 당사자 사이의 법률상태로 보는 입장이다.5) 그러나 소송법률상태설은, ⅰ) 소송의 본질을 당사자 사이의 투쟁이라는 소송관에 입각해서 이해하고 있다는 점, ⅱ) 소송관계에는 부담(Last)의 관념만으로는 규율할 수 없는 의무(Pflicht)가 존재하는 것을 무시하고 있다는 점이 문제로 지적되고 있다.

생각건대 소송에서는 원고가 주장하는 권리 또는 법률관계의 존부가 심판의 대상이 되는 것이지만 소송의 개시단계에 있어서의 권리 또는 법률관계의 존부는 당사자의 주관적인 판단에 불과하다. 그것이 소송의 진행에 의해 점차 객관화되어 판결의 확정에 의한 기판력의 효과로서 당사자 사이의 객관적 권리 또는 법률관계의 존부로서 타당성을 가지게 된다. 즉 판결이 있을 때까지 당사자 간의 관계는 단순한 정적인 법률관계가 아니고 동적인 법률상태로 나타나게 된다. 이는 소송의 실체적 측면을 분명히 한 것이라 하겠다. 결론적으로 민사소송은 소의 제기에 의해 당사자와 법원 간에 그리고 당사자 상호 간에 소송상의 법률관계가 발생하며 이는 소송종결에 의해 소멸하게 된다는 점 그리고 소송은 확정판결의 기판력을 그 목적으로 동태적으로 발전해 나가는 당사자 사이의 법률상태로 이해할 수 있다는 점을 고려해 본다면, 소송법률관계설과 소송법률상태설 양자의 입장을 절충적으로 고려하는 절충적 입장이 타당하다고 하겠다.

2. 민사소송의 목적

민사소송의 목적이 무엇인가의 문제와 관련하여서는 그간 많은 논란이 있어 왔다. 그 중 대표적인 주장들을 살펴보면, 먼저 사권보호설(권리보호설)은 민사소송제도의 목적을 국가가 자력구제를 금지한 대상(代償)으로서 국가가 사권을 확정하여 개인의 권리보호와 의무준수의 보장에 두려는 입장이다.6) 사법질서유지설은 민사소송제도의 목적은 국가가 스스로 제정한 민법 기타 사법질서를 유지하여 그 실효성을 보장하기 위한 것이라고 보는 입장이다.7) 분쟁해결설은 민사소송은 국가권력에 기하여 사인 간의 생활관계상의 분

---

5) 방순원, 『민사소송법(상)』, 서울: 사법행정학회(1987), 40면.

6) 강현중, 『민사소송법』, 서울: 박영사(2004), 11면; 정동윤·유병현, 『민사소송법』, 서울: 법문사(2010), 22면; 호문혁, 『민사소송법』, 서울: 법문사(2008). 10면.

7) 방순원, 38면.

쟁이나 이해충돌의 해결조정에 의하여 사인의 생활상의 장해나 위험을 제거하여 사회질서를 유지함을 목적으로 하는 것이고 따라서 민사분쟁의 해결을 위해 설치된 제도라는 입장이다.[8] 사권보호 및 사법질서유지설은 민사소송의 목적은 사권의 보호인 동시에 사법질서의 유지라고 보는 입장이다.[9] 마지막으로 절차보호설은 소송의 결과만 중시할 것이 아니라 process 자체를 중시하여 소송의 목적을 양 당사자로 하여금 대등하게 변론할 수 있게 보장해 주는 데 있다고 보는 입장이다.[10]

생각건대 민사소송의 목적은 사권의 보호인 동시에 사법질서의 유지라고 보아야 할 것이다. 즉, 민사소송의 목적은 기본적으로는 개인의 권리보호에 있다고 할 것이나, 이는 또한 국가가 제정한 법적 질서를 통한 실효성 확보의 달성이라는, 즉 법치주의 구현이라는 측면과도 무관하지 않기 때문이다.

3. 민사소송의 이상

민사소송의 기본 목적을 달성키 위해서는 소송제도가 어떠한 방향으로 운영되어야 할 것인가가 어려운 과제로 떠오르게 된다. 흔히들 민사소송의 나아가야 할 바, 혹은 이상이라고 표현되는 것으로서 이는 소송에 관여하는 당사자나 법원이 기본적으로 유념하여야 하는 핵심적 내용이다. 우리 민사소송법 제1조 제1항에서는, "법원은 소송절차가 공정하고 신속하며 경제적으로 진행되도록 노력하여야 한다"고 규정하고 있다. 이 규정에 의해 우리 민사소송의 이상이 무엇인가를 가늠해 볼 수 있을 것이다.

우리 민사소송이 추구하는 바로서는 먼저, 재판의 내용이 바르고 잘못이 없어야 하는 적정성의 추구이다. 이를 위해서는 사실의 인정이 진실에 부합하여야 하며, 법규의 해석·적용이 타당하여야 한다. 또한 당사자에게는 사실에 관한 주장과 입증이 가능토록 하여야 하며, 불합리한 재판에 대해서는 불복할 수 있는 제도를 마련하여야 한다. 이의 구현 방법으로서는, ⅰ) 변호사 대리의 원칙, ⅱ) 구술주의, ⅲ) 직접주의, ⅳ) 석명권의 행사, ⅴ) 직권증거조사, ⅵ) 교호심문주의, ⅶ) 불복신청제도(삼심·재심제도) 등이 있다.

둘째로, 법관은 어느 한편에 치우침이 없이 심리·판결을 하고 양 당사자에게 주장·입증할 수 있는 대등한 기회를 주어야 한다. 이는 공평성의 추구인바, 한쪽의 일방적인 이야기

---

8) 김홍규, 『민사소송법』, 서울: 삼영사(2005), 4면.
9) 이시윤, 『신민사소송법』, 서울: 박영사(2009), 4면; 전병서, 『민사소송법강의』, 서울: 법문사(2003), 17면.
10) 국내에서 이 입장을 취하는 학자는 없으며, 일본에서 주장된 견해이다.

만 듣고 섣불리 심리를 종결하는 것과 같은 우는 범하여서는 안 될 것이다. 이를 위해서는 동등한 기회의 보장, 법관의 중립성, 무기 평등의 원칙(Grundsatz der Waffengleichheit)이 요구된다. 이의 구현방법으로는, ⅰ) 심리의 공개, ⅱ) 법관의 제척·기피·회피제도, ⅲ) 쌍방심리주의, ⅳ) 소송절차의 중단·중지제도, ⅴ) 대리제도, ⅵ) 준비서면에 예고하지 않은 진술금지제도 등을 들 수 있다.

셋째로, 가능한 한 빠른 시일에 소송을 매듭짓는 것이 필요한바, 이는 신속성의 추구이다. 아무리 공정한 재판이라 할지라도 그 시간이 오래 걸림으로 인해 당사자가 여러 면에서 불편을 겪게 된다면 이는 결국 소송에 대한 불신으로 연결케 될 것이고 불합리한 방법에 호소케 하는 편법을 동원케 할 것이다. 결국 법원은 소송절차의 신속한 진행을 꾀함으로써 당사자의 권리구제에 만전을 기해야 할 것이다. 이의 구현방법으로는, ⅰ) 준비절차, 독촉절차, 제소 전 화해절차, 소액사건심판절차, ⅱ) 기일연장의 제한, 기일해태의 경우의 의제자백, 진술의제 또는 쌍방취하제도, ⅲ) 선고기간의 법정, 상·하급심 간의 기록송부기간, ⅳ) 소송지휘권에 의한 절차의 직권 진행, 실기한 공격·방어 방법의 각하 등을 들 수 있다.

넷째로, 재판을 계속 진행함으로써 무용한 비용이 증가되는 것은 양 당사자에게뿐 아니라 사회적 측면에서도 바람직하지 않다. 따라서 꼭 필요한 비용에 대해서만 지출토록 하는 경제성의 추구가 함께 행하여져야 한다. 이의 구현방법으로는, ⅰ) 구술신청제, ⅱ) 소액사건의 경우에서의 구술제소, ⅲ) 소(청구)의 병합, ⅳ) 소송이송제도, ⅴ) 추인이나 책문권의 상실에 의한 흠의 치유, ⅵ) 변호사보수의 소송비용산입제, ⅶ) 지급보증위임계약서에 의한 담보제공, ⅷ) 소송구조제도 등을 들 수 있다.

그러나 이러한 민사소송이 추구해야 할 이상은 냉엄한 법 현실 속에서는 빈번한 상충관계를 가져온다. 특히 적정·공평의 요청과 신속·경제의 요청은 그 적정한 조화를 꾀하는 것이 실로 어렵다. 양자 중 어느 것에 그 비중을 두느냐 하는 것은 그 시대의 산물 내지는 정책적 선택의 문제라 하겠지만 적절한 법적·제도적 장치의 보완을 통해 그 상호 충돌점을 시정해 나가는 것이 바람직할 것이다.

▶ 민사소송절차 신모델의 사건관리 개요도

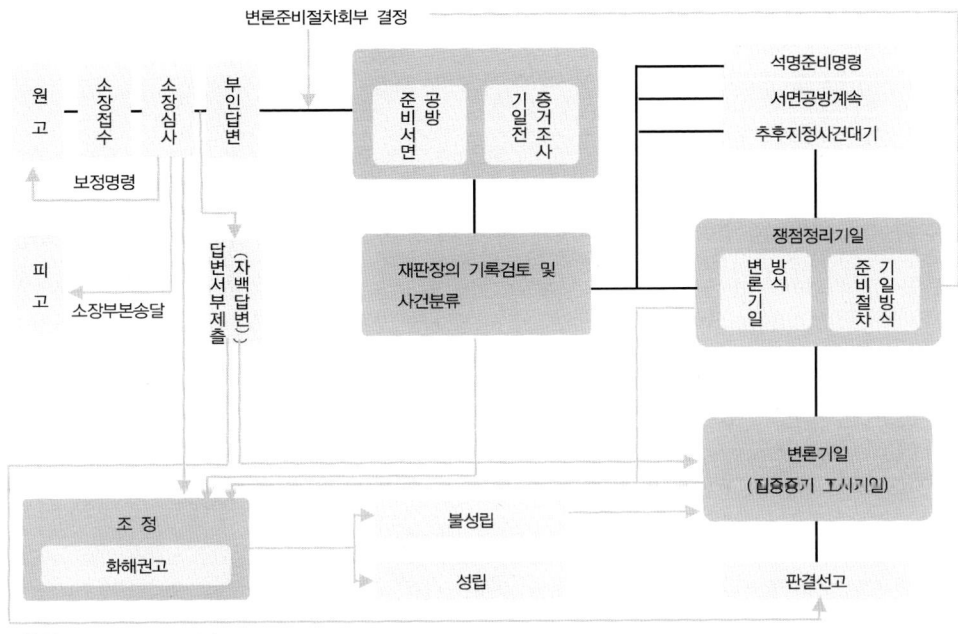

〈출처: www.scourt.go.kr〉

Ⅱ. 민사소송절차 개관

1. 소송의 주체

1) 당사자

(1) 개 념

민사소송에서의 당사자란 형식적 개념으로서 자기의 이름으로 국가의 권리보호를 요구하거나 또는 요구받는 자를 말한다. 그러므로 소송물인 권리관계의 주체인 자가 반드시 당사자로 되는 것은 아니라 하겠다. 당사자는 관계하는 소송절차에 따라 여러 가지로 불리고 있는데, 판결절차에서는 원고 · 피고 · 항소인 · 피항소인 · 상고인 · 피상고인 등으로, 독촉 · 강제집행절차에서는 채권자 · 채무자로, 제소 전 화해절차에서는 신청인 · 상대방 등으로 불리고 있다.

미성년자의 친권자나 법인의 대표이사는 당사자는 아니나 법정대리인 또는 이에 준하여 취급된다. 타인 명의로 소송수행을 하는 소송대리인은 당사자가 아니며, 보조참가인 역시 당사자의 승소보조를 위해 자기의 이름으로 소송에 관여하지만 판결의 명의인이 되지 않으므로 당사자라 할 수 없다.

소송에 있어서는 2당사자 대립주의를 취하고 있는데 이는 소송의 적정과 공평을 기하기 위함이다. 1인 대 1인의 대립뿐 아니라 다수의 당사자가 관여하는 경우(공동소송)도 허용된다. 대립하는 당사자는 각기 평등한 지위를 보장받는다. 2당사자 대립주의는 민사소송에서 서로 대립하는 2당사자가 존재하여야 할 것을 말하는바, 소송의 적정과 공평을 기하기 위해서는 대립당사자에게 각기 평등한 지위가 보장됨이 전제되어야 한다. 그러므로 소송 계속 중에 당사자 일방이 사망하는 등에 의해 대립당사자가 존재하지 않게 되는 경우에는 소송절차가 원칙적으로 중단케 되며 승계인으로 하여금 승계토록 하여야 한다.

당사자권이란 소송주체인 지위에 근거하여 그 절차상 인정되는 모든 권리를 총칭하는 개념으로서, 직권에 의한 절차진행을 감시하고 신속·공정한 재판을 받을 권리, 증거조사에 참여하거나 소송기록을 열람·등사할 권리, 본안신청, 소송상 신청, 사실자료 및 증거제출, 의견진술, 판결을 구할 사항·범위의 특정, 소의 취하, 청구의 포기·인낙, 화해 등의 소송물을 처분할 권리, 불리한 재판에 대한 불복신청을 할 권리 등과 같이 소송에서의 절차에 관여할 수 있는 일체의 권리를 말한다.

최근 신당사자주의가 대두되며, 절차적 기본권을 강조하면서 재판결과보다도 재판과정에서의 주도적 역할을 인정하려는, 즉 당사자 상호 간의 대등토론의 보장을 중시하는 입장이 나타나고 있다.

당사자권의 내용은 다음과 같다.

① 직권에 의한 절차 진행을 감시하고 신속, 공정한 재판을 받을 권리
② 증거조사에 참여하거나 소송기록을 열람, 등사할 권리
③ 본안신청, 소송상 신청, 사실·증거자료제출, 의견진술
④ 판결을 구할 사항, 범위 특정, 소의 취하, 청구의 포기·인낙, 화해 등 소송물을 처분할 권리
⑤ 불리한 재판에 대한 불복신청을 할 권리 등

(2) 관련 개념

가. 당사자의 확정: 현실적으로 계속되어 있는 소송사건에서 원고(Klaeger)가 누구이며, 피고(Beklagte)가 누구인가를 명확히 하는 것을 말한다. 이는 일반적으로 누가 당사자인가의 문제인 당사자능력과 비교되며, 특정의 소송물에 관하여 누가 정당한 당사자로서 본안판결을 받을 적격을 갖는가의 문제인 당사자 적격과도 비교된다. 법원은 소송의 전 과정에서 당사자에게 소송에 참여할 기회를 부여하여야 하고, 심리가 종결되면 당사자를 명의인으로 하여 판결을 하여야 한다. 이는 법원의 절차개시 시에 누구를 당사자로 확정할 것인지 그리고 절차가 종료된 뒤에 판결의 효력을 누구에게 귀속시킬 것인가의 문제에 있어 누구를 당사자로 정하였는지를 명확히 하는 것이 기본 전제가 되기 때문이다. 이외에도 누가 당사자인가의 문제는 사건의 동일성 여부, 재판적(제2조), 제척원인(제41조), 기판력의 주관적 범위(제218조), 소송절차의 중단 및 수계(제233조 이하) 등에서 판단기준으로 기능한다.

나. 당사자능력: 당사자능력이란 민사소송의 주체가 되어 소송상의 제 효과의 귀속주체가 될 수 있는 일반적인 능력을 말한다. 이는 사법상의 권리능력에 상응하는 개념으로서, 판결절차에서는 원고 또는 피고로서의 소송상의 지위가 보장되어서 소송수행효과의 귀속주체가 되고, 최종적으로는 판결명의인으로서 판결효과의 귀속주체가 될 수 있는 자격을 말한다. 제51조에서는 당사자능력과 관련한 특별한 규정이 없는 경우 민법, 그 밖의 법률에 따르도록 하고 있다.

당사자능력은 당사자적격과 구별되는데, 당사자능력은 소송의 주체가 될 수 있는 일반적·인격적 능력을 말하는 것이므로, 당사자와 특정한 분쟁과의 실질적 관계에서 인정되는 특정한 소송을 수행하는 자격인 당사자적격과 구별된다. 누구에게 당사자능력을 인정할 것이냐 하는 문제는, 민사소송절차에 의하여 심리, 판결하는 경우에, 누구를 당사자로 하는 것이 분쟁해결에 있어 실효성이 있느냐에 따라, 소송법 독자의 관점에서 평가해서 정해진다. 이러한 경우 실체법상의 권리능력을 가지는 사람(자연인, 법인)에게 주어지는 당사자능력을 실질적 당사자능력이라 부르고, 실체법상의 권리능력은 없지만 소송법 독자의 관점에서 사회적으로 활동하고 있는 사단, 재단에게도 주어지는 당사자능력을 형식적 당사자능력이라고 한다.

자연인은 모두 당사자능력자가 된다. 태아는 예외적으로 당사자능력이 인정된다. 즉,

불법행위로 인한 손해배상, 상속, 유증, 사인증여의 경우 당사자능력이 인정된다. 태아가 당사자가 된 경우 그 모가 법정대리인이 되고, 태아가 소송 계속 중에 사산된 경우에는 당사자능력의 결여로 소를 부적법 각하하여야 한다. 판결 후 사산의 경우에는 그 판결은 무효로 된다.

법인도 당사자능력을 갖는데, 청산사무가 종료되지 않는 이상 그 한도에서 당사자능력이 있다. 국가의 기관인 행정청은 행정소송에 있어서는 피고능력이 있으나, 일반 민사소송에서는 당사자능력이 없다. 법인의 지방조직이나 내부관서에 불과한 지점, 분회 따위는 당사자능력을 갖지 못한다.

다. 당사자적격: 특정한 분쟁과 관련하여 당사자로서 소송을 수행하고 본안판결을 유효하게 받을 수 있는 자격을 당사자적격이라고 하는데, 이는 소송수행권(Prozeßführungsbefugnis), 정당한 당사자라고도 하며, 민법상의 관리처분권에 대응하는 개념이다. 일반적으로는 소송물인 권리관계의 주체인 자이거나, 소송상의 청구에 관하여 판결을 받는데 법률상 이해관계를 가지는 자이면 모두 당사자적격을 갖는 것이 원칙이다. 그러나 이러한 원칙에 대한 예외가 현실적으로 발생하게 되는데, 즉 특수한 사정으로 본래 이해관계를 가지지 않는 제3자가 당사자적격을 갖게 되는 경우가 있다.

당사자적격은 소의 이익으로서 이는 소송요건의 하나이므로 법원의 직권조사사항이다. 당사자적격이 없는 경우에는 소각하판결을 하고, 이에 대한 다툼이 있을 경우에는 중간판결이나 종국판결의 이유 중에서 판단하여야 한다. 당사자적격의 흠결을 간과하고 행한 본안판결은 상소로써 취소할 수 있으며, 확정된 경우라면 재심사유는 아니라고 하겠다. 그러나 판결은 무효가 된다고 하겠다. 소송 중 당사자적격을 상실한 경우에는 소 적격자가 소송을 승계하게 된다.

소송물인 권리관계의 주체인 자이거나, 소송상의 청구에 관하여 판결을 받는데 법률상 이해관계를 가지는 자이면 모두 당사자적격을 갖는 것이 원칙이다. 그러나 예외적으로 제3자가 적격자가 되는 경우가 있는데 이를 제3자의 소송담당이라고 한다. 제3자의 소송담당이란 특수한 사정으로 인해 본래 이해관계를 가지지 않는 제3자가 다른 사람의 권리의무와 관련하여 관리처분권을 가지거나 배려하여야 할 직무에 있음으로 해서, 이자에 갈음하여 또는 이자와 함께 당사자적격을 갖게 되는 경우를 말한다. 소송담당자는 타인의 권리관계에 관하여 소송을 수행하지만 자기의 이름으로 소송을 수행할 수도 있다. 소송담당자와 권리관계의 주체와의 관계는 대리관계가 아니라 하겠다. 제3자가 당사자적격을 갖게 되는 경우로는 법률의 규정에 의하는 경우와 본래의 이익귀속주체와 제3자의 합의에 의하는 경우로 나누어 볼 수 있다. 전자를 법정 소송담당이라고 하고, 후자를 임의적 소송담당이라고 한다.

　라. 소송능력: 소송행위를 하려면 소송상 자기의 이익을 스스로 충분히 주장·옹호할 만한 능력에 해당하는 능력을 구비하여야 하는데, 이를 소송능력이라 한다. 이러한 소송능력은 민법상 행위능력에 해당되는데, 미성년자·한정치산자·금치산자 등은 홀로 독립하여 소송행위를 할 수 없고 법정대리인을 통해서만 가능하다. 소송의 당사자가 미성년자이거나 한정치산자, 금치산자인 경우 원고 또는 피고로서의 유효한 소송행위를 할 수 없으므로 이럴 경우 법정대리인이 본인을 대리하여 유효한 소송행위를 할 수 있는데, 그 법정내리인은 다음과 같다.
　　- 미성년자: 친권자, 친권자가 없는 경우 후견인
　　- 한정치산자·금치산자: 후견인 법정대리인이 소송행위를 하려면 신분관계를 증명할
　　　수 있는 서면, 즉 호적등본 또는 주민등록등본을 제출
　법정대리인이 본인을 대리하여 소송행위를 할 경우 친권자는 일체의 소송행위를 할 수 있지만 후견인은 원칙적으로 친족회의 동의를 받아야 소송행위를 할 수 있다. 다만 후견인은 상대방의 제소 또는 상소에 관하여 수동적인 소송행위를 할 때에는 친족회의 동의가 필요 없으나, 소의 취하(상소의 취하포함), 화해, 청구의 포기, 인낙, 소송탈퇴의 행위를 할 때에는 친족회로부터 특별한 권한을 부여받아야 한다.

　마. 변론능력: 민사소송절차는 합목적성을 고려한 기술적인 요소가 강하게 작용하고 있어서 상당한 학식을 가진 사람이라고 하더라도 쉽사리 이를 이해할 수 없는 경우가 많다. 그러므로 소송절차를 신속·확실하게 진행시키려는 공익상 요구에서 소송 당사자가 현실로 법원에 대하여 적법한 민사소송행위를 함에 있어서 변론능력을 요구하고 있다. 결국 변론능력은 행위자 스스로 소송행위에 적법한 표현형식을 줄 수 있는 능력을 말한다.

　바. 선정당사자: 선정당사자란 공동의 이해관계가 있는 다수자 중에서 총원을 위하여 소송을 수행할 당사자로 선정된 자를 말한다. 선정당사자제도는 다수의 자가 소송에 참가함으로써 발생되는 번잡과 경제적 비용 등을 고려하여 나타난 개념으로서 자기의 이름으로 소송을 수행한다는 점에서 본인을 대리하는 소송대리인과는 구별된다.

2) 소송대리제도

오늘날과 같이 복잡·다기한 사회에서는 사람이 만능일 수 없고 기타 여러 가지의 상황으로 직접 법률행위를 할 수 없는 경우가 많이 있는바, 이는 소송법에서도 예외는 아니다. 소송법상 대리인이라 함은 당사자 등을 위해 본인의 이름으로 자기의 의사로서 소송행위를 하고 상대방 또는 법원으로부터 본인에 대해 행하여지는 소송행위를 받는 제3자를 말한다. 이는 그 발생원인이 법률 등에 근거하는가 또는 본인의 의사에 기인하는 것인가에 의해 크게 법정대리인과 임의대리인으로 구별되며, 소송수행상의 대리권 범위와 관련하여서도 개별대리인과 포괄대리인 등으로 구별할 수 있다.

소송대리인의 자격은 합의사건, 단독사건, 소액사건에 따라 차이가 있다. 우선 합의부에서 심판하는 사건(소송물가액이 1억 원을 초과하는 사건)의 경우에는 변호사, 지배인, 국가소송수행자 이외에는 소송대리를 할 수 없지만, 단독판사가 심판하는 사건의 경우에는 당사자와 친족, 고용, 기타 특별한 관계에 있는 자에 한하여 법원의 허가를 얻어 소송대리를 할 수 있다. 법원으로부터 소송대리허가를 얻으려면 소송을 위임한다는 위임장과 소송대리허가신청서를 재판기일 전까지 제출하여야 하며, 법원으로부터 허가를 받지 못하면 불출석의 불이익을 받을 수 있다.

소액사건(소송물가액이 2,000만 원을 초과하지 아니하는 금전 기타 대체물이나 유가증권의 일정한 수량의 지급을 목적으로 하는 제1심 민사사건)에 있어서는 당사자의 배우자, 직계혈족, 형제자매 등은 법원의 허가 없이도 소송대리인이 될 수 있는데, 이 경우 친족관계를 증명할 수 있는 호적등본, 또는 주민등록등본 및 수권관계를 증명할 수 있는 위임장을 제출하여야 한다. 또 위의 경우 외에 친족, 고용 등 특별한 관계가 있는 경우에는 법원의 허가를 얻어 소송대리인이 될 수 있다. 어느 경우이건 소송대리인(임의대리인)은 원칙적으로 일체의 소송행위를 할 수 있다. 다만 반소의 제기, 소 취하, 화해, 청구의 포기, 인낙, 소송탈퇴, 상소의 제기 또는 취하, 복대리인 선임의 경우에는 본인으로부터 특별한 권한을 부여받아야 한다.

2. 법 원

1) 개 념

법원은 사법작용을 담당하는 국가기관, 즉 사법기관을 말한다. 광의의 법원 또는 국법상의 의미의 법원이라 함은 법관, 법원사무관, 집행관 등 그 밖의 법원직원을 포함한 사법관서로서의 통일적 조직체를 말하며, 경우에 따라서는 사법관서의 청사를 말하기도 한다. 협의의 법원 또는 소송법상 의미의 법원이라 함은 광의의 법원 중에서도 특히 재판기관, 즉 사건의 심판을 하기 위하여 하나 또는 여러 법관으로 구성되는 기관을 말한다. 민사소송, 형사소송, 특허소송, 행정소송, 가사소송 및 그 밖의 사건을 처리하는 법원은 대법원, 고등법원, 특허법원, 지방법원, 가정법원, 행정법원으로 분류된다. 또한 지방법원 및 가정법원의 사무의 일부를 처리하기 위하여 그 관할구역 안에 지원과 소년부지원, 시법원 또는 군법원 및 등기소를 둘 수 있다(법원조직법 제3조 제2항). 이외에도 법률의 위헌 여부, 탄핵 및 정당의 해산을 심판하는 헌법재판소와 군사재판을 관할하는 특별법원인 군사법원이 있다.

민사재판의 생명 또한 타 소송에서와 마찬가지로 공정성의 유지에 있다. 재판의 공정성을 위해서는 무엇보다도 재판기관의 합리적 구성과 공정한 자세에 그 근간이 있다 하겠다. 이를 위해 현행법은 민사사건의 경우, 특단의 사정이 없는 한 세 차례까지 서로 다른 계층의 법원에서 심판받을 수 있게 하고(3심제도), 재판부의 구성 또한 객관적이고 합리적인 조건에 따라 법정해 둠으로써 당사자의 일방적 자의적 권한행사를 제한하고 있다.

민사법원의 구성과 관련해서는 재판기관으로 우선 합의부와 단독판사를 들 수 있다. 합의부는 재판장과 합의부원 판사로 구성되는데, 중요사항에 대한 재판은 구성원인 법관의 합의에 의해 그 과반수 의견으로 의결하고 기타 부수적 재판은 재판장 또는 수명법관이 하게 된다. 통상의 법원은 그 심급에 따라 지방법원, 고등법원, 대법원으로 나누어지게 된다. 이를 현행 민사소송구조와 살펴보면 대체로 소가 1억 원 이하의 사건은 지법 단독판사→지법 본원 합의부→대법원, 소가 1억 원을 초과하는 사건은 지법 합의부→고등법원→대법원의 순서로 심리하게 된다.

2) 관 할

민사재판권을 행사하는 수종·다수법원 사이에 있어서의 사무분쟁을 관할이라 한다. 관할제도는 재판의 공정성과 능률성을 담보하는 것을 그 기본 취지로 하고 있다. 관할은 그 기준 여하에 따라서 토지·사물·직분·심급관할, 전속·임의 관할, 법정·지정·합의의 각 관할로 나뉜다.

(1) 토지관할: 토지관할이란 소재지를 달리하는 동종 법원 사이에 소송사건, 즉 제1심 사건의 분담관계를 정해 놓은 것으로 어떠한 사건이 어느 법원의 관할구역 내의 지점과 당사자 또는 소송물 간에 일정한 관련성이 있는 경우에, 그 지점을 기준으로 하여 토지관할이 정하여진다. 이 토지관할의 발생원인으로서의 관련 지점을 재판적이라 한다. 재판적은 크게 보통재판적과 특별재판적, 인적 재판적과 물적 재판적으로 나눌 수 있다. 보통재판적은 모든 소송사건에 대해 일반적으로 적용되는 재판적을 말하며, 특별재판적은 한정된 종류, 내용의 사건에 대해서만 적용되는 재판적을 말한다. 인적 재판적은 소송당사자와의 관계에서 인정된 것이고, 물적 재판적은 소송물인 청구와의 관계에서 인정된 재판적을 말한다.

(2) 사물관할: 사물관할(sachliche Zustaendigkeit)이란 제1심의 소송사건을 다루는 지방법원 및 동 지원의 단독판사와 합의부 사이의 재판권의 분담관계를 정한 것을 말한다. 제1심 사건은 법률이 특별히 규정하고 있는 경우 이외에는 지방법원 및 가정법원의 단독판사가 심판한다. 지방법원 및 가정법원과 그 지원의 합의부는 법원조직법 제32조 제1항과 제40조에 규정된 보다 신중을 요하는 사건을 심판한다. 지법합의부의 경우 단독판사관할이라도 필요하다고 인정되면 이송하지 않고 심판 할 수 있다(제34조 제3항). 단독판사의 경우도 상당하다고 인정되면 그 관할사항도 합의부로 이송할 수 있다(제34조 제2항).

사물관할의 경우 소송목적의 값이 중요한 의미를 갖는다. 소송목적의 값이란 소로써 달하려는 목적이 갖는 경제적 이익을 화폐단위로 평가한 금액을 말하며, 이는 사물관할의 표준, 인지액 기준으로서 기능한다. 소송목적의 값의 산정방법은 대법원규칙인 '소송목적의 값의 산정에 관한 예규'에 따르게 되는데 산정표준시기는 제소 시를 기준으로 한다. 단독판사에 계속 중인 경우 소송목적의 값이 1억 원을 초과하게 되면 합의부로 이송 가능하고, 합의부 계속 중 소송목적의 값이 1억 원 이하가 된 경우 단독판사에게로의 이송이 요구되지 않는다.

청구합병의 경우에는 수 개의 청구 가액에 산정한다. 주된 청구와 그 부대 목적인 과실·손해배상금·위약금 또는 비용의 청구는 별개의 소송물이나 이 두 가지를 한 개의 소로써 청구하는 때에는 부대청구의 가액은 소송목적의 값에 산입하지 않는다. 한 개의 청구가 다른 청구의 수단에 그칠 때에는 그 가액은 소송목적의 값에 산입하지 않는다(건물 철거와 함께 부지인 토지인도를 구하는 경우).

(3) **직분관할:** 직분관할이라 함은 재판작용의 차이를 표준으로 하여 재판기관 사이의 재판권의 분담관계를 정해 놓은 것으로 직무관할이라고도 한다. 그 예로서 수소법원과 집행법원, 심급관할 등을 들 수 있다. 직분관할은 원칙적으로 전속관할로서, 이에 위반하는 판결은 위법이며 상소에 의하여 취소할 수 있다.

(4) **심급관할:** 심급이란 동일 사건을 기능이 다른 법원에서 재차 심판하는 경우에 각급 법원이 갖는 재판권의 한계로서, 법이 정하고 있는 심급관할도 직분관할의 일종이다.

(5) **지정관할:** 지정관할이란 관할 법원이 법률상 또는 사실상 권리행사를 할 수 없는 때 또는 법원의 관할구역이 분명하지 아니한 경우 등에 직근 상급법원이 관할 법원을 지정함으로써 발생되는 관할을 말한다. 관할의 지정은 관계법원 또는 당사자의 신청에 의해서 행하여지며, 신청과 동시에 소장을 제출하는 것도 가능하다. 상급법원에 의해 관할이 지정되면 지정법원에 관할권이 창설적으로 발생하게 되며, 수소법원 이외의 법원이 지정된 경우 수소법원 사무관 등은 즉시 소송기록과 결정정본을 송부하여야 한다.

(6) **합의관할:** 합의관할이라 함은 당사자 간의 합의에 의하여 생긴 관할을 말한다. 원래 관할에 관한 규정은 법원 간에 재판사무의 공평한 분배와 아울러 당사자 간의 편의도 고려한 것이므로, 전속관할에 관한 것을 제외하고는 원칙적으로 임의규정이라 할 수 있다. 관할의 합의는 관할의 발생이라는 소송법상의 효과를 발생시키는 소송행위로서 소송계약의 일종이다. 따라서 그 요건이나 효과는 소송법의 규율을 받는다. 관할의 합의에는 소송능력이 요구되며, 사법상의 계약과 함께 행하여지기도 하나 사법상의 계약 효력과는 무관하다. 그러므로 사법상의 계약이 무효, 취소 또는 해제되었다고 하더라도 관할의 합의에는 그 영향이 없다.

(7) **변론관할:** 원고가 본래는 관할권이 없는 법원에 소를 제기했음에도 불구하고 피고가 관할 위반의 항변을 제출하지 아니하고 본안에 관해 변론을 하거나 준비절차에서 진술을 하면 제소 법원에 관할권이 생기는 것으로서 바로 이때의 관할을 의미한다.

(8) **임의 · 전속관할:** 임의관할은 당사자의 편의, 공평을 위한 사익적 견지에서 인정된 관할을 말한다. 사물관할, 토지관할, 직분관할 중 심급관할은 비약상고에 한해서 임의관할이 인정된다. 임의관할의 경우, 당사자의 합의나 변론에 의하여 관할 법원을 정할 수 있으며, 법원도 편의상 다른 법원에 이송할 수 있다. 법원이 임의관할에 반하여 본안판결을 한 때에는 상소심에서 이를 이유로 그 판결을 공격할 수 없다(제411조 본문).

전속관할이란 법정관할 중에서 재판의 적정 · 공평 등 고도의 공익적 요구에 기하여 특정 법원만이 오로지 배타적으로 관할권을 갖게 한 것으로, 직분관할, 사물 · 토지관할은 법률이 명정해 놓은 경우에 한하여 전속관할이 된다. 재심사건, 담보취소신청, 독촉절차, 강제집행사건, 가사소송사건, 회사관계사건의 경우를 예로 들 수 있다. 전속관할의 특색으로서, 법원의 직권조사사항, 소송이송의 불허용(관할 위반의 경우 제외) 보통 · 특별재판적의 적용이 없음을 들 수 있다. 전속관할 위반 시 상소이유로 될 뿐, 재심사유가 되지 않는다.

3. 소장의 제출과 소송절차의 진행과정

1) 소장의 제출

민사소송의 첫 단계는 원고가 제1심 관할 법원에 소장을 제출하는 것이다.

(1) **소장의 작성방법:** 법원에 소를 제기하려면 우선 소장을 작성하여 제출하여야 한다. 소장의 양식은 각 법원의 종합민원실에 유형별로 견본을 작성하여 비치해 두고 있다. 또한 인터넷상에도 각종 사이트에 소장의 양식이 게재되어 있다.

- 원 · 피고 당사자의 성명, 명칭 또는 상호와 주소
- 대리인이 있는 경우 대리인의 성명과 주소
- 청구 취지(청구를 구하는 내용, 범위 등을 간결하게 표시)

- 청구원인(권리 또는 법률관계의 성립원인 사실을 기재)
- 부속서류의 표시(소장에 첨부하는 증거서류 등)
- 작성 연월일
- 법원의 표시
- 작성자의 기명날인 및 간인

(2) **소송목적 값의 계산방법**: 소송목적의 값은 원고가 청구취지로서 구하는 범위 내에서 원고의 입장에서 보아 전부 승소할 경우에 직접 받게 될 경제적 이익을 객관적으로 평가하여 정한 금액을 말하는바, 소송목적에 따른 산정표준은 다음과 같다.

가. 통상의 소
- 확인의 소(소극적 확인의 소 포함): 권리의 가액
- 증서진부확인의 소
• 유가증권: 그 가액
• 기타 증서: 200,000 원
- 금전지급청구의 소: 청구금액
  (이자, 손해배상, 위약금 또는 비용의 청구가 소송의 부대목적이 되는 때에는 가액에 산입하지 않는다)
- 기간이 확정되지 아니한 정기금 청구의 소: 기 발생분 및 1년분의 전기금 합산액
- 물건의 인도·명도 또는 방해배제를 구하는 소
• 소유권에 기한 경우: 목적물건 가액의 2분의 1
• 지상권, 전세권, 임차권, 담보물권에 기한 경우, 또는 그 계약의 해지·해제, 계약기간의 만료를 원인으로 하는 경우: 목적물건 가액의 2분의 1
• 점유권에 기한 경우: 목적물건 가액의 3분의 1
• 소유권의 이전을 목적으로 하는 계약에 기한 동산인도청구: 목적물건의 가액
- 상린관계상의 청구: 부담을 받는 이웃 토지부분 가액의 3분의 1
- 공유물분할청구의 소: 목적물건의 가액에 원고의 공유지분 비율을 곱하여 산출한 가액의 3분의 1
- 경계확정의 소: 다툼이 있는 범위의 토지부분의 가액
- 사해행위 취소의 소: 취소되는 법률행위의 목적의 가액을 한도로 한 원고의 채권액

나. 등기·등록 등 절차에 관한 소

- 소유권이전등기: 목적 물건의 가액
- 지상권, 임차권: 목적 물건의 가액의 2분의 1
- 담보물권, 전세권: 목적 물건의 가액을 한도로 한 피담보채권액(근저당권의 경우에는 채권최고액)
- 지역권: 승역지 가액의 3분의 1

(3) **인지대의 계산방법**: 소장에는 소송목적의 값에 따라 아래 금액 상당의 인지를 첨부하여야 한다.

- 소송목적의 값이 1,000만 원 미만인 경우: 소송목적의 값×10,000분의 50
- 소송목적의 값이 1,000만 원 이상 1억 원 미만인 경우: 소송목적의 값×10,000분의 45＋5,000 원
- 소송목적의 값이 1억 원 이상 10억 원 미만인 경우: 소송목적의 값×10,000분의 40＋55,000 원
- 소송목적의 값이 10억 원 이상인 경우: 소송목적의 값×10,000분의 35＋555,000 원
- 재산권상의 소로서 그 소송목적의 값을 산출할 수 없는 것과 비재산권을 목적으로 하는 소송의 소송목적의 값은 2,000만 100 원으로 한다.
- 항소장, 상고장의 인지액: 항소장에는 위 규정액의 1.5배, 상고장에는 2배의 인지를 붙여야 한다.

(4) **송달료 납부의 기준**: 소장을 제출할 때에는 당사자 수에 따른 계산방식에 의한 송달료를 송달료수납은행(예: 법원 구내 은행)에 납부하고 그 은행으로부터 교부받은 송달료납부서를 소장에 첨부하여야 하는데 각 사건의 송달료 계산방식은 다음과 같다.

- 민사 제1심 소액사건: 당사자 수 × 2,260 × 5회분
- 민사 제1심 단독사건: 당사자 수 × 2,260 × 8회분
- 민사 제1심 합의사건: 당사자 수 × 2,260 × 10회분
- 민사 항소사건: 당사자 수 × 2,260 × 10회분
- 민사 상고사건(다): 당사자 수 × 2,260 × 8회분

- 민사 조정사건(머): 당사자 수 × 2,260 × 5회분
- 부동산등 경매사건(타경): (신청서상의 이해관계인 수+3) × 2,260 × 10회분
  예: 당사자 수(2명인 경우) × 2,260(우편료) × 5회분＝22,600 원

2) 관할 법원

소장제출단계에서 바로 관할의 문제가 발생하게 되는데 일반적으로 토지관할이 중요한 의미를 갖는다. 사물관할은 법원 내부에서 정할 문제이고, 전속관할은 회사소송이나 인사소송에서 주로 문제 된다. 원고는 관할 법원이 어디인가를 잘 살펴서 소장을 제출하여야 한다. 하나의 사건에 대해서는 여러 개의 관할 법원이 있을 수 있으므로 원고로서는 자기에게 가상 유리한 관할 법원을 고르게 된다. 즉, 피고의 주소지를 연결고리로 하는 보통재판적도 있지만 특별재판적도 있으므로 원고는 그 어느 쪽을 임으로 선택하여 소를 제기할 수 있다. 원고는 의무이행지, 불법행위지, 부동산소재지 등의 특별재판적을 잘 살펴 가장 유리한 곳에 소송을 제기할 수 있다.

(1) **보통재판적**: 일반적으로 인정되는 소장 제출법원을 말한다. 자연인의 경우는 피고의 주소지 관할 법원, 주소가 없거나, 주소를 알 수 없는 때에는 거소(현재 사실상 거주), 거소가 없거나 알 수 없는 때에는 최후의 주소지 관할 법원이다. 법인 기타 단체의 경우 주된 사무소 또는 영업소(본점) 소재지, 주된 영업소가 없는 때에는 주된 업무담당자의 주소지 관할 법원을 말한다.

(2) **특별재판적**: 특별히 인정되는 소장 제출법원을 말하는데 이 경우 원고가 일반적으로 인정된 법원과 비교하여 원고에게 유리한 법원을 선택하여 제소할 수 있다. 주요 특별재판적은 다음과 같다.

- 근무지 법원: 사무소 또는 영업소에 계속하여 근무하는 자에 대한 소
- 거소지 또는 의무이행지 법원: 재산권에 관한 소
- 어음·수표의 지급지 법원: 어음·수표에 관한 소, 단 이득상환 청구나 소구통지의 해태로 인한 손해배상청구와 같은 어음·수표상의 권리에 관한 소는 이에 해당하지 않는다.

- 사무소, 영업소 소재지: 사무소 또는 영업소가 있는 자에 대한 소는 그 사무소 또는 영업소의 업무에 관한 것에 한하여 그 소재지 법원에 제기할 수 있다.
- 불법행위지: 불법행위에 관한 소는 그 행위지의 법원
- 부동산 소재지: 부동산에 관한 소
- 등기 · 등록지: 등기 · 등록에 관한 소는 등기 또는 등록할 공무소 소재지 법원

3) 소장의 요건과 심사

소장제출에는 몇 가지 조치가 필요하다. 소장은 요식의 서면이므로 소정의 사항을 기재하고, 원고 또는 대리인이 서명 날인하며, 소송물가액에 따라 인지를 붙이고, 피고의 수만큼의 부본을 첨부한다. 피고의 수만큼 부본을 첨부하도록 하는 이유는 피고마다 소장을 보내어 이를 받아 보게 하여야 하기 때문이다. 전쟁에 비유하자면 선전포고문을 보내는 것이다. 소장을 접수받는 법원에서는 사무분담에 따라 사건을 특정재판부에 배당한다. 사건을 배당받은 재판부의 재판장은 소장을 심사한다. 즉, 부장판사나 단독판사가 소장이 제대로 되어 있는가의 여부를 살펴보는 것이다. 이를 재판장의 소장심사권이라 하는바, 재판장은 필요적 기재사항이 적혀 있고 소정의 인지가 붙여졌는지를 살핀다. 또한 청구원인이 법률요건을 충족하는지를 살핀다.

필요적 기재사항 중 가장 중요한 것은 당사자, 청구취지 그리고 청구원인의 기재 여부이다. 이것은 결국 '누가 누구를 상대로 무엇을 요구하는가, 그리고 그 이유는 무엇인가'를 특정하는 것이다. 만약 필요적 기재사항이나 인지에 부족한 점이 있으면 재판장은 원고에게 보정명령을 내린다. 원고에게 잘못을 시정할 기회를 한번쯤 주어야 할 것이므로 당연한 일이다. 이를 고치지 않으면 소장을 각하한다.

4) 송달절차

통상의 경우에는 형식적 요건을 갖춘 소장이 제출된다. 이에 따라 재판장은 소장부본을 피고에게 송달하고, 변론기일을 지정하여 원고와 피고를 소환한다. 그런데 가끔 피고에게 소장이 송달되지 않는 경우가 있다. 이것을 송달불능이라고 부른다. 그러면 재판장은 원고에게 피고의 주소를 보정할 것을 명령한다. 이에 원고가 불응하면 역시 소장이 각하된다.

송달받을 자가 군입대, 교도소수감 등의 사유로 현재 부재중인 경우에는 군부대의 소속 및 구치소 또는 교도소명을 기재하여 주소보정을 하면 법원에서는 그 장소로 다시 재송달을 실시하며, 장기여행이나 직장생활 등으로 폐문부재인 경우에는 재송달 신청을 하거나 집행관으로 하여금 송달할 수 있도록 하는 특별송달신청을 하여 휴일이나 야간에도 송달을 할 수 있다.

번지를 기재하지 않았거나, 같은 번지에 호수가 많아서 주소를 찾을 수 없는 경우 및 이사를 한 경우에는 새 주소를 정확하게 파악하여 주소보정을 신청하고, 당사자의 주소, 거소 기타 송달할 주소를 알 수 없는 경우에는 소명자료를 갖추어 공시송달신청을 할 수 있다. 수취인의 주소나 성명의 표기가 정확하지 않아 송달 불능이 된 때에는 정확한 주소 및 성명을 적은 보정서를 제출해야 한다.

소송서류가 이사불명 등으로 송달 불능이 된 경우, 일반적인 통상의 조사를 다 하였으나 당사자의 주소, 거소 기타 법정의 송달장소 중 어느 한 곳도 알지 못한 경우에는 주민등록등본 1통과 최후 주소지의 통·반장이나 인근거주자의 인우보증서(불거주확인서), 근친자의 확인서를 첨부하여 신청한다. 공시송달에 의해 소송이 시작되었을 때에는 원고가 일방적으로 자기의 주장을 펴고 자기에게 유리한 증거만을 제출하게 되므로 거의 모든 소송에서 원고가 승소한다. 이에 따라 법률은 공시송달로 인하여 패소한 피고에게 구제의 길을 널리 열어 두고 있다.

5) 변론절차

(1) **변론의 의의와 종류**: 소송의 심리를 위해 거쳐야 하는 과정으로서, 협의로는 수소법원에서 특정기일에 당사자가 구술로써 신청 및 공격·방어방법에 관해 진술하는 것을 의미하고, 광의로는 당사자의 소송행위 이외에 법원의 소송지휘·증거조사 및 재판의 선고도 포함하는 절차를 말한다. 이는 다시 크게, 변론과정을 반드시 거쳐야만 하는 필요적 변론과 변론 경유 여부가 법원의 자유재량에 속하는 임의적 변론의 둘로 나뉜다.

(2) **변론과 관련한 제 심리원칙**

가. 공개심리주의: 공개심리주의(Grundsatz der Oeffentlichkeit)란 재판의 심리와 판결의 선고 등을 일반인이 경청할 수 있는 상태에서 행하자는 것으로, 재판의 공정성 담보, 사

법에 대한 국민의 신뢰 유지, 허위진술·증언 방지를 위해 인정된 제도이다. 그 유형으로서 일반 공개와 당사자 공개를 들 수 있는데, 일반 공개는 일반 대중에의 공개를 말한다. 당사자 공개는 당사자나 이해관계를 소명한 제3자에게 심리에의 참여, 기록열람, 등사 등을 허용하는 것을 말한다.

나. 쌍방심리주의: 소송의 심리에 있어 당사자 쌍방에게 평등하게 진술할 기회를 주자는 것으로 당사자평등의 원칙 내지 무기평등의 원칙과 궤를 같이한다. 이를 위해서는 당사자의 소송상 지위의 실질적 평등의 실현이 요구되고 있는바, 이는 소송심리의 적정 및 공정을 기하기 위한 것이라 하겠다. 이러한 실질적 평등은 석명권의 행사를 통해 증거의 구조적 편재를 시정함으로써 가능할 것이다.

쌍방심리주의는 필수적 변론의 경우 가장 전향적으로 나타나는데, 이러한 절차에서는 양 당사자에게 공평한 변론의 기회를 부여하여야 한다. 즉, 양 당사자에 대해 평등한 당사자권이 보장되어야 한다는 것으로, 이를 구현하기 위한 제도로서 소송절차의 중단, 중지제도, 대리인 제도 등을 제도적 방안으로 들 수 있다. 당사자가 책임질 수 없는 사유로 불변기간을 준수하지 못한 경우에는 소송행위를 추후 보완할 수 있도록 하고(제173조), 본인, 대리인이 출석하지 않고 패소판결을 받았을 경우 대리권의 흠결을 이유로 한 상소 또는 재심에 의한 구제가 가능하여야 할 것인데, 이는 쌍방심리주의의 당연한 요청이라 하겠다.

다. 구술심리주의: 구술심리주의란(Grundsatz der Muendlichkeit) 당사자 및 법원의 소송행위 특히 변론 및 증거조사를 구술로 행하자는 것을 말한다. 이에 의할 경우 진술로부터 받는 인상이 선명하다는 점, 사건의 진상파악이 용이하다는 점, 의문점의 석명을 통한 해명이 가능하다는 점, 증거조사의 집중을 통한 신속, 적정한 재판이 가능하다는 점, 당사자가 변론의 진행상황을 쉽게 파악할 수 있고 당사자의 심문청구권 실현에 도움이 된다는 점 등이 장점으로 제시되고 있다. 이에 반해 서면주의(Grundsatz der Schriftlichkeit)는 진술이 확실하고, 보존 및 재확인에 용이하다는 장점이 있으나, 소송기록의 비대로 변론집중에 불편이 따르고 합의제의 실익을 거두기 어렵다는 점 등이 단점으로 지적되고 있다.

현행 민사소송법은 변론, 증거조사, 재판 어느 것이나 구술주의를 원칙으로 하고 있다. 그러므로 판결은 원칙적으로 반드시 말로 진술된 자료만을 기초로 하며(제134조 제1항, 제2항), 변론기일에 불출석 또는 변론을 하지 않는 당사자는 일정한 서면에 적혀 있는 사항을 진술한 것으로 본다(제148조). 법관이 경질된 경우에는 종전의 변론결과를 진술하여야 한다(제204조 제2항, 제3항). 또한 변론준비기일조서에 적혀 있는 원고의 공격 또는 방어의 방법 및 피고의 청구와 공격 또는 방어의 방법에 대한 진술도 변론에서 그 결과를 진술하여야 한다(제283조, 제287조 제2항).

예외적으로 구술주의의 단점을 서면주의에 의해 보충하게 되는데, 다음의 경우에는 서면의 작성을 요구하고 있다. 즉 ⅰ) 심리의 기초를 이루는 중요한 소송행위의 경우에는 서면에 의할 것이 요구된다. 예컨대 소의 제기(제248조), 상소의 제기(제397조, 제425조), 소의 변경(제262조 제2항), 당사자참가(제79조, 제72조 제2항) 등을 들 수 있다. 또한 복잡한 사실상, 법률상의 주장에 관해서는 확실을 기하기 위해 서면에 의하도록 하고 있다(준비서면의 교환: 제272조 이하, 상고이유서의 제출: 제427조 등).

ⅱ) 변론기일이 1회로 종료되지 않고 계속 진행되는 경우 심리의 결과를 기억하는 것이 곤란하므로 확실을 기하기 위하여 변론 재판에 각각 변론 조서, 재판서를 작성하도록 하는데 이 역시 서면주의의 병용이라 하겠다.

ⅲ) 준비서면 제출, 진술의제제도가 활용되고 있으며, 법원이 서면에 의한 진술로 충분하다고 인정하는 경우에는 공정증서정본을 제출할 것을 요한다.

라. 직접심리주의: 직접심리주의(Grundsatz der Unmittelbarkeit)란 판결을 하는 법관이 변론의 청취 및 증거조사를 직접 행하여야 한다는 것으로 재판은 그 기준이 되는 변론에 관여한 법관에 한하여 행하여지게 된다. 이에 반해 간접심리주의란 변론의 청취나 증거조사를 심리기관 이외의 타인에게 시켜서 그 보고에 의거해서 재판을 하는 주의를 말한다. 현행 민사소송법은 원칙적으로 직접주의를 취하고 있으므로 판결절차에 있어서 당사자는 수소법원의 앞에서 변론하여야 하고, 변론에 관여한 법관만이 판결할 수 있도록 하고 있다(제204조 제1항). 여기서의 판결이란 판결내용을 형성하는 것만을 말하고 판결의 선고는 포함하지 아니한다. 또한 직접심리주의에 위반하여 변론에 관여하지 아니한 법관이 판결한 경우는 법률에 의하여 판결법원을 구성하지 아니한 때(제424조 제1항 제1호, 제451조 제1항 제1호)에 해당하므로 상소 및 재심에 의해 취소를 구할 수 있다.

직접심리주의하에서는 당사자의 변론이나 증인의 증언 등을 직접 자기의 귀로 듣고 자기의 눈으로 증거물을 관찰하게 되므로, 사안의 진상을 정확히 파악할 수 있다는 점에서 그 장점이 있다. 그러나 시간의 소요, 경비의 지출 등과 관련한 문제점도 지적되고 있다.

마. 계속심리주의: 계속심리주의는 하나의 사건만을 놓고 변론을 계속적·집중적으로 행하여 그 사건의 심리를 모두 마친 다음에 비로소 다른 사건의 심리에 들어가게 되는 심리방식을 말한다. 병행심리주의란 동일기일에 여러 사건의 변론기일을 잡아 여러 사건을 동시에 병행하여 심리하는 방식을 말한다. 현행 민사소송법에서는 집중심리주의를 채택하고 있는데 이는 소송의 초기단계에서 사건을 분류하여 각 사건에 적합한 처리방법을 정하고, 조기에 쟁점과 증거를 정리하여 증명의 대상이 되어야 할 사실을 명확히 한 다음 이에 초점을 맞추어 효율적이고 집중적인 증거조사를 실시하는 심리방식이다. 집중심리주의의 대표적인 예로서 Stuttgart법원과 Bender 판사의 Stuttgarter Modell을 들 수 있는데, 이는 재판자료 수집을 위한 서면교환절차 또는 조기 제1회 기일을 거쳐 원칙적으로 제1회의 주요기일(Haupttermin)로써 심리를 종결시키는 방식이다.

현행 민사소송법에 의한 집중심리방식의 내용은, 소장부본을 송달받은 피고가 답변서를 제출하면 법원은 무변론판결을 하는 경우를 제외하고는 모든 사건을 변론준비절차에 회부케 된다. 이후 서면으로 주장의 제출, 증거신청, 석명처분 등을 먼저 진행하여 쟁점 및 증거를 정리하여 증명의 대상이 될 사실을 명확히 하고 그래도 미진할 경우에는 변론준비기일을 열어 이를 보완토록 한다. 이후 변론기일에 집중적으로 증거조사를 실시함으로써 실체적 진실에 부합하는 신속한 재판을 구현할 수 있게 된다.

바. 당사자처분권주의: 당사자처분권주의(Dispositionsmaxime)는 절차의 개시, 심판의 대상, 그리고 절차의 종결에 대하여 당사자에게 주도권을 주어 그 의사에 일임하게 하자는 것으로 사적 자치의 소송법적 반영이라 할 수 있다. 처분권주의는 소송물에 대한 처분자유를 의미하고 이에 비해 변론주의는 소송자료의 수집제출책임을 당사자에게 부과하는 것을 말한다.

사. 변론주의: 변론주의란 재판의 기초가 되는 소송자료(사실과 증거)의 수집을 오로지 당사자의 책임으로 하는 주의를 말한다. 이것은 법원이 자진해서 적극적으로 취재활동을 하여 소송자료를 수집하는 이른바 직권탐지주의에 대립된다. 현행 민사소송법은 명문으로 변론주의를 규정하고 있지 아니하다. 그러나 민사소송법 제254조 제4항에서는 "재판장은 소장을 심사하면서 필요하다고 인정하는 경우에는 원고에게 청구하는 이유에 대응하는 증거방법을 구체적으로 적어 내도록 명할 수 있으며, 원고가 소장에 인용한 서증의 등본 또는 사본을 붙이지 아니한 경우에는 이를 제출하도록 명할 수 있다"고 규정하고

민사소송규칙 제69조(당사자의 조사의무)는 "당사자는 주장과 입증을 충실히 할 수 있도록 사전에 사실관계와 증거를 상세히 조사하여야 한다"고 규정함으로써 변론주의의 근거를 제시하고 있다. 이외에도 변론주의를 추측하게 하는 규정이 산재해 있다. 즉, 제136조 제1항(석명), 제149조(실기한 공격 방어방법의 각하), 제204조(직접주의), 제208조 제2항 (판결이유), 제285조(변론준비절차 종결의 효과) 등을 들 수 있다.

변론주의가 타 제도와 어떻게 구별되는지를 살펴보면, 먼저 처분권주의와의 구별인바, 변론주의는 소송절차의 개시, 재판의 대상 및 범위, 소송종료를 당사자의 권능으로 하는 처분권주의와 동의어로 사용되는 경우가 있다. 그러나 양자는 당사자주의의 발현이라는 점에서 공통하지만 그 나타나는 부면이 상이하므로 준별하여야 한다. 구술주의와의 구별과 관련해서는 현행 민사소송법은 구술주의를 취하고 필수적 변론의 방식을 취하기 때문에 변론주의는 변론에서 주장된 자료가 아니면 소송자료가 될 수 없다는 모습으로 나타난다. 그러나 변론주의는 구술주의와 본질적으로 결합되어 불가분의 관계에 있는 것은 아니다. 왜냐하면 서면주의를 취하면서 변론주의를 관철하는 것도 불가능한 것은 아니기 때문이다. 구술주의, 서면주의는 심리의 방식에 관한 주의이고, 변론주의는 소송자료의 수집에 관한 주의이다.

아. 적시제출주의: 기존에 구 민사소송법에서는 당사자가 변론종결에 이르기까지 어느 때라도 공격·방어방법을 제출할 수 있고 그 제출에 시기적·태양적 제한을 두지 않는다는 것으로 동시제출주의, 법정순서주의(독일 보통법 시대의 유물)에 대응하는 제도인 수시제출주의를 채택한 바 있었으나, 현행 민사소송법에서는 적시제출주의를 명문으로 규정하고 있다(제146조). 이는 수시제출주의가 소송진행 상황에 맞추어 수시로 주장하거나 증거를 제출토록 하는 나름의 장점을 갖고 있었으나, 소송지연의 도구화, 제1심 경시 풍조의 만연 등으로 인해 수시제출주의 제한의 필요성이 제기되었고 민사소송법 개정에 있어서 적시제출주의로의 전환을 가져오게 되었다. 아울러 제149조의 실기한 공격방어방법의 각하에 관한 규정을 적시제출주의에 위반한 경우의 실권효에 관한 규정으로 그 성격을 바꾸었다.

적시제출주의는 변론주의가 적용되는 범위에 한정되며, 직권탐지주의나 직권조사사항에 대해서는 그 적용이 배제된다.

(3) 변론준비절차

가. 변론의 준비란 변론의 집중적이고 계속적인 심리를 위하여 주로 쟁점과 증거의 정리를 목적으로 행하여지는 절차를 말한다. 구 민사소송법에 있어서 변론의 준비를 위한 절차는 합의제 사건에 있어서 변론에서의 심리를 집중적·능률적으로 추진하기 위해 마련된 수명법관주재의 변론의 예행절차였으며, 지법합의부 이상의 절차에서만 적용되었고 변론의 예행절차로서 수명법관이 쟁점의 확정, 증거의 정리를 행하였으나, 변론을 위한 준비절차와 변론절차로 나누는 불편, 준비절차에서 당사자의 소송자료 제출의 무성의로 인한 소송지연 및 시간낭비, 준비절차를 진행하여야 할 법정의 부족 등의 이유로 인하여 실무상 그 효용성을 거의 상실하여 사문화되다시피 하였다.

나. 현행 민사소송법에서는 집중심리주의를 취하고 있고, 제1회 변론기일 전에 쟁점 및 증거를 적확하게 정리해서 증명의 대상이 될 사실을 명확히 하여 효율적인 증거조사가 실시될 수 있도록 하고 있다. 쟁점정리절차 중에 사건의 승패에 대하여 예측이 가능한 경우 그 단계에서 사건의 화해를 시도하거나 원고가 소를 취하할 수 있도록 하고 있으며, 쟁점정리 후 조정에 의한 해결이 바람직할 경우 조정에 부칠 수 있도록 하고 있다. 이러한 제도적 방안을 통해 변론준비절차의 효용성을 증대시키고 있다.

다. 변론준비절차에서는 주장과 증거를 정리하여 소송관계를 뚜렷이 하여야 하며, 기간을 정하여 준비서면 등을 제출, 교환하게 하거나 주장 사실을 증명할 증거를 신청하게 하는 방법으로 진행한다. 변론준비절차는 제1회의 변론기일 전에 열리는 것이 원칙이지만, 소의 변경이나 반소의 제기 등으로 인하여 사건이 복잡하게 된 경우 등 특별한 사정이 있는 경우에는 변론기일을 연 뒤에도 사건을 변론준비절차에 회부할 수 있도록 하였다(제279조 제2항).

라. 민사소송법 제287조 제1항과 제3항에서는, 변론준비기일을 거친 경우에 한정하여 당사자는 변론준비절차의 결과를 변론기일에서 진술하도록 하고, 법원은 변론준비절차에서 정리된 결과에 따라 바로 증거조사를 하여 가급적 1회의 변론으로 심리를 종결하도록 하고 있다. 새로운 심리방식에서는 변론준비기일에서 정리된 결과를 실질적으로 변론에 상정하는 절차가 반드시 필요하다. 따라서 법원과 당사자가 개정 즉시 변론준비기일조서

를 토대로, ⅰ) 변론준비기일에서 정리한 당사자의 사실상·법률상 주장의 개요, ⅱ) 당사자의 주장 중 다툼이 없는 부분과 증거에 의하여 확정하여야 할 쟁점, ⅲ) 이미 제출된 증거들과 법정에서 신문할 인증 등을 확인하고 변론에 상정한 다음 증거조사에 들어가게 된다.

(4) 변론기일과 당사자의 불출석

가. 최초의 변론기일은 재판부 사정에 따라 다르지만 보통의 경우라면 소장이 제출되고 나서 1~2개월 정도가 지나서 열리게 된다. 변론기일은 사건과 당사자의 호명으로 시작된다. 즉, 재판장이 사건번호를 부르고, 원고와 피고의 이름을 부르면 원고와 피고가 법대 앞에 나와 선다. 제1차 변론기일의 변경은 양 당사자의 합의만 있으면 당연히 기일변경이 허용된다. 이 경우 합의서나 상대방의 동의서를 첨부하여 기일변경신청서를 해당 법원에 직접 또는 우편으로 기일 전에 제출하여야 한다. 제2차 이후 기일의 변경은 현저한 사유(예: 자기 가족의 혼례·장례에 참석하는 경우, 당해 기일의 통지를 받기 전에 다른 법원으로부터 통지를 받은 경우 등)가 있는 때에 한하여 법원의 허가를 받아야만 변경될 수 있다. 이 경우 현저한 사유를 소명할 수 있는 자료를 첨부하여 법원에 기일변경신청서를 제출하여야 한다.

나. 만약 원고는 출석했는데 피고가 적법한 송달을 받고서도 나오지 않았으면 자백한 것으로 간주되어서 원고가 승소하게 된다(자백 간주). 그러므로 자백 간주 여부를 판단하는 데 있어서는, 과연 피고가 적법한 송달을 받았는지가 매우 중요하다. 피고에게 적법한 송달이 없었다면 피고는 소송이 제기되었다는 사실을 알지도 못하고 있는 셈이므로 원고의 일방적인 공격모습만을 보고 피고에게 패소판결을 하는 것은 매우 부당하다고 하겠다.

다. 원고, 피고가 모두 송달을 받았는데도 불출석하는 경우가 있을 수 있는데, 이 경우에는 다시 기일을 정하여 재소환하고, 원고가 출석하여 소장을 진술한 경우, 피고가 답변서 기타 준비서면을 제출하지 않았을 때에는 원고 주장 사실이 전부 진실하다고 인정할 수 있고, 피고가 답변서 기타 준비서면을 제출하였을 때에는 그 서면을 진술한 것으로 간주하여 재판을 진행할 수 있다.

(5) 통상적인 경우의 변론기일

가. 대부분의 소송에서는 원고와 피고가 모두 출석한다. 변론기일에 원고는 불출석하고 피고만 출석한 경우에는 피고의 진술태도 여하에 따라 효과에 차이가 있다. 먼저 피고가 아무런 진술도 하지 않으면 재판장은 다음 기일을 정하여 원·피고 쌍방을 소환하고 새로 지정된 기일에도 원·피고 쌍방이 불출석하거나, 피고만이 출석하여 그때도 아무런 진술을 하지 않을 때에는 법원은 아무런 기일을 정하지 않고 두었다가 1개월 이내에 원고로부터 기일지정신청이 없으면 소가 취하된 것으로 처리한다.

나. 한편 원고가 불출석하더라도 피고가 원고청구에 대하여 진술한 경우에는 원고의 소장진술을 간주하여 재판을 진행할 수 있다. 즉 원고의 청구를 그대로 인정하거나, 주장사실을 모두 인정하면 증거조사로 나아갈 필요 없이 소송은 이로써 종결한다. 원고의 청구를 그대로 인정하는 것이 이른바 청구의 인낙이다. 청구의 인낙이 있으면 판결을 할 필요도 없이 조서에다 청구를 인낙했다는 취지를 기재하고 그 사건을 끝낸다. 그런데 청구의 인낙은 통상의 소송에서 찾아보기가 극히 드물다. 그 대신에 원고의 주장 사실만을 그대로 인정하면서 다른 법률상 주장을 펴는 예는 가끔 있다. 이 경우에도 증거조사를 할 필요가 없다. 증거조사란 사실관계에 대하여 쌍방 간에 다툼이 있을 때 비로소 하는 것이기 때문이다. 이때는 청구의 인낙과는 달리 판결을 하여야 한다. 물론 판결의 결론은 원고의 승소일 것이다. 예외가 있다면 원고의 주장 사실이 그 자체로서 이유 없는 경우이다. 이때에는 당연히 원고청구가 기각된다.

다. 원고의 청구원인사실에 대하여 피고가 취할 수 있는 태도는 4가지이다. 첫째는 그러한 사실은 없다고 주장하는 '부인'이다. 둘째는 그러한 사실의 존재 여부를 잘 모르겠다고 하는 '부지'이다. 셋째는 그러한 사실을 인정한다고 하는 '자백'이다. 넷째는 아무런 말도 하지 않는 '침묵'이다. 이때 피고가 어떠한 태도를 취하는가는 그 후의 심리전개에 결정적인 영향을 미친다. 자백이 있으면 그 점에 대해서는 증거에 의한 인정은 배제되므로 증거조사를 할 필요가 없다. 침묵의 태도를 취한 경우에도 여러 가지 사정을 종합하여 원고의 주장을 명백히 다투는 것이 아니라고 인정되면 이른바 '자백 간주'가 되어, 자백을 한 경우와 마찬가지의 효과가 미친다. 부인을 한 경우와 부지로 답한 경우는 원고가 증거자료를 제출하여 입증하게 된다. 그런데 여기서 특이한 것은 '항변'이다. 원칙적으로 항변은 상대방의 주장 사실을 인정하면서도 다른 사유로써 그 주장을 무색하게 만드는 것이다.

(6) 준비서면의 작성과 제출

가. 준비서면은 변론에서 진술하고자 하는 사항을 기재하여 법원에 제출하는 서면을 말한다. 민사소송은 주장이나 증거제출의 책임이 당사자에게 있으므로 주장 사실이나 증거방법 등을 준비서면으로 제출할 수 있다. 통상 준비서면에는 사건번호와 당사자, 주장 사실을 논리정연하게 정리하여 기재하고, 주장을 증명하기 위한 증거방법과 상대방의 증거방법에 대한 의견 등을 기재하여야 하며, 준비서면에서 인용한 증거자료는 준비서면을 제출할 때 같이 첨부하여 제출할 수도 있고 부피가 많을 경우에는 변론기일에 법정에서 제출할 수 있다.

나. 준비서면은 소송촉진을 위한 것이므로 상대방이 준비기간을 가질 수 있도록 다음 기일 이전에 미리 제출하여야 한다. 변론기일 직전이나 법정에서 제출하면 소송이 지연되거나 제출하지 않은 것과 같은 효과가 생길 수 있다. 준비서면은 상대방의 수에 상응한 부본을 첨부하여 직접 또는 우편으로 제출할 수 있다.

다. 피고가 본안의 신청을 기재하여 최초로 제출하는 서면을 답변서라고 한다. 법원으로부터 소장부본을 받은 피고는 부본송달일로부터 30일 내에 답변서를 제출하여야 한다. 소액사건의 경우에는 소장부본을 받은 날로부터 10일 이내에 답변서를 제출하여야 한다. 피고가 제출할 답변서에는 사건번호와 당사자, 원고의 주장 사실에 대한 답변을 기재하여야 하며, 주장에 대한 답변은 원고 소장 중 청구원인을 사항별로 인정할 것인가, 부인할 것인가를 구체적 개별적으로 기재하여야 하며 상대방 수에 상응하는 부본을 첨부하고 증거서류는 원본 또는 등본을 상대방 수에 1부를 추가하여 제출하여야 한다.

라. 답변서를 구체적인 내용 없이 단순히 '부인한다' 또는 '모른다'라고만 기재한 채 변론기일에 출석하지 아니할 때에는 진정으로 원고의 제소에 방어할 의사가 없다고 인정되어 무변론판결 등의 불이익을 받게 된다.

(7) **변론재개신청**: 법원에서 판결을 선고할 수 있는 단계라고 생각하여 변론을 종결하였으나, 판결선고 전에 심리미진 부분이 발견되었다든가, 당사자가 미처 주장 혹은 제출하지 못한 주요사실이나 증거를 발견하게 되었다든가, 법관의 이동으로 판결선고를 할 수 없게 된 경우 다시 변론을 열어 심리를 계속하기로 하는 법원의 조치를 변론의 재개라고 한다. 당사자가 새로운 증거를 제출하기 위하여 변론재개신청을 하더라도 이를 받아들이느냐의 여부는 법원의 재량에 속하는 사항이므로 직권발동을 촉구하는 의미로서 변론재개신청서를 제출할 수 있다.

6) 증거조사절차

(1) **개 설**: 증명의 책임은 증명책임을 부담하고 있는 당사자가 지는 것이 원칙이다. 법원은 원칙적으로 원고 또는 피고가 신청한 증거를 조사하면 족하다. 법원은 당사자가 신청한 모든 증거를 조사하여야 하는 것은 아니며, 그중에서 불필요하다고 생각되는 것은 증거신청을 각하하기도 한다. 이를 실무상 '증거의 채부'라고 한다. 증거조사는 원칙적으로 법정에서 이루어지게 되나, 때로는 법정 밖에서 이루어지기도 한다. 예컨대 증인이 병원에 입원 중이면 병원에 출장 가서 증거조사를 하는 수밖에 없을 것이고, 교통사고가 난 현장을 조사하는 경우에도 출장을 가야 할 것이다. 서증은 통상 이를 가지고 있는 당사자가 자기에게 유리한 증거라고 하여 제출한다. 만약 그 서증을 법원에 제출하고 싶지만, 상대방이 이를 가지고 있는 경우라면 이른바 문서제출명령신청을 하게 된다.

서증으로도 밝혀지지 않은 사항의 증명을 위하여, 또는 서증을 보충하기 위하여 증인신청을 하는 것이 통상 소송의 예이다. 증인은 자기의 경험에 의하여 알게 된 사실에 관하여 진술을 한다. 증인은 소송의 제3자이므로 당사자나 법정대리인 등은 증인이 될 수 없다. 증인으로서 출석하여 진술하고 선서하는 의무는 국가의 재판권에 복종하는 자가 지는 일반적 의무이다. 증인신문은 당사자가 주체가 되어 원고와 피고가 한 번씩 순서대로 행한다. 이를 '교호신문'이라고 하는데, 이러한 교호신문방식은 영미법계의 심문방식으로서 당사자주의 이념의 산물이다. 그 증인을 신청한 당사자가 우선 증인을 신문하는데 이를 주신문이라 한다. 재판장은 당사자들의 주신문과 반대신문이 끝나면 보충적으로 신문할 수 있는데, 이를 보충신문이라 한다. 실무에서는 법관들이 소송대리인이 있는 증인신문에 대해서는 잘 개입하지 않는다. 변호사들이 능숙하게 증인신문을 할 수 있기도 하지만 당사자들의 쓸데없는 반발을 초래하는 것을 원치 않기 때문이다. 그러나 일반인들이 직접 증인신문을 할 때에는 개입하여 신문내용을 정리해 주는 것이 불가피하다.

이와 같이 서류와 증인이 증거조사의 대종을 이루는 것이기는 해도 이것만으로 증거조사가 끝났다고 할 수는 없다. 교통사고로 인한 손해배상청구소송의 예를 들면, 현장검증을 하여야 할 수도 있고, 다친 사람이 얼마나 다쳐서 일을 할 수 없게 되었는가를 의사에게 감정하게 하여야 할 것이다. 즉, 법관이 직접 시각, 청각 등의 감각작용에 의하여 물체의 성상이나 사물의 현상을 검사하여 증거자료로 하는 증거조사가 검증이다. 특별한 학식, 경험을 가지고 있는 제3자에게 전문적 지식과 의견을 제시하는 증거조사가 감정이다. 또한 교통사고사건의 형사기록이 검찰청에 있는 경우도 많다. 그러면 검찰청에 그 기록을 보내 달라고 하거나, 직접 검찰청으로 가서 그 기록을 보고 이를 복사해 와야 된다 (이를 서증조사라고 부른다).

그리고 때로는 당사자 본인 및 법정대리인들의 이야기를 듣기도 한다(당사자신문). 그들은 자신에게 유리하게 이야기할 것이 뻔히 예상되므로 그 신빙성이 약하다. 따라서 민사소송은 "당사자신문은 다른 증거조사에 의하여 심증을 얻지 못한 경우 예외적으로 하도록" 규정되어 있다. 이를 당사자신문의 보충성이라고 부르며, 실무상으로 당사자신문을 행하는 예는 비교적 드문 편이다.

(2) **증인의 신청방법**: 증인은 법정에서 구두로 증인의 성명, 지위, 구체적 입증취지를 밝혀서 신청하며, 법원은 당사자의 증인신청에 대하여 채부를 결정할 수 있다. 증인신문 신청이 채택된 때에는 신청한 당사자는 증인신문기일 10일 전까지 증인신문신청서에 신문사항을 기재한 서면 4통(상대방 당사자가 2인 이상일 때에는 그 수에 3을 더한 통수)을 제출하여야 한다. 법원이 증인채택결정을 하였을 경우에 신청인은 증거조사비용(일당, 여비, 숙박료)을 증거 조사기일 전에 법원보관금 취급담당자에게 예납하여야 한다.

만약 증거조사비용을 예납하지 않을 때에는 증인신문을 하지 아니할 수 있으며, 신청인이 증인을 대동한 경우에도 여비 등을 지불할 수는 없다. 그러나 대동한 증인이 여비 등 청구권포기서를 제출한 경우에는 비용예납의무가 면제된다.

(3) **증인에 대한 반대신문방법**: 증인은 신청한 당사자가 먼저 신문하고 그 다음 상대방이 신문하는 방식으로 이루어진다. 이를 보통 반대신문이라고 하는데, 반대신문은 주신문에 의한 증언의 진실성을 알아보려는 것이므로 주신문에 나타난 사항과 이에 관련되는 사항 및 증언의 신빙성에 관한 사항이 아니면 신문할 수 없다. 따라서 신청한 당사자가

먼저 신문할 때 상대방 당사자가 너무 흥분하여 증언을 제대로 듣지 못하면 반대신문을 정확히 못 하게 되니 조용히 경청하면서 반대신문 할 때 물어볼 사항을 메모한 후 반대신문 시 차근차근 물어보아야 한다.

통상 증인신문기일 이전에 상대방으로부터 또는 법원에서 주신문사항을 수령한 다음 주신문사항의 구체적 내용을 반박할 수 있는 내용으로 반대신문사항을 미리 작성하여 법원에 제출하며 이에 따라 신문이 이루어진다. 그러나 반대신문사항으로 작성하지 않은 사항이라도 주신문사항과 관련된 것이면 추가적으로 신문이 가능하다.

(4) **검증 및 감정의 신청방법:** 검증 또는 감정은 우선 법정에서 구두로 검증 또는 감정을 하려는 사항과 그 입증취지를 밝혀 신청을 하여야 하고 이에 대하여 재판장은 채부의 결정을 할 수 있다. 재판장이 당사자의 검증·감정의 신청을 증거로 채택하면 빠른 시일 안에 법원에 검증·감정 신청서를 제출하고 참여사무관 등에게 납부하여야 할 검증·감정 비용을 확인한 다음 검증·감정할 위치를 알려 주어야 한다. 만약 검증·감정비용을 예납하지 아니하면 검증·감정을 실시하지 않는 불이익을 받을 수 있다.

(5) **법원의 서증조사 신청방법:** 법원 외 서증조사라 함은 제3자가 소지하고 있는 문서를 문서제출명령이나 문서송부촉탁 등의 방법으로 끌어내기 어려운 사정이 있을 때 법원에 신청하여 그 문서소재장소에 가서 당사자로부터 서증신청을 받아 조사하는 증거조사방법이다. 이것은 주로 미완결사건의 기록이나 기소중지 중인 수사기록에 대하여 주로 이루어지고 있으며, 최근에는 인증등본의 송부촉탁신청을 더 많이 신청하고 있는 추세이다.

법원으로부터 서증조사신청이 채택되면 서증조사의 대상인 문서의 보관장소 및 문서의 번호를 확인하여 법원 외 서증조사신청서를 제출하고 참여사무관 등에게 서증조사에 필요한 출장여비 등 비용을 확인하여 보관금취급담당자에게 예납하여야 한다. 서증조사기일에는 서증조사 장소에 출석하여 서증의 등본을 작성하여 서증으로 제출하여야 한다.

(6) **서증의 인부방법:** 증거로 서증이 제출되면 법원은 상대방에게 그것이 진정한 것인가의 여부를 묻게 되는데 이때 대답하는 방법은 성립인정, 부인, 부지 중 한 가지로 대답하여야 한다. 성립인정은 상대방이 주장하는 바와 같이 작성자가 작성한 문서라는 사실을 인정한다는 취지이고, 부인은 작성자로 주장하는 사람이 작성하지 아니한 것이라는 취지이며, 부지라 함은 작성자라고 주장하는 사람이 작성한 것인지 아니면 가짜인지 알

수 없다는 것이다.

(7) **문서송부촉탁 신청방법**: 문서송부촉탁이란 문서의 제출의무가 있든 없든 가리지 않고 그 문서소지자를 상대로 그 문서를 법원에 송부하여 줄 것을 촉탁하는 절차를 말한다. 국가기관, 법인, 학교, 병원 등이 보관하고 있는 문서를 서증으로 제출하고자 할 경우에 흔히 이용되고 있다. 법원으로부터 문서송부촉탁의 증거가 채택되면 문서가 있는 장소와 그 문서의 번호 등을 확인하여 문서송부촉탁서를 빠른 시일 안에 해당 법원에 제출하여야 한다. 문서의 보관장소 및 번호가 정확하지 않으면 송부촉탁을 할 수 없는 경우가 발생할 수 있으며 촉탁한 문서가 법원에 도착하면 변론기일에 그 문서를 서증으로 제출하여야 한다.

(8) **문서제출명령 신청방법**: 문서제출명령이란 어느 문서를 서증으로 제출하고자 하나 이를 상대방 또는 제3자가 소지하고 있기 때문에 직접 제출할 수 없는 당사자가 그에 대한 문서제출명령을 구하는 신청으로서 신청서에는 문서의 표시와 취지, 소지자, 증명할 사실, 제출의무의 원인을 명시하여야 한다. 문서제출명령은 문서의 소지자에게 문서제출의무가 있는 경우에만 발할 수 있는바, 다음과 같은 경우가 이에 해당한다.

① 상업장부는 언제나 제출의무가 있음
② 상대방이 소송에서 인용한 문서를 스스로 소지하고 있는 경우
③ 신청자가 문서소지자에 대하여 실체법상의 인도나 열람을 구할 권리가 있는 경우
④ 문서가 신청자의 이익을 위하여 작성되었거나 신청자와 문서소지자 간의 법률관계에 관하여 작성된 것인 때

(9) **자유로운 심증형성**: 증명의 대상이 되는 것은 보통의 경우 사실이다. 사실에는 법률요건에 직접 해당하는 주요사실뿐만이 아니라 주요사실을 추인시키는 간접사실도 있고, 증거방법 등을 명백히 하기 위한 보조사실도 있다. 법규의 증명이 필요하게 되는 것은 외국법, 관습법 등의 경우이다. 이 증명을 위해서는 법률가 등의 감정을 요할 때도 있다. 그러나 자백, 의제자백, 공지의 사실, 법원에 현저한 사실에 대해서는 증명할 필요가 없을 것이다. 그리하여 이것들을 불요증사실이라고 부른다.

이상과 같은 증거조사결과, 어떠한 사실인정을 할 것인가는 전적으로 법관에게 달려

있는바, 이를 자유심증주의라고 한다. 법률에 의하여 증거능력을 극도로 제한한다든지 증거가치판단의 준칙을 정해 두지 않고 법관의 식견을 존중하여 그 자유로운 판단에 따른다는 원칙이다.

7) 소송의 종료

소송이 종료되는 경우로서는 소의 취하, 소의 취하간주, 청구의 포기·인낙, 화해 등의 경우이다.

(1) **소가 취하 간주된 경우:** 당사자 쌍방이 같은 심급에서 2회에 걸쳐 불출석한 경우 그로부터 1개월 이내에 기일지정 신청을 하지 않으면 소가 취하된 것으로 의제되어 취하가 확정된다. 그러나 1개월 내에 기일지정신청을 하면 소송이 다시 진행되어 재판을 받을 수 있다. 여기에서 당사자 쌍방이 2회에 걸쳐 불출석했다는 것은 쌍방이 모두 결석한 경우, 출석하였지만 모두 변론하지 않은 경우, 당사자 일방은 결석하고 상대방 당사자는 출석하였으나 변론하지 않은 경우 등이 2회인 경우를 말한다. 기일지정신청은 우편으로도 제출할 수 있다.

(2) **소의 취하:** 소의 취하는 소 제기 후 종국판결의 확정에 이르기까지 할 수 있으므로 항소심이나 상고심에서도 할 수 있다. 또한 수 개의 청구 중 일부는 물론이고, 1개의 청구 중 일부도 취하할 수 있다. 그러나 소의 취하는 상소(항소, 상고)의 취하와는 효력이 다르므로 주의하여 신중히 하여야 한다. 상소의 취하는 원판결을 그대로 유지하면서 확정시키는 효력이 있는 반면, 소의 취하는 이미 행한 판결도 효력이 없게 되는 것이다.

소의 취하는 서면으로 하여야 하며 소장이 이미 상대방에게 송달된 이후에는 상대방의 동의가 없으면 상대방 수에 상응한 취하서 부본을 제출하여야 한다. 변론기일에는 구술로도 취하할 수 있다. 취하서는 본인이나 제출대행 권한이 있는 변호사, 법무사가 제출하는 경우 외에는 본인의 인감증명을 첨부하여야 하고, 우편으로도 제출할 수 있다.

(3) **청구의 포기·인낙:** 청구의 포기(Klageverizicht)란 변론 또는 준비절차에서 원고가 자기의 소송상의 청구가 이유 없음을 자인하는 법원에 대한 일방적 의사표시를 말한다. 청구의 인낙(Klageanerkenntnis)은 피고가 원고의 소송상의 청구가 이유 있음을 자인

하는 법원에 대한 일방적 의사표시를 말한다. 이를 조서에 기재하면 확정판결과 동일한 효력을 갖게 되며 소송은 종결케 된다. 당사자 일방에만 불리한 진술을 말한다. 청구의 포기·인낙은 당해 소송의 변론, 준비절차에서 법원에 대해 하는 진술로서 소송법상의 효과를 발생케 한다.

이는 소송상의 청구에 대한 직접적이고 무조건의 불리한 진술을 말한다. 소송상의 청구를 그 대상으로 하며 청구의 여부에 대한 법원의 심판이 전면적으로 배제된다. 법률적 판단을 요하지 않으며 청구의 인낙은 피고만이 가능하다. 또한 무조건적이어야 한다. 근자에 독일에서 제한부 인낙이론(eingeschrknktes Aner-kenntnis)이 대두되고 있다. 피고가 인정한 일부 법률효과의 한도 내에서는 법원은 본안 심리 없이 그대로 판결의 기초로 삼아야 하며, 피고는 통상의 인낙의 경우와 마찬가지로 이를 철회할 수 없고 만일 원고가 청구취지를 그에 맞추어 청구를 감축하면 통상의 인낙과 마찬가지의 효과가 발생하는데 이는 청구의 질적 일부 인낙이라 하겠다. 이는 소송상의 화해의 경우와 같이 판결에 의하지 아니한 소송종료원인이라 하겠다.

소의 취하는 다음의 점에서 청구의 포기와 구별된다. 소의 취하로 인해 소가 소급적으로 소멸케 되어 처음부터 소가 계속하지 않았던 것으로 되는 데 반해, 청구의 포기는 원고 패소의 확정판결과 동일한 효력을 갖게 된다. 종국판결 후 소를 취하한 경우에는 재소가 금지됨에 반해, 청구의 포기 시에는 기판력으로 인해 신소를 제기하는 것이 허용되지 아니한다. 소 취하의 경우 피고가 응소한 경우에는 피고의 동의를 요하나, 청구를 포기하는 경우에는 상대방의 승낙이 필요치 않다. 소의 취하는 직권탐지주의가 적용되는 절차에서도 적용되나, 청구의 포기는 직권탐지주의가 적용되는 영역에서는 허용되지 아니한다.

(4) 화 해: 민사소송상 행하여지는 재판상 화해는 크게 소송 계속 전에 지방법원 단독판사 앞에서 하는 제소 전 화해와 소송 계속 중에 행하여지는 소송상 화해로 나눌 수 있다. 이 제도는 재판 이외의 분쟁해결 방식(ADR) 중의 하나로 당사자의 자주적인 의사에 따른 분쟁해결에 그 주안을 두는 제도이다. 재판상 화해에 의한 분쟁해결 시의 장단점은 다음과 같다.[11] 먼저 장점을 살펴보면, 첫째로, 화해는 호양(互讓)에 의한 자주적 분쟁해결 방식이므로 판결에 의하는 경우보다 장래에서의 양 당사자의 거래와 교제를 지속함에 있어 더욱 자연스러울 수 있다. 즉, 극한적인 감정대립관계를 둔화시켜 종전처럼 거래관

---

11) 김홍규, 524~525면.

계를 유지시킬 수 있다. 둘째로, 화해의 경우는 굳이 실정법에 얽매일 필요가 없으므로 예를 들어 의료과오 등과 같은 분쟁을 해결함에 있어 더욱 적절할 수 있다. 셋째로, 화해를 많이 이용함으로써 사건의 신속한 처리를 가능케 하고 당사자도 보다 신속한 구제를 받게 된다. 따라서 이를 통한 소송지연의 해소와 비용절감의 효과를 가져올 수 있다. 넷째로, 소송물 이외의 법률관계뿐만 아니라 당사자 이외의 제3자도 포함시켜 포괄적인 분쟁해결수단이 된다. 현대형 분쟁의 특성을 고려해 보건대 관련 당사자들을 참여시켜 이를 일거에 해결할 수 있다면 법원의 업무부담을 덜 뿐 아니라 사법질서의 유지 내지는 사법상의 분쟁해결의 통일을 기할 수 있어 법원에 대한 국민의 신뢰를 드높일 수 있을 것이다.

단점으로서는, 먼저 화해가 경제적·사회적 약자에게는 오히려 강자의 요구를 강요하는 수단으로 이용될 수 있다는 점이다. 이는 화해에 의한 분쟁해결 시에는 양 당사자의 대등한 힘이 그 전제가 되는데 만일 불균형이 있는 상태하에서의 화해는 강자에 의해 악용수단화될 수 있다는 점이다. 둘째로는, 화해에 의한 분쟁해결이 법률의 규정에 의한 권리구제를 차단하는 수단으로 악용될 수 있다는 점이다. 즉, 우리의 경우처럼 법률에 의한 분쟁해결이 충분히 정착되지 아니한 경우에는 화해의 권유가 자칫 법률에 의한 분쟁해결을 가로막는 한 방편으로 이용되지는 않을까 하는 우려라 할 수 있다.

8) 심리의 종결과 판결

(1) 심리종결 및 판결서의 작성: 증거조사절차가 끝나면 심리를 종결하게 된다. 이를 실무상에서는 '종심'이라고 줄여 부른다. 이에 앞서 당사자들은 최종변론을 하게 되는데, 이는 최종준비서면이라는 형태로 하는 때가 많다. 법정에서 변론을 행할 만한 시간적 여유가 없기 때문이며 또 그동안 준비서면을 충분히 제출해 왔기 때문이다. 심리를 종결하면 법관들은 그동안 제출된 준비서면과 증거서류가 묶여 있는 소송기록을 약 2~3주 살피게 된다. 그동안 여러 사건이 결심되었을 것이므로 여러 건을 한꺼번에 보게 된다. 그동안의 심리과정에서도 어느 정도의 심증이 형성되었겠지만, 이 단계에서 결정적으로 심증이 형성되게 되고, 이를 토대로 판결을 하게 된다.

물론 합의부의 경우에는 합의부원 간에 합의를 한다. 즉, 법관 각자의 심증을 이야기하고, 상호 간의 차이점과 의문점을 살펴본 다음에 최종결론에 이른다. 극히 드물기는 하지만 법관들 간에 의견차이가 생겨서 다수결에 따르는 때도 있다. 그러나 법관들 간에 의견차이가 생긴다고 하여도 통상은 표결을 하지 않고 토론의 과정에서 의견의 일치를 도모하여, 이 과정에서는 부장판사의 의견의 영향력이 배석 판사들의 영향력보다 더욱 큰 것도 사실이다. 판결의 선고는 판결원본에 의하도록 되어 있는데 컴퓨터의 발달로 판사들이 직접 작성하고 있다.

(2) 판 결: 판결에는 소송판결과 본안판결이 있다. 소송판결이란 소송요건에 흠결이 있을 때 소를 부적법하다 하여 각하하는 종국판결이다. 본안판결이란, 본안에 대해 그 당부를 살핀 판결이다. 본안판결에는 이행판결, 확인판결, 형성판결이 있다. 이행판결이란 "피고는 원고에게 금 ○○원을 지급하라"라는 것이고, 확인판결이란 "…는 원고의 소유임을 확인한다"라는 것이고, 형성판결은 "원고와 피고는 이혼한다", "… 임대차계약을 해지하라"라는 것이다. 판결이 내려진 다음에도 판결을 고치는 경우가 있는데, 즉 판결에 기술적인 과오가 있는 경우 등이다. 즉, 판결에 위산, 오기 기타 이와 유사한 명백한 과오가 있을 때에는 법원은 신청 또는 직권으로 언제라도 경정결정을 할 수 있다. 이것을 판결의 개정이라고 부른다. 실무상으로도 가끔 계산상의 실수나 타자의 미스가 나오기 때문에 개정결정을 하는 때가 있다.

판결이 내려지고 이것이 확정되면 기판력, 집행력, 형성력 등 판결의 여러 효과가 발생하게 된다. 당사자들도 판결에 기속되고, 법원도 기속된다.

9) 재판에 대한 불복절차 – 상소제도와 재심제도

(1) 상소의 의의와 목적:

상소(Rechtsmittel)란 재판확정 전에 당사자가 상급법원에 대하여 그 취소, 변경을 구하는 불복신청을 말한다. 상소는 재판의 확정 전에 그 취소 또는 변경을 구하는 통상의 불복신청방법이다. 따라서 상소가 제기되면 재판의 확정은 차단되고, 종전의 소송절차의 속행으로서 당해 재판의 당부를 판단하기 위하여 심판이 행하여진다. 이러한 점에서 소송종결 이후에 판결의 확정력을 제거하기 위해서 행하여지는 재심의 소와 구별된다. 상소는 상급법원에 불복하는 것이므로 상소심의 소송물은 제1심의 소송물과 같다. 재판장·합의부원·수명법관 또는 수탁판사의 명령에 대한 이의신청(제138조, 제441조), 지급명령에 대한 이의신청(제469조 제2항), 가압류 및 가처분명령에 대한 이의신청(민집 제

283조, 제301조) 등은 불복신청이 당해 재판을 한 같은 심급의 원심법원에 한다는 점에서 상소와는 구별된다.

상소제도는 당사자의 권리구제, 재판에 대한 국민의 신뢰유지 및 법령적용해석의 통일을 기하기 위한 재판의 적정에 이바지하기 위해서 존재하는 제도이다. 이를 구체적으로 살펴보면, 먼저 상소제도는 부당한 재판에 의하여 당사자가 받는 불이익을 구제하는 제도이다. 이는 재판에 대한 국민의 신뢰유지와 연결되는데, 이를 위해서는 소송상 동일한 사건의 심판을 1회로 끝내지 않고 다시 상급법원에서 반복하게 함으로써 그 잘못을 바로잡는 과정이 필요하다고 하겠다. 이를 통해 당사자의 권리보호에 일을 더 만전을 기할 수 있을 것이다. 또한 법령해석의 통일을 들 수 있다. 이는 재판이 다수의 법원에서 행하여짐으로 인하여 법령의 해석과 적용에 있어 그 통일을 기하지 못하는 경우가 빈번하게 나타나므로 대법원이 이러한 판단을 최종적으로 함으로써 하급심법원의 재판 및 법규가 의미하는 바를 통일적으로 파악할 수 있도록 하는 데 그 의미가 있다. 그러나 상소제도는 재판의 적정에 이바지하기 위한 제도이나 소송촉진이나 소송경제의 요청과는 모순되는 점에서 그에 대한 제한의 필요성이 있다.

(2) 상소절차

가. 항소절차: 항소는 항소심법원에 대하여 제1심 종국판결의 취소나 변경을 구하고자 심리의 속개를 요청하는 불복신청이다. 그리하여 지방법원 단독판사나 지방법원 합의부의 제1심 판결이 항소에 의하여 제2심의 사실심절차로 옮겨 간다. 불복이유에 관해서는 사실문제이거나 법률문제이거나 제한이 없고, 당사자의 권리를 보호하여 재판의 적정을 확보하는 데 주안점을 두는 절차이다. 불이익한 판결을 받은 제1심의 당사자나 독립당사자 참가인, 보조참가인, 그리고 변론종결 후 중단된 항소절차에서 적법하게 수계한 자 또는 인사소송의 당사자로 된 제3자나 검사는 제1심 종국판결에 대하여 항소의 대상이 된다. 항소비용의 재판은 본안의 재판과 같이 하지 않는 한 항소할 수 없으며, 비약상고의 합의나 일반적 불항소의 합의가 있는 경우에는 항소할 수 없다.

항소심의 구조에 관해서는 입법례에 따라서 세 가지 형태로 구별된다. 복심주의는 항소심이 제1심의 심리와 관계없이 새로이 재판하는 구조이고, 사후심주의는 제1심판결의 절차 및 내용에 잘못이 없는지를 제1심에서 제출된 소송자료의 범위 내에서 재검토하는 입장이다. 이에 대하여 속심주의는 제1심의 변론·소송자료를 전제로 함과 동시에 다시 변론을 열어 변론의 갱신권이 부여된 당사자가 제출한 신자료를 종합하여 제1심판결의 사실상 및 법률상의 잘못을 시정하는 주의이다. 변론의 갱신권이 무제한 인정되면 복심이고, 이를 제한하거나 인정하지 아니하면 사후심 또는 제한항소주의가 되며, 속심제와 사후심제의 절충형태이다. 우리나라의 항소심은 원판결의 당부를 사실의 면과 법률적인 면에서 심사하는 사실심이며 제1심의 심리절차와 소송자료를 바탕으로 심사하는 사실심이며 제1심의 심리절차와 소송자료를 바탕으로 하면서 다시 이에 새로운 자료를 추가하게 하며 제1심 판결의 당부를 판단하는 속심적 구조를 가지고 있다.

항소는 판결문을 송달받기 전에도 할 수 있고, 송달받은 날로부터 2주일 이내에 원심법원에 항소장을 제출하여야 한다. 2주일의 기간은 항소장이 원심법원에 접수된 날을 말하며, 항소장이 원심법원이 아닌 항소법원에 잘못 제출되어 원심법원으로 송부된 경우에는 원심법원에 도착 시를 기준으로 하여 항소기간 준수 여부를 가리게 되니 착오가 없도록 하여야 한다. 항소장에는 항소인과 피항소인, 제1심 판결의 표시와 그 판결에 대한 항소의 취지를 기재하여야 한다. 제1심 판결의 표시는 보통 제1심 법원명, 사건번호, 사건명, 선고일자, 주문 등을 기재하고 있다. 항소장에는 항소이유를 기재하여도 좋고 나중에 준비서면으로 제출하여도 무방하다. 판결을 받은 당사자 쌍방이 항소하지 아니하기로 합의한 경우에는 항소권이 없다.

나. 항고절차: 항고는 판결 이외의 재판인 결정과 명령이 위법임을 주장하고 그 취소나 변경을 구하는 독립한 불복신청방법으로서의 상소이다. 따라서 항고는 특정한 결정·명령에 불복하는 이의와 다르다. 항고제도는 소송절차가 진행됨에 따라 생겨나는 절차상의 파생적 다툼을 종국판결의 상소 시까지 기다리지 않고도 본안과 별도로 간이절차에 거쳐 신속한 처리를 그 목적으로 한다. 즉, ⅰ) 종국판결에 이르지 아니하고 따라서 그에 대한 상소의 기회가 없는 결정·명령, ⅱ) 종국판결이 내린 뒤에 생긴 사항에 관한 결정·명령, ⅲ) 판결의 명의인이 아닌 제3자에 대하여 부수적으로 내려진 결정·명령, ⅳ) 본안재판과 더불어 병행할 수 있다 하더라도 그 사항이 절차적·파생적 사항에 관한 결정·명령 등에 대하여 독립한 불복의 길을 열기 위한 제도이다. 그렇게 함으로써 소송경제에도 합치하고 항소나 상고를 제기할 수 없는 제3자 예컨대 증인 등에게 재판의 시정을 구할 길을 열어 줄 필요가 있기 때문이다.

다. 상고절차: 상고는 상고권자가 고등법원이 제2심 또는 제1심으로서, 선고한 종국판결과 지방법원 본원합의부가 제2심으로 선고한 종국판결, 또는 비약상고의 경우에는 제1심의 종국판결에 대한 법률위반을 이유로 하여 그 취소 변경을 상고법원에 구하는 상소이다. 상고제도는 법령의 전국적 해석 적용의 통일과 적정재판을 통한 당사자의 권리구제에 그 목적이 있다. 그런데 우리나라에서는 법률의 위헌 여부에 대한 조사만이 헌법재판소에 속하고 그 외의 일체 사건은 대법원에 최종적으로 귀일되도록 되어 있다는 점에서 당사자 보호의 목적과 함께 법령해석의 통일, 즉 재판권의 통일적 행사에 더 중점을 둔 듯한 감이 있다.

상고장은 판결이 송달된 날로부터 2주일 내에 원심법원(항소심법원)에 제출하여야 하며, 상고장에는 상고인과 피상고인의 이름 및 주소를 기재하여야 하고 항소심판결의 표시와 상고취지를 기재하여야 한다. 항소심판결의 표시는 법원명, 사건번호, 사건명, 선고일자, 주문 등을 기재한다. 상고장에는 상고이유를 기재하여도 좋으나 이유를 기재하지 않은 경우에는 소송기록접수의 통지를 받은 날로부터 20일 이내에 상고이유서를 제출하여야 하며 이를 제출하지 않으면 상고를 기각한다. 상고이유서는 상대방 당사자 수에 6을 더한 수의 부본을 첨부하여 제출하여야 한다. 상고장에 첨부할 인지액은 제1심 소장에 첨부할 인지액의 2배액을 첨부하여야 한다.

(3) 재심절차

재심은 이미 확정된 종국판결에 대하여 기판력에 따른 효력을 유지할 수 없는 중대한 하자가 있을 때 판결을 한 법원에 대하여 그 판결을 취소하고 소송을 판결 전의 상태로 회복시켜 다시 변론절차에 돌아가서 재판할 것을 구하는 특별한 불복신청방법이다. 재심의 소는 원판결 취소와 본안에 관한 새로운 변론 및 재판이라는 두 가지 목적을 가지고 있다. 이는 확정판결이 담고 있는 하자가 너무도 중대한 경우에 법적 안정성보다 구체적 정의를 도모하려는 제도이다.

재심은 확정된 종국판결의 효과를 제거함을 청구의 내용으로 하므로 미확정판결에 대한 불복방법인 상소와 다르고 소송법상 형성의 소이며, 원소송사건에 부수하는 불복의 소이다. 재심의 소는 판결확정 후 동일 심급에 의한 심사를 구하는 것으로서 확정차단 및 이심의 효력이 없다는 점에서 상소라기보다는 일종의 이의라고 하겠다. 그러나 재심은 확정판결의 소급적 취소를 구하는 점에서 확정판결을 취소하는 것이 아니라 사후의 사유에 의한 집행력의 소멸을 구하는 청구이의의 소와도 다르다. 재심은 판결 전의 절차와 자료와의 하자를 그 이유로 삼는 것이므로 판결 후의 상소제기의 장애를 이유로 하는 상소의 추완과도 다르다.

10) 특수절차

민사특수절차로는 소액사건심판절차, 독촉절차, 공시최고절차 그리고 형사배상명령제도가 있다.

(1) 소액사건심판절차

가. 소액사건의 내상: 소액사건은 소송목적의 값이 2,000만 원을 초과하지 아니하는 금전 기타 대체물, 유가증권의 일정한 수량의 지급을 청구하는 사건을 대상으로 한다. 따라서 소송목적의 값이 2,000만 원을 넘지 아니하는 경우라도 부동산 등 특정물에 관한 청구는 소액사건의 대상이 되지 않는다.

나. 소액사건의 소 제기 방법: 소액사건의 소는 구술로써도 제기할 수 있다. 구술로써 소를 제기하려면 소송에 필요한 증거서류와 도장, 인지대, 송달료 등을 준비하고 상대방의 주소, 성명을 정확히 알아서 법원 소장접수 담당사무관 등에게 제출하고 면전에서 진술하면 법원사무관 등이 제소조서를 작성하는 방식으로 소를 제기할 수 있다.
당사자가 직접 소장을 작성하여 제출하고자 하는 경우에는 다음 면에 수록된 소액사건 소장양식 또는 앞부분에서 안내해 드린 '소장제출 안내 및 양식'을 참조하거나, 각 법원 또는 시·군법원 민원실에 비치되어 있는 각종의 소액사건 소장양식 및 소장 작성요령에 따라 작성하여 제출하시면 된다.

다. 소액사건심판절차에 있어서의 특징: 소액사건의 신속한 처리를 위하여 소장이 접수되면 즉시 변론기일을 지정하여 원고에게 소환장을 교부하고, 되도록 1회의 변론기일로 심리를 마치고 즉시 선고할 수 있도록 하고 있다. 당사자의 배우자, 직계친족, 형제자매는 법원의 허가 없이도 소송대리인이 될 수 있다. 이 경우 신분관계를 증명할 수 있는 호적등본 또는 주민등록등본 등으로 수권관계를 증명하여야 한다.
법원은 소장, 준비서면 기타 소송기록에 의하여 청구가 이유 없음이 명백한 때에는 변론 없이도 청구를 기각할 수 있다. 증인은 판사가 신문하고, 상당하다고 인정한 때에는 증인 또는 감정인의 신문에 갈음하여 진술을 기재한 서면을 제출케 할 수 있다. 판결의 선고는 변론종결 후 즉시 할 수 있고, 판결서에는 이유를 기재하지 아니할 수 있다.

(2) 독촉절차

가. 개 념

독촉절차란 금전 기타 대체물이나 유가증권의 일정 수량의 지급을 목적으로 하는 청구권에 관하여 채무자가 다툼이 없을 것으로 예상될 경우 채권자로 하여금 통상의 판결절차보다 신속, 저렴하게 채무명의를 얻게 하는 절차로서, 이 절차에 의해 법원은 채권자의 신청서만 검토하고 채무자에게 지급명령을 발하게 된다. 법원이 발한 지급명령에 대하여 상대방인 채무자가 이의를 제기하지 않으면 채권자로서는 신속하게 채무명의를 얻을 수 있지만, 채무자가 지급명령에 대하여 이의를 제기하면 독촉절차는 통상의 소송절차로 이행하게 되며 그 이후는 일반 민사소송절차와 완전히 동일하다.

나. 독촉절차의 특징

ⅰ) 서류심리만으로 지급명령을 발령한다. 독촉절차에서는 법원이 분쟁당사자를 심문함이 없이 지급명령을 신청한 채권자가 제출한 서류만을 심사하고 지급명령을 발령하므로 채권자는 통상의 소송절차처럼 법원의 법정에 출석할 필요가 없고, 그 결과 법정에 출석하는 데에 따른 시간과 노력을 절약할 수 있다.

ⅱ) 신속하게 분쟁해결을 할 수 있다. 독촉절차는 채무자가 주로 대여금, 물품대금, 임대료 등 금전지급채무를 변제하지 않는 경우에 채권자의 지급명령 신청에 의하여 이루어지는 약식의 분쟁해결절차이다. 따라서 채무자가 이의신청을 하면 통상의 소송절차로 이행되지만, 만일 이의신청을 하지 아니하여 지급명령이 확정되면 채권자는 확정된 지급명령에 기하여 강제집행을 신청하여 신속하게 자신의 채권에 대해 만족을 얻을 수 있으므로 신속한 분쟁해결이 가능하다.

ⅲ) 채권자가 법원에 납부하는 각종 비용이 저렴하다. 채권자는 지급명령을 신청할 때에 소송의 반액에 해당하는 수수료와 당사자 1인당 4,520원의 송달료만 납부하면 되므로, 소송절차에 비하여 소요되는 각종 비용이 저렴하다.

ⅳ) 확정판결·조정과는 차이가 있다. 지급명령이 확정되면 확정판결과 동일하게 집행

력이 있기 때문에 채무자가 채무를 성실하게 이행하지 아니하면 확정된 지급명령을 채무명의로 하여 강제집행을 신청할 수 있다. 그러나 확정된 지급명령에는 확정판결이나 조정과는 달리 기판력이 없기 때문에 지급명령확정 전에 생긴 사유를 원인으로 하여 청구이의의 소를 제기할 수 있다(예컨대 채권자가 소를 제기하거나 지급명령을 신청하기 전에 이미 대여금채무의 변제가 이루어졌음에도 채무자가 통상의 소송·독촉절차에서 주장하지 아니한 채 판결·지급명령이 확정된 경우, 확정판결에서는 강제집행을 면하기 위하여 위와 같은 변제를 이유로 청구이의의 소를 제기할 수 없으나 확정된 지급명령에서는 같은 사유로 청구이의의 소를 제기할 수 있다).

　　다. 독촉절차의 구체적 내용
　독촉절차는 신속하고 적은 소송비용으로 민사분쟁을 해결할 수 있다. 그 장점이 있지만, 상대방이 지급명령에 대하여 이의신청을 하면 결국은 통상의 소송절차로 옮겨지는 잠정적 분쟁해결절차이다. 따라서 예컨대 돈을 빌린 사람이 빌린 사실은 인정하면서도 여러 가지 핑계를 대면서 차일피일 미루고 있다. 그렇다면 독촉절차를 이용하는 게 좋겠지만 상대방이 "돈을 빌린 기억이 없습니다"라든지 "이미 갚았다"라고 말하고 있는 경우에는 독촉절차를 이용하기보다는 직접 조정신청 또는 소송을 곧바로 제기하는 편이 더 바람직하다.
　독촉절차의 대상이 될 수 있는 청구는 일정한 액의 금전, 일정한 양의 대체물(예: 일반미 중등품 가마당 ○○kg들이 ○가마) 또는 일정한 양의 유가증권(예: 19○○. ○. ○. 발행 국채 ○○원권 ○○○장)의 지급을 목적으로 하는 청구에만 한정되고, 건물명도·토지인도, 소유권이전등기 청구 등에서는 이용할 수 없게 되어 있다.
　또 현재 변제기가 도래하여 즉시 그 지급을 청구할 수 있는 것이어야 한다. 지급명령신청은 통상의 소송절차와는 달리 청구금액의 많고 적음에 관계없이 채무자의 주소지, 사무소 또는 영업소 소재지, 근무지를 관할하는 지방법원, 지방법원 지원, 시·군법원에 신청서를 제출하면 된다.
　지급명령을 신청할 때 법원에 납부하여야 하는 수수료액수는 아래 표에서 보는 바와 같이 청구금액에 비례하여 증액되고 이 점은 소송절차와 동일하지만 기본적으로 소를 제기할 때 첩부할 인지액의 1/2이고, 예납할 송달료도 당사자 1인당 2회분으로서 소송절차 중 액수가 가장 적은 소액사건(당사자 1인당 5회분임)의 2/5이다.

1,000만 원 미만	청구금액 × 10.000분의 25
1,000만 ~ 1억 원	청구금액 × 10.000분의 22.5 + 2,500 원
1억~10억 원	청구금액 × 10.000분의 20 + 27,500 원
10억 원 이상	청구금액 × 10.000분의 17.5 + 277,500 원

지급명령신청은 본인 스스로 또는 변호사 · 법무사에게 의뢰하여 작성한 지급명령신청서를 법원에 제출하여야 하는데, 신청서에는 채권자와 채무자의 성명, 지급명령 정본을 송달하는 데 필요한 주소 및 우편번호와 연락 가능한 전화 · FAX · 호출기 번호, 청구금액, 그 금액을 청구할 수 있게 하는 이유(예: "채권자는 20○○. ○. ○. 채무자에게 금○○원을 대여하였다"든지 "채권자는 20○○. ○. ○. 채무자에게 ○○을 금○○원에 매도하고 인도하였다"든지 하는 기재와 같이 청구를 이유 있게 하는 사실관계를 간략하고 요령 있게 정리하여 청구원인란에 기재하여야 함)를 빠짐없이 기재하여야 한다.

또 직접 관할 법원에 가면 민사민원상담관의 도움을 받아 법원에 비치된 지급명령신청서 양식을 이용하여 손쉽게 지급명령신청서를 작성하여 제출할 수 있고, 만일 손을 다치는 등으로 스스로 신청서를 작성할 수 없을 때에는 법원직원에게 구술로 신청할 수도 있다. 다만 지급명령신청서 이외에 채권자 또는 채무자가 회사인 때에 대표자의 자격을 증명할 수 있는 회사등기부등본을 제출하여야 하는 것과 같이 일정한 첨부서류를 제출하여야 하는 수도 있다.

지급명령이 발령되면 먼저 채무자에게 지급명령 정본을 송달한다. 그런데 채권자가 지급명령신청서에 기재한 주소에 채무자가 실제로 거주하지 않는 등의 이유로 지급명령 정본이 송달되지 아니하면 법원에서는 채권자에게 일정한 보정기한 내에 송달가능한 채무자의 주소를 보정하거나 주소보정이 어려울 때에는 민사소송규칙 제92조의 3의 규정에 의한 제소 신청을 할 것을 통지한다. 그리고 채권자가 주소보정을 하면 보정된 주소로 재송달을 하고, 제소신청을 하면 통상의 소송절차로 이행되어 처음부터 소를 제기한 경우와 같이 재판절차가 진행된다. 그러나 채권자가 만일 위와 같은 조치를 취하지 아니한 채 보정기한을 도과시킨 경우에는 지급명령신청서가 각하되므로 채권자는 이 점을 주의할 필요가 있다.

한편 채무자가 지급명령 정본을 송달받고도 이의신청을 하지 아니한 채 2주일이 경과한 때에는 지급명령이 확정되고 채권자는 채무를 이행하지 않는 채무자의 재산에 대하여 확정된 지급명령에 기한 강제집행을 신청할 수 있으며, 이러한 경우 채무자로서 강제집행을 정지시키기 위해서는 청구이의의 소를 제기함과 동시에 강제집행정지신청을 제기하는 절차적 부담을 안게 되므로 채무자도 이 점을 주의할 필요가 있다. 따라서 채무자는 지급명령 정본을 송달받으면 신속하게 그 내용을 충분히 검토한 후 불복 여부에 관한 의사를 결정하여 불복이 있으면 2주일이 경과하기 전에 지체 없이 이의신청을 하여야 한다. 채무자의 이의신청은 이의신청서에 "지급명령에 응할 수 없습니다"라는 취지만 명백히 하면 충분하고, 불복하는 이유를 특별히 기재할 필요가 없다.

채무자는 지급명령 정본을 송달받은 후 2주일이 경과하기 전에는 언제든지 지급명령에 대한 이의신청을 할 수 있다. 그리고 이의신청을 하면 지급명령은 그 효력을 상실하고 통상의 소송절차로 옮겨져서, 그 이후에는 청구금액에 따라 2000만 원 이하의 경우에는 소액사건, 1억 원 이하인 경우에는 중액사건, 1억 원을 초과하는 경우에는 합의사건으로서 소송절차가 진행되어 채무자는 일반 수송전차에서처럼 피고의 지위에서 자신의 주장을 법원에 충분히 진술할 수 있는 기회를 보장받게 된다. 그리고 일단 소송절차로 이행된 이상 채무자는 법원이 쌍방 당사자 주장의 당부를 판단하여 판결을 통한 승패를 결정하기 전까지는 채권자의 강제집행을 걱정할 필요가 없다.

(3) 공시최고절차(제권판결)

가. 공시최고의 대상: 유가증권의 성질을 가진 대부분의 증권이 제권판결의 대상이 된다. 따라서 어음, 수표, 주권, 화물상환증, 사채권, 지하철도채권, 전신전화채권, 국채증권 및 그 이권, 국민주택채권, 징발보상증권, 농어촌지역개발채권, 국민투자채권, 재정융자채권, 보훈기금채권, 대외경제협력기금채권, 재산형성저축장려기금채권, 농지채권, 도로국채, 남북협력기금채권, 토지관리 및 지역균형개발특별회계법 제8조의 규정에 의한 채권 등이 모두 제권판결의 대상이 된다.

부동산등기, 자동차등록, 광업등록, 어업등록, 특허등록 등에 있어서 권리자가 의무자의 행방불명으로 인하여 공동으로 어느 등기(등록)의 말소신청이 불가능한 때에도 공시최고절차를 거쳐 등기권리자 단독으로 그 말소등기를 신청할 수 있다.

나. 공시최고 신청방법

ⅰ) 관할 법원: 증권이나 증서를 도난, 분실, 멸실당한 때에는 최종소지인은 이행지(어

음, 수표의 지급지, 화물상환증의 도착지, 창고증권의 보관창고)의 표시가 있는 때에는 그 지방법원, 그 표시가 없는 때에는 발행인의 주소지 지방법원에 유가증권의 무효선언을 위한 공시최고신청을 하여 제권판결을 받을 수 있으며, 그 판결을 얻은 사람은 판결문을 은행에 제시하여 수표금 등의 지급을 구할 수 있다.

ⅱ) 신청서 기재사항 및 소명자료

- 증서의 무효선언을 위한 경우,
  • 증서가 멸실 또는 점유이탈 되었다는 사실을 기재하고 소명자료를 첨부(분실광고한 신문, 경찰서에 도난 신고한 신고증명서, 소방관서의 화재증명서, 은행에서 발행한 미지급 증명서 등)
  • 증서의 중요한 취지와 그 동일성을 인식하기에 충분한 사항
  • 공시최고신청의 권리가 있는 사실(예: 기명식증권의 경우 증서의 등본첨부, 무기명식증권의 경우 발행증명서에 최종소지인을 신청인으로 기재한 발행인의 증명, 위의 경우 외에 신청인으로 하여금 보증금을 공탁하게 하거나 진실함을 선서하게 하여 이에 갈음할 수 있음)
  • 신청서에는 증서의 목록 약 10부 가량을 제출하여야 한다.
  • 인지의 첨부 및 비용의 예납 등
▶ 신청서에는 1,000 원의 인지를 붙여야 한다.
▶ 송달료로 1인 3회분을 납부하여야 한다.
  예: 1(인) × 3(회분) × 2,260(우편요금) = 송달료
▶ 신문공고료는 2,000만 원 이하의 소액증권의 경우 50,000 원, 2,000만 원 초과는 75,000 원을 현금으로 예납하여야 한다.

(4) 형사배상명령제도

형사배상명령은 제1심 또는 제2심의 형사공판절차에서 소송 촉진 등 특별법의 제25조 1항에 규정된 범죄에 관하여 유죄판결을 선고할 경우에 법원이 직권 또는 피해자나 그 상속인의 신청에 의하여 피고사건의 범죄행위로 인하여 발생한 직접적·물적 피해와 치료비의 배상을 명하는 것을 가리킨다. 이 제도는 형사소송에 부대하여 인정되는 부대사

소로서 범죄와 그로 인한 손해에 관한 소송을 병합 심리하여 민·형사 재판 간의 모순 저촉을 피하면서 범죄로 인한 손해를 간이·신속하게 배상해 줌을 목적으로 한다.

형사소송절차 개관

1. 형사재판은 검사에 의하여 기소된 피고인에 대하여 유·무죄를 가리고, 유죄로 인정되는 경우에 형벌을 과하는 형사소송사건에 대한 재판이다. 형사사건에 대한 수사는 사법경찰관 및 검사가 수행한다. 수사기관은 피의자를 체포·구속하지 않고 수사하는 것이 원칙이며, 필요한 경우에는 판사로부터 체포·구속영장을 발부받아 체포·구속할 수 있다. 판사는 피의자의 주거가 없거나 도망 또는 증거인멸의 염려가 있는 경우에 영장을 발부한다. 그러나 현행범인이거나 긴급한 사유가 있는 경우에는 사후에 영장을 발부받을 수 있다. 피의자가 체포·구속되면 진술거부권과 변호인의 도움을 받을 권리가 있음을 고지받을 권리가 있다.

2. 수사단계에서의 피의자 등은 체포·구속영장의 발부가 법률에 위반되거나 구속 후 중대한 사정변경이 있을 경우에는 공소가 제기되기 전까지 관할 법원에 체포, 구속의 적부심사를 청구할 수 있다. 체포·구속 적부심사의 청구가 있는 때에는 법원은 지체 없이 이를 심리하여, 이유 있다고 인정한 때에는 체포·구속된 피의자의 석방을 명한다. 법원은 구속된 피고인 등의 청구에 의하여 또는 직권으로 일정한 보증금을 납부하게 하고 피고인의 석방을 허가할 수 있는데, 이를 보석이라 한다. 보석보증금의 납부는 보석 보증 보험증권을 첨부한 보증서의 제출로써 갈음할 수 있다. 보석을 허가하는 경우에는 피고인의 주거를 제한하는 것이 보통이다.

3. 피고인은 수사단계에서는 물론 공판절차에서도 변호인의 도움을 받을 권리가 있다. 피고인이 사형·무기 또는 단기 3년 이상의 형에 해당하는 죄로 기소된 경우에는 변호인 없이 재판을 할 수 없다. 또한 피고인이 미성년자, 70세 이상 고령자, 농아자 또는 심신장애의 의심이 있는 자인 때와 빈곤하여 변호임을 선임할 수 없어 그 선임을 청구한 때 등의 경우에는 법원에서 피고인을 위하여 변호인을 선임하는데 이를 국선변호인이라 한다.

4. 형사재판은 원칙적으로 검사의 공소제기가 있어야 시작되고 미국이나 영국에서와 같이 배심 또는 피해자 등이 사적으로 공소를 제기할 수는 없다. 한편 검사는 벌금형에 처할 사안이라고 생각하는 경우 법원에 약식명령을 청구할 수 있다. 이 경우 판사는 공판절차 없이 약식명령을 발하는데, 약식명령을 발하는 것이 부적절하다고 인정되는 경우에는 통상재판에 회부할 수 있다. 피고인은 약식명령을 고지받은 날로부터 7일 이내에 정식재판을 청구할 수 있다.

5. 형사재판은 공판기일에 공판정에서 공개하여 진행하여야 하며, 그 절차는 재판장이 피고인의 성명과 연령 등을 묻는 인정신문으로부터 시작된다. 그 후 검사의 기소요지의 진술, 검사의 피고인에 대한 직접신문, 변호인의 반대신문, 증거조사, 검사의 의견진술(구형), 변호인의 변론, 피고인의 최후진술 순으로 진행된다. 판사는 이러한 절차가 끝나면 심리를 종결하고 보통 2주일 후에 판결을 선고한다.

6. 형사재판에 있어서는 검사가 피고인의 유죄를 입증할 책임이 있고, 판사는 검사가 제출한 증거에 의하여 자유로운 심증에 따라 유·무죄를 판단한다. 그러나 피고인의 자백만으로는 유죄를 인정할 수 없고 그 자백이 진실한 것임을 인정할 만한 보강증거가 있어야 한다. 또 피고인의 자백이 고문·폭행·협박·신체구속의 부당한 장기화의 방법으로 얻어지거나 임의로 진술한 것이 아니라고 의심할 만한 이유가 있는 때에는 이를 유죄의 증거로 하지 못한다. 한편, 피고인은 각각의 신문에 대하여 진술을 거부할 수 있는 권리가 있다.

7. 피고인의 혐의사실이 범죄를 구성하고 증거가 충분한 경우에 판사는 유죄판결을 한다. 유죄판결을 하는 경우에는 사형, 징역, 금고, 자격상실, 자격정지, 벌금, 구류, 과료, 몰수의 형을 선고한다. 유기징역이나 금고는 보통 1개월 이상 15년 이하로 하며, 특별히 형을 가중할 경우에는 25년까지 선고할 수 있다. 피고인이나 검사는 제1심 판결에 대하여 불복이 있으면 판결선고일로부터 7일 이내에 항소할 수 있다. 제2심 재판절차도 제1심 재판절차와 별다른 차이가 없으며, 한편 피고인만이 항소한 사건에 대해서는 원심판결의 형보다 중한 형을 선고하지 못한다. 제2심 판결에 대하여 불복할 경우에는 판결선고일부터 7일 이내에 상고할 수 있는데, 상고는 형사소송법이 정하는 일정한 사유가 있어야 한다.

8. 일반 형사재판과는 다른 재판절차가 있는데 그 예로 즉결심판절차와 소년재판을 들 수 있다. 먼저 즉결심판절차는 20만 원 이하의 벌금이나 구류 또는 과료에 처할 범죄사건에 대해 지방법원 또는 지원 및 시·군법원의 판사가 관할 경찰서장의 청구에 의하여 하는 절차이다. 현재 즉결심판의 대상이 되고 있는 범죄는 주로 도로교통법 위반 사건과 경범죄처벌법 위반사건 등이다. 판사는 사건이 즉결심판에 부적절하다고 인정되는 경우에는 즉결심판의 청구를 기각하여야 하며, 이때에 경찰서장은 지체 없이 사건을 검찰에 송치하여야 한다. 즉결심판에 불복이 있으면 7일 이내에 정식재판을 청구할 수 있고, 즉결심판이 확정되면 확정판결과 같은 효력이 있다.

소년재판은 12세 이상 20세 미만의 소년이 범죄 또는 비행을 저지르는 경우에 보호자 또는 학교의 장, 경찰서장, 검사, 판사 등으로부터 소년보호사건으로 처리함이 상당하다고 인정되어 송치되는 소년에 대하여 가정법원 소년부 또는 지방법원 소년부가 이를 심리하고 재판하는 절차이다. 소년보호사건이 소년부에 송치되면 먼저 전문가인 소년조사관이 소년의 범행, 환경 등에 대하여 조사한 후 판사가 이 조사보고에 기초하여 심리를 한다. 소년부판사는 심리의 종결 전후를 막론하고 소년에게 적당한 보호처분을 할 수 있다. 이 보호처분에 의하여 보호관찰관의 보호관찰을 받기도 하고 사회봉사명령·수강명령을 받기도 하며 소년원 또는 소년 보호시설 및 병원에 위탁되기도 한다. 그러나 소년에 대한 보호처분은 그 소년의 장래 신상에 아무런 영향을 미치지 아니한다.

제3절 소송 이외의 분쟁해결제도

Ⅰ. 대체적 분쟁해결(ADR)이란

1. 의 의

대체적 분쟁해결(Alternative Dispute Resolution: ADR/이하 ADR이라 함)이라 함은 형식적으로는 법원에서 행하여지는 소송의 형태 이외의 방식으로 이루어지는 분쟁해결제도를 의미하고, 실질적으로는 법원에서 행하여지는 판결의 형태가 아닌 방식 이른바 화해라든가 조정, 중재 등과 같이 제3자의 관여나 혹은 직접 당사자 간에 교섭과 타협으로 이루어지는 분쟁해결 제도를 말한다.[12] 이러한 것들은 당사자의 자주적 의사에 기초하여 다툼을 해결하기 때문에 분쟁처리의 원만성, 간이·신속성, 비용의 저렴성, 타당성 등을 도모할 수 있을 뿐만 아니라, 법원의 업무도 크게 경감하여 법원으로 하여금 나머지 소송사건에 진력할 수 있는 여유를 주는 등의 장점이 있다 하겠다.[13] 또한 판결에서 발생하게 되는 감정대립의 문제를 어느 정도 방지할 수 있고, 또한 당사자의 임의 변제를 기대할 수 있기 때문에 집행법상의 문제를 수반하지 않으므로 채권의 종국적 만족이 용이하다는 점 등에서 그 실천적 의미가 크다고 하겠다.[14]

---

12) 반흥식, 「소송 외 분쟁해결제도에 관한 연구」, 전북대학교대학원 박사학위논문(1998), 9면.

13) 강현중, 50~53면.

14) 송상현, 「소송에 갈음하는 분쟁해결방안의 이념과 전망」, 『민사판례연구』 ⅩⅣ, 서울: 박영사(1993), 417~418면; 이명우, 「재판상 화해에 관한 연구」, 건국대학교 박사학위논문(1993), 7면.

2. ADR의 기능 및 특성

ADR의 기능으로서는, ① 소송당사자들의 법정에서의 부담과 비용의 경감 및 시간의 절약, ② 법원의 부담과중으로 인한 분쟁해결의 지연 방지, ③ 그로 인한 분쟁해결의 질적 저하의 방지, ④ 법적 분쟁으로 인한 사회적 분열에 대한 신속한 안정, ⑤ 사법적 시스템에 대한 공적 만족감의 충족, ⑥ 국민의 분쟁해결 제도에 대한 접근의 용이함, ⑦ 일도양단적(一刀兩斷的)인 패소에 의한 굴욕감의 완화 등을 들 수 있다.[15)

ADR에 대한 공통적인 특성으로서는, ① 신속하고 저렴한 분쟁해결, ② 분쟁처리과정에서 법원개입의 가급적 배제, ③ 당사자 의사결정의 존중과 변호사 역할의 감소, ④ 최소한의 형식적인 절차, ⑤ 공개적이거나 공공적이 아닌 사적인 절차진행, ⑥ 새로운 재판규범의 형성과 실체법에 대한 구속으로부터의 회피 등을 들 수 있다.[16)

이러한 공통적인 특성과 함께 ADR의 활용도에 대한 관심이 증대되고 있는 것은 ① 비공식화(informalization),[17) ② 비법화(delegalization),[18) ③ 비전문화(depro-fessionalization)[19) 등의 이유에 기인한다고 보인다. 먼저 비공식화는 절차의 경직화, 형해화를 피함과 동시에 절차의 간략화로 인한 국민의 분쟁해결 제도에 대한 접근을 용이하게 함을 의미한다. 그러나 절차의 적정화 내지 절차의 보장이라는 측면에서 문제가 제기되고 있다. 비법화는 분쟁해결의 원만성을 강조하는 것으로 법보다는 조리 또는 상식에 의한 해결, 즉 국민의 감각 내지는 상식(common sense)을 이용하는 해결 방식이라 하겠다. 비전문화는 직업법관이 아닌 비법률가인 시민에 의해 분쟁해결을 시도하는 것을 의미하는데, 해당 사안과 관련한 전문가에 의해 그 분야의 전문성이 활용될 수 있고 사회의 일반적 상식을 반영할 수 있다는 면이 부각된다.

---

15) Stephen B. Goldberg/Frank E. A. Sander/Nancy H. Rogers, "Dispute Rosolution", 2. Ed.(1992), p.8.

16) Burnet, "Questioning the Quality of Alternative Dispute Resolution", 62. Tulane L. Rev., p.11.

17) 절차의 경직화, 형해화를 피함과 동시에 절차의 간략화로 인한 국민의 분쟁해결 제도에 대한 접근을 용이하게 함을 의미한다. 그러나 절차의 적정화 내지 절차의 보장이라는 측면에서 문제가 제기되고 있다.

18) 분쟁해결의 원만성을 강조하는 것으로 법보다는 조리 또는 상식에 의한 해결, 즉 국민의 감각 내지는 common sense를 이용하는 해결 방식이라 하겠다.

19) 직업법관이 아닌 비법률가인 시민에 의해 분쟁해결을 시도하는 것을 의미하는데, 해당 사안과 관련한 전문가에 의해 그 분야의 전문성이 활용될 수 있고 사회의 일반적 상식을 반영할 수 있다는 면이 부각된다.

Ⅱ. ADR 제도의 발전과 그의 존재의의에 관한 그간의 논의

1. 각국에서 ADR의 발전

1) 미국의 경우

(1) **발전과정**: ADR 발전의 역사는 미국에서의 발전과정을 살펴보는 것이 큰 의미를 갖는다. 왜냐하면 미국만큼 다양한 논의가 진행되어 왔고, 실제로 다양한 활용이 이루어져 왔던 곳도 없기 때문이다. 미국의 경우는 1960년대에 들어오면서 이에 대한 새로운 각도에서의 문제제기와 연구가 활발하게 진행되었고, 다양한 ADR이 분쟁해결을 위해 이용되면서 소위 ADR Movement가 등장하게 되었다. 이러한 운동이 등상하게 된 배경으로서는 먼저, 사회경제적 환경변화를 들 수 있다. 손해의 발생이 증가하게 되었고 공동체의 붕괴가 일어나게 되었으며 이로 인한 규범 상실이 생겨나게 되었다. 또한 각종의 입법을 통한 법원에 의한 구제가능범위가 확대되었고 이로 인해 제소건수가 증가하게 되었으며, 이는 결국 소송지연과 비용증가로 이어지게 되었다. 두 번째로, 소송절차에서의 과도한 형식성 및 번잡성, 변호사 보수의 고액화 및 사법제도에 대한 불만이 분출케 되었다는 점이다. 세 번째로, 공동체구성원에 의한 재판 외 분쟁해결기구가 성립되었고 이의 이용이 늘어나게 되었다는 점을 들 수 있다.

이러한 ADR Movement는 Danzig, Lon Fuller 및 Sander 교수[20] 등에 의해 주도되어 ADR이 사법제도보다 효율적인 분쟁해결방법임이 역설되었다. 또한 1976년에는 미국변호사협회(ABA)가 ADR의 연구를 위한 '경미한 분쟁해결에 관한 특별위원회'를 설치하게 되었고, 이후 동 위원회는 '분쟁해결에 관한 특별위원회'로 발전하게 되었다. 제도적으로는 1964년에 '시민권법'(Civil Rights Act)에 근거하여 분쟁당사자 사이의 분쟁을 비폭력적이고 대화를 통해 조정할 수 있도록 하기 위한 기구로서 C.R.S.(The U.S. Community Relations Service)가 설립되었다. 또한 1969년에는 L.E.A.A.(The Law Enforcement Assistance Administration)의 지원하에 필라델피아 시립중재법정(The Philadelphia Municipal Court Arbitration Tribunal)이 설립되었고, 이후 각 지역에

---

[20] Sander 교수는 1976년 4월에 소집된 '사법제도에 대한 국민적 불만요인에 관한 회의'(National Conference on the Causes of Popular Dissatisfaction with the Administration of Justice)에서 분쟁의 성격, 분쟁당사자의 관계, 소송물가액, 소송비용 및 재판속도 등을 감안하여 당사자가 다양한 ADR절차 중 적절한 절차를 선택할 수 있도록 하는 '멀티도어 법원'(multi‒door courthouse) 개념을 주창하였다.

L.E.A.A.의 지원을 받는 이웃분쟁해결센터(Community/Neighborhood Justice Center: NJC)가 생겨나게 되었다.[21]

이러한 ADR Movement는 법원에도 영향을 미치게 되었는데, 이로 인해 법원 내에도 각종의 ADR제도를 도입하여 시행하기에 이르렀다. 1982년 당시 연방대법원장이던 Warren Burger가 소송건수의 증가와 사건처리 지연에 대한 대책으로 조정·중재 등의 ADR제도들이 보다 많이 활용되어야 하고, 결국 ADR이 소송절차에 대한 추가적 절차가 아닌 소송절차에 대한 대체적 절차가 되어야 한다고 갈파하기에 이르렀다.[22] 이러한 영향 등으로 인하여 1983년의 연방민사소송규칙(F.R.C.P.)의 개정 시 'ADR의 사용가능성'이 변론 전 회합의 논의대상에 포함됨으로써 ADR에 의한 사건해결이 소송절차 진행 중의 자연스러운 부산물이나 결과물로서가 아닌 하나의 공인된 분쟁해결 방식으로 공식화되기에 이르렀다.[23] 이후 1988년에는 '법원연계중재법'(Court-Annexed Arbitration Act)이 제정되었고, 1990년에는 '민사사법개혁법'(Civil Justice Reform Act)이 제정되어 이로 인한 영향으로 결국 오늘날 대부분의 연방 제1심법원은 각종 형태의 ADR을 채택하게 되었다.[24]

(2) 유 형: 미국만큼 ADR에 대한 다양한 학문적·실무적 접근이 행하여지고 있는 곳도 없을 것이다. 미국의 경우 ADR은 법원과 연계하여 절차가 진행되는 프로그램과 법원과의 연계 없이 이루어지는 프로그램으로 나누어 볼 수 있다. 전자의 경우로는, 조정(mediation),[25] 중재(arbitration),[26] 약식배심재판(summary jurytrial),[27] 조기중립평가(early

---

21) 일례로, 미국의 경우 이웃분쟁해결센터(Neighborhood Justice Center: NJC)를 통한 분쟁해결의 속도는 법원에서의 처리기간의 5배에서 10배 정도로 빨리 이루어지고 있고 당사자의 만족도에 있어서도 법원이용자의 그것에 비해 훨씬 높은 것으로 나타나고 있다. 이로부터 일상생활에서 발생되는 경미한 분쟁 특히 가족 간의 분쟁이나 이웃 간의 분쟁, 친척 간의 분쟁 및 소액분쟁 등을 중심으로 인간 상호 간의 관계지속이 중요시되는 이른바 복잡성을 지닌 분쟁들에 있어서는 소송 외 분쟁해결기관을 통한 효과를 눈여겨봄 직하다.

22) W. Burger, "Isn't There a Better Way?", 68 A.B.A.J.(1982), p.274.

23) 민사소송규칙에 따른 재판 전 화해방식의 활용에 의해 판결이라는 형식에서 오는 경직성을 유연한 모습으로 변화시킴으로써 당사자 간의 분쟁을 원활히 해결하는 데 기여하게 되었다. 또한 법관의 사건관리의 강화 측면에서 법관의 재량이 강화되었는바, 법원 내에서 이루어지고 있다는 한계가 있음에도 불구하고, 화해의 촉진방안으로서 큰 의의를 갖는다고 하겠다.

24) 미국에서의 ADR운동의 결과로는 첫째로, 종래의 사법제도하에서 법의 조력을 받지 못하였던 많은 시민들이 정의에 대한 접근이라는 도움을 얻게 되었다는 점이다. 둘째로는 ADR 프로그램이 당초의 우려와는 달리 결코 2류의 법률서비스가 아니라고 하는 사실이다. 셋째로는 많은 ADR 전문가가 양성됨으로써 새로운 분쟁해결 영역을 개척할 수 있는 토대가 마련되었다는 점 등을 들 수 있다. 따라서 ADR은 미국 국내에서뿐 아니라 국제적인 분쟁해결을 위해서도 유용한 수단으로 인식되고 있다. Micheal Thompson/권순일(역), "ADR운동의 전개와 현대적 분석", 법조(1993. 9), 183면.

neutral evaluation: ENE),[28] 사건평가(case valuation: michigan mediation),[29] 간이재판(court minitrial),[30] 판사 주재의 화해기일(judge‐hosted settlement conferences),[31] 화해주간(settlement week), 멀티도어 코트하우스(multi‐door court‐house)[32] 등을 들수 있다. 후자의 경우로는 조정중재(Med‐Arb), 최종제의중재(Final Offer Arbitration), 편면적 중재(One‐Way Arbitration), 이웃분쟁해결센터(neighborhood justice center: NJC) 등을 들 수 있는데,[33] 특히 이웃분쟁해결센터의 경우는 최근의 추산으로는 이곳에서 연간 수십만 건의 분쟁이 처리되고 있으며, 그 대상이 되는 분쟁도 개인 간의 사소한 분쟁에서 공공기관과의 공공성을 지닌 분쟁으로까지 확대되고 있다.

2) 독일의 경우

(1) 발전과정: 독일의 경우는 미국보다는 늦게 이 문제에 대한 본격적인 논의가 진행

---

25) 조정자가 당사자 사이의 화해를 돕기 위하여 협상을 주선하는, 즉 화해분위기를 조성하여 화해를 촉진시키기 위한 비정형적이고 비구속적인 절차이다.

26) 법원과 연계되어 있는 중재는 1인의 중재인 또는 3인으로 구성되는 중재인단이 양 당사자 측의 사실관계와 법적 쟁점에 관한 주장을 청취한 뒤 이를 기초로 하여 비구속적인 판정을 내리는 절차를 말한다.

27) 연방지방법원 판사나 매지스트레이트 판사에 의해 진행되는 비구속적인 절차로서, 사전개시 등의 변론 전 준비절차가 어느 정도 마무리된 시점의 사건에 대하여 화해를 촉진시키기 위하여 고안된 제도이다. 배심원들 앞에서 증거를 약식으로 조사하는 등의 방법으로 간략히 진행되는 청문절차를 거쳐, 당사자와 대리인에게 권고적 성격의 평결을 행하게 된다. 이러한 평결은 화해협상의 기초로 사용되며, 협상에 진전이 없는 경우 사건은 원래의 소송절차로 돌아가게 된다.

28) 예상되는 소송결과를 미리 전망하여 조기에 당사자에게 제공함으로써 소송을 준비하고 화해를 모색하는데 기여할 수 있도록 만들어진 비구속적 절차이다. 유사한 사건에 대하여 풍부한 경험을 가진 변호사가 주재하게 되며 사전개시절차가 깊숙이 진행되기 전의 소송초기에 비공개 기일을 진행하게 된다. 먼저 양측으로부터 주장을 청취하게 되며 이를 통해 쟁점과 증거를 파악하여 구속력이 없는 평가를 내려 협상의 근거를 마련하게 된다.

29) 본안재판의 준비가 거의 마무리된 상태에서 간단한 청문을 거친 뒤 양 당사자에게 사건의 전망에 대하여 구속력이 없는 평가결과를 서면으로 제공하게 된다. 만약 당사자 중에 그 평가결과에 불복하는 자가 있는 경우에는 다시 재판과정으로 돌아가게 된다.

30) 대형 분쟁을 해결하기 위해 몇몇 연방지방법원의 재판부가 발전시켜 온 것으로, 사건개시절차가 어느 정도 완료된 후 청문과 협상이라는 2단계 절차로 진행된다. 청문 후 협상이 실패로 돌아가는 경우에는 당사자들은 중립적인 주재자의 적극적 조정을 요청할 수 있으며, 이도 별 성과가 없는 경우는 재판절차로 되돌아가게 된다.

31) 연방지방법원 차원에서 화해를 촉진하기 위하여 이용되고 있는 제도로서 화해를 위한 집합기일을 말한다.

32) 법원이 정상적인 재판활동을 일시 중단하고 재판준비가 거의 마무리된 사건들을 법정에서 개최되는 조정회합에 회부하게 되는 경우 진행되는 절차를 말한다. 여기에서 해결되지 않은 사건은 법원의 정규 재판절차로 돌아가게 된다.

33) 미국에서 ADR의 종류에 관한 상세한 내용에 대해서는, 반흥식,「재판 외 분쟁해결 제도에 관한 연구」, 45~91면; 오세훈,『미국재판의 허와 실』, 서울: 박영사(2000), 169~189면.

된 것으로 보인다. 1970년대에 들어 관심의 대상이 되었고, 1977년의 'Alternative Konfliktregelungsformen'(대체적 분쟁해결형식)에 관한 논의과정에서 민사재판에 대한 대안을 모색하면서 본격적인 문제제기가 있었던 것으로 보인다. 이후 1979년의 독일법관회의에서 Ernst Bender 판사와 Gerd Pfeiffer 판사에 의한34) 이러한 대안의 발생원인에 대한 규명제시로 인하여 '민사재판의 대체'와 관련한 폭넓은 논의가 진행되었다.35)

1980년대에 들어서도 민사재판의 대체성과 관련한 많은 논의가 진행되었는바, 이러한 논의의 방향은 크게 둘로 나누어 생각해 볼 수 있을 것이다. 즉, 법원의 업무부담 경감이라는 시각에서 보는 재판 외의 분쟁해결 제도에 대한 기대가능성 측면과 종래부터 존재하고 있는 재판제도의 기능에 대한 재고의 측면이라 하겠다. 아마도 논의의 중점은 후자즉, 재판제도의 기능제고에 따른 소송절차의 개선노력에로 모인 것으로 보인다.36)

(2) 유 형: 독일에서의 전통적인 재판 외 분쟁해결 제도로서는 화해제도를 들 수 있는데, 현재에는 변호사화해제도(Anwaltsvergleich)를 들 수 있다. 또한 조정이나 중재는 법원에 부설되어 운영되는 것 외에도 행정기관이나 민간에 의해 주도되는 형태로도 활발히 운용되고 있으며, 단순한 민사분쟁뿐만 아니라 상사, 노동, 소비자문제, 의료문제 등에서의 분쟁해결을 위해서도 활용되고 있다.

또한 재판 외 분쟁해결 제도가 법률에 의해 설치되어 있는 경우가 있는데 이는 다시 소송 전에 그 이용이 강제되는 경우와 그렇지 않은 경우로 나누어 볼 수 있다. 전자의 경우로는 종업원의 발명과 관련한 분쟁(종업원의 발명에 관한 법률 제28조 이하), 부정

---

34) 이들에 의한 문제제기는 독일에서의 재판 외 분쟁해결 제도에 관심이 쏠리게 된 원인을 법원의 사건 수 증가에 따른 업무부담에서 찾을 수 있겠는가에 관한 것이었다.

35) Vgl. Astrid Stadler, "Aussergerichtliche obligatorische Streitschlichtung − Chance oder Illusion?, NJW 1998(Heft 34), pp.2479~2487; Blankenburg/Rottleuthner(Hrsg.), Alternative Rechtsformen und Alternativen zum Recht, Jahrbuch fuer Rechtssoziologie und Rechtstheorie, Bd. VI, Opladen(1980); Blankenburg/Gottwald(Hrsg.), Alternativen in der Ziviljustiz, Koeln(1982); Gerhard Wagner, "Obligatorische Streitschlichtung im Zivilprozess: Kosten, Nutzen, Alternativen", JZ 17(1998), pp.836 − 846; Hanns Pruetting, "Schlichten statt Richter?", JZ(1985), p.261.

36) 양병회, "ADR과 화해제도의 활성화", 『민사소송법의 제 문제』(김홍규 박사 화갑기념논문), 서울: 삼영사(1992), 400면; v. Hoffman 교수는 재판 외의 분쟁해결 제도를 소송제도의 의무적 사전절차로서 제도화하는 주장에 대해, 그 이점은 인정하면서도 재판 외 분쟁해결 제도가 법원의 부담경감을 촉진하는 요소가 있다는 점에 대해서는 동의하지 아니하였다. 또한 분쟁해결에 있어 재판제도를 이용할 것인지 아니면 재판 외의 분쟁해결 제도를 이용할 것인지는 이해당사자의 판단에 맡겨야 할 사항이고 재판에 앞서 이를 도입한다면 헌법상의 법적 심문권을 침해하는 것이라고 주장하였다. 결국 재판제도의 재판 외의 분쟁해결 제도로의 대체가 아닌 각각의 제도가 그 나름대로의 독자적인 의미를 갖는 것으로 파악하고 있는 것으로 보인다.

경쟁에서의 분쟁(부정경쟁방지법 제27a조), 직업교육에서 발생하는 도제분쟁(노동법원법 제111조), 사용자와 경영자협회와의 분쟁(경영조직법 제76조) 등을 들 수 있다. 후자의 경우로는 중재절차(민사소송법 제1025조 이하), 중개인제도, 상공회의소·수공업회의소 및 각종 동업조합에서의 조정제도(수공업법 제91조 제1항) 및 변호사 간 및 변호사와 의뢰인 간의 분쟁조정제도(변호사법 제73조 제2항) 등을 들 수 있다.

3) 일본의 경우

일본의 경우 재판 외의 분쟁해결 제도로서 상담, 고충처리, 알선, 조정, 중재 및 재정 등의 방법이 활용되고 있다. 이러한 분쟁해결방법들은 법원 내에서 혹은 법원 외의 경우는 행정기관 혹은 민간단체 능에 의해 운용되고 있다. 법원 내의 경우로는 재판상 화해와 조정을 들 수 있다. 법원 외의 경우로는 상담, 고충처리, 알선, 중재 및 재정 등을 들 수 있는데, 이는 분쟁해결기관이 국가나 지방공공단체에 설치되어 있는나(행정형) 또는 공익법인이나 업계에 의해 설치된 경우이나(민간형)로 나눌 수 있다. 행정형의 경우로는 노동위원회, 공해등조정위원회, 건설공사분쟁심사회, 건축분쟁조정위원회, 국민생활·소비생활센터 등을 들 수 있다. 민간형의 경우로는 국제상사중재협회, 일본해운집회소, 교통사고 분쟁처리센터, 교통사고상담센터, 의료분쟁처리위원회, 세탁배상문제협의회 등을 들 수 있다.

Ⅲ. 우리나라에서 ADR의 종류와 그의 운용

ADR은 각 나라의 법률문화나 환경에 따라 다양한 모습을 갖고 있으며, 그 모습만큼 종류도 다양하다고 할 수 있다. 다양한 종류의 ADR을 정형적으로 유형화하기에는 어려움이 있다 할 것이나, 대체적으로 상담·알선, 화해, 조정, 중재 등으로 분류해 볼 수 있을 것이다.

1. 상담 및 알선

상담이란 행정기관, 소비자보호단체 등 각종의 공·사 단체가 국민이나 소비자 등으로부터 받은 고충을 관계있는 상대방에게 전달하고, 그가 가진 행정력 내지 사실상의 힘을 이용하여 분쟁을 해결하는 방법이다. 예로서 행정기관에 의한 민원상담, 소비자단체에 의한 피해해결상담 등을 들 수 있다.

　알선은 분쟁의 당사자들이 스스로 합의 또는 양해에 도달하여 분쟁을 해소할 수 있도록 하는 중립적인 제3자에 의한 직·간접적인 지원노력을 말한다. 이는 합의의 주선·고취·중재·자문·감정·쟁점의 정리·당사자의 감정이나 분위기의 절제 등의 노력을 말하며, 소송 외의 분쟁해결 방식 중 가장 비법률적인 절차라고 할 수 있다.37) 설사 제3자가 존재한다 하더라도 이자는 어떤 해답에 상응하는 권고를 하는 것이 아니고 당사자들이 합의에 도달하도록 돕기 위해 존재하게 된다. 분쟁해결을 위한 직접적인 결론이 도출되는 것이 아니라는 점에서 조정이나 중재와 구별된다.38)

2. 조 정

　조정이란 제3자가 독자적으로 분쟁해결을 위한 타협안을 마련하여 당사자의 수락을 권고하는 방식으로서, 당사자가 이 안을 받아들임으로써 조정이 성립게 되고 만약 이를 거부하게 되면 조정은 성립하지 않게 된다. 이러한 점에서 이는 해결방안에 대한 거부의 자유가 최종단계에서 인정되는 자주적 해결 방식이라 할 수 있다. 조정제도가 갖는 기능으로서는 소송보충적(訴訟補充的) 기능,39) 간이재판적(簡易裁判的) 기능,40) 거래중개적(去來仲介的) 기능,41) 사건선별적(事件選別的) 기능,42) 법창조적(法創造的) 기능43) 및 민주주의적(民主主義的) 기능을44) 들 수 있다.

---

37) 반홍식, 「소송 외 분쟁해결 제도에 관한 연구」, 12면.
38) 송상현, 「한국에 있어서의 소송 외 분쟁처리절차 개관」, 사법행정(1991. 6.), 33면.
39) 소송에 의한 분쟁해결 시 나타나게 되는 문제점을 조정제도를 이용함으로써 보다 간이·신속하고 저렴하게 분쟁해결에 이용할 수 있다는 의미이다.
40) 법규에 입각한 엄격한 절차규제에 의해서가 아닌 조리재판(條理裁判)에 의한 자유로운 간이절차를 통한 분쟁해결이라는 것이다.
41) 당사자가 주체가 되어 하는 분쟁해결이라는 의미와 함께 당사자만에 의하여 해결되지 않는 사적 거래에서의 분쟁을 공정하고 합리적인 중개, 알선 및 원조에 의해 해야 함을 말한다.
42) 정말로 재판제도를 거쳐야만 하는 사건에 대해서만 법관이 그 업무를 수행하고 그 밖의 사건은 다른 방식에 의해 분쟁해결을 시도하는 것이 더욱 바람직하다는 것이다.
43) 실정법규의 고정화 내지 현실과의 괴리를 형평의 이념에 의하여 보완하고 수정하여 현실에 부합되는 법을 만들어 감을 말한다.
44) 조정위원이라는 민간인을 조정위원회의 구성원으로 끌어들임으로써 민사사법에의 국민참여라는 사법에 있어서의 민주주의를 구현함을 말한다.

조정은 사법기구에 의한 조정, 행정기구에 의한 조정 그리고 민간기구에 의한 조정으로 나눌 수 있다. 사법기구, 즉 법원에 의한 조정은 민사조정법에 의한 민사조정, 가사소송법에 의한 가사조정 그리고 광업법에 의한 광해조정을 들 수 있다. 먼저 민사에 관한 분쟁을 해결하기 위한 민사조정은 민사분쟁에 관하여 조정기관이 당사자 사이를 중개하여 호양에 따른 합의에 이르도록 주선함으로써 분쟁을 종국적으로 해결하도록 도모하는 분쟁해결 방식이다. 민사조정은 조리에 맞고 구체적인 실정에 맞는 해결을 목표로 하고 그것이 조리와 실정에 부합하는지의 여부는 조정담당판사나 조정위원회가 판단하게 된다. 따라서 조정기관은 타당한 조정안을 제시할 필요가 있으며, 때에 따라서는 조정에 갈음하는 결정을 하기도 또는 당사자 간에 합의가 성립한 경우라 할지라도 조정이 성립하지 아니한 것으로 사건을 종결시킬 수도 있다. 조정이 성립되지 않는 경우에는 필요시 직권에 의해 소성에 갈음하는 결정을 할 수 있으며, 이에 대해서는 당사자의 이의신청에 의해 그 효력을 상실케 할 수 있다. 조정이 성립되지 않은 경우 신청인은 제소신청을 할 수 있고 이때에는 조정신청 시 소가 제기된 것으로 본다. 조정이 성립된 경우 조정은 재판상 화해의 효력과 동일한 효력을 갖게 된다.

가사조정은 가정에 관련한 분쟁에 대하여 개인의 존엄성과 양성의 평등을 기본으로 하여 가정의 평화와 건전한 친족공동생활의 유지를 도모하는 것을 목적으로 당사자를 알선하여 공정하고 구체적으로 타당한 합의를 성립시키고자 하는 자주적 분쟁해결 방식이라 할 수 있다. 가사조정은 1991년 시행된 가사소송법에 의해 민사조정법을 준용하도록 하고 있다.

2009년 이후에 법원에 의한 조정제도는 큰 변화를 보이고 있다. 대법원은 조정제도를 확대·강화하기 위해 '법원조정센터'를 신설하고 전문가로 구성된 상시 조직인 '상임조정위원 제도'를 도입해 2009년부터 운영하고 있다. 서울과 부산에 법원조정센터를 설치하였고 전국 각 고등법원이 있는 법원에 조정센터를 설치하고 있다. 시행 초기에는 조정전담판사·조정위원회와 병렬적으로 운영하지만 앞으로는 조정사건은 조정센터 중심으로 운영한다는 방침이다. 조정센터는 센터장과 8~10명의 상임조정위원으로 구성되는데, 국민 신뢰와 전문성을 높이기 위해 15년 이상의 '중량급' 법조 경력자를 상임조정위원으로 임명하고 변호사 업무 등 겸직을 금지하고 있다. 또한 상임조정위원 전속 조정부를 편성해 조정부별로 의료·건설·노동 등 전담 부서를 마련함으로써, 이 제도의 활성화를 통해 재판절차를 거치지 않고 신속하게 분쟁을 해결함으로써 재판부 입장에서도 사건이 크게 줄어 집중심리가 가능해질 것이다.

행정부 산하 조정위원회[45] 및 민간기구에 의한 조정으로는 원자력손해배상법, 전기공사업법, 건설업법, 저작권법, 컴퓨터프로그램보호법, 환경분쟁조정법, 정보통신망 이용촉진 및 정보보호에 관한 법률, 전자거래기본법, 전자금융거래법, 하도급거래공정화에 관한 법률, 용역경비업법, 부동산중개업법, 보험업법, 소비자기본법, 은행법, 증권거래법 등에 근거한 분쟁조정을 들 수 있다.

3. 화 해

화해는 당사자 간의 직접적 · 자주적 교섭을 통한 호양(互讓)으로 분쟁을 해결하는 방식이다. 즉, 민사분쟁의 당사자가 서로 그 주장을 양보하여 합의가 이루어질 때 다툼을 그만두게 되는 제도이다. 오늘날 소송사건의 폭발적 증가와 분쟁의 다양성으로 인한 소송지연 등의 여러 문제점들이 대두되고 있으나 화해의 이점 또한 경시될 수 없을 것이다. 분쟁발생 시 제1차적 단계부터 법률을 엄격히 적용하여 all or nothing의 판결을 내리는 것이 반드시 바람직한 것은 아닐 것이다. 이는 사건에 따라서는 소송에 의해서 해결방안을 강구하는 것보다는 오히려 다른 방안, 즉 화해를 통해서 분쟁을 해결하는 것이 더 바람직할 수 있기 때문이다. 따라서 양자는 상호 선택적 관계에 있는 것이 아니라 상호 보완적 관계에 있음을 직시하여야 할 것이다.[46]

화해는 실체법상으로는 민법상의 계약 형태로도 인정되고 있고 소송법상으로는 제소전 화해와 재판상 화해에 의해서도 가능하다. 전자의 경우는 민법 제731조 소정의 화해계약을 말하는 것으로 당사자가 서로 양보하여 분쟁을 끝내기로 약정하는 것이다. 화해계약은 실제로는 불법행위가 발생하였을 경우 이른바 합의라는 방식으로 이용되고 있으며, 여기에 민 · 형사상 일체의 청구를 포기한다는 내용을 포함시켜 부제소특약(不提訴特約) 내지 권리포기계약을 하는 것이 일반적이다. 이에 의해 당사자 일방이 양보한 권리는 소멸케 되고 상대방은 화해로 인하여 그 권리를 취득하는 창설적 효력(민법 제732조)이 생김으로써 화해 이전의 법률관계를 다툴 수 없게 되어 분쟁을 해결하게 된다.

후자의 경우에 있어, 소송상 화해는 소송이 개시된 후에 당사자가 판결에 의하지 아니하고 상대방과의 합의에 의해 소송을 자주적으로 종료케 하는 행위를 말한다. 당사자에

---

45) 소비자분쟁조정위원회, 의료심사조정위원회, 금융분쟁조정위원회, 저작권심의조정위원회, 건설분쟁조정위원회, 환경분쟁조정위원회, 전자거래분쟁조정위원회 등의 기구를 예로 들 수 있다.

46) 류승훈, 「민사법상의 화해제도에 관한 연구」, 『외법논집』 제7집, 한국외대 법학연구소(1999), 428면.

의해 화해가 성립하게 되면 이를 조서에 기재하여 확정판결과 동일한 효력을 부여함으로써 그 이상의 다툼은 끝나게 된다. 제소 전 화해는 당사자가 소 제기 이전의 단계에서 법원에 임의로 출석하여 화해를 하고 이를 조서화하여 분쟁을 종료케 하는 행위이다. 화해의 성립에 의해 분쟁이 해결된 경우에는 후일의 동일한 분쟁의 재연을 막기 위해 그 내용을 조서에 기재한 때에는 그 조서에는 확정판결과 동일한 효력이 인정되고 있다.

4. 중 재

중재란 사적 자치의 원칙하에 사인 간에 발생하였거나 장래 발생할 가능성이 있는 분쟁을 당사자 간의 합의에 따라 국가재판권을 배제하고 사인인 중재인의 판정에 의하여 해결하기로 하는 비소송적 분쟁해결절차로서 사직인 재판이라고도 한다. 사법재판제도가 과거의 사실에 대하여 시비를 가리고 재판을 통하여 사회정의를 구현하는 데 중점을 두고 있음에 반해, 중재제도는 과거의 사실에 대한 시비를 가리면서도 분쟁당사자에게 새로운 기초 위에서 장래를 향하여 공존의 가능성을 찾는 데 그 중점을 두는 분쟁해결 방식이라 하겠다.[47] 중재는 분쟁사건 부탁사항의 조건과 범위에 따라 상사중재, 해사중재, 노동쟁의중재 등으로 분류되기도 하고, 당사자가 국내에 또는 국외에 영업소 또는 주소를 두고 있는가의 여하에 따라 국내중재와 국제중재로 구별되기도 하며, 상설중재기관의 사전지정 여부에 따라 제도적 중재와 임시적 중재로 구분하기도 한다. 중재에 관한 기본 법으로 중재법이 있으며, 현재 우리나라에서는 대한상사중재원의 상사중재와 언론중재위원회의 언론중재가 유용한 기능을 담당하고 있다.[48]

중재는 민사분쟁 특히 상거래에서 발생하는 분쟁 자체를 그 직접대상으로 하는 해결

---

47) 오늘날 중재제도는 다음의 점 등에서 소송 등의 다른 분쟁해결 제도와 구별되고 있다. 첫째, 당사자 간의 중재에 관한 합의가 존재하여야 한다. 그러므로 미리 중재계약을 체결한 다음 제3자를 중재인으로 선정하여야 한다. 둘째, 중재인의 판정에 대해 양 당사자는 복종하지 않으면 안 되며, 중재인의 판정은 전적으로 자신의 양심에 의해 행하여지며 법률의 준수가 반드시 강제되지는 않는다는 점이다. 이는 중재판정이 보다 탄력적인 선과 형평에 의해 행하여질 것이 요구되기 때문이다. 셋째, 중재판정에 대해서는 법원의 확정판결과 동일한 효력이 인정되고 있다. 그러나 국내중재판정이거나 외국중재판정이거나 중재판정은 그 자체로서 집행력을 가지지 아니하므로, 강제집행을 위해서는 법원의 집행판결을 받음으로 인해 집행력이 생기게 된다. 넷째, 중재는 신속하게 진행되므로 시간과 비용의 절약을 기할 수 있다. 또한 중재판정은 단심제이므로 그에 대한 불복신청, 재심사 및 상소가 허용되지 않는 것이 원칙이다. 예외적으로 중재판정취소의 소가 인정되고 있으며 이러한 취소사유가 있는 경우에는 집행판결을 하지 못하도록 하고 있다. 다섯째, 중재는 그 절차가 비공개로 진행되고 중재판정의 내용이 공표되지 않는다. 따라서 분쟁의 내막이나 영업의 비밀이 외부에 누설되지 않고, 사업의 연장선상에서 분쟁해결을 도모할 수 있게 된다.

48) 그간 언론중재위원회를 통한 언론중재는 실질적으로는 조정의 의미라 하겠다.

방식을 취하는데, 이는 거래관계에 있어서는 분쟁도 하나의 거래관계의 일환으로 다루어서 일단 위기에 빠진 거래관계를 신속하게 원상으로 회복하도록 도모하는 것이다. 따라서 이를 위해서는 그 판정의 기준으로 '법'이라는 엄격한 기준에만 따르기보다는 '선과 형평'에 따라 당사자가 신뢰하는 동일업계의 그 분야에 정통한 전문가가 주도하는 절차에 의해 비공개로 신속하게 분쟁을 해결하는 것이 분쟁의 해결에 더욱 적합할 것이라는 취지에서 비롯된 제도라고 하겠다. 중재는 중재판정에 의해 그 절차가 종결되는데, 중재판정은 중재계약의 당사자가 부탁한 분쟁의 해결을 위하여 중재인이 내리는 최종적인 결정을 말한다. 당사자는 이 판정에 구속되며, 판정은 법원의 확정판결과 동일한 효력을 갖게 된다. 따라서 중재판정에 대한 철회나 변경은 원칙적으로 허용되지 않으며, 중재판정 취소사유에 해당하는 경우에 당사자는 중재판정 취소의 소를 제기할 수 있을 뿐이다.

향후 중재제도가 더욱 그 활용도를 높여 가기 위해서는 중재제도가 갖는 장점[49] 이외에 문제점으로 지적되는 부분에 대해서 보완해 가지 않으면 안 될 것이다. 일반적으로 중재제도의 단점 내지는 문제점으로 지적되고 있는 부분은 다음의 몇 가지로 집약될 수 있다. 먼저, 중재의 판단기준으로서의 조리가 판단주체의 자의 내지는 주관과 믹스됨으로써 객관성 내지는 공정성을 충분히 담보할 수 없다는 점이다. 둘째로, 중재판정의 경우는 법과 선례에의 구속에 의해서가 아닌 중재인 자신의 가치관에 따른 판단에 의하는 만큼 중재인의 개인차에 따라 그 결과가 서로 달라질 수 있다는 점 따라서 법적 안정성 및 예견가능성을 해할 염려가 있다는 점이다. 셋째로, 중재인의 경우 분쟁사안의 쟁점에 대한 법률적 파악에 미숙하여 중요부분을 빠뜨릴 수도 있고 복잡한 사안의 경우에는 기대에 미치지 못하는 결론에 이를 수도 있다는 점 등이다.

그러므로 이러한 문제점을 극복해 나가기 위해서는 제도운용상의 제도적 개선방안도 중요하겠으나, 오히려 '좋은 중재인'의 존재가 그 기본 전제라 보인다. 이러한 중재인의 존재가 결국 중재제도의 흠을 보완해 줄 수 있는 가장 좋은 대안일 수 있을 것이다. 또한 기존의 중재제도가 상사분쟁 등에 국한되어 활용되고 있었으나, 향후에는 상사 분야 이외에 건설·의료·교통·환경·보험·금융·증권·지적재산권 분야에서의 분쟁에서도 활용될 수 있도록 그 운용범위를 확대해 나가야 할 것이다.

---

49) 중재제도와 관련하여 그의 장점으로서 내세우는 것이, ⅰ) 소송에 의하는 것보다 시간과 비용을 절약할 수 있다는 점, ⅱ) 분쟁해결상의 당사자 간의 감정적 응어리를 덜 남긴다는 점, ⅲ) 분쟁해결의 사안적 합성을 기대할 수 있다는 점 및 ⅳ) 국가주권의 범위를 넘어 국제적으로 그 효력을 미칠 수 있다는 점 등을 그 장점으로 들 수 있다.

Ⅳ. 민사조정제도에 대한 개별적 고찰

1. 민사조정과 관련하여

1) 민사조정의 대상

민사조정법 제2조는 "민사에 관한 분쟁의 당사자는 법원에 조정을 신청할 수 있다"고 규정함으로써 민사관계분쟁을 민사조정의 대상으로 하고 있다. '민사에 관한'이라 함은 널리 법률적인 처리가 가능하고 당사자의 합의에 의한 해결에 관한 일체의 분쟁관계를 포함하는 개념이다. 여기에서의 '분쟁'이라 함은 당사자의 주장이나 의견이 일치하지 아니한 상태를 의미하며 실체법상의 권리관계에 관한 분쟁은 모두 민사분쟁의 대상이 된다.

2) 민사조정의 본질

민사조정은 당사자의 자유의사에 의한 해결을 추구하면서도 동시에 조정기관에 의한 판단을 수반하는 해결과정이라 할 수 있다. 즉, 당사자에 의한 합의 측면에서는 임의성을, 조정기관에 의한 해결안에 있어서는 상당성의 판단이라는 서로 모순, 배척되는 성질을 지니고 있으므로 민사조정의 본질을 어떻게 보느냐에 따라 그 성격이 달라질 수 있게 된다.[50] 조정에 있어서 무엇을 그 본질로 볼 것인가에 대하여 견해가 나뉘고 있는바, 제1설(조정재판설)에 의할 경우 조정기관에 의한 상당성의 판단을 조정의 본질로 이해함에 반해, 제2설(조정합의설)에 의할 경우는 당사자의 합의를 조정의 본질로 이해하게 된다.

이는 결국 제1설(조정재판설)의 입장에서는 성립된 조정에 기판력과 집행력이 인정되고 따라서 합의에 사법상의 하자가 있다는 주장은 허용되지 않음을 말하며, 제2설(조정합의설)의 경우는 성립된 조정에 기판력 등이 인정되지 않고 합의에 사법상 하자가 있는 경우 조정무효의 주장이 인정됨을 말한다.

---

50) 반홍식, 156면.

2. 민사조정절차

1) 관할 법원에의 신청

조정사건은, 피신청인에 대한 민사소송법 제2조 내지 제5조에 의한 보통재판적 소재지 이외에도, 피신청인의 사무소 또는 영업소 소재지, 피신청인의 근무지, 분쟁의 목적물 소재지, 손해발생지를 관할하는 법원도 그 대상으로 함으로써 소송의 경우보다 그 범위를 넓히고 있다[민사조정법(이하 민조) 제3조 제1항]. 아울러 당사자 간의 합의에 의해서 관할 법원을 정할 수도 있으며(민조 제3조 제2항) 사건이 당해 법원의 관할에 속하지 아니하거나 속하는 경우라도 절차의 진행이나 당사자의 편의를 위하여 필요한 경우에는 이를 다시 다른 관할 법원으로 이송할 수 있도록 하였다(민조 제4조 제1·제2항).

(1) 신청방법

민사조정신청은 본인 스스로 또는 변호사나 법무사에게 의뢰하여 작성한 조정신청서를 제출할 수도 있지만, 직접 관할 법원에 오시면 민사민원상담관의 도움을 받아 법원에 비치된 민사조정신청서 양식을 이용하여 손쉽게 조정신청서를 작성하여 제출할 수 있다. 그리고 만일 손을 다치는 등으로 스스로 신청서를 작성할 수 없을 때에는 법원직원에게 구술로 신청할 수도 있다.

법원 접수창구에는 정형적인 민사분쟁에 관하여 다양한 조정신청서 양식이 비치되어 있고 필요로 하는 당사자는 무료로 교부받을 수 있다.

(2) 조정신청 수수료 및 송달 비용

가. 조정수수료(소 제기 시 첨부할 인지액의 1/5)

1,000만 원 미만	조정신청금액 × 0.1%
1,000만-1억 원	조정신청금액 × 0.09% + 1,000 원
1억-10억원	조정신청금액 × 0.08% + 11,000 원

나. 송달료

2,000만 원 이하(소액)	22,600 원
2,000만－5,000만 원(중액)	36,160원
5,000만 원 초과(합의)	45,200 원

(3) 민사조정 신청서 작성안내

가. '당사자 난' 작성방법: 신청인 및 피신청인의 성명을 한글과 한자로 정확하게 기재하고, 조정절차 진행 중 당사자 쌍방에게 기일소환장을 송달하거나 연락할 때 필요하므로 정확한 주소(우편번호)와 연락 가능한 전화(FAX 또는 호출)번호를 확인한 다음 빠짐없이 기재히여야 한다.

나. '신청취지 난' 작성방법: 현재 피신청인과 사이에 분쟁 중인 법률관계에 대하여 신청인이 어떠한 해결을 구하는지를 결론만 간단하게 기재하여야 한다. 기재할 때 주의할 점은 만일 신청인 측이 너무 자신에게 유리한 내용만을 강조하여 기재하는 것은 바람직하지 않다는 것이다. 그 이유는 상대방이 그 내용을 보게 되면 감정이 상하여 이후 조정절차의 진행에 악영향을 줄 우려가 있기 때문이다.

다. '분쟁의 내용 난' 작성방법: 현재 피신청인과 사이에 다툼이 있는 사실관계를 간략하고 요령 있게 정리하여 기재하여야 한다. 왜냐하면 자세한 사정은 조정기일에 구두로 설명할 수 있기 때문이다. 여기서도 위 신청취지 기재 시와 마찬가지로 피신청인 측을 자극하여 조정성립에 악영향을 줄 수 있는 내용의 기재는 삼가는 것이 바람직하다.

2) 조정의 개시

민사조정은 당사자의 신청에 의해서 또는 수소법원의 직권에 의한 회부에 의하여 개시된다. 당사자의 신청에 의한 경우, 신청은 서면 또는 구술로도 할 수 있는데(민조 제5조 제1항), 구술로 신청하는 경우에는 법원사무관 등의 면전에서 진술하도록 하고 있다. 신청에 의하는 경우 수수료는 통상 소송 경우의 1/5 정도로 하고 있다.

제1심수소법원이 필요하다고 인정할 경우에는 소송 계속 중인 사건을 결정으로 조정에 회부할 수 있는데(민조 제6조) 일단 조정에 회부되면 그 절차가 종료될 때까지 소송절차는 중지케 된다(민조 제4조 제2항).

3) 조정기관

조정기관으로는 수소법원, 조정담당판사 그리고 조정위원회를 들 수 있다. 먼저 수소법원의 경우는, 제1심수소법원이 직권에 의해 조정에 회부한 경우 스스로 판단하여 자기가 처리함이 상당하다고 인정되는 때에는 사건을 조정담당판사에게 보낼 필요 없이 직접그 자신이 조정기관이 되어 직접 조정을 할 수 있다(민조 제7조 제3항).

조정담당판사는 원칙적으로 조정사건을 처리하는 조정기관이라 하겠다. 조정위원회의경우는, 제1심수소법원이 소송 계속 중인 사건을 조정에 회부하였을 경우나 조정담당판사가 조정위원회에 회부한 경우 또는 직권으로 회부된 사건 중 당사자의 신청이 있을 때에는 조정위원회에서 조정을 하게 된다. 조정위원회는 조정장과 2인 이상의 조정위원으로 구성된다(민조 제9조).

4) 절차진행상의 특색

(1) 피신청인의 경정: 피신청인의 지정이 잘못되었음이 명백한 경우에는 그의 경정을 허용하고 있다(민조 제17조 제1항). 경정을 허용하는 결정이 있는 경우에는 종전의 피신청인에 대한 신청이 취하되고 경정신청 시에 새로운 피신청인에 대해 신청이 있었던 것으로 된다(민조 제17조 제2·제3항).

(2) 대표당사자제도: 현행 민사조정법은 민사소송법상의 선정당사자제도와 유사한 대표당사자제도를 두고 있다. 이에 의하면, 공동의 이해관계가 있는 다수의 당사자는 그중 1인 또는 수인을 대표당사자로 선임할 수 있고 조정담당판사도 필요하다고 인정하는 경우 당사자에 대하여 그의 선임을 명할 수 있도록 하고 있다. 대표당사자는 조정조항의수락, 신청의 취하, 조정에 갈음하는 결정에 관계되는 행위나 대리인의 선임을 제외하고는 각자 조정절차에 관한 모든 행위를 할 수 있다.

(3) **당사자의 불출석**: 당사자가 출석하지 아니할 경우 이에 대한 제재가 가하여지는데, 신청인이 적법한 소환을 받고도 조정기일에 출석하지 아니한 경우에는 민사소송에서의 쌍불취하규정을 원용하여 다시 기일을 정하여 소환하고 그 신기일에도 다시 출석하지 아니한 때에는 조정신청의 취하가 있는 것으로 간주하고 있다.

만약 그 상대방인 피신청인이 적법한 소환을 받았음에도 기일에 출석하지 아니한 때에는 곧바로 조정에 갈음하는 결정을 하게 된다(민조 제32조 제1항). 직권에 의해 조정, 회부된 사건의 경우는 당사자 중 일방 또는 쌍방이 불출석하여 조정기일을 2회 이상 진행하지 못한 경우에는 합의가 성립할 가능성이 없는 것으로 보고 조정담당판사는 상당한 이유가 없는 한 조정에 갈음하는 결정을 하도록 하고 있다.

5) **조정에서의 증거조사**

조정담당판사는 조정에 관하여 당사자 또는 이해관계인의 진술을 듣고 필요하다고 인정하는 때에는 적당한 방법으로 사실 또는 증거를 조사할 수 있으며(민조 제22조), 지방법원 판사에게 증거조사를 촉탁하거나 이해관계인에 대한 의견의 청취를 촉탁할 수 있다. 그러나 조정절차에서의 당사자 또는 이해관계인의 진술은 제소 후 민사소송절차에서 원용할 수 없다(민조 제23조).

6) **조정의 종결**

(1) **조정신청의 각하**: 당사자에 대하여 소재불명 등의 사유로 인해 통상의 방법에 의해 기일을 통지할 수 없는 사건에 있어서는 그 신청을 각하할 수 있다(민조 제25조).

(2) **조정을 하지 아니하는 결정**: 사건이 성질상 조정을 함에 적당하지 아니하거나 당사자가 부당한 목적으로 신청을 한 때에는 조정을 하지 아니하는 결정을 하여 사건을 종결지을 수 있다(민조 제26조).

(3) **조정에 갈음하는 결정(강제조정)**: 당사자 사이에 합의가 성립되지 아니하거나 합의의 내용이 상당하지 아니하다고 인정한 사건에 관하여 상당한 이유가 없는 한 직권으로 당사자의 이익 기타 모든 사정을 참작하여 신청인의 신청취지에 반하지 아니하는 한

도 내에서 사건의 공평한 해결을 위한 결정을 할 수 있는데, 이를 강제조정이라고도 한다(민조 제30조). 이에 대해서는 이의신청에 의해 불복할 수 있는데 이는 당사자의 의사를 존중하는 것이 결국은 조정제도의 취지에 부합한다는 것에 따른 것이다.

이의신청은 피신청인의 불출석으로 인한 강제조정의 경우와 같이 당사자에게 조서정본이 송달된 날로부터 2주일 이내에 신청할 수 있으며, 이러한 이의신청이 있을 경우 조정담당판사는 이를 지체 없이 상대방에게 통지하여야 한다(민조 제34조).

(4) 조정성립: 당사자 또는 이해관계인의 진술을 듣고 간이한 방법에 의하여 증거조사나 사실심리를 마친 후 이를 토대로 당사자 사이에 합의가 이루어지는 경우에 그 내용이 상당하다고 인정되면 법원은 이를 조서에 기재한다(민조 제28조).

7) 조정의 효력

조정이 성립되면 조서에의 기재를 통해 재판상 화해와 동일한 효력이 인정케 된다(민조 제29조). 즉 확정판결과 동일한 효력이 발생케 된다.

Ⅴ. ADR의 효용성 확보를 위한 구체적 방안과 관련하여

앞서 살펴본 ADR의 효용성 내지 유용성과 관련한 논의는 이제 ADR이 과연 분쟁해결을 위해 유용한 제도인가의 차원에서의 논의가 아니라 유용한 분쟁해결 제도로서 기능하기 위해서는 어떠한 측면이 보완되고 개선되어야 할 것인가의 문제를 중심으로 논의되는 단계로 이전되었다고 하겠다. 어떠한 제도가 더 우월한 제도이냐는 그들에 대한 소비자의 선택을 통하여 판단되어야 할 성질의 것으로 몇몇 사람들의 찬반논쟁에 의해 해결이 가능한 문제는 아닌 것이다. 다만, 이제는 바야흐로 이러한 제도를 보다 효율적이고 공정하게 운용하기 위하여 무엇이 요구되고 있는가의 문제에로 그 논의의 비중이 옮겨져야 할 것이다.

개개의 분쟁마다 사건의 성격이 다양하기 때문에 과연 어떠한 절차가 효율적인 사건관리에로 이어질 수 있는지의 문제가 상당히 중요할 것이다. 어떠한 절차를 선택할 것인가에 있어서 중요한 요인으로는 사건에의 ADR 적합성, 효율성 그리고 시간적 및 비용적 측면에서의 경제성이라 하겠다. 이러한 요소 외에도 당사자 간의 관계 즉, 당사자 간에 계속적인 관계가 존재하는지, 당사자 간의 교섭능력에 있어 차이가 있는지, 소요되는 경비를 당사자가 부담할 수 있는지, 양 당사자 간에 의사소통상의 문제는 없는지 그리고 양 당사자가 분쟁결과에 대한 예측에 있어 어느 정도의 차이를 보이고 있는지 등을 파악하는 과정이 요구된다. 이러한 점에서 ADR은 매우 중요한 역할을 하는 것으로 판단된다. 다만, ADR의 활용과 관련하여 향후 다음과 같은 점은 극복되지 않으면 안 될 것으로 본다. 먼저, 어떻게 재판으로 해결하여야 할 사건과 ADR로 해결하여야 할 사건을 구별할 것인지의 구별 기준의 문제가 있을 것이고 또한 어떠한 종류의 분쟁이 어떠한 유형의 ADR에 적합할 것인지를 가려내는 문제일 것이다. 아마도 이 문제의 해결을 위해서는 각양각색의 분쟁마다 그 구체적인 분쟁원인을 살펴보는 것이 순서일 것이다. 또한 소송 외 분쟁해결제도의 일반적 특성 중의 하나로 거론되는 것으로 경제성, 저렴성, 신속성 그리고 간편성 등을 들 수 있는데 이러한 것이 단지 피상적으로 인식되는 것만으로는 곤란하고 개개의 구체적인 사건과 주변 사정에 의해 서로 다른 결론에 이를 수 있다는 점을 당사자들에게 주지시켜야 할 것이다. 따라서 분쟁당사자의 수ㆍ상호관계ㆍ경제력, 원고의 사건해결의 긴급성과 필요성, 주장의 성격, 증거의 성격과 입증가능성, 재판의 지연가능성 그리고 정식재판의 예상비용 등에 대한 내용이 고려되지 않으면 안 된다.[51]

둘째로, 소송에 의하지 않는 대체적 분쟁해결방식은 본래 가능한 한 비공식절차를 통해 법률전문가의 개입을 배제하고 합목적적인 분쟁해결을 도모하기 위한 것임에도 법률가들에 의한 개입에 의해 결과적으로는 본연의 장점은 퇴색되고 재판제도에 유사한 분쟁해결 방식으로 화할 가능성이 높음을 부인할 수 없을 것이다. 소송 이외의 분쟁해결제도의 본질을, 합의를 그 본체로 하여 가능한 한 당사자의 자치권과 임의절차성을 보장해주려는 데에 두고 있다고 한다면, 소송에 유사한 절차진행은 지양되어야 할 것이다. 결국 이 제도를 운영하는 주체가 이를 제대로 운영하기 위해서는 상식과 조리를 적용하여 좀 더 장래 희망적으로 또는 후견적 또는 합목적적 판단이 가능하도록 운용하여야 할 것이다.[52] 이를 위해서는 ADR을 주재하는 자가 앞서와 같은 판단을 할 수 있는 능력 및 협

---

51) Jethro K. Liberman & James F. Henry, p. 424.

52) 특히 집단 간 이해관계와 관련하여 발생하는 분쟁의 해결과 관련해서는 지역에서의 분쟁을 해결하기 위해 한 지방자치단체에서 시행하고 있는 민원배심제도를 참고할 필요가 있다. 민원배심제도는 대구시 수성구가 집단민원의 처리를 위하여 2000년 2월 21일부터 수성구청장의 예규 제143호인 '대구광역시 수성구 민원배심제도 운영지침'에 의하여 시행 중인 제도로서, 법률전문가가 아닌 제3자인 일반 국민 중에서 지식과 덕망이 높은 사람을 배심원으로 선출하여 배심판정을 통해 분쟁을 해결하는 제도이다. 이 제도의 도입목적은 '민원사안이 중대하여 장기간 해결되지 않고 주민 간의 이해가 대립되는 민원 등을 공

상능력을 갖출 수 있도록 이를 배양하는 훈련이 절실하게 요구된다고 하겠다. 따라서 기존의 해석법학적 교수방식을 지양하고 실무적 기술이나 협상능력의 개발을 위한 프로그램 등의 교육방법을 통해 이를 뒷받침하여야 할 것이다.

셋째로, 소송 외 분쟁해결기관에서 이루어지는 합의가 갖는 의미는 단순히 분쟁의 종국적 해결의 의미를 넘어 합의도출 과정에서의 당사자 간의 주체적인 의사형성이 이루어진다는 것이므로 분쟁해결기관이 분쟁의 해결만을 위한 차원에서 분쟁에 접근하는 것보다는, 분쟁해결과정에서 새롭게 형성되고 변화되어 가는 당사자의 의사가 충분히 반영될 수 있도록 배려해야 한다는 점이다. 이러한 과정을 통해 어느 일방 당사자의 사기나 강박 혹은 과실에 의하여 합의가 이루어지는 것을 방지할 수 있을 뿐만 아니라, 이 제도를 통해 도출되는 합의내용을 강제할 수 있는 제도적 토대를 만들 수 있을 것이다.

넷째로, ADR을 도입하는 경우, 이 제도의 이용을 당사자의 자유의사에 따르게 할 것인가 아니면 법원이 의무적으로 이 제도에 의해 처리하게 할 것인가의 문제가 제기될 수 있다. 이는 본 제도의 존재 의의를 살펴서 결정하여야 할 것이다. 먼저 강제적으로 이용케 할 경우에는 상대방이 직접적으로 교섭하는 것을 막음으로써 소송의 비용이 증가될 경우에 법원이 개입하여 상대방을 합법적으로 교섭에 응하도록 해 줄 수 있을 것이다. 아울러 대리인인 변호사 등이 보수를 목적으로 불필요한 소송수행을 하려는 것을 견제할 수도 있을 것이다. 그러나 ADR이 존재하지 않거나 충분치 않은 경우에는 불필요한 비용이 요구될 수 있고 관료에 의한 의례적 업무처리로 말미암아 분쟁당사자가 희생될 가능성도 많다 하겠다. 또한 광범위한 의무적 제도이용은 사건을 부적당한 절차에 놓이게 함으로써 결과적으로 시간과 노력의 도로화(徒勞化)뿐만 아니라 불공정한 해결을 초래할 수도 있게 될 것이다.53) 결국 이 제도를 강제할 것이냐 아니면 당사자의 선택에 맡길 것이냐의 문제는, 어느 한 측면의 극단적 강조보다는 양자의 조율을 통해 당사자의 선택권의

개적 · 민주적으로 처리하고 민원처리의 공정 · 신뢰성을 확보하기' 위한 것이다. 비록 법률적인 구속력은 없다 할지라도 이해당사자 간의 공개적인 대화를 통하여 해결방안을 모색 또는 중재함으로써 분쟁의 사전 억지를 꾀할 수 있고 주민 간의 화합과 지역발전에도 기여할 수 있다는 점에서 ADR의 다양한 방법 중의 하나로서 의미를 갖는다고 하겠다.

53) 미국의 경우, ADR을 강제할 것인지 아니면 당사자의 선택에 의할 것인지를 놓고 고민해 온 것으로 보인다. 즉, 자동적으로 ADR에 의하도록 하는 방법, 당사자의 의견을 묻고 이에 따라 ADR에 의할 것을 결정하는 방법, ADR에 회부한 후 일정한 이의기간을 부여하는 방법 및 ADR 회부 여부를 결정하는 기준을 마련한 후 그 결정을 전담하는 직원을 두는 방법 등 다양한 논의가 진행되어 왔다. 최근에는 사건 유형에 따른 강제적이거나 자동적인 ADR 회부는 극히 제한적이라 할 수 있고, 대부분의 경우에는 사건이 ADR에 적합한지의 여부의 판단을 판사와 당사자에게 맡기고 있는 것으로 보인다. 오세훈, 미국민사재판의 허와 실, 158~159면.

보장과 법관에 의한 본 제도 이용의 효율성을 고려하여 결정되어야 할 것이다.

마지막으로, ADR이 당사자에 의한 절차지연 등으로 인하여 오·남용되었을 경우 책임 있는 당사자에 대하여 어떠한 제재를 가할 수 있을 것인가 하는 것이다. 이에 의해 ADR의 이용이 위축되지 않을까 하는 우려도 있을 수 있으나, 이 또한 일정한 rule에 의하여 운용되는 만큼 본 제도를 이용하는 당사자에게 사전에 주지시키고 이러한 제재에 대해서 수용한다는 의사표시를 전제로 하여 운용하여야 할 것이다.

이상에서의 고려사항에 유념하여 ADR을 운용해 나간다면 대체적 분쟁해결 방식의 문제점을 최소화하고, 이러한 방식의 활용을 통해 본래 의도하였던 바의 효용성을 극대화할 수 있을 것이다.

제2장 조정 및 소송을 통한 교통사고 분쟁해결

제1절 자동차보험 분쟁조정

Ⅰ. 금융분쟁조정제도

금융분쟁조정제도란 소비자보호제도의 일환으로 금융감독기구의 설치 등에 관한 법률 (1997. 12. 31. 법률 제5490호 제정, 이하 금감법)에 의거 설립된 금융분쟁조정위원회가 금융기관의 각종 금융거래에서 발생한 금융기관이용자의 부당한 피해를 구제해 주기 위한 제도이다. 금융기관이용자가 금융거래에서 입은 피해를 소송을 통해 해결하려면 많은 비용과 시간이 소요되므로, 이러한 제도를 이용함으로써 금융에 대한 전문적인 지식과 검사기법을 이용하여 분쟁의 사실관계를 조사·처리함으로써 금융소비자의 비용부담 없이 신속·공정하게 분쟁을 해결하기 위한 제도라 하겠다.

Ⅱ. 조정절차의 진행

1. 조정기관

금감법 제51조에 의해 금융감독원에 법조계, 학계, 소비자단체 등 각계 대표자로 구성되는 조정위원회를 설치하여 금융감독원의 검사대상기관과 금융수요자 기타 이해관계자 사이에 발생하는 분쟁을 심의·의결토록 하고 있다.

조정위원회는 위원장 1인을 포함하여 7인 이상 11인 이하의 위원으로 구성되며, 구성원 과반수의 출석과 과반수의 찬성으로 의결한다. 조정위원회회의는 비공개를 원칙으로 하나 위원장이 필요하다고 인정하는 때에는 당사자 기타 이해관계인에게 방청을 하게 할 수 있다(동법 시행령 제17조 제2항). 위원장은 사건조사를 위하여 필요시 당사자에게 사실의 확인 또는 자료의 제출 등을 요구할 수 있으며(시행령 제19조), 당사자의 의견을 청취할 수 있다(시행령 제20조).

2. 조정의 신청

자동차보험 분쟁과 관련한 조정신청을 위해서는 민원서류 또는 분쟁조정신청서를 작성하여 금융소비자보호센터에 접수하여야 한다. 현재는 인터넷으로도 신청이 가능하다.

동 센터는 서류를 검토하여 해당 부서로 이송하게 되는데, 분쟁조정신청서류는 소비자보호센터에, 민원서류는 관련 부서로 이송하게 된다. 소비자보호센터는 조정신청에 대해 합의권고를 할 수 있으며, 분쟁조정의 신청을 받은 날부터 30일 이내에 합의권고에 따른 합의가 이루어지지 아니한 경우 지체 없이 이를 조정위원회에 회부하여야 한다(금감법 제53조 제3항).

3. 조정의 결정

조정위원회는 소비자보호센터로부터 조정의 회부를 받은 때에는 60일 이내에 이를 심의하여 조정안을 작성하여야 한다. 작성된 조정안은 조정신청인과 관계 당사자 간의 중재안으로 감독원은 이의 제시와 수락을 권고할 수 있다(금감법 제53조 제4, 5항). 당사자가 위의 규정에 의하여 조정안을 수락한 경우 당해 조정안은 재판상의 화해와 동일한 효력을 갖게 된다(금감법 제55조).

다음의 경우에는 조정위원회에 회부되지 아니한다(금감법 제53조 제2항 및 동법 시행령 제16조 제1항 각 호). 즉, ⅰ) 이미 법원에 제소된 사건이거나 조정신청이 있은 후 소를 제기한 경우, ⅱ) 신청의 내용이 분쟁가정대상으로서 적합하지 아니한 경우, ⅲ) 신청의 내용이 관계 법령 또는 객관적인 증빙 등에 의하여 합의권고절차 및 조정절차진행의 실익이 없는 경우, ⅳ) 신청인이 정당한 이유 없이 감독원이 요구하는 보완내용을 기한 내에 보완하지 아니하는 경우, ⅴ) 신청인의 내용과 직접적인 이해관계가 없는 자가 조정신청을 하는 경우, vi) 신청인이 부당한 이익을 얻을 목적으로 조정신청을 한 것으로 인정되는 경우, vii) 조정을 하는 것이 적당하지 아니하다고 인정되는 경우 등이다.

제2절 법원에 의한 교통사고 분쟁해결

Ⅰ. 민사조정절차에 의할 경우

　피해자가 처음부터 민사조정을 신청하는 경우 조정절차가 개시된다. 조정을 신청할 때에는 조정신청서를 제출하여야 하는데, 신청인과 피신청인을 기재한다. 조정은 양 당사자가 서로 원만한 합의에 이르도록 하는 것이 주된 목적이라 하겠다. 일반적으로 조정은 양 당사자가 서로 양보하여 적당한 선에서 서로 화해하는, 즉 당사자가 의견의 일치를 보아 임의로 조정했다는 의미로서 임의조정을 말한다고 하겠다. 그러므로 조정이 성립된 경우는 재판상 화해와 동일한 효력을 갖게 된다. 임의조정이 되면 재판이 종결케 되고, 당사자는 조정된 내용대로 약속을 이행하지 않으면 안 된다. 따라서 약속을 어길 경우에는 임의 조정된 내용에 근거하여 강제 집행할 수 있다.54)

　만약 당사자 간에 합의가 성립되지 아니하거나 합의된 내용이 상당하지 않다고 인정될 경우에는 판사가 양쪽의 주장을 적당히 조절해 강제로 조정할 수 있는데, 이를 조정에 갈음하는 결정이라 하며 강제조정이라고도 한다. 이러한 강제조정의 법적 근거로서 민사조정법 제30조를 들 수 있다.55) 강제조정은 판사가 강제로 조정시킨 경우이므로, 당사자가 판사의 강제조정을 받아들일 수 없을 때에는 이의를 신청할 수 있다.

　판사의 강제조정에 대한 결정문은 조정일로부터 약 1주일 후에 당사자에게 송달되며, 이

---

54) 조정기일에 담당 판사는 원고와 피고의 소송대리인과 함께 자신이 계산한 손해배상금의 내역과 금액을 제시하며 임의조정을 시도하게 된다. 만약 여의치 않으면 강제조정을 하게 된다. 판사가 손해배상금 및 지급기일을 정해 강제조정을 하게 되는 경우 1주일 이내에 강제조정결정문이 우편으로 배달된다. 지급기일은 대체로 조정기일로부터 3주일 후이며 그 기간을 넘으면 연 20%의 지연이자가 붙게 된다.

55) 민사조정법 제30조는, "조정담당 판사는 합의가 성립되지 않는 사건 또는 당사자 사이에 성립된 합의의 내용이 상당하지 아니하다고 인정된 사건에 관해서는, 상당한 이유가 없는 한 직권으로 당사자의 이익, 기타 모든 사정을 참작하여 신청인의 신청취지에 반하지 아니하는 한도 내에서 사건의 공평한 해결을 위한 결정을 하여야 한다"고 규정하고 있다.

를 받은 날로부터 14일 이내에 이의신청을 할 수 있다.[56] 어느 한쪽에서라도 이의신청이 들어오게 되면 강제조정은 효력을 잃게 된다. 이의신청기간 내에 이의를 제기하지 않으면 판사의 강제조정을 수락한 것으로 간주하여 강제조정에서 결정한 대로 절차가 종결된다. 만약 이의신청을 하였더라도 나중에 상대편의 동의를 받아 이의를 취하하면 마찬가지로 강제조정결정문의 내용대로 절차가 종결케 된다.

Ⅱ. 소의 제기를 통한 분쟁해결

소의 제기에 의해 분쟁을 해결코자 하는 경우에 있어서 중요한 의미를 갖는 것이 과연 어느 법원에 수를 제기할 것인가이 관한 법원외 문제라 히겠다. 교통사고 손해배상청구 소송의 관할은, 피고(보험회사)의 본점소재지, 원고의 주소지, 교통사고 발생지를 관할하는 법원 중에서 한 곳을 선택하여 소를 제기하면 된다. 피고의 본점소재지에 소를 제기하는 것이 일반적이다.

1) 사망사고의 경우

원고가 소장을 작성하여 소장을 접수시키면 그로부터 며칠 이내에 사건번호와 담당재판부가 정해지게 된다. 사건번호와 담당재판부가 정해지면 형사사건의 기록을 보내 달라는 문서송부촉탁을 법원에 신청하여야 한다.[57] 소장접수 시로부터 한 달 반에서 두 달 정도 지나 재판기일이 지정되는데, 형사기록이 법원에 도착하고 별다른 사항이 없다면 일반적으로 첫 번째 재판기일에서 곧바로 조정에 회부케 된다. 조정기일은 대체로 한 달 후에 지정된다.

---

56) 법원의 강제조정에 불만이 있는 경우에는 강제조정결정문을 받은 날로부터 2주일 이내에 이의신청을 할 수 있다. 원고나 피고 중 어느 한쪽에서 이의를 제기하면 재판은 다시 진행된다. 보통 이의신청을 한 날로부터 한 달 내지 두 달 이내에 재판기일이 지정되고, 지정된 변론기일에 원고와 피고의 주장과 입증사항을 최종적으로 정리하여 특별한 사정이 없다면 곧바로 변론이 종결되어 선고기일이 지정된다. 판결은 대체로 변론종결 후 4주일 후에 선고된다.

57) 형사기록은 사고경위 및 가해자와 피해자 사이의 과실비율을 판단할 때 반드시 필요한 자료이다.

2) 부상사고의 경우

부상사고의 경우 사망사고와 다른 점은, 소 제기 이후에 법원에 형사기록인증등본송부촉탁과[58] 신체감정촉탁신청(신체감정이 필요한 경우)을[59] 하여야 한다는 점일 것이다. 이러한 경우에는 피해자의 신체감정이 요구되는데, 피해자 본인은 법원에서 지정한 병원에서 신체감정을 받으면 된다. 이후 신체감정서가 법원에 도착하면 감정서에 기재된 장해율에 따라 기존의 소장의 내용을 변경하는 청구취지 및 원인변경신청서를 작성하여 제출하여야 한다. 이는 처음 소장을 제출할 당시에는 교통사고로 인한 정확한 장해율이 나오진 아니한 상태였으므로 그 내용이 불완전하였다고 할 수 있으므로 이를 보완하는 의미를 갖는다고 하겠다.

신체감정서와 형사기록이 법원에 도착하면 재판기일이 지정되며, 신체감정서의 내용에 문제가 없는 경우라면 대부분 첫 번째 재판기일에 곧바로 조정에 회부된다.

---

58) 이는 담당판사가 교통사고에 대한 형사기록이 보관되어 있는 검찰청이나 법원에 형사기록의 사본을 보내 달라고 보내는 공문이다.

59) 이는 담당판사가 피해자로 하여금 법원이 지정하는 병원에서 신체감정을 받을 수 있도록 해당 병원에 협조 공문을 보내는 것을 말한다.

제2편 교통사고와 보험제도

제1장 보험법 일반론

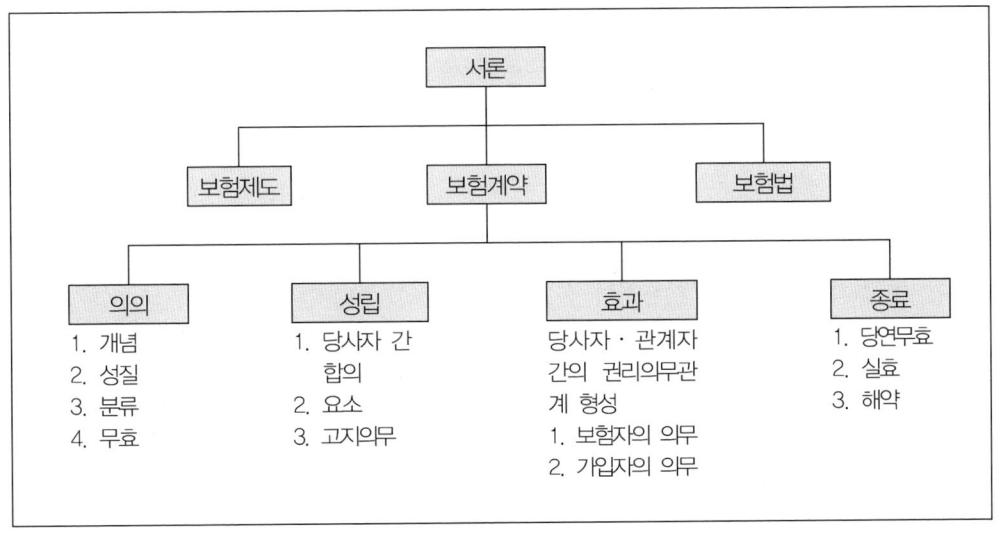
보험법 체계

서론

보험제도 · 보험계약 · 보험법

의의	성립	효과	종료
1. 개념 2. 성질 3. 분류 4. 무효	1. 당사자 간 합의 2. 요소 3. 고지의무	당사자 · 관계자 간의 권리의무관 계 형성 1. 보험자의 의무 2. 가입자의 의무	1. 당연무효 2. 실효 3. 해약

제1절 보험제도

Ⅰ. 보험이란

1. 개 념

보험은 여러 사람이 조금씩 갹출한 금전, 곧 보험료로 일정한 자금(기금)을 형성하고, 그중에서 실제로 사고를 당한 자가 이 자금에서 금전 기타의 급부(보험금)를 받아 경제적인 불안을 해결할 수 있도록 하는 제도를 말한다.

사람이 살아가거나 기업을 영위해 나가면서 화재나 자동차사고, 부상 등 예기하기 어려운 우연한 사고를 당하게 되면 그것으로 인하여 수입이 줄거나 그것을 해결하기 위한 과외의 지출이 필요하고, 그것 때문에 가계나 기업에 수지의 불균형이 생기고 경제적인 불안이 초래되는데 이러한 경제적인 불안을 극복하고 줄이기 위함이다.

2. 보험제도 형성의 기초

보험은 여러 사람 또는 많은 경제주체(개인과 기업)가 우연한 사고로 인한 경제적인 불안에 대한 염려(위험)를 소액의 보험료를 거출하여 해결하고자 위험분산조직을 이용하는 것이고, 이 조직운영의 기본원리로서 '수지상등의 원칙'이 철칙이 되고 있다. 이 원칙은 서로 같거나 비슷한 사고를 당할 염려가 있는 많은 사람이 이른바 '보험단체'를 구성하고 결합하여 '대수의 법칙'을 이용하여 우연한 사고 내지 그 결과발생의 확률계산에 의하여, 미리 거두는 '보험료의 총액'과 실제로 사고를 당한 사람에게 지급하는 '보험금의 총액'이 일치되어 균형을 이루도록 하여야 한다는 원칙을 말한다. 이 원칙이 적용되어 보험제도가 정상적이고 합리적으로 운영되고 이용되기 위해서는, 충분히 많은 사람을 모집하여 보험단체를 형성시키고 또한 보험에 붙인 물건이나 사람에 대하여 생길 사고 내지 그 결과발생의 확률을 계산해 내기 위한 올바른 위험측정이 필요하다.

1) 보험단체의 존재

수지상등의 원칙이 발휘되기 위해서는 먼저, 대수의 법칙이 적용될 만큼 동일한 종류의 우연한 사고발생의 위험에 처한 많은 경제주체가 결합되어야 한다. 이러한 보험제도의 형성이 필요한 다수인의 존재를 '보험단체' 내지 '위험단체'라고 한다. 보험업법상의 보험상호회사의 최소 사원 수는 100인으로 하고 있다(보험업법 제44조).

2) 위험측정

(1) 의 의: 수지상등의 원칙에 의하여 보험제도가 합리적으로 운용되기 위해서는 위험의 측정이 필요하다. 위험측정이란 위험의 크기, 즉 우연한 사고발생의 가능성 내지 그 결과의 개연성을 측정하는 것을 말한다. 위험의 크기는 일정한 시간적 단위 또는 기간(보험료기간)의 사고발생률(정액보험의 경우) 또는 사고발생률과 평균손해율(손해보험의 경우)을 말한다.

(2) 위험측정상의 참작사항과 방법: 보험자는 위험측정을 위하여 중요한 여러 사항을 알 필요가 있는데, 보험자가 위험측정을 위하여 알 필요가 있는 개개의 사정을 위험사정이라 하며 객관적 위험사정과[60] 주관적 위험사정[61]으로 나눌 수 있다. 이러한 여러 위험사정을 통틀어 '위험상태'라고 한다.

Ⅱ. 보험의 분류

1. 공보험과 사보험

공보험은 국가나 기타 공공단체가 사회정책 또는 경제정책의 실현수단으로서 영위하는 보험을 말한다. 이 보험은 다시 사회보험과 경영정책보험으로 나뉘는데, 전자의 예로는

---

60) 피보험자의 연령·성별·직업, 보험의 목적인 건물의 구조·위치 등.
61) 피보험자의 건강상태, 건물의 관리상황 등.

산업재해보상보험, 의료보험, 군인보험, 선원보험, 국민복지보험, 실업보험 등을 들 수 있다. 후자의 예로는 농업보험, 산림보험 등을 들 수 있다. 이러한 공보험은[62] 보통 국가나 공공단체가 운영하고, 보험관계자의 사회연대적 사상을 기반으로 하며, 보험관계가 법률에 의하여 설정되는 등의 특색이 있다.[63]

사보험은 보통 개인이나 사법인이 사경제적인 입장에서 영위하는 보험으로서 영리보험과 상호보험으로 나뉜다.

2. 사회보험과 사보험

사회보험은 사회정책적인 이유에서 사회적 위험을 분산하여 그 구성원의 최저생활을 확보하기 위하여 시행되는 보험으로서, 그 예로 산업재해보험, 의료보험 등을 들 수 있다.

사보험은 각 개인이 경제생활의 안정을 꾀하여 사경제적인 입장에서 이용하는 보험이다.

3. 영리보험과 상호보험

영리보험과 상호보험은 사보험 중 영리성 유무에 의해 구별된다. 영리보험은 보험자가 보험의 인수를 영업으로 하는 보험(상 제46조)을 말한다. 재정경제부장관으로부터 보험사업의 허가를 받은 주식회사인 보험자는 보험계약자와 개별적으로 보험계약을 체결하여 보험을 인수하게 된다. 보험자와 보험계약자 사이에는 보험계약관계만이 존재하고, 보험계약자 상호 간에는 법률적으로 아무런 관계도 없으며, 간접적으로 보험자를 매개로 보험단체를 구성하고 있다. 상법상 보험은 모두 영리보험이다.

상호보험은 보험자가 보험의 인수를 영업으로 하는 것이 아니라, 상호의 이익을 위하여 영위하는 보험으로서, 상호보험을 영위하고자 하는 자는 보험업법에 의하여 금융위원회의 허가를 받은 상호회사로 제한된다(보험업 제4조 제1항, 제3항). 상호보험에 있어서는 회사의 사원이 동시에 보험계약자로 되어 사원관계와 보험관계가 병존하게 되고, 보험관계가 소멸하면 사원은 퇴사하게 된다.

---

[62] 공보험은 공영보험과 구별되는데, 공영보험이 국가 기타의 공공단체가 영위하는 보험이라는 점에서는 유사하나, 공영보험이 사회연대적 정신을 기반으로 하지 않고 또한 법률관계가 법률에 의해 설정되는 것이 아니고 사법상의 계약에 의해 설정되는 점에서 그 차이가 있다. 정찬형, **487**면.

[63] 정찬형, **487**면.

영리보험에 있어서도 보험가입자의 보호를 위하여 보험계약자에 대한 이익배당을 실시함으로써 상호보험에 접근하고 있어 영리보험과 상호보험은 서로 접근현상을 나타내고 있다. 상호보험에 있어서 가입자는 사원인 지위에 있지만 발언권은 유명무실하고 사원의 책임은 약정된 보험료에 한정되기 때문이다. 또한, 영리보험계약에 관한 규정도 그 성질이 허용하는 한 상호보험계약에 준용된다.

관련 판례

1) 대판 1996. 12. 10, 96다3748

"육운진흥법 제8조, 동법시행령 제11조의 규정에 의하여 자동차운송사업조합연합회가 하는 공제사업은 비록 보험업법에 의한 보험사업은 아닐지라도 그 성질에 있어서 상호보험과 유사한 것이므로, 상법 제664조를 유추 적용하여 보험료의 지급과 지체의 효과에 관한 상법 제650조, 보험계약자 등의 불이익변경금지에 관한 상법 제663조를 준용할 수 있다."

2) 대판 1993. 12. 21. 91다36420

"전국화물자동차운송사업조합연합회의 대물 및 대인공제사업은 그 조합원이 그 자동차의 운행으로 인한 사고로 타인에게 손해배상책임을 부담함으로써 입을 손해를 보상하기 위한 것으로서 그 성질상 손해보험과 유사하다."

---

4. 손해보험과 정액보험

손해보험과 인보험은 보험금의 지급방법에 따른 구별이다. 손해보험은 보험사고로 인하여 생길 피보험자의 실제 재산상의 손해를 보상할 것을 목적으로 하는 보험(상 제665조)을 말한다. 그 예로서 화재보험, 운송보험, 해상보험, 책임보험 등을 들 수 있다.

정액보험이란 사람의 생명 또는 신체에 관하여 보험사고가 생길 경우에 보험자가 지급할 보험금이 피보험자의 실 손해액의 유무나 다소를 묻지 않고 보험계약의 정하는 바에 따라 보험금액 기타의 급여를 하기로 한 보험(상 제727조)을 말한다.

그 대표적 예로서 생명보험을 들 수 있다.

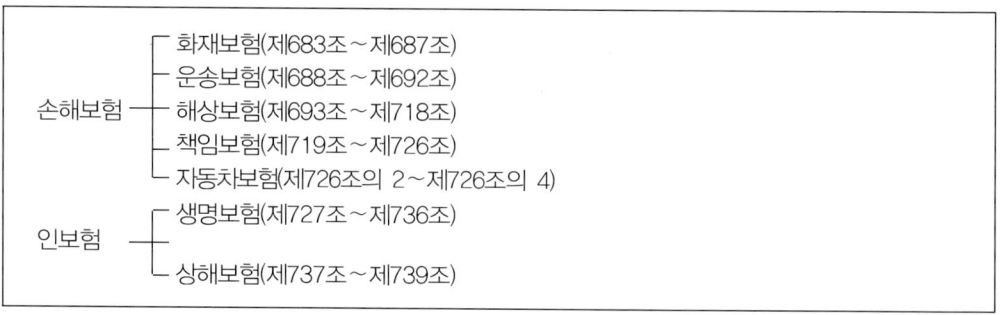

```
              ┌─ 화재보험(제683조~제687조)
              ├─ 운송보험(제688조~제692조)
     손해보험 ─┤─ 해상보험(제693조~제718조)
              ├─ 책임보험(제719조~제726조)
              └─ 자동차보험(제726조의 2~제726조의 4)
              ┌─ 생명보험(제727조~제736조)
     인보험 ──┤
              └─ 상해보험(제737조~제739조)
```

5. 재산보험과 인보험

　　재산보험은 보험사고로 말미암아 피보험자의 재산에 생긴 손해를 보상하기로 한 보험으로 재물보험이라고도 한다. 재산보험은 물건보험과 협의의 재산보험으로 나눌 수 있는데, 물건보험이란 보험사고 발생의 객체가 피보험자의 특정한 물건인 보험을 말한다. 협의의 재산보험은 보험사고의 발생으로 인하여 피보험자가 부담하는 비용, 채무 등과 같은 간접손해를 보상하는 책임보험을 말한다.

　　인보험이란 사람의 생명 또는 신체에 관하여 보험사고가 생길 경우에 보험계약이 정하는 바에 따라 보험금액 기타의 급여를 하기로 한 보험(상 제727조)을 말한다. 생명보험, 상해보험, 의료보험 등을 그 예로 들 수 있다.

6. 해상보험·육상보험·항공보험

　　해상보험·육상보험·항공보험은 보험사고의 발생장소에 의한 구별이다. 먼저, 해상보험은 항해에 관한 사고로 선박 또는 적하 등에 생긴 손해를 보상하기로 한 보험을 말하고(상 693조 내지 제718조), 육상보험은 육상에서의 사고에 대비하기 위한 보험이며, 항공보험은 항공기와 항공에 관한 사고로 인한 손해를 보상하기로 하는 보험이다.

7. 개별보험·집합보험·단체보험

　　개별보험·집합보험·단체보험은 보험목적의 수에 의한 구별이다. 개별보험은 개개의 물건 또는 사람을 보험의 목적으로 하는 보험을 말한다. 집합보험은 어떤 특정한 집합된 물건을 보험의 목적으로 하는 특정보험(제686조)과 그 집합된 물건이 수시로 교체되는 것이 예정되어 있는 총괄보험(제687조)으로 나뉜다. 단체보험이란 어느 특정 회사 내지 특정 공장의 구성원 전부 또는 일부를 포괄적으로 피보험자로 하여 그의 생사를 보험사고로 하는 보험계약을 말한다(제735조의 3 제1항). 성원이 단체에 가입·탈퇴함으로 인하여 당연히 피보험자의 자격을 취득 내지 상실하며, 피보험자의 교체에도 불구하고 보험계약은 그 동일성을 유지한다.

피보험자는 단체의 구성원이고 단체의 대표자가 구성원의 복리후생을 위하여 보험계약을 체결하므로 타인을 위한 생명보험계약이라고 할 수 있다. 다만, 피보험자의 사망을 보험사고로 하더라도 피보험자의 서면동의를 필요로 하지 않는다(제735조의 3 제1항). 보험계약이 체결된 때에도 보험계약자인 단체의 대표자에게만 보험증권을 교부한다(동 조 제2항).

관련 판례

대판 1999. 5. 25, 98다59613

"단체보험의 경우 보험수익자의 지정에 관해서는 상법 등 관련 법령에 별다른 규정이 없으므로 보험계약자는 단체의 구성원인 피보험자를 보험수익자로 하여 타인을 위한 보험계약으로 체결할 수도 있고, 보험계약자 자신을 보험수익자로 하여 자기를 위한 보험계약으로 체결할 수도 있을 것이며, 단체보험이라고 하여 당연히 타인을 위한 보험계약이 되어야 하는 것은 아니므로 보험수익자를 보험계약자 자신으로 지정하는 것이 단체보험의 본질에 반하는 것이라고 할 수 없다."

---

8. 기 타

이외에도 기업보험·가계보험, 원보험·재보험 등으로 나눌 수 있다. 기업보험·가계보험은 보험계약자의 경제적 목적에 의한 구별이다. 기업보험은 기업자가 그의 기업경제활동의 불안정에 대비하여 이용하는 보험으로서, 재보험, 해상보험 등이 이에 해당한다. 가계보험은 일반인(비기업자)이 그 가계경제활동의 불안정에 대비하여 이용하는 보험으로서, 생명보험이나 주택, 가구의 화재보험 등이 이에 해당한다. 원보험·재보험은 보험인수의 순서에 의한 구별이다. 원보험은 제1의 보험자가 인수하는 보험으로서(원수보험), 상법에서 규정하는 보험의 거의 전부가 이에 해당한다. 재보험은 제1의 보험자가 입을 손해에 대하여 다시 제2의 보험자가 이수하는 보험을 말한다.

Ⅲ. 보험제도의 운용

1. 제도의 형성·운영자(보험자)

보험사업자가 되려는 자는 다음과 같은 요건을 갖추어야 한다(보험업법 제5조, 제6조). 첫째로, 기업형태가 주식회사 또는 상호회사이어야 한다. 둘째로, 그 납입자본금(주식회사의 경우) 또는 납입기금(상호회사의 경우)이 손해보험의 경우 300억 원 이상, 인보험의 경우 100억 원 이상이어야 한다. 셋째로, 제정경제부장관으로부터 보험사업의 허가를 받아야 한다. 넷째로, 영업개시 전에 대통령령으로 정하는 보험가입자 보호를 위한 예탁금(보호예탁금)을 금융감독원에 예탁하여야 한다.

2. 보험가입자

보험계약의 당사자인 '보험계약자', 보험금지급청구권자인 손해보험의 '피보험자'와 인보험의 '보험수익자', 인보험의 보험사고 발생의 객체가 되는 사람인 '피보험자'를 말한다.

3. 양자의 법률적 결합수단 – 보험계약

보험계약은 보험자와 보험가입자 사이의 보험에 관한 권리의무관계 곧 보험관계의 형성원인인 법률요건이며, 그 효과로서 보험관계가 형성된다. 따라서 보험계약법은 보험관계법이라고 할 수 있다. 권리의무관계로는 보험금지급청구권·지급의무, 보험료지급청구권·지급의무 등을 들 수 있다.

제2절 보험법이란

Ⅰ. 보험법의 의의

1. 광의의 보험법

광의의 보험법이란 보험관계를 규율하는 법규의 전체를 말하는 것으로, 보험공법과 보험사법으로 나눌 수 있다. 보험공법이란 보험에 관한 공법적 규율의 총체로서, 이에는 보험사업감독법(예: 보험업법), 공보험에 관한 법(예: 상업재해보상보험법, 선원보험법, 수루보험법) 등이 있다. 보험사법이란 보험에 관한 사법적 법규의 총체로서, 이에는 보험기업조직법과 보험기업활동법(보험계약법)이 있다.

2. 협의의 보험법(보험계약법)

1) 형식적 의의의 보험법

보험이라는 명칭 아래 제정되어 있는 성문의 법규로서, 상법 제4편 보험의 규정이 이에 해당된다.

2) 실질적 의의의 보험법

형식적 의의의 보험법의 유무·내용 여하와 관계없이 이론적 견지에서 체계적·통일적으로 파악할 수 있는 특별한 법 부문으로서 보험에 관한 법을 말한다. 협의의 보험법은 보험계약법 내지 보험관계법을 말한다.

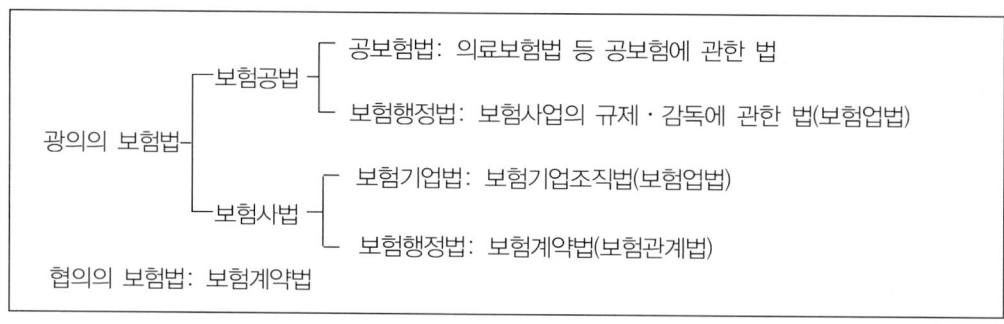

Ⅱ. 보험계약법의 지위

1. 사법상의 지위

보험은 보험주식회사가 이를 영업으로 인수하므로, 그 영업상의 법률적 수단인 보험계약은 상행위가 되며(제46조 17호), 따라서 보험계약법은 상법의 일부로서 상행위법에 속한다. 그러나 보험계약법은 일반 상행위법과 다른 성질 곧 특성이 인정되고 있기 때문에, 상행위법에 대한 독자적인 지위가 인정되고, 또한 상법전 중에서도 상행위편(제2편)에 대한 별편(제4편)으로 규정되고 있다.

2. 특 성

보험법은 그 규율대상인 보험계약의 기반이 되고 사회경제제도로서의 보험제도의 건전한 운영을 도모하는 것을 이념으로 하며, 이를 실현하기 위한 법규제의 특성이 바로 보험법 또는 보험계약법의 특성이 된다. 이는 보험제도의 운영상 그 특성 내지 경제적 기능을 제대로 살리고 존중하는 면에서, 아울러 그 운영의 실제에서 보험의 공공성·사회성 내지 가입자 보호의 필요성에서 구체적으로 발현된다.

구체적으로 이를 살펴보면, 먼저, 단체성을 들 수 있다. 보험은 경제적으로 다수의 경제주체의 결합에 의한 위험공동체, 즉 가입자들이 스스로 거출을 하고 서로 보장하는 관계에 있는 보험단체의 존재를 전제로 하므로, 이러한 보험의 단체성이 보험계약의 법리에 반영되고 있다. 보험계약자 평등대우의 원칙, 보험약관·보험요율 개정의 기존 보험가입자에 대한 적용(보험업법 제16조 2항) 등이 그 예이다.

둘째로는 기술성이다. 보험계약법에는 수지상등 원칙의 적용을 위한 위험측정에 관한 기술적 특색이 반영되고 있다. 고지의무 · 통지의무, 보험료불가분의 원칙 등이 그것이다.

셋째로 사회성이다. 보험계약은 보험자 측의 영리추구와 가입자 측의 등가교환의 원리에 바탕을 둔 사적 자치의 표현이지만, 보험제도는 개인적인 이해관계에만 관련되는 것이 아니라, 널리 국민생활상 중요한 지위를 차지하고, 또한 사회적 · 국민경제적인 중요성이 인정된다. 이러한 보험의 공공성 · 사회성에 의하여, 보험법상으로 보험사업의 영리성과 당사자 간의 사적 자치의 원칙이 제약을 받지 않을 수 없다. 특히, 보험계약관계 형성상의 지위가 열후한 가계보험의 경우 보험가입자에 대한 관계에서 상법규정의 불이익 변경금지는 이와 관련된 법적인 표현인 것이다. 또한 이와 관련해서 상대적 강행법성을 갖는다. 즉, 보험계약은 보험자가 일방적으로 작성한 보험약관에 의하여 부합계약식으로 체결되기 때문에, 일반적으로 가계보험의 보험가입자는 그 내용을 잘 모르고 또한 경제적으로도 약자의 지위에 있다. 따라서 이러한 보험가입자를 보호하기 위하여, 상법은 해상보험 · 재보험과 같은 기업보험의 경우를 제외하고, 독일 · 프랑스 · 스위스 등의 예에 따라 보험계약법을 상대적 강행법화하여 보험계약자 등의 불이익으로는 이를 변경하지 못하도록 하고 있다(제663조 본문).

3. 보험계약법의 법원

보험계약법의 법원은 크게 성문법과 불문법으로 나눌 수 있다. 먼저, 성문법은 보험계약법의 법원(보험계약법에 속하는 각종 법규)으로 가장 중요한 것은 상법 제4편(보험편)의 규정, 즉 형식적 의의의 보험법이며, 그 밖에 수출보험법, 자동차손해배상보장법 등 특별법의 규정 중의 보험계약에 관한 조항이 있다.

불문법의 경우 보험계약법은 관습법 · 조리 등 불문법의 형식으로도 존재한다. 재보험의 경우 재보험자의 대위권은 재보험자가 행사하는 것이 아니라 원보험자가 자기의 명의로 행사하고 그 회수한 금액을 재보험자에게 지급하여야 한다는 것은 보험관습법의 한 예이다.64) 그리고 보험약관이 실제의 보험관계에서 성문의 보험계약법을 변경 · 보충하고 있어서 그 역할이 매우 중요하다.

---

64) 서울민지판 1981. 12. 16, 80가합5524.

제2장 자동차보험

　자동차보험은 그 가입이 강제성을 띠느냐에 따라 크게 책임보험과 종합보험으로 나눌 수 있다. 책임보험은 자동차를 보유하고 있는 사람은 누구나 반드시 가입하여야 하는 것으로 다른 사람에게 인적 피해를 입혔을 경우 그 보상을 받을 수 있다. 종합보험은 가입이 임의적이고 대인사고뿐 아니라 자동차의 운행으로 인하여 발생할 수 있는 여러 가지 사고에 의한 손해를 보상해 주는 보험으로서 보상범위에 따라 대인사고, 대물사고, 자기신체사고, 자기차량손해, 무보험차에 의한 손해 등 5가지의 종류가 있다.

Ⅰ. 개 설

　오늘날 자동차가 갖는 의미는 단순한 교통수단으로서의 의미뿐만 아니라 일상생활에서의 사회, 경제활동을 영위하는 데에도 필수불가결의 의미를 갖고 있다. 그러나 필요악으로 자동차라고 하는 교통수단에 의한 사고발생이 끊이지 않고 있는 상황에서 자동차사고를 예방하려는 노력과 아울러 사고로 인한 피해자를 신속·적정하게 구제할 수 있는 합리적 방안을 모색하는 것이 중요하다 하겠다.

　이를 위해 법은 가해자에게 피해자의 손해를 전보하기 위하여 불법행위로 인한 손해배상책임을 지우고 있으며, 이 책임은 가해자에게 과실책임은 물론, 무과실책임에 가까운 책임을 인정하여 피해자를 두텁게 보호하고 있다. 그러나 가해자책임을 아무리 엄격하게 규정하고 있더라도 가해자에게 그 손해를 배상할 자력이 없다면 아무런 의미가 없을 것이다. 여기에서 자동차사고로 인한 피해자를 두텁게 보호할 뿐만 아니라 가해자도 동시에 보호할 수 있는 제도적 장치가 필요하게 되었고, 이 제도가 바로 자동차보험제도이다.

　그러므로 이하에서는 자동차보험의 개념, 역사, 기능에 대해 살펴본 후에 자동차보험의 담보종목 및 자동차보험 보통약관의 일반 조항, 그리고 그 특별약관에 대하여 살펴보기로 한다.

Ⅱ. 개 념

1. 의 의

자동차보험은 자동차를 가지고 있는 사람들이 단체를 이루어 장래 발생이 예상되는 자동차사고에 대비하여 미리 보험회사에 보험료를 납입하고, 보험계약에 따라 자동차사고가 발생하였을 경우 이에 대한 각종 손해를 보상받을 수 있도록 하는 손해보험이다. 구체적으로 자동차보험이란 자동차를 소유, 사용 또는 관리하는 사람이 그 자동차를 소유, 사용 또는 관리하는 과정에서 배상책임손해, 자기신체상해 또는 자기차량손해 등이 발생하였을 때 그 손해를 보상해 줄 것을 목적으로 하는 보험이다.

이러한 자동차보험은 보험업법 제5조에 따라 재정경제부 장관의 허가를 얻은 손해보험회사만이 그 영업을 행할 수 있다.

2. 자동차보험의 효용

자동차보험은 자동차의 보유자나 운전자가 우연한 사고로 입은 직접적인 손해를 보상한다. 특히 자동차책임보험에서는 자동차의 사고로 인한 피해자의 보호를 위한 중요한 기능을 하고 있다. 이에 따라 특히 제3자의 사망 또는 손해에 대한 피보험자의 배상책임을 담보하는 책임보험은 강제보험으로 하는 것이 일반적이다.

보험회사의 보험책임은 보험증권에 기재된 보험기간의 첫날 24시에 시작되어 마지막 날의 24시에 끝나게 된다. 피보험자동차가 처음으로 자동차보험에 가입하는 자동차인 경우에는 회사가 보험료를 받은 때부터 시작되어 보험기간 마지막 날의 24시에 끝나게 된다. 그러나 보험기간 개시 이전에 보험계약을 맺고 보험료를 받은 때에는 보험기간은 첫날 0시부터 시작하게 된다.

3. 자동차보험의 기능

자동차보험은 다음의, 즉 경제적 기능, 사회적 기능을 갖는다.

1) 경제적 기능

(1) 개별경제적 기능: 적은 금액의 보험료 지불을 통하여 우연한 자동차사고로 인한 제3자에 대한 배상책임, 자기신체, 자기차량, 기타 크고 불확실한 장래의 경제적 손실에 대한 보상을 받음으로써 가계에 있어서는 생활의 안정을 지켜 주고, 기업에 있어서는 경영의 안정을 지켜 주는 중요한 개별경제의 보호 기능을 가진다.

(2) 산업자본의 형성: 보험가입자가 납입하는 보험료는 소액이지만, 가입자가 다수이기 때문에 납입된 보험료가 매우 많은 기금을 형성할 수 있다. 준비금 형식의 이 기금은 자본시장에서 각종 기업에 직접·간접으로 투자하게 되어 국민 경제의 발전에 큰 기여를 한다. 또한 가계·기업의 생산, 분배, 교환, 소비의 측면에서 여러 가지 중요한 역할을 수행한다.

2) 사회적 기능

(1) 사고 예방적 기능: 자동차보험은 사고가 발생한 후의 구체적이고 소극적인 기능뿐만 아니라 적극적이고 간접적인 기능으로 자동차사고의 예방에 여러 가지 역할을 하고 있다. 즉, 각 보험회사는 교통사고의 방재활동에 여러 가지로 협조함은 물론 보험료할증·할인제도를 통하여 사고 방지의 기능을 하며, 최근에는 교통법규 위반자에 대한 보험료할증제도를 도입함으로써 직접적인 사고 예방적 기능을 수행하고 있다고 할 수 있다.

(2) 생활 안정 및 향상에 대한 기능: 자손보험과 운전자보험 등을 통하여 자동차사고로 인한 인명 피해의 경제적 손실의 보상은 물론 생계비, 방어비용, 벌금 등 여러 가지 경제적 혜택을 받음으로써 경제적 타격을 완화시킬 수 있다. 또한 자동차보험은 자동차사고로 인한 손해배상을 둘러싼 사회적 분쟁을 조정하는 역할을 수행하여 사회적 안정을 꾀할 수 있다.

(3) **사회보장적 기능**: 우리의 일상생활은 자연인이거나 법인을 막론하고 화재, 도난, 풍수해, 교통사고 등 자연적이거나 인위적인 사고 발생의 불확실성 속에서 살고 있다. 이러한 불확실성은 동태적인 사회에서 언제나 존재하게 마련이어서 생존과 발전을 위해서는 이러한 불확실성에 대비하지 않으면 안 된다. 자동차보험은 이러한 불확실성 중에서 자동차사고로 인한 경제적 손실을 보험으로 인수하여 위험의 부담과 손실의 분산을 통하여 개인에 대해서는 생활의 안정을 지켜 주고 법인에게 있어서는 경영의 안정을 지켜 주는 사회보장적 기능을 수행한다.

Ⅲ. 자동차보험의 역사적 발전과정[65]

1. 국내의 자동차보험제도의 도입과 변천과정[66]

1) 자동차보험제도의 도입

우리나라에 처음으로 자동차보험제도가 도입된 것은 1924년 일본의 삼정물산 경성지점이 동경해상화재보험(주)의 대리점 자격으로 자동차보험을 판매하기 시작한 때부터라 하겠다. 이 무렵 국내의 자동차 보유 대수는 840대에 불과한 실정이었고, 또한 손해율이 높아 경성 대리점은 곧 영업을 중단하였다. 그 후 1928년 8월부터 영업을 재개하여 자가용은 물론 손해율이 높아 판매하지 아니하였던 영업용 자동차에 대해서도 적극적인 판매를 시도하였다. 이때의 담보내용은 차체의 손해, 충돌에 의한 손해배상책임과 특약이었으며 그 밖에 무사고차량에 대한 상여금제도도 시행하였다.

한편 1937년 8월 26일에는 조선화재(현 동양화재해상의 전신)가 신종면허를 얻어 자동차보험업무를 개시하였는데 이것이 바로 국내 보험회사에 의한 최초의 자동차보험 영업이었다. 그 후 1952년 11월 15일 재정 제1149호 신종보험의 개척에 관한 건으로 보험종목을 확대시킬 것을 종용하여 1954년 3월 20일 당시 한국, 안보, 해종, 고려와 동년 4월 15일 해동화재 등이 자동차보험취급인가를 받았으나 실질적인 영업 활동은 없었다.

---

65) 한국자동차보험(주), 『한국자동차보험이십년사』, (1983), 11~100면 참조.
66) 김광국, 『자동차보험 이론과 실무』, 보험연수원(2001), 28면 이하.

광복 후 10여 년 동안 사실상 자동차보험의 불모지대로 지내 오는 동안 빈발하는 자동차사고의 해결방책에 관하여 각계에서 논의가 일기 시작하였고, 급기야 1957년 3월 6일에는 교통부장관이 운수업계에 대하여 보험회사의 설립을 지시하였고, 그리하여 1957년 7월 전국자동차운수업자의 발기로 자본금 2억 원으로 한국자동차보험(주)이 설립되었으며, 그해에 사명을 한국교통보험(주)으로 개칭하였다. 당시에는 전기의 5개 사가 면허를 갖고 있었지만 한국보험(주)이가 자동차보험의 전업회사가 되었다. 그러나 동사는 자본구성상 장애요인을 극복하지 못하고 불과 4년도 안 되어 1960년 8월 1일 면허 취소로 소멸되었다.

1961년 한국교통보험(주)이 도산된 후 우리나라의 자동차보험은 다시 공백상황을 면치 못하였다. 그러나 자동차 보유 대수의 증가와 함께 자동차 교통사고로 인한 피해자도 점차 늘어나 이에 대한 피해보상의 문제도 사회문제로 크게 대두되기 시작하였다. 이에 따라 정부에서는 자동차보험을 10개 보험회사가 공동 참여하는 공동경영체(POOL)로 영위할 것을 결정하고 1962년 3월 2일 한국자동차보험 공영사를 인가하기에 이르렀다.

정부 당국이 자동차보험사업의 POOL제를 구상한 것은 구 교통보험의 도산으로 인한 아픈 경험과 우리나라의 자동차사고율이 예상외로 높고 또한 아직도 자동차보험이 미개척 분야이므로 기술과 경험이 부족하다는 판단에 따른 것이었다. 이와 같이 자동차보험의 건실한 운영을 위해서 공동 운영체의 구성과 자동차보험사업의 전업을 꾀하였으나 운수업계의 영세성과 보험에 대한 국민의 인식부족으로 설립 초기에 경영이 부실하여 많은 어려움을 겪었으나 1961년 11월 당시 교통부가 마련한 자동차손해배상보장법안이 1963년 4월 4일 법률 제1314호로 공포됨으로써 명실상부한 자동차보험사업의 기반을 구축하였으며 그해 6월 1일에는 자동차손해배상책임보험을 개발 판매를 실시함으로써 참다운 사회보장기능의 수행자로서 그 태세를 확립하게 되었다. 이때 책임보험금은 사망의 경우에는 10만 원, 부상의 경우에는 7만 원이었다.

1966년부터 국내에는 자동차의 생산이 본격화되고 국민경제의 성장에 따라 자동차의 수요가 날로 증가하여 공영사 창립 초기 28,000여 대에서 1968년 10월 말 현재 약 70,000대로 증가하면서 운수업계의 호응도도 점차 증대하였고, 또한 자동차보험의 사회보장적 성격이 중시되어 교통사고로 인한 피해자보호 기능을 더욱 증대하여야 한다는 시대적 요청에 부응하고 위험담보능력의 확충과 대외 공신력 제고를 위하여 1968년 11월 1일 공영사를 해체하고 자본금 5억 원인 한국자동차보험(주)으로 발전적 개편을 함으로써 오늘의 대기업으로 성장하게 되었다.

주식회사로 개편한 후 자동차 보유 대수의 급격한 증가와 도로망의 확장, 제반 시설의 개선 등으로 자동차가 고속화됨에 따라 자동차사고도 해마다 늘어났으며, 그로 인한 인적, 물적 피해 규모도 증가일로에 있어서, 교통사고의 사전 예방과 더불어 사후 복구수단으로서 보험제도를 통한 피해자의 완벽한 구제가 더욱 절실히 필요하게 되었다. 이에 따라 1971년 자동차손해배상보장법 시행령을 개정하여 보상한도를 사망 50만 원, 부상 30만 원으로 인상하였고, 1973년 기업을 공개하고 자본금을 15억 원으로 증자하였다. 또한 1975년에는 자배법 시행령을 개정하여 보상한도를 사망 100만 원, 부상 60만 원으로 인상하고, 1976년에는 드디어 최초의 무한보상상품인 차주배상책임보험(대인)이 개발되어, 4월 22일 재무부로부터 인가를 받아 그해 5월 1일부터 판매하기 시작하였다.

그런데 차주보험은 그 판매 대상이 자가용 자동차에 국한되어 있어 운수업계에서는 영업용 자동차에 대해서도 확대, 시행해 줄 것을 요청하였을 뿐만 아니라 차주보험이 대인배상책임보험에 국한되어 있어 대물배상책임보험과 차량보험을 포괄할 필요가 있어, 1977년 5월 1일부터 영업용과 자가용의 모든 차종을 대상으로 하는 자동차종합보험을 개발, 판매하게 되었고, 1978년에는 자동차안전보험(자손보험)을 개발·판매함으로써 오늘날 종합보험의 기본 골격이 완성되었다.

또한 강제보험도 더욱 확대, 강화시키기 위하여 1977년에는 자배법을 개정하여 관용, 2륜차, 5종 중기의 보험 가입을 의무화시켰고, 보유 불명 자동차사고 피해자에 대한 정부보장제도를 신설하였다. 더 나아가 1980년에는 자배법 시행령을 개정하여 보상한도를 사망 200만 원, 부상 120만 원, 후유장해 200만 원으로 인상함과 동시에 후유장해에 대해서도 보상한도를 신설하였다.

한편 1982년에는 자동차사고 운전자에 대한 형사처벌의 특례를 정한 교통사고처리특례법이 제정, 시행됨에 따라 자동차종합보험 약관도 일부 개정하게 되었다.

1983년에는 그동안 한국자동차보험(주)에서 전업 독점 운영되어 오던 자동차보험에 대하여 많은 비판이 있었고, 또한 자동차보험 경영의 자율 경쟁을 촉진하여 보험 가입자와 피해자 보호를 원활히 수행하도록 하기 위하여 정부는 3월 25일 자동차보험의 다원화 조치를 단행하였다. 이후 자동차보험상품은 국내외의 손해보험회사 및 외국 보험회사에 의하여 경쟁적으로 영위되고 있다.

한편 같은 해 자가운전 자동차종합보험을 신설하여 판매하였고, 1985년 7월 1일에는 자배법 시행령을 개정하여 보상한도를 사망 500만 원, 부상 300만 원, 후유장해 500만 원으로 인상하였으며, 1989년 7월 1일에는 자동차종합보험 상품체계를 개편하여 개인용, 업무용, 영업용 자동차종합보험으로 구분하였고, 보상한도액도 다계층화하였으며, 보험기간도 6개월에서 12개월로 연장하였다.

2) 1997년 이후의 자동차보험제도의 변천[67]

(1) 1997년 8월의 자동차보험제도 개선내용

먼저, 책임보험과 종합보험의 요율체계를 일원화하여 할인·할증 폭을 100% 반영하였다. 책임보험에서도 할인·할증률을 100% 반영함으로써 할인대상자의 보험료는 더욱 할인되고 할증대상자의 보험료부담은 다소 증가되어 가입자 간의 보험료 부담을 합리적으로 차별화하였다.

둘째로, 책임보험 양도·양수 관련 제도의 개선이다. 1997년 8월 이전에는, 양도인은 자신이 납입한 잔여보험료를 포기하고 양수인에게 자동 승계하도록 되어 있어 양도인의 권익이 제한을 받았으며 양수인은 자기 명의로 보험을 가입하지 않고 차량을 운행할 경우 양도인의 보험요율이 자신에게 그대로 적용되는 불합리한 면이 있었다. 이러한 차량 양도·양수 시의 문제점을 개선하고자 '상법' 및 자동차종합보험약관의 자동차 양도 및 대체 조항을 일원화하여 양도인이 잔여책임보험료를 환불받을 수 있도록 함으로써 양도인의 권익을 보호하고, 책임보험과 종합보험의 제반 요율체계가 일원화됨에 따라 양수인에게 맞는 보험요율을 적용하여 가입자 간 보험료 부담의 형평성을 제고하도록 하였다.

셋째로, 자동차보험금 지급기준의 현실화이다. 그동안 법원판결액 등 다른 배상 관련 지급기준과 자동차보험 지급기준 간에 차이를 보이고 있는 위자료, 개호비 등에 대해 지급기준을 현실화하였다. 자동차보험 사망보험금의 지급항목 중 위자료가 다른 배상 관련 지급기준과 큰 차이를 보이고 있어 보험회사가 피해자와 합의하는 과정에서 큰 어려움이 있었다. 이에 따라 사망 위자료에 대하여 그 지급범위를 사망자의 형제·자매, 동거 중인 시부모 및 동거 중인 장인·장모로까지 확대하여 위자료 지급금액을 대폭 인상하여, 국가배상법보다 더 높은 수준의 위자료를 지급할 수 있도록 하였다.

그동안 자동차보험에는 개호비에 대한 지급규정이 없어서 일부 피해자는 보험회사의 특인제도 및 소송을 제기하여 법원의 판결에 따라 일부 인정받고 있었다. 이와 같은 문제점에도 불구하고 자동차보험금 지급기준 현실화 조치에 개호비를 포함하게 된 것은 개호가 꼭 필요한 피해자에 대하여 개호비를 지급할 수 있도록 하여 피해자를 충실히 보호

---

67) http://www.knia.or.kr/Main/main_library/main_library_data.asp(손해보험협회 60년사).

함으로써 자동차보험의 사회보장적 기능을 강화하기 위함이었다. 개호비 인정기준은 보험금 누수방지를 최소화하기 위하여 식물상태의 환자 및 척수손상으로 인한 사지 완전마비 환자로서 100% 노동능력 상실자로 복수의 전문의로부터 개호타당 판정을 받은 자로 한정하여 지급하되, 기존의 법원 판결기준을 준용하도록 하였다.

넷째로, 자기신체사고 보험금 지급한도의 인상이다. 운전자 본인의 과실에 따라 발생한 손해를 보상하는 현행 자기신체사고의 사망 및 후유장애는 피보험자에게 지급되는 보험금이 가입금액별로 다양함에도 불구하고, 그 보상한도가 낮아 동 상품의 유용성에 항상 문제가 제기되었다. 또한, 대부분의 자기신체사고 가입자(약 89%)는 사망시 최고 1,000만 원을 보상하는 담보에 가입하고 있어 현실적으로 실제 발생한 피해를 제대로 보상받지 못하였다. 따라서 자기신체사고 가입자가 본인의 과실로 입은 실제손해에 근접한 보상이 가능하도록 그 보상한도를 보험료의 추가부담 없이 대폭 인상함으로써 동 담보의 유용성을 제고하였다.

다섯째로, 무보험자동차에 의한 상해 담보 지급기준의 인상이다. 무보험차량으로 인한 피해를 보상하는 무보험자동차상해는 최고 1억 원까지 보상하고 있었으나, 소득수준 증가 및 의료수가 인상 등으로 인해 동 보상한도로는 실제 발생한 손해액을 전액 보상하는데 미흡하였다. 따라서 무보험자 상해담보의 유용성을 높이기 위하여 보험료의 인상 없이 그 보상한도를 최고 1억 원에서 2억 원으로 상향 조정하여 무보험자동차 또는 보유불명차량(뺑소니)에 의하여 손해를 입는 가입자의 보호를 강화하였다.

여섯째로, 책임보험 보상한도의 인상이다. 자동차손해배상보장법에 의하여 가입이 강제되고 있는 책임보험의 보상한도를 최고 2배 확대하였다. 따라서 종합보험에 가입하지 않은 차량의 피해자에 대한 보상수준이 크게 높아지게 되었으며, 최저 사망보험금도 종전 1천만 원에서 1천5백만 원으로 상향 조정하였다.

책임보험 보상한도 확대내용(1997년 8월)

구 분	종 전	개 정
사 망	3,000만 원	6,000만 원
부상(1급)	1,000만 원	1,500만 원
후유장애(1급)	3,000만 원	6,000만 원
최저사망보험금	1,000만 원	1,500만 원

출처: http://www.knia.or.kr/Main/main library/main library data.asp(손해보험협회 60년사).

일곱째로, 대물배상 가입한도의 다양화이다. 이를 통해 타인의 재물손괴에 대하여 보상하는 대물배상을 2,000만 원, 3,000만 원, 5,000만 원, 1억 원 등으로 다양화하여 동 상품을 선호하는 계층의 수요에 부응토록 하였다.

여덟째로, 자기차량손해 공제금액의 다양화이다. 자기차량손해 발생 시 자기부담금을 현행 최고 30만 원에서 최고 50만 원으로 다양화하여 보험가입자의 선택의 폭을 확대하는 동시에 보험료부담을 경감할 수 있게 하였다.

(2) 1998년 8월의 자동차보험제도 개선내용

1997회계연도에는 1983년 다원화 이후 처음으로 자동차보험의 영업수지가 흑자로 전환되었다. 또한 1994년 4월부터 실시해 왔던 자동차보험 가격자율화가 처음에 예정했던 속도보다 훨씬 빨리 이루어졌다. 1998년 8월부터 시행된 자동차보험제도개선은 다음과 같은 사항에 초점을 맞추어 이루어졌다. 즉 ⅰ) 영업수지 흑자를 바탕으로 자동차보험 담보종목별, 차종별 기존보험료를 손해율 실적에 따라 차등화하여 보험계약자 간 보험료부담의 형평성을 기하고자 하였다. ⅱ) 1998년 기준 법원판결금액의 약 62.5%에 머물고 있는 자동차보험 약관상 지급기준을 상향 조정함으로써 자동차사고 피해자보호를 강화하였다. ⅲ) 1998년 8월 자동차보험 가격자유화 일정에 따라 보험회사가 통계적 근거를 바탕으로 보험요율을 자유롭게 정할 수 있도록 함으로써 자동차보험 가격의 경쟁기반을 마련하고, 일부 불합리한 자동차보험제도를 개선하였다

제도개선의 주요 내용을 살펴보면, 먼저, 기본보험료의 조정이다. 자동차보험의 기본보험료 조정은 자동차보험의 실적손해율에 따라 인상 또는 인하하되, 그 대상은 자동차보험의 전 담보종목으로 하였다. 또한 기본보험료의 조정요인을 충실히 반영하되, 손해보험 요율관리규정에 따라 세부 담보종목별, 차종별 보험료 인상 및 인하 폭을 상하 25%로 제한하였다. 이에 따라 전체 자동차보험의 기본보험료는 평균 5.6% 인하효과가 발생하였다.

둘째로, 약관상 보험금지급기준의 상향 조정이다. 자동차보험 영업수지가 흑자로 전환되는 등 보험금 지급기준을 상향 조정할 수 있는 여건이 조성됨에 따라 약관상 지급기준을 상향 조정하고, 보상범위도 대폭 확대하여 약관상 지급수준을 법원판결액 대비 68% 수준으로 상향 조정하였다. 또한 무보험차상해 담보 및 자기신체사고 그리고 다른 자동차운전 담보의 실효성을 확보하기 위하여 무보험차상해 담보의 보상범위를 확대하였으며 '다른 자동차 운전 담보'의 보상범위 및 가입대상 차종도 확대하였고, 자기신체사고의 부

상보험금도 대폭 상향 조정하였다.

셋째로, 무보험 자동차상해 보상범위의 확대이다. 1998년 개정약관에는 무보험자동차 상해담보의 실효성을 높이기 위해 기명피보험자의 가족(기명피보험자의 배우자, 동거자녀, 기명피보험자 또는 그 배우자의 동거부모)의 경우에도 차량운전 중뿐만 아니라 보행 중 및 타차탑승 중 무보험자동차에 의하여 입은 손해를 보상받을 수 있도록 하였다.

넷째로, 다른 자동차 운전담보 보상범위의 확대이다. 기명피보험자 또는 그 배우자가 부상당한 자기신체사고에 대해서도 보상하도록 개선하였고, 아울러 업무용의 개인소유 소형 승합차 및 소형 화물차까지로 그 적용범위를 확대하였다.

다섯째로, 자기신체사고 부상보험금의 상향 조정이다. 따라서 자기신체사고 담보의 부상보험금 지급한도를 책임보험금의 급별한도와 동일한 최고 1,500만 원 수준으로 상향 조정하였다.

본인 및 배우자의 사망 위자료 상향 조정(1998년 8월)

구 분	종 전	개 정
본 인	800만 원	1,000만 원
배우자	400만 원	500만 원
부 모	300만 원	좌 동
자 녀	200만 원	좌 동
형제 · 자매	100만 원	좌 동
동거 중 시부모	100만 원	좌 동
동거 중 장인 · 장모	100만 원	좌 동

후유장해위자료 상향 조정 및 지급대상 확대(1998년 8월)

구 분		종 전	개 정
지급금액		1급: 800만 원~14급: 30만 원	1급: 1,000만 원~14급: 40만 원
지급대상	본 인	본 인	본 인
	배우자	200만 원	본인의 50%
	부 모	100만 원	본인의 30%
	자 녀	100만 원	본인의 20%
	형제, 동거 중 시부모, 장인 장모	100만 원	본인의 10%

생활비 공제율 축소 조정 내역(1998년 8월)

종 전	개 정
독신: 50% 1인 부양: 40% 2인 부양: 35% 3인 부양: 30%	1/3 일괄공제

무보험자 상해 담보범위 확대 내역(1998년 8월)

구 분	종 전	개 정
탑승 중, 보행 중, 타차탑승 중, 무보험차에 의한 상해 시 피보험자 범위	기명 피보험자	기명피보험자, 기명피보험자의 배우자, 기명피보험자의 동거자녀, 기명피보험자 또는 그 배우자의 동거부모

기본보험료 범위요율 변경내역(1998년 8월)

구 분	종 전	개 정
개인용	±3%	±6%
업무용	±5%	±10%
영업용	±10%	±20%

출처: http://www.knia.or.kr/Main/main library/main library data.asp(손해보험협회 60년사).

(3) 1999년의 자동차보험제도 개선내용

가. 교통법규위반경력에 따른 자동차보험료 차등화: 교통법규위반경력에 따른 자동차보험료 차등화를 안정적으로 도입하기 위하여 여론을 최대한 수렴하여 할증대상교통법규위반사항을 최소화하고 할인대상을 대폭 확대하였다. 할인·할증률은 통계적 검증을 통하여 위험도(손해율)의 차이를 반영하되 일정 범위 내에서 보험회사가 자율적으로 적용하도록 하였으며, 할인·할증의 적용차종은 자료 확보가 가능한 개인계약에만 적용하되(법인차량의 위반기록은 없음) 기명피보험자의 법규위반경력을 근거로 적용하도록 하였다. 충분한 대국민 홍보기간 및 보험회사의 준비기간 등을 고려하여 1999년 5월 1일부터 1년간의 실적을 기초로 2000년 9월 1일 계약분부터 적용하기로 하였다.

① 적용 대상 교통법규: 할증대상은 음주·무면허·뺑소니운전 1회 이상인 자, 중앙

선 침범 · 속도위반 · 신호위반 2회 이상인 자로 하고, 할인대상은 법규위반기록이 전혀 없는 자, 일반법규위반자 중 벌점기록이 없는 법규위반자(예: 안전벨트 미착용, 주 · 정차 위반 등)로 하였다.

할인 · 할증적용 대상(1999)

구 분	내 용
할증대상	- 10대 중대법규 중 • 음주, 무면허 1회 이상인 자 • 중앙선 침범, 속도위반, 신호위반 2회 이상인 자 - 뺑소니 운전 1회 이상인 자
할인대상	- 법규위반기록이 전혀 없는 자 - 벌점을 제외한 일반법규위반이 있는 자(경미한 법규위반자는 할인대상: 안전벨트 미착용 등)

출처: http://www.knia.or.kr/Main/main library/main library data.asp(손해보험협회 60년사).

② 할인 · 할증률 및 적용방법: 교통법규위반경력에 따른 보험료 차등화 방안의 안정적 도입을 위하여 할증률은 대폭 축소하고, 할인대상자는 대폭 확대 조정하였다. 다만, 일정한 한도 내에서 할인 · 할증률을 보험회사가 자율적으로 적용하도록 하여 가격 차별화를 촉진하였다. 즉, 음주 · 무면허 · 뺑소니운전자에 대해서는 할증률의 최고한도(10%)를 적용하고, 할증대상자에 대해서는 법규준수자와의 차별화를 도모하기 위하여 최저 할증적용 한도(5%)를 설정하였다.

할인 · 할증률 적용폭(1999)

구 분	적용폭
할증률	• 범위: 5~10% 한도 내 • 음주 · 무면허 · 뺑소니 1회 위반: 10%
할인율	• 범위: 10% 한도 내
적용방법	• 범위요율(자율요율)

출처: http://www.knia.or.kr/Main/main library/main library data.asp(손해보험협회 60년사).

③ 적용대상 차종 및 운전자: 교통법규위반경력에 따른 할인 · 할증 적용 대상 차종은 법인 차량의 운전자에 대해서는 자료 확보가 곤란하여, 자료 확보가 가능한 개인 계약에만 우선 적용하되, 그 기록은 기명피보험자의 기록만을 반영하기로 하였다. 그러나 법인 소속

차량운전자가 야기한 교통법규위반경력은 본인이 소유한 차량에 할증률이 부과되어, 실질적으로는 모든 운전자의 기록이 반영되도록 하였다.

④ 법규위반경력 적용대상기간: 교통법규위반기록에 의한 할증이 장기간 적용되는 문제점(법규준수 의식 해이)을 해소하기 위하여, 교통법규위반경력에 따른 적용 대상 기간을 2년으로 축소 조정하였다. 그리고 당초 교통법규위반경력 유무에 따른 자동차보험료의 차등화 방안 발표에 의하면 1999년 5월 1일 계약분부터 적용할 예정이었으나, 동 제도가 전면 수정되는 점을 참작하여 제도개선 발표 이후인 1999년 5월 1일부터 2000년 4월 30일까지(1년간)의 위반경력에 따라 2000년 9월 1일 계약분부터 시행하기로 하였다.

나. 자동차보험의 피해자 보호를 위한 제도개선

① 자기차량손해의 보상범위 확대(태풍, 홍수): 1998년까지 자동차보험약관에서는 차량의 침수사고 발생 시 도로운행 중 차량침수로 인한 손해만을 보상하도록 정하고 있어서 1998년 여름 홍수로 인한 자기차량손해의 발생 시 보상 여부로 민원이 발생한 바 있었다. 이에 따라 차량침수로 인한 피해자를 보호하고, 민원발생소지를 사전에 예방하기 위하여 태풍ㆍ홍수ㆍ해일로 인한 차량손해를 보상하도록 개정하였다.

② 북한지역의 자동차보험 사고 시 보상 여부의 명확화: 북한지역에 대한 차량증가(KEDO, 금강산개발사업) 등을 참작하여 보험회사가 자동차사고에 대하여 책임을 지는 지역적 범위를 대한민국에서 북한지역까지 확대하였다.

③ 운전가능자의 범위 '동거 중인 사위'까지 확대: 개인용자동차보험 자족운전한정 특별약관에 의한 가족의 범위에 동거 중인 사위까지 포함하여 장인ㆍ장모가 소유하는 차량을 동거 중인 사위가 운전하다 일으킨 사고에 대해서도 보상하도록 개정하였다.

④ 무보험차에 의한 상해사고의 보상범위 확대: 법원의 판결내용과 맞지 않은 무보험차에 의한 상해사고의 약관내용을 아래와 같이 개정하였다.

－차량양도 이후 무보험차에 의한 상해사고 시에도 보상

－ 렌터카운전 중 무보험차량에 의한 사고 시에도 보상
－ 무보험자동차에 의한 상해사고 시 치료비 전액(2억 원 한도) 지급

다. 과실비율 적용기준의 합리적 개선: 과실비율 적용기준을 법원의 판결추세 등에 맞추어 객관적이고, 합리적으로 개선함으로써 피해자 보호 및 업무의 효율성을 도모하고자 하였다.

라. 자동차보험 보상 관련 면책범위의 축소: 자동차보험 자기차량손해에서 타이어나 튜브에 생긴 손해는 보상하지 않도록 규정하고 있었는데 이로 인한 민원이 발생됨에 따라 자동차사고로 인하여 타이어나 튜브에 생긴 손해도 보상하도록 개정하였다. 또한 무면허운전자라 하더라도 기명피보험자의 사용 허락하에 무면허운전을 한 경우에만 보상하지 않도록 그 범위를 축소하였다.

(4) 2000년의 자동차보험제도 개선내용

1999년 7월 자동차손해배상보장법시행령 개정에 따라 책임보험의 보상한도가 2001년 8월부터 상향 조정됨으로써 책임보험료의 인상과 그에 따른 종합보험의 대인배상 보험료 인하조정이 필요하게 되었다. 이에 따라 2000년 4월 부가보험료의 자유화 당시에 잠정적으로 예정손해율 수준으로 산출했던 참조순보험료가 보험종목별, 담보종목별로 커다란 편차를 보임에 따라 실적손해율 등을 반영하여 위험에 따른 보험료의 차별화와 가격자유화가 정착될 수 있도록 적정하게 조정되었다. 또한, 피해자 및 보험계약자 보호를 위하여 자동차보험법 약관의 내용이 불합리하거나 불명확한 보상제도를 개선하였다.

가. 참조순보험료의 조정

1999년 7월 '자동차손해배상보장법시행령' 개정 시 자동차사고 피해자인 제3자에 대한 보험금 지급을 현실화하기 위하여 책임보험의 보상한도를 상향 조정(2001. 8. 1.부터 시행)하였다. 2000년 4월 OECD 권고에 의거하여 부가보험료가 자유화됨에 따라 보험요율산출기관(보험개발원)에서는 보험회사가 참조하여 적용할 수 있는 참조순보험료를 잠정적으로 예정손해율 수준으로 산출하여 제시하였다. 그러나 이 참조순보험료에서는 실적손해율이 반영되지 않았고 사고율 증가 및 가입자특성요율과 할인·할증요율 하락 등

으로 인해 2000년 8월~2001년 7월 기간의 실적손해율이 보험종목별, 담보종목별로 예정 손해율과 큰 편차를 보일 것으로 예측되어, 실적손해율을 반영하여 참조순보험료를 평균 3.8% 인상하는 것으로 조정하였다.

보험종목별로는 이륜자동차가 +14.9%로 가장 높게 조정되었으며, 담보종목별로는 자기차량손해(+47.7%), 대물배상(35.9%) 등은 높게 인상된 반면 대인배상 Ⅱ(△17.4%)는 인하 조정되었다.

피해자 1인당 보상한도 조정내용(2000)

(단위: 만 원)

구 분	조정 전	조정 후	증 감
사망(최고)	6,000	8,000	+2,000
사망(최저)	1,500	2,000	+500
부상(1급)	1,500	1,500	-
후유장애(1급)	6,000	8,000	+2000

주: 부상의 경우 부상등급별 보험금지급액의 일부 상향 조정.
출처: http://www.knia.or.kr/Main/main library/main library data.asp(손해보험협회 60년사).

나. 자동차보험 보상제도 개선 내용

① 사망 위자료 지급기준의 상향 조정: 사망자 본인 명의로 500만~1,000만 원, 유족 명의로 1인당 100만~500만 원인 위자료 지급금액이 법원판결금액과 큰 차이를 보이고 그 지급기준이 상이하여 소송 및 분쟁이 많이 발생하였다. 이와 같은 문제점을 해소하기 위하여 판결사례와 동일하게 유족 수에 관계없이 사망자 본인의 연령에 따라 위자료를 지급하는 것으로 변경하고, 그 금액도 법원판결금액의 80% 수준으로 조정하였다.

사망위자료 지급기준 개정내용(2000)

종 전	개 정
가. 사망자 본인 위자료 지급금액 －20~60세: 1,000만 원 －20세 미만, 60세 이상: 500만 원	가. 사망자 본인 위자료 지급금액 －20~60세: 3,200만 원 －20세 미만, 61세 이상: 2,800만 원
나. 유족 위자료 지급기준 －배우자: 500만 원, 부모: 300만 원 －자녀: 200만 원 －형제, 동거 시 부모, 장인장모: 100만 원	나. 유족 위자료 지급기준 －좌 동 －좌 동 －좌 동 －사망자 본인: 잔여금액

출처: http://www.knia.or.kr/Main/main library/main library data.asp(손해보험협회 60년사).

② 중고차량사고 시 실제 수리비 지급한도 확대: 피해차량을 사고 직전의 상태로 원상 회복하는 데 소요되는 수리비 지급한도를 종전 피해물가액에서 피해물가액의 120% 해당 가액으로 확대하였다.

③ 다른 차 운전시 차 소유자의 피해에 대한 보상 신설 등: 종전에는 다른 자동차운전 담보특약이 적용되는 피보험자가 약관상에 정한 다른 자동차를 운전하던 중 발생한 자동 차사고로 동승했던 다른 자동차의 소유자에게 입힌 상해에 대해서는 보험금을 지급하지 아니하였다. 이에 따라 운전자 및 피해자의 정신적·경제적 부담이 크게 발생하는 문제 점을 완화하고 피해자보호기능을 강화하기 위하여 차 소유자의 피해에 대해서도 피보험 자(운전자)의 자기신체사고로 보상받을 수 있도록 하였다.

또한 다른 자동차운전담보특약에서 보상 가능한 다른 자동차의 범위는 자가용승용차로 한정되어 있었다. 그러나 자가용승용차 운전자가 운행위험이 유사한 비사업용승합차나 화 물차를 운전할 가능성이 증대하였음에도 이들 차량의 운전 중 발생한 사고에 대해서는 보 험금을 지급하지 아니함에 따라 운전자들의 불편과 불만을 초래하였다. 이러한 문제점을 해소하기 위하여 다른 자동차의 범위에 비사업용승합차(10인승 이하) 및 화물차(1톤 이하) 를 포함함으로써 다른 자동차 운전 중 발생하는 사고에 대한 위험 보장기능을 강화하였다.

〈보험료산정 및 구성체계〉

기본보험료 = 순보험료 + 부가보험료
적용보험료 = 기본보험료 × 가입자특성요율 × 우량할인·우량할증요율[68]

다. 소비자보호를 위해 보험금 지급지연에 이자지급 제도 신설

보험금의 신속한 지급을 위하여 보험금 청구서류 접수일로부터 10일 이내에 보험금을 지급하도록 하고, 이를 초과하여 지급하는 경우에는 지연기간에 대해 보험개발원이 공시 하는 이율로 계산된 이자를 별도 지급하도록 하였다. 다만, 보험회사가 보험금 지급사유 의 조사 및 확인 등을 위해 지급기일을 초과할 것이 명백히 예상되는 경우와 피보험자,

---

68) 1. 순보험료는 참조순보험료를 참조하여 각사실정에 맞게 주정하여 산출.
　　2. 가입자특성요율은 자동차보험가입경력(100~180%)과 교통법규위반경력(90~110%) 등을 감안하여 산출.
　　3. 우량할인·불량할증요율은 사고유무 및 내용 등에 따라 산출(개인용: 40~200%).

피해자 등의 책임 있는 사유로 지급이 지연되는 경우에는 예외를 인정하기로 하였다.

라. 보험료 적용 및 납입에 있어 불합리한 제도 개선

① 책임보험료 분할납입제도의 도입: 우선적으로 보험료 규모가 크고 계약자 관리가 용이한 영업용 차량에 대해서 분할 납입제도를 도입하였다.

② 무과실사고자에 대한 할인적용 유예: 자기 과실이 없는 사고에 대하여 보험금이 지급되는 경우에는 갱신계약 체결 시 할인율의 적용을 1년간 유예하고 유예기간에는 전년도 계약의 적용률을 적용하도록 개정하였다.

③ 외국체류기간의 갱신계약 유효기간 산정 제외: 개인용 자동차와 마찬가지로 업무용 및 영업용의 개인소유 차량에 대해서도 외국체류기간을 갱신계약 유효기간 산정 대상에서 제외하도록 하여 업무용, 영업용 자동차보험계약자가 외국체류로 인하여 부당한 보험료를 적용받는 문제점을 해소하였다.

(5) 2001년의 자동차보험제도 개선내용

2000년 8월부터 시작된 부가보험료의 자유화에 이어 2001년 1월 및 4월에 10인승 이하 승합차 및 영업용 자동차보험의 순보험료를 자유화하였다. 이후 자동차보험의 가격자유화가 순조롭게 진행되어, 2001년 8월부터는 모든 자동차보험의 순보험료를 자유화함으로써 마침내 자동차보험 가격의 완전자유화 시대를 열게 되었다. 또한 2001년 8월부터는 자동차사고에 대한 책임보험 보상한도를 확대하기로 한 자동차손해배상보장법시행령의 개정내용이 적용됨으로써 자동차사고 피해자의 보호가 한층 강화되었고, 그에 따라 일부 불합리하거나 불명확한 내용의 자동차보험약관도 개정이 되어 보험소비자의 권익 보호를 도모하게 되었다.

자동차보험의 실질적인 가격자유화를 촉진하기 위하여 2000년 4월부터 자동차보험료 중 보험회사의 사업비 재원이 되는 부가보험료에 대하여 우선적으로 자유화를 실시하였으며, 2001년 4월에는 영업용자동차 및 이륜자동차의 순보험료를 자유화함으로써 모든 자동차보험 가격을 보험회사가 자율적으로 책정할 수 있게 되었다. 또한 2000년 1월 보험업법의 개정으로 자동차보험만을 인터넷으로 판매하는 전문자동차보험회사 설립이 가능하게 되었고, 자동차보험가격의 완전자유화 실시로 보험가격의 차별화가 이루어졌으며 보험상품 개발, 서비스 경쟁이 본격화되었다.

가. 책임보험 보상한도 인상 및 부상자 위자료 지급기준 상향 조정: 자동차손해배상보장법시행령의 개정에 따라 2001년 8월 1일부터 자동차사고 피해자에 대한 책임보험보상한도가 상향 조정되어 사망의 경우 종전 최고 6,000만 원, 최저 1,500만 원에서 최고 8,000만 원, 최저 2,000만 원으로 확대되었다. 또한 부상의 경우 종전에는 14등급의 부상등급에 따라 보상한도를 차등 적용하였으나 등급을 7단계 그룹으로 조정하여 각 그룹별로 보상한도가 인상되었으며, 후유장해의 경우에도 보상한도가 종전 6천만 원에서 8천만 원(1급)으로 상향 조정되었다. 또한 종전 자동차보험약관에서 자동차사고 부상피해자에 대하여 부상등급(1~14급)에 따라 최저 6만 원에서 최고 100만 원까지 지급했던 위자료를 1.5배에서 2배까지 인상하여 최고 200만 원까지 지급하도록 하였다.

나. 자동차 시세하락 손해보상: 2001년 자동차보험약관 개정 시에는 출고 후 1년 이내인 자동차의 사고로 인한 수리비용이 자동차가액의 30%를 초과할 경우에는 그 수리비용의 10%를 자동차시세 하락손해로 보상하도록 정하였다.

다. 열처리도장료의 인정범위 확대: 사고차량에 열처리 도장을 하는 경우 자동차 종류 및 연식에 관계없이 열처리도장료 전액을 수리비용으로 지급하도록 하였다.

라. 가정간호비의 인정기준 완화: 자동차사고로 인한 피해자에 대하여 치료가 종결되어 100% 장해가 발생하고 항상 다른 사람의 도움을 요하는 경우 보험회사가 그 비용(가정간호비)을 지급하고 있는데, 2001년 자동차보험약관의 개정으로 1인 이상의 전문의의 판정이 있는 경우 지급하도록 인정기준이 완화되었다. 또한 매월 정기금으로 지급하던 지급방법도 일시금 또는 정기금의 방법 중에서 피해자가 선택할 수 있게 되었다.

마. 안전벨트 미착용 사고에 대한 과실비율 조정: 자동차 대인사고가 발생하였을 때 자기신체사고의 경우에는 대인사고와 유사하게 과실비율을 상향 조정하여 10~20%를 적용하도록 하였다.

바. 최초가입자의 보험료 인하 유도 등: 최초가입자에 대한 보험료가 위험도에 비하여 과다하여, 할증률을 아래와 같이 인하하는 등 합리적으로 개선하였다. 자동차보험가격제도에서는 보험가입자의 사고 및 무사고경력에 따라 할인·할증률을 적용하고 있는데 최고 할인율 도달기간을 12년으로 연장하고, 사고경력 평가방법을 사고점수제에서 사고건수제로 개선하는 동 할인·할증률 평가방법을 변경하였다.

할증률 조정내용(2001)

구 분		가 입 기 간			
		최 초	2년	3년	3년 이상
할증률	현 행	180%	130%	110%	100%
	개 정	160~165%	130%	110%	100%

출처: http://www.knia.or.kr/Main/main_library/main_library_data.asp(손해보험협회 60년사).

(6) 2003년 자동차보험제도개선(자동차보험 표준약관 개정) 내용

자동차보험 관련 이해관계자의 의견 및 요구를 합리적으로 조정하여 자동차보험제도가 효율적으로 운영될 수 있도록, 보험계약이 계약 당사자의 개별의사를 반영하여 이루어지도록 하고, 보험계약자 및 피해자가 약관상의 권리의무관계를 보다 쉽게 이해할 수 있도록 2003년 1월 1일부터 시행되는 자동차보험 표준약관을 개정하는 등 자동차보험제도개선을 추진하였다.

가. 자동차보험약관 체계 개정

약관체계를 소비자 중심으로, 즉 기존 조문식 약관체계를 계약자가 편하게 이해할 수 있는 서술식으로 전환하였다. 기존 약관의 조 항목을 모두 없애고, 대신 보험가입부터 보상까지 중요 항목별로 대구분을 만들어 보험계약의 성립부터 보험사고시 처리사항 및 최종 보상까지의 흐름에 따라 약관체계를 구성함으로써 계약자가 계약의 성립부터 종결까지의 흐름과 보상과정을 무리 없이 이해할 수 있도록 하는 데 중점을 두었다.

또한 보험계약자가 특정상황별로 약관 중 필요부분을 찾을 수 있도록 색인을 추가하여 자동차보험 가입사항은 물론 본인 및 가족이 다른 자동차에 의해 피해를 입었을 경우에도 자신이 가지고 있는 보험약관을 통하여 가해자의 보험회사에 직접 청구할 수 있는 사항 등 다양한 내용을 찾아볼 수 있도록 하였다.

한편 보험요율서에 명시되어 있는 개인용, 업무용, 영업용 자동차보험의 가입대상 및 자동차보험료 산정의 중요체계를 설명하여 보험계약자가 스스로 자신의 자동차가 어느 종목에 해당되는지, 해당 보험료가 어떠한 체계에 의하여 산정되는가를 알 수 있도록 하였다.

나. 자동차보험 보상제도 개선내용

① 가지급보험금 지급규정의 개선: 교통사고 피해자의 경제적 손실을 신속히 보상하기 위한 취지에서, 피해자가 보험금 확정 이전에 그 지급을 청구할 경우, 보험금 지급기준 범위 안에서 보험회사가 우선 지급하는 제도가 가지급보험금 제도이다. 약관에 가지급보험금 산출금액이 확정보험금 산출에 영향을 주지 아니함을 명기하여 소송 등으로 인한 보험금확정 다툼으로 인해 가지급보험금 지급이 지연되는 사례를 억제하게 된 것이다.

② 대인배상 Ⅱ에서의 면책대상의 축소: 기존의 자동차보험 약관에서는 대인배상에 있어 기본전제인 타인성이 인정되지 않는다고 여겨지는 본인, 운전자, 허락피보험자의 부모, 배우자 및 자녀의 사망·부상에 대해서는 일률적으로 면책하고 있으나, 약관 개정에 따라 이들에 대한 기명피보험자(차량보유자)의 배상책임이 인정되는 경우에는 보상하도록 개정하였다. 이는 판례 등의 취지 및 대인배상 개별책임의 원칙에 따라 허락피보험자 또는 운전자의 부모, 배우자의 경우도 차량소유자가 배상책임을 질 경우에는 이를 보상하는 것이 타당하다고 판단했기 때문이다.

③ 대물배상에서의 면책대상의 축소: 대물배상 중 탑승자 및 통행자의 소지품에 대한 손해는 일률적으로 보험회사가 보상하지 않았다. 이는 소지품에 대한 보험가액 및 그 손해액을 산정하기 어렵고 소지품에 대한 보험가액 및 그 손해액을 산정하기 어렵고 소지품 손해의 경우 소손해가 많고 이러한 손해에 대해서는 도덕적 위험도 상존하기 때문이었다. 그러나 노트북, 카메라 등 고가의 소지품이 늘어나게 되었고, 이러한 소지품은 미국, 일본 등 외국의 경우도 적정 손해율을 산정, 보상해 주는 점 등을 고려하여 일률적으로 면책하는 것을 재고하게 된 것이다. 다만, 상존하는 도덕적 위험 등을 고려하여 소지품과 휴대품으로 구분한 후 소지품에 대해서만 보상한도를 설정하여 피해자 1인당 200만 원 한도 내에서 보상하도록 개정하였다.

④ 자기신체사고에서 자연재해 피해보상: 태풍, 홍수, 해일 등의 자연재해에 의한 손해에 대해서는 1999년 이전에는 자동차보험으로 담보하지 않았으나 집중수해 등의 영향으로 자기차량 담보에서 우선 이를 보장하기 시작하였고, 2003년 1월 1일부터는 자기신체 담보에서도 자연재해에 따른 손해를 보상하도록 하여 자동차사고 등이 자연재해에 의해 발생할 경우 본인 및 가족의 신체상해에 대해서 자동차보험으로 보장되도록 하였다.

⑤ 자기신체사고에서 안전벨트 미착용 시의 보험금 공제범위의 확대: 안전벨트 미착용 사고에 대해서는 사망, 부상보험금에 대해서만 10~20% 보험금액을 공제하고 있었으나, 안전벨트 착용을 유도하여 사고 피해를 사전에 축소하고 보험금 종류별 공제비율의 형평성을 제고하기 위해 후유장해보험금도 20%를 공제하였다.

⑥ 자기신체사고에서 보상범위의 확대: 기존의 자기신체사고 보험금은 대인배상으로 보상받는 보험금을 공제한 후 지급하도록 되어 있었다. 따라서 대인배상으로 보상을 받은 경우에는 자기신체사고보험금의 보상한도(보험가입금액) 때문에 실제 손해액까지의 추가적인 보상이 이루어지지 않는 경우가 많았다. 따라서 대인배상으로 보상받게 되더라도 불충분한 보상을 자기신체사고담보로 보완하려는 취지가 상당히 퇴색되었다고 할 수 있다. 이러한 미비점을 보완하기 위해 실제 손해액 범위 내에서 대인배상으로 보상받는 금액과는 별도로, 자기신체사고담보의 보상한도 내에서 대인배상으로 보상되지 않는 손해액을 보장받도록 하였다(예시 참고).

〈예 시〉

- 실제 손해액: 5,000만 원
- 대인배상 보상액: 2,000만 원(과실상계 50%)
- 자기신체사고 보험가입금액: 4,000만 원
⇒ 개정 전 자기신체사고 보험금: 2,000만 원=4,000만 원-2,000만 원
⇒ 개정 뒤 자기신체사고 보험금: 3,000만 원(실제 손해액 5,000만 원에서 대인배상 2,000만 원을 제외한 손해액 전액 보상)

---

⑦ 무보험자동차에 의한 상해피보험자 범위의 확대: 기존의 무보험자동차에 의한 상해담보는 피보험자동차에 탑승 중과 탑승 중이 아닌 경우로 나누고 기명피보험자와의 동거

여부 등을 파악하여 보상범위를 다르게 하고 있었다. 그러나 이러한 보상범위는 보험계약자가 그 경우를 모두 따져 이해하기 어렵고 동거 여부에 대한 구체적인 사실 확인에 있어서도 다툼이 발생할 수 있는 여지가 있는 등 문제점이 있다고 판단되어 피보험자의 범위를 확대하고 그 내용을 간단하게 하였다. 즉, 피보험자동차에 탑승 중이 아닐 경우도 부모, 배우자, 자녀 등이 기명피보험자와 동거 여부에 관계없이 무보험자동차에 의한 상해담보로 보상받을 수 있도록 하여 무보험자동차에 의한 피해를 적극 보장토록 하였다.

⑧ 무보험자동차에 의한 상해에서 음주운전 면책조항의 삭제: 피보험자가 음주운전을 할 경우 무보험자동차에 의해 피해를 입더라도 보상하지 않아 이에 대한 민원이 많이 발생하였다. 이에 따라 운전자의 음주행위와 가해차량의 무보험 여부와는 별개의 사안이므로 이를 일률적으로 면책하는 것은 타당하지 않다고 판단되어 음주운전 면책조항을 삭제하였다.

⑨ 자기차량손해 보상범위의 확대: 자기차량손해담보는 타 물체와의 충돌이 발생될 경우만 보상이 되기 때문에 차량운행 중 보닛(bonnet)이 열려 발생한 사고 등 바람의 힘 때문에 자동차가 파손될 경우는 보상근거가 없어 많은 다툼이 발생하였다. 따라서 풍력에 의한 차체손해에 대해서도 보상하도록 약관을 개정하여, 차량의 운행 중 또는 정지 중 공기의 이동으로 인한 차량 구성품 간의 충돌로 발생한 피해도 보상토록 하였다.

다. 교통사고 피해 보상 강화

① 대인배상 사망자 및 유족의 위자료 상향 조정: 대인배상 사망자 및 유족 위자료에 대한 지급기준은 지속적으로 상향 조정되어 왔다. 그러나 법원의 판례 등을 참작할 때 사망 위자료 수준이 다소 낮은 것으로 판단됨에 따라 이를 법원판결금액인 5,000만 원의 90% 수준인 4,000만~4,500만 원으로 대폭 상향 조정하였다.

② 상실수익액 산정방법의 개선: 후유장해보험금 중 상실수익액을 산정할 때 필요한 노동능력 상실률은 맥브라이드 장해평가법에 따라 의사가 판정한 노동능력 상실률을 적용하도록 하고 있으나, 의사의 판정과 관련하여 구체적인 기준 및 이견 발생시 조정방법이 없어 분쟁발생의 원인이 되어 왔다. 원칙적으로는 실질적으로 환자를 치료한 의사가

판정한 노동능력 상실률을 적용하는 것이 가장 타당할 수 있으나, 의료기관 및 환자 간의 도덕적 위험이 상존하고 있는 점을 고려하여 보험회사 측도 전문의를 선임, 노동능력 상실률을 산정할 수 있도록 하고 양자 간에 다툼이 있을 경우에는 양자 합의하에 제3의 전문의료기관에서 판정을 받을 수 있도록 구체적으로 명문화하였다.

③ 선택진료비 보상근거의 신설: 건설교통부의 자동차보험 진료수가기준에 따르면 의사가 환자의 치료에 필요하다고 판정한 선택진료비에 대해서는 보험회사가 부담하도록 하고 있으나, 보험회사에서는 의사의 판정에 대하여 그 적정성을 따지는 경우가 많아 원활한 지급이 이루어지지 않았다. 이에 따라 선택진료비 지급에 대한 약관상 지급근거를 마련하여 관련 법규에 의거하여 의사가 환자의 치료에 필요하다고 청구한 선택진료비에 대해서는 지급이 순조롭게 이루어지게 하였다.

④ 대물보상에서의 대차료 및 휴차료 보상범위의 확대: 차량 수리기간 중 피해자의 불편을 최소화하기 위하여 피해자가 차량을 빌렸을 경우 보험회사는 대여 자동차 요금 및 실임차료의 80%만 보상하였으나 100% 보상하도록 하고 30일 한도의 수리기간 내에는 모두 인정받을 수 있게 하였다.

(7) 2004년의 자동차보험제도 개선내용(표준약관 개정 관련)

자동차손해배상보장법의 개정(2003. 8. 21.)에 따라 2004년도에는 보험가입금액 1,000만 원 이상의 대물배상 가입의 의무화(2005. 5. 22. 시행)가 확정되었으며, 자동차보험 보상내용을 명확히 하고 피해자 및 보험계약자 보호를 위해 자동차보험표준약관의 내용을 변경하였다.

가. 약관 내용 및 체계의 전면 개정

소비자가 쉽게 계약내용을 파악할 수 있도록 항목별 내용을 체계화하고, 보험회사의 면책사항을 담보별로 기술하는 등 보험소비자의 관련 내용을 찾고자 하는 경우 해당 항목만 보면 모두 알 수 있도록 하였다. 아울러 항목별 일련번호 및 소제목을 명기함으로써 설명식 약관의 단점을 보완하였으며, 관련 상법규정과 상이한 약관내용 및 문구에 대해서는 상법규정을 준용하여 규정함으로써 관련 규정 간의 통일성을 기하고 적용상의 혼란을 방지하였다.

나. 보험금 지급기준의 상향 조정

① 후유장해에 따른 상실수익액 지급대상의 확대: 자동차사고 피해자에게 후유장해가 있어 상실수익액을 지급하는 경우 상실소득 발생 여부에 관계없이 상실수익액을 전액 지급하도록 함으로써 피해자의 경제적 손실을 충분히 보상할 수 있으며, 위자료 수령 후 실직한 경우 등에 대한 상실수익액의 지급 여부와 관련한 분쟁을 해소할 수 있게 되었다.

② 후유장해에 따른 위자료금액의 상향 조정: 자동차사고 피해자의 노동능력 상실률에 따른 위자료 지급금액을 상향 조정하고, 가족의 위자료는 폐지하였다. 특히, 피해자에게 중증장해(노동능력 상실률 50% 이상)가 남은 경우 본인 및 가족의 정신적 · 경제적 피해가 큰 점을 고려, 법원판결 등을 참작하여 약관상 사망자에 대한 위자료지급 기준금액의 70%에 노동능력 상실률을 곱해서 위자료를 산출하도록 함으로써 보상수준을 크게 상향 조정하였고, 중증장해 외에 피해자의 본인 위자료 지급금액은 과거에 비해 100% 인상하였다.

③ 사망에 따른 장례비 · 위자료 금액의 상향 조정: 자동차사고 피해자가 사망한 경우 장례비를 300만 원으로 상향 조정하고, 피해자의 과실비율에 따라 상계하여 지급하도록 개정하여, 장례비 현실화는 물론 치료비 등 여타 보상기준과 마찬가지로 과실상계이론을 적용하였다. 또한 가족 위자료 지급기준 중 시부모 · 장인장모의 동거요건을 삭제함으로써 동거 여부 입증 등과 관련한 불필요한 분쟁을 해소할 수 있게 하였다.

④ 대물배상 담보에서의 휴차료 및 대차료 인정기준의 개선: 그동안 대물배상 담보에서 사업용 자동차의 대체사용 차종이 없는 경우, 보험회사별로 자체 기준에 의해 휴차료 및 대차료를 산정 · 지급하였으나 별도로 정한 휴차료 일람표 일람표에 따라 관련 보험금을 지급하도록 하였다.

⑤ 대인배상 · 대물배상 · 무보험자동차에 의한 상해담보에서의 피보험자 범위의 명확화: 기존 자동차보험 약관의 대인 · 대물 · 무보험자동차에 의한 상해담보에서 허락피보험자의 경우 자동차정비업, 주차장업, 급유업, 세차업, 자동차판매업, 자동차탁송업, 대리운

전업 등 자동차 취급을 업으로 하는 자를 피보험자에서 제외한 반면, 피보험자를 위하여 피보험자동차를 운전 중인 자(운전피보험자)의 경우 이를 피보험자에서 제외한다는 명문 규정이 없었다. 이에 따라 허락피보험자와 운전피보험자 간에 관련 약관내용이 상충되고 자동차취급업자보험 등 이를 담보하는 상품이 있음에도 지나치게 피보험자를 넓게 설정하고 있는 문제점이 있어 운전피보험자도 피보험자에서 제외시켰다.

⑥ 자기신체사고 담보에서의 피보험자의 범위, 보상내용 및 보험금계산방식의 명확화: 자기신체사고 담보에서의 피보험자 범위와 관련하여 무보험자동차에 의한 상해담보에서 보상받을 수 있는 자는 자기신체사고 담보의 피보험자에서 제외시킴으로써 자기신체사고와 무보험자동차에 의한 상해의 보험금을 중복해서 지급받지 못하도록 보다 명확히 하였다. 아울러 지급보험금 계산방식과 관련하여 대인배상 I(정부보장사업 포함) 및 대인배상 II에 의하여 보상받을 수 있는 금액을 공제하도록 하고, 공제된 금액이 음인 경우 0으로 산정하도록 관련 규정을 명확히 하였다.

또한 피보험자 사고 당시 뒷좌석에 탑승 중 안전벨트를 착용하지 아니한 경우, 제도개선 이전에는 앞좌석 탑승자에 대해서만 지급보험금에서 20%를 공제하도록 규정하고 있었으나, 교통안전에 대한 경각심을 높이고 자동차사고 사망률을 줄이는 효과를 위해 보험금액에서 10%를 공제하도록 명문화하였다.

다. 보상기준의 명확화

① 가지급보험금 지급기준의 명확화: 교통사고 피해자에게 불이익을 주지 않고 또한 자동차손해배상보장법 등 관련 법령에 위배되지 않도록 하기 위하여, 보험약관상에 가지급보험금을 지급하지 아니하는 경우를 피보험자의 손해배상책임이 없거나 보험회사의 보험금 지급책임이 없음이 명백한 경우로 제한하였다.

가지급보험금 등 관련 제도 현황(2004)

구 분	가불금	우선지급금	가지급보험금
근거법령	자동차손해배상보장법	교통사고처리특례법	보험업법감독업무시행세칙
청구권자	피해자	피해자	피보험자 또는 손해배상청구권자
보험금 지급한도	- 진료수가: 전액 - 기타: 책임보험 한도금의 50%	- 치료비·위자료: 전액 - 휴업손해(부상), 상실수익, 대물: 50%	- 자배법 및 교특법 준용 (단, 자손 및 자차손해는 50% 한도)
청구절차	없음	약관 또는 자배법 준용	일반적인 보험금 청구절차와 동일
지급기한	청구 후 10일 이내	청구 후 7일 이내	청구 후 7일 이내(교특법 준용)
제제규정	보험회사의 미지급 시 과태료(2천만 원 이내)	없 음	없 음
기 타	미회수 가불금 정부보상(70% 이내)	-	-

출처: http://www.knia.or.kr/Main/main library/main library data.asp(손해보험협회 60년사).

② 동일 보험사고에 대한 다수 보험회사의 보상책임 중복 시 보험금 분담기준의 명확화: 자동차보험약관에 동일 보험사고에 대한 다수보험회사의 보상책임 중복 시 보험금을 분담하는 담보종목을 대인배상 Ⅰ·Ⅱ, 대물배상, 무보험자동차에 의한 상해, 자기신체사고 및 자기차량손해 담보로 명문화하여 무보험자동차에 의한 상해보험을 보상기준을 들어 자동차보험 약관상 분담규정을 적용할 수 없다는 논란을 해소할 수 있도록 하였다.

③ 기왕증에 대한 보상기준의 명확화: 자동차보험약관에 기왕증에 대해서는 보상하지 않는다고 명시함으로써 가벼운 접촉사고에도 불구하고 병원에 장기간 입원하여 계속적인 치료를 요구하고 심지어 후유장애 보상까지 요구하는 일부 피해자들로 인하여 보험금이 누수되는 것을 방지하고 선의의 보험가입자들을 보호할 수 있도록 하였다.

라. 자동차보험 진료수가 분쟁심의회의 설립과 발전

교통사고의 증가로 자동차보험 환자가 늘어나면서 병원과 보험회사 간에 진료수가 및 진료비 지급과 관련하여 분쟁이 자주 발생하였다. 병원에서 일반수가로 청구된 진료비는 병원별로 현저한 차이를 보이고 과잉진료 및 과다청구의 사례가 많았을 뿐만 아니라, 보험회사가 진료비를 삭감 또는 지연하여 지급하는 경우도 많았다. 이로 인해 의료기관과 보험회사 간에 분쟁이 끊이지 않았으므로 이러한 자동차보험 진료수가 관련 분쟁을 예방하고 해결할 수 있는 제도를 마련하는 것이 손해보험업계의 시급한 당면 과제였다.

1999년 2월에 전면적으로 개정된 '자동차손해배상보장법'은 제14조에서 자동차보험 진료수가 기준의 적용에 관한 분쟁의 심사·조정을 위하여 자동차보험 진료수가분쟁심의회를 구성하여야 한다고 규정하여, 필요한 심의회의 설립 근거를 마련하였다. 그리고 같은 시기에 건설교통부의 중재로 보험업계와 의료업계 간에 심의회 설립에 관한 합의가 이루어져, 1999년 5월 6일 양 업계 회장단에서 심의회의 구성, 기능 및 업무수행 등에 대한 합의안을 도출하여 양 업계 이사급 2인, 간사 1인, 실무자 2인으로 구성된 설립준비위원회가 구성되었다. 이후 동법 시행령 제11조에 따라서 1999년 7월 1일 자동차보험 진료수가분쟁심의회가 설립되었다.[69]

Ⅳ. 자동차사고의 유형과 담보종목

1. 자동차사고의 유형

자동차보험의 담보종목을 체계적으로 이해하기 위해서는 자동차사고의 유형을 살펴볼 필요가 있다. 어떤 형태의 피해가 발생하였는가에 따라 자동차사고를 분류하면 대체로 인사사고와 재물사고로 크게 나눌 수 있고, 다시 인사사고에는 자기신체사고(자손사고)와 타인신체사고(대인사고)로 구분되며, 재물사고 역시 자기재물사고와 타인재물사고(대물사

---

69) 심의회는 보험업계 6명, 의료업계 6명, 공익대표 6명으로 구성된 18인의 심의위원과 20개 진료과목별로 각 2명 내지 8명으로 구성된 전문위원과 사무국 직원들로 구성된다. 자배법 제13조의 규정에 의하여 의료기관이 진료비를 청구한 경우 보험회사 등은 30일 이내에 그 청구액을 지급하여야 한다. 진료비에 대한 분쟁이 발생하면 보험회사는 청구액의 80%를 의료기관에 지급하고 청구일로부터 60일 이내에 심의회에 진료비 조정에 대한 심사청구를 하게 된다. 심의회는 자동차보험진료수가에 관한 기준에 의거하여 심사 조정하는 업무를 수행하는데, 심의회 운영규정의 소정절차에 따라 심사·결정한다. 당사자는 그 통지를 받은 이후 30일 이내에 분쟁의 상대방을 대상으로 소송을 제기하지 않는 한 당사자 간에 합의가 성립된 것으로 간주되어 법적 강제력을 갖게 된다. 심의회의 자동차보험 진료수가와 관련한 업무는 고도의 전문성이 요구되며, 관련 법규정이 모호하고 진료기록부의 기록이 부실하여 심의회 운영상에 어려움이 많고, 또한 비급여 항목의 처리문제, 입원료·식대와 관련한 여러 가지 과제를 안고 있다. 이러한 현안문제를 해결하고자 정기적인 심의위원 회의를 개최하여 심의위원 간의 이견을 좁히려는 노력을 계속하고 있으며, 심의위원 회의가 개최되기 이전에 안건 검토를 위한 의료심사 담당실무자 및 담당과장 회의를 개최하고 있다.

고)로 분류할 수 있다.

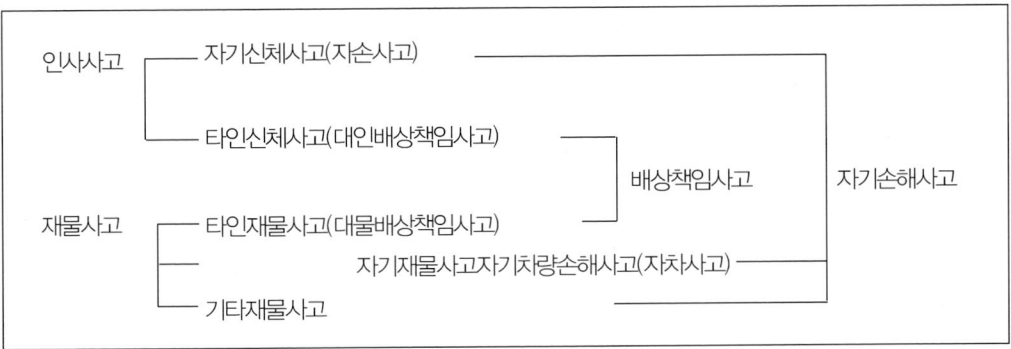

2. 자동차보험의 담보종목

자동차사고의 유형에 따라 자동차보험에서 담보하는 손해는 먼저 타인신체사고와 타인재물사고, 그리고 자기신체사고와 자기차량손해사고에 국한하고 있다. 따라서 자동차보험의 담보종목은 타인신체사고를 담보하는 대인배상책임보험과 타인재물사고를 담보하는 대물배상책임보험(이 양자를 합하여 '배상책임보험'이라 한다), 그리고 자기신체사고를 담보하는 자손사고와 자기차량손해사고를 담보하는 차량손해이다. 그런데 자기재물사고 중 자기차량손해를 제외한 기타 재물사고에 대해서는 자동차보험에서는 담보하지 않고 있다.

Ⅴ. 자동차보험의 종류

1. 개인용자동차보험

개인용자동차보험은 개인소유 자가승용차를 가입대상으로 하며, 피보험자가 피보험 자동차를 소유, 사용, 관리하는 동안에 생긴 자동차사고로 입은 피보험자의 손해를 보상할 것을 목적으로 하는 보험이다.

1) 대인배상책임보험

이는 보험자가 보험의 목적인 자동차의 운행 또는 소유, 사용, 관리 중에 제3자의 사망 또는 손해를 입힌 사고로 말미암아 피보험자가 제3자에게 배상책임을 짐으로써 입은 손해를 보상하는 책임보험이다. 자동차대인배상책임보험은 자동차손해배상보장법에 의하여 소유자의 보험이 강제되는 자동차배상책임보험과 임의책임보험으로 나뉘어 이원화되어 있다.

(1) 대인배상 Ⅰ - 책임보험: 자배법의 규정에 의하여 손해배상 이행보장의 실시수단으로 만들어진 손해보험 중 책임보험의 하나로서 피보험자가 피보험 자동차의 운행으로 타인의 생명 또는 신체를 사상케 하여 법률상 손해배상책임을 부담하여야 할 경우에 보험자가 자배법과 동법 시행령 및 자동차보험 약관에 따라 보상하는 것을 내용으로 하는 강제보험이다. 책임보험의 가입이 강제되는 자동차는 자동차관리법의 적용을 받는 자동차, 즉 자동차관리법 제4조에 의하여 등록된 자동차와 자동차관리법 제44조에 의하여 신고된 50cc 이상의 이륜차 그리고 건설기계관리법 제8조에 의하여 등록된 6종건설기계이다.

```
┌─── 관련 판례 ───┐
```

대법원 2002. 9. 27, 자2001마604 결정

"자동차손해배상보장법 제5조 제1항에서는, '자동차를 운행하고자 하는 자는 자동차의 운행으로 다른 사람이 사망하거나 부상한 경우에 피해자(피해자가 사망한 경우에는 손해배상을 받을 권리를 가진 자를 말한다. 이하 같다)에게 대통령령이 정하는 금액을 지급할 책임을 지는 책임보험 또는 책임공제(이하 '책임보험'이라 한다)에 가입하여야 한다'고 규정하고 있고, 제2항에서는, '제1항의 규정은 대통령령이 정하는 자동차와 도로(도로교통법 제2조 제1호의 규정에 의한 도로를 말한다. 이하 같다)가 아닌 장소에 한하여 운행하는 자동차에 대해서는 이를 적용하지 아니한다'고 규정하고 있으므로, 자동차를 보유한다고 하더라도 자동차를 도로에서 운행하지 아니할 것임이 분명한 경우에는 운행하지 아니하는 기간 동안은 책임보험 등에 가입할 의무를 부담하지 아니한다고 보아야 할 것이나, 자동차를 보유하는 자는 자동차를 운행할 목적으로 보유한다고 추정하는 것이 마땅하므로, 특별한 사정이 없는 한 자동차보유자는 원칙적으로 그 등록 시부터 책임보험에 가입할 의무를 부담한다고 보아야 할 것이다."

(2) 대인배상 Ⅱ - 책임보험 초과 손해: 피보험자가 피보험 자동차를 소유, 사용, 관리

하는 동안에 생긴 피보험 자동차의 사고로 인하여 타인의 생명, 신체를 사상케 함으로써 법률상 손해배상책임을 부담하게 되는 경우 보험자는 대인배상 Ⅰ로 지급되는 금액을 초과하는 손해를 보상하는 상법상 책임보험이자 임의보험으로, 그 배상 한도는 보험가입금액의 범위 내에서 법률상 손해배상책임과 필요 타당한 비용이다.

2) 대물배상

피보험자가 피보험 자동차를 소유, 사용, 관리하는 동안에 생긴 피보험 자동차의 사고로 타인의 재물을 멸실, 파손 또는 오손케 하여 법률상 손해배상책임을 부담하게 됨으로써 생긴 손해를 보상하는 상법상 책임보험이자 임의보험으로 그 보상한도는 보험 가입금액 범위 내 직접손해와 간접손해를 합한 금액이다.

3) 자기신체사고(자손사고)

피보험자가 피보험 자동차를 소유, 사용, 관리하는 동안에 생긴 피보험 자동차의 사고로 인하여 피보험자 자신이 상해를 입음으로써 입은 손해를 보험자가 보상하는 상법상 상해보험의 일종이자 임의보험이다.

4) 무보험 자동차에 의한 상해

이는 자동차책임보험에 들지 아니한 자동차의 사고로 손해를 입은 피보험자를 보호하기 위한 보험이다. 자동차보험계약의 무보험차보유자담보는 혼합담보인데, 그것은 과실에 근거한 책임보험과 같은 것이나, 피보험자를 보호하는 손해보험과도 같은 성질을 띠고 있다. 즉, 무보험차보유자보험은 무보험차보유자의 책임 있는 사유로 손해를 입은 피보험자가 그 보유자를 상대로 효율적으로 손해배상청구권을 행사할 수 없게 됨으로써 입은 손해를 보상하기로 하는 보험이다. 즉, 이는 피보험자가 무보험 자동차에 의하여 생긴 사고로 사상하였을 때 그 손해에 대하여 배상의무자가 있을 경우, 2억 원 한도로 대인배상 Ⅱ의 보험지급기준에 따라 산출한 금액을 지급하는 상법상 상해보험의 일종으로, 대인보상 Ⅱ, 대물배상, 자기신체사고가 함께 체결된 경우에 한하여 적용한다. 그리고 무보험 자동차에 의한 상해 담보에 가입하면 기명 피보험자는 다른 자동차운전담보특약에 별도

가입 없이 특약이 자동 가입된다.

5) 자기차량손해(차량손해)

피보험자가 피보험 자동차를 소유, 사용, 관리하는 동안에 타 차 또는 타 물체와의 충돌, 접촉, 추락, 전복 또는 도로운행 중 차량의 침수로 인한 손해와 화재, 폭발, 낙뢰, 날아온 물체, 떨어지는 물체에 의한 손해, 그리고 피보험 자동차 전부의 도난(피보험 자동차에 장착 또는 장치되어 있는 일부 부분품, 부속품, 부속기계장치만의 도난은 제외)으로 인한 손해 등 피보험 자동차에 직접적으로 생긴 손해를 보상하는 상법상 손해보험에 속하며, 손해보험 중에서도 물보험이라 할 수 있다.

2. 업무용자동차보험

업무용자동차보험은 개인소유의 자가승용차를 제외한 모든 비사업용자동차(법인·관인 소유 승용차, 승합차, 화물차)를 가입대상으로 하며, 피보험자가 피보험 자동차를 소유, 사용, 관리하는 동안에 생긴 자동차의 사고로 입은 손해를 보험자가 보상할 것을 목적으로 하는 보험이다. 담보종목 및 내용은 전술한 개인용자동차보험과 동일하다. 다만 무보험자동차에 의한 상해 담보를 가입하였을 때 '다른 자동차운전 담보특약'이 이 보험에서는 자동 담보되지 아니한다.

3. 영업용자동차보험

영업용자동차보험은 요금이나 대가를 받고 운행하는 모든 사업용(영업용) 자동차를 가입 대상으로 하며, 피보험자가 피보험 자동차를 소유, 사용, 관리하는 동안에 생긴 자동차사고로 입은 피보험자의 손해를 보상할 것을 목적으로 하는 보험이다. 담보종목 및 내용은 개인용자동차보험과 동일하나, 이 보험에는 무보험자동차에 의한 상해담보 조항이 없다.

4. 운전자보험

자동차운전면허 또는 중기관리사(조정사) 면허를 소지한 사람을 대상으로 하는 보험으로 운전자가 운행 중 갑자기 생긴 우연한 자동차사고로 인하여 타인의 생명 또는 신체를 사상케 함으로써 운전자에게 생기는 생계비, 벌금, 방어비 등의 손해를 보상해 주고, 운전자 자신이 사상한 경우 일정 금액의 보험금을 지급해 줌으로써 운전자 및 그 가족의 생활 안정을 도모하려는 상해보험의 일종이다. 이 보험의 주요 보상 내용은 다음과 같다.

5. 자동차취급업자보험

자동차를 취급하는 것을 업으로 하는 자가 그 자동차를 취급하는 과정에서 생기는 자동차사고로 입게 되는 손해를 보상해 줄 것을 목적으로 하는 보험이다. 이 보험은 개인용·업무용·영업용자동차보험 약관에서 자동차 취급자는 보상받을 수 없도록 규정되어 있기 때문에 자동차 취급업자를 위한 별도의 상품이 요구되어 개발되었다. 담보종목은 대인배상, 대물배상, 차량손해이다.

6. 외화표시자동차보험

영문과 U.S. $로 표시되는 자동차보험으로 외국인 또는 외국기관 소유 자동차나 외국 군부대에 용역, 납품 등을 위해 출입하는 자동차의 소유, 유지 또는 사용 중 우연한 사고가 발생 시 가해자·피해자 간의 분쟁을 막고 피해 보상을 해 주기 위한 보험이다. 담보종목은 신체상해 배상책임(Bodily Injury Liability Coverage), 재물손해 배상책임(Property Damage Liability Coverage), 차량손해(Physical Damage Coverage), 치료비(Medical Payment)이며, 대인배상의 경우 1인당, 1사고당 한도액이 있다. 신체상해의 경우 1인당 US$ 10,000, 1사고당 US$ 20,000이고, 재물손해의 경우 1사고당 US$ 5,000이며 증액이 가능하다. 그리고 차량손해의 경우 포괄담보와 충돌담보로 구분되며 보험금액은 국내의 차량시가에 준하여 US$ 100 단위로 정하며 의료비는 차종별·용도별로 보험금액이 US$ 250부터 US$ 2,000까지 있다.

1) 대판 1998. 4. 28, 98다4330

"자기신체사고 자동차보험(자손사고보험)과 같은 인보험에 있어서의 음주운전 면책약관이 보험사고가 전체적으로 보아 고의로 평가되는 행위로 인한 경우뿐만 아니라 과실(중과실 포함)로 평가되는 행위로 인한 경우까지 포함하는 취지라면 과실로 평가되는 행위로 인한 사고에 관한 한 무효라고 보아야 한다."

2) 대판 1998. 4. 23, 97다19403

"자동차보험에 있어서 동일 자동차사고로 인하여 피해자에 대하여 배상책임을 지는 피보험자가 복수로 존재하는 경우에는 그 피보험이익도 피보험자마다 개별로 독립하여 존재하는 것이니만큼 각각의 피보험자마다 손해배상책임의 발생요건이나 면책조항의 적용 여부 등을 개별적으로 가려서 보상책임의 유무를 결정하는 것이 원칙이므로, 자동차보험약관에 정한 보험자 면책조항의 적용 여부를 판단함에 있어서는 특별한 사정이 없는 한 그 약관에 피보험자 개별적용조항을 별도로 규정하고 있지 않더라도 각 피보험자별로 보험자 면책조항의 적용 여부를 가려 그 면책 여부를 결정하여야 하고, 그 약관의 규정 형식만으로 복수의 피보험자 중 어느 한 사람이 면책조항에 해당한다고 하여 보험자가 모든 피보험자에 대한 보상책임을 면하는 것으로 해석할 것은 아니며, 이와 같은 법리는 대물배상에 있어서도 마찬가지로 적용되어야 한다."

3) 대판 1998. 3. 27, 97다48753

"음주운전 면책약관이 보험사고가 전체적으로 보아 고의로 평가되는 행위로 인한 경우뿐만 아니라 과실(중과실 포함)로 평가되는 행위로 인한 경우까지 보상하지 아니한다는 취지라면 과실로 평가되는 행위로 인한 사고에 관한 한 무효라고 보아야 한다."

4) 대판 1995. 3. 14, 93다42238

"자동차종합보험계약의 대인배상책임보험계약에 있어서 그 사고의 피해자가 배상책임의무 있는 피보험자의 피용자로서 근로기준법에 의한 재해보상을 받을 수 있는 사람인 경우에는 그 사고로 인하여 피보험자가 입게 된 손해를 보험자가 보상하지 아니하기로 정한 자동차종합보험보통약관상의 면책조항은 노사관계에서 발생하는 재해보상에 대해서는 원칙적으로 산업재해보상보험에 의하여 보전받도록 하고 제3자에 대한 손해배상책임을 전보하는 것을 목적으로 한 자동차보험의 대인배상범위에서는 이를 제외하려는 데 그 취지가 있는 것이므로,

VI. 자동차보험과 자동차의 양도

1. 자동차양도의 의의

자동차의 양도라 함은 매매 또는 증여로 양도인이 양수인에게 소유권을 이전하는 것을 말한다. 자동차 양도에 따른 소유권의 이전은 자동차등록원부에 등록하여야 그 효력이 생긴다(자동차관리법 제5조). 따라서 자동차의 임대차 등에 의하여 점유권만을 이전하는 행위는 이에 포함되지 아니하나, 일정기간 그 자동차의 운행지배와 운행이익을 완전히 임차인에게 이전하는 경우에는 자동차의 양도에 준하여 다루어야 할 것이다.

자동차는 차량보험의 경우에는 보험의 목적이 되나 책임보험에서는 그 자동차의 사고로 인한 손해배상책임을 담보하고 있기 때문에 자동차 자체가 보험의 목적은 아니다. 그러나 자동차의 사고는 피보험자와 밀접한 연관을 가지고 있기 때문에 다른 물건보험의 목적의 양도와는 구별할 필요가 있다.

2. 자동차양도의 효과

1) 양수인의 권리 · 의무승계

피보험자가 보험기간에 자동차를 양도한 때에는 양수인은 보험자의 승낙을 얻은 경우에 한하여 보험계약으로 인하여 생긴 권리와 의무를 승계한다(제726조의 4 제1항). 이것은 물건보험의 목적의 양도(제679조)와는 다르므로 양수인이 자동차보험계약상의 권리 · 의무를 승계하여 보험보호를 받기 위해서는 먼저 보험자에게 자동차의 양수 사실을 통지하고 그 승낙을 받아야 하는 것이다.

2) 낙부통지 불이행 시 효과

보험자가 양수인으로부터 양수 사실을 통지받은 때에는 지체 없이 보험계약의 이전을 승낙할 것이냐 아니냐를 양수인에게 통지하여야 하고, 양도의 통지를 받은 날로부터 10일 내에 낙부의 통지를 하지 아니한 때에는 승낙한 것으로 간주하며(제726조의 4 제2항) 양수인을 보호하도록 하고 있다.

관련 판례

대판 2010. 4. 15, 2009다90269

[1] 자동차종합보험계약의 '다른 자동차 운전담보 특별약관'은 기명피보험자가 보험기간 중에 피보험자동차를 양도하고 대체자동차를 취득한 경우 반드시 보통약관의 보험승계 규정에 따라 보험승계 절차를 거쳐야 함을 전제로 임시적으로 대체자동차에 의한 보험사고를 담보하려는 것이 아니라, 그와 같은 보험승계 절차와 관계없이 별도로 피보험자동차의 대체자동차가 위 특별약관에서 규정하는 '다른 자동차'에 해당하는 경우 특별약관 자체의 효력에 의하여 그 대체자동차에 의한 보험사고를 담보하려는 취지에서 마련된 것이고, 따라서 기명피보험자가 보험기간 중에 피보험자동차를 양도함으로써 그에 대한 운행지배와 운행이익을 상실하고 대체자동차를 취득한 경우 보통약관상의 보험계약 승계 규정에 따른 요건과 절차를 구비하여 보험회사의 승인을 얻었는지 여부와 관계없이 대체자동차는 특별약관의 요건을 구비하는 한 특별약관의 효력에 의하여 그 운행에 따른 위험이 그대로 담보된다.

---

[2] 자동차종합보험계약의 '다른 자동차 운전담보 특별약관'에 가입한 기명피보험자가 보험기간 중 피보험자동차를 양도하고 대체자동차를 매수하여 보통약관상의 보험승계 절차를 거치지 않은 채 운전하다 교통사고를 일으킨 사안에서, 대체자동차가 위 특별약관이 적용되는 다른 자동차에 해당하기 위해서는 특별약관이 정하는 동일 차종 요건을 구비하면 충분하고, 더 나아가 보통약관의 보험승계 규정에서 요구하는 동일 차종 요건을 갖출 필요는 없다고 한 사례.

제3장 자동차보험 관련 주요 개념 및 제도 개관

제1절 자동차책임보험

I. 개 설

1. 자동차책임보험의 의의

자동차책임보험은 보험기간에 자동차사고로 말미암아 제3자가 입은 손해를 피보험자가 배상하여 줌으로써 생긴 재산상의 손해를 보험자가 보상하는 책임보험을 말한다. 이는 책임보험의 일종으로서 보험자의 보상책임의 원인이 되는 사고가 자동차사고라는 점에 그 특징이 있다. 자동차책임보험은 책임보험의 일반적 성질을 그대로 가지고 있는데, 자동차책임보험은 보험자가 피보험자의 제3자에 대한 배상책임으로 인한 손해의 보상을 목적으로 하는 손해보험에 속하고, 또한 이 보험은 피보험자가 타인의 생명·신체 또는 재산에 대하여 가한 손해를 자기의 모든 재산으로써 배상하는 책임을 담보하는 재산보험에 속한다고 하겠다. 그리고 이 보험은 피보험자가 제3자에 대하여 배상책임을 짐으로써 일어난 손해를 보상하는 것을 목적으로 하는 소극보험의 성질을 가진다.

자동차책임보험은 자동차사고의 위험을 보험자에게 전가시키고 많은 보험 계약자들 사이에서 그 위험을 분산시키고자 하는 제도이다.[70] 따라서 자동차책임보험에서 보험자가 지급하는 보험금은 가해자(피보험자)의 피해자에 대한 배상자력이 되는 것이므로 결국은 가해자의 배상책임을 담보하게 됨은 물론 그 이익은 실질적으로 피해자에게 돌아가게 하

---

70) Robert E. Keeton & Alan I, *Widiss, Insurance Law Practitioner's* Ed., 1988, p.3.

고 있다.

이와 같이 자동차사고로 인한 피보험자의 제3자에 대한 손해를 담보하는 자동차책임보험은 계약자 보호와 동시에 피해자 구제의 면에서 중요한 역할을 담당하는 것으로서 현대 생활에 없어서는 안 되는 것으로 자리 잡아 가고 있다. 따라서 자동차책임보험이 이러한 역할을 충실히 수행하기 위해서는 최소한의 보험료로 가해자와 피해자를 동시에 만족시킬 수 있는 적정 수준의 보상이 공정하고 신속하게 이루어져야 할 것이다. 결국 이를 위해서는 무엇보다도 보험사업이 정상적으로 운영될 수 있는 제반 경영 여건과 환경이 갖추어져야 할 것이다.

2. 자동차책임보험의 유형

1) 자동차강제책임보험과 자동차임의책임보험

자동차책임보험의 가입이 강제되느냐 아니냐에 따라 자동차강제책임보험과 자동차임의책임보험으로 구분된다. 전자는 자동차사고로 인한 피해자의 보호라는 사회적 요청에 따라 자동차의 보유자에게 그 보험 가입을 강제하고 있는 보험을 말한다. 이를 의무적 책임보험이라고도 한다.71) 자배법에 의하여 그 가입이 강제되고 있는 자배책보험(대인배상 I)이 여기에 속한다. 후자는 보험계약자가 보험에 드느냐 마느냐를 임의로 선택할 수 있는 보험을 말한다. 자동차종합보험 중 대인배상책임(대인배상 II)과 대물배상책임이 여기에 속한다.

2) 자동차대인배상책임보험과 자동차대물배상책임보험

보험자가 보상책임을 지는 사고의 객체에 따라 자동차대인보상책임보험과 자동차대물배상책임보험으로 나누어 볼 수 있는데, 전자는 피보험자가 자동차사고로 인한 타인의 인적 손해, 즉 사망 또는 신체의 손상에 대하여 손해배상책임을 짐으로써 입은 손해를 보상하는 책임보험으로 자배책보험(대인배상 I)과 자동차종합보험 중 대인배상책임(대인배상 II)이 여기에 속한다. 후자는 피보험자가 자동차사고로 인한 타인의 물건 그 밖

---

71) 의무적 책임보험(obligatory liability insurance)과 강제책임보험(compulsory liability insu－rance)을 엄격하게 구별하는 견해도 있다.

의 재산상의 손해에 대한 손해배상책임을 짐으로써 입은 손해를 보상하는 책임보험으로 자동차종합보험 중 대물배상책임이 여기 속한다.

3) 자동차유한배상책임보험과 자동차무한배상책임보험

보험자의 보상책임에 한도가 있느냐 없느냐에 따라 자동차유한배상책임보험과 자동차 무한배상책임으로 구분할 수 있다. 자배책보험과 자동차종합보험 중 보험계약자의 선택 에 의한 유한대인배상책임 및 대물배상책임은 전자의 예이며, 자동차종합보험 중 보험계 약자의 선택에 의한 무한대인배상책임은 후자의 예이다.

4) 과실책임보험과 무과실책임보험

자동차책임보험은 보험자의 책임의 근거가 피보험자의 과실책임을 근거로 하느냐 아니 냐에 따라 과실책임보험과 무과실책임보험(no‑fault insurance)으로 구분할 수 있다.

3. 자동차책임보험의 성립 및 발전

1) 제도 도입의 필요성

책임보험은 역사적으로 보면 자본주의 경제의 발달과 더불어 산업재해가 늘어남으로써 사용주의 책임이 엄격하여짐에 따라 비교적 뒤늦게 발전한 것이다. 즉 해상보험이 500년 이상의 역사를 가진 데 비하여 책임보험은 약 100년의 역사에 불과하다. 이는 18세기 후반에 이르러 각종 발명, 발견에 의하여 기계문명이 급속하게 진보하여, 이것이 인류에 게 주는 이익은 측정할 수 없었지만, 여기에 불가피하게 수반하는 제3자 또는 노동자에 대한 산업재해와 자동차 · 항공기 등의 교통기관에 의한 재해 또한 빈발하게 되었다. 따 라서 기업가의 책임을 확대하여 이러한 재해의 피해자를 구제할 필요성이 절실하였지만, 로마법 이래의 전통적인 민법의 과실책임이론으로는 이들 재해에 대한 기업가의 확대된 책임을 충분히 설명하는 것이 불가능하였다.

여기에서 민법의 과실책임의 원칙을 수정하여 무과실책임을 인정하게 되었으나, 실제 로 그 손해배상책임을 부담할 기업의 지불능력이 불충분할 경우에는 피해자가 전혀 만족을 얻을 수 없어 무과실책임을 기업가에게 지운 의미가 실제적으로 없게 되었을 뿐만 아니라 그 기업을 파탄시켜 산업의 발전을 저해하게 되었다. 따라서 타인에게 손해를 줄 가능성이 있는 기업이나 개인으로서는 이에 대한 대책이 필요하였고, 피해자 측으로서도 사회보장적 측면에서의 구제책이 필요하게 됨에 따라 책임보험제도가 생겨나게 되었다.

책임보험제도의 발상지는 유럽이다. 독일에서 근대적 의미의 책임보험이 성립한 것은 철도, 탄광 등에서의 격증하는 재해에 대한 대책으로 기업책임을 엄격히 한 1871년의 제국책임법(reichshaftpflichtgesetz)의 시행 이후이며, 프랑스에서는 산업재해가 급격히 늘어난 1861년부터 근대적 의미의 책임보험법이 성립하였으며, 영국에서는 1880년 사용자책임법(employer's liability act)을 계기로, 일본에서는 책임보험의 본격적인 등장은 1956년의 자동차손해배상책임보험의 실시 및 1957년에 제정된 책임보험 보통약관이 실제로 이용되기 시작했을 때이며, 미국에서는 1885년 앨라배마 주의 사용자책임법이 제정된 데 이어 각 주에서 동종의 입법이 출현하면서부터 본격적인 발전을 하게 된 것이라고 볼 수 있다.

이렇게 성립한 책임보험은 최근 경이적으로 발전하고 있는 과학기술과 관련하여 도로교통이 급격히 증가함에 따라 책임보험은 짧은 기간 안에 가장 중요한 보험 분야의 하나로 되었고, 급기야 현대 보험의 총아로서 등장하고 있음은 하나의 세계적 현상이라고 할 수 있다. 특히 자동차사고가 급증하고 그로 인한 피해자의 구제가 절박한 사회문제로 대두 됨에 따라 책임보험은 자동차사고 영역에서 널리 확대되었다. 즉 자동차 교통 시대의 진전과 함께 자동차사고율이 급격히 증가되고, 그 사고에 따른 인적 · 물적 손실의 규모도 점차 확대되고 있는 상황에서 자동차사고로 인한 손해배상문제를 가해자와 피해자의 개인 대 개인의 문제로만 취급한다는 것은 가해자의 생활의 안정성 확보나 피해자 구제의 적정성을 담보하지 못하는 경우가 많게 됨에 따라 사회보장적 측면에서의 제도적 장치가 필요하게 되었다. 이 중 하나가 바로 자동차책임보험제도이다. 자동차책임보험을 통하여 자동차의 소유자나 운전자는 자동차사고로 인하여 부담하게 될 배상책임 등의 경제적 손실에 합리적이고 과학적으로 대비할 수 있게 되어 생활의 안정성을 확보할 수 있고, 피해자는 사고 운전자나 소유자의 개인적인 배상능력과는 별개로 신속 · 적정한 보상을 받을 수 있고, 또 배상을 청구할 대상이 없게 되는 경우에도 자동차책임보험을 통하여 보호를 받을 수 있는 점 등이 자동차책임보험의 발전 · 정착을 가능하게 한 것이다.

2) 각국에서의 자동차사고책임보험제도의 도입 및 발전

(1) 독 일: 독일에 있어서는 자동차사고로 인한 피해가 증가하기 시작한 20세기 초부터 자동차사고책임보험의 필요성이 인식되어 왔으며, 초기에는 보험회사들에 의해 임의적 책임보험이 실시되고 있었다. 그러나 도로교통법에 의하여 자동차보유자의 책임이 무과실책임에 가까운 엄격책임에 의해 구성되어 있다고 하더라도 강제적인 책임보험의 실시가 없이는 피해자의 구제를 완전히 도모할 수 없을 것이라는 비판이 있어 왔다. 이에 1939. 11. 7. '자동차보유자를 위한 의무보험의 도입과 자동차교통법의 개정에 관한 법률'에 의하여 자동차보유자로 하여금 자동차사고책임보험에 강제적으로 가입하게 함으로써 교통사고피해자에 대한 보호가 실질적으로 보장되게 하였다. 이후 1965. 4. 5.에 1939년의 법률에 대신하여 '자동차보유자를 위한 의무보험에 관한 법률'이 제정되었다.

자동차사고책임보험에서 일차적인 이해관계를 가지는 자는 자동차보유자가 아니고 사고 희생자라고 할 수 있다. 그런데 피해자에게 보험금이 직접 지급되기 전에는 피해자는 신유 또는 위임의 방법에 의해서만 보험금을 보유자에게 직접 청구할 수 있었다. 이는 자동차사고의 제일차적 당사자인 피해자의 보호에 어긋나는 것이므로, 피해자가 보험자에게 직접 보험금의 지급을 청구할 수 있는 직접청구권의 도입이 필요하였다. 그리하여 1965년의 의무보험법에 의해 피해자의 직접청구권이 자동차보험법에 도입되었다. 의무보험법 제3조는 먼저 보험계약법 제158조의 c 내지 f 대신에 동조가 자동차책임보험에 적용된다는 것을 언급한 후, 제1호에서 "제3자는 보험관계로부터 발생한 보험자의 결부의무의 범위에 있어서 또는 결부의무가 없는 경우에는 제4호 내지 제6호의 범위에 있어서 보험자에 대해서도 손해배상의 청구를 할 수 있다"라고 규정하였다.

이 직접청구권을 실질적으로 보장하기 위하여 제4호에서는 "보험자는 배상의무를 부담하는 보험계약자에 대하여 결부의무의 전부 또는 일부를 면한 것을 가지고 제1호에 의한 제3자의 청구권에 대항할 수 없다"라고 규정하고 있다.

이와 같은 규정에 따르면, 의무보험법은 법규에 의하여 제3자에게 보험자에 대한 보험금의 청구권이 아닌 직접의 손해배상청구권을 인정한 것이 되며, 보험자와 피보험자는 연대채무관계에 서는 것이다(Pflvg, §3②). 의무보험법은 피해자에게 직접청구권을 인정하여 보험자의 책임을 무겁게 하는 한편, 보험계약자에 대해서는 결부의무의 전부 또는 일부를 면하였는데도 불구하고 연대채무자로서 피해자에게 배상을 해 준 보험자는 가해자인 보험계약자에 대하여 구상할 수 있도록 하였다(Pflvg, §3⑨).

무보유자동차 및 도주자동차에 의한 사고에 의하여 피해가 발생하였을 경우에는 강제보험에 의한다 할지라도 피해자를 보호할 수 없다. 이와 같은 교통사고 피해자의 경제적인 보호의 결함을 없애기 위하여 책임·사고·교통보험자협회에 의하여 교통희생자구제협회가 1963년 설립되었다. 원래 이 협회는 도주자동차에 의한 손해를 배상해 주기 위한 것이었다. 이에 1965년에 새로이 제정된 의무보험법은 자동차보험으로부터 배상을 받을 수 없는 피해를 전체적으로 보호하기 위하여 1959년의 유럽조약에 의거해서 동 협회로 하여금 배상기금을 설립하도록 하였다.

(2) **프랑스:** 프랑스에서는 1956년의 자동차보험에 관한 유럽조약에 의거하여 1958년에 제정된 법률 제58－208호에 의거하여 강제적자동차책임보험제도가 처음으로 실시되었으며 보험에 의해 손해가 전보되지 아니한 피해자의 구제를 위해서 1951년 법률 제51－1508호에 의해 자동차보험기금이 창설되었다. 이후 1976년 7월 16일 보험법전의 일부로서 그에 편입되는 한편, 그 과정에서 보험금한도액이 대폭 증액되었다.

자동차사고 책임보험에 관한 보험법전의 규정에 따른 의무적 책임보험의 대상자는 차량에 의해 타인에게 인적 또는 물적 손해를 발생시켜 그것에 의해 민사책임을 부담하게 되는 모든 자연인 및 법인(국가는 제외)인 것이 원칙이지만, 철도 또는 궤도에 의한 손해는 제외되는 외에 지방공용단체 및 행정과청의 허가를 얻어 자가 보호를 행하는 것이 허용된 충분한 배상자력을 가진 기업 또는 단체는 제외된다.

한편 피해자의 보험자에 대한 직접청구권은 판례에 의하여 인정되고 있는데 피해자는 인적 손해이냐 물적 손해이냐를 불문하고 보험자에 대하여 직접청구권을 행사할 수 있다.

자동차보험기금제도는 1951년에 법률 제51－1508호에 의해 창설되었다. 이 제도는 보험 등에 의해 손해가 보상되지 아니한 피해자의 보호를 위한 것으로서, 1976년에 일부 수정되어 의무적 자동차보험에 관한 규정과 함께 보험법전에 편성되었다. 동 기금은 보험자의 강제적인 가맹단체이며 법인격이 인정되어 있다. 이 기금의 재원은 보험자 및 무보험유책자동차보관자로부터 징수하여 적립하도록 하고 있다. 피해자가 동 기금에 대하여 보호를 청구할 수 있는 경우는 먼저 인적 사고의 경우에는 유책가해자가 불명한 경우와 유책가해자가 불명한 경우와 유책가해자 또는 그의 책임보험자가 손해액의 전부 또는 일부를 지급할 수 없는 경우이다. 물적 손해의 경우에는 가해자가 판명되어 있으나 그 가해자가 물적 손해에 관한 보험에 가입되어 있지도 않고 또 가해자로부터 손해액의 전부 또는 일부를 배상받지도 못한 때이다. 그 외에 보험계약이 체결되었으나 그 최고보험금액이 부족한 경우에도 동일하게 피해자는 보장을 청구할 수 있다.

　(3) **영국**: 영국에 있어서 자동차사고책임보험의 특징은 다음과 같다. 첫째, 의무보험이라는 것이다. 즉, 1930년의 도로교통법은 제6장 제143조 제1항에서 누구든지 동법의 규정에 따른 유효한 담보증서나 담보 없이 도로상에 자동차를 사용하거나 허락하는 것은 불법으로 되고 누구든지 이 규정에 위반하였을 때는 유죄로서 처벌되는 것으로 하고 있다. 따라서 자동차소유자는 그 자신이 운전할 경우는 물론이고 자기의 처나 자녀 또는 피용자가 운전을 하게 되는 경우에는 위 운전자 전원을 피보험자로 한 보험계약을 체결하여야 하며, 자기의 보험계약의 피보험자가 아닌 타인에게 자기 차의 운전을 허락함에는 그 타인이 그 사람 자신의 보험계약에 의하여 자기 차 운행 중의 사고에 대하여 보험금을 수령할 수 있는 피보험자인가를 확인해야 한다.

　도로교통법에 의해 처음으로 의무보험이 실시된 1930년에는 보험자와 보험계약자 자신의 보험계약의 내용은 자유계약의 원칙하에 이루어졌다. 따라서 보험자는 구체적인 계약내용에 따라서는 피보험자가 계약내용을 위반함으로써 면책사유가 발생하였다는 항변을 할 수 있었다. 이에 의회는 보험계약의 내용을 규제할 필요성을 느껴 1934년에 도로교통법을 개정하였는데 내용은 다음과 같다. 첫째, 보험자의 면책을 목적으로 한 운전자의 연령 및 정신적인 상태·자동차의 상황·승차인원수·운송화물의 중량 또는 물리적인 특징·운행시간과 장소·자동차의 마력 및 실린더의 용량 또는 자동차의 가격 등에 관한 규정이나 특정 공구 또는 자동차법에서 요구하지 않은 증명서의 휴대를 요구하는 규정은 피해자에 대하여 효력이 없다는 것이다.

　둘째, 사고발생 후의 특정한 작위 또는 부작위를 이유로 한 면책규정의 효력은 없다는 것이다.

　셋째, 피보험자의 책임을 감면시키기 위한 피보험자와 승객 사이의 사전적인 합의는 효력이 없으며 승객이 피보험자의 과실을 자의로 수인하였다는 사실은 자동차사용자임을 부정하는 것으로 보지 않는다는 것 등이다(동법 제148조 제1항, 제2항).

　그리고 피해자가 가해자에 대한 승소판결을 얻고 또 보험회사가 가해자에게 보험금을 지급하여도 가해자(피보험자)가 파산, 청산을 당한 경우에는 피해자가 완전한 배상을 받을 수 없으므로 이것을 방지하기 위하여 제3자권리법이 제정되었다. 동법에서는 보험자에 대한 제3자의 직접청구권을 인정하여 피보험자가 파산, 해산, 채권자와의 화해 또는 무자력으로 사망한 경우 등에는 피보험자의 보험자에 대한 권리는 제3자에게 이전하도록 하였다.

1946년에 설립된 자동차보험자협회는 주식회사의 형태를 가진 것으로서 영국 내의 모든 자동차보험회사가 이에 가입하고 있다. 이 협회의 설립목적은 무보험피고의 과실에 의한 사고의 피해자를 구제하기 위한 것이다.

(4) 일 본: 일본에 있어서 자동차사고로 인한 피해를 전보하기 위한 강제적 책임보험은 1955년의 자배법 제5조에 의하여 최초로 실시되었으며, 이를 통상 자동차손해배상보험이라 한다. 동조에 의하여 자배책임보험의 강제적인 체결의 대상이 되는 자동차는 국가와 자위대 및 미군과 연합군의 임무수행에 사용되는 자동차를 제외한 도로상에 운행하는 모든 자동차이고(자배법 제5조, 제87조) 보험자는 피보험자나 보험계약자의 악의에 의해 사고가 발생한 경우를 제외하고는 피해자에게 배상의 책임이 있는 피보험자 등에 대하여 보험금의 한도액이 약정해져 있으며 또한 물적 손해를 자배책보험의 전보대상에서 제외하고 있음으로 해서 피해자의 보호에 만전을 기하지 못하고 있다. 따라서 일본에 있어서는 자배책임보험과 함께 자보책보험에 의한 보상한도를 초과하는 인적 손해 배분과 물적 손해 그리고 자동차사고로 인한 손해를 전보하기 위한 책임보험이 따로 실시되고 있다.

자배법 제16조는 보험에 가입한 자의 자동차의 운행에 의해 손해를 입은 피해자가 보험자에 대항 보험금을 직접 청구할 수 있도록 하고 있다. 보험회사가 가해자에게 보험금을 지급할 책임이 있는 경우는 물로 미보험자나 보험계약자에 의하여 사고가 발생하여 보험회사가 가해자에 대하여 보험금의 지급책임을 지지 아니하는 경우에도 보험금의 한도에서 패하자는 보험회사에 직접 청구할 수 있다. 만약 피보험자나 보험계약자의 악의에 의하여 사고가 발생하여 보험회사에 책임이 없는 경우에도 피해자에게 직접배상을 한 경우 보험회사는 정부가 실시하는 자동차손해배상보험사제에 대하여 지급한 배상액의 전보를 청구할 수 있다(자배법 제16조 제4항).

또한 피해자는 보험에 가입한 운행공용자의 자동차 운행에 의하여 손해가 발생한 경우에는 보험회사의 책임유무나 보험금의 대소에 관계없이 가도금(假渡金)에 대한 보상으로 일정한 금액을 정부의 자동차손해배상보호사업에 청구할 수 있으며, 보험금액이 가도금보다 적은 경우에는 초과부분을 피해자에 대하여 반환 청구하도록 하고 있다(자배법 제17조 제3, 4항).

자배법 제72조는 자배책보험으로도 보호되지 않는 피해자를 보호하기 위하여 정부로 하여금 보호사업을 하도록 하고 있다. 이 규정에 의하면 보유자가 명확하지 않은 자동차에 의한 사고로 인하여 인적 손해가 발생한 경우와 자배책보험의 피보험자가 아닌 자의 운행에 의하여 인적 손해가 발생한 경우에, 보험으로부터 배상을 받을 수 없는 피해자를 구제하기 위하여 정부는 자동차손해배상보호사업을 시행하여야 했다. 따라서 무보험자동차에 의한 피해자나 도주자동차에 의한 피해자는 EDH 사업으로부터 배상을 받을 수 있게 되는 것이다.

한편 자배법 제73조는 피해자가 건경보험법이나 노동자재해보상보험법 등과 같은 다른 구제제도에 의해서 이미 배상을 받았거나 가해자로부터 배상을 받은 경우에는 그 금액의 한도에서 전보를 하지 않는다고 하여 동 사업이 보조적인 성격을 가지고 있음을 명확히 하고 있다. 동 사업을 시행하기 위한 재원은 보험회사 등이 납부하는 자동차손해배상보호사업부과금을 가지고 충당하며(자배법 제78조),[72] 이 부과금은 보험과에 포함되어 보험계약자들로부터 징수된다. 동 사업에 의하여 피해자에게 보장금을 지급한 정부는 피해자에 대하여 손해배상책임이 있는 자에게 피해자의 손해배상청구권을 대위하여 구상할 수 있도록 하고 있다(자배법 제76조).

Ⅱ. 자동차책임보험의 기능

자동차책임보험 계약은 자동차사고로 인한 법적 책임을 부담해야 할 입장에 있는 자(가해자)와 그 상대방(피해자)의 쌍방을 보호하는 기능을 가진다. 즉 책임보험에 있어서 보험자는 피보험자(가해자)가 비교적 소액의 보험료를 지불하여 책임보험에 가입하면, 그의 책임 있는 사유로 제3자에게 손해배상책임을 지움으로써 입은 손해를 보상하여 주거나 또는 피해자에게 직접 보험금을 지급하여 피보험자의 책임을 면제하여 줌으로써 피보험자의 권리 보호를 꾀할 수 있게 된다.

한편, 피해자는 가해자에 대하여 손해배상청구권을 취득하여도 가해자에게 변제자력이 없다면 실제적으로 배상액을 받을 수 없게 된다. 따라서 자동차책임보험은 피보험자(가해자)의 배상자력을 확보하여 책임보험 보호의 구체적인 이익이 피해자에게 돌아가도록 하고 있다. 특히 피해자의 보험자에 대한 직접청구권제도는 책임보험의 피해자 보호 보험

---

72) 보험계약의 체결이 면제된 경우에는 자동차의 운행공용자인 국가, 미군 또는 국제연합군으로부터 직접 징수한다.

으로서의 성격을 선명하게 하고 있다.

Ⅲ. 우리나라 자동차책임보험의 변천

1. 초기의 자동차책임보험

우리나라에 있어서 처음으로 자동차책임보험제도가 도입된 것은 1924년부터 자동차보험의 판매를 시작한 일본의 동경해상화재보험(주)의 경성대리점인 삼정물산 경성지점이 일시 중단했던 영업을 1928년부터 재개하면서, 그 담보위험 가운데 충돌에 의한 손해배상책임을 인수했던 사실에서 찾을 수 있다.[73]

2. 자동차손해배상책임보험(대인배상 Ⅰ)

자동차책임보험이 우리나라의 보험업계에 본격적으로 나타나게 된 것은 5·16 군사혁명 후인 1961년 11월 당시 교통부가 마련한 자동차손해배상보장법안을 국가재건최고회의 교체위원회와 법사위원회에서 장기간 논의한 끝에 1963년 4월 4일 법률 제1314호로 공포하고, 동년 6월 1일부터 자동차손해배상책임보험(이하 자배책보험)의 가입이 강제되었을 때부터이다. 그러나 자배법의 시행에 따라 한국자동차보험공영사[74]가 자배책보험을 인수하려고 하자, 전국 운수업계의 반발로 실시가 보류되었다가 몇 차례의 자배책보험료의 조정으로 1965년 10월 이후에야 비로소 정상적인 판매가 이루어졌다.

이와 같이 우리나라 자동차책임보험제도는 자배책보험을 판매함으로써 비로소 뿌리를

---

73) 신수식, 『한국보험사』, 무역경영사(1974), 48면.

74) 1957년 한국교통보험(주)이 창립되었으나 경영 부실로 인하여 1961년 정부로부터 면허가 취소된 후 우리나라의 자동차보험이 공백 상태에 있다가 자동차 보유 대수의 증가와 피해자 보호를 위한 사회보장 제도로서 자동차보험의 필요성이 날로 증가함에 따라, 정부에서는 자동차보험을 10개 손해보험회사가 공동으로 참여하는 공동경영체(POOL제)로 영위할 것을 결정하고, 1962년 3월 2일 한국자동차보험 공영사를 인가하였다. 그러나 1966년부터 국내 자동차 생산이 본격화되고 국민 경제의 성장에 따라 자동차의 수요가 날로 증가하여 자동차 보유 대수가 급증하였고, 이에 부수하여 자동차사고도 증가하여, 그로 인한 피해자 보호가 최우선과제로 되자, 위험담보능력의 확충과 대외 공신력 제고를 위하여 1968년 11월 1일 공영사를 해체하고 한국자동차보험(주)으로 발전적 개편을 하게 되었다. 1983년 5월 정부의 자동차보험 다원화 조치에 따라 전국 11개 손해보험회사에서 모두 자동차보험의 취급을 할 수 있도록 되었다(한국자동차보험(주), 『한국자동차보험이십년사』, (1983), 20~47면).

내리게 되었다고 볼 수 있다. 그러나 자배책보험의 보험금액은 몇 차례의 개정에도 불구하고 보험 가입자의 부담 증가라는 이유와 운수업계의 상호보험 설립의 대두로 피해자 보호의 문제는 외면되었고, 보험금액의 책정은 사회보장기능의 효과적인 수행보다도 겨우 제도 자체의 존립 명분을 찾기 위한 선에서 결정되었다고 볼 수 있다. 즉, 피해자 1인당 보험금액이 제한되어 있을 뿐만 아니라 피해자의 대부분을 차지하는 부상의 경우, 상해 정도에 따라 다시 보험금액이 세분화되어 있어 피해자의 실질적인 치료비조차도 충족될 수 없는 상황이었다.

또한 1970년대 이후 국민 경제의 성장과 산업 시설의 현대화로 물량이 증가하고 국민의 소득 수준 향상으로 자동차 보유 대수가 급격히 증가되었으며, 도로망의 확장과 제반 시설의 개선 등으로 자동차가 고속화됨에 따라 자동차사고도 해마다 늘어났으며, 그로 인한 인적·물적 피해 규모도 증가 일로에 있게 되자 1976년 초에 자동차사고로 사람의 생명·신체를 사상하였을 경우, 가해자의 피해자에 대한 손해배상액을 전액 보상할 수 있는 '차주배상책임보험(대인)'의 인가 신청을 하기에 이르렀다. 물론 자배책 보험은 최소한의 피해자 보장제도로서 의의를 가지면서 계속 제도 개선을 추진하여 왔다.

1966. 4. 4. 자배법의 시행에 따라 자배책 보험을 판매하던 초기에는 보상한도가 사망은 10만 원, 부상은 1급 7만 원에서 6급 5천 원이었으나, 그동안 수차례에 걸쳐 자배법 시행령을 개정하여 1996. 8. 1.부터는 사망 최고 6,000만 원, 부상 최고 1,500만 원, 후유장해 최고 6,000만 원으로 대폭 인상시켰고, 1992년 8월에는 자배책 보험과 종합보험을 일원화하여 가입기간을 통일하였고, 1994년 8월에는 1996. 8. 1.부터는 책임보험을 대인배상 Ⅰ, 종합보험의 대인배상을 대인배상 Ⅱ로 하여 하나의 증권으로 통일하였다. 한편 책임보험료에 대한 무사고할인·사고할증률 및 보험가입 경력요율을 도입하였으며, 1997. 8.에는 책임보험과 종합보험의 요율체계를 일원화하고 책임보험 기본보험료에 범위요율을 도입하는 등 제도 개선을 계속하여 현재에 이르고 있다.

3. 임의책임보험(대인배상 Ⅱ, 대물배상)

무한보상제도의 도입에 따른 보험회사의 안전성, 내부적 수용태세, 보상처리상 문제점을 고려하여 사고 발생률이 적은 자가용 자동차에 한하여 우선 시행하도록 1976년 4월 22일 재무부로부터 인가를 받아 동년 5월 1일부터 판매하기 시작하였다. 이러한 임의보험인 무한보상상품의 개발은 우리나라의 자동차책임보험제도의 발달사에 있어서 그야말로 신기원을 이룩한 것으로 평가하고 있다. 그러나 이 보험의 개발로 인하여 오늘날에는 많은 문제를 낳고 있다.

차주배상책임보험은 판매 대상이 자가용 자동차에 국한되어 있어 운수업계에서는 영업용 자동차에 대해서도 확대, 시행해 줄 것을 요청하였고, 또 이 보험이 대인배상책임보험에 국한되어 있어, 대물배상책임보험과 차량보험을 포괄할 필요가 있었다. 이에 차주배상책임보험의 1년간의 시행 경험을 토대로 하여 이 보험과 대물배상책임보험(보험금액, 1사고당 1000만 원) 및 차량보험을 통합하여 하나의 보험증권으로 계약을 체결할 수 있는 자동차종합보험을 개발, 1977년 5월 1일부터 영업용과 자가용의 모든 차종을 대상으로 판매를 개시하게 되었다.

그러나 이 보험은 가입대상이 포괄적이어서 이질적인 위험집단 간에도 동일한 약관 및 요율을 적용하는 등 자동차의 운행 특성에 따른 위험의 성질이 제대로 반영되지 못하였고, 또한 보험 한도가 다양하지 못하여 계약자의 상품 선택의 수요에 부응하지 못함을 그동안의 경험을 통하여 알게 되었을 뿐만 아니라 개선의 필요성을 절실하게 느껴, 1989년 7월 1일부터 위험의 성질에 따라 자동차종합보험을 개인용, 업무용, 영업용 자동차종합보험으로 재분류하고, 계약자 수요에 맞추어 보상한도의 다양화를 도모하였다. 즉, 지금까지는 대인배상책임의 경우 무한 및 유한상품이 별도로 되어 있었고, 대물배상책임은 2천만 원 한도 1종류밖에 없어 계약자의 상품 선택의 수요에 부응하지 못한 점을 감안하여 대인배상책임은 무한 및 유한상품을 통합하여 피해자 1인당 보상한도를 2천만 원, 3천만 원, 5천만 원, 7천만 원, 1억 원, 무한의 6종류로 다양화하고, 대물배상책임은 1사고당 보상한도를 2천만 원, 3천만 원, 5천만 원의 3종류로 다양화하였다.[75]

이후 대인배상책임은 1인당 보상한도를 5천만 원, 1억 원, 2억 원, 3억 원, 무한의 5종류로 변경하였으며, 대물배상책임은 1사고당 2천만 원, 3천만 원, 5천만 원, 1억 원으로 인상 조정하였다. 한편 1994년 4월부터 1996년 8월까지 3차례의 가격자유화조치를 실시함으로써 보험료제도의 획기적 발전을 도모하였고, 1996년 8월, 1997년 8월에는 보험금 지급기준을 현실화함으로써 명실 공히 사회보장제도로서의 역할을 충실히 수행할 수 있게 되었다. 그러나 아직도 근본적인 여러 문제점을 안고 있다.

---

75) 정채웅, 「자동차보험제도 개선」, 『손해보험』, 대한손해보험협회(1989. 7), 15~21면.

■ 퀴즈로 풀어 보는 자동차보험상식 ■

문 1) 운전하던 차량의 바퀴에 끼어 있던 돌이 튕겨 나가면서 지나가던 행인이 다쳤다면 피해자가 보상을 받을 수 있나?

  1) 있다   2) 없다

  답 & 해설) 자동차보험으로 보상받을 수 있다. 이 사고는 자동차의 운행과 관련해 발생한 사고로서 자동차의 소유, 사용, 관리에 기인한 사고라 할 수 있다.

문 2) 자동차를 운전하면서 차창 밖으로 빈 병을 던져 행인이 다쳤을 경우 피해자가 보험 회사로부터 보상받을 수 있나?

  1) 있다   2) 없다

  답 & 해설) 이 경우에는 보상받을 수 없다. 운행 중에 빈 병을 버려 사람이 다친 것은 자동차의 운행과는 직접적 관련이 없는 운전자의 불법행위에서 비롯된 손해이기 때문이다.

문 3) 언덕에 세워 둔 차량의 핸드브레이크가 풀리면서 차가 미끄러져 사고를 낸 경우 보상받을 수 있나?

  1) 있다   2) 없다

  답 &해설) 차량운전자에게 자동차 주차 시 안전장치를 철저히 하지 않았거나 차량에 결함이 있었다면 이를 철저히 점검하지 않은 과실이 있고, 이는 자동차의 소유 및 관리상의 과실이라 할 것이므로 보상이 가능하다.

문 4) 쇼핑을 하고 나서 차량에 물건을 싣다가 허리를 다쳤다면 자동차보험에서 보상받을 수 있나?

  1) 있다   2) 없다

  답 & 해설) 자동차의 소유, 관리 또는 운행과 관련한 사고라고 할 수 없으므로 자동차보험에서 보상하지 않는다.

문 5) 차량을 주차한 상태에서 차량에 적재된 화물을 하역하다 발생한 사고의 경우 자동차 보험에서 보상받을 수 있나?

1) 있다   2) 없다

답 & 해설) 자동차의 소유, 관리 또는 운행과 관련한 사고라고 할 수 없으므로 자동차보험에서 보상하지 않는다.

문 6) 더위를 피하기 위해 자동차의 에어컨을 켜 둔 상태로 잠을 자다 사망한 경우 자동차 보험에서 보상받을 수 있나?

1) 있다   2) 없다

답 & 해설) 자동차를 휴식공간으로 사용한 것으로 인정돼 보상받지 못한다.

문 7) 장거리 운전 중에 졸음운전을 피하기 위해 차를 정차시킨 후 차에서 휴식을 취하다 사고를 당한 경우 자동차보험에서 보상받을 수 있나?

1) 있다   2) 없다

답 & 해설) 운행의 연속과정으로 보아 보상이 가능하다.

제2절 자동차보험계약의 성립

Ⅰ. 보험계약 일반론

보험계약은 불요식, 낙성계약이므로 보험자와 보험계약자 사이에 의사의 합치만 있으면 성립하게 된다. 상법은 보험계약의 체결 시에 보험계약자 측에는 고지의무를 부과하고(상 제651조), 보험자 측에는 보험증권의 교부의무(상 제640조)를 부과하고 있다.

1. 보험계약의 성립

1) 보험자가 보험계약자로부터 보험계약의 청약과 함께 보험료 상당액의 전부 또는 일부의 지급을 받은 때에는 다른 약정이 없으면 30일 내에 그 상대방에 대하여 낙부의 통지를 발송하여야 한다. 그러나 인보험계약의 피보험자가 신체검사를 받아야 하는 경우에는 그 기간은 신체검사를 받은 날부터 기산한다. 보험자가 위의 기간 내에 낙부의 통지를 해태한 때에는 승낙한 것으로 본다. 보험자가 보험계약자로부터 보험계약의 청약과 함께 보험료 상당액의 전부 또는 일부를 받은 경우에 그 청약을 승낙하기 전에 보험계약에서 정한 보험사고가 생긴 때에는 그 청약을 거절할 사유가 없는 한 보험자는 보험계약상의 책임을 진다. 그러나 인보험계약의 피보험자가 신체검사를 받아야 하는 경우에 그 검사를 받지 아니한 때에는 그러하지 아니하다(상 제638조의 2).

2) 대리인에 의하여 보험계약을 체결한 경우에 대리인이 안 사유는 그 본인이 안 것과 동일한 것으로 한다(상 제646조).

3) 보험계약은 그 계약 전의 어느 시기를 보험기간의 시기로 할 수 있다(상 제643조).

4) 보험계약자는 위임을 받거나 위임을 받지 아니하고 특정 또는 불특정의 타인을 위하여 보험계약을 체결할 수 있다. 그러나 손해보험계약의 경우에 그 타인의 위임이 없는 때에는 보험계약자는 이를 보험자에게 고지하여야 하고, 그 고지가 없는 때에는 타인이 그 보험계약이 체결된 사실을 알지 못하였다는 사유로 보험자에게 대항하지 못한다(상 제639조 제1항).

제1항의 경우에는 그 타인은 당연히 그 계약의 이익을 받는다. 그러나 손해보험계약의 경우에 보험계약자가 그 타인에게 보험사고의 발생으로 생긴 손해의 배상을 한 때에는 보험계약자는 그 타인의 권리를 해하지 아니하는 범위 안에서 보험자에게 보험금액의 지급을 청구할 수 있다. 제1항의 경우 보험계약자는 보험자에 대하여 보험료를 지급할 의무가 있다. 그러나 보험계약자가 파산선고를 받거나 보험료의 지급을 지체한 때에는 그 타인이 그 권리를 포기하지 아니하는 한 그 타인도 보험료를 지급할 의무가 있다(상 제639조 제2, 제3항).

2. 고지의무란

1) 의 의

고지의무란 보험계약자 또는 피보험자가 보험계약을 체결함에 있어 '중요한 사항'을 고지하여야 할 의무를 말한다. 이는 자기의무 내지 간접의무라 할 수 있는데, 보험계약자가 이를 위반했을 경우 보험자에게 발생하게 되는 계약해지권에 의해 계약이 해지됨으로 인해 입게 되는 불이익을 받는 계약의 전제조건이라 하겠다.

고지의무의 인정근거는 보험계약의 경우 보험금과 보험료의 균형적인 산출을 위하여 위험률을 측정할 필요가 있기 때문이다.

2) 고지의 주체

고지의무자는 보험계약자와 피보험자이다. 보험계약자가 복수인 경우에는 각자가 고지의무를 지게 되며, 보험계약자의 대리인도 고지의무를 갖는다. 고지의 상대방은 보험자 또는 고지의무의 수령권한이 있는 자이다.

3) 고지시기와 방법

'중요한 사항'의 고지는 보험계약의 성립 시까지 하면 된다. 보험계약을 갱신하는 경우는 그 때를 기준으로 하여 고지하면 된다. 고지방법은 서면이나 말로 하여도 무방하나, 실제로는 질문표에 따라 하게 되므로 서면으로 하게 된다고 하겠다.

4) 고지의 내용

(1) **중요한 사항**: 고지할 내용은 '중요한 사항'인바, 이는 보험자가 계약을 함에 있어 사고발생의 위험률을 측정하여 보험의 인수 여부와 보험료의 수준을 결정함에 있어 영향을 미치는 사항이다. 고지사항은 원칙적으로 보험계약자가 알고 있는 사항에 한하나, 보험자에게 유리한 사항이나 보험자가 당연히 알 수 있는 일반적인 사항 및 보험자가 알고 있는 사항은 고지할 필요가 없다. 고지할 내용은 보험계약서의 청약서나 별도의 고지서

에 고지의무의 대상이 되는 중요한 사항을 질문표에 예시하여 그중에 해당 사항을 기재토록 함으로써 고지하도록 하고 있는바, 보험자가 질문표에 질문한 사항을 '중요한 사항'으로 추정하고 있다.[76]

(2) **자동차보험의 경우:** 고지의무(계약 전 알릴 의무)의 사항에 관하여 개인용자동차보험의 표준약관에서는 다음과 같이 규정하고 있다. 즉 ⅰ) 회사가 서면으로 질문한 사항 또는 보험청약서 기재사항 중 중요한 사항, ⅱ) 책임보험의 경우에는 다른 보험계약이 체결되어 있을 때, 피보험자동차의 검사에 관한 사항, 피보험자동차의 용도, 차종, 등록번호, 차명, 연식, 적재적량, 피보험자동차의 구조 또는 회사가 서면으로 질문한 기재사항 중 중요한 사항 등이다.

자동차보험약관상의 주요사항

1. 계약 전 알릴 의무

1) 보험계약자는 보험회사가 서면으로 질문한 사항 또는 보험청약서 기재사항 중 중요한 사항에 대하여 알고 있는 사실을 보험회사에 알려야 한다.

2) 보험계약자가 보험계약을 맺을 때 고의 또는 중대한 과실로 인하여 알고 있는 사실을 알리지 아니하거나 사실과 다르게 알린 경우에 보험회사는 보험증권에 기재된 보험계약자의 주소지에 서면으로 통지함으로써 이 보험계약을 해지할 수 있다.

3) 보험회사가 보험계약자가 계약 전 알릴 의무를 이행하지 아니하여 보험계약을 해지한 때에는 해지 이전에 생긴 사고에 대해서도 보상하지 아니하며, 이미 보험금을 지급하였을 때에는 보험계약자는 이를 보험회사에 돌려주어야 한다.

---

76) 대판 2004. 6. 11, 2003다18494.

2. 보상책임 내용

보험회사는 피보험자가 보험증권에 기재된 피보험자동차를 소유·사용·관리하는 동안 생긴 피보험자동차의 사고로 인하여 남을 죽게 하거나 다치게 한 경우와 남의 재물을 멸실, 파손 또는 오손하는 경우 법률상 손해배상책임을 짐으로써 입은 손해를 보상한다.

3. 피보험자의 범위

피보험자는 보험회사에 보상을 청구할 수 있는 사람으로 그 범위는 다음과 같다.

1) 보험증권이 기재된 피보험자('기명피보험자'라 함)

2) 기명피보험자와 같이 살거나 살림을 같이하는 친족으로서 피보험자동차를 사용 또는 관리 중인 자

3) 기명피보험자의 승낙을 얻어 피보험자동차를 사용하거나 관리 중인 자

4) 기명피보험자의 사용자 또는 계약에 의하여 기명피보험자의 사용자에 준하는 지위를 얻은 자. 단, 기명피보험자가 피보험자동차를 사용자의 업무에 사용하고 있는 때에 한함

5) 이상의 피보험자를 위하여 피보험자동차를 운전 중인 자

관련 판례

1) 대판 2005. 7. 14, 2004다36215

"보험계약자나 피보험자가 보험계약 당시에 보험자에게 고지할 의무를 지는 상법 제651조에서 정한 '중요한 사항'이란, 보험자가 보험사고의 발생과 그로 인한 책임부담의 개연율을 측정하여 보험계약의 체결 여부 또는 보험료나 특별한 면책조항의 부가와 같은 보험계약의 내용을 결정하기 위한 표준이 되는 사항으로서, 객관적으로 보험자가 그 사실을 안다면

그 계약을 체결하지 않든가 적어도 동일한 조건으로는 계약을 체결하지 않으리라고 생각되는 사항을 말하고, 어떠한 사실이 이에 해당하는가는 보험의 종류에 따라 달라질 수밖에 없는 사실인정의 문제로서 보험의 기술에 비추어 객관적으로 관찰하여 판단되어야 한다.

원심은, 채용 증거를 종합하여 판시 사실들을 인정한 다음, 보험약관상 보험계약자 등의 고지의무 위반이 성립되기 위해서는 보험계약자 등이 보험약관에 정해져 있는 '회사가 서면으로 질문한 사항 또는 보험청약서의 기재사항 중 중요한 사항'에 대하여 알고 있는 사실을 알리지 아니하거나 사실과 다르게 알렸어야 할 것인데, 이 사건 차량의 소유자가 누구인지에 관하여 피고가 서면으로 질문하였다고 볼 아무런 증거가 없고, 또 보험청약서에 차량소유자에 관한 기재가 있다고 볼 증거도 없으며, 보험청약서에 피보험자에 관한 기재가 있다고 하더라도 피보험자의 보험가입차량 소유 여부가 피보험자에 관한 기재사항이라고 할 수 없으므로 이 사건 차량이 기명피보험자의 소유인지 여부는 보험약관상 고지의무의 대상이 될 수 없다고 판단하고, 나아가 상법상의 고지의무 위반 여부에 관하여, 보험료율의 산정은 차량 소유 여부에 따라 달라지는 것이 아니라 기명피보험자의 보험료 산정 평가대상기간 중 사고경력에 따라 달라지는 것이므로 보험가입차량이 기명피보험자의 소유인지 여부가 보험계약체결에 있어 상법 제651조가 정하는 중요한 사항이라고 단정할 수 없고, 설령 중요한 사항에 해당한다고 하더라도, 원고가 사실혼 배우자인 김○○를 통해 이 사건 보험계약을 체결함에 있어 차량 소유자가 원고라는 점을 피고의 보험모집인 김○○에게 알려 주고 그로부터 김○○ 명의로 보험계약을 체결할 수도 있다는 말을 듣고 이 사건 보험계약을 체결한 점, 피고와 같은 보험회사가 자동차보험계약을 체결할 때에는 보험가입차량의 소유관계를 확인하는 것이 업무관행이므로 피고도 이 사건 보험계약을 체결할 당시 차량 소유자가 원고인 사실을 충분히 확인할 수 있었던 점, 김○○과 전화로 이 사건 보험계약을 체결한 원고나 김○○로서는 김○○에게 차량 소유관계를 알리는 외에 현실적으로 피고에게 차량 소유관계를 적극적으로 알릴 방법을 찾기 어려운 점 등에 비추어 볼 때, 원고 또는 김○○가 이 사건 보험계약을 체결함에 있어 기명피보험자의 차량 소유 여부에 관한 사항을 허위 고지하였다고 볼 수 없다고 판단하였다.

앞서 본 법리와 기록에 비추어 살펴보면, 이러한 원심의 사실인정과 판단은 옳은 것으로 수긍이 가고, 거기에 상고이유의 주장과 같은 채증법칙 위배로 인한 사실오인이나 법리오해 등의 위법이 있다고 할 수 없다."

2) 대판 2004. 6. 11, 2003다18494

"보험계약자나 피보험자가 보험계약 당시에 보험자에게 고지할 의무를 지는 상법 제651조에서 정한 '중요한 사항'이란 보험자가 보험사고의 발생과 그로 인한 책임부담의 개연율을 측정하여 보험계약의 체결 여부 또는 보험료나 특별한 면책조항의 부가와 같은 보험계약의 내용을 결정하기 위한 표준이 되는 사항으로서 객관적으로 보험자가 그 사실을 안다면 그 계약을 체결하지 아니하든가 또는 적어도 동일한 조건으로는 계약을 체결하지 아니하리라고 생각되는 사항을 말하고, 어떠한 사실이 이에 해당하는가는 보험의 종류에 따라 달라질 수밖에 없는 사실인정의 문제로서 보험의 기술에 비추어 객관적으로 관찰하여 판단되어야 하는 것이나, 보험자가 서면으로 질문한 사항은 보험계약에 있어서 중요한 사항에 해당하는 것으로 추정되고(상법 제651조의 2), 여기의 서면에는 보험청약서도 포함될 수 있으므로, 보험청약서에 일정한 사항에 관하여 답변을 구하는 취지가 포함되어 있다면 그 사항은 상법 제651조에서 말하는 '중요한 사항'으로 추정된다."

3) 대판 1996. 12. 23, 96다27971

[1] 보험계약자나 피보험자가 보험계약 당시에 보험사에게 고지힐 의무를 지는 상법 제651조에서 정한 '중요한 사항'이란, 보험자가 보험사고의 발생과 그로 인한 책임부담의 개연율을 측정하여 보험계약의 체결 여부 또는 보험료나 특별한 면책조항의 부가와 같은 보험계약의 내용을 결정하기 위한 표준이 되는 사항으로서, 객관적으로 보험자가 그 사실을 안다면 그 계약을 체결하지 않든가 또는 적어도 동일한 조건으로는 계약을 체결하지 않으리라고 생각되는 사항을 말하고, 어떠한 사실이 이에 해당하는가는 보험의 종류에 따라 달라질 수밖에 없는 사실인정의 문제로서 보험의 기술에 비추어 객관적으로 관찰하여 판단되어야 하고, 최종적으로는 보험의 기술에 정통한 전문가의 감정에 의하여 결정될 수밖에 없다.

[2] 보험계약에 있어 고지의무 위반이 성립하기 위해서는 고지의무자에게 고의 또는 중대한 과실이 있어야 하고, 여기서 말하는 중대한 과실이란 고지하여야 할 사실은 알고 있었지만 현저한 부주의로 인하여 그 사실의 중요성의 판단을 잘못하거나 그 사실이 고지하여야 할 중요한 사실이라는 것을 알지 못하는 것을 말한다.

[3] 지입차주가 승합차를 렌터카 회사에 지입만 하여 두고 온양영업소장이라는 직함을 부여받아 실제로는 렌터카 회사의 아무런 지시·감독 없이 독자적으로 운행하며 온양지역을 거점으로 온양에서 천안으로 통학하는 학생들을 등·하교시켜 주는 여객유상운송에 제공한 경우, 그 운행형태는 대여 자동차 본래의 운행형태에 비하여 사고위험률이 현저히 높다고 볼 수 없어 영업용자동차보험계약에 있어 고지의무의 대상이 되는 중요한 사항에 해당하지 않을 뿐 아니라, 그렇지 않다 하더라도 보험자가 고지의무의 대상이 되는 사항에 관하여 스스로 제정한 보험청약서 양식을 사용하여 질문하고 있는 경우에 보험청약서에 기재되지 않은 사항에 관해서는 원칙적으로 고지의무 위반이 문제 될 여지가 없다 할 것이므로, 보험자가 제공한 보험청약서에 당해 차량이 지입차량으로서 지입차주에 의하여 유상운송에 제공되고 있는지 여부에 관한 사항이 없었다면 그 사실을 특별히 부기하지 않았다고 하여 보험계약자인 렌터카 회사에 중대한 과실이 있다고 볼 수 없다고 한 사례.

5) 고지의무 위반과 그 효과

(1) 고지의무 위반의 성립요건

가. 보험계약자나 피보험자의 고의 또는 중대한 과실의 존재: 고지의무 위반이 되기 위해서는 먼저 보험계약자나 피보험자에게 고의 또는 중대한 과실이 있어야 한다. '고의'라 함은 중요한 사항의 존재와 그 중요한 사항에 대한 불고지 또는 사실과 다르게 고지하는 것을 알고 있는 것을 말한다. '중대한 과실'이란 중요한 사항의 존재를 중대한 주의 의무 결여로 인하여 알지 못한 경우뿐만 아니라 그 사항을 불고지 또는 사실과 다르게 고지했음을 중대한 주의 의무 결여로 인하여 알지 못한 경우를 포함한다.

나. 보험계약자 등에 의한 중요사항의 불고지 또는 사실과 다른 고지행위의 존재: 보험계약자 등에 의한 중요사항의 불고지 또는 사실과 다른 고지행위가 존재하여야 한다. 중요한 사항인가의 판단은 객관적으로 판단하여야 하며, 중요사항은 보험사고와 관련이 있는 것이어야 한다. 불고지 및 사실과 다르게 한 고지의 유무 여부는 보험계약 성립 당시를 기준으로 한다.

관련 판례

1) 부산지판 2008. 8. 29, 2007나13913

[1] 기명피보험자의 승낙을 얻어 자동차를 사용·관리 중인 자를 피보험자로 규정하고 있는 자동차종합보험 보통약관에서의 기명피보험자라 함은 피보험자동차에 대한 사용 또는 관리를 허락할 권한을 가진 자, 즉 피보험자동차에 대한 운행지배와 운행이익을 향유하는 피보험자를 말하므로, 피보험자동차의 사용·관리에 대하여 아무런 권한이 없이 단지 보험계약서에 피보험자로 기재되어 있음에 불과한 자로부터 피보험자동차의 사용을 승낙받은 자는 위 약관이 정하는 승낙피보험자에 해당하지 않는다.

[2] 자동차보험계약의 체결 당시 보험계약자가 보험료를 저렴하게 할 목적으로 피보험 차량에 대한 운행이익이나 운행지배를 전혀 가지고 있지 않은 자를 기명피보험자로 고지한 것이 보험약관에서 보험계약의 해지사유로 정한 '보험계약을 맺을 때 고의 또는 중대한 과실로 인하여 알고 있는 사실을 알리지 아니하거나 사실과 다르게 알린 경우'에 해당한다고 한 사례.

---

2) 대판 2004. 6. 11, 2003다18494

"보험자가 다른 보험계약의 존재 여부에 관한 고지의무 위반을 이유로 보험계약을 해지하려면 보험계약자 또는 피보험자가 다른 보험계약의 존재를 알고 있는 외에 그것이 고지를 요하는 중요한 사항에 해당한다는 사실을 알고도, 또는 중대한 과실로 알지 못하여 고지의무를 다하지 아니한 사실을 입증하여야 한다."

3) 부산지판 1995. 7. 12, 94가합17188

[1] 보험계약에 있어서 고지의무의 대상이 되는 사실은 보험자가 계약 당시 그 사실을 알았다면 계약을 체결하지 아니하였거나 적어도 동일 조건으로 계약을 체결하지 않을 것이라고 인정되는 사실을 말하는데, 주 운전자에 관한 사항은 보험자가 보험계약을 함에 있어서 사고발생의 위험률을 측정하여 보험료의 수준을 결정하는 데 영향을 미치는 사항이므로 이는 고지의무의 대상이 된다.

[2] 보험자 내지 보험계약의 체결 또는 모집에 종사하는 자는 보험계약의 체결 시 보험약관에 기재되어 있는 내용, 즉 보험요율의 체계 및 보험청약서상의 기재사항 등 보험계약의 중요한 내용에 대하여 구체적인 설명의무를 지고 있어, 보험자가 그러한 설명의무에 위반하여 보험계약을 체결한 때에는 그 약관의 내용을 보험계약의 내용으로 주장할 수 없고 그 결과 보험계약자나 그 대리인이 약관에 규정된 고지의무를 위반하였다 하더라도 이를 이유로 보험계약을 해지할 수는 없다.

[3] 보험자 내지 보험계약자의 체결 또는 모집에 종사하는 자의 보험약관의 명시, 설명의무는 원칙적으로 보험계약을 새로이 체결하는 경우에 적용되는 것이고, 갱신의 경우에는 그 보험약관의 내용에 변동이 생겼을 경우에 한하여 적용된다.

(2) 고지의무 위반의 효과

고지의무 위반 시 보험자는 보험사고의 발생 전후를 불문하고 보험계약을 해지할 수 있다. 해지의 효력은 장래에 대해 발생하게 되므로 보험자는 이미 수령한 보험료를 반환할 필요는 없으며, 미수보험료에 대해서는 이를 청구할 수 있다. 보험사고가 발생한 후에 보험계약을 해지한 때에는 보험자는 보험금을 지급할 책임이 없으며, 이미 보험금을 지급한 경우 그 반환을 청구할 수도 있다. 그러나 보험자가 그 중요한 사실을 알았거나 중

대한 과실로 인하여 알지 못한 때에는 해지할 수 없다. 또한 보험자가 계약해지의 원인을 안 때로부터 1개월 또는 계약을 체결한 날로부터 3년이 경과한 때에도 해지할 수 없다.

자동차보험의 경우 개인용 자동차 종합보험회사는 보험계약자, 피보험자 또는 이들의 대리인이 고지의무를 위반하였더라도 다음의 경우에는 보험계약을 해지할 수 없다. 즉 ⅰ) 보험계약을 맺을 때에 회사가 고지의무 위반의 사실을 알고 있었거나 회사의 과실로 알지 못하였을 때, ⅱ) 보험계약자, 피보험자 또는 이들의 대리인이 회사가 보험금을 지급할 사고가 발생하기 전에 보험청약서의 기재사항에 대하여 서면으로 변경을 신청하여 회사가 이를 승인한 때, ⅲ) 회사가 보험계약을 맺은 후 고지의무위반의 사실을 안 날로부터 보험계약을 해지하지 아니하고 30일이 경과한 때, ⅳ) 고지의무 위반 사실이 회사가 위험을 측정하는 데에 관련이 없는 때 또는 적용할 보험료에 차액이 생기지 아니한 때 등이다.

3. 보험증권

1) 의 의

보험증권이란 '보험계약의 성립과 그 내용을 증명하기 위하여 계약의 내용을 기재하고 보험자가 기명날인 또는 서명하여 보험계약자에게 교부하는 증권'을 말한다. 보험증권은 보험계약에 관한 '증거증권'이고, 보험자가 보험금을 지급함에 있어서 제시자의 자격의 유무를 조사할 권리는 있으나 그 의무는 없으므로 면책증권이라 하겠다. 또한 보험자가 보험금을 지급할 때에는 보험증권과 상환하는 것이 보통이므로 상환증권이다.

2) 보험증권의 작성과 교부

보험자는 보험계약이 성립한 때에는 지체 없이 보험증권을 작성하여 보험계약자에게 교부하여야 한다. 그러나 보험계약자가 보험료의 전부 또는 최초의 보험료를 지급하지 아니한 때에는 그러하지 아니하다. 기존의 보험계약을 연장하거나 변경한 경우에는 보험자는 그 보험증권에 그 사실을 기재함으로써 보험증권의 교부에 갈음할 수 있다(상 제640조).

보험계약의 당사자는 보험증권의 교부가 있는 날로부터 일정한 기간 내에 한하여 그 증권내용의 정부에 관한 이의를 할 수 있음을 약정할 수 있다. 이 기간은 1개월을 내리지 못한다(상 제641조). 보험증권을 멸실 또는 현저하게 훼손한 때에는 보험계약자는 보험자에 대하여 증권의 재교부를 청구할 수 있다. 그 증권작성의 비용은 보험계약자의 부담으로 한다(상 제642조).

4. 보험계약의 효력

1) 일반적 효력

보험계약은 당사자 일방이 약정한 보험료를 지급하고 상대방이 재산 또는 생명이나 신체에 관하여 불확정한 사고가 생길 경우에 일정한 보험금액 기타의 급여를 지급할 것을 약정함으로써 효력이 생긴다(상 제638조). 보험계약 낭시에 보험사고가 이미 발생하였거나 또는 발생할 수 없는 것인 때에는 그 계약은 무효로 한다. 그러나 당사자 쌍방과 피보험자가 이를 알지 못한 때에는 그러하지 아니하다(제644조).

2) 보험자의 의무

(1) **보험약관 교부 등의 의무**: 보험자는 보험계약을 체결할 때에 보험계약자에게 보험약관을 교부하고 그 약관의 중요한 내용을 알려 주어야 한다. 보험자가 이를 위반한 때에는 보험계약자는 보험계약이 성립한 날부터 1개월 내에 그 계약을 취소할 수 있다(상 제638조의 3).

(2) **보험증권 교부의무**: 보험자는 보험계약이 성립한 때에는 지체 없이 보험증권을 작성하여 보험계약자에게 교부하여야 한다. 그러나 보험계약자가 보험료의 전부 또는 최초의 보험료를 지급하지 아니한 때에는 그러하지 아니하다. 기존의 보험계약을 연장하거나 변경한 경우에는 보험자는 그 보험증권에 그 사실을 기재함으로써 보험증권의 교부에 갈음할 수 있다(상 제640조).

(3) **보험금지급의무**: 보험자는 보험사고가 생긴 경우에 피보험자 또는 보험수익자에게 보험금을 지급할 의무를 갖는다. 여기서의 보험금이란 손해보험의 경우에는 '보험자가 보험계약에서 책임을 지기로 한 보험금액의 한도액에서 그 보험사고로 인하여 피보험자가

실제로 입은 재산상의 손해액'을 말한다. 생명보험과 같은 정액보험의 경우에는 '보험계약에서 정한 보험금액'을 말한다.

보험사고가 보험계약자 또는 피보험자나 보험수익자의 고의 또는 중대한 과실로 인하여 생긴 때에는 보험자는 보험금액을 지급할 책임이 없으며(상 제659조), 또한 보험사고가 전쟁 기타의 변란으로 인하여 생긴 때에도 당사자 간에 다른 약정이 없으면 보험자는 보험금액을 지급할 책임이 없다(상 제660조).

(4) **보험료반환의무**: 보험자는 보험계약이 무효 또는 해지된 경우에 일정한 보험료의 반환의무를 지게 된다.

(5) **이익배당의무**: 보험자는 보험약관으로써 그 이익의 일부를 보험계약자에게 배당할 것을 정한 경우에는 그 약관에 따라 이익배당을 할 의무를 부담한다.

3) 보험계약자 등의 의무

(1) 보험료지급의무

보험계약자는 계약체결 후 지체 없이 보험료의 전부 또는 제1회 보험료를 지급하여야 한다(상 제650조 제1항 전). 이는 보험금에 대한 대가이며 이의 지급은 보험자의 책임발생의 전제가 되는 것으로 보험계약자의 의무 중 가장 기본적인 것이라 하겠다. 보험계약의 당사자가 특별한 위험을 예기하여 보험료의 액을 정한 경우에 보험기간 중 그 예기한 위험이 소멸한 때에는 보험계약자는 그 후의 보험료의 감액을 청구할 수 있다(상 제647조). 보험계약의 전부 또는 일부가 무효인 경우에 보험계약자와 피보험자가 선의이며 중대한 과실이 없는 때에는 보험자에 대하여 보험료의 전부 또는 일부의 반환을 청구할 수 있다. 보험계약자와 보험수익자가 선의이며 중대한 과실이 없는 때에도 같다(상 제648조).

(2) 통지의무

가. 위험변경·증가의 통지의무: 보험기간 중에 보험계약자 또는 피보험자가 사고발생의 위험이 현저하게 변경 또는 증가된 사실을 안 때에는 지체 없이 보험자에게 통지하여

야 한다(상 제652조 제1항 1문). 여기에서 '위험'이란 '보험사고 발생의 가능성'을 말하며, '현저한 변경 또는 증가'란 보험계약의 체결 당시에 그러한 사실이 존재하였다면 보험자가 계약을 체결하지 않았거나 또는 적어도 동일한 조건으로 그 계약을 체결하지 않았을 것으로 생각되는 정도의 위험의 변경 또는 증가'를 말한다.

보험자가 위험변경·증가의 통지를 받은 때에는 1개월 내에 보험료의 증액을 청구하거나 계약을 해지할 수 있다(동 조 제2항). 만약 이를 해태한 때에는 보험자는 그 사실을 안 날로부터 1개월 내에 한하여 계약을 해지할 수 있다. 보험사고가 발생한 후에도 보험자가 제650조, 제651조, 제652조와 제653조의 규정에 의하여 계약을 해지한 때에는 보험금액을 지급할 책임이 없고 이미 지급한 보험금액의 반환을 청구할 수 있다. 그러나 고지의무에 위반한 사실 또는 위험의 현저한 변경이나 증가된 사실이 보험사고의 발생에 영향을 미치지 아니하였음이 증명된 때에는 그러하지 아니하다(상 제655조).

나. 보험사고 발생의 통지의무: 보험계약자, 피보험자 또는 보험수익자는 보험사고의 발생을 안 때에는 지체 없이 보험자에게 그 통지를 발송하여야 한다(상 제657조 제1항). 보험계약자 또는 피보험자나 보험수익자가 통지의무를 해태함으로 인하여 손해가 증가된 때에는 보험자는 그 증가된 손해를 보상할 책임이 없다(상 제657조 제2항).

(3) 위험유지의무

보험계약자, 피보험자 또는 보험수익자는 보험자의 동의 없이 보험기간 중에 그의 고의 또는 중대한 과실로 인하여 보험사고 발생의 위험을 현저하게 변경하거나 또는 증가시키지 않을 의무를 부담하는데(상 제653조 전단), 이를 보험계약자 등의 위험유지의무라고 한다.

보험계약자 등이 이 의무를 위반한 때에는 보험자는 그 사실을 안 날로부터 1개월 내에 보험료의 증액을 청구하거나 또는 계약을 해지할 수 있다(상 제653조 후단). 보험자가 계약을 해지하는 경우는 이미 보험금액을 지급한 경우에도 할 수 있는데, 이때에는 지급한 보험금액의 반환을 청구할 수 있다(상 제655조 본). 그러나 위험의 현저한 변경이나 증가된 사실과 보험사고의 발생 간에 인과관계가 없는 경우에는 보험자는 보험금을 지급할 책임을 부담한다(상 제655조 단).

1) 대판 2007. 8. 23, 2005다59475, 59482, 59499

"약관의 규제에 관한 법률 제3조 제2항이 규정하는 약관의 '중요한 내용'이라 함은 '고객의 이해관계에 중대한 영향을 미치는 사항으로서 사회통념상 그 사항의 지·부지가 계약 체결 여부에 영향을 미칠 수 있는 사항'을 말한다."

2) 대판 2006. 1. 26, 2005다60017, 60024

"상법 제638조의 3 제1항 및 약관의 규제에 관한 법률 제3조의 규정에 의하여 보험자 및 보험계약의 체결 또는 모집에 종사하는 자는 보험계약을 체결할 때 보험계약자 또는 피보험자에게 보험약관에 기재되어 있는 보험상품의 내용, 보험료율의 체계, 보험청약서상 기재사항의 변동 및 보험자의 면책사유 등 보험계약의 중요한 내용에 대하여 구체적이고 상세한 명시·설명의무를 지고 있으므로, 만일 보험자가 이러한 보험약관의 명시·설명의무에 위반하여 보험계약을 체결한 때에는 그 약관의 내용을 보험계약의 내용으로 주장할 수 없고, 다만 보험약관의 중요한 내용에 해당하는 사항이라 하더라도 보험계약자나 그 대리인이 그 내용을 충분히 잘 알고 있거나, 거래상 일반적이고 공통된 것이어서 보험계약자가 별도의 설명 없이도 충분히 예상할 수 있었거나, 이미 법령에 의하여 정하여진 것을 되풀이하거나 부연하는 정도에 불과한 사항이라면 그러한 사항에 대하여서까지 보험자에게 명시·설명의무가 인정된다고 할 수는 없다."

5. 보험계약의 해지

1) 해지원인

(1) 보험사고 발생 전의 임의해지: 보험사고가 발생하기 전에는 보험계약자는 언제든지 계약의 전부 또는 일부를 해지할 수 있다. 그러나 제639조의 보험계약의 경우에는 보험계약자는 그 타인의 동의를 얻지 아니하거나 보험증권을 소지하지 아니하면 그 계약을 해지하지 못한다. 보험사고의 발생으로 보험자가 보험금액을 지급한 때에도 보험금액이 감액되지 아니하는 보험의 경우에는 보험계약자는 그 사고발생 후에도 보험계약을 해지할 수 있다. 보험계약자는 당사자 간에 다른 약정이 없으면 미경과보험료의 반환을 청구할 수 있다(상 제649조).

(2) **보험료지급 지체로 인한 계약의 해지**: 보험계약자는 계약체결 후 지체 없이 보험료의 전부 또는 제1회 보험료를 지급하여야 하며, 보험계약자가 이를 지급하지 아니하는 경우에는 다른 약정이 없는 한 계약성립 후 2개월이 경과하면 그 계약은 해제된 것으로 본다. 계속보험료가 약정한 시기에 지급되지 아니한 때에는 보험자는 상당한 기간을 정하여 보험계약자에게 최고하고 그 기간 내에 지급되지 아니한 때에는 그 계약을 해지할 수 있다. 특정한 타인을 위한 보험의 경우에 보험계약자가 보험료의 지급을 지체한 때에는 보험자는 그 타인에게도 상당한 기간을 정하여 보험료의 지급을 최고한 후가 아니면 그 계약을 해제 또는 해지하지 못한다(상 제650조).

상법 제650조 제2항에 따라 보험계약이 해지되고 해지환급금이 지급되지 아니한 경우에 보험계약자는 일정한 기간 내에 연체보험료에 약정이자를 붙여 보험자에게 지급하고 그 계약의 부활을 청구할 수 있으며, 제638조의 2의 규정은 이 경우에 준용한다(상 제650조의 2).

(3) **고지의무 위반으로 인한 계약해지**: 보험계약 당시에 보험계약자 또는 피보험자가 고의 또는 중대한 과실로 인하여 중요한 사항을 고지하지 아니하거나 부실의 고지를 한 때에는 보험자는 그 사실을 안 날로부터 1개월 내에, 계약을 체결한 날로부터 3년 내에 한하여 계약을 해지할 수 있다. 그러나 보험자가 계약 당시에 그 사실을 알았거나 중대한 과실로 인하여 알지 못한 때에는 그러하지 아니하다(상 제651조). 보험자가 서면으로 질문한 사항은 중요한 사항으로 추정한다(상 제651조의 2).

(4) **위험변경증가의 통지와 계약해지**: 보험기간에 보험계약자 또는 피보험자가 사고발생의 위험이 현저하게 변경 또는 증가된 사실을 안 때에는 지체 없이 보험자에게 통지하여야 한다. 이를 해태한 때에는 보험자는 그 사실을 안 날로부터 1개월 내에 한하여 계약을 해지할 수 있다. 보험자가 제1항의 위험변경증가의 통지를 받은 때에는 1개월 내에 보험료의 증액을 청구하거나 계약을 해지할 수 있다(상 제652조).

(5) **보험계약자 등의 고의나 중과실로 인한 위험증가와 계약해지**: 보험기간 중에 보험계약자, 피보험자 또는 보험수익자의 고의 또는 중대한 과실로 인하여 사고발생의 위험이 현저하게 변경 또는 증가된 때에는 보험자는 그 사실을 안 날부터 1개월 내에 보험료의 증액을 청구하거나 계약을 해지할 수 있다(상 제653조).

(6) 보험자의 파산선고와 계약해지: 보험자가 파산의 선고를 받은 때에는 보험계약자는 계약을 해지할 수 있다. 해지하지 아니한 보험계약은 파산선고 후 3개월을 경과한 때에는 그 효력을 잃는다(상 제654조).

2) 해지의 효과

(1) 계약해지와 보험금액청구권

보험사고가 발생한 후에도 보험자가 제650조, 제651조, 제652조와 제653조의 규정에 의하여 계약을 해지한 때에는 보험금액을 지급할 책임이 없고 이미 지급한 보험금액의 반환을 청구할 수 있다. 그러나 고지의무에 위반한 사실 또는 위험의 현저한 변경이나 증가된 사실이 보험사고의 발생에 영향을 미치지 아니하였음이 증명된 때에는 그러하지 아니하다(상 제655조).

(2) 보험자의 책임

가. 책임의 발생: 보험자의 책임은 당사자 간에 다른 약정이 없으면 최초의 보험료의 지급을 받은 때로부터 개시한다(상 제656조). 보험계약자 또는 피보험자나 보험수익자는 보험사고의 발생을 안 때에는 지체 없이 보험자에게 그 통지를 발송하여야 한다. 보험계약자 또는 피보험자나 보험수익자가 제1항의 통지의무를 해태함으로 인하여 손해가 증가된 때에는 보험자는 그 증가된 손해를 보상할 책임이 없다(상 제657조). 보험자는 보험사고로 인하여 부담할 책임에 대하여 다른 보험자와 재보험계약을 체결할 수 있다. 이 재보험계약은 원보험계약의 효력에 영향을 미치지 아니한다(상 제661조).

나. 보험금액의 지급: 보험자는 보험금액의 지급에 관하여 약정기간이 있는 경우에는 그 기간 내에 약정기간이 없는 경우에는 제657조 제1항의 통지를 받은 후 지체 없이 지급할 보험금액을 정하고 그 정하여진 날부터 10일 내에 피보험자 또는 보험수익자에게 보험금액을 지급하여야 한다(상 제658조). 보험금액의 청구권과 보험료 또는 적립금의 반환청구권은 2년간, 보험료의 청구권은 1년간 행사하지 아니하면 소멸시효가 완성한다(상 제662조).

다. 보험자의 면책사유: 보험사고가 보험계약자 또는 피보험자나 보험수익자의 고의 또는 중대한 과실로 인하여 생긴 때에는 보험자는 보험금액을 지급할 책임이 없다(상 제659조). 보험사고가 전쟁 기타의 변란으로 인하여 생긴 때에는 당사자 간에 다른 약정이 없으면 보험자는 보험금액을 지급할 책임이 없다(상 제660조).

Ⅱ. 자동차보험계약의 체결[77]

1. 자동차보험계약이란

자동차보험계약이란 피보험자가 자동차를 소유, 사용, 관리하는 동안에 발생한 사고로 인하여 피보험자에게 생긴 손해를 보험자가 보상할 것을 약정하는 보험계약을 말한다(상 제726조의 2). 이는 자동차사고로 인한 피보험자 자신이 직접 입은 피해를 보상하는 자기차량손해, 자기신체사고, 무보험자동차에 의한 상해, 자동차사고로 인한 타인의 피해를 보상하는 대인배상 Ⅰ, 대인배상 Ⅱ, 대물배상 등의 6가지 담보종목과 특별약관으로 이루어져 있다.

보험계약자는 이들 6가지 종목 중 한 가지 이상을 선택하여 가입할 수 있다. 다만, 자배법 제5조 제1항 및 제2항의 규정 및 약관 제2조 제2항에 의해 대인배상 Ⅰ(책임보험) 및 대물배상(책임보험)은 의무보험으로서 반드시 가입하여야 한다.

2. 자동차보험계약의 특칙

자동차보험계약의 특칙으로는 자동차보험증권에의 기재사항과 자동차 양도의 경우를 들 수 있다. 먼저, 전자의 경우 손해보험증권에 기재할 사항 외에 다음의 사항, 즉 ⅰ) 자동차소유자와 그 밖의 보유자의 성명, 생년월일 또는 상호, ⅱ) 피보험자동차의 등록번호, 차대번호, 차형연식과 기계장치, ⅲ) 차량가액을 정한 때는 그 가액 등을 기재하여야 한다(상 제726조의 3).

후자의 경우, 피보험자가 보험기간 중에 자동차를 양도한 때에는 양수인은 보험자의 승낙을 얻은 경우에 한하여 보험계약으로 인하여 생긴 권리와 의무를 승계할 수 있다(상 제726조의 4 제1항). 따라서 피보험자가 자동차를 양도하고 양수인이 보험자의 승낙을

---

77) 박세민, 『자동차보험법론』, 서울: 세창출판사(2003) 참조.

받지 않고 그 자동차의 운행 중 발생한 사고로 인한 손해에 대해서는 보험자는 보상책임을 지지 않는다(약관 제18조 1. (4)).

3. 계약체결절차

보험계약은 원칙적으로 보험계약자의 청약에 대하여 보험자가 승낙함으로써 성립한다. 그러나 실제로는 보험계약을 하려는 자가 보험청약서상의 내용을 기입하고 서명 날인하여 보험자에게 교부하게 되면, 보험자는 모든 사항을 조사하여 보험의 인수 여부, 즉 청약에 대한 승낙 여부와 적용할 보험료를 결정한 후에 보험계약자에게 해당 보험료를 받음과 동시에 자동차보험가입증명서를 발행하여 교부하게 된다. 자동차보험계약의 보험자는 피보험자가 자동차를 소유, 사용 또는 관리하는 동안에 발생한 사고로 인하여 생긴 손해를 보상할 책임이 있다(상 제726조의 2).

1) 보험자가 교부하는 자동차보험증권에는 제666조에 게기한 사항 외에 다음의 사항을 기재하여야 한다(상 제726조의 3).

- 자동차소유자와 그 밖의 보유자의 성명과 생년월일 또는 상호: 여기서의 '보유자'란 '자동차의 소유자 또는 자동차를 사용할 권리가 있는 자로서 자기를 위하여 자동차를 운행하는 자'를 말함(자배 제3조 제2호)
- 피보험자동차의 등록번호, 차대번호, 차형년식과 기계장치
- 차량가액을 정한 때에는 그 가액: 신차의 경우는 그 신차현금구입가역이고, 중고차의 경우에는 중고차시장의 시세에 따라 결정

2) 피보험자가 보험기간 중에 자동차를 양도한 때에는 양수인은 보험자의 승낙을 얻은 경우에 한하여 보험계약으로 인하여 생긴 권리와 의무를 승계한다. 보험자가 양수인으로부터 양수 사실을 통지받은 때에는 지체 없이 낙부를 통지하여야 하고 통지 받은 날부터 10일 내에 낙부의 통지가 없을 때에는 승낙한 것으로 본다(제726조의 4). 이때 통지 또는 승낙의 방법에 대해서는 상법상 제한이 없으나, 보험약관에 의하면 서면에 의한 통지로써 승인청구를 요구하고 있다(약관 제18조 1. (1) 2문).

제3절 피해자의 직접청구권

〈자동차손해배상보장법〉

제10조(보험금 등의 청구) ① 보험가입자 등에게 제3조에 따른 손해배상책임이 발생하면 그 피해자는 대통령령으로 정하는 바에 따라 보험회사 등에게 '상법' 제724조 제2항에 따라 보험금 등을 자기에게 직접 지급할 것을 청구할 수 있다. 이 경우 피해자는 자동차보험진료수가에 해당하는 금액은 진료한 의료기관에 직접 지급하여 줄 것을 청구할 수 있다.

② 보험가입자 등은 보험회사 등이 보험금 등을 지급하기 전에 피해자에게 손해에 대한 배상금을 지급한 경우에는 보험회사 등에게 보험금 등의 보상한도에서 그가 피해자에게 지급한 금액의 지급을 청구할 수 있다.

〈상법〉

제724조 ② 제3자는 피보험자가 책임을 질 사고로 입은 손해에 대하여 보험금액의 한도 내에서 보험자에게 직접 보상을 청구할 수 있다. 그러나 보험자는 피보험자가 그 사고에 관하여 가지는 항변으로써 제3자에게 대항할 수 있다.

③ 보험자가 제2항의 규정에 의한 청구를 받은 때에는 지체 없이 피보험자에게 이를 통지하여야 한다.

④ 제2항의 경우에 피보험자는 보험자의 요구가 있을 때에는 필요한 서류·증거의 제출, 증언 또는 증인의 출석에 협조하여야 한다.

Ⅰ. 개 념

1. 의 의

  자배법 제10조(보험금 등의 청구)는 보험가입자 등에게 자배법상의 운행자책임이 발생한 경우 그 피해자는 보험사업자 등에 대하여 보험금 등을 직접 청구할 수 있다고 하여 피해자의 직접청구권을 인정하고 있다. 상법상의 책임보험은 피보험자가 피해자에 대하여 손해배상을 한 후 보험자가 피보험자에게 그 손해를 보상하는 것이 원칙이나, 책임보험 등이 피보험자의 손해를 제거하고 경감할 목적으로 이용된다는 점에서 볼 때 피해자에게 직접 보험금을 지급함이 합리적이고, 또한 피해자를 보호하는 사회보장적 측면에서

도 이를 인정함이 타당하기에 인정된 제도이다.[78]

2. 인정근거

피해자의 보험자에 대한 직접청구권의 인정 근거에 대해서는 ⅰ) 책임보험의 본래의
성격에 두는 설, ⅱ) 법규상의 효과라고 하는 설, ⅲ) 계약 당사자의 의사에 의하여 제3
자를 위한 계약에 속한다는 설 등이 경합하고 있다.[79] 먼저 책임보험의 본래의 성격에
두는 설은 책임보험은 '피보험자 스스로를 위한 보험'인 동시에 '피해자를 위한 보험'이
라는 입장으로 책임보험의 주요 목적은 '피해자의 보호'에 있고 직접청구권은 여기에서
비롯한다고 한다. 즉 책임보험계약 자체가 제3자를 위한 계약으로서 그 법률행위의 해석
결과 필연적으로 제3자를 위한 약정을 포함한다는 데 그 근거를 두고 있다. 법규상의 효
과라고 하는 설은 피해자의 실질적이고 신속한 구제라는 특수한 정책목적을 지닌 법 규
정에 따른 효과라고 보는 입장이다. 계약당사자의 의사에 의하여 제3자를 위한 계약에
속한다는 설은 책임보험계약 당사자 간의 의사표시에서 그 인정근거를 찾는 입장이다.
피보험자가 청구할 수 있는 보험금을 피해자인 제3자에게 지급해야 하는 의무가 보험자
에게 그가 행한 의사표시에 의해 부과된다고 보는 입장이다.

생각건대 제3자의 보험자에 대한 직접청구권은 피해자의 실질적이고 신속한 구제라는
특수한 정책목적을 지닌 법규정에 따른 효과라고 하겠다. 따라서 법률의 규정이 없다면
인정될 수 없는 권리이다. 이는 1991년 상법의 개정에 따라 책임보험에 일반적으로 인정
된 권리라 하겠다.

---

78) 박세민, 「책임보험상의 직접청구권을 둘러싼 법적 논점에 관한 고찰」, 『안암법학』 제27호, 안암법학회
   (2008), 502면; 양승규, 『보험법』, 서울: 삼지원(2005); 장덕조, 「피해자 직접청구권과 피보험자 보험금
   청구권과의 관계 - 상법 제724조 제1항 해석에 관한 판례법리의 비판」, 『상사법연구』 제26권 제4호, 한
   국상사법학회(2008); 정동윤, 『상법(하)』, 서울: 법문사(2008); 정찬형, 『상법강의(하)』, 서울: 박영사
   (2010); 최준선, 『보험법·해상법』, 서울: 삼영사(2007).
79) 박영준, 「책임보험의 직접청구권의 법적 성질」, 『안암법학』 제18호, 안암법학회(2004), 228~229면.

3. 구 별

1) 직접청구권과 보험금청구권과의 관계

상법 제724조 제1항은 피보험자가 상법 제723조 제1, 2항의 규정에 의하여 보험자에 대하여 갖는 보험금청구권과 제3자가 상법 제724조 제2항의 규정에 의하여 보험자에 대하여 갖는 직접청구권과의 관계와 관련하여, 제3자의 직접청구권이 피보험자의 보험금청구권에 우선한다는 것을 선언하는 규정이라 하겠다. 따라서 보험자는 제3자가 피보험자로부터 배상을 받기 전에는 피보험자에 대한 보험금 지급으로 직접청구권을 갖는 피해자에게 대항할 수 없고, 따라서 보험자는 제3자가 피보험자로부터 배상을 받기 전에는 상법 제724조 제1항의 규정을 들어 피보험자의 보험금지급 청구를 서질할 권리를 갖게 된다.[80] 이는 피해자의 직접청구권을 우선시켜 피해자의 피해회복을 보장하려는 취지라 하겠다.

> **관련 판례**
>
> 대판 1995. 9. 26, 94다28093
>
> "상법 제724조 제1항은 피보험자가 상법 제723조 제1, 2항의 규정에 의하여 보험자에 대하여 갖는 보험금청구권과 제3자가 상법 제724조 제2항의 규정에 의하여 보험자에 대하여 갖는 직접청구권의 관계에 관하여, 제3자의 직접청구권이 피보험자의 보험금청구권에 우선한다는 것을 선언하는 규정이라고 할 것이므로, 보험자로서는 제3자가 피보험자로부터 배상을 받기 전에는 피보험자에 대한 보험금 지급으로 직접청구권을 갖는 피해자에게 대항할 수 없고, 따라서 보험자는 제3자가 피보험자로부터 배상을 받기 전에는 상법 제724조 제1항의 규정을 들어 피보험자의 보험금 지급 청구를 거절할 권리를 갖게 된다."

2) 피해자의 보험자에 대한 직접청구권과 피보험자에 대한 손해배상청구권과의 관계

피해자가 동시에 취득하는 이 두 청구권은 각기 발생근거를 달리하는 별개의 청구권이나 피해자에게 손해배상을 목적으로 하는 점에 공통성이 있으며 피해자는 이 두 청구권

---

80) 대판 1995. 9. 26, 94다28093.

을 임의로 선택하여 행사할 수 있다. 그러나 이중의 이득은 허용되지 않으므로 그중 하나의 청구권의 이행에 의하여 손해의 만족을 얻는 한도 내에서 두 청구권은 동시에 소멸한다. 만일 피해자가 운행자에게 손해배상을 청구하여 운행자가 손해를 배상한 때에는 그 운행자는 자기가 가입한 보험회사에 피해자에게 지급한 금액의 한도 내에서 보험금을 청구할 수 있다(자배법 제10조 제2항).

판례 역시 피해자의 보험자에 대한 손해배상채권과 피해자의 피보험자에 대한 손해배상채권은 별개 독립의 것으로서 병존하고, 피해자와 피보험자 사이에 손해배상책임의 존부 내지 범위에 관한 판결이 선고되고 그 판결이 확정되었다고 하여도 그 판결의 당사자가 아닌 보험자에 대하여서까지 판결의 효력이 미치는 것은 아니므로, 피해자가 보험자를 상대로 하여 손해배상금을 직접 청구하는 사건의 경우에 있어서는, 특별한 사정이 없는 한 피해자와 피보험자 사이의 전소판결과 관계없이 피해자의 보험자에 대한 손해배상청구권의 존부 내지 범위를 다시 따져 보아야 한다는 입장을 취하고 있다.[81]

Ⅱ. 법적 성질

상법은 제3자가 피보험자가 책임을 질 사고로 입은 손해에 대하여 보험금액의 한도에서 보험자에게 직접 보상을 청구할 수 있도록 하고 있는데(상 제724조 제2항 본), 이는 보험자에 대하여 보험계약상 아무런 권리가 없는 피해자를 보호하기 위하여 법이 특별히 인정한 권리라 하겠다. 이러한 제3자의 보험자에 대한 직접청구권의 법적 성질과 관련하여 학설의 대립이 있는바, 이는 동 청구권의 법적 성질을 무엇으로 보는가에 따라 소멸시효의 기산점, 시효기간 등 동 청구권의 행사와 관련한 제 문제들의 해법이 달라지게 된다. 먼저, 제1설(손해배상청구권설)은 그 근거로서, ⅰ) 피해자와 보험자 간에는 직접적인 보험계약관계가 존재하지 않는 다는 점, ⅱ) 책임보험은 그 본질상 피해자의 존재 및 피해자가 가해자에게 가지는 손해배상청구권을 전제로 하므로 피해자 입장에서는 가해자에게 가지는 손해배상청구권을 배상가능성이 보다 확실한 보험자에게 행사하는 것일 뿐 그 실질은 손해배상청구권과 동일한 것으로 보아야 한다는 점, ⅲ) 직접청구권은 보험자가 피보험자의 손해배상채무를 중첩적으로 인수한 결과 인정되는 손해배상청구권으로 보아야 하고 따라서 보험자와 피보험자는 연대채무관계에 있으며 본질적으로 같은 성

---

81) 대판 2000. 6. 9, 98다54397.

질을 가진 것으로 해석할 수 있다는 점, ⅳ) 직접청구권은 피해자를 보호하기 위해 법률 또는 약관에 의해 인정된 것인데 이를 보험금청구권으로 본다면 불법행위에 의한 손해배상청구권과 비교해 볼 때 소멸시효기간이 단축되므로 직접청구권의 본래의 취지를 퇴색시킬 수 잇다는 점 등을 들고 있다.[82)]

제2설(보험금청구권설)은 그 근거로서, ⅰ) 보험자에게 보험사고에 관한 어떠한 귀책사유도 없는 경우에 직접청구권을 손해배상청구권으로 해석하기는 어렵다는 점, ⅱ) 책임보험이란 보험자가 보험계약자로부터 보험료를 받고 피보험자가 제3자에게 배상책임을 질 사고로 입은 손해를 보상할 것을 약정한 것이지 그 제3자에 대한 채무를 중첩적으로 인수하려는 것은 아니므로 보험자에게 채무인수의사를 인정하는 것은 무리가 있다는 점, ⅲ) 보험자가 제3자에 대하여 채무인수에 따르는 책임을 부담하는 것으로 해석하게 되면 상법 제659조에 따라 피보험자의 고의로 시고가 생겨 보험자가 보험금지급을 면하게 되는 경우에도 피해자에 대한 관계에서는 지급을 거절할 수 없게 되는 불합리한 결과를 가져오게 된다는 점, ⅳ) 책임보험에서 피해자 보호기능의 중요성이 더욱 강조된다고 하더라도 이는 적정한 한도에서 멈춰야 할 것이며, 당사자의 의사표시를 분석해 보더라도 책임보험은 보험사고로 피보험자가 입을 손해를 보험자가 전보하여 주는 것을 내용으로 하는 것이지 피해자인 제3자를 위한 보험이라고 보는 것은 지나치게 당사자의 의사를 왜곡하게 된다는 점 등을 들고 있다.[83)]

제3설(손해보상청구권설)은 직접청구권은 당사자 간 아무런 법률관계가 없이 법률에 의해 주어진 권리이므로 그 성질이 보험관계에서 나온 보험금청구권도 아니고, 또한 책임관계에서 나온 손해배상청구권도 아닌 독자적인 그 무엇으로 보아야 한다는 입장이다. 또한 피해자인 제3자와 보험자의 관계는 피해자보호라는 측면에서 손해배상청구권의 법률관계를 유추 적용해야 한다고 한다.[84)]

이와 관련하여 우리 판례는 종래 그 입장이 나뉘고 있었다. 즉 보험금청구권설의 입장을 취하는 경우도 있고,[85)] 손해배상청구권설의 입장을 취하기도 하였다.[86)] 그러나 최근

---

82) 정동윤, 『상법(하)』, 서울: 법문사(2008), 657면; 정찬형, 『상법강의(하)』, 서울: 박영사(2010), 687면; 최준선, 『보험법·해상법』, 서울: 삼영사(2007), 268면.

83) 서영화, 「해상의 책임보험과 피해자의 직접청구권」, 『한국해법학회지』 9 제28권 제1호(2006. 4), 한국해법학회, 61면; 양승규, 『보험법』, 서울: 삼지원(2005), 376~377면; 정경영, 「피해자의 보험금 직접청구권」, 『상사법연구』 제18권 제2호, 한국상사법학회(1999), 36면.

84) 박영준, 「책임보험의 직접청구권의 법적 성질」, 『안암법학』, 제18호, 안암법학회(2004), 236~237면.

85) 대판 1993. 4. 13, 93다3622; 자동차종합보험보통약관에 피보험자가 피해자에게 지는 손해배상액이 판결에 의하여 확정되는 등의 일정한 경우에는 피해자가 보험회사에 대하여 직접 보험금의 지급을 청구할 수 있도

들어서는 상법 제724조 제2항에 의하여 피해자가 보험자에게 갖는 직접청구권은 보험자가 피보험자의 피해자에 대한 손해배상채무를 병존적으로 인수한 것으로서 피해자가 보험자에 대하여 가지는 손해배상청구권이라고 봄으로써 손해배상청구권설의 입장을 취하는 것으로 보인다.[87]

생각건대 직접청구권은 보험자가 피보험자의 피해자에 대한 손해배상채무를 병존적으로 인수한 것으로서 피해자가 보험자에 대하여 가지는 손해배상청구권이라 할 것이고 피보험자의 보험자에 대한 보험금청구권의 변형 내지는 이에 준하는 권리는 아니라고 하겠다.[88] 따라서 직접청구권은 법률규정에 의하여 원시 취득하는 권리로서 독립성을 가지고, 피해자에게 불이익한 결과를 금지하는 강행성, 피해자의 고유의 권리로서 배타성을 갖는다고 하겠다.

관련 판례

1) 대판 2005. 10. 7, 2003다6774

[1] 자동차손해배상보장법 제9조 제1항은 '보험가입자 등'에게 같은 법 제3조의 규정에 의한 손해배상책임이 발생한 경우에 피해자는 보험사업자 등에게 보험금 등을 자기에게 직접 지급할 것을 청구할 수 있도록 규정하고 있고, 같은 법 제8조는 강제(의무)보험에 가입한 자와 당해 강제(의무)보험계약의 피보험자를 '보험가입자 등'으로 정의하고 있으므로, 피해자가 같은 법 제9조 제1항에 의하여 보험사업자 등에게 행사하는 직접청구권은 강제(의무)보험의 피보험자에게 손해배상책임이 발생한 경우에 같은 법 제5조 제1항에 의하여 강제되는 강제(의무)보험금의 범위에 한한다.

[2] 상법 제724조 제2항에 의하여 피해자가 보험자에게 갖는 직접청구권은 보험자가 피보험자의 피해자에 대한 손해배상채무를 병존적으로 인수한 것으로서 피해자가 보험자에 대하여 가지는 손해배상청구권이므로 민법 제766조 제1항에 따라 피해자 또는 그 법정대리인

록 규정되어 있다 하더라도, 위 약관에 의하여 피해자에게 부여된 보험회사에 대한 보험금액청구권은 상법 제662조 소정의 보험금액청구권에 다름 아니므로 이를 2년간 행사하지 아니하면 소멸시효가 완성된다.

86) 대판 1994. 5. 27, 94다6819; 상법 제724조 제2항에 의하여 피해자에게 인정되는 직접청구권의 법적 성질은 보험자가 피보험자의 피해자에 대한 손해배상채무를 병존적으로 인수한 것으로서 피해자가 보험자에 대하여 가지는 손해배상청구권이고 피보험자의 보험자에 대한 보험금청구권의 변형 내지는 이에 준하는 권리가 아니다.

87) 대판 2005. 10. 7, 2003다6774; 대판 2004. 8. 20, 2003다1878; 대판 2000. 12. 8, 99다37856 등.

88) 대판 2000. 6. 9, 98다54397.

이 그 손해 및 가해자를 안 날로부터 3년간 이를 행사하지 아니하면 시효로 인하여 소멸한다.

[3] 자동차종합보험(대인배상 Ⅰ 및 Ⅱ 포함)의 피보험자가 자동차의 사고로 인하여 손해배상책임을 지는 경우에 있어서, 피해자가 상법 제724조 제2항에 의하여 보험자에 대하여 행사할 수 있는 손해배상청구권은 자동차손해배상 보장법 제9조에 의하여 행사할 수 있는 손해배상청구권과 그 범위를 달리하므로 두 청구권은 별개의 청구라 할 것이어서 자동차손해배상 보장법 제9조에 적용되는 같은 법 제33조의 소멸시효의 규정이 상법 제724조 제2항에 의한 손해배상청구에 대하여 적용될 수는 없다.

2) 대판 2004. 8. 20, 2003다1878

"국민건강보험법 제53조 제1항의 제3자는 당해 사고로 인하여 보험급여를 한 공단과 현실로 보험급여를 받는 피해자인 가입자 및 그 피해자와 건강보험관계가 있는 자 이외의 자로서 피해자에 대하여 손해배상책임 등을 지는 모든 사람을 말하고, 그 제3자에는 피해자에 대한 직접의 가해자뿐만 아니라 법률의 규정 또는 계약에 의해 당해 가해자의 행위에 대하여 손해배상책임 등을 지는 자도 포함된다고 보아야 할 것이고, 교통사고의 가해자에 대하여 자동차손해배상보장법 제3조에 의한 손해배상책임이 발생한 경우, 같은 법 제9조 및 상법 제724조 제2항에 의하여 피해자에게 인정되는 책임보험자에 대한 직접청구권은 피해자가 책임보험자에 대하여 가지는 손해배상청구권으로서 가해자에 대한 손해배상청구권과는 별개의 권리라 할 것이므로, 자동차손해배상보장법 제9조 제1항 및 상법 제724조 제2항에 의하여 피해자에 대하여 직접 손해배상책임을 지는 책임보험자는 교통사고의 가해자가 국민건강보험법 제53조 제1항의 제3자에 해당되는지 여부와 상관없이 제3자에 포함된다."

3) 대판 2000. 12. 8, 99다37856

"책임보험에 있어 상법 제724조 제2항의 규정에 의하여 인정되는 피해자의 보험금 직접청구권의 법적 성질은 보험자가 피보험자의 피해자에 대한 손해배상채무를 병존적으로 인수한 것으로서 피해자가 보험자에 대하여 가지는 손해배상청구권인 점에 비추어, 보험자가 피보험자에게 보험금을 지불하지 아니하고 직접 피해자에게 그 손해를 보상하였다면 이는 위와 같이 보험자가 병존적으로 인수하여 부담하는 피해자에 대한 자신의 손해배상채무를 변제할 의사로 한 것이라고 보아야 할 것이지, 타인의 채무인 피보험자의 피해자에 대한 손해배상채무를 변제할 의사로 한 것이라고 볼 것은 아니다."

4) 대판 2000. 6. 9, 98다54397

"상법 제724조 제2항에 의하여 피해자에게 인정되는 직접청구권의 법적 성질은 보험자가 피보험자의 피해자에 대한 손해배상채무를 병존적으로 인수한 것으로서 피해자가 보험자에 대하여 가지는 손해배상청구권이고 피보험자의 보험자에 대한 보험금청구권의 변형 내지는 이에 준하는 권리가 아니다."

Ⅲ. 직접청구권의 내용

1. 자배법의 경우

1) 청구권자의 범위

피해자 본인이나 피해자 권리의 상속인, 피해자의 근친자 등이 보험금의 직접청구권을 행사할 수 있다. 다만 피해자가 부상 등으로 병원 등에서 치료를 받은 경우에 진료를 한 의료기관은 피해자를 대신하여 자동차보험 진료수가에 해당하는 금액을 보험회사 등에 직접 청구할 수 있다(자배법 제10조 제1항 단서 및 제12조).

2) 청구절차

피해자에게 이중 지급되는 것을 방지하기 위하여 손해배상액을 피해자에게 직접 지급하고자 할 때에는 보험회사 등은 피보험자 등의 의견을 청취하여야 하나 피보험자의 반대의사가 이미 손해배상금을 지급했다는 이유가 아닌 이상은 보험금의 지급은 이행되어야 한다. 피해자가 손해배상금의 지급을 청구하기 위해서는 자배법 시행령 제6조(보험금 등의 지급청구 절차) 제1항에 의한 서류를 첨부하여 보험회사에 제출하여야 한다.

3) 소멸시효

피해자의 직접청구권은 보험회사 또는 건설교통부장관에 대하여 3년간 행사하지 아니하면 소멸시효가 완성된다(자배법 제41조). 따라서 3년 안에 피해자 직접청구권을 행사하지 않으면 이후 청구권은 행사할 수 없는바, 피해자 직접청구권이 피해자의 편의를 위하여 인정된 권리이므로 권리 위에 잠자는 자에게는 인정할 필요가 없다는 취지에서 3년의 소멸시효를 채택한 것이다. 이 3년의 소멸시효의 기산점은 피해자가 직접청구권을 행사할 수 있는 때이다.

관련 판례

1) 대판 2005. 10. 7, 2003다6774

"상법 제724조 제2항에 의하여 피해자가 보험자에게 갖는 직접청구권은 보험자가 피보험자의 피해자에 대한 손해배상채무를 병존적으로 인수한 것으로서 피해자가 보험자에 대하여 가지는 손해배상청구권이므로 민법 제766조 제1항에 따라 피해자 또는 그 법정대리인이 그 손해 및 가해자를 안 날로부터 3년간 이를 행사하지 아니하면 시효로 인하여 소멸한다."

2) 대판 1993. 4. 13, 93다3622

가. 자동차종합보험보통약관에 피보험자가 피해자에게 지는 손해배상액이 판결에 의하여 확정되는 등의 일정한 경우에는 피해자가 보험회사에 대하여 직접 보험금의 지급을 청구할 수 있도록 규정되어 있다 하더라도, 위 약관에 의하여 피해자에게 부여된 보험회사에 대한 보험금액청구권은 상법 제662조 소정의 보험금액청구권에 다름 아니므로 이를 2년간 행사하지 아니하면 소멸시효가 완성된다.

나. 소멸시효에서 권리를 행사할 수 없는 때라 함은 권리행사에 법률상의 장애사유 예컨대 기간의 미도래나 조건불성취 등이 있는 경우를 말하는 것이고 사실상 권리의 존부나 권리행사의 가능성을 알지 못하였거나 알지 못함에 과실이 없다는 사유는 법률상 장애사유에 해당한다고 할 수 없다.

다. 피보험자가 피해자에게 지는 손해배상액이 판결에 의하여 확정되는 등의 경우에 피해자가 보험회사에 대하여 직접 보험금의 지급을 청구할 수 있다는 자동차종합보험보통약관의 규정에 따라 피해자가 보험회사에 대하여 판결금액 상당의 보험금액을 직접 청구하는 소송을 제기한 경우 이 직접청구권의 소멸시효는 확정판결이 있은 때로부터 기산된다.

라. 대법원전원합의체판결에서 무면허운전에 관한 종전의 견해를 변경한 바 있다 하여 이로써 피해자가 보험회사에 대하여 보험금액 직접청구권을 행사함에 있어 법률상 장애가 있었다 할 수 없으므로 그 소멸시효가 위 대법원판결이 있은 때로부터 기산된다 할 수 없다.

4) 직접청구권의 전제가 되는 손해배상청구권의 상속과 혼동

자동차손해배상보장법 제9조 제1항에 의한 피해자의 보험자에 대한 직접청구권이 수반되는 경우에는 그 직접청구권의 전제가 되는 자동차손해배상보장법 제3조에 의한 피해자의 운행자에 대한 손해배상청구권은 비록 위 손해배상청구권과 손해배상의무가 상속에 의하여 동일인에게 귀속되더라도 혼동에 의하여 소멸되지 않고 이러한 법리는 자동차손해배상보장법 제3조에 의한 손해배상의무자가 피해자를 상속한 경우에도 동일하지만 예외적으로 가해자가 피해자의 상속인이 되는 등 특별한 경우에 한하여 손해배상청구권과 손해배상의무가 혼동으로 소멸하고 그 결과 피해자의 보험자에 대한 직접청구권도 소멸한다.[89]

1) 대판 2004. 7. 9, 2003다29463

[1] 자동차상해보험은 피보험자가 피보험자동차를 소유·사용·관리하는 동안에 생긴 피보험자동차의 사고로 인하여 상해를 입었을 때에 보험자가 보험약관에 정한 사망보험금이나 부상보험금 또는 후유장해보험금 등을 지급할 책임을 지는 것으로서 인보험의 일종이기는 하나, 피보험자가 급격하고도 우연한 외부로부터 생긴 사고로 인하여 신체에 상해를 입은 경우에 그 결과에 따라 보험약관에 정한 보상금을 지급하는 보험이어서 그 성질상 상해보험에 속한다.

[2] 보험계약자가 피보험자의 상속인을 보험수익자로 하여 맺은 생명보험계약에 있어서 피보험자의 상속인은 피보험자의 사망이라는 보험사고가 발생한 때에는 보험수익자의 지위에서 보험자에 대하여 보험금 지급을 청구할 수 있고, 이 권리는 보험계약의 효력으로 당연

---

89) 대판 2005. 1. 14, 2003다38573, 38580; 대판 2003. 1. 10, 2000다41653, 41660: 자동차 운행 중 사고로 인하여 구 자동차손해배상보장법(1999. 2. 5, 법률 제5793호로 개정되기 전의 것) 제3조에 의한 손해배상채권과 채무가 상속으로 동일인에게 귀속하더라도 교통사고의 피해자에게 책임보험 혜택을 부여하여 이를 보호하여야 할 사회적 필요성은 동일하고 책임보험의 보험자가 혼동이라는 우연한 사정에 의하여 자신의 책임을 면할 합리적인 이유가 없다는 점 등을 고려할 때 가해자가 피해자의 상속인이 되는 등 특별한 경우를 제외하고는 피해자의 보험자에 대한 직접청구권의 전제가 되는 위 법 제3조에 의한 피해자의 운행자에 대한 손해배상청구권은 상속에 의한 혼동에 의하여 소멸되지 않는다.

히 생기는 것으로서 상속재산이 아니라 상속인의 고유재산이라고 할 것인데, 이는 상해의 결과로 사망한 때에 사망보험금이 지급되는 상해보험에 있어서 피보험자의 상속인을 보험수 익자로 미리 지정해 놓은 경우는 물론, 생명보험의 보험계약자가 보험수익자의 지정권을 행사하기 전에 보험사고가 발생하여 상법 제733조에 의하여 피보험자의 상속인이 보험수익자가 되는 경우에도 마찬가지라고 보아야 한다.

[3] 보험수익자의 지정에 관한 상법 제733조는 상법 제739조에 의하여 상해보험에도 준용되므로, 결국 상해의 결과로 사망한 때에 사망보험금이 지급되는 상해보험에 있어서 보험수익자가 지정되어 있지 않아 위 법률규정에 의하여 피보험자의 상속인이 보험수익자가 되는 경우에도 보험수익자인 상속인의 보험금청구권은 상속재산이 아니라 상속인의 고유재산으로 보아야 한다.

2) 대판 2001. 12. 28, 2001다61753

[1] 피해자가 보험회사에 대하여 가지는 자동차손해배상책임보험금에 대한 직접청구권의 법적 성질은 자동차손해배상보장법의 손해배상청구권이므로 구 자동차손해배상보장법(1999. 2. 5. 법률 제5793호로 전문 개정되기 전) 제20조에 따라 이를 2년간 행사하지 아니하면 소멸시효가 완성된다.

[2] 보험사고가 발생한 것인지의 여부가 객관적으로 분명하지 아니하여 보험금청구권자가 과실 없이 보험사고의 발생을 알 수 없었던 사정이 있는 경우에는 보험사고의 발생을 알았거나 알 수 있었을 때부터 보험금청구권의 소멸시효가 진행되지만 그러한 특별한 사정이 없는 한 보험금청구권의 소멸시효는 원칙적으로 보험사고가 발생한 때부터 진행한다.

3) 대판 1995. 9. 29, 95다24807

"책임보험에 있어 피보험자가 제3자에게 손해배상금을 지급하였거나 상법 또는 보험약관이 정하는 방법으로 피보험자의 제3자에 대한 채무가 확정되면, 피보험자는 상법 제724조 제1항의 규정에 불구하고 보험자에게 바로 보험금청구권을 행사할 수 있고, 보험자는 그 보험약관에 따라 보험금액의 지급을 구하는 피보험자에 대하여 상법 제724조 제1항에 기하여 보험금액의 지급을 거절할 수는 없다"

4) 대판 1988. 6. 14, 87다카2276

가. 자동차의 소유자가 사고 당시 직접 자기의 이익을 위하여 자동차를 사용한 것이 아니

라 하더라도 그의 남편으로 하여금 위 자동차를 사용하게 하였다면 그를 통하여 외관상 위 자동차의 운행을 지배하고 운행이익을 향유하는 지위에 있었다고 보아야 한다.

나. 자동차종합보험보통약관상의 "배상책임이 있는 피보험자의 피용자로서 근로기준법에 의한 재해보상을 받을 수 있는 사람이 대인사고로 죽거나 다친 경우에는 보상을 하지 아니한다"는 약관조항은 배상책임 있는 피보험자와 피해자 사이의 인적 관계와 보상관계를 근거로 보험자의 면책을 규정한 것이라 할 것이므로 하나의 사고에 대하여 배상책임이 있는 피보험자가 복수인 경우에는 각 피보험자별로 위 면책조항의 적용요건인 인적관계의 유무를 가려 보험자의 면책 여부를 결정할 것이지 위 조항을 보험대상의 제외사유를 규정한 것으로 보아 배상책임 있는 복수의 피보험자 중 어느 1인이라도 피해자와의 사이에 동 조 소정의 인적 관계가 있기만 하면 보험자가 모든 피보험자에 대한 보상책임을 면하는 것으로 해석할 것이 아니다.

다. 자동차종합보험과 같은 이른바 손해배상책임보험은 피보험자 보험사고로 인하여 제3자에게 지급하는 법률상의 손해배상금을 보상하는 것이므로 보험자의 보상범위는 피보험자의 제3자에 대한 법률상의 손해배상책임액을 그 한도로 한다.

라. 상법 제723조 제1, 2항과 자동차종합보험보통약관상의 규정 제9조 제1항 등을 종합하면 피보험자가 보험자에게 보험금청구권을 행사하려면 적어도 피보험자가 제3자에게 손해배상금을 지급하였거나 상법 또는 보험약관이 정하는 방법으로 피보험자의 제3자에 대한 채무가 확정되어야 할 것이므로 피보험자가 제3자인 보험사고피해자들의 치료비손해 중 그 일부만 지급하고 나머지를 지급하지 아니하고 있다면 아직 지급하지 아니한 피해자들의 치료비손해에 관하여 그것이 상법 또는 보험약관이 정하는 방법으로 확정되지 아니하는 한 그에 대한 보험금청구권을 행사할 수 없고, 이미 지급한 치료비손해에 관해서도 그 보험금청구권을 행사할 수 있음에 그치는 것이므로 그 전액이 피보험자가 배상할 법률상의 손해배상책임 범위에 속하는 지의 여부까지를 가려서 그 보상범위를 확정하여야 한다.

2. 상법의 경우

제3자는 피보험자가 책임을 질 사고로 입은 손해에 대하여 보험금액의 한도 내에서 보험자에게 직접 보상을 청구할 수 있다. 그러나 보험자는 피보험자가 그 사고에 관하여 가지는 항변으로써 제3자에게 대항할 수 있다(상 제724조 제2항). 보험자가 청구를 받은 때에는 지체 없이 피보험자에게 이를 통지하여야 한다(상 제724조 제3항). 피보험자는 보험자의 요구가 있을 때에는 필요한 서류·증거의 제출, 증언 또는 증인의 출석에 협조하여야 한다(상 제724조 제4항).

　소멸시효와 관련하여서는 그 법적 성질을 손해배상청구권으로 볼 경우, 우리 판례의 취하는 바와 마찬가지로 민법 제766조 제1항에 따라 피해자 또는 그 법정대리인이 그 손해 및 가해자를 안 날로부터 3년간 이를 행사하지 아니하면 시효로 인하여 소멸한다고 하겠다.[90]

```
┌─────────────────────────┐
│      관련 판례           │
└─────────────────────────┘
```

　1) 대판 2007. 10. 26, 2006다39898

　"음주단속 중이던 경찰관이 단속을 피해 도주하는 자동차에 매달려 가다가 떨어지면서 지하철공사장의 철제 H빔에 부딪혀 뇌손상으로 식물인간 상태에 이른 경우, 운전자로서는 위 경찰관이 달리던 차에서 떨어지면서 어느 정도의 상해를 입으리라는 것은 인식·용인하였다고 할 것이나 나아가 철제 H빔에 부딪혀 식물인간 상태에 이르리라고는 예견·인식하고 용인하였다고 볼 수 없으므로, 위 사고로 인한 손해가 보험계약자 등의 고의로 인한 것이라 할 수 없어 자동차보험의 면책약관이 적용되지 않는다고 한 사례."

　이 사건 자동차보험약관 제14조는 '보험계약자 또는 피보험자(이하 '보험계약자 등'이라 한다)의 고의로 인한 손해'를 보험자가 보상하지 아니하는 사항으로 규정하고 있는바, 이러한 면책약관은 이를 엄격히 제한적으로 해석함이 원칙이라고 할 것인 점, 상해와 사망 또는 사망에 준하는 중상해(이하 이를 '사망 등'이라고 한다) 사이에는 그 피해의 중대성에 있어 질적인 차이가 있고 손해배상책임의 범위에도 커다란 차이가 있는 점에 비추어 보험계약자 등이 통상 예상할 수 있는 범위를 넘어서 사망 등과 같은 중대한 결과가 생긴 경우에까지 보험계약자 등이 스스로 초래한 보험사고로 취급되어 면책약관이 적용되리라고는 생각하지 않는 것이 보험계약자 등의 일반적인 인식일 것이라는 점, 보험계약자 등이 적극적으로 사망 등의 결과를 의욕하거나 의도한 것이 아닌 이상, 그에 대해 면책약관이 적용되지 아니하는 것으로 보더라도 인위적인 사고를 조장할 위험성이 크다고는 할 수 없고 오히려 보험의 사회보장적 기능에 부합하는 것이라는 점 등을 종합적으로 고려하면, 자동차 운행으로 인한 사고의 경위와 전후 사정 등에 비추어 보험계약자 등이 피해자가 상해를 입으리라는 점에 대해서는 이를 인식·용인하고 있었다고 볼 수 있지만 피해자가 이를 넘어서서 사망 등의 중대한 결과에 이르리라는 점까지는 인식·용인하였다고 볼 수 없는 경우에는, 그 사망 등으로 인한 손해는 보험계약자 등의 고의로 인한 손해에 해당하지 아니하고 따라서 위 면책약관이 적용되지 아니하는 것으로 봄이 상당하다고 할 것이다."

---

90) 대판 2005. 10. 7, 2003다6774.

2) 대판 2005. 1. 14, 2003다38573, 38580

"자동차손해배상보장법 제9조 제1항에 의한 피해자의 보험자에 대한 직접청구권이 수반되는 경우에는 그 직접청구권의 전제가 되는 자동차손해배상보장법 제3조에 의한 피해자의 운행자에 대한 손해배상청구권은 비록 위 손해배상청구권과 손해배상의무가 상속에 의하여 동일인에게 귀속되더라도 혼동에 의하여 소멸되지 않고 이러한 법리는 자동차손해배상보장법 제3조에 의한 손해배상의무자가 피해자를 상속한 경우에도 동일하지만 예외적으로 가해자가 피해자의 상속인이 되는 등 특별한 경우에 한하여 손해배상청구권과 손해배상의무가 혼동으로 소멸하고 그 결과 피해자의 보험자에 대한 직접청구권도 소멸한다.

상속포기는 자기를 위하여 개시된 상속의 효력을 상속개시 시로 소급하여 확정적으로 소멸시키는 제도로서 피해자의 사망으로 상속이 개시되어 가해자가 피해자의 자신에 대한 손해배상청구권을 상속함으로써 그 손해배상청구권과 이를 전제로 하는 자동차손해배상보장법 제9조 제1항에 의한 보험자에 대한 직접청구권이 소멸하였다고 할지라도 가해자가 적법하게 상속을 포기하면 그 소급효로 인하여 위 손해배상청구권과 직접청구권은 소급하여 소멸하지 않았던 것으로 되어 다른 상속인에게 귀속되고, 그 결과 '가해자가 피해자의 상속인이 되는 등 특별한 경우'에 해당하지 않게 되므로 위 손해배상청구권과 이를 전제로 하는 직접청구권은 소멸하지 않는다."

3) 대판 2000. 6. 9, 98다54397

"상법 제724조 제2항에 의하여 피해자에게 인정되는 직접청구권의 법적 성질은 보험자가 피보험자의 피해자에 대한 손해배상채무를 병존적으로 인수한 것으로서 피해자가 보험자에 대하여 가지는 손해배상청구권이고 피보험자의 보험자에 대한 보험금청구권의 변형 내지는 이에 준하는 권리가 아니다.

피해자의 보험자에 대한 손해배상채권과 피해자의 피보험자에 대한 손해배상채권은 별개 독립의 것으로서 병존하고, 피해자와 피보험자 사이에 손해배상책임의 존부 내지 범위에 관한 판결이 선고되고 그 판결이 확정되었다고 하여도 그 판결의 당사자가 아닌 보험자에 대하여서까지 판결의 효력이 미치는 것은 아니므로, 피해자가 보험자를 상대로 하여 손해배상금을 직접 청구하는 사건의 경우에 있어서는, 특별한 사정이 없는 한 피해자와 피보험자 사이의 전소판결과 관계없이 피해자의 보험자에 대한 손해배상청구권의 존부 내지 범위를 다시 따져 보아야 하는 것이다."

4) 대판 1995. 9. 26, 94다28093

"상법 제724조 제1항은 피보험자가 상법 제723조 제1, 2항의 규정에 의하여 보험자에 대하여 갖는 보험금청구권과 제3자가 상법 제724조 제2항의 규정에 의하여 보험자에 대하여 갖는 직접청구권의 관계에 관하여, 제3자의 직접청구권이 피보험자의 보험금청구권에 우선한다는 것을 선언하는 규정이라고 할 것이므로, 보험자로서는 제3자가 피보험자로부터 배상을 받기 전에는 피보험자에 대한 보험금 지급으로 직접청구권을 갖는 피해자에게 대항할 수 없고, 따라서 보험자는 제3자가 피보험자로부터 배상을 받기 전에는 상법 제724조 제1항의 규정을 들어 피보험자의 보험금지급 청구를 거절할 권리를 갖게 된다.

업무용자동차 종합보험 보통약관이 "피보험자는 판결의 확정, 재판상의 화해, 중재 또는 서면에 의한 합의로 손해액이 확정되었을 때에 회사에 대하여 보험금의 지급을 청구할 수 있으며, 회사는 피보험자로부터 보험금 청구에 관한 서류를 받은 때에는 지체 없이 필요한 조사를 마치고 곧 보험금을 지급한다"는 취지로 규정되어 있고, 피보험자가 제3자에게 손해배상을 하기 전에는 피보험자에게 보험금을 지급하지 않는다는 내용의 조항을 두지 않고 있다면, 보험자는 그 약관에 의하여 상법 제724조 제1항 소정의 지급거절권을 포기하였다고 봄이 상당하고, 따라서 피보험자로서는 그 약관 소정의 요건을 충족하기만 하면 보험자에 대하여 보험금 청구권을 행사할 수 있으며, 이 경우 피보험자로부터 보험금 지급청구를 받은 보험자로서는 상법 제724조 제2항에 의하여 직접청구권을 갖는 피해자에게 직접 보험금을 지급함으로써 보험금의 이중지급의 위험을 회피하는 방법을 선택하여야 할 것이다."

5) 대판 1995. 7. 14, 94다36698

"자동차종합보험약관의 규정상 피해자의 직접청구권의 발생 요건인 '피보험자의 사망 등으로 피해자가 손해배상을 받을 수 없을 때'라 함은, 피보험자가 사망함으로써 그 손해배상을 받을 수 없을 때만을 가리키는 것이지 그 상속인으로부터도 손해배상을 받을 수 없을 때까지를 포함하는 것은 아니다."

6) 대판 1993. 5. 11, 92다2530

"피고의 이 사건 보험약관 제16조에는 피보험자의 사망 등으로 피해자가 손해배상을 받을 수 없는 때에는 피해자가 직접 피고에게 보험금의 지급을 청구할 수 있도록 규정된 사실을 인정한 다음, 특별한 사정이 없는 한 피고는 망 소외 1의 손해배상채무를 병존적으로 인수한 보험자로서 이 사건 사고로 인하여 사망한 이 사건 피해자들 및 그 상속인들인 원고들이 입은 손해를 배상할 책임이 있다고 판단하고 피고에게 판시 손해배상금의 지급을 명하였는바, 자동차임의보험의 약관에 의하여 피해자에게 인정되는 직접청구권의 법적 성질을 보험금으로 보지 아니하고 보험자가 피보험자의 피해자에 대한 손해배상채무를 병존적으로 인수한 것으로 본 원심의 위 판단은 정당하다 할 것이다.

또 기록에 의하면 피고가 대인사고로 지급책임을 지는 금액의 한도에 관하여 피고의 보험약관 제15조는 원칙적으로 위 약관의 보험금지급기준에 의하여 산출한 금액을 기준으로 하되, 다만 소송이 제기되었을 경우에는 확정판결에 의하여 피보험자가 피해자에게 배상하여야 할 금액(지연배상금 포함)을 기준으로 하도록 규정하고 있는 사실이 인정되는바, 위 약관규정은 피해자가 피보험자를 상대로 소송을 제기하는 경우뿐만 아니라 직접청구권을 행사하여 피고를 상대로 소송을 제기하는 경우에도 위 약관규정의 단서가 적용된다는 취지로 봄이 상당하다."

제4절 자동차손해배상보장사업

Ⅰ. 개 설

1. 개 념

정부는 다음의, 즉 자동차보유자를 알 수 없는 자동차의 운행으로 사망하거나 부상한 경우, 보험가입자 등이 아닌 자가 제3조에 따라 손해배상의 책임을 지게 되는 경우(다만, 제5조 제4항에 따른 자동차의 운행으로 인한 경우는 제외)에는 피해자의 청구에 따라 책임보험의 보험금 한도에서 그가 입은 피해를 보상하도록 하고 있는데(제30조 제1항), 이를 정부보장사업이라고 한다. 아울러 자동차의 운행으로 인한 사망자나 대통령령으로 정하는 중증 후유장애인(중증 후유장애인)의 유자녀(幼子女) 및 피부양가족이 경제적으로 어려워 생계가 곤란하거나 학업을 중단하여야 하는 문제 등을 해결하고 중증 후유장애인이 재활할 수 있도록 지원할 수 있도록 하고 있다(제30조 제2항).

따라서 정부보장사업은 일반적으로 뺑소니차나 무보험차 사고로 사망하거나 부상당한 피해자를 정부에서 보상하는 제도를 말하며, 광의로는 교통사고로 사망하거나 중증후유장애를 입은 피해자와 그 유자녀 등을 지원하는 사업을 말한다.

2. 연 혁

동 제도는 1977년 12월 자배법에 그 근거규정을 두었고, 1978년 4월부터 (주)한국자동차보험이 정부로부터 위탁받아 수행하였다. 현재는 정부에서 업무를 총괄하여 관리, 감독하고 있으며, 손해보험협회가 분담금의 수납, 관리, 운용 및 보상금과 구상금 정산업무를 수행하고 있고, 교통안전공단에서 교통사고 유자녀 등 지원사업 및 후유장애인 재활지원사업을 행하고 있다. 보상사업위탁사업자는 현재 11개 손보사에서 수행하고 있다.

Ⅱ. 적용대상사업

1. 뺑소니사고 등 보장사업

보유자를 알 수 없는 자동차의 운행으로 인한 사고(뺑소니사고)나 책임보험에도 가입하지 않은 자동차의 운행으로 인한 사고 및 무단운전이나 절취운전 사고 중 보험회사의 책임이 없는 경우가 그 적용대상이다. 그러나 다음의 경우에는 보상을 받지 못한다.
  1) 자배법 제4조의 보험가입 대상이 아닌 차량사고: 미군 또는 연합군 차량
  2) 도로교통법 제2조 제1항 소정의 도로가 아닌 장소에서만 운행하는 자동차사고
  3) 총 배기량 50cc 미만의 이륜차사고의 피해자
  4) 국가배상법, 산업재해보상보험법 등에 의해 배상 도는 보상을 받는 경우
  5) 법률상 손해배상책임이 있는 보유자 및 가해자로부터 피해자가 손해배상을 받은 경우
  6) 공동불법행위 사고의 경우 일방의 가해자가 보장사업에 해당한다 하더라도 다른 일방의 가해차량의 책임보험으로 손해배상을 받을 수 있는 경우

2. 후유장애인 등에 대한 재활지원사업

지원사업 적용대상은 뺑소니차나 무보험차사고 등을 포함하여 자동차사고로 인하여 사망하거나 중증 후유장해를 입은 피해자, 유자녀 및 이들이 부양하던 피부양가족이다.

Ⅲ. 보상금액

피해자가 사망한 경우에는 1억 원의 범위 안에서 피해자에게 발생한 손해, 즉 장례비, 위자료 및 상실수익액을 지급한다. 부상한 경우에는 자배법 시행령 별표 1에서 정한 금액의 범위 안에서 치료관계비, 위자료, 휴업손해액, 기타 손해배상금을 지급한다(1급 2,000만 원~14급 80만 원). 후유 장해의 경우에는 자배법 시행령 별표 2에서 정한 금액의 범위 안에서(1급 1억~14급 630만 원) 위자료, 상실수익액, 가정간호비를 지급한다.

지원사업은 국민기초생활보장법령에 의한 수급자 등의 생계가 곤란한 사람이 그 대상이 된다. 이들에게 재활보조금(중증후유장애인), 생활자금 및 장학금(18세 미만 자녀) 또는 피부양보조금(사고 당시 부양하던 65세 이상 피부양가족)이 지원된다.

Ⅳ. 관련 주요 내용

1. 자동차손해배상보장사업 분담금

자배법 제5조 제1항에 따라 책임보험 등에 가입하여야 하는 자와 제5조 제4항에 따른 자동차 중 대통령령으로 정하는 자동차보유자는 자동차손해배상보장사업을 위한 분담금을 정부에 내야 한다. 제1항에 따라 분담금을 내야 할 자 중 제5조 제1항에 따라 책임보험 등에 가입하여야 하는 자의 분담금은 책임보험 등의 계약을 체결하는 보험회사 등이 해당 납부 의무자와 계약을 체결할 때에 징수하여 정부에 내야 한다. 제1항에 따른 분담금은 정부의 세입세출예산 외로 운용하며, 그 금액과 납부 방법 및 관리 등에 필요한 사항은 대통령령으로 정한다(제37조).

국토해양부장관은 제37조에 따른 분담금을 납부기간에 내지 아니한 자에 대해서는 10일 이상의 기간을 정하여 분담금을 낼 것을 독촉하여야 한다. 국토해양부장관은 제1항에 따라 분담금 납부를 독촉받은 자가 그 기한까지 분담금을 내지 아니하면 국세 체납처분의 예에 따라 징수한다(제38조).

2. 청구권 등의 대위

정부는 제30조 제1항에 따라 피해를 보상한 경우에는 그 보상금액의 한도에서 자배법 제3조에 따른 손해배상책임이 있는 자에 대한 피해자의 손해배상 청구권을 대위행사(代位行使)할 수 있다(제39조 제1항). 정부는 제30조 제3항에 따라 보험회사 등에 보상을 한 경우에는 제11조 제3항 및 제4항에 따른 가불금을 지급받은 자에 대한 보험회사 등의 반환청구권을 대위행사할 수 있다(제2항).

정부는 다음의 어느 하나에 해당하는 때에는 제39조의 2에 따른 자동차손해배상보장 사업 채권정리위원회의 의결에 따라 제1항 및 제2항에 따른 청구권의 대위행사를 중지할 수 있으며, 구상금 또는 미반환가불금 등의 채권을 결손 처분할 수 있다(제3항).

1) 해당 권리에 대한 소멸시효가 완성된 때
2) 그 밖에 채권을 회수할 가능성이 없다고 인정되는 경우로서 대통령령으로 정하는 경우

3. 자동차손해배상보장사업 채권정리위원회

채권의 결손처분과 관련된 사항(제39조 제1항 및 제2항에 따른)을 의결하기 위하여 국 토해양부장관 소속으로 자동차손해배상보장사업 채권정리위원회(이하 '채권정리위원회'라 한다)를 두고, 채권정리위원회의 구성·운영 등에 필요한 사항은 대통령령으로 정하고 있다(제39조의 2).

관련 판례

1) 대판 2009. 3. 26, 2008다93964

"보유자를 알 수 없는 뺑소니 사고나 무보험자동차사고의 경우 구 자동차손해배상 보장 법(2008. 3. 28. 법률 제9065호로 전문 개정되기 전의 것, 이하 같다) 제26조 제1항에 의하 여 지급하는 피해보상은 실 손해액을 기준으로 배상하는 책임보험과는 달리 책임보험의 보 험금 한도액 내에서 책임보험의 약관이 정하는 보험금 지급기준에 의한 금액만을 지급하여 야 함은 원심이 설시하는 바와 같다(대법원 2003. 7. 25. 선고 2002다2454 판결 참조). 또 한, 무보험자동차에 의한 상해보상특약의 보험자는 그 약관이나 보험료 산정에 있어서 특별

한 사정이 없는 한 피보험자의 실제 손해액을 기준으로 위험을 인수한 것이 아니라 그 약관에서 정한 보험금 지급기준에 따라 산정된 금액만을 제한적으로 인수하였다고 보아야 한다."

2) 대판 2007. 12. 28, 2007다54351

[1] 자동차손해배상 보장법 제26조 이하에서 규정하고 있는 자동차손해배상보장사업은 정부가 자동차의 보유자를 알 수 없거나 무보험 자동차의 운행으로 인한 사고에 의하여 사망하거나 부상을 입은 피해자의 손해를 책임보험의 한도 안에서 보상하는 것을 주된 내용으로 하는 것으로서, 뺑소니 자동차 또는 무보험 자동차에 의한 교통사고의 피해자 보호를 목적으로 하면서 법률상 강제되는 자동차책임보험제도를 보완하려는 것이므로, 공동불법행위로 인한 사고의 경우에 복수의 가해자 모두에게 자동차손해배상 보장법 제3조에 따른 운행자책임이 있으나 일방의 가해자가 도주한 경우라고 하더라도 다른 일방의 가해자가 명확한 경우에 그가 가입한 책임보험으로부터 피해자가 손해배상을 받을 수 있다면 피해자의 보장사업자에 대한 청구는 인정되지 않으며, 이는 설령 다른 일방 가해자의 차량을 피보험차량으로 하여 책임보험계약을 체결한 보험자가 피해자의 손해배상청구에 대하여 피해자가 가해차량의 실질적 운행자에 해당한다는 등의 이유로 손해배상금의 지급을 거절하였던 경우라도 결국 위 보험자에게 배상책임이 있는 것으로 밝혀진 이상 마찬가지이다.

[2] 복수의 가해자 중 일방 가해자가 도주하였으나 다른 일방 가해자가 명확한 경우의 자동차사고는 자동차손해배상보장사업의 대상에 해당하지 않음에도 이를 알지 못하고 보장사업자가 피해자에게 보상금을 지급한 경우, 위 보장사업자는 피해자에게 그 보상금의 반환을 구할 수 있고, 피해자가 보장사업자에 대하여 부당이득반환의무가 있는 이상 가해자의 책임보험자에 대한 보험금지급청구채권은 여전히 존속하므로, 보장사업자의 위 보상금 지급으로 가해자의 책임보험자가 이득을 본 것은 없고, 따라서 보장사업자는 가해자의 책임보험자에게 부당이득반환청구를 할 수 없다.

3) 대판 2007. 12. 27, 2007다54450

[1] 자동차손해배상 보장법 제26조 제1항 제2호는 보험가입자 등(의무보험에 가입한 자와 당해 의무보험 계약의 피보험자)이 아닌 자가 같은 법 제3조의 규정에 의한 손해배상의 책임을 지게 되는 경우에 정부가 피해자의 청구에 따라 책임보험금의 한도 안에서 그가 입은 피해를 보상한다고 규정하고 있을 뿐이고, 같은 법 제26조 이하에서 규정하고 있는 자동차손해배상보장사업은 정부가 자동차의 보유자를 알 수 없거나 무보험 자동차의 운행으로 인한 사고로 인하여 사망하거나 부상을 입은 피해자의 손해를 책임보험의 보험금의 한도 안에서 보상하는 것을 주된 내용으로 하는 것으로서, 뺑소니 자동차 또는 무보험 자동차에 의한

교통사고의 피해자 보호를 목적으로 하면서 법률상 강제되는 자동차책임보험제도를 보완하려는 것이지 피해자에 대한 신속한 보상을 주목적으로 하고 있는 것이 아니므로, 자동차보험계약을 체결한 보험회사가 면책약관을 내세워 보험금의 지급을 거절하여 보험가입자 등이 아닌 자가 자동차손해배상 보장법 제3조의 규정에 의한 손해배상의 책임을 지게 되는 경우인지 여부가 명확히 밝혀지지 않았다고 하여 정부가 같은 법 제26조 제1항 제2호에 따른 보상금지급의무를 부담하는 것은 아니다.

[2] 자동차사고에 따른 법률상 보험금지급의무를 부담하고 있는 보험회사가 그 의무를 다투며 보험금 지급을 거절한다는 이유만으로 자동차손해배상보장사업자가 피해자들에게 보상금을 지급한 경우, 이는 자동차손해배상 보장법 제26조 제1항 제2호에 따른 보상금 지급의무가 없는데도 피해자들에게 보상금을 지급한 것이므로 피해자들은 이를 부당이득으로 반환하여야 하지만 위 보험회사 및 피보험차량 소유자와 운전자는 위 보상금 지급으로 피해자에 대한 손해배상채무나 보험금의 직접지급의무가 소멸하는 것이 아니므로 그 보상금 상당의 부당이득을 취득하였다고 볼 수 없다고 한 사례.

[3] 자동차손해배상보장사업자가 자동차손해배상 보장법 제26조 제1항 제2호에 따른 보상금지급의무가 없음에도 보험회사가 면책주장을 하며 피해자들에게 보험금을 지급하지 아니하는 바람에 피해자들로부터 보상금을 청구받고 보장사업자에게 위 법조에 의한 보상금지급의무가 있는 것으로 잘못 알고 피해자들에게 보상금을 지급하고, 이에 피해자들이 보험회사 등을 상대로 그들이 수령한 보상금을 공제한 나머지 금액만을 청구하거나 별도의 소를 제기하지 아니하여 결국 피해자들의 보험회사 등에 대한 위 보상금 상당액의 손해배상채권이 시효로 소멸한 경우, 이는 채무자 아닌 보장사업자가 착오로 보험회사 등의 채무를 변제함으로써 채권자인 피해자들이 선의로 시효로 인하여 그 채권을 잃은 경우에 해당하므로, 위 보장사업자는 채무자인 보험회사 등에 대하여 민법 제745조 제2항에 따라 구상권을 행사할 수 있다고 한 사례.

4) 대판 2005. 4. 15, 2003다62477
"자동차손해배상보장법(이하 '자배법'이라 함) 제26조 이하에서 규정하고 있는 자동차손해배상보장사업(이하 '보장사업'이라 함)은 정부가 자동차의 보유자를 알 수 없거나 무보험자동차의 운행으로 인한 사고에 의하여 사망하거나 부상을 입은 피해자의 손해를 책임보험의 보험금의 한도 안에서 보상하는 것을 주된 내용으로 하는 것으로서, 뺑소니 자동차 또는 무보험 자동차에 의한 교통사고의 피해자 보호를 목적으로 하면서 법률상 강제되는 자동차책임보험제도를 보완하려는 것이다.
자배법 제28조 제2항은 피해자가 자배법 제3조에 의한 손해배상책임이 있는 자로부터 자배법 제26조 제1항의 규정에 의한 손해에 대하여 배상을 받는 때에는 정부는 피해자가 배상받는 금액의 범위 안에서 자배법 제26조 제1항의 규정에 의한 보상책임을 면한다고 규정하고는 있으나, 피해자가 가해자로부터 손해배상을 받은 경우라고 하더라도 보장사업에 의하여 전보되는 손해를 초과하는 손해에 대하여 배상을 받은 경우에는 자배법 제26조 제1항의 규정에 의한 손해에 대하여 배상을 받는 때에 해당되지 않는다고 할 것이므로 정부로서는 보장사업에 의한 보상책임을 면할 수 없다 할 것이다."

5) 대판 2003. 7. 25, 2002다2454

[1] 자동차손해배상보장법 제26조 제1항은 "정부는 자동차보유자를 알 수 없는 자동차의 운행으로 사망하거나 부상한 경우와 보험가입자 등이 아닌 자가 제3조의 규정에 의한 손해배상의 책임을 지게 되는 경우에 피해자의 청구에 따라 책임보험의 보험금의 한도 안에서 그가 입은 피해를 보상한다"라고 규정하고, 같은 조 제3항에서 "제1항의 규정에 의한 정부의 보상 또는 지원의 대상·기준·금액·방법 및 절차 등에 관하여 필요한 사항은 대통령령으로 정한다"라고 규정한 다음, 같은 법 시행령 제15조에서 "법 제26조 제1항의 규정에 의하여 정부가 피해자에게 보상할 금액은 보험업법에 의하여 인가된 책임보험의 약관이 정하는 책임보험금 지급기준에 의하여 산정한 금액으로 한다"라고 규정하여 책임보험금액과는 별도로 자동차손해배상보장사업에 의한 피해보상금액에 관하여 규정하고 있는바(책임보험금액에 관해서는 같은 법 시행령 제3조에서 책임보험의 보험금 한도액 내에서 실 손해액을 지급하도록 규정하고 있다), 위 규정들을 종합하여 보면 보유자를 알 수 없는 뺑소니 사고나 무보험차량 사고의 경우 자동차손해배상보장사업에 의한 피해보상은 실손해액을 기준으로 배상하는 책임보험과는 달리 책임보험의 보험금 한도액 내에서 책임보험의 약관이 정하는 보험금 지급기준에 의한 금액만을 지급하여야 한다.

[2] 자동차손해배상보장사업에 의한 보상금의 경우 교통사고일로부터 연 5푼의 법정이율에 의한 지연손해금을 가산하여 지급할 근거가 없다.

제4장 자동차보험 표준약관

제1절 자동차보험약관

Ⅰ. 약관 일반론

1. 의 의

약관이라 함은 기업 또는 그의 종류에 속하는 다수의 계약을 장차 체결할 때에, 그들 계약에 포함시킬 목적으로 미리 일방적으로 작성한 유형적 계약내용 내지 계약조건을 일컫는 것이다.

1) 약관의 내용 구성

약관은 당사자와 고객 사이에 장래 체결될 계약의 내용이 될 사항을 포함하고 있어야 한다.

2) 일방 당사자에 대한 사전준비

약관은 쌍방 당사자가 계약체결에 임하여 서로 협의해서 결정한 계약내용이 아니라 일방 당사자가 계약체결 이전에 미리 동종·다수의 계약을 위하여 마련한 것이어야 한다. 즉 개별 약정이 아니어야 한다.

3) 다수의 계약체결을 위함

약관은 일반적으로 대량적 · 추상적 거래를 위해 사전 작성되는 특성을 지닌다. 하나의 특정된 계약을 위해 마련한 것은 이러한 약관의 특성에 맞지 않는다.

2. 약관의 법적 구속력

1) 약관규제법 제정 이전

약관의 법적 구속력에 관해서는 약관규제법 제정 이전에 학설은 크게 규범설과 계약설로 나뉘었다.[91)]

(1) 규범설: 규범설은 사업자가 당해 거래종목을 위하여 약관을 마련해 놓고 있다는 사실만에 의하여 법률과 마찬가지로 당연히 당해 거래종목의 계약에 적용된다고 보는 이론이다. 그것을 고객에게 알렸는가, 약관이 정당한가 또는 약관의 내용과 다른 개별 약정이 있었는가를 묻지 않는다. 법적 구속력을 인정하는 근거로 자치법설과 상관습법설이 있다.[92)]

가. 자치법설: 이 견해는 약관은 국가내의 부분사회가 자주적으로 제정한 법률로서 성문법 규정의 불비를 보충하는 기능을 가지며, 따라서 자치법으로서 실효성과 법원성을 갖는다고 한다. 예외로 독점기업의 일방적 이익을 위주로 하는 따위의 불공정한 내용의 약관은 법원성을 인정할 수 없다는 자치법설에 일정한 제한을 가한 견해도 있다.

나. 상관습법설: 약관 그 자체를 상관습으로 인정하는 것은 타당치 않으나, 특정한 거래에 있어서 '약관에 의한다'는 것을 내용으로 하는 상관습법이나 상관습의 성립을 인정한다는 것이다.

---

91) 정찬형, 『상법강의(하)』, 서울; 박영사(2010), 500면 이하.
92) 양승규, 70~71면.

(2) 계약설(의사설): 계약설은 규범설에 의할 경우 사업자에게 법률제정권과 같은 부당한 권한을 주게 되는 불합리를 비판하고, 일방 당사자에 의해 만들어진 약관이 효력을 갖기 위해서는 상대방의 동의를 요한다.[93]

가. 약관 그 자체가 결코 법규범이 될 수 없다. 그리고 어떤 개별계약에도 강제로 적용될 수 없으며, 기업이 약관에 의한다는 점을 밝히고 고객이 알 수 있게 약관을 명시한 경우에 한해서 약관의 내용을 구성한다.

나. 기업은 약관을 고객에게 알릴 의무를 부담하고, 계약체결 시에 약관에 의한다는 것을 명백히 밝혀야 한다.

다. 약관이 당사자의 동의에 의하여 계약내용에 흡수될 수 있는 계약적 성격을 띠는 것이라고 파악한다면 계약해석에 있어서도 법률의 해석 방법을 취해서는 안 되며 기본적으로 법률행위의 해석방법에 따라야 한다.

라. 약관은 법규범이 아니므로 법률에서와 같은 정당성의 확정을 받지 않으므로 약관의 내용이 정당한가 또는 불공정한 이익을 추구하는가를 심사할 필요가 있다.

2) 약관규제법 제정 이후

약관규제법은 계약설에 기초를 두되 약관의 사회적 기능과 조화될 수 있도록 규정하고 있다.

(1) 사업자가 계약을 계약내용으로 제안하고 약관의 내용을 고객에게 명시 및 설명하여야만 완전한 계약의 구성부분으로 될 수 있다. 그러하지 않은 경우 사업자는 약관을 계약내용으로 주장할 수 없다.

(2) 약관과 다른 개별적 합의가 행해진 경우 그 개별약정을 약관에 우선하도록 한다.

---

93) 이기수, 22면; 정찬형, 502~503면; 채이식, 466면; 최기원, 56~57면.

(3) 불공정한 약관조항은 무효로 한다. 약관규제법은 원칙적으로 모든 약관 거래에 적용되므로 보험약관과 같은 상행위약관이나 상인 간 거래를 위한 약관도 내용심사를 받는다.

3) 소 결

1990년대 이후에는 약관의 구속력의 근거로서는 계약설이 가장 타당한 견해라고 하면서도 인가약관의 경우에 예외적으로 규범설을 취하는 제한적 계약설도 주장된다. 또한 약관은 계약을 위한 초안으로서 기본적으로 계약적 성질을 갖지만 거래계에서 담당하는 규범유사의 사회적 기능을 고려하여 '규범적 요소가 가미된 계약'으로 보는 절충설도 주장되었다. 우리 법원은 약관법이 제정되기 전부터 계약설의 입장을 취하고 있었으며(대판 1985. 11. 26, 84다카2543; 대판 1986. 10. 14, 84다카122 등), 동법 제정 후에도 같은 태도를 유지하고 있다(대판 1990. 4. 27, 89다카24070).[94]

생각건대 보통보험약관은 그 자체가 법규범이기 때문에 당사자를 구속하는 것이 아니라, 당사자가 이를 개별계약의 내용으로 하였기 때문에 법률행위의 일반이론에 의하여 당사자를 구속하는 것이라고 보아야 할 것이다. 따라서 계약설의 입장을 취하는 것이 보다 타당하다고 하겠다. 이렇게 볼 경우 보통보험약관이 당사자를 구속하는 것은 당사자가 약관의 내용에 동의하였다는 것이 그 전제가 될 것이고, 그러한 약관의 해석에는 계약내용에 대한 일반적 해석원칙이 적용되어야 한다.

---

94) 보통보험약관이 계약 당사자에 대하여 구속력을 가지는 것은 그 자체가 법규범 또는 법규범적 성질을 가진 약관이기 때문이 아니라 보험계약 당사자 사이에서 계약 내용에 포함시키기로 합의하였기 때문이라고 볼 것인바, 일반적으로 당사자 사이에서 보통보험 약관을 계약내용에 포함시킨 보험계약서가 작성된 경우에는 계약자가 그 보험약관의 내용을 알지 못하는 경우에도 그 약관의 구속을 배제할 수 없는 것이 원칙이나 달리 약정한 경우에는 위 약관의 구속력은 배제된다 할 것이고, 약관의 내용이 일반적으로 예상되는 방법으로 명시되어 있지 않다든가 또는 중요한 내용이어서 특히 보험업자의 설명을 요하는 경우에도 위 약관의 구속력은 배제된다고 보아야 한다.

대판 2010. 1. 14, 2008다89514, 89521

"보험계약이 일단 그 계약 당시의 보통보험약관에 의하여 유효하게 체결된 이상 그 보험계약관계에는 계약 당시의 약관이 적용되는 것이고, 그 후 보험자가 그 보통보험약관을 개정하여 그 약관의 내용이 상대방에게 불리하게 변경된 경우는 물론 유리하게 변경된 경우라고 하더라도, 당사자가 그 개정 약관에 의하여 보험계약의 내용을 변경하기로 하는 취지로 합의하거나 보험자가 구 약관에 의한 권리를 주장할 이익을 포기하는 취지의 의사를 표시하는 등의 특별한 사정이 없는 한 개정 약관의 효력이 개정 전에 체결된 보험계약에 미친다고 할 수 없다."

3. 약관의 해석과 내용통제

1) 약관의 해석

약관은 상대방에 따라 다르게 해석해서는 안 된다. 본래 약관은 다수의 같은 계약관계를 정형적으로 처리하기 위하여 마련한 것이므로, 그것은 상대방이 누구냐를 묻지 않고서 언제나 동일하게 객관적으로 해석되어야 함은 당연한 것이다(객관적 해석의 원칙). 약관의 조항 가운데에 의미가 명확하지 않는 것이 있는 때에는, 상대방에게 유리하게 해석하여야 한다. 약관의 사용자는, 그 조항을 명백히 또한 오해가 없도록 표현하여야 하는 것이나 그렇게 하지 못한 경우의 위험은 사용자가 부담하여야 함은 당연한 것이다(작성자불이익의 원칙).

약관에 의한 거래에 있어서, 경우에 따라서는 어떤 사항에 관하여 당사자가 계약조항과는 다른 내용의 합의를 할 수도 있음은 물론이다. 이러한 경우에는 동일 사항에 관하여 내용이 서로 다른 계약조항과 당사자의 합의가 병존하게 된다. 그러한 경우에는, 당사자의 합의가 약관조항에 우선해서 적용되어야 한다(개별합의 우선의 원칙).

약관은 신의성실의 원칙에 따라 공정하게 해석하여야 하며(신의성실 및 조리에 기한 해석원칙), 이용자의 이익을 위한 면책약관은 엄격하고 제한적으로 좁게 해석하여야 할 것이다(제한적 엄격축소해석의 원칙).

대판 2010. 3. 25, 2009다38438, 38445

"보통거래약관의 내용은 개개 계약체결자의 의사나 구체적인 사정을 고려함이 없이 평균적 고객의 이해가능성을 기준으로 하여 객관적·획일적으로 해석하여야 하고, 고객보호의 측면에서 약관 내용이 명백하지 못하거나 의심스러운 때에는 고객에게 유리하게, 약관작성 자에게 불리하게 제한 해석하여야 한다."95)

2) 무효인 약관조항

(1) 약관법은 일정한 내용의 계약조항의 무효를 선언하고 있다. 이를 '불공정약관조항'이라 한다.

가. 신의성실의 원칙에 반하여 공정을 잃은 약관 조항 특히, 상대방에게 부당하게 불리한 조항 이른바 '기습조항', 상대방이 가지는 계약상의 본질적 권리를 계약목적을 달성할 수 없을 정도로 제한하는 조항은, 공정을 잃은 것으로 확정된다.

나. 상대방의 책임을 정하는 일정한 내용의 약관조항.

다. 상대방에게 과중한 손해배상의무를 부담시키는 약관조항.

라. 계약의 해제·해지에 관한 일정한 내용의 약관 조항.

마. 채무이행에 관한 일정한 내용의 약관 조항.

바. 상대방의 권익을 부당히 배제·제한 또는 박탈하는 내용의 약관조항.

사. 의사표시에 관하여, 그의 존부나 도달의 부당한 의제·방식과 요건의 부당한 제한·사용자에게 부당히 유리한 기한의 설정 등의 내용의 약관조항.

아. 상대방의 대리인의 책임을 부당히 가중하는 내용의 약관조항.

자. 상대방에게 부당하게 불리한 소 제기의 금지·재판관할의 합의·입증책임의 담보를 정하는 약관조항.

(2) 약관에 의한 계약체결에 있어서, 약관의 전부나 일부가 무효인 경우에는 그 계약의 효력은 이른바 일부무효의 원칙에 따라 처리되어야 한다. 그러나 약관법은, 이에 관한

---

95) 동지: 대판 2007. 9. 6, 2006다55005.

다음과 같은 특칙을 두고 있다. 즉 계약체결 시에 약관사용자가 상대방에게 약관을 명시하고 설명하여야 할 의무에 위반하였기 때문에 그 약관의 전부 또는 일부가 계약에 편입되지 못한 경우 또는 약관조항이 불공정 약관 조항으로서 무효로 되는 경우에는 계약은 그 무효로 된 계약부분을 제외한 나머지 부분만으로 유효하게 존속한다. 그러나 유효한 부분만으로는, 계약목적의 달성이 불가능하거나, 또는 일방 당사자에게 부당하게 불리한 때에는, 당해 계약을 무효로 한다.

(3) 국가적으로 적용되는 약관이나 특별한 사정이 있는 약관으로서 대통령령으로 정하는 것에는 약관법 제7조 내지 제14조의 적용을 조항별, 업종별로 제한할 수 있는 것으로 하고 있다. 제7조 내지 제14조의 적용을 배제하는 내용으로는, ⅰ) 국제적으로 통용되는 운수업, ⅱ) 국제적으로 통용되는 금융업, 보험업, ⅲ) 수출보험법에 의한 수출보험이 가 약관 등을 들 수 있다.

관련 판례

1) 대판 2009. 8. 20, 2009다20475, 20482

[1] 약관의 규제에 관한 법률에 의하여 약관조항이 무효인 경우 그것이 유효함을 전제로 민법 제398조 제2항을 적용하여 적당한 한도로 손해배상예정액을 감액하거나, 과중한 손해배상의무를 부담시키는 부분을 감액한 나머지 부분만으로 그 효력을 유지시킬 수는 없다.

[2] 약관의 규제에 관한 법률 제6조, 제8조의 각 규정에 비추어 보면, 고객에 대하여 부당하게 과중한 손해배상의무나 위약벌 등을 부담시키는 약관 조항은 고객에게 부당하게 불리하여 공정을 잃은 것으로 추정되고 신의성실의 원칙에 반하는 것으로서 무효라고 보아야 할 것이다.

2) 대판 2002. 7. 26, 2000다25002

"보험료 납입의 연체를 이유로 보험계약이 일정기간 경과 후 당연히 실효된다고 한 보험약관의 규정은 무효이다."

3) 대판 1991. 7. 23, 91다 12776

"어음거래상의 채무를 위한 보증계약에 있어서 어음거래 약정서의 문서상 기간을 정함이

없이 채무자가 부담하는 어음의 계속적 거래로 인한 현재 및 장래의 모든 채무를 포괄하여 보증하는 것으로 되어 있다면, 동 약정서가 처분 문서인 점에 비추어 특별한 사정이 없는 한 그 계약문서대로 해석하여야 함이 원칙이기는 하나, 다만 동 약정서가 금융기관 등에서 일률적으로 일반거래약관의 형태로 부동문자로 인쇄해 두고 사용하는 것인 경우에 그 보증을 하게 된 동기와 목적, 보증채무의 내용, 금융기관의 담보가치판단관계, 그 밖에 거래의 관행 등 제반 사정에 비추어 당사자의 의사가 계약문언과는 달리 일정범위의 거래의 보증에 국한시키는 것이었다고 해석함이 합리적인 것으로 인정되는 경우에는 계약서의 피담보채무에 관한 포괄적 기재는 일반거래약관의 예문에 불과한 것으로 보아 그 구속력을 배제함으로써 보증책임의 범위를 제한하도록 새김이 상당하다(판례의 예문해석의 법리는 불공정한 약관조항 무효라고 확인하는 것과 실질적으로 같은 효과를 가져온다)."

3) 위반약관의 규제

약관법은 제6조 내지 제14조에서 일정내용의 약관조항(불공정 약관조항)은 무효임을 규정하고 있다. 그러나 기업이 작성해서 사용하는 약관의 개별조항이, 약관법의 이들 규정에 위반한 무효의 것인지의 여부를 최종적·확정적으로 판단하는 것은 법원이다. 그러한 법원의 판단은 거래상 어떤 분쟁이 현실적으로 발생한 경우에 분쟁당사자에 의한 심리·판단의 요청, 즉 소의 제기를 기다려서 하게 되고, 또한 법원의 판결은 당해 사건에 대한 판단일 뿐이다. 소비자 보호를 위하여 구체적 분쟁이 발생하기 전에 약관조항의 무효 여부를 심사해서 무효의 것을 기업 내지 약관 사용자가 거래에 사용하지 못하게 하는 것이다. 이를 어떤 방법으로 실행하느냐는 어려운 문제이나, 우리의 약관법은 공정거래위원회로 하여금 일정한 사업자가 약관법 제17조에 의하여 사용 금지되어 있는 불공정 약관조항을 계약의 내용으로 이용하고 있는지의 여부를 조사·심의케 하고 동법 제17조에 위반한 경우에는, 그 사업자에게 당해 약관조항의 삭제·수정 등의 시정에 필요한 조치, 즉 '시정조치'를 명하게 하고 있다. 그리고 이 명령에 따르지 않는 사업자에 대해서는 엄벌에 처하는 것으로 하고 있다.

약관의 규제에 관한 법률 제6조 제1항, 제2항, 제7조 제2, 제3호가 규정하는 바와 같은 약관의 내용통제원리로 작용하는 신의성실의 원칙은 보험약관이 보험사업자에 의하여 일방적으로 작성되고 보험계약자로서는 그 구체적 조항내용을 검토하거나 확인할 충분한 기회가 없이 보험계약을 체결하게 되는 계약성립의 과정에 비추어, 약관 작성자는 계약상대방의 정당한 이익과 합리적인 기대, 즉 보험의 손해전보에 대한 합리적인 신뢰에 반하지 않고 형평에 맞게끔 약관조항을 작성하여야 한다는 행위원칙을 가리키는 것이며, 보통거래약관의작성이 아무리 사적 자치의 영역에 속하는 것이라고 하여도 위와 같은 행위원칙에 반하는 약관조항은 사적 자치의 한계를 벗어나는 것으로서 법원에 의한 내용통제 즉 수정해석의 대상이 되는 것은 당연하며, 이러한 수정해석은 조항 전체가 무효사유에 해당하는 경우뿐만 아니라 조항 일부가 무효사유에 해당하고 그 무효부분을 추출 배제하여 잔존부분만으로 유효하게 존속시킬 수 있는 경우에도 가능하다[1991. 12. 24. 전원체 90다카23899].

효력유지적 축소해석 내지 수정해석이란 약관규제법 제6조 내지 제14조 위반으로 약관조항이 무효로 되는 경우, 그 조항 전부의 무효를 선언하는 대신, 상당성의 범위를 초과하는 부분만을 무효 선언하고 상당하다고 인정되는 범위 내에서 효력을 유지시킬 수 있는가에 대하여, 다수설은 원칙적으로 효력유지적 축소해석을 부정하지만 예외적인 사정이 있는 때에는 허용한다. 대법원은 1990. 6. 26. 89다카28287 판결에서 효력유지적 축소해석을 배제하였으나, 본 판결에서 이를 인정하고 있다. 그 후 다시 1994. 5. 10. 93다30082판결에서는 약관규제법 제8조를 위반한 약관조항에 관하여 효력유지적 축소해석을 부정하였으나, 1995. 12. 12. 95다11344 판결에서 다시 이를 인정하였다.

4. 약관 교부·명시의무

보험자는 보험계약을 체결할 때에 보험계약자에게 보험약관을 교부하고 그 약관의 중요한 내용을 알려 주어야 한다(상 제638조의 3 제1항). 보험자가 명시하여야 할 의무가 있는 약관의 '중요한 내용'이란 '객관적으로 보아 보험계약자가 그러한 사실을 알았더라면 보험회사와 보험계약을 체결하지 아니하였으리라고 인정될 만한 사항'을 말한다. 보험자가 이를 위반한 때에는 보험계약자는 보험계약이 성립한 날부터 1개월 내에 그 계약을 취소할 수 있다(상 제638조의 3).

Ⅱ. 자동차보험 표준약관

1. 개 념

1) 의 의

보통보험약관은 보험계약의 대량적, 집단적, 획일적 처리를 위하여 보험자가 일정한 형식에 의하여 미리 마련한 표준적인 계약조항으로서 대부분의 보험계약은 이러한 약관에 의하여 행하여지게 된다.

2) 약관의 구속력

보통보험약관의 구속력의 근거와 관련해서는 앞서 약관 일반론에서 언급한 학설이 그대로 적용 가능할 것이다. 우리 판례는 보통보험약관의 구속력의 근거를 계약설의 입장에서 구하고 있다.[96]

3) 약관해석의 원칙

약관해석의 기본원칙으로서는, 개별합의 우선의 원칙, 신의성실 및 조리에 기한 해석원칙, 객관적 해석의 원칙, 제한적 엄격축소해석의 원칙, 작성자불이익의 원칙을 들 수 있다.

4) 약관개정의 효력

보험계약이 당시의 약관에 의하여 체결된 이상, 이후 보험업자가 약관을 변경하였다 하더라도 변경된 약관의 적용에 관한 당사자 사이의 새로운 합의 등이 없는 한 그 변경된 약관은 구 약관에 의하여 체결된 보험계약에 영향을 미치지 않는다고 본다.

---

96) 대판 1990. 4. 27, 89다카24070.

1) 대판 2010. 1. 28, 2009다72209

"자동차보험의 약관에서 규정하고 있는 고의라 함은 자신의 행위에 의하여 일정한 결과가 발생하리라는 것을 알면서 이를 행하는 심리 상태를 말하고, 여기에는 확정적 고의는 물론 미필적 고의도 포함된다고 할 것이다. 그리고 고의와 같은 내심의 의사는 이를 인정할 직접적인 증거가 없는 경우에는 사물의 성질상 고의와 상당한 관련성이 있는 간접사실을 증명하는 방법에 의하여 입증할 수밖에 없고, 무엇이 상당한 관련성이 있는 간접사실에 해당할 것인가는 사실관계의 연결상태를 논리와 경험칙에 의하여 합리적으로 판단하여야 할 것이다."

2) 대판 2009. 5. 28, 2009다9294, 9300

[1] 보통거래약관의 내용은 약관 내용이 명백하지 못하거나 의심스러운 때 고객보호의 측면에서 고객에게 유리하게, 약관작성자에게 불리하게 제한 해석하는 경우 이외에는 개개 계약체결자의 의사나 구체적인 사정을 고려함이 없이 평균적 고객의 이해가능성을 기준으로 하여 객관적·획일적으로 해석함이 원칙이라 할 것이다.

[2] 자동차의 운행으로 인한 손해배상을 보장하는 자동차보험에 관하여 규정하고 있는 '자동차손해배상 보장법'에서 말하는 '자동차'라 함은 원동기에 의하여 육상에서 이동할 목적으로 제작한 용구 또는 이에 견인되어 육상을 이동할 목적으로 제작한 용구이고, 그 '운행'이라 함은 사람 또는 화물의 운송 여부에 관계없이 자동차를 그 용법에 따라 사용하거나 관리하는 것을 말하는데(같은 법 제2조 제1, 2호), 이때 '자동차를 그 용법에 따라 사용한다'는 것은 자동차의 용도에 따라 그 구조상 설비되어 있는 각종의 장치를 각각의 장치목적에 따라 사용하는 것을 말하는 것으로서, 자동차가 주행 상태에 있지 아니한 상태에서 각종 부수적인 장치를 사용하는 것도 이에 포함되고, 또한 자동차의 당해 장치의 용법에 따른 사용 이외에 그 사고의 다른 직접적인 원인이 존재하거나 그 용법에 따른 사용의 도중에 일시적으로 본래의 용법 이외의 용도로 사용한 경우에도 전체적으로 위 용법에 따른 사용이 사고 발생의 원인이 된 것으로 평가될 수 있다면 역시 이에 포함된다고 보는 반면, '운전'의 개념에 대해서는 '도로교통법'상의 도로에서 차마를 그 본래의 사용 방법에 따라 사용하는 것을 말한다고 규정하고 있고('도로교통법' 제2조 제24호), 그중 '자동차운전'은 자동차의 원동기를 사용하는 고의의 운전행위로서, 엔진의 시동뿐만 아니라 발진조작의 완료까지 요하는 것이므로, 이는 주행 상태가 아닌 주행의 전후 단계로서 주·정차 상태에서 각종 부수적인 장치를 사용하는 것도 포함하는 '자동차손해배상 보장법'상 '운행'의 개념보다는 좁은 개념으로 해석되고 있다.

3) 대판 1999. 1. 26, 98다48682

"업무용자동차종합보험계약의 약관에서 비사업용으로 보험에 가입된 자동차를 계속적·반복적으로 유상운송에 제공하다가 발생된 사고에 관하여 보험자의 면책을 규정한 것은 주된 이유가 사업용 자동차와 비사업용 자동차는 보험사고 위험률에 큰 차이가 있어 보험료의 액수가 다르기 때문이고, 보험계약자나 피보험자가 보험계약을 체결한 후 위험이 뚜렷이 증가하거나 적용할 보험료에 차액이 생기는 사실을 안 때에 보험자에게 그 사실을 통지하도록 약관으로 규정한 것은 상법 제652조의 규정과 같은 취지에서 보험기간 중에 위험이 현저하게 변경 또는 증가된 경우 보험자에게 그 사실을 알려 보험계약을 해지하거나 변경할 수 있는 기회를 주기 위한 것이므로, 위 각 약관조항에서 규정한 면책사유나 통지의무의 대상이 되는 사실은 그로 인하여 변경 또는 증가된 위험이 보험계약 체결 당시에 존재하고 있었다면 보험자가 보험계약을 체결하지 아니하였거나 적어도 같은 보험료로는 보험을 인수하지 않았을 것으로 인정되는 사실만을 의미한다."

4) 대판 1998. 11. 27, 98다32564

[1] 일반적으로 특별법이 일반법에 우선한다는 원칙은 동일한 형식의 성문법규인 법률이 상호 모순·저촉되는 경우에 적용되는 것이고 법률이 상호 모순·저촉되는지 여부는 법률의 입법목적, 적용범위 및 규정사항 등을 종합적으로 검토하여 판단하여야 하는데, 약관의 규제에 관한 법률 제30조 제3항에서 다른 법률에 특별한 규정이 있는 경우에 그 규정이 우선 적용되는 것으로 규정하고 있는 것도 위와 같은 법률의 상호 모순·저촉 시의 특별법 우선 적용의 원칙이 약관에 관해서도 적용됨을 밝히고 있는 것이라고 할 것이다.

[2] 상법 제638조의 3 제2항은 보험자의 설명의무 위반의 효과를 보험계약의 효력과 관련하여 보험계약자에게 계약의 취소권을 부여하는 것으로 규정하고 있으나, 나아가 보험계약자가 그 취소권을 행사하지 아니한 경우에 설명의무를 다하지 아니한 약관이 계약의 내용으로 되는지 여부에 관해서는 아무런 규정도 하지 않고 있을 뿐만 아니라 일반적으로 계약의 취소권을 행사하지 아니하였다고 바로 계약의 내용으로 되지 아니한 약관 내지 약관 조항의 적용을 추인 또는 승인하였다고 볼 근거는 없다고 할 것이므로, 결국 상법 제638조의 3 제2항은 약관의 규제에 관한 법률 제16조에서 약관의 설명의무를 다하지 아니한 경우에도 원칙적으로 계약의 효력이 유지되는 것으로 하되 소정의 사유가 있는 경우에는 예외적으로 계약 전체가 무효가 되는 것으로 규정하고 있는 것과 모순·저촉이 있다고 할 수 있음은 별론으로 하고, 약관에 대한 설명의무를 위반한 경우에 그 약관을 계약의 내용으로 주장할 수 없는 것으로 규정하고 있는 약관의 규제에 관한 법률 제3조 제3항과의 사이에는 아무런 모순·저촉이 없으므로, 따라서 상법 제638조의 3 제2항은 약관의 규제에 관한 법률 제3조

제3항과의 관계에서는 그 적용을 배제하는 특별규정이라고 할 수가 없으므로 보험약관이 상법 제638조의 3 제2항의 적용 대상이라 하더라도 약관의 규제에 관한 법률 제3조 제3항 역시 적용이 된다.

[3] 일반적으로 보험자 및 보험계약의 체결 또는 모집에 종사하는 자는 보험계약의 체결에 있어서 보험계약자 또는 피보험자에게 보험약관에 기재되어 있는 보험상품의 내용, 보험료율의 체계 및 보험청약서상 기재사항의 변동사항 등 보험계약의 중요한 내용에 대하여 구체적이고 상세한 명시·설명의무를 지고 있으므로 보험자가 이러한 보험약관의 명시·설명의무에 위반하여 보험계약을 체결한 때에는 그 약관의 내용을 보험계약의 내용으로 주장할 수 없다.

[4] 보험자에게 보험약관의 명시·설명의무가 인정되는 것은 어디까지나 보험계약자가 알지 못하는 가운데 약관에 정하여진 중요한 사항이 계약 내용으로 되어 보험계약자가 예측하지 못한 불이익을 받게 되는 것을 피하고자 하는 데 그 근거가 있다고 할 것이므로, 보험약관에 정하여진 사항이라고 하더라도 거래상 일반적이고 공통된 것이어서 보험계약자가 별도의 설명 없이도 충분히 예상할 수 있었던 사항이거나 이미 법령에 의하여 정하여진 것을 되풀이하거나 부연하는 정도에 불과한 사항이라면 그러한 사항에 대하여서까지 보험자에게 명시·설명의무가 인정된다고 할 수 없다.

[5] 상법 제652조 제1항에서 보험계약자 또는 피보험자의 통지의무의 대상으로 규정된 '사고발생의 위험이 현저하게 변경 또는 증가된 사실'이란 그 변경 또는 증가된 위험이 보험계약의 체결 당시에 존재하고 있었다면 보험자가 보험계약을 체결하지 않았거나 적어도 그 보험료로는 보험을 인수하지 않았을 것으로 인정되는 사실을 말한다.

[6] 자동차보험에 있어서는 피보험자동차의 용도와 차종뿐만 아니라 그 구조에 따라서도 보험의 인수 여부와 보험료율이 달리 정하여지는 것이므로 보험계약 체결 후에 피보험자동차의 구조가 현저히 변경된 경우에는 그러한 사항이 계약 체결 당시에 존재하고 있었다면 보험자가 보험계약을 체결하지 않았거나 적어도 그 보험료로는 보험을 인수하지 않았을 것으로 인정되는 사실에 해당하여 상법 제652조 소정의 통지의무의 대상이 되고, 따라서 보험계약자나 피보험자가 이를 해태할 경우 보험자는 바로 상법 규정에 의하여 자동차보험계약을 해지할 수 있다.

[7] 자동차종합보험계약에 적용되는 보험약관에서 보험계약을 체결한 후 피보험자동차의 구조변경 등의 중요한 사항에 변동이 있을 때 또는 위험이 뚜렷이 증가하거나 적용할 보험

료에 차액이 생기는 사실이 발생한 때에는 보험계약자 또는 피보험자는 지체 없이 이를 보험자에게 알릴 의무를 규정하고 있다고 하더라도 이는 상법 제652조에서 이미 정하여 놓은 통지의무를 자동차보험에서 구체적으로 부연한 정도의 규정에 해당하여 그에 대해서는 보험자에게 별도의 설명의무가 인정된다고 볼 수가 없다.

[8] 보험계약자가 보험계약 체결 당시 보험모집인에게 장차 트럭에 크레인을 장착할 예정임을 알려 주었으나 그 후 크레인 장착을 완료한 사실을 보험자에게 통지하지 않았고, 보험모집인 역시 위 보험계약 체결 당시 보험계약자에게 구조변경 후 그 사실을 보험자에게 서면으로 알리고 보험증권에 보험자의 승인을 받아 할증된 보험료를 추가로 납입하여야 한다는 약관의 내용을 제대로 설명하지 않은 사안에서, 보험계약자가 보험모집인에 불과한 자에게 피보험차량에 크레인을 장착할 예정이라는 사실을 알려 주었을 뿐이라면, 일반적으로 보험모집인이 독자적으로 보험자를 대리하여 보험계약을 체결할 권한이 없을 뿐만 아니라 고지 내지 통지의 수령권한도 없는 점에 비추어 볼 때 그로써 피보험차량의 구조변경에 관한 통지의무를 다한 것이라고 할 수 없으므로, 보험계약자가 나아가 보험계약 체결 후에 보험자에게 크레인 장착을 완료한 사실을 통지하지 아니한 이상, 이는 보험계약자가 상법 제652조 소정의 통지의무를 해태한 것이라고 할 것이어서, 보험자가 보험약관상 규정된 보험계약 체결 후 자동차의 구조변경 사실에 관한 보험계약자의 통지의무에 관한 규정을 보험계약자에게 설명하였는지 여부와 상관없이 상법 제652조에 의하여 위 보험계약을 해지할 수가 있다고 본 사례.

2. 최근의 표준약관 개정 내용

1) 2004년 8월 1일 이후 적용 약관

동 약관 개정은 약관 내용 및 체계의 전면적인 개정이 이루어진 경우이다. 문구의 손질, 서술식 표현, 단어 및 자구의 통일성 추구 등이 행하여졌다. 아울러 관련 상법 규정과 상이한 약관내용 및 문구를 상법규정을 준용하여 개정하였다.

주요 변경 내용을 살펴보면 다음과 같다. 먼저, ⅰ) 보험금지급기준의 상향 조정을 들 수 있다(대인배상, 무보험자동차에 의한 상해). 장례비 300만 원으로 하고 과실상계를 인정하였고, 동거 여부에 관계없이 시부모, 장인 장모에게 가족위자료를 지급하도록 하였다. ⅱ) 담보별(대차료, 휴차료 등) 보상기준을 마련하였다. 가지급보험금 지급기준을 명확히 하였고, 기왕증에 대한 보상기준을 명확히 하였다. ⅲ) 보험처리 결과 등의 통보를 의무화하였다.

2) 2006년 4월 1일 이후 적용 표준약관

동 자동차보험 표준약관의 특징은 다음과 같다. 즉 ⅰ) 과오급보험료 환급제도의 도입, ⅱ) 보험수익자 지정제도, ⅲ) 자동차보험 피보험자와 자동차사고 피해자의 경제적 손실에 대한 보상을 확대하고자 부상위자료와 자동차시세 하락손해의 보상범위를 확대함으로써 자동차보험의 피해자보호기능을 강화하였다.

제2절 자동차보험 표준약관 주요 내용 개관[97]

Ⅰ. 대인배상 Ⅰ(강제책임보험)

1. 개 념

1) 의 의

자배법 제5조 제1항은 자동차보유자에게 자배법 제3조에 의한 타인이 사망 또는 부상하는 사고가 발생하여 손해배상책임을 지게 되는 경우에 대비하여 책임보험의 가입을 의무화하고 있다. 자배법에 의하여 자동차 보유자에게 가입이 강제되는 대인배상 Ⅰ은 2004. 8. 개정 약관에서 "보험회사는 피보험자가 피보험자동차를 소유, 사용, 관리하는 동안에 생긴 피보험자동차의 사고로 인하여 남을 죽게 하거나 다치게 한 때 … (중략) … 법률상 손해배상책임을 짐으로써 입은 손해를 보상한다"고 규정하고 있다.

---

97) 이하의 내용은 2004년 6월 개정된 표준약관 및 2006년 11월 이후 적용되는 자동차보험 표준약관을 참고하여 구성한 것이다.

2) 대인배상 Ⅰ 약관 규정의 변화와 문제점

2000. 8. 약관이 개정되기 전 구 약관에 의한 대인배상 Ⅰ의 보상책임은 '피보험자동차의 운행으로 인하여 남을 죽게 하거나 다치게 하여 자배법 등에 의한 손해배상책임을 짐으로써 입은 손해'로 되어 있었는데, 2000. 8. 약관 개정으로 '피보험자동차를 소유, 사용, 관리하는 동안 생긴 피보험자동차의 사고로 인하여 … (중략) … 법률상 손해배상책임을 짐으로써 입은 손해'로 바뀌어 대인배상 Ⅱ의 보상책임과 내용상 동일하게 되었고, 2004. 8. 개정 약관에서도 2003. 1. 개정약관과 같은 규정을 그대로 이어받아 두고 있다. 뿐만 아니라 피보험자의 범위도 약관 규정을 통하여 지속적으로 넓혀 왔다.

우리 법원은 2000. 8. 약관이 개정되기 전 구 약관을 해석하면서 대인배상 Ⅰ의 보상범위는 자동차보유자의 자배법상의 손해배상책임에 한정되는 것이 아니라, 민법상의 일반 불법행위책임, 사용자책임 등을 포함한다는 입장을 취하였다.[98]

2. 특 징

1) 대인배상 Ⅱ와의 관계

2004. 8. 개정 약관에 의하면, 대인배상 Ⅱ의 보상내용과 대인배상 Ⅰ의 보상내용은 '피보험자가 피보험자동차를 소유, 사용, 관리하는 동안에 생긴 피보험자동차의 사고로 인하여 남을 죽게 하거나 다치게 한 때 법률상 손해배상책임을 짐으로써 입은 손해'로 동일하지만 손해액 중에서 대인배상 Ⅰ로 지급되는 금액 또는 피보험자동차가 대인배상 Ⅰ에 가입되어 있지 아니한 경우에는 대인배상 Ⅰ로 지급될 수 있는 금액을 공제하도록 규정하고 있다. 2000. 8. 약관 개정 전의 사고에 대하여 우리 법원은[99] 자동차보유자가

---

98) 대판 1997. 6. 10, 95다22740; 회사는 피보험자가 피보험자동차의 사고로 남을 죽게 하거나 다치게 하여 법률상 손해배상책임을 짐으로써 입은 손해를 보상한다는 대인배상 Ⅱ의 약관에 의하여 보험자가 보상할 피보험자의 법률상 손해배상책임의 범위는 자동차손해배상책임보험과 달리 자배법상의 자동차보유자의 손해배상책임에 한정되는 것이 아니라, 민법상의 일반 불법행위책임, 사용자책임 등을 포함한다.

99) 대판 2000. 10. 6, 2000다32840; 자동차보유자가 자배법에 의한 손해배상책임을 지지 아니하고 민법상의 불법행위로 인한 손해배상책임만을 부담하게 된 사안에서 약관에 의하여 공제되어야 할 대인배상 Ⅰ로 지급되거나 지급될 수 있는 금액이란 피보험자가 법률상 손해배상책임을 짐으로써 입은 손해 중 대인배상 Ⅰ로 가입되어 있는지를 묻지 않고 이를 보험자가 보상할 금액에서 공제하고 그 나머지만을 보상한다는 취지이지, 사안과 같이 자동차보유자가 민법상의 불법행위로 인한 손해배상책임만을 부담하는 관계로 대인배상 Ⅰ이 적용될 여지가 없어 대인배상 Ⅰ로 지급되거나 지급될 수 있는 금액이 전혀 없는

자배법에 의한 손해배상책임을 지지 아니하고 민법상의 불법행위로 인한 손해배상책임만을 부담하게 된 사안에서, 다른 특별한 사정이 없는 한 피보험자가 법률상 손해배상책임을 짐으로써 입은 손해의 전부를 대인배상 Ⅱ로 보상받을 수 있다는 입장이다.[100]

2) 보상한도의 설정

대인배상 Ⅰ은 유한배상책임보험으로서 자배법 시행령 제3조 제1항 제1호(사망보험금), 별표 1(상해보험금), 별표 2(후유장해보험금)에 의하여 그 보상한도액이 정하여져 있다. 대인배상 Ⅰ의 보상한도액은 피해자의 보호를 위하여 그 한도액이 계속 인상되어 왔으며, 앞으로도 그 한도액은 증가할 것으로 예상된다. 책임보험금의 변동이 있는 경우 보험금 한도액의 적용일을 시행령에 규정하고 있는데 보험계약일, 사고일, 보험금청구일 중 어느 날을 적용기준일로 할 것인지가 문제 되나, 보험금청구일의 경우 인상된 보험금액에 상응하는 보험료를 부담하지도 않은 자가 인상된 보험금을 청구할 수 없다 할 것이고, 자배법 시행령은 부칙에서 인상된 보험금 한도액 적용일 이후까지 유효한 보험에 가입하고자 하는 자는 개정규정에 의한 보험금을 보상대상으로 하는 책임보험에 가입하도록 하고 있어 보험계약일에 상관없이 보험사고 발생일을 기준으로 하고 있다.

(1) 사망보험금 보상한도

(단위: 만 원)

사망자 1인당 지급한도	적용기준일 (사고발생일자 기준, 이하의 표에서도 같다.)	최저보험금
3,000만 원	1996. 8. 1. 이후 사고	1,000만 원
6,000만 원	1996. 8. 1. 이후 사고	1,500만 원
8,000만 원	1996. 8. 1. 이후 사고	2,000만 원
1억 원	2005. 2. 22. 이후 사고	2,000만 원

경우까지 대인배상 Ⅰ이 적용될 경우를 가상하여 산정한 금액을 넘는 손해를 보상한다는 취지는 아니며, 그 경우에는 다른 특별한 사정이 없는 한 피보험자가 법률상 손해배상책임을 짐으로써 입은 손해의 전부를 대인배상 Ⅱ로 보상받을 수 있다.

100) 2004. 8. 개정 약관에 따른 사고의 경우 대인배상 Ⅰ의 배상범위에 피보험자가 민법상의 손해배상책임을 지는 경우도 포함된다고 해석하는 경우, 피보험자가 대인배상 Ⅰ, Ⅱ에 모두 가입한 경우 피보험자는 그 손해를 대인배상 Ⅰ, Ⅱ에 의하여 전부 보상받게 되므로 판례의 접근방법에 의한 사안해결(대인배상 Ⅰ은 민법상의 불법행위로 인한 손해배상책임을 지는 경우를 보상범위로 포함하지 않으므로 대인배상 Ⅱ에 의하여 전부 보상한다)과 결론에 있어 차이가 없으나, 피보험자가 대인배상 Ⅰ에만 가입하였다면 보험금지급 여부에 있어 큰 차이가 발생한다.

(2) 상해보험금 보상한도

(단위: 만 원)

급별	1	2	3	4	5	6	7	8	9	10	11	12	13	14
96. 8. 1. 이후 사고	1,000	800	750	700	500	400	250	180	140	120	100	60	40	20
97. 8. 1. 이후 사고	1,500	800	750	700	500	400	250	180	140	120	100	60	40	20
2001. 8. 1. 이후 사고	1,500	800		700		400		180		120		60		
2005. 2. 22. 이후 사고	2,000	1,000		900		500		240		160		80		

(3) 후유장애 보험금

(단위: 만 원)

급별	1	2	3	4	5	6	7	8	9	10	11	12	13	14
96. 8. 1. 이후 사고	3,000	2,700	2,400	2,100	1,800	1,500	1,200	900	720	540	420	300	180	120
97. 8. 1. 이후 사고	6,000	5,400	4,800	4,200	3,600	3,000	2,400	1,800	1,440	1,080	840	600	360	240
2001. 8. 1. 이후 사고	8,000	7,200	6,400	5,600	4,800	4,000	3,200	2,400	1,800	1,500	1,200	1,000	800	500
2005. 2. 22. 이후 사고	10,000	9,000	8,000	7,000	6,000	5,000	4,000	3,000	2,250	1,880	1,500	1,250	1,000	630

3) 상해 및 후유장해 등급 산정의 문제점

위 등급에 따라 책임보험금의 한도가 달라지므로 그 적정한 등급의 산정이 실무상 중요하다 할 것인데, 그 등급 산정의 기준이 모호한 경우가 많아 감정의사, 한국배상의학회, 대한손해배상협회 등에 대한 등급 사실조회결과를 당사자들이 다투는 경우가 많고, 각 기관에서 산정한 등급도 서로 엇갈리는 경우가 종종 있는 실정이다. 재판실무상 가해차량이 책임보험에만 가입되어 있는 경우 주로 감정의사에게 위 등급을 산정하여 줄 것을 요청하고 있다.[101]

---

101) 그러나 원고가 무보험차상해담보 보험사를 상대로 보험금 청구를 하는 경우에는 원고는 등급산정에 직접적 이해관계가 없고(실 손해액 중 책임보험금 한도액까지는 책임보험사에, 그 한도를 넘는 금액은 무보험차상해담보 보험사에 각각 청구하면 되므로) 오히려 책임보험사와 무보험차상해담보 보험사와의 사이에서 책임의 범위가 쟁점이 되므로 대한손해보험협회에 위 등급을 산정하여 줄 것을 요청하는 경

자배법의 보상한도액이 상향 조정되어 가고 있어 피해자의 보상에 중요한 역할을 하고 있는 현실을 감안할 때 자배법 시행령상의 후유장해 등급 산정을 노동능력 상실률에 따라 하는 등 합리적이고 예측 가능한 등급 산정기준을 갖추는 것으로 계속적인 기준개정 노력이 요구된다.[102]

4) 피보험자의 범위

피보험자란 피보험이익의 주체로서 보험사고가 발생한 경우 보험자에 대하여 보험금의 지급을 청구할 권리가 있는 자를 지칭한다. 자동차보유자가 자배법 제5조 제1항에 의하여 강제 책임보험인 대인배상Ⅰ에 가입하게 되면 자동차보험보통약관이 정하는 바에 따라 보유자인 기명 피보험자뿐만 아니라 보유자와 일정한 관계에 있는 확대된 범위의 사람들도 보험자에게 보험금의 지급을 청구할 수 있게 된다.

(1) 보험증권에 기재된 피보험자(이하 기명 피보험자라 함): 원칙적으로 자동차등록원부상의 소유자가 기명피보험자가 된다. 소유권유보부 매매계약인 매수인, 리스계약의 리스이용자, 임대차계약의 임차인처럼 피보험자동차를 사용 또는 관리하는 지위에 있어 피보험이익을 가지고 있는 사람도 기명 피보험자가 된다.

(2) 기명피보험자와 같이 살거나 살림을 같이하는 친족으로서 피보험자동차를 사용 또는 관리 중인 자(이하 친족 피보험자라 함): 동거 친족은 그 특수한 신분으로 인하여 피보험자동차를 사용하는 일이 많으므로 피보험자의 범위에 포함시킨 것이다. 친족 피보험자는 승낙 피보험자와 달리 기명 피보험자로부터 반드시 명시적·묵시적 승낙을 얻은 후

우가 많다.

102) 실무상 경추부 또는 요추부 염좌의 경우와 같이 1년 내지 3년의 한시장해로 감정결과가 나온 경우 자배법 시행령상의 후유장해 등급 어디에 해당하는지가 문제 된다. 종국적으로는 법관이 적당하다고 생각되는 항목을 감정의사의 의견을 참작하여 규범적으로 적용하여야 할 것이나, 통상 감정의사에 대한 자배법 시행령상의 등급 사실조회 결과를 존중하여 따르는 경우가 많다. 참고로 보험회사들은 장해항목을 불문하고 감정결과가 7년 미만의 한시장해는 14급 9항을, 7년 이상의 한시장해는 해당 장해급수를 그대로 적용하되, 척추체부 염좌는 영구, 한시를 불문하고 14급 10항(국부에 신경증상이 남은 사람)을 적용한다는 내부기준을 가지고 있는 경우가 많다. 한시장해에 대해서는 자배법 시행령상 일정한 규정을 둠으로써 통일적 기준하에 예측 가능하게 처리할 수 있도록 하는 것이 바람직해 보인다. 통상 경추, 요추 염좌의 한시장해의 경우 감정병원에서 후유장해 등급 14급으로 평가하는 예가 많았다. 서울중앙지방법원 교통·산재손해배상실무연구회. 『손해배상소송실무(교통·산재)』, 서울: 한국사법행정학회(2005), 474면.

피보험자동차를 사용하거나 관리해야만 피보험자가 되는 것이 아니라 피보험자동차의 사용·관리 등에 대한 기명 피보험자의 승낙 여부를 불문하고 피보험자에 해당한다.

(3) 기명 피보험자의 승낙을 얻어 피보험자동차를 사용하거나 관리 중인 자(이하 승낙 피보험자라 함): 승낙 피보험자의 범위와 관련하여 대인배상 Ⅱ(강제책임보험 초과손해)나 대물배상에서 피보험자의 범위에서 제외하고 있는 자동차정비업, 주차장업, 급유업, 세차업, 자동차판매업, 자동차탁송업, 대리운전업 등 자동차를 취급하는 것을 업으로 하는 자가 업무로서 위탁받은 피보험자동차를 사용 또는 관리하는 경우를 대인배상 Ⅰ의 피보험자에서 제외하고 있지 않다. 피해자 보호를 주목적으로 하는 강제 책임보험의 성격상 위와 같은 자동차 취급업자들이 사고를 일으켰을 때도 보험자로 하여금 보상책임을 부담하게 하는 것이다.

(4) 기명 피보험자의 사용자 또는 계약에 의하여 기명 피보험자의 사용자에 준하는 지위를 얻은 자(단, 기명피보험자가 피보험자동차를 사용자의 업무에 사용하고 있는 때에 한함): 회사와 고용관계에 있는 직원이 자기 소유의 자동차(피보험자동차)를 회사의 업무를 위해 운행하다가 사고를 일으킨 경우 사용자인 회사는 자배법 3조에 의한 운행자 책임을 지게 되는데 이 조항에 의하여 회사는 피보험자에 해당하여 보험의 보호를 받을 수 있다.

(5) 이상의 피보험자를 위하여 피보험자동차를 운전 중인 자(운전보조자를 포함): 통상 기명피보험자 등에 의하여 고용되어 피보험자동차를 운전하는 자를 말한다. 피보험자동차의 운전자와 운전보조자[103]는 직접 가해자로서 민법상의 불법행위책임을 지는 위치에 있는 사람들이므로, 운전자가 피보험자가 되지 않는다면 대인배상 Ⅰ의 보험금을 지급한 보험자는 가해자인 운전자에게 보험자대위에 의하여 보험금 상당액을 구상하게 될 터이니 이를 피하기 위한 규정이다.
이와 관련하여 우리 법원은 구체적이고 개별적인 승낙의 유무에 관계없이 약관상의 피보험자에 해당한다고 보고 있다.[104]

---

103) 운전보조자란 운전이라는 위험한 행위를 지배하거나 이에 관여하는 자로서 운전석에서 사각지대를 감시하거나 발차, 정차, 건너기, 후퇴유도 등 운전자의 수족으로서 운전행위의 일부를 분담하고 있는 동승자를 말한다.

104) 대판 2000. 9. 29, 2000다33331; 자동차종합보험보통약관에서 말하는 '각 피보험자를 위하여 피보험자동차를 운전 중인 자(운행보조자를 포함함)'라 함은 통상 기명피보험자 등에 고용되어 피보험자동차를 운전하는 자를 의미하고 있으며, 한편 자동차종합보험보통약관에서 위와 같이 피보험자를 위하여 당해

3. 보상의 범위

2004. 8. 자동차보험표준약관 제10조에 의하면, "보험회사는 피보험자가 피보험자동차를 소유, 사용, 관리하는 동안 생긴 피보험자동차의 사고로 인하여 남을 죽게 하거나 다치게 한 때 … (중략) … 법률상 손해배상책임을 짐으로써 입은 손해를 보상한다"고 규정하고 있다. 2003 및 2004. 8. 개정 약관은 기존의, 피보험자에게 운행자성이 인정되어야 한다거나, 자동차사고의 운행기인성이 인정될 것을 보상책임의 요건으로 하고 있지 아니하여 자배법상의 책임발생요건과 달리 대인배상 Ⅰ의 보상책임의 발생 요건을 완화하여 규정하고 있는 '자배법 등에 의한 손해배상책임'이라는 문구를 폐기하고 단순히 '법률상 손해배상책임'이라고 명시하여 보상한도액이 정하여져 있다는 점을 제외하고는 대인배상 Ⅰ의 보상책임을 대인배상 Ⅱ의 보상책임과 동일하게 규정하고 있다. 대인배상 Ⅰ은 자배법을 근거로 하여 탄생한 것이지만 외관상 피보험자의 확대를 통하여 그 보상의 범위를 단순히 자동차 보유자의 자배법상의 운행자 책임만을 보장하는 한정적 내용이 아닐 뿐만 아니라[105] 대인배상 Ⅰ의 주된 기능이 피해자 보호에 있는 점을 고려할 때, 대인배상 Ⅰ의 보상범위를 자동차보유자 또는 피보험자가 민법 등에 의한 손해배상책임을 지는 경우까지도 포함하는 것으로 넓게 해석하는 것이 가능하다.[106]

피보험자동차를 운전하는 자까지 피보험자의 범위를 확대하여 규정하고 있는 취지와 위와 같은 운전자와 '기명피보험자의 승낙을 얻어 자동차를 사용 또는 관리 중인 자'를 별도의 항목에서 피보험자로 보고 있는 점 등에 비추어 본다면, 위와 같은 운전자의 경우에는 당해 운행에 있어서의 구체적이고 개별적인 승낙의 유무에 관계없이 위 약관상의 피보험자에 해당한다고 보아야 한다.

105) 2004. 8, 개정약관은 대인배상 Ⅰ의 피보험자로 앞서 살펴본 바와 같이 자동차 보유자 이외에 자동차 보유자의 친족, 자동차 보유자의 승낙을 받은 사람, 자동차 보유자의 사용자, 운전자 등을 규정하고 있다. 그중 자동차 보유자의 친족과 승낙 피보험자(자동차 취급업자 제외)는 사고 시 자동차 보유자에게 운행지배와 운행이익이 있음이 인정되어 자동차 보유자가 자배법상의 운행자 책임을 지게 될 경우를 상정한 규정이라고 이해할 수 있다. 하지만 자동차 보유자가 자동차 수리업자, 세차업자, 세차업자, 주차장업자 등에게 자동차 및 시동열쇠를 넘겨준 경우 자동차 보유자는 운행자성을 잃게 된다 할 것인데, 차량 취급업자도 피보험자로 인정하여 차량취급업자의 자배법상의 운행자 책임도 보상대상으로 하고 있다. 이를 거꾸로 말하면, 자동차 보유자에게 운행자성이 인정되지 않아 자배법상의 손해배상책임이 인정되지 않고 민법상의 일반불법행위책임만 부담하게 되는 경우에도 이를 보상대상으로 하고 있는 것이다. 뿐만 아니라 가해자로서 민법상의 손해배상책임만을 부담할 뿐인 자동차 운전자도 피보험자로 인정하여 결국 운전자의 민법상의 손해배상책임 또는 자동차 보유자의 민법상의 사용자책임까지 담보로 하고 있는 것이다.

106) 하지만 대인배상 Ⅰ의 보상의 대상이 피보험자의 자배법상의 책임인지 피보험자의 민법상의 책임인지를 구별하는 것은 피해자가 소송에서 피보험자의 과실로 구체적으로 입증하여야 할 것인지를 결정하게 되므로 여전히 그 의의가 있다.

4. 면책사항

보험계약자 또는 피보험자의 고의로 인한 손해는 보상하지 아니한다. 다만, 자배법 제9조의 규정에 다라 보험회사에 직접 청구를 한 경우에는, 보험회사는 자배법령에서 정한 액수를 한도로 피해자에게 손해배상액을 지급하고 피보험자에게 그 금액의 지급을 청구한다.

Ⅱ. 대인배상 Ⅱ

1. 의 의

대인배생 Ⅱ는 그 가입 여부가 대인배상 Ⅰ과는 달리 자동차 보유자의 자유의사에 맡겨져 있으며 책임의 한도 역시 보험가입자의 선택에 따라 무한 또는 유한배상책임으로 할 수 있는 임의책임보험이다.

2. 피보험자

1) 기명 피보험자

기명 피보험자는 사고 당시 피보험자동차를 관리 또는 사용 중인지 여부를 불문하고 항상 피보험자의 지위에 있기 때문에 타인이 절도운전 또는 무단운전을 하다가 일으킨 사고라 하더라도 기명피보험자에게 법률상 손해배상책임이 인정되는 경우라면 보험자는 대인배상 Ⅱ의 보상책임을 부담하게 된다.

2) 승낙 피보험자

기명 피보험자의 승낙을 얻어 피보험자동차를 사용 또는 관리 중인 자를 말한다. 그러나 대인배상 Ⅱ의 경우에는 대인배상 Ⅰ과 달리 자동차정비업, 주차장업, 급유업, 세차업, 자동차판매업, 자동차탁송업, 대리운전업 등[107] 자동차 취급업자가 업무로서 위탁받은 피보험자동차를 사용 또는 관리하는 경우에는 피보험자로 보지 않는다.

기명피보험자의 승낙이란 반드시 명시적이거나 자동차를 사용할 때마다 개별적으로 받아야 하는 것은 아니고, 묵시적 또는 포괄적인 승낙이어도 무방하다. 하지만 기명피보험자의 승낙은 특별한 사정이 없는 한 기명피보험자로부터의 직접적인 승낙임을 요하고, 승낙받은 자로부터 다시 승낙받은 자는 승낙 피보험자에 해당하지 않는다.108) 그러나 기명 피보험자로부터의 승낙인 이상 승낙피보험자에게 직접적으로 하건 전대를 승낙하는 등 간접적으로 하건 상관이 없는바, 자동차를 빌린 사람만이 사용하도록 승낙이 한정되어 있지 않고 전대가능성이 예상되며 기명피보험자와 자동차 빌린 사람 사이의 밀접한 관계 등으로 전대를 제한하지 아니하였을 것 이라고 추인되는 특별한 사정이 인정될 경우에는 전대의 추정적 승낙도 인정된다.109)

피보험자동차의 매도인을 기명피보험자로 하여 보험계약이 체결되고 매수인이 매도인 으로부터 피보험자동차를 매수하여 운행하던 중 사고가 발생한 경우 매수인이 승낙피보 험자에 해당하는지 여부가 문제 된다. 판례는 자동차를 매수하고 소유권 이전등록을 마 치지 아니한 채 인도받아 운행하면서 매도인과의 합의 아래 매도인을 피보험자로 자동차 종합보험계약을 체결한 경우 이를 긍정하였으나110) 매도인이 피보험자동차를 인도하였을 뿐만 아니라 사고 이전에 그 소유명의까지 이전해 준 경우에는 매수인을 승낙피보험자로 볼 수 없다고 부정하였다.111)

┌─────────────┐
│ 관련 판례 │
└─────────────┘

1) 대판 2006. 1. 13, 2005다46431

[1] 자동차보험의 만 26세 이상 한정운전 특별약관 제2조 제2항에 규정된 '피보험자동차 를 도난당하였을 경우'라 함은 피보험자의 명시적 혹은 묵시적인 의사에 기하지 아니한 채

---

107) 대판 1989. 6. 13, 88다카13851; 법원은 자동차종합보험약관상 자동차취급업자에 대한 보험자 대위권 을 인정하고 있는 경우 그 사업자는 영업형태가 자동차의 정비, 보관, 주유, 가공, 판매와 같이 자동차 를 매체로 하는 유상쌍무계약에 기초하여 타인의 자동차를 수탁하는 것 자체를 업무로 기인하여 배상 책임을 부담하는 경우의 위험대책비가 당연히 영업비용으로서 그 대가에 포함되어 있는 것에 비추어 기명피보험자들과는 별도의 책임주체로 보고 피보험자로부터 배제하려는 데 보험약관의 취지가 있으므 로 자동차 육상운송업은 비록 약관규정에 명시되어 있지 않더라도 자동차취급업자에 포함된다고 해석 함이 상당하다고 판시하였다.
108) 대판 1997. 3. 14, 95다48728.
109) 대판 1993. 1. 19, 92다32111.
110) 대판 1994. 6. 14, 94다15264.
111) 대판 1996. 7. 30, 96다6110.

제3자가 피보험자동차를 운전한 경우를 말하고, 기명피보험자의 승낙을 받아 자동차를 사용하거나 운전하는 자로서 보험계약상 피보험자로 취급되는 승낙피보험자의 승인만이 있는 경우에는 원칙적으로 피보험자의 묵시적인 승인이 없는 것으로 보아야 하나, 보험약관상 피보험자동차를 운행할 자격이 없는 운전가능연령 미달자에게 자동차를 빌려 준 경우에는 그 대여 당시 다른 운전가능연령 미달자가 승낙피보험자의 지시 또는 승낙을 받아 그 자동차를 운전하는 것을 승인할 의도가 있었음을 추단할 수 있는 직접적 또는 간접적 표현이 있는 때에 해당한다고 보아야 한다.

[2] 자동차보험계약에서 만 26세 이상 한정운전 특별약관에 가입된 기명피보험자는 자신의 선택에 따라 적은 보험료를 내는 특혜를 받는 만큼 타인에게 피보험자동차의 운전을 허락하는 경우에는 운전자의 연령이 운전가능연령에 해당한다고 믿을 만한 특별한 사정이 없는 한 운전자의 연령을 확인할 의무가 있고, 그 확인을 게을리 함으로써 운전가능연령 미달자에게 자동차를 빌려 준 경우에도 그 승낙피보험자의 운전은 물론 그의 지시 또는 승낙하의 다른 운전가능연령 미달자의 운전 역시 달리 특별한 사정이 없는 한 당초의 한정운전 특별약관 위반상태의 연장에 불과하여 이를 예견할 수 있었던 것으로 봄이 상당하다 할 것이니, 위 운전가능연령 미달자의 운전은 승낙피보험자의 승인뿐만 아니라 기명보험자의 묵시적인 승인의 의도도 있었던 때에 해당한다고 보아야 한다.

2) 대판 2000. 10. 6, 2000다32840

"기명피보험자로부터 피보험자동차를 임대받아 운행하는 자는 영업용자동차보험 보통약관상 '기명피보험자로부터 허락을 얻어 피보험자동차를 운행하는 자'에 해당한다."

3) 대판 2000. 4. 25, 99다68027

"기명피보험자로부터 피보험자동차인 기중기를 그 소속 기사와 함께 임대받아 이를 사용하여 자신의 관리와 책임 아래 중기작업을 한 자는 자동차종합보험약관상 기명피보험자의 승낙을 얻어 피보험자동차를 사용 또는 관리 중인 자(이른바 승낙피보험자)에 해당한다."

4) 대판 1997. 3. 14, 95다48728

[1] 업무용자동차종합보험보통약관 제11조는 약관 소정의 배상책임에서 피보험자라 함은 보험증권에 기재된 피보험자 즉 기명피보험자 외에 기명피보험자의 승낙을 얻어 피보험자동차를 사용 또는 관리 중인 자 등을 피보험자로 명시하고 있는데, 여기서 말하는 기명피보험자의 승낙이라 함은 반드시 명시적이거나 개별적일 필요는 없고 묵시적 또는 포괄적 승낙도

가능하지만 특별한 사정이 없는 한 피보험자의 직접적인 승낙임을 요하고, 승낙받은 자로부터 다시 승낙받은 자는 제11조 소정의 피보험자에 해당하지 않는다.

[2] 업무용자동차종합보험보통약관 제1조에 의하면 피보험자가 보험증권에 기재된 피보험자동차의 운행으로 인하여 남을 죽게 하거나 다치게 하여 자동차손해배상보장법 등에 의한 손해배상책임을 짐으로써 입은 손해는 보험자가 보상하도록 되어 있고, 약관 제11조는 피보험자의 개념을 규정하면서 기명피보험자뿐만 아니라 승낙피보험자 등 복수의 피보험자를 열거하고 있으므로, 보험자인 피고로서는 피보험자동차의 운전자가 누구이든지 간에 약관 제11조 소정의 복수의 피보험자 중에서 한사람이라도 자동차손해배상보장법 등에 의한 자동차 운행자로서 손해배상책임을 지게 되는 자가 있는 경우에 그 피보험자의 손해를 보상하여야 하는 것이고, 피보험자동차의 운전자가 기명피보험자나 승낙피보험자가 아니라고 하여 바로 그 보상책임이 면제되는 것이 아니다.

5) 대판 1996. 7. 30, 96다6110

"차량 매수인이 매도인의 승낙을 얻어 기명피보험자를 매도인으로 하고 주 운전자를 매수인으로 하여 보험회사와 사이에 체결한 자동차종합보험계약이 유효하게 성립하였다 하더라도, 매도인이 차량에 대한 운행지배 관계 및 피보험이익을 상실한 것으로 인정되는 경우에 있어서는 매수인을 약관에 정한 기명피보험자의 승낙을 얻어 자동차를 사용 또는 관리 중인 자로 볼 수 없고, 매도인이 매수인에게 차량을 인도하였을 뿐 아니라 당해 차량사고 이전에 그 소유명의까지 이전해 주었다면, 특별한 사정이 없는 한 매도인은 사고 당시 차량에 대한 운행지배 및 피보험이익을 상실한 것으로 보아야 한다."

6) 대판 1994. 6. 14, 94다15264

"자동차를 매수하고 소유권이전등록을 마치지 아니한 채 자동차를 인도받아 운행하면서 매도인과의 합의 아래 매도인을 피보험자로 한 자동차종합보험계약을 체결하였다면, 그 매수인은 자동차종합보험계약의 약관에 따른 기명피보험자의 승낙을 얻어 자동차를 사용 또는 관리 중인 자 즉 승낙피보험자에 해당된다."

대를 승낙하는 등 간접적으로 하건 상관이 없다.

7) 대판 1993. 1. 19, 92다32111

가. 자동차종합보험 보통약관에서 피보험자를 보험증권에 기재된 기명피보험자, 기명피보

험자의 승낙을 얻어 피보험자동차를 사용·관리 중인 승낙피보험자 등으로 열거하여 규정하고 있는 경우 승낙피보험자는 기명피보험자로부터의 명시적, 개별적 승낙을 받아야만 하는 것이 아니고 묵시적, 포괄적인 승낙이어도 무방하나, 그 승낙은 기명피보험자로부터의 승낙임을 요하고, 기명피보험자로부터의 승낙인 이상 승낙피보험자에게 직접적으로 하건 전대를 승낙하는 등 간접적으로 하건 상관이 없다.

나. 자동차를 빌려 주면서 포괄적인 관리를 위임한 경우 전대까지 승낙한 것으로 보아야 하고, 그 전대의 승낙은 명시적, 개별적일 필요는 없고 묵시적, 포괄적이어도 무방하며, 자동차를 빌린 사람만이 사용하도록 승낙이 한정되어 있지 아니하고 자동차의 전대가능성이 예상되며 기명피보험자와 자동차를 빌리는 사람과의 사이에 밀접한 인간관계나 특별한 거래관계가 있어 전대를 제한하지 아니하였을 것이라고 추인할 수 있는 등 특별한 사정이 있는 경우에는 전대의 추정적 승낙도 인정할 수 있다.

3. 보상내용

대인배상 Ⅱ의 경우 피해자 1인당 보험자가 보상할 금액은 보험약관의 '보험금지급기준에 의해 산출된 금액'과 '비용'을 합한 액수에서 '대인배상 Ⅰ로 지급되는 금액' 또는 '지급될 수 있는 금액'을 공제한 액수로 한다. 그 한도는 보험증권에 기재된 보험금액으로 한다. 이때 보험자가 보상할 피보험자의 '법률상 손해배상책임'의 범위는 민법상의 일반불법행위책임, 사용자배상책임 등을 포함한다.

4. 면책약관

1) 면책약관 개별 적용의 원칙

자동차보험에 있어서 동일 자동차사고로 인하여 피해자에 대하여 배상책임을 지는 피보험자가 복수로 존재하는 경우에는 그 피보험이익도 피보험자마다 개별로 독립하여 존재하는 것이니만큼 각각의 피보험자마다 손해배상책임의 발생요건이나 면책조항의 적용 여부 등을 개별적으로 가려서 보상책임의 유무를 결정하는 것이 원칙이므로, 자동차보험약관에 정한 보험자 면책조항의 적용 여부를 판단함에 있어서는 특별한 사정이 없는 한 그 약관에 피보험자 개별적용조항을 별도로 규정하고 있지 않더라도 피보험자별로 보험자 면책조항의 적용 여부를 가려 그 면책 여부를 결정하여야 할 것이다.

우리 법원 역시 "자동차보험약관에 정한 보험자 면책조항의 적용 여부를 판단함에 있어서는 특별한 사정이 없는 한 그 약관에 피보험자 개별적용 조항을 별도로 규정하고 있지 않더라도 피보험자별로 보험자 면책조항의 적용 여부를 가려 그 면책 여부를 결정하여야 하고, 그 약관의 규정 형식만으로 복수의 피보험자 중 어느 한 사람이 면책조항에 해당한다고 하여 보험자가 모든 피보험자에 대한 보상책임을 면하는 것으로 해석할 것은 아니다"라고 판시함으로써 면책약관 개별 적용의 원칙을 선언하고 있다.[112]

관련 판례

대판 1998. 4. 23, 97다19403

[1] [다수의견] 자동차보험에 있어서 동일 자동차사고로 인하여 피해자에 대하여 배상책임을 지는 피보험자가 복수로 존재하는 경우에는 그 피보험이익도 피보험자마다 개별로 독립하여 존재하는 것이니만큼 각각의 피보험자마다 손해배상책임의 발생요건이나 면책조항의 적용 여부 등을 개별적으로 가려서 보상책임의 유무를 결정하는 것이 원칙이므로, 자동차보험약관에 정한 보험자 면책조항의 적용 여부를 판단함에 있어서는 특별한 사정이 없는 한 그 약관에 피보험자 개별적용조항을 별도로 규정하고 있지 않더라도 피보험자별로 보험자 면책조항의 적용 여부를 가려 그 면책 여부를 결정하여야 하고, 그 약관의 규정 형식만으로 복수의 피보험자 중 어느 한 사람이 면책조항에 해당한다고 하여 보험자가 모든 피보험자에 대한 보상책임을 면하는 것으로 해석할 것은 아니며, 이와 같은 법리는 대물배상에 있어서도 마찬가지로 적용되어야 한다.

[반대의견] 자동차보험약관은 자동차보험계약의 보험자가 상대방과 계약을 체결하기 위하여 일정한 형식에 의하여 미리 마련한 계약의 내용이 되는 것을 말하므로, 그 내용은 약관의 규제에 관한 법률이나 상법 등 강행규정에 반하지 아니하는 한 원칙적으로 보험자마다 또 대인배상과 대물배상을 구별하여 각각 달리 정할 수 있다. 대인배상과 대물배상은 다 같이 피보험자 또는 제3자의 손해를 보호하는 면에 있어서는 동일하지만 궁극적으로 보호하려는 것은 전자는 사람의 생명 또는 신체인 데 대하여 후자는 재물이므로, 그 보호의 정도나 법적 규율의 정도는 서로 다르게 취급할 수 있으며, 이는 자동차손해배상보장법을 살펴보더라도 명확하다. 이와 같이 대물배상과 대인배상에 있어서 피보험자 및 피해자의 보호 정도

---

112) 대판 1998. 4. 23, 97다19403(전원합의체); 대판 1999. 11. 26, 98다42189; 대판 1997. 6. 27, 97다10512.

나 법적 규율을 달리하고 있고 보험약관에서도 면책조항의 내용과 방식을 달리 정하고 있는 점 등을 고려하여 보면, 보험약관의 면책조항을 개별 적용할 것인지의 여부는 개별약관에서 정하는 바에 따라 대인배상과 대물배상을 각각 달리 해석하여야 하는 것이 당연하고, 또 그렇게 해석한다고 하여도 서로 저촉문제가 일어날 수 없다.

[2] 갑은 기명피보험자로서 중기대여업자인 을로부터 덤프트럭을 그 소속 운전기사 병과 함께 임차하여 갑의 지휘·감독하에 병으로 하여금 이를 운전하게 하였는데, 병이 덤프트럭을 운전하다가 부주의하게 후진한 과실로 갑이 사용·관리하던 제3자 소유의 재물이 파손된 경우, 을은 기명피보험자, 갑은 을이 가입한 영업용자동차보험약관 제22조 제3항 소정의 승낙피보험자, 병은 위 약관 제22조 제5항 소정의 운전피보험자이어서 피해자에게 배상책임을 지는 피보험자가 복수로 존재하는 경우라고 할 것이므로, 위에서 본 법리에 따르면 위 약관의 각 면책조항에서 정한 '피보험자'란 면책사유와 관련이 있는 '당해 피보험자'를 의미하는 것으로 해석하여야 할 것인바, 갑에 대한 관계에 있어서는 위 약관의 면책조항인 제21조 제2항 제1호 소정의 '피보험자가 사용 또는 관리하는 재물'에 해당하고, 병에 대한 관계에 있어서는 위 약관의 면책조항인 제21조 제2항 제2호 소정의 '피보험자가 사용자의 업무에 종사하고 있을 때 피보험자의 사용자가 사용 또는 관리하는 재물에 생긴 손해'에 해당하므로, 보험자에게 면책사유가 존재한다고 할 것이나, 을에 대한 관계에 있어서는 을은 위 피해 재물을 소유, 사용 또는 관리하는 자가 아니고, 갑이 을의 사용자로 되거나 을이 갑의 업무를 수행한 일도 없으므로 위 약관 제21조 제2항 제1호, 제2호 소정의 각 면책사유에 해당되지 아니하므로, 보험자의 보험금지급책임이 면책되는 것은 아니다.

2) 면책사유

(1) 보험계약자 또는 피보험자의 고의로 인한 손해: 우연한 사고를 보험사고로 하는 보험의 본질과 관련된 조항으로 보험계약자나 피보험자가 아닌 제3자의 고의에 의한 보험사고는 면책사유에 해당하지 않는다.

(2) 전쟁, 혁명, 내란, 사변, 폭동, 소요 및 이와 유사한 사태에 기인한 손해, 지진, 분화, 태풍, 홍수, 해일 등의 천재지변에 의한 손해, 핵연료물질의 직접 또는 간접적인 영향에 기인한 손해: 이를 면책사유로 한 것은 이러한 사태하에서는 보험사고 발생의 빈도나 그 손해 정도를 예측하는 것이 거의 불가능하여 타당한 보험료를 산정하기 어려울 뿐만 아니라 사고 발생 시 사고의 대형화와 손해액의 누적적 증대로 인하여 보험단체의 붕괴

를 가져올 우려가 있기 때문이다.113)

(3) 요금이나 대가를 목적으로 반복적으로 피보험자동차를 사용하거나 대여한 때에 생
긴 손해114): 유상운송 중의 사고를 보험자의 면책사유로 규정하고 있는 것은 비사업용
자동차를 유상운송에 제공하는 행위가 여객자동차운수사업법(제73조 제1항, 제81조)에
의하여 처벌대상이 될 뿐만 아니라, 사업용자동차와 비사업용자동차는 보험사고의 위험
률에 큰 차이가 있어 보험료의 액수도 다르기 때문이다. 즉 별도의 위험담보특약에 의하
여 추가로 보험료를 납부하여야만 그 위험이 인수된다고 하겠다.115)

(4) 피보험자가 손해배상에 관하여 제3자와 사이에 다른 계약을 맺고 있을 때 그 계약
으로 말미암아 늘어난 손해: 보험자는 사고로 인한 통상적인 손해에 대해서만 보상책임
을 부담하는 것이고, 피보험자가 제3자와 손해배상책임에 대하여 특약을 맺은 경우라도
특약으로 인하여 늘어난 손해에 대해서는 책임이 없는 것이다.

(5) 피보험자 본인이 무면허운전을 하였거나, 기명피보험자의 명시적·묵시적 승인하
에서 피보험자동차의 운전자가 무면허운전을 하였을 때에 생긴 사고로 인한 손해116):

---

113) 대판 1994. 11. 22, 93다55975; 화재보험보통약관에서 '지진, 분화, 해일, 전쟁, 외국의 무력행사, 혁명,
내란, 사변, 폭동, 소요, 기타 이들과 유사한 사태'를 보험자의 면책사유로 규정하고 있다면, 이러한 규
정의 취지는 위와 같은 사태하에서는 보험사고 발생의 빈도나 그 손해 정도를 통계적으로 예측하는 것
이 거의 불가능하여 타당한 보험료를 산정하기 어려울 뿐만 아니라 사고발생 시에는 사고의 대형화와
손해액의 누적적인 증대로 보험자의 인수능력을 초과할 우려가 있다는 데에 있는바, 본래 보험제도 자
체가 쉽게 예측하기 어려운 장래의 우연적, 돌발적 사고로 인한 손해를 담보하기 위한 것이므로 위와
같은 사고발생의 예측 곤란과 피해 극대화를 이유로 한 면책사유의 요건은 이를 엄격하게 해석하여야
할 것이고, 따라서 위 조항에 열거된 면책사유 중 소요는 폭동에는 이르지 아니하나 한 지방에서의 공
공의 평화 내지 평온을 해할 정도로 다수의 군중이 집합하여 폭행, 협박 또는 손괴 등 폭력을 행사하는
상태를 말하는 것으로 보아야 할 것이다.
114) 위 면책조항은 단서로 "다만, 1개월 이상의 기간을 정한 임대차계약에 의하여 임차인이 피보험자동차를
전속적으로 사용하는 경우에는 보상합니다. 그러나 임차인이 피보험자동차를 요금이나 대가를 목적으
로 반복적으로 사용하는 경우에는 보상하지 아니합니다"라고 규정하고 있다.
115) 대판 1999. 9. 3, 99다10349; 피보험자동차의 운행이 위 약관에서 말하는 유상운송에 해당되려면 단순
히 운행과 관련하여 반복적으로 금원을 지급받았다는 것만으로 부족하고, 그 운행의 형태가 당초 예정
한 것과 달라져 위험이 보험자가 예상한 것 이상으로 커지는 정도에까지 이르러야 한다.
116) 1996. 8. 1. 개정 전의 자동차보험표준약관에서는 '피보험자동차의 운전자가 무면허운전을 하였을 때에
생긴 사고로 인한 손해'로 규정하고 있었기 때문에 이 면책조항의 효력을 두고 논란이 있었다. 이와 관
련하여 우리 법원은 "무면허운전 면책약관이 사고 발생 시에 무면허 운전 중이었다는 법규위반 상황을
중시하여 사고발생의 원인과 관계없이 보험자를 면책시키고자 한 것이므로, 피보험자의 고의 또는 중과
실 여부와 관계없이 보험자를 면책시키고자 한 것이므로, 피보험자의 고의 또는 관리가 가능한 상황에
서 이루어진 경우에 한하여 적용되는 조항으로 수정 해석하는 한도 내에서 유효하고, 무면허운전이 보

가. 무면허운전의 의미: 무면허운전이란 도로교통법 또는 건설기계관리법의 운전(조종)면허에 관한 규정에 위반하는 무면허 또는 무자격운전을 말하며, 운전(조종)면허의 효력이 정지 중에 있거나 운전(조정)의 금지 중에 있을 때에 운전하는 것을 포함한다고 한다.117)

나. 승인: 실제로 무면허 운전에 대하여 명시적 승인이 있었는지 여부를 판단하는 것은 별 어려움이 없으나, 어떠한 상황에서 묵시적 승인이 있었다고 볼 것인지가 문제이다. 이와 관련하여 우리 법원은 "무면허면책약관의 유효요건인 보험계약자나 피보험자의 '묵시적 승인'은 명시적 승인의 경우와 동일하게 면책약관의 적용으로 이어진다는 점에서 보험계약자나 피보험자의 무면허운전에 대한 승인 의도가 명시적으로 표현되는 경우와 동일시할 수 있는 정도로 그 승인 의도를 추단할 만한 사정이 있는 경우에 한정되어야 하고, 이러한 묵시적 승인이 있었다고 보아야 할 사정의 존부는 평소 무면허운전자의 운전에 관하여 보험계약자나 피보험자가 취해 온 태도뿐만 아니라, 보험계약자나 피보험자와 무면허운전자의 관계, 평소 차량의 운전 및 관리 상황, 당해 무면허운전이 가능하게 된 경위와 문제로 된 무면허운전의 목적 등 제반 사정을 함께 참작하여 인정하여야 한다"는 입장을 취하고 있다.118)

승낙피보험자도 승인의 주체가 될 수 있는가가 문제 되는데, 우리 법원은 승낙피보험자의 승인119)만이 있는 경우에는 위 면책조항이 적용되지 않는다는 입장을 취하고 있다.120)

험계약자나 피보험자의 지배 또는 관리가 가능한 상황에서 이루어진 경우라고 함은 구체적으로 무면허운전이 보험계약자나 피보험자 등의 명시적 또는 묵시적 승인하에 이루어진 경우를 말한다"고 판시하여 위 면책조항의 적용범위를 제한하였다(대법원 1991. 12. 24, 선고 90다카23899 전원합의체 판결).

117) 대판 2000. 5. 30. 99다66236; 위 면책조항은 사고 발생의 원인이 무면허운전에 있음을 이유로 한 것이 아니라, 사고 발생 시에 무면허운전 중이었다는 법규위반 상황을 중시하여 이를 보험자의 보험대상에서 제외시키는 사유로 규정한 것으로서, 운전자가 그 무면허운전 사실을 인식하지 못하였다고 하더라도 면책약관상의 무면허운전에 해당한다. 동지: 대판 1998. 3. 27, 97다6308.

118) 대판 2000. 5. 30, 99다66236; 기명피보험자의 승낙을 받아 자동차를 사용하거나 운전하는 자로서 보험계약상 피보험자로 취급되는 자(이른바 승낙피보험자)의 승인만이 있는 경우에는 보험계약자나 피보험자의 묵시적인 승인이 있다고 할 수 없어 무면허운전 면책약관은 적용되지 않는다. 동지: 대판 1999. 4. 23, 98다61395; 대판 1998. 3. 24, 96다38391; 대판 1998. 7. 10, 98다1072.

119) 대판 1993. 11. 23, 93다41549; 승인은 운전 자체에 대한 것이 아니라 무면허자가 하는 운전에 대한 것일 것을 요한다. 따라서 무면허운전자의 구체적인 운전행위 그 자체는 피보험자 등의 명시적 승인 내지 지시에 의하여 이루어졌다고 하더라도 피보험자가 차량의 관리자 내지 운전자의 사용자로서 그에게 요구되는 통상의 주의 의무를 다하였음에도 운전자의 무면허사실을 알 수 없었던 특별한 사정이 있는 경우에는 위 면책조항이 적용되지 않는다.

120) 대판 2000. 5. 30, 99다66236; 기명피보험자의 승낙을 받아 자동차를 사용하거나 운전하는 자로서 보험계약상 피보험자로 취급되는 자(이른바 승낙피보험자)의 승인만이 있는 경우에는 보험계약자나 피보험자의 묵시적인 승인이 있다고 할 수 없어 무면허운전 면책약관은 적용되지 않는다.

1) 대판 2003. 11. 13, 2002다31391

"무보험자동차에 의한 상해담보특약과 같이 자동차보험 대인배상 Ⅱ에 가입된 자동차에 의하여 사고를 당한 피해자가 그 자동차보험계약의 무면허운전 면책약관이나 21세 한정운전 특약에 의하여 대인배상 Ⅱ에서 정한 손해보상을 받지 못하는 경우에 그 손해를 보전하기 위하여 상해담보특약에서 정한 보험금을 지급하는 것을 내용으로 하는 보험계약에 있어서 무면허운전 면책약관에 해당되어 대인배상 Ⅱ에서 정한 손해배상을 받지 못하는지는 무면허운전 면책약관은 무면허운전이 보험계약자나 피보험자의 지배 또는 관리 가능한 상황에서 이루어진 경우에 한하여 적용되므로 그 자동차보험의 보험계약자나 피보험자와 무면허운전 자의 관계, 평소 차량의 운전 및 관리 상황, 당해 무면허운전이 가능하게 된 경위와 그 운행 목직, 평소 무면허운전자의 운전에 관하여 보험계약자 또는 피보험자가 취해 온 태도 등의 제반 사정을 함께 참작하여, 그와 같은 무면허운전에 대하여 보험계약자 또는 피보험자의 승인 의도를 추단할 만한 사정이 있는지에 따라 판단하여야 한다."

2) 대판 2002. 9. 24, 2002다27620

[1] 자동차보험에 있어서 피보험자의 명시적·묵시적 승인하에서 피보험자동차의 운전자 가 무면허운전을 하였을 때 생긴 사고로 인한 손해에 대해서는 보상하지 않는다는 취지의 무면허운전 면책약관은 무면허운전이 보험계약자나 피보험자의 지배 또는 관리 가능한 상황 에서 이루어진 경우에 한하여 적용된다.

[2] 자동차보험에 있어서 26세 이상 한정운전 특별약관 제2조 제2항 소정의 '피보험자동 차를 도난당하였을 경우'라 함은 피보험자의 명시적이거나 묵시적인 의사에 기하지 아니한 채 제3자가 피보험자동차를 운전한 경우를 말한다.

[3] 무면허운전 면책약관 또는 26세 이상 한정운전 특별약관 제2조 제2항 소정의 '피보 험자동차를 도난당하였을 경우'에 있어서 피보험자의 묵시적 승인(의사)은 명시적 승인의 경 우와 동일하게 면책약관이 적용되므로 무면허 또는 도난운전에 대한 승인 의도가 명시적으 로 표현되는 경우와 동일시할 수 있는 정도로 그 승인 의도를 추단할 만한 사정이 있는 경 우에 한정되어야 하고, 무면허 또는 도난운전이 보험계약자나 피보험자의 묵시적 승인하에 이루어졌는지 여부는 보험계약자나 피보험자와 무면허 또는 도난운전자의 관계, 평소 차량 의 운전 및 관리 상황, 당해 무면허 또는 도난운전이 가능하게 된 경위와 그 운행 목적, 평 소 무면허 또는 도난운전자의 운전에 관하여 보험계약자나 피보험자가 취해 온 태도 등의 제반 사정을 함께 참작하여 인정할 것이다.

(6) 피보험자 등에 대한 면책약관: 자동차보험표준약관(2004. 8.)에 의하면, 다음에 해당하는 사람이 죽거나 다친 경우에는 보상하지 않는다.

가. 기명피보험자 또는 그 부모, 배우자 및 자녀: 이러한 자들을 보호의 대상에서 제외하는 이유는 피보험자나 운전자의 배우자 등이 사고로 손해를 입은 경우에는 그 가정 내에서 처리함이 보통이고 손해배상을 청구하지 않는 것이 사회통념에 속한다고 보이며, 이러한 경우의 보호는 별도의 보험인 자기신체사고보험에 의하도록 하고 있는 점 등에 미루어 보면, 위 약관규정이 약관의 규제에 관한 법률 제7조 제2호에 위반된다거나 경제적인 강자인 보험자에게 일방적으로 유리한 규정에 해당하여 무효라고 할 수 없다.121)

나. 피보험자동차를 운전 중인 자(운전보조자를 포함) 또는 그 부모, 배우자 및 자녀: 피보험자동차를 운전 중인 자라 함은 기명피보험자나 승낙피보험자 등 약관 소정의 피보험자를 포함하여 현실적으로 피보험자동차를 운전하는 모든 사람을 의미하는 것이 아니라 기명피보험자나 승낙피보험자 등 약관 제11조 제1호 내지 제4호 소정의 피보험자를 위하여 피보험자동차를 운전 중인 자를 의미한다고 해석함이 상당하다.122)

다. 기명피보험자로부터 허락을 얻어 피보험자동차를 운행하는 자 또는 그 부모, 배우자 및 자녀: 여기에서의 승낙피보험자는 자배법상의 운행자성이 있는 승낙피보험자를 의미한다.123)

라. 배상책임이 있는 피보험자의 피용자로서 산업재해보상보험법에 의한 재해보상을 받을 수 있는 사람: 일반적으로 업무상 재해위험은 통상적인 자동차위험보다 그 위험도가 높으며 만약 재해의 도구가 자동차가 된 것뿐 본질적으로는 기업위험에 해당하는 업무상 재해를 자동차보험으로 담보하게 되면 자동차 위험 외의 업무상 재해까지 고려된 높은 보험료를 일반인이 부담하게 되기 때문이다.124)

마. 피보험자가 피보험자동차를 사용자의 업무에 사용하는 경우 그 사용자의 업무에 종사 중인 다른 피용자로서 산업재해보상보험법에 의한 재해보상을 받을 수 있는 사람(다만, 피용자인 기명피보험자가 개인으로서 법률상 손해배상책임을 지는 경우에는 그 손해를 보상함): 전항의 업무상 재해면책조항은 사용자가 피보험자로서 그 피용자의 업무상 재해가 발생한 경우에 사용자의 피용자에 대한 배상책임에 대하여 보험자가 면책된다. 본 항은 동일한 사용자에게 고용되어 있는 피용자들 사이에 한 피용자가 다른 피용자에게 업무상 재해를 입힌 경우에 피보험자인 한 피용자의 동료 피용자에 대한 책임에 대하여 보험자가 면책되고 산업재해보상보험법에 의해 보상받도록 하는 규정이다. 단서 규정은 사용자의 차량이 아닌 피용자 개인의 차량으로서 그 용도가 상시 사용자의 업무적 용도에 제공하기 위한 것이 아니고 예외적·제한적으로 사용자의 업무에 사용되는 경우에도 보험자를 면책시키는 것은 부당하므로 이를 업무상 재해의 범위에서 제외시켜 사용자가 아닌 기명피보험자를 가능한 한 자동차보험에서 보호하겠다는 취지이다.

Ⅲ. 대물배상

1. 개 념

    피보험자가 피보험자동차를 소유, 사용, 관리하는 동안에 생긴 피보험자동차의 사고로 인하여 남의 재물을 없애거나 훼손한 때에 법률상 손해배상책임을 짐으로써 입은 손해를 보상하는 보험을 말한다. 2003. 8. 21. 법률 제6969호로 개정된 자배법에서는, 동법 제5조 제2항에 대물손해에 대한 책임보험의 가입을 강제하는 규정을 신설하였다. 그러나 자배법상의 책임을 규정하고 있는 동법 제3조에는 대물손해에 대한 규정을 두고 있지 않으므로 대물손해에 대한 책임은 여전히 자배법에 의한 책임이 아니라 민법상의 책임이다. 따라서 대인사고와 대물사고가 결합하게 마련인 통상의 교통사고에 있어 실질적 무과실책임주의가 적용되는 대인배상책임과 민법상의 과실책임주의가 적용되는 대물배상책임은 그 책임요건이 일치하지 않는다.

---

121) 대판 1993. 9. 14, 93다10774.

122) 대판 1998. 2. 27, 96다41144. 다만, 2003. 1, 개정 약관에서 피보험자동차를 운전 중인 자의 부모, 배우자 및 자녀의 사상의 경우 기명피보험자의 법률상 손해배상책임이 성립하는 경우에는 보험자는 보상책임을 부담한다는 규정을 추가하였고, 현행 약관도 이를 유지하고 있다.

123) 구 약관에서는 '배상책임의무가 있는 피보험자가 죽거나 다친 경우'에 면책된다고 하였으나, 현행약관에서는 승낙 피보험자가 사고발생시 현실적으로 배상책임을 부담하는지 여부에 관계없이 운행자성이 있는 승낙피보험자 및 일정 범위 가족을 면책대상으로 한 것이다. 다만, 2003. 1. 개정 약관에서 승낙피보험자의 부모, 배우자 및 자녀의 사상의 경우 기명피보험자의 법률상 손해배상책임이 성립하는 경우에는 보험자는 보상책임을 부담한다는 규정을 추가하였고, 현행 약관도 이를 유지하고 있다.

124) 대판 2002. 9. 4, 2002다4429; 위 면책조항은 노사관계에서 발생하는 재해보상에 대해서는 원칙적으로 산업재해보상보험에 의하여 전보받도록 하고 제3자에 대한 손해배상책임을 전보하는 것을 목적으로 한 자동차보험의 대인배상 범위에서는 이를 제외하려는 데 그 취지가 있는 것이므로, 피해자가 산업재해보상보험법에 의한 재해보상을 받을 수 있는 사람인 경우에는 보험사는 위의 면책약관에 따라 피보험자에 대하여 보상책임을 지지 아니하게 되는 것이고, 한편 구 산업재해보상보험법(1994. 12. 22. 법률 제4826호로 전문 개정되기 전의 것) 제6조 제1항, 제7조의 각 규정에 의하면, 사업의 사업주는 동법 제4조단서, 동법 시행령 제2조의 사업이 아닌 한 당연히 산업재해보상보험의 보험가입자가 되어 당해 사업 개시일에 보험관계가 성립하는 것으로 규정하고 있으므로 위와 같이 당연 가입되는 사업주가 사업을 개시한 후에 그 사업에 소속한 근로자가 업무상 재해를 입은 때에는 그는 당연히 위 법소정의 보험급여의 지급을 청구할 수 있다고 할 것이고, 사업주가 동법 시행령 제4조 제1항 소정의 보험관계 성립의 신고를 하거나 보험료를 납부하는 등의 절차를 밟은 후에 발생한 업무상 재해에 한하여 보험급여의 지급을 청구할 수 있는 것은 아니므로, 재해를 입은 근로자가 보험급여를 실제로 지급받은 경우에 한하여 위 면책조항이 적용되는 것은 아니다.

2. 보상내용

대물배상의 경우 매 사고에 대하여 보험자가 보상할 금액은 보험약관의 '보험금지급기준에 의해 산출한 금액'과 '비용'을 합한 액수에서 사고차량을 고칠 때에 부득이 엔진, 미션 등 중요한 부분을 새 부분품으로 교환한 경우 '그 교환된 기존 부분품의 감가상각에 해당하는 금액'을 공제한 후 보험금으로 지급하는데, 보험증권에 기재된 보험금액을 한도로 한다(약관 제10조 1. (2)).

약관은 수리비용과 교환비용, 대차료, 휴차료, 영업손실을 인정하고 있는 이외에도 사고로 인한 자동차(출고 후 1년 이내인 자동차에 한함) 수리비용이 사고 직전 자동차가액의 30%를 초과하는 경우 수리비용의 10%를 지급한다는 규정을 두어 자동차시세 하락손해도 제한적 범위에서나마 대물손해로 인정하고 있다(약관 제25조 제6항).[125]

3. 면책약관

면책사유는 다음과 같다.

- 보험계약자, 피보험자의 고의로 인한 손해
- 전쟁, 혁명, 내란, 사변, 폭동, 소요 기타 이들과 유사한 사태로 인한 손해
- 지진, 분화, 태풍, 홍수, 해일 또는 이들과 유사한 천재지변으로 인한 손해
- 핵연료물질의 직접 또는 간접적인 영향에 기인한 손해
- 요금이나 대가를 목적으로 반복적으로 피보험자동차를 사용하거나 대여한 때에 생긴 손해. 다만, 1개월 이상의 기간을 정한 임대차계약에 의하여 임차인이 피보험자동차를 전속적으로 사용하는 경우에는 보상함. 그러나 임차인이 피보험자동차를 요금이나 대가를 목적으로 반복적으로 사용하는 경우는 보상하지 아니함
- 피보험자가 손해배상에 관하여 제3자와의 사이에 다른 계약을 맺고 있을 때 그 계약으로 말미암아 늘어난 손해
- 피보험자 본인이 무면허운전을 하였거나, 기명피보험자의 명시적, 묵시적 승인하에서 피보험자동차의 운전자가 무면허운전을 하였을 때에 생긴 사고로 인한 손해

---

125) 자동차시세 하락손해는 2001. 8. 1,자 개정 약관부터 인정되어 오고 있다.

- 요금이나 대가를 목적으로 반복적으로 피보험자동차를 사용하거나 대여한 때에 생긴 사고로 인한 손해
- 피보험자동차를 시험용(단, 운전면허시험을 위한 도로주행시험용은 제외), 또는 경기용이나 경기를 위한 연습용으로 사용하던 중 생긴 손해
- 피보험자 또는 그 부모, 배우자 및 자녀가 소유, 사용 또는 관리하는 재물에 생긴 손해
- 피보험자가 사용자의 업무에 종사하고 있을 때 피보험자의 사용자가 소유, 사용 또는 관리하는 재물에 생긴 손해
- 피보험자동차에 싣고 있거나 운송 중인 물품에 생긴 손해
- 남의 서화, 골동품, 조각물 기타 미술품과 탑승자와 통행인의 의류나 소지품에 생긴 손해
- 탑승자와 통행인의 분실 또는 도난으로 인한 소지품에 생긴 손해. 그러나 훼손된 소지품에 대해서는 피해자 1인당 200만 원의 한도 내에서 실손 보상

Ⅳ. 자기차량보험

1. 보상내용 및 보험사고

자동차종합보험계약의 자기차량손해는 피보험자동차를 소유, 사용, 관리하는 동안에 생긴 사고로 인하여 피보험자동차에 직접적으로 생긴 손해를 보상하는 손해보험(물건보험)이다. 여기의 손해는 자손과 타손으로 나눌 수 있는데, 자손의 경우는 피보험자의 과실로 인한 경우에 한하고, 타손인 경우에는 피해자의 보험자가 보상하게 되고 가해자 또는 가해자의 보험자에게 구상할 수 있다. 그러나 실무에서는 보통 가해자의 보험자가 보상하고 있다. 보상하는 손해는 자동차에 생긴 직접손해에 한하며 원칙적으로 간접손해에 해당하는 휴차손해 또는 상실이익 등은 보험자가 보상하지 않는다. 이는 자기차량손해보험에서의 피보험이익이 자동차에 대한 소유권으로서 피보험자동차에 생긴 손해를 보상하는 것이지 피보험자에게 생긴 모든 손해를 보상하는 것은 아니기 때문이다.

자동차보험표준약관은 ⅰ) 타 차 또는 타 물체와의 충돌, 접촉, 추락, 전복 또는 차량의 침수126)로 인한 손해, ⅱ) 화재, 폭발, 낙뢰, 날아온 물체, 떨어지는 물체에 의한 손해

또는 풍력에 의해 차체에 생긴 손해, iii) 피보험자동차 전부의 도난으로 인한 손해를 보험사고로 하고 있다(약관 13조 제1항).

2. 보험가액

물건보험이므로 그 손해를 산정하기 위하여 보험가액이 결정되어야 한다. 보험개발원이 정한 차량기준가액표[127])에 따라 보험계약을 맺었을 때에는 사고발생 당시의 보험개발원이 정한 최근의 차량기준가액을 보험가액으로 하고, 이러한 차량기준가액이 없거나 이와 다른 가액으로 보험계약을 맺었을 경우 보험증권에 기재된 가액이 손해가 생긴 곳과 때의 가액을 현저하게 초과할 때에는 그 손해가 생긴 곳과 때의 가액을 보험가액으로 한다(약관 제16조 제9항).

3. 보험자의 보상책임

보험자는 '피보험자동차에 생긴 손해액'과 '비용'을 합한 액수에서 보험증권에 기재된 '자기부담금'을 공제한 후 보험금으로 지급한다(약관 제13조 1. (2)). 전손의 경우는 매 사고에 대하여 보험가액을 기준으로 보험증권에 기재된 보험금액을 한도로 보상하며, 보험금액이 보험가액보다 많은 경우에는 보험가액을 한도로 보상한다(약관 제13조 1. (2) ① 가). 분손의 경우는 사고가 생기기 바로 전의 상태로 만드는 데 드는 수리비, 수리 시 부분품의 값과 그 부착비용 및 피보험자동차를 고칠 수 있는 곳까지 운반하는 데 든 비용을 지급한다(약관 제13조 1. (2) ① 나. 다. 라). 이때 교환가격보다 높은 수리비를 요하는 경우에는, 특별한 사정이 없는 한 그 수리비 가운데 교환가격을 넘는 부분은 피보험자의 부담으로 한다.

---

126) 예전의 약관은 한때 '도로운행 중 차량의 침수'로 인한 손해로 그 대상을 한정하고 있어 위 규정의 해석에 있어 대법원은 "도로운행 중이라 함은 약관 소정의 도로 자체의 운행뿐만 아니라 도로에서의 회전 등을 위하여 필요한 범위 내에서 도로를 부득이 이탈한 운행도 포함되는 것으로 해석한다"고 판시(대판 1999. 7. 13, 99다20346 · 20353)한 바 있으나, 현행 약관은 '차량의 침수'란 흐르거나 고인 물, 역류하는 물, 범람하는 물, 해수 등에 피보험자동차가 빠지거나 잠기는 것을 말하며, 차량 도어나 선루프 등을 개방해 놓았을 때 빗물이 들어간 것은 침수로 보지 않는다는 규정을 두어 도로를 벗어난 곳에서의 차량 침수 피해도 보상의 대상으로 확장하고 있다.
127) 차량기준가액표는 보험개발원이 매 분기에 적용할 차량의 기준가액을 정하여 발표한다.

4. 면책약관

면책사유는 다음과 같다(약관 제14조 1. (6)).

- 보험계약자, 피보험자, 이들의 법정대리인, 피보험자와 같이 살거나 살림을 같이하는 친족의 고의로 인한 손해
- 전쟁, 혁명, 내란, 사변, 폭동, 소요 기타 이들과 유사한 사태로 인한 손해
- 지진, 분화 등 천재지변에 인한 손해[128]
- 핵연료물질의 직접 또는 간접적인 영향에 기인한 손해
- 요금이나 대가를 목적으로 반복적으로 피보험자동차를 사용하거나 대여한 때에 생긴 손해. 다만, 1개월 이상의 기간을 정한 임대차계약에 의하여 임차인이 피보험자동차를 전속적으로 사용하는 경우에는 보상함. 그러나 임차인이 피보험자동차를 요금이나 대가를 목적으로 반복적으로 사용하는 경우는 보상하지 아니함
- 소유권이 유보된 매매계약이나 대차계약에 따라 피보험자동차를 산 사람 또는 빌려 쓴 사람의 고의로 인한 손해
- 사기 또는 횡령으로 인한 손해
- 국가나 공공단체의 공권력행사에 의한 압류, 징발, 몰수, 파괴 등으로 인한 손해(단, 소방이나 피난에 필요한 조치로서 취하여진 경우는 제외)
- 피보험자동차에 생긴 흠, 마멸, 부식, 녹 그 밖의 자연소모로 인한 손해
- 피보험자동차의 일부 부분품, 부속품, 부속기계장치만의 도난으로 인한 손해
- 동파로 인한 손해 또는 우연한 외래의 사고에 직접 관련되지 아니한 전기적, 기계적 손해
- 피보험자동차를 시험용(단, 운전면허시험을 위한 도로주행시험용은 제외), 또는 경기용이나 경기를 위한 연습용으로 사용하던 중 생긴 손해
- 피보험자동차를 운송 또는 싣고 내릴 때에 생긴 손해
- 피보험자동차가 주정차 중일 때 다른 자동차의 충돌 도는 접촉에 의하지 아니한 사

---

128) 구 약관에서는 한때 '지진, 분화, 태풍, 홍수, 해일 또는 이들과 유사한 천재지변'으로 규정되어 있다가 2004. 8. 1,자 개정 자동차보험표준약관에서는 '지진, 분화 등'으로만 규정하고 있다. 이는 위 개정 약관의 대인배상 Ⅱ, 대물배상 및 무보험자동차에 의한 상해가 '지진, 분화, 태풍, 홍수 해일 등'을 천재지변의 예로 들고 있는 것과 대비되는 것으로 태풍, 홍수, 해일 등의 자연재해는 자기차량손해의 보상의 범위에 포함함을 뜻하는 것이다.

고로 인한 타이어나 튜브에만 생긴 손해. 다만, 화재, 산사태에 의한 손해는 보상함
- 보험계약자, 피보험자, 이들의 법정대리인, 피보험자와 같이 살거나 살림을 같이하는
  친족, 피보험자동차를 빌려 쓴 사람 또는 피보험자동차에 관계되는 이들의 피용자
  (운전자를 포함)가 무면허운전을 하였거나 음주운전을 하였을 때,129) 마약 또는 약
  물 등의 영향에 의하여 정상적인 운전을 하지 못할 상태에서 피보험자동차를 운전
  하고 있는 때에 생긴 손해

관련 판례

대판 2000. 10. 6, 2000다32130

"자기차량 손해보험은 물건보험으로서 손해보험에 속하기는 하나 보험금이 최종적으로
귀속될 자가 보험계약자 또는 피보험자 자신들이므로 대인·대물배상 보험에 있어서와 같이
제3자(피해자)의 보호를 소홀히 할 염려가 없을 뿐만 아니라, 보험계약자나 피보험자의 지배
관리가 미치지 못하는 자동차 운전자의 음주운전 여부에 따라 보호를 받지 못한다고 하더라
도 자기차량 손해보험의 보상금 상한이 제한되어 있어 보험계약자나 피보험자가 이를 인용
할 여지도 있는 점 등에 비추어 보면, 보험계약자나 피보험자가 입은 자기차량 손해가 자동
차종합보험의 음주면책약관 조항과 같이 보험계약자 등이 음주운전을 하였을 때에 생긴 손
해에 해당하는 경우에는 그 면책조항의 문언 그대로 아무런 제한 없이 면책되는 것으로 해
석하여야 하고, 이러한 법리는 자동차종합보험의 무면허 면책약관 조항의 경우에도 마찬가
지로 적용된다."

---

129) 물건보험인 자기차량손해에서 무면허운전 면책의 효력은 제한 없이 인정된다. 보험계약자의 피용자 또
는 친족이 무면허운전을 하던 중 생긴 사고라면 보험계약자가 무면허운전을 명시적 또는 묵시적으로
승낙하였는지 여부에 관계없이 위 면책약관조항이 문언 그대로 적용되는 것이다. 사고가 무면허운전 중
에 발생한 이상 사고와 무면허운전과 사이에 인과관계가 있을 것을 요하지도 않는다. 우리 법원은 보험
계약자의 피용자가 무면허 상태에서 굴삭기를 운전하던 중 약 25미터 높이에서 바위덩어리가 굴삭기
위로 갑자기 떨어짐으로써 수리가 불가능할 정도로 굴삭기가 파괴된 사안에서 무면허운전 면책약관의
취지는 무면허운전의 경우 사고의 위험성이 통상의 경우보다 극히 증대하는 것이어서 그러한 위험은
보험의 대상으로 삼을 수 없다는 취지 외에도 보험자로서는 무면허운전과 사고 사이의 인과관계의 존
재 여부를 입증하기가 곤란한 경우에 대비하여 사고가 무면허운전 중에 발생한 경우 인과관계의 존부
에 상관없이 면책되어야 하다는 취지도 포함되었다고 판시하였다; 대판 1990. 6. 22, 89다카32965.

V. 자기신체사고보험

1. 보상내용 및 보험금액

자기신체사고보험은 피보험자가 피보험자동차를 소유, 사용, 관리하는 동안에 생긴 피보험자동차의 사고로 인하여 사상한 때에 그로 인한 손해를 보상하는 보험으로서(약관 제11조 1. (1)),[130] 그 법적 성질은 인보험이다.[131] 보험금액은 사망보험금, 부상보험금 및 후유장애보험금으로 나뉘어 사고마다 지급된다(약관 제11조 1. (2)).

2. 보험자의 보상책임

보험금의 계산방법은 약관의 규정에 따르게 되는데, 보험자는 '자기신체사고보상액'에서 '공제액'을 공제한 후 보험금으로 지급한다(약관 제11조 1. (3)). 여기서의 '자기신체사고보상액'이란 피보험자의 사상의 정도에 따라 보험약관에 정해진 보험금액 또는 그 보험금액 범위 내에서의 실제치료비를 의미한다. 또한 '공제액'은 대인배상 I, II 에 의하여 보상받을 수 있는 금액과 피보험자가 사고 당시 탑승 중 안전벨트를 착용하지 아니한 경우 자기신체사고보상액에서 운전석 또는 그 옆 좌석은 20%, 뒷좌석은 10%에 상당하는 금액을 말한다(약관 제11조 1. (4) (5)).

자기신체사고보험의 보험금에 관하여 약정보험금에서 상대차량이 가입한 대인배상 I, II 로 보상받을 수 있는 금액을 공제한 액수만을 지급한다는 공제규정은 약관설명의무의 대상이 된다.[132]

---

130) 우리 법원은 보험증권에 기재된 자동차를 운전하다가 그 타이어가 파손되어 이를 살펴보기 위하여 도로변에 위 자동차를 정차시킨 후 하차한 피보험자가 다른 자동차에 충돌되어 사망한 경우 자기신체사고보험에 있어서의 보험사고에 해당되지 않는다는 입장이다(대판 1989. 4. 25, 88다카11787).

131) 대판 1998. 12. 22, 98다35730; 자기신체사고 자동차보험(자손사고보험)은 피보험자의 생명 또는 신체에 관하여 보험사고가 생길 경우에 보험자가 보험계약이 정하는 보험금을 지급할 책임을 지는 것으로서 그 성질은 인보험의 일종이다.

132) 대판 2004. 11. 25, 2004다28245.

3. 보험자의 면책사유

면책사유는 다음과 같다(약관 제14조 1. (4)).

- 피보험자의 고의로 그 본인이 상해를 입은 때
- 피보험자가 범죄를 목적으로 피보험자동차를 사용하던 중 또는 자살, 싸움으로 그 본인이 상해를 입은 때
- 상해가 보험금을 받을 자의 고의로 생긴 때에는 그 사람이 받을 수 있는 금액
- 피보험자가 마약 또는 약물 등의 영향에 의하여 정상적인 운전을 하지 못할 상태에서 피보험자동차를 운전하던 중 생긴 사고로 그 본인이 상해를 입은 때
- 피보험자동차 또는 피보험자동차 이외의 자동차를 시험용(단, 운전면허시험을 위한 도로주행시험용은 제외), 또는 경기용이나 경기를 위한 연습용으로 사용하던 중 생긴 손해
- 전쟁, 혁명, 내란, 사변, 폭동, 소요 기타 이들과 유사한 사태로 피보험자가 상해를 입은 때
- 지진, 분화 등 천재지변에 의한 손해
- 핵연료물질의 직접 또는 간접적인 영향에 기인한 손해
- 요금이나 대가를 목적으로 반복적으로 피보험자동차를 사용하거나 대여한 때에 생긴 손해. 다만, 1개월 이상의 기간을 정한 임대차계약에 의하여 임차인이 피보험자동차를 전속적으로 사용하는 경우에는 보상함. 그러나 임차인이 피보험자동차를 요금이나 대가를 목적으로 반복적으로 사용하는 경우는 보상하지 아니함.

관련 판례

대판 2009. 2. 26, 2008다59834, 59841

[1] 자동차보험계약상 자기신체사고로 규정된 "피보험자가 피보험자동차를 소유, 사용, 관리하는 동안에 생긴 피보험자동차의 사고로 인하여 상해를 입었을 때"라고 함은, 피보험자가 피보험자동차를 그 용법에 따라 소유, 사용, 관리하던 중 그 자동차에 기인하여 피보험자가 상해를 입은 경우를 의미하고, 이때 자동차를 그 용법에 따라 사용한다는 것은 자동차의 용도에 따라 그 구조상 설비되어 있는 각종의 장치를 각각의 장치목적에 따라 사용하는 것을 말하는 것으로서 자동차가 반드시 주행상태에 있지 않더라도 주행의 전후단계인 주·정차 상태에서 문을 여닫는 등 각종 부수적인 장치를 사용하는 것도 포함한다. 그러므로 자동

차를 주·정차한 상태에서 하차할 때 주·정차하는 곳에 내재된 위험요인이 하차에 따른 사고 발생의 한 원인으로 경합되어 사람이 부상한 경우에는 자동차의 운행으로 인하여 발생한 사고에 해당한다고 볼 수 있을 뿐만 아니라, 이는 피보험자가 피보험자동차를 소유, 사용, 관리하는 중에 그로 인하여 생긴 사고로서 자동차보험계약이 정하는 보험사고에 해당한다고 볼 수도 있다.

[2] 피보험자인 운전자가 차량을 정차한 후 시동과 전조등이 켜진 상태에서 운전석 문을 열고 내리던 중 무언가에 걸려 균형을 잃고 빙판길 노면에 넘어지면서 머리를 강하게 부딪쳐 상해를 입은 사안에서, 자동차를 소유, 사용, 관리하는 동안에 그로 인하여 발생한, 자동차보험계약이 정한 보험사고에 해당한다고 본 사례.

Ⅵ. 무보험자동차에 의한 상해보험

1. 개 념

1) 의 의

무보험자동차에 의한 상해보험은 자동차보험의 피보험자가 무보험자동차에 의하여 생긴 사고로 죽거나 다쳤을 때에, 그 손해에 대하여 배상의 의무자가 있을 경우 그 손해를 보상하는 보험이다.

2) 법적 성질

무보험자동차에 의한 상해보험의 법적 성질이 상해보험인지 손해보험인지에 대하여 견해가 갈리고 있다. 생각건대 무보험자동차에 의한 상해보험의 법적 성질을 손해보험으로서의 성질과 함께 상해보험으로서의 성질도 갖고 있는 손해보험형 상해보험으로 보아야 할 것이다. 우리 법원은 그 법적 성질과 관련하여, "피보험자가 무보험자동차에 의한 교통사고로 인하여 상해를 입었을 때에 그 손해에 대하여 배상할 의무자가 있는 경우 보험자가 약관에 정한 바에 따라 피보험자에게 그 손해를 보상하는 것을 내용으로 하는 무보험자동차에 의한 상해담보특약은 손해보험으로서의 성질과 함께 상해보험으로서의 성질도 갖고 있는 손해보험형 상해보험으로서, 상법 제729조 단서의 규정에 의하여 당사자 사이에 다른 약정이 있는 때에는 보험자는 피보험자의 권리를 해하지 아니하는 범위 안에서 피보험자의 배상의무자에 대한 손해배상청구권을 대위 행사할 수 있다"는 입장을 취하고 있다.133)

보험금산정에 있어서 과실상계가 가능할 것인가에 대해서는 보험약관에도 과실상계에 관한 규정을 두고 있음을 고려해 보건대 과실상계는 가능하다고 하겠다.134) 기왕증 기여도를 참작할 것인가와 관련해서는 과실상계와는 달리 보험약관에 기왕증 기여도 참작에 관한 규정이 없음을 이유로 무보험자동차에 의한 상해보험의 경우에는 기왕증 기여도를 참작해서는 안 된다는 주장도 있으나 기여도를 참작하는 것이 타당할 것이다.

관련 판례

1) 대판 2003. 12. 26, 2002다61958

[1] 피보험자가 무보험자동차에 의한 교통사고로 인하여 상해를 입었을 때에 그 손해에 대하여 배상할 의무자가 있는 경우 보험자가 약관에 정한 바에 따라 피보험자에게 그 손해를 보상하는 것을 내용으로 하는 무보험자동차에 의한 상해담보특약은 손해보험으로서의 성질과 함께 상해보험으로서의 성질도 갖고 있는 손해보험형 상해보험으로서, 상법 제729조 단서의 규정에 의하여 당사자 사이에 다른 약정이 있는 때에는 보험자는 피보험자의 권리를 해하지 아니하는 범위 안에서 피보험자의 배상의무자에 대한 손해배상청구권을 대위 행사할 수 있다.

[2] 자동차보험약관의 용어풀이상 무보험자동차라고 함은 자동차보험 대인배상 Ⅱ나 공제계약이 없는 자동차, 자동차보험 대인배상 Ⅱ나 공제계약에서 보상하지 아니하는 경우에 해당하는 자동차, 피보험자를 죽게 하거나 다치게 한 자동차가 명확히 밝혀지지 않은 경우에 그 자동차 등을 의미한다고 할 것인데, 교통사고를 일으킨 가해차량을 피보험자동차로 하여 자동차보험 대인배상 Ⅱ 계약을 체결한 보험회사가 피해자에 대하여 예컨대 그 사고가 무면허운전 중에 일어난 사고라는 이유 등으로 면책약관을 내세워 보험금의 지급을 거절한 관계로 당해 교통사고에 대한 가해차량 보험회사의 면책 여부가 문제로 되어 결과적으로 가해차량 보험회사의 보상책임 유무가 객관적으로 명확히 밝혀지지 않은 경우에 있어서의 가해차

---

133) 대판 2003. 12. 26, 2002다61958; 대판 2000. 2. 11, 99다50699.
134) 서울고판 1998. 6. 11, 97나60588.

량 역시 위 약관에서 말하는 무보험차에 해당한다고 보아 피해자가 자신의 보험회사에 대하여 위 특약에 따른 보험금의 지급을 청구할 수 있다고 보는 것이 피해자에 대한 신속한 피해보상을 목적으로 하는 자동차보험정책은 물론이고, 약관의 뜻이 명백하지 아니한 경우에는 고객에게 유리하게 해석되어야 한다는 약관의 규제에 관한 법률 제5조 제2항 소정의 약관 해석 원칙에도 부합한다.

2) 대판 1999. 7. 23, 98다31868

개인용자동차종합보험 보통약관 중 무보험자동차에 의한 상해조항에서, 보험회사가 무보험자동차에 의한 사고로 지급책임을 지는 금액은 피보험자 1인당 금 1억 원을 한도로 하며(약관 제41조 제1항), 회사가 지급하는 보험금은 <별표 1>의 보험금 지급 기준 중 대인배상 Ⅱ에 의하여 산출한 금액과 약관 40.(비용)에서 정한 비용을 합친 금액에서 다음 가 호의 금액을 공제한 액수로 한다(약관 제41조 제2항)고 규정하고, 그 공제 항목의 하나로서 자동차손해배상보장법에 의한 대인배상 Ⅰ 또는 책임공제에 의하여 지급될 수 있는 금액을 열거하며, 또한 약관 <별표 1>은 '1. 대인배상 Ⅰ - 책임보험, 2. 대인배상 Ⅱ - 책임보험초과손해, 3. 대물배상, 4. 과실상계 등'으로 나누어져 있고, 위 '1. 대인배상 Ⅰ' 항목 안에는 '라. 과실상계 등'을 규정하고 있는 데 반해, 위 '2. 대인배상 Ⅱ' 항목과 '3. 대물배상' 항목에는 '과실상계 등' 항목을 규정하지 않고, 별도로 '4. 과실상계 등'이라는 항목을 만들어 그 항목에서 "대인배상 Ⅱ 및 대물배상에 의하여 산출한 금액에 대하여 피해자 측의 과실비율에 따라 상계한다"고 규정하고 있는 경우, 위 약관 제41조 제2항에 '2. 대인배상 Ⅱ에 의하여 산출한 금액'이라고 하지 않고 '대인배상 Ⅱ에 의하여 산출한 금액'이라고 하고 있으며, 대인배상 Ⅱ에 의하여 지급되는 보험금은 '2. 대인배상 Ⅱ' 항목에 의하여 산출한 금액에 '4. 과실상계 등' 항목에 의해 과실상계를 한 금액을 말하므로 결국 대인배상 Ⅱ에 의하여 산출한 금액이란 '2. 대인배상 Ⅱ에 의하여 산출한 금액'에 '4. 과실상계 등' 항목을 적용하여 산출한 금액을 뜻한다고 해석하여야 한다고 본 사례.

2. 보상내용 및 보험자의 보상책임

1) 보상내용

피보험자가 무보험자동차에 의하여 생긴 사고로 사상한 때 그로 인한 손해에 대하여 '배상의무자'가 있는 경우에 약관에서 정한 바에 따라 보상한다(약관 제12조 1. (1)). 여기서의 '배상의무자'란 무보험자동차의 사고로 인하여 피보험자를 사상케 함으로써 피보험자에게 입힌 손해에 대하여 법률상 손해배상책임을 지는 자를 말한다(약관 제16조 ⑥). 무보험자동차보험금의 청구요건으로 '배상의무자가 있을 경우'란 배상의무자가 객관적으로 존재하면 족하고 그 자가 구체적으로 누구인지까지 알 수 있어야 할 필요는 없다. 따라서 소위 뺑소니사고와 같이 배상의무자가 특정되지 않는 경우에도 이 보험의 대상이 될 것이나, 피보험자의 일방적 과실에 의하여 발생한 사고와 같이 상대방에게 법률상의 손해배상책임이 발생하지 않은 경우에는 이 보험의 적용이 없다.

피보험자가 가해자로부터 손해배상금을 지급받고 나머지 청구를 포기하는 내용의 합의를 한 경우가 문제인데, 원칙적으로 보험자의 동의 없이 가해자에 대한 권리를 임의로 포기한 경우에는 보험자의 대위권을 침해하게 되므로 보험금청구권을 잃게 된다고 하겠다. 그러나 교통사고 가해자가 합의 당시 피해자가 무보험자동차 상해담보특약에 따른 보험금을 수령하리라는 사정을 알고 있었던 경우, 장차 보험자에 대한 구상책임을 비롯한 일체의 손해배상책임까지 면제받는 취지라기보다는 보험자가 피해자에게 지급하는 보험금의 범위 내에서 보험자가 취득하게 되는 대위권의 행사를 유보한 채 손해배상금의 일부를 수수하기로 합의한 것으로 보아야 할 것이다.[135]

관련 판례

대판 2000. 2. 11, 99다50699

[1] 피보험자가 무보험자동차에 의한 교통사고로 인하여 상해를 입었을 때에 그 손해에 대하여 배상할 의무자가 있는 경우 보험자가 약관에 정한 바에 따라 피보험자에게 그 손해를 보상하는 것을 내용으로 하는 무보험자동차에 의한 상해담보특약은 손해보험으로서의 성질과 함께 상해보험으로서의 성질도 갖고 있는 손해보험형 상해보험으로서, 상법 제729조 단서의 규정에 의하여 당사자 사이에 다른 약정이 있는 때에는 보험자는 피보험자의 권리를 해하지 아니하는 범위 안에서 피보험자의 배상의무자에 대한 손해배상청구권을 대위 행사할 수 있다.

[2] 교통사고 가해자가 합의 당시 피해자가 무보험자동차 상해담보특약에 따른 보험금을 수령하리라는 사정을 알고 있었던 경우, 장차 보험자에 대한 구상책임을 비롯한 일체의 손해배상책임까지 면제받는 취지라기보다는 보험자가 피해자에게 지급하는 보험금의 범위 내에서 보험자가 취득하게 되는 대위권의 행사를 유보한 채 손해배상금의 일부를 수수하기로 합의한 것으로 봄이 상당하다고 한 사례.

---

135) 대판 2000. 2. 11, 99다50699.

2) 보험금 산정기준과 방법

보험자는 약관의 보험금지급기준에 의해 산출한 금액과 비용을 합한 액수에서 공제액을 공제한 후 보험금으로 지급한다(약관 제12조 1. (2)). 여기에서 보험금지급기준에 의해 산출한 금액은 피보험자 1인당 2억 원을 한도로 하며, 보험금의 산출방법 및 이에 공제할 금액은 약관에 규정되어 있다.[136)]

무보험자동차에 의한 상해보상특약에 있어서 보험금액의 산정기준이나 방법이 명시·설명의무의 대상에 해당하는가와 관련하여서는 그 대상이 되지 않는다는 것이 우리 법원의 입장이다.[137)]

약관상 일실수입의 산정에 있어 현실소득액의 입증이 곤란한 자나 가사종사자, 무직자의 경우에 있어 그 임금 적용을 어떻게 할 것인가가 관련하여 문제 되고 있다. 생각건대 무직자, 가정주부, 농촌노동종사자 등과 같이 어느 통계소득을 적용할 것인지가 명백하지 못한 때에는 보험계약자에게 다소 유리한 대한건설협회의 보통인부 임금을 적용하여야 할 것이다. 이는 서울중앙지방법원 손해배상전담부(교통·산재)의 실무 관행이기도 하다.

관련 판례

대판 2004. 4. 27, 2003다7302

가. 일반적으로 보험자 및 보험계약의 체결 또는 모집에 종사하는 자는 보험계약의 체결에 있어서 보험계약자 또는 피보험자에게 보험약관에 기재되어 있는 보험상품의 내용, 보험

---

136) 무보험자동차에 의한 상해보험의 보험자는 무보험자동차에 의한 사고의 배상의무자가 법률상 손해배상 책임을 지는 피보험자의 실제 손해액을 기준으로 위험을 인수한 것이 아니라 보통약관에 정한 보험금 지급기준에 따라 산정된 금액만을 제한적으로 인수한 것이라고 보아야 할 것이다.

137) 대판 2004. 4. 27, 2003다7302; 무보험자동차에 의한 상해보상특약의 보험자는 피보험자의 실제 손해액을 기준으로 위험을 인수한 것이 아니라 보통약관에서 정한 보험금 지급기준에 따라 산정된 금액만을 제한적으로 인수하였을 뿐이어서 그 특약에 따른 보험료도 대인배상 Ⅱ에 비하여 현저히 저액으로 책정되어 있고, 이 사건 보험금 산정기준이 급부의 변경, 계약의 해제사유, 피고의 면책, 원고 측의 책임 가중, 보험사고의 내용 등에 해당한다고 보기 어려울 뿐만 아니라 보험자에게 허용된 재량을 일탈하여 사회통념상 용인할 수 있는 한도를 넘어섰다고 보기도 어려우며, 만약 원고가 이 사건 보험계약 체결 당시 그 구체적인 산정기준이나 방법에 관한 명시·설명을 받아서 알았다고 하더라도 이 사건 특약을 체결하지 않았을 것으로는 보이지 않고, 나아가 이러한 산정기준이 모든 자동차보험회사에서 일률적으로 적용되는 것이어서 거래상 일반인들이 보험자의 설명 없이도 충분히 예상할 수 있었던 사항이라고도 볼 수 있는 점 등에 비추어 보면, 위의 무보험자동차에 의한 상해보상특약에 있어서 그 보험금액의 산정기준이나 방법은 약관의 중요한 내용이 아니어서 명시·설명의무의 대상이 아니라고 보는 것이 옳다.

료율의 체계 및 보험청약서상 기재사항의 변동사항 등 보험계약의 중요한 내용에 대하여 구체적이고 상세한 명시·설명의무를 지고 있으므로 보험자가 이러한 보험약관의 명시·설명의무에 위반하여 보험계약을 체결한 때에는 그 약관의 내용을 보험계약의 내용으로 주장할 수 없다고 할 것이나, 이러한 명시·설명의무가 인정되는 것은 어디까지나 보험계약자가 알지 못하는 가운데 약관의 중요한 사항이 계약내용으로 되어 보험계약자가 예측하지 못한 불이익을 받게 되는 것을 피하고자 하는 데 그 근거가 있으므로, 약관에 정하여진 사항이라고 하더라도 거래상 일반적이고 공통된 것이어서 보험계약자가 별도의 설명 없이도 충분히 예상할 수 있었던 사항이거나 이미 법령에 의하여 정하여진 것을 되풀이하거나 부연하는 정도에 불과한 사항이라면, 그러한 사항에 대하여서까지 보험자에게 명시·설명의무가 있다고는 할 수 없다.

나. 그런데 무보험자동차에 의한 상해보상특약의 보험자는 피보험자의 실제 손해액을 기준으로 위험을 인수한 것이 아니라 보통약관에서 정한 보험금 지급기준에 따라 산정된 금액만을 제한적으로 인수하였을 뿐이어서 그 특약에 따른 보험료도 대인배상 Ⅱ에 비하여 현저히 저액으로 책정되어 있고, 이 사건 보험금 산정기준이 급부의 변경, 계약의 해제사유, 피고의 면책, 원고 측의 책임 가중, 보험사고의 내용 등에 해당한다고 보기 어려울 뿐만 아니라 보험자에게 허용된 재량을 일탈하여 사회통념상 용인할 수 있는 한도를 넘어섰다고 보기도 어려우며, 만약 원고 김○○이 이 사건 보험계약 체결 당시 그 구체적인 산정기준이나 방법에 관한 명시·설명을 받아서 알았다고 하더라도 이 사건 특약을 체결하지 않았을 것으로는 보이지 않고, 나아가 이러한 산정기준이 모든 자동차보험회사에서 일률적으로 적용되는 것이어서 거래상 일반인들이 보험자의 설명 없이도 충분히 예상할 수 있었던 사항이라고도 볼 수 있는 점 등에 비추어 보면, 위의 무보험자동차에 의한 상해보상특약에 있어서 그 보험금액의 산정기준이나 방법은 약관의 중요한 내용이 아니어서 명시·설명의무의 대상이 아니라고 보는 것이 옳다.

3. 면책약관

면책사유는 다음과 같다(약관 제14조 1. (5)).
– 보험계약자 또는 피보험자의 고의로 인한 손해[138]

---

138) 약관은 피보험자 본인의 무면허운전 중 생긴 사고로 인한 손해를 면책사유로 규정하고 있는데, 위 보험이 상해보험으로서의 성격을 가지고 있으므로, 무면허운전 면책조항이 보험사고가 전체적으로 보아 고의로 평가되는 행위로 인한 경우뿐만 아니라 과실(중과실 포함)로 평가되는 행위로 인한 경우까지 보상하지 아니한다는 취지라면 과실로 평가되는 행위로 인한 사고에 관해서도 무효라고 보아야 할 것이다 (대판 1999. 2. 12, 98다26910).

- 전쟁, 내란, 사변, 폭동, 소요 기타 이들과 유사한 사태에 기인한 손해
- 지진, 분화, 태풍, 홍수, 해일 또는 이들과 유사한 천재지변에 의한 손해
- 핵연료물질의 직접 또는 간접적인 영향에 기인한 손해
- 피보험자가 범죄를 목적으로 피보험자동차를 사용하던 중 또는 싸움, 자살행위로 인한 손해
- 피보험자가 마약 또는 약물 등의 영향에 의하여 정상적인 운전을 하지 못할 상태에서 피보험자동차를 운전하던 중 생긴 사고로 인한 손해
- 피보험자동차 또는 피보험자동차 이외의 자동차를 시험용(단, 운전면허시험을 위한 도로주행시험용은 제외), 또는 경기용이나 경기를 위한 연습용으로 사용하던 중 생긴 손해
- 기명피보험자나 보험증권에 기재된 범위 내에 운전자가 아닌 사람이 피보험자동차를 운전하였을 때 생긴 사고로 인한 손해
- 피보험자가 무면허운전 중 생긴 사고로 인한 손해
- 피보험자가 자동차등록증 등에 사업용(영업용)으로 기재되어 잇는 자동차를 운전하던 중 생긴 사고로 인한 손해. 다만, 대여사업용 자동차의 경우 영리를 목적으로 요금이나 대가를 받고 사용하지 않는 때에는 보상함

관련 판례

1) 대판 2010. 1. 28, 2009다72209

"자동차보험의 약관에서 규정하고 있는 고의라 함은 자신의 행위에 의하여 일정한 결과가 발생하리라는 것을 알면서 이를 행하는 심리 상태를 말하고, 여기에는 확정적 고의는 물론 미필적 고의도 포함된다고 할 것이다. 그리고 고의와 같은 내심의 의사는 이를 인정할 직접적인 증거가 없는 경우에는 사물의 성질상 고의와 상당한 관련성이 있는 간접사실을 증명하는 방법에 의하여 입증할 수밖에 없고, 무엇이 상당한 관련성이 있는 간접사실에 해당할 것인가는 사실관계의 연결상태를 논리와 경험칙에 의하여 합리적으로 판단하여야 할 것이다."

2) 대판 2000. 1. 21, 99다41824

[1] 자동차보험약관상의 '운행'이라 함은 자동차를 당해 장치의 용법에 따라 사용하고 있는 것을 말하고, '당해 장치'라 함은 자동차에 계속적으로 고정되어 있는 장치로서 자동차의

구조상 설비되어 있는 자동차 고유의 장치를 뜻하는 것인데, 위와 같은 각종 장치의 전부 또는 일부를 각각의 사용목적에 따라 사용하는 경우에는 운행 중에 있다고 할 것이나 자동차에 타고 있다가 사망하였다 하더라도 그 사고가 자동차의 운송수단으로서의 본질이나 위험과는 전혀 무관하게 사용되었을 경우까지 자동차의 운행 중 사고라고 보기는 어렵다.

[2] 승용차를 운행하기 위하여 시동과 히터를 켜 놓고 대기하고 있었던 것이 아니라 잠을 자기 위한 공간으로 이용하면서 다만 방한 목적으로 시동과 히터를 켜놓은 상태에서 잠을 자다 질식사한 경우, 자동차 운행 중의 사고에 해당하지 않는다고 한 사례.

3) 대판 1999. 7. 13, 99다20346, 20353

"업무용자동차보험약관 소정의 보험사고로서 '도로운행 중 차량의 침수로 인한 손해'의 규정 중 '도로운행 중'이라 함은 약관 소정의 도로 자체의 운행뿐만 아니라 도로에서의 회전 등을 위하여 필요한 범위 내에서 도로를 부득이 이탈한 운행도 포함되는 것으로 해석함이 마땅하다 할 것이므로 원심이 같은 취지에서 피고 소유의 원고 보험가입 차량이 약관 소정의 원심 판시 도로를 운행을 위하여 회전하다가 바퀴가 도로 밖의 모래밭에 빠져 결국 침수된 이 사건 사고를 위 보험사고에 해당한다고 판단한 것은 정당하고, 거기에 논지와 같은 위법이 없다."

소비자분쟁해결기준

소비자는 각종 물품의 사용이나 서비스를 이용하는 과정에서 제품의 하자·부당거래·계약 불이행 등 다양한 피해를 입을 수 있다. 이런 경우 소비자가 사업자로부터 적절한 보상을 받을 수 있도록 품목별·피해 유형별로 보상기준을 마련해 놓은 것이 소비자분쟁해결기준이다.

소비자분쟁해결기준은 소비자와 사업자 간에 일어날 수 있는 피해보상에 관한 분쟁을 원활하게 해결하기 위한 기준으로 1985년 12월 소비자보호법규정에 따라 제정되어 1986년 2월부터 시행되어 왔다. 소비자기본법 제55조와 동법 시행령 제8조에 의하면 "국가는 소비자와 사업자 간의 분쟁의 원활한 해결을 위하여 대통령령이 정하는 일반적 소비자분쟁해결기준에 따라 품목별로 소비자피해 보상기준을 제정할 수 있고", "공정거래위원장은 품목별 소비자피해 보상기준을 제정하는 경우 품목별로 당해 물품 또는 용역을 주관하는 중앙 행정 기관의 장과 협의하여야 하며 소비자대표·사업자대표 및 대학교수 등 관계 전문가의 의견을 들어야 한다"고 되어 있다. 이에 따라 공정거래위원회에서는 소비자분쟁해결기준에 적용되는 대상 품목을 확대한다든지 또는 보상기준을 보다 합리적으로 조정할 필요가 있을 경우 사업자 단체, 소비자 단체, 관계 부처 등과의 협의를 거친 후 최종 확정, 발표하게 된다.

소비자분쟁해결기준은 소비자피해보상에 관한 일반 원칙과 품목별 보상기준으로 구성되어 있다. 품목별 보상기준에는 112업종, 541개 품목별로 소비자가 사업자에게 피해 보상을 요구할 수 있는 불만 유형을 비롯해 물품이나 용역의 품질·가격·표시상의 불일치·거래 조건 등 사실상 소비자와 사업자 간에 발생하는 거의 모든 문제를 수용함으로써 소비자는 자신이 입은 피해를 보다 쉽게 보상받을 수 있는 기준이 된다.

뿐만 아니라 이 규정의 적용을 받는 대상 사업자는 물품의 제조업자·판매업자·수입업자는 물론 용역의 제공자까지 포함하고 있어 소비자가 물품의 사용과 용역의 이용 과정에 불만이 있을 경우 해당 사업자에게 보상을 청구할 수 있게 되어 있다.

따라서 물품을 구입하거나 용역을 제공받은 소비사가 자신이 입은 피해에 대히여 정당한 불만을 제기할 때에 제조업자·수입업자·판매업자 및 용역을 제공하는 자는 원칙적으로 이 기준에 따라 보상해야 한다.

제1조(목적) 이 규정은 소비자기본법 제16조 제2항의 규정에 의하여 소비자와 사업자 간의 분쟁의 원활한 해결을 위하여 소비자기본법시행령 제8조의 규정에 의한 일반적 소비자분쟁해결기준에 따라 품목별로 소비자피해를 보상할 수 있는 기준을 정함을 목적으로 한다.

제2조(피해보상청구) 사업자와 소비자(이하 '당사자'라 한다) 간에 보상합의가 이루어지지 않을 경우 당사자는 중앙행정기관의 장, 시·도지사 또는 한국소비자원장에게 그 피해구제를 청구할 수 있다.

제3조(품목 및 보상기준) 이 기준에서 정하는 대상품목 및 품목별 보상기준은 각각 별표 Ⅰ, 별표 Ⅱ 및 별표 Ⅲ과 같다.

소비자기본법상의 일반적 소비자분쟁해결기준

(제8조 제2항 관련)

1. 사업자는 물품 등의 하자·채무불이행 등으로 인한 소비자의 피해에 대하여 다음 각 목의 기준에 따라 수리·교환·환급 또는 배상을 하거나, 계약의 해제·해지 및 이행 등을 하여야 한다.

가. 품질보증기간 동안의 수리·교환·환급에 드는 비용은 사업자가 부담한다. 다만, 소비자의 취급 잘못이나 천재지변으로 고장이나 손상이 발생한 경우와 제조자 및 제조자가 지정한 수리점·설치점이 아닌 자가 수리·설치하여 물품 등이 변경되거나 손상된 경우에는 사업자가 비용을 부담하지 아니한다.

나. 수리는 지체 없이 하되, 수리가 지체되는 불가피한 사유가 있을 때는 소비자에게 알려야 한다. 소비자가 수리를 의뢰한 날부터 1개월이 지난 후에도 사업자가 수리된 물품 등을 소비자에게 인도하지 못할 경우 품질보증기간 이내일 때는 같은 종류의 물품 등으로 교환하되 같은 종류의 물품 등으로 교환이 불가능한 경우에는 환급하고, 품질보증기간이 지났을 때에는 구입가를 기준으로 정액 감가 상각한 금액에 100분의 10을 더하여 환급한다.

다. 물품 등을 유상으로 수리한 경우 그 유상으로 수리한 날부터 2개월 이내에 소비자가 정상적으로 물품 등을 사용하는 과정에서 그 수리한 부분에 종전과 동일한 고장이 재발한 경우에는 무상으로 수리하되, 수리가 불가능한 때에는 종전에 받은 수리비를 환급하여야 한다.

라. 교환은 같은 종류의 물품 등으로 하되, 같은 종류의 물품 등으로 교환하는 것이 불가능한 경우에는 같은 종류의 유사물품 등으로 교환한다. 다만, 같은 종류의 물품 등으로 교환하는 것이 불가능하고 소비자가 같은 종류의 유사물품 등으로 교환하는 것을 원하지 아니하는 경우에는 환급한다.

마. 할인 판매된 물품 등을 교환하는 경우에는 그 정상가격과 할인가격의 차액에 관계없이 교환은 같은 종류의 물품 등으로 하되, 같은 종류의 물품 등으로 교환하는 것이 불가능한 경우에는 같은 종류의 유사물품 등으로 교환한다. 다만, 같은 종류의 물품 등으로 교환하는 것이 불가능하고 소비자가 같은 종류의 유사물품 등으로 교환하는 것을 원하지 아니하는 경우에는 환급한다.

바. 환급금액은 거래 시 교부된 영수증 등에 적힌 물품 등의 가격을 기준으로 한다. 다만, 영수증 등에 적힌 가격에 대하여 다툼이 있는 경우에는 영수증 등에 적힌 금액과 다른 금액을 기준으로 하려는 자가 그 다른 금액이 실제 거래가격임을 입증하여야 하며, 영수증이 없는 등의 사유로 실제 거래가격을 입증할 수 없는 경우에는 그 지역에서 거래되는 통상적인 가격을 기준으로 한다.

2. 사업자가 물품 등의 거래에 부수(附隨)하여 소비자에게 제공하는 경제적 이익인 경품류의 하자·채무불이행 등으로 인한 소비자피해에 대한 분쟁해결기준은 제1호와 같다. 다만, 소비자의 귀책사유로 계약이 해제되거나 해지되는 경우 사업자는 소비자로부터 그 경품류를 반환받거나 반환이 불가능한 경우에는 해당 지역에서 거래되는 같은 종류의 유사물품 등을 반환받거나 같은 종류의 유사물품 등의 통상적인 가격을 기준으로 환급받는다.

3. 사업자는 물품 등이 판매 시 품질보증기간, 부품보유기간, 수리·교환·환금 등 보상방법, 그 밖의 품질보증에 관한 사항을 표시한 증서(이하 '품질보증서'라 한다)를 교부하거나 그 내용을 물품 등에 표시하여야 한다. 다만, 별도의 품질보증서를 교부하기가 적합하지 아니하거나 보상방법의 표시가 어려운 경우에는 '소비자기본법'에 따른 소비자분쟁해결기준에 따라 피해를 보상한다는 내용만을 표시할 수 있다.

4. 품질보증기간과 부품보유기간은 다음 각 목의 기준에 따른다.

가. 품질보증기간과 부품보유기간은 해당 사업자가 품질보증서에 표시한 기간으로 한다. 다만, 사업자가 정한 품질보증기간과 부품보유기간이 제8조 제3항에 따른 품목별 소비자분쟁해결기준에서 정한 기간보다 짧을 경우에는 품목별 소비자분쟁해결기준에서 정한 기간으로 한다.

나. 사업자가 품질보증기간과 부품보유기간을 표시하지 아니한 경우에는 품목별 소비자분쟁해결기준에 따른다. 다만, 품목별 소비자분쟁해결기준에 품질보증기간과 부품보유기간이 정하여져 있지 아니한 품목의 경우에는 유사품목의 품질보증기간과 부품보유기간에 따르며, 유사품목의 품질보증기간과 부품보유기간에 따를 수 없는 경우에는 품질보증기간은 1년, 부품보유기간은 해당 품목의 생산을 중단한 때부터 기산하여 내용연수(耐用年數)에 해당하는 기간으로 한다.

다. 중고물품 등에 대한 품질보증기간은 품목별 분쟁해결기준에 따른다.

라. 품질보증기간은 소비자가 물품 등을 구입하거나 제공받은 날부터 기산한다. 다만, 계약일과 인도일(용역의 경우에는 제공일을 말한다. 이하 이 목에서 같다)이 다른 경우에는 인도일을 기준으로 하고, 교환받은 물품 등의 품질보증기간은 교환받은 날부터 기산한다.

마. 품질보증서에 판매일자가 적혀 있지 아니한 경우, 품질보증서 또는 영수증을 받지 아니하거나 분실한 경우 또는 그 밖의 사유로 판매일자를 확인하기 곤란한 경우에는 해당 물품 등의 제조일이나 수입통관일부터 3월이 지난 날부터 품질보증기간을 기산하여야 한다. 다만, 물품 등 또는 물품 등의 포장에 제조일이나 수입통관일이 표시되어 있지 아니한 물품 등은 사업자가 그 판매일자를 입증하여야 한다.

5. 물품 등에 대한 피해의 보상은 물품 등의 소재지나 제공지에서 한다. 다만, 사회통념상 휴대가 간편하고 운반이 쉬운 물품 등은 사업자의 소재지에서 보상할 수 있다.

6. 사업자의 귀책사유로 인한 소비자피해의 처리과정에서 발생되는 운반비용, 시험·검사 비용 등의 경비는 사업자가 부담한다.

자동차견인 관련 분쟁해결기준

품 종	피해유형	보상기준	비 고
○ 자동차견인업	1) 소비자와의 협의요금 초과징수 2) 소비자의 의사에 반한 정비업소로 견인 • 견인 당시 소비자의사에 반하여 견인하거나 견인 당시 소비자가 의사표시를 할 수 없는 상태에서 사회통념상 상당한 원거리 소재 정비공장으로 견인 3) 사업자의 고의·과실로 인한 차량 파손	- 차액 환급 - 고객이 원하는 정비업소로 견인하거나 추가견인료 배상 - 손해액 배상	- 보상방법은 소비자가 선택

자동차대여 관련 분쟁해결기준

품 종	피해유형	보상기준	비 고
○ 자동차대여업	1) 대여 전 예약취소로 인한 피해 ① 소비자사정에 의한 대여 예약 취소 시 - 사용개시일시로부터 24시간 전 취소 통보 시 - 사용개시일시로부터 24시간 이내 취소 통보 시 ② 사업자의 사정에 의한 예약 취소 또는 계약의 미체결 2) 대여개시일 당일(인도이전) 차량하자로 사용 불가능 - 동급의 대체차량 제공 가능 시 - 동급의 대체차량 제공 불가능 시 3) 대여기간 중 계약해지로 인한 피해 ① 소비자의 귀책사유로 인한 중도 해지 시 ② 사업자의 귀책사유로 인한 중도 해지 시 ③ 천재지변에 의한 사용불능	- 예약금 전액 환급 - 예약금 중 대여예정요금의 10% 공제 후 환급 - 예약금에 대여예정요금의 10% 가산 후 환급 - 대체차량 제공 또는 기 지급한 대여요금 전액환급 - 기 지급한 대여요금 전액 및 총 대여예정요금의 10%가산 후 환급 - 잔여기간 대여요금의 10% 공제 후 환급 - 잔여기간 대여요금의 10% 가산 후 환급 - 잔여기간 대여요금 환급	

자동차정비 관련 분쟁해결기준

품 종	피해유형	보상기준	비 고
○ 자동차정비업	1) 정비잘못으로 인하여 해당 부위 또는 관련 부위에 하자가 재발한 경우 – 차령 1년 미만 또는 주행거리 2만 킬로미터 이내 차량: 최종 정비일로부터 3월(90일) 이내 – 차령 3년 미만 또는 주행거리 6만 킬로미터 이내 차량: 최종 정비일로 부터 2월(60일) 이내 – 차령 3년 이상 또는 주행거리 6만 킬로미터 이상 차량: 최종 정비일로 부터 1월(30일) 이내	– 무상 수리	* 적용범위: 관허 자동차정비업자 및 간이정비업자 ·자동차 관리법상 작업범위를 초과한 경우에는 관허 정비업소의 재수리비용을 부담한다. * 정비부위 또는 정비 관련 부위의 하자가 정비잘못으로 발생한 경우에만 정비업자 보증책임
	2) 정비의뢰 후 사업자의 보관상 과실로 인하여 벌과금 등이 소비자에게 부과된 경우	– 해당 비용 보상	
	3) 수리하지 않은 내용을 청구하거나 사전에 고지하지 않은 부분을 수리하여 수리비를 청구하는 경우	– 해당 금액 청구 취소	– '정비잘못으로 인하여 해당 부위 또는 관련 부위에 하자부위가 재발한 경우'에 대한 판단 여부는 사업자가 발급한 수리용견적서를 기준으로 하되, 수리용 견적서를 발급하지 않은 경우에는 사업자가 입증책임을 짐

중고자동차매매 관련 분쟁해결기준

품 종	피해유형	보상기준	비 고
○ 중고자동차 매매업	1) 매매의 알선을 하고 이전등록 신청대행의무를 이행하지 않거나 태만히 하여 피해가 발생한 경우	- 배상	※ 보증기간은 개별약정에 따른다. 단 보증기간은 30일 이상 2천 킬로미터 이상이어야 하며 그중 먼저 도래한 것을 적용한다.
	2) 매매 알선 시 매도인이 부담하여야 할 비용(공과금 포함)을 매수인에게 전가하는 경우	- 배상	※ 보증여부, 보증기간, 보증대상 부품은 개별약정에 따름
	3) 보증기간 이내에 중고자동차성능·상태점검기록부에 기재된 내용과 자동차의 실제 성능·상태가 다르거나 하자가 발생한 경우	- 무상수리 또는 수리비보상	
	4) 중고자동차성능·상태점검기록부를 교부하지 않은 상태에서 하자가 발생한 경우	- 무상수리 또는 수리비보상	- 사고, 침수사실 미고지 시 시 보상기간은 자동차관리법상 성능점검기록부 보관기간(1년)으로 함
	5) 판매업자가 일방적으로 계약의 해제를 요구하는 경우	- 계약금의 2배액 보상	
	6) 판매업자가 보증한 기간 이내에 보증을 약정한 부품에 하자 발생 시	- 무상수리 또는 수리비 보상	
	7) 사고 또는 침수사실을 고지하지 않은 경우	- 구입가 환급 또는 손해배상	- 성능상태점검 자격이 없는 자라 함은 자동차관리법 제66조 제1항의 각 호에 해당하는 자를 말한다.
	8) 주행거리조작	- 해약 또는 주행거리조작에 따른 손해배상	
	9) 성능·상태점검 자격이 없는 자 또는 성능·상태점검장 이외의 장소에서 점검을 받아 성능·상태점검기록부를 교부한 상태에서 하자가 발생한 경우	- 무상수리 또는 수리비보상	

참고문헌

참고문헌

I. 국내

[단행본]

강현중, 민사소송법, 서울: 박영사, 2000; 2005.
경수근, 교통판례총람, 서울; 동민출판사, 1993.
곽윤직, 채권총론, 서울 ; 박영사, 2003; 2007.
_____, 채권각론, 서울: 박영사, 2003.
고준환, 국제상사중재론, 서울 : 법문사, 1980.
교통·산재손해배상실무 연구회, 교통·산재손해배상소송실무, 서울; 한국사법행정학회, 1994.
김기선, 한국 채권법총론, 서울 ; 법문사, 1987.
_____, 한국 채권법각론, 서울 ; 법문사, 1988.
김상용, 채권총론, 서울: 법문사, 2003.
_____, 채권각론, 서울: 법문사, 2003.
김용한, 채권법총론, 서울 ; 박영사, 1983.
김일수/서보학, 형법총론(제11판), 서울: 박영사, 2006.
김주수, 채권총론, 서울 ; 삼영사, 1999.
_____, 채권각론, 서울 ; 삼영사, 1999.
김준호, 채권총칙, 서울: 법문사, 2007.
_____, 채권각칙, 서울: 법문사, 2007.
_____, 민법강의, 서울: 법문사, 2010.
김증한·김학동, 채권총론, 서울 ; 박영사, 1998.
_____, 채권각론, 서울 ; 박영사, 2006.
김진호, 손해배상실무편람, 서울: 법률서원, 2007.
김형배, 채권총론, 서울 ; 박영사, 1998.
_____, 채권각론(계약법), 서울 ; 박영사, 2001.
_____, 사무관리·부당이득, 서울 ; 박영사, 2003.
_____, 민법강의, 서울 ; 박영사, 2008.
김홍규, 민사소송법, 서울: 삼영사, 2000; 2005.
류승훈, 민사소송법개설, 서울: 법문사, 1996.

_____, 자동차사고와 손해배상(Ⅰ), (Ⅱ), (Ⅲ), 서울: 진원사, 2003.

_____, 민사소송법, 서울: 신화, 2005.

_____, 판례민사소송법, 경기: 한국학술정보, 2010.

_____, 신민사소송법, 경기: 한국학술정보, 2010.

_____, 민법기초 Ⅱ, 선문대학교, 2011.

류승훈·장병일, 민법기초 Ⅰ, 선문대학교 출판부, 2010.

박근영, 교통사고의 질의답변&서식(교통사고 법대로 해결하기), 서울: 법률미디어, 2005.

배종대, 형법총론(제8 전정판), 서울: 홍문사, 2005.

법원행정처, 대법원 판례해설, 서울; 한양당, 1985-1993.

_____, 대법원판례집, 서울; 삼화, 1993.

_____, 사법연감, 1999. 6.

사법연수원, 자동차 사고로 인한 손해배상청구에 대한 제 문제, 1980.

삼성화재(주) 송무팀, 판례모음집, 서울; 삼성화재(주), 1992.

삼성화재(주) 자동차 보상부, 자동차보험 보상편람, 서울; 삼성화재(주), 1994.

서울고등법원, 서울고등법원 교통사고 전담부의 실무(제2개정판), 1991.

서울중앙지방법원 교통·산재손해배상실무 연구회, 손해배상소송실무(교통·산재), 서울; 한국사법행정학회, 2005.

송덕수, 신민법강의, 서울: 박영사, 2008.

송상현, 민사소송법, 서울: 박영사, 1994; 2000; 2006.

신동운, 형법총론(제2판), 서울: 법문사, 2006.

안수화, 교통사고 손해배상 사안별쟁점과 과실비율 요약집 Ⅱ, 서울: 백영사, 2006.

양승규, 보험법, 서울: 삼지원, 2005.

오석락, 환경소송의 제 문제, 서울: 삼영사, 1996.

오세훈, "미국 민사재판의 허와 실", 서울: 박영사, 2000.

오영근, 형법총론, 서울: 박영사, 2007.

윤철홍, 채권총론, 서울: 법원사, 2006.

_____, 채권각론, 서울: 법원사, 2001.

이보환, 자동차사고 손해배상소송, 서울; 육법사, 1993.

이상두, 교통사고조사실무편람(상)·(하), 서울; 맨투맨, 1991.

이석선, "민사분쟁의 재판상, 재판 외 해결방법", 민사재판의 제 문제(하), 서울: 박영사, 1995.

이시윤, 신민사소송법, 서울: 박영사, 2009; 2010.

이은영, 채권총론, 서울; 박영사, 1999; 2006.

_____, 채권각론, 서울: 박영사, 2007.

이은영, 민법 Ⅱ, 서울: 박영사, 1998; 2005.

이재상, 형법총론(제6판), 서울: 박영사, 2009.

이재훈, 판례불법행위법(Ⅰ, Ⅱ, Ⅲ, Ⅳ, Ⅴ), 서울; 법조문화사, 1983.

이태희, 국제계약법, 서울: 학연사, 1987.

이형국, 형법총론, 서울; 법문사, 1990.

임 웅, 형법총론, 서울: 법문사, 2005.

임충희, 판례손해배상법, 서울; 백영사, 1993.

_____, 신손해배상 소송실무[국가배상·교통사고](상), 서울: 진원사, 2006.

장종운, 손해배상사건 처리실무(상권) 증보판, 서울: 법률정보센타, 2007.

_____, 손해배상사건 처리실무(하권), 서울: 법률정보센타, 2007.

전병서, 민사소송법강의, 서울: 법문사, 2003.

정기웅, 채권총론, 서울: 박영사, 2000.

정동윤, 상법(하), 서울: 법문사, 2008.

정동윤·유병현, 민사소송법, 서울: 법문사, 2010.

정싱근·빅굉민, 형법총론(제3판), 서울· 삼지원, 2007.

정찬형, 상법강의(하), 서울: 박영사, 2010.

조희종, 자동차사고손해배상 판결요지집, 서울; 법원사, 1996.

_____, 자동차사고로 인한 손해배상판결요지집, 서울; 법원사, 1993.

_____, 자동차사고 손해배상의 이론과 실제, 서울; 법원사, 1994; 2005.

최공웅, 국제소송, 서울: 육법사, 1994.

최준선, 보험법·해상법, 서울: 삼영사, 2007.

호문혁, 민사소송법, 서울: 법문사, 2009.

황적인, 현대민법론Ⅲ(채권총론), 서울: 박영사, 1989

_____, 현대민법론Ⅳ(채권각론), 서울: 박영사, 1987

[논문]

강봉수, "의료소송에 있어서의 입증책임", 재판자료 제27집, 법원행정처, 1985.

강용현, "민사조정제도의 활성화", 사법행정(제318호), 서울: 한국사법행정학회, 1987.

강현중, "한국에서의 조정, 화해의 실무", 고시연구 1991. 3.

_____, "대체적 분쟁해결제도", 고시계 1994. 7.

강이수, "상사중재와 재판제도의 차이점", 대한변호사협회지, 1979. 4, 5.

구연창, "공해에 의한 불법행위책임", 월간고시, 1985. 12.

권순일(역), "ADR운동의 전개와 현대적 분석", 법조, 1993. 9.

김광국, "자동차보험 이론과 실무", 보험연수원, 2001.

김대휘, "독일의 사법간소화입법"에 관하여", 사법행정, 1991. 7.

김상용, "화해계약", 고시계 1992. 9.

_____, "과실상계", 고시계 1990. 10.

_____, "호의동승", 현대민법학의 과제와 전망, 남송 한봉희 교수 회갑기념논문집, 서울: 밀알출판사, 1994. 6.

김성수·김도영, "의료판례의 종합적 분석 및 그 전망", 법조 1997. 1.

김시수, "자동차사고 소송에 있어서 과실상계의 본질", 자동차사고로 인한 손해배상에 대한 제 문제, 사법연수원, 1980.

김용진, "소송상 화해의 실체법상 하자에 대하여", 법정고시, 1997. 7.

김의열, "자동차 손해배상사건에 있어서 과실상계의 제 문제(과실상계적용의 범위)", 자동차사고로 인한 손해배상에 대한 제 문제, 사법연수원, 1980.

김태훈, "자동차사고에 있어서 과실상계의 제 문제(특히, 피해자측의 범위를 중심으로)", 자동차사고로 인한 손해배상에 대한 제 문제, 사법연수원, 1980.

김홍규, "재판상 화해의 성질 및 효력", 고시연구 1982. 6.

류승훈, 자동차사고와 민사상 책임분담, 서울: 법률신문사, 1995.

_____, "자동차사고로 인한 손해배상책임의 기초 및 책임의 분담", 보험학회지(제45집), 한국보험학회, 1995. 3.

_____, "자동차사고와 과실상계에 관한 비교법적 연구", 법률신문 1995. 5. 29일자.

_____, 국제소송과 관련한 현재의 제 문제, 외법논집(제3집), 한국외대 법학연구소, 1997.

_____, 국제관련 사적 분쟁해결과 관련한 현재의 제 문제, 민사소송(I), 한국민사소송법학회지(창간호), 1997.

_____, "민사법상의 화해제도에 관한 연구", 외법논집(제7집), 한국외대 법학연구소, 1999.

_____, "독일 자동차사고 관련 판례를 통해 살펴 본 표현증명의 법리", 손해보험(제483호), 대한손해보험협회, 2009. 2.

_____, "중국의 교통사고처리 및 책임보험 관련 주요 법규", 손해보험(제494호), 대한손해보험협회, 2010. 1.

류정주, "자동차사고에 있어서 과실상계의 제 문제", 자동차사고로 인한 손해배상에 대한 제 문제, 사법연수원, 1980.

목영준, 우리나라 국제상사중재제도의 현황과 전망, 민사판례연구VIX, 서울: 박영사, 1993.

문영길, "과실상계의 방법과 그 비율(자동차사고를 중심으로)", 자동차사고로 인한 손해배상에 대한 제 문제, 사법연수원, 1980.

박세민. "책임보험상의 직접청구권을 둘러 싼 법적 논점에 관한 고찰", 안암법학(제27호), 서울: 안암법학회, 2008.

박영식, "자동차사고 소송에 있어서 과실상계의 본질", 자동차사고로 인한 손해배상에 대한 제 문제, 사법연수원, 1980.

박영식, "자동차사고 소송에 있어서의 과실상계의 본질", 현대민법학의 제 문제, 김증한 박사 회갑기념논문집, 서울: 박영사, 1981.

박영준, "책임보험의 직접청구권의 법적 성질". 안암법학(제18호), 서울: 안암법학회, 2004.

반흥식, "재판외 분쟁해결제도에 관한 연구", 전북대학교 대학원 박사학위논문, 1998. 2.

변재승, 자동차보험회사로부터 지급받은 치료비중 피해자의 과실에 상당한 부분의 공제
　　　또는 상계, 사법행정 1987. 3, 5.

변재훈, "일본의 중재제도", 중재, 1982. 6, 7.

배병일, "과실상계", 고시계 1996. 8.

서정갑, "중재의 법적 규제와 상설 중재법정의 발달", 대한변호사협회지, 1979. 4, 5.

석천명, "ADR(재판상의 분쟁처리)의 문제점, 사법행정, 1991. 6.

석희태, "의료과오에 관한 민사책임 구조", 판례월보 1986. 9.

손수일, "민사조정의 효율성 제고방향", 인권과 정의, 대한변호사협회(제224호), 1995. 4.

_____, "미국 법원에서의 ADR의 발전과 캘리포니아 북부 연방지방법원의 Early
　　　Neutral Evaluation", 재판자료(제73집), 법원도서관, 1996.

손용근, "의료과오소송에 있어서의 증명의 경감", 비교사법, 제3권 제1호, 한국비교사법학
　　　회, 1996.

송덕수, "화해기초에 관한 공통의 착오", 법률신문 1992. 6. 29.

송상현, "한국에 있어서의 재판외 분쟁처리절차 개관", 사법행정 1991. 6.

_____, "소송에 갈음하는 분쟁해결방안(ADR)의 이념과 전망", 민사판례연구 XIV, 서울:
　　　박영사, 1992.

_____, "소송에 갈음하는 분쟁해결방안의 이념과 전망", 민사판례연구VIX, 서울: 박영사,
　　　1993.

_____, "국제상사중재에 적용될 절차법에 관한 일고", 민사재판의 제 문제(윤일영, 김상
　　　원선생 화갑기념논문집), 서울: 한국사법행정학회, 1993.

_____, "재판에 의하지 아니한 분쟁해결방법의 이념과 전망", 인권과 정의(제215호),
　　　1994. 7.

양병회, "민사소송법상의 화해제도에 관한 고찰", 사회과학(건국대) 제11집, 1987.

_____, "재판상 화해의 효력", 고시계 1988. 5.

_____, "ADR과 화해제도의 활성화", 민사소송법의 제 문제(김홍규박사 화갑기념논문),
　　　서울; 삼영사, 1992.

_____, "독일에서의 재판에 의하지 아니한 분쟁해결방법", 인권과 정의(제215호), 1994. 7.

양삼승, "의료과오로 인한 민사책임의 발생요건", 민법학논총(후안 곽윤직교수 화갑기념논
　　　문집), 서울; 박영사, 1985.

오석락, "환경책임의 입증", 인권과 정의, 1995년 10.

윤종섭, "민사소송사건경감의 첩경", 인권과 정의(제181호), 1991. 9.

이경민, "프랑스의 조정제도", 재판자료(제66집), 법원행정처, 1994.

이동흡, "재판상 화해의 효력", 사법논집(제24집), 법원행정처, 1993.

이상돈, "소송 외적 방법에 의한 분쟁해결", 중앙법학(제13집), 중앙대학교 법학연구소,

1988.

_____, "소송 외 방법을 통한 분쟁의 해결", 대한변호사협회 1989. 2.

이시윤, "한국에 있어서 민사조정의 실증적 경험", 사법행정, 1991. 6.

이영모, "1978년 서울민사지방법원 판결을 통하여 본 자동차사고로 인한 손해배상사건 개황(과실상계와 위자료를 중심으로", 자동차사고로 인한 손해배상에 대한 제 문제, 사법연수원, 1980.

이은영. "자동차운행자의 민사책임", 경제법 · 상사법논집(춘강 손주찬 교수 정년기념논문집), 서울: 박영사, 1993.

이인석, "ICC 중재재판소안내", 중재, 1980. 1.이재홍, "간이하고 새로운 민사분쟁해결제도의 제안", 사법행정, 1991. 7.

이재홍, "간이한 분쟁해결제도의 개선방안", 고시계, 1991. 7.

이충상, "일본의 민사소송에 있어서의 화해", 법조, 1997. 4.

장덕조, "피해자 직접청구권과 피보험자 보험금청구권과의 관계-상법 제724조 제1항 해석에 관한 판례법리의 비판", 상사법연구(제26권 제4호), 서울: 한국상사법학회, 2008.

장용국, "민사조정제도의 현황과 대책", 민사판례연구VIX, 서울: 박영사, 1993.

전병서, "소송상 화해의 효력", 고시계, 1998. 12.

정갑주, "미국법원에 있어서 ADR의 제도화", 재판자료(제58집), 법원행정처, 1992.

정규상, "민사소송개혁의 비교법적 검토", 사법행정, 1992. 11.

정동윤, "재판상 화해제도의 문제점과 개선책", 고시계 1985. 1.

최기원, "한국기업의 해외진출에 따르는 국제분쟁해결을 위한 국제상사중재제도에 관한 연구", 서울법학 제30호, 서울대학교 법학연구소, 1978.

최성호, "제소전 화해의 본질과 창설적 효력", 판례월보, 1998. 4.

허 만, "미국에서의 사법재판에 의하지 아니한 분쟁해결", 민사판례연구VIX, 서울: 박영사, 1993.

_____, "미국에서의 사법재판에 의하지 아니한 분쟁해결", 민사판례연구 XIV, 박영사, 1993.

홍기문, "증명책임에 관한 연구", 전북대학교 박사학위논문, 1987.

홍천용, "자동차사고 손해에 있어서의 과실상계문제", 손해배상의 제 문제, 황적인박사 회갑기념논문집, 서울: 박영사, 1990.

황진호, "환경오염의 사법적 구제에 관한 연구", 단국대학교 박사학위논문, 1992.

[잡지]

손해보험, 대한손해보험협회, 1995-2010.

Ⅱ. 국외

1. 일본

[단행본]

東京地裁民事交通訴訟研究會, 民事交通訴訟における 過失相殺率等の認定基準(全訂 4版; 別冊 判例タイムス 16), 東京都; 判例タイムス社, 2004.

東京三辯護士會交通事故處理委員會, 交通事故訴訟の理論と展望, 東京都; きようせい, 1993.

不法行爲法研究會, 交通事故民事裁判例集(第25卷制 第5號), 東京都; きようせい, 1993.

交通事故分爭處理センタノ, 交通事故裁定例集-10-, 東京都; きようせい, 1993.

加藤一郎外2, 新交通事故判例百選(別冊 シ リスト94), 東京都; 有斐閣, 1987.

加藤一郎, 交通裁害の抑止と補償, 東京都; きようせい, 1988.

東京三辯護士會交通事故處理委員會, 民事交通事故訴訟・損害賠償額算定基準, 東京都; 東京三辯護士會, 1990.

_____, 損害賠償額算定基準, 東京都; 東京三辯護士會, 1993.

_____, 損害賠償額算定基準, 東京都; 東京三辯護士會, 1994.

日本交通法學會, 人身賠償・補償研究(第1卷,第2卷), 東京都; 判例タイムス 社, 1991・1992.

_____, 過失相殺・損害賠償と社會保障, 東京都; 有斐閣, 1984.

_____, アルコノルと交通事故(交通法研究 第18號), 東京都; 有斐閣, 1989.

倉田卓次外1, 交通事故損害賠償必携, 東京都; 新日本法規, 1993.

高崎尚志, 自動車事故の責任と賠償, 東京都;第一法規, 1991.

馬場武雄, 裁判例にみる交通事故過失割合, 東京都; 保險毎日新聞社, 1991.

兼頭吉市, 安全運轉管理者のための交通事故事例研究, 東京都; 大成, 1984.

梶原和夫, 安全運轉のための交通事故判例研究, 東京都; 大成, 1993.

長戸路政行, 自動車事故の示談のすすめ方, 東京都; 日本法令, 1992.

交通事故・賠償研究會, 交通事故と賠償, 東京都; 一橋出版, 1993.

加藤正明, 交通事故誘因の徹底分析, 東京都;技術書院, 1993.

上山 勝, 交通事故の實證的再現手法, 東京都; 技術書院, 1992.

林洋, 自動車事故の鑑定事例, 東京都; 技術書院, 1992.

靑木翼, 過失相殺による賠償の減額と同乘者の減額, 東京都; 評言社, 1988.

久保哲男, 自動車事故の過失認定, 東京都; 立花書房, 1972.

判例タイムス, 民事交通訴訟たおける過失相殺率等の認定基準, 1991.

小川昭二郎外3, 交通損害賠償の基礎, 東京都; 靑林書院新社, 1993.

野村好弘, 交通災害における損害賠償・保險およひ社會保障, 東京都;保險每日新聞社, 1988.

_____, 交通事故損害賠償の判例と考え方(植物人間の生存年數編), 東京都; 保險每日新聞社, 1988.

小賀野晶一, 交通事故損害賠償の判例と考え方(むち打ち損傷編), 東京都; 保險每日新聞社, 1988.

藤村和夫, 交通事故損害賠償の判例と考え方(特殊被害者・定期金賠償編), 東京都; 保險每日新聞社, 1988.

石川明, "ADR의 問題點, 司法行政, 1991. 6.

石田 穰, "立證責任論の 現狀と 將來", 法學協會雜誌(90권 제8호), 1973.

2. 독일

[단행본]

Arens, Zivilprozessrecht, 4. Aufl., Muenchen, 1988.

Astrid Stadler, "Aussergerichtliche obligatorische Streitschlichtung-Chance oder Illusion?", NJW 1998(Heft 34), 2479-2487.

Baumbach/Hartmann, ZPO-Komm., 49. Aufl., 1991.

_____, ZPO-Komm., 49. Aufl., Muenchen, 1991.

Beck-Rechtsberater, Strassenverkehrsrecht von A-Z, 6. Aufl., Muenchen, 1988.

Bernd Christian Splitter, Schadensverteilung bei Verkehrsunfaellen, 2. Aufl., Muenchen, 1994..

Blankenburg/Rottleuthner(Hrsg.), Alternative Rechtsformen und Alternativen zum Recht, Jahrbuch fuer Rechtssoziologie und Rechtstheorie, Bd. VI, Opladen, 1980.

Blankenburg/Gottwald(Hrsg.), Alternativen in der Ziviljustiz, Koeln, 1982.

Cheshire and North, Private International Law, 10th ed. 1979.

Christian Grueneberg, Haftungsquote bei Verkehrsunfaellen, 2. Aufl., Muenchen, 1994.

Craig, W. Laurence, International Chamber of Commerce Arbitration, New York, 1984.

Diecy and Morris, The Conflict of Laws, 10th ed., Vol. , 1980.

Ehrenzweig and Jayme, Private International Law, Vol. Ⅱ., 1973; Vol. Ⅲ., 1977.

Elizabeth Plapinger & Donna Stienstra, A.D.R. and Settlement in the Federal District Courts, Federal Judicial Center and the CPR Institute for Dispute Resolution(1996).

Elmar Kramer, Unfall Ratgeber, ADAC, 1992.

Falke/Gessner/Blankenburg, Konfliktnaehe als Massstab fuer gerichtliche und aussergerichtliche Streitbehandlung, Koeln, 1984.

Geigel, Der Haftpflichtprozess, 21. Aufl., Muenchen 1993.

Gerhard H. Schlund, Verkehrssicherungspflicht zu oeffentlichem Grund, ADAC, 1993.

Gerhard Wagner, "Obligatorische Streitschlichtung im Zivilprozess: Kosten, Nutzen, Alternativen", JZ 17/1998, 836-846.

Gottwald, Peter, "Grundprobleme der Beweislastverteilung", Jura 1980.

Guenter Bauer, Die Kraftfahrtversicherung, 3. Aufl., Muenchen, 1993.

Hansen, "Der Anwaltsvergleich gemaess §1044b ZPO", AnwBl. 1991, 113f.

_____, Der Anwaltsvergleich gem. § 1044b ZPO, AnwBl, 1991.

Helmut Becker/Kurt E. Boehme, Kraftverkehrs-Haftpflicht-Schaeden, 19. Aufl., Heidelberg, 1993.

Jethro K. Liberman&James F. Henry, Lessons From the Alternative Dispute Resolution Movement, 53 U. Chi. L. R., 424, 429-431(1986).

Judith Resnik, Many Doors? Closing Doors? Alternative Dispute Resolution Adjudication, 10 Ohio St. J. on Dispute Resolution 211(1995).

Kegel, Internationales Privatrecht, 5. Aufl., 1985.

Leipod, Dieter, Beweismass und Beweislast im Zivilprozess, Berlin/New York, 1985.

_____, Beweislastregeln und gesetzliche Vermutung, Berlin, 1966.

Leonhard, Franz, Die Beweislast, 2. Aufl., Berlin, 1926.

Muenchener Kommentar, ZPO, Bd. I, II, III, Muenchen, 1992.

Musielak, Hans. J., Die Grundlagen der Beweislast im Zivilprozess, Berlin, 1975.

_____, "Die Beweislast", JuS 1983.

Musielak, H. J/Stadler, Max, Grundfragen des Beweisrechts, Muenchen, 1984.

Musielak, Hans. J., "Gegenwartsprobleme der Beweislast", ZZP(100), 1987.

Musielak, Grundkurs ZPO, Muenchen, 1991.

Nagel, Internationales Zivilprozessrecht, 2. Aufl., 1984.

Palandt, Buergerliches Gesetzbuch, 49. Auf., Muenchen, 1990.

Paul D. Carrington, Civil Procedure and Alternative Dispute Resolution, 34. J. Legal Educ. 298(1984)

Pohle, Rudolf, Zur Beweislast im internationalen Recht, in: Festschrift fuer Doele, Bd. I, Tuebingen, 1963

Posner, The Summary Jury Trial and other Methods of Alternative Dispute Resolution: Some Cautionary Observation, 53. U. Chi. L. Rev. 366(1986).

Proelss, Juergen, "Die Beweislast nach Gefahrenbereich", VersR 1964.

Proelss, Juergen, Beweiserleichterungen im Schadensersatzprozess, Karlsruhe, 1966.

Proppe/Krapp, Aussergerichtliche Verfahren-Alternative Zur Ziviljustiz?, JA 1990.

Pruetting, Hanns, Gegenwartsprobleme der Beweislast, Muenchen, 1983.

Pruetting, Schlichten statt Richter?, JZ 1985, 261 ff.

Reinecke, Gerhard, Die Beweislastverteilung im BGB im Arbeitsrecht als rechtspolitische Regelungsaufgabe, Berlin, 1976.

Riskin&Westbrook, Dispute Resolution and Lawyers(1987).

Rosenberg, Leo, Die Beweislast, 5. Aufl., Muenchen, 1965.

Rosenberg/Schwab, Zivilprozessrecht, 13. Aufl., 1981.

Rosenberg/Sshwab/Gottwald, Zivilprozessrecht, 15. Aufl., Muenchen, 1993.

Ryu, Seung Hun, "Die Beweislast im deutschen und koreanischen Zivilrecht", Diss., Koeln, 1991. 12.

Schneider, Prozessvergleich nach dem Recht der Vereinfachungsnovelle, JurBuero, 1977.

Schutze, Deutsches internationales Zivilprozessrecht, 1985.

Schwab, Karl H., "Zur Abkehr moderner Beweislastlehren von der Normentheorie", in: Festgabe fuer Bruns, Koeln, 1978.

Stuerner, Aufgaben des Richters und Anwalts bei guelticher Streitbeilegung, JR 1979.

Wahrendorf, Volker, Die Prinzipien der Beweislast im Haftungsrecht, Koeln u.a., 1976.

[잡지]

DAR(Deutsches Autorecht), ADAC, Muenchen, 1987-2010.

NZV(Neue Zeitschrift fuer Verkehrsrecht), Muenchen u. Frankfurt, 1988-2010.

VersR(Versicherungsrecht), Karlsruhe, 1990-2010.

3. 미국

James A. Henderson/Richard N. Pearson, The Torts Process, 3. ed.

J. Stannard Baker, The Traffic-Accident Investion Manual, Northwestern University Traffic Institute, 1986.

Martin Weinstein, Summary of American Law, LCP BW, 1988

Ⅲ. 참조 사이트

경찰청/ www.police.go.kr
교통사고피해자구호센터/ www.auto95.org
교통신문/ www.gyotongn.com
국회도서관/ www.nanet.go.kr
금융감독원/ www.fss.or.kr
대법원/ www.scourt.go.kr
대한손해보험협회/ www.knia.or.kr
도로교통공단/ www.rota.or.kr
로앤비/ www.lawnb.com
리걸타임즈/ www.legaltimes.co.kr
법률신문/ www.lawtimes.co.kr
법제처/ www.moleg.go.kr
보험개발원/ www.kidi.or.kr
보험소비자연맹/ www.kicf.org
보험신보/ www.insweek.co.kr
보험일보/ www.insura.net
삼성교통안전문화연구소/http://sts.samsungfire.com
스스로닷컴/ www.susulaw.com
아이엠카/ www.imcar.co.kr
어린이안전넷/ www.isafe.go.kr
통계청/ www.kostat.go.kr
한국소비자연맹/ http://cuk.or.kr
한국소비자원/ www.kca.go.kr
www.daikai.net(일본)

부 록

부록 1: 중국의 교통사고처리 및 책임보험 관련 주요 법규[139]

Ⅰ. 중국의 교통사고 처리법령 체계

현재 중국 교통사고 처리의 기본규범은 2004월 5월 1일부터 시행 중인 ≪도로교통안전법(道路交通安全法)≫ 및 그 시행령 ≪도로교통안전법실시조례(道路交通安全法實施條例)≫이다. 같은 날짜로 1960년 반포된 ≪자동차관리방법(机動車管理辦法)≫, 1988년 반포된 ≪도로교통관리조례(道路交通管理條例)≫, 1991년 반포된 ≪도로교통사고처리방법(道路交通事故處理辦法)≫은[140] 일제히 폐지되었다. 이로 인하여 인신손해배상범위, 항복과 표지도 법률적 효력이 상실되었는데, 도로교통안전법에서는 이에 대한 규정을 두고 있지 않다[141]

앞의 기본법이 제정됨에 따라 2004월 5월 1일부터 공안부의 ≪교통사고처리절차규정(交通事故處理程序規定)≫, ≪도로교통안전위법행위처리절차규정(道路交通安全違法行爲處理程序規定)≫과 최고인민법원의 ≪인신 손해배상 조건에 적용되는 법률문제에 관한 해석(關于審理人身損害賠償案件适用法律若干問題的解釋)≫이 시행 중에 있다. 이 밖에 2007년 7월 1일부터 시행 중인 ≪자동차사고책임강제보험조례(机動車交通事故責任强制保險條例)≫ 또한 교통사고 처리에 관한 주요 법령 중의 하나로 그 역할을 하고 있다.[142]

---

139) 2010. 1,에 손해보험지에 게재한 논문임을 밝혀 둔다; 류승훈, "중국의 교통사고처리 및 책임보험관련 주요 법규", 손해보험(2010. 1), 대한손해보험협회. 54면 이하.

140) 1992년 국무원에서 반포하였던 '도로교통사고처리방법'(이하 '방법')은 전면적으로 도로교통사고 처리를 규정하는 행정법규라 할 수 있다. 일종의 법규인 '방법'은 행정관계와 민사관계를 구분하지 않고 공법적 규범과 사법적 규범을 합해서 처리하는 전통적 방법을 답습하였다. '방법' 제1장에서 제5, 제7장까지는 완전한 행정법규이며, 여기서 교통사고의 현장처리, 책임인정, 중재 등 행정순서를 규정하였다. 제6장 제36조, 제37조는 사법규범, 민법규범이다. 예로서 '방법' 제17조에서는, "공안기관은 도로교통사고 원인을 조사한 후에 당사자의 위법행위와 교통사고 간의 인과관계, 그리고 위법행위는 교통사고 중의 작용에 의해서 당사자의 교통사고 책임을 확정한다. 당사자는 위법행위가 있고 그 행위와 교통사고 간에 인과관계가 있을 경우는 교통사고책임이 있다는 것으로 확정한다. 당사자는 위법행위가 없거나 위법행위가 있지만 그 행위와 교통사고 간에 인과관계가 없을 경우는 교통사고책임을 지지 않는다"고 규정하였다.

141) "<道路交通安全法>理解与适用三問題", http//www.dgjiaotong.cn/jiaotong3/jtls13, 2008. 10. 12.

142) 그 외에 중국 내 여러 성시(城市)에서 반포한 지방성 도로교통안전관리법규는 다음과 같다. 2005년 10월 21일에 반포하고 2006년 1월 1일에 효력이 발생한 「안휘성에서 '중화인민공화국도로교통안전법'을

이하에서는 도로교통안전법·도로교통안전법 실시조례 및 자동차사고 책임강제보험조례에 대하여 살펴보기로 한다.

Ⅱ. 도로교통안전법 및 도로교통안전법 실시조례

1. 도로교통안전법

중화인민공화국 도로교통안전법(道路交通安全法)은 2003년 10월 28일 제10차 전국인민대표대회 상무위원회 제5차 회의를 통과하여 공포됨으로써 2004년 5월 1일부터 시행되었다. 이후 동법은 2007년 12월 29일 전국인민대표회의 상무위원회 제30차 회의를 통과함으로써 개정 공포되어 2008년 5월 1일부터 시행되고 있다. 동법은 제8장 제124조로 구성되어 있다. 이하에서는 제1장 총칙(總則), 제2장 차량과 운전자(車輛和駕駛人),[143] 제5장 교통사고처리(交通事故處理),[144] 제6장 법규집행감독(執法監督), 제7장 법률적 책임(法律責任)을 중심으로 살펴보기로 한다.[145]

1) 총 칙

본 법은 도로교통 질서를 유지하고 교통사고를 예방하고 법인과 기타 조직을 포함한 국민의 신체안전과 재산 및 기타 합법적 권익을 보호하기 위함이 그 제정목적이다(제1조). 중국의 국경 내에 있는 모든 차량운전자와 보행자, 승차자 및 도로교통 활동과 관련된 기관과 개인은 반드시 본 법을 준수하여야 한다(제2조). 또한 각급 인민정부는 도로교통

실시하는 데 관한 방법」. 2006년 1월 18일 반포하고 2006년 5월 1일부터 실시한 「광동성도로교통안전조례」. 최근 2006년 5월 19일에 반포하고 2008년 9월 1일부터 실시한 「중경시도로교통안전조례」. 2004년 10월 22일에 통과되고 2005년 1월 1일부터 시행된 「강소성도로교통안전조례」. 일반적으로 이런 지방성법규는 모두 교통사고배상문제에 대해 전문적인 규정을 한 상관조목이 있다.

143) 제1절 자동차와 비자동차(机動車、非机動車), 제2절 자동차와 운전자(机動車駕駛人)로 구성되어 있다.

144) 제1절 일반규정(一般規定), 제2절 자동차통행규정(机動車通行規定), 제3절 비자동차통행규정(非机動車通行規定), 제4절 보행자와 승차자 통행규정(行人和乘車人通行規定), 제5절 고속도로 특별규정(高速公路的特別規定)으로 구성되어 있다.

145) 이외에도 제3장에서는 도로통행조건(道路通行條件), 제4장 도로통행규정(道路通行規定), 제8장은 부칙(附則)을 규정하고 있다[http://www.dffy.com/faguixiazai/xzf/200311/20031110203052.htm, 2008. 10. 2.].

안전관리 업무가 경제건설과 사회발전과 적절히 조화될 수 있도록 보장하여야 한다(제4조). 나아가, 도로교통 안전과 관련한 업무[146)는 적법한 절차에 따라 관리되며 국민의 편의를 도모하고자 하는 원칙에 따라 집행됨으로써 도로교통이 질서 있고 안전하며 원활하게 소통되도록 보장하여야 한다(제3조).

2) 차량과 운전자

(1) 자동차 및 비자동차: 국가는 자동차 등록제도를 시행한다. 자동차 등록을 신청할 때는 다음과 같은 증명 서류를 제출하여야 하는데, 즉 ① 자동차 소유주의 신분증, ② 자동차 이력증명서, ③ 자동차 출고 합격증명서 또는 수입자동차의 경우 수입증명서, ④ 차량구입세(購置稅)의 납세증명 또는 면세증명, ⑤ 법률 및 행정법규가 자동차 등록 시 제출하도록 정한 기타 증명서를 제출하여야 한다(동법 제9조). 자동차는 공안기관 교통관리 부서에 등록한 후에만 도로주행이 가능하다. 따라서 만약 등록되지 않은 자동차가 임시로 도로주행을 하기 위해서는 임시통행증을 발급받아야 한다(제8조). 공안기관의 교통관리 부서 이외의 어떠한 기관이나 개인도 자동차 번호판 또는 자동차에 부착하도록 요구되는 기타 증명을 발급할 수 없다. 다만, 본 법에서 따로 규정한 경우는 예외로 한다(제10조).

또한 자동차를 도로에서 운행할 때는 반드시 자동차 번호판과 검사합격 표지 · 보험표지를 부착하고 자동차 운행증을 휴대하여야 한다. 자동차 번호판은 규정에 따라 부착하고 완전한 상태와 청결을 유지하여야 하며, 고의로 은폐하거나 훼손하면 안 되며, 어떠한 기관이나 개인도 자동차 번호판을 압수하거나 압류(拘留)할 수 없다(제11조).

나아가, 국가는 자동차강제폐차신고제를 시행한다. 폐차 신고하여야 하는 차량은 기한 내에 말소(注銷) 등록하여야 한다. 이를 위하여 자동차의 안전기술상의 문제와 차량의 용도에 근거하여 여러 가지 폐차신고표준을 정한다. 이러한 기준에 도달한 자동차는 도로에서 운행할 수 없다. 폐차 신고한 대형버스 또는 화물차 · 기타 운송차량은 공안기관의 교통관리 부서의 감독하에 해체되어야 한다(제14조). 더불어 국가는 자동차에 대한 제3자 강제책임보험제도를 시행하여 도로교통사고의 사회구조 기금을 조성한다. 그 구체적 방법은 국무원에서 제정한다(제17조).

---

146) 국무원 공안부분이 중국 전역의 도로교통 안전관리 업무를 총괄책임을 진다. 현급 이상 지방 인민정부의 공안기관 산하 교통관리 부서는 관할 행정구역 내의 도로교통 안전관리 업무를 책임진다(동법 제5조).

이외에 법 규정에 의하여 등록하여야 하는 비기동차[147])도 공안기관의 교통관리 부서에 등록한 후에 도로를 주행할 수 있다. 법에 따라 등록하여야 하는 비자동차의 종류는 성·자치구·직할시의 인민정부가 현지의 실정에 맞게 따로 정한다(제18조).

(2) 자동차 운전자: 자동차를 운전하기 위해서는 반드시 법에 따라 자동차운전면허증을 취득하여야 한다. 자동차운전면허증을 신청할 경우, 국무원 공안부문이 규정한 면허허가조건에 부합하여야 한다. 시험에 합격한 후 공안기관의 교통관리 부서가 자동차운전면허증을 발급한다((제19조). 이러한 자격을 갖춘 운전자는 차량을 운행하여 도로에서 주행하기 전에 반드시 자동차의 안전기술성능에 대하여 검사하여야 하고, 운행안전설비가 미비하거나 기술표준에 미달하는 등 안전상의 문제가 있는 자동차를 운행하여서는 안 된다(제21조). 또한 자동차운전자는 도로교통안전법률 및 법규의 규정을 준수하고 조작방법에 따라 안전하게 운행하여야 한다(제22조).

공안기관의 교통관리 부서는 자동차운전자의 도로교통안전법률 및 법규 위반행위에 대하여 법에 따라 행정처벌 하는 한편 벌점제도를 시행한다. 공안기관의 교통관리 부서는 누적된 벌점이 규정된 허용기준을 초과하는 자동차운전자에 대하여 운전면허증을 압류하고 도로교통안전법률 및 법규에 대한 재교육 및 재시험을 실시한다. 시험에 합격한 경우에 한하여 운전면허증을 돌려준다. 도로교통안전법률 및 법규의 준수에 관하여 1년 동안 벌점이 없는 운전자의 경우, 자동차운전면허증의 검사기한을 연장할 수 있다. 그 구체적 방법은 국무원 공안부문에서 따로 정한다(제24조).

3) 교통사고의 처리

도로에서 교통사고가 발생한 경우, 차량운전자는 즉시 차량을 정지시키고 현장을 보존하여야 한다. 인명피해가 발생한 경우, 차량운전자는 즉시 피해자를 구조하여 당직 교통경찰이나 공안기관의 교통관리 부서에 신고하여야 한다. 피해자의 구조로 인하여 현장이 훼손된 경우는 그 위치를 표시하여야 한다. 탑승자 및 현장을 목격한 차량운전자와 보행자는 조사에 협조하여야 한다(제70조). 공안기관의 교통관리 부서는 교통사고신고를 접수한 후 즉시 교통경찰을 현장에 파견하고 우선 피해자를 구조하는 한편 적절한 조치를 취하여 최대한 빨리 교통소통을 재개하여야 한다(제72조).

---

147) 비기동차(非機動車)란 동력 엔진으로 운행되는 차량(機動車)을 제외한 자전거 등을 통칭한다.

만약 차량이 교통사고를 내고 도주한 경우, 사고현장을 목격한 목격자와 기타 사고상황을 인지한 자는 공안기관의 교통관리 부서 또는 교통경찰에 신고하여야 한다. 신고가 사실인 경우, 공안기관의 교통관리 부서는 보상금을 지급하여야 한다(제71조).

자동차 교통사고의 결과 인명피해나 재산손실이 발생한 경우, 보험회사는 자동차 제3자책임보험의 책임한도 내에서 배상금을 지불한다. 책임한도액을 초과하는 부분에 대해서는 다음과 같은 방식으로 배상책임을 진다(제76조). 즉, 자동차끼리 발생한 교통사고의 경우에는 과실차량이 배상책임을 진다. 쌍방 모두 과실이 있는 경우에는 과실 정도에 따라 배상책임을 분담하며(동조 제1항), 자동차와 비자동차 운전자 또는 보행자 간에 교통사고가 발생한 경우에는 자동차운전자가 배상책임을 진다. 그러나 비자동차 운전자 또는 보행자가 도로교통안전법률 및 법규를 위반하였고 자동차운전자가 필요한 조치를 취하였다는 증거가 있는 경우라면, 자동차운전자의 책임을 감경한다(동 조 제2항). 그러나 교통사고로 인한 손실이 비자동차 운전자 또는 보행인의 고의로 인하여 발생한 경우에는 자동차운전자는 그에 대한 책임을 지지 않는다.

4) 법규집행 감독

법규집행 감독기관은 공안기관의 교통관리 부서로 동 부서는 교통경찰에 대한 관리를 강화하여 교통경찰의 소질과 도로교통에 관한 관리능력을 높여야 한다(제78조). 또한 공안기관의 교통관리 부서와 소속 교통경찰이 도로교통안전에 관한 관리업무를 수행할 때에는 법으로 정해진 권한과 절차에 따라 간소하게 처리 수속하고, 공정·엄정·문명·효율의 원칙을 준수하여야 한다(제79조). 동 부서에 대한 감독은 행정감찰기관이 법률의 규정에 따라 이행하여야 한다. 나아가 상급 공안기관의 교통관리 부서는 하급 공안기관의 교통관리 부서의 법률집행활동에 대하여 감독하여야 한다(제84조). 이 외에도 스스로 사회와 국민의 감독도 받도록 규정하고 있다(제85조). 이에 반하여 공안기관의 교통관리 부서와 소속 교통경찰은 법률·법규의 규정을 초월하는 명령에 대해서는 집행을 거부할수 있으며 상급 기관에 이를 보고할 권리가 있다.

동 부서가 법에 따라 벌금징수 등의 행정처벌을 집행할 때는 관련 법률과 행정법규의 규정에 근거하여야 하며, 벌금징수는 결정과 수납 분리의 원칙을 준수하여야 한다. 이는 현장에서 직접 벌금을 징수하지 못함을 말한다. 징수된 벌금과 법에 따라 몰수한 불법소득은 모두 국고로 환수되어야 한다(제82조).

5) 법률적 책임

공안기관의 교통관리 부서와 소속 교통경찰은 도로교통안전에 관한 위법행위에 대하여 즉시 이를 정정하여야 한다. 즉, 공안기관의 교통관리 부서와 소속 교통경찰은 사실 및 본 법의 관련 규정에 근거하여 도로교통안전에 관한 위법행위에 대하여 처벌한다. 사안이 경미하고 도로의 통행에 영향을 미치지 않는 경우에는 위법행위를 지적하고 구두로 경고한 뒤 방면할 수 있다(제87조). 도로교통안전에 관한 위법행위에 대한 처벌은 사안의 경중에 따라 경고·벌금형·임시 압류 또는 면허정지·구류 등으로 나뉜다(제88조).

2. 도로교통안전법 실시조례

2004년 4월 30일 국무원에서 반포한 '중화인민공화국 도로교통안전법 실시조례'는 5월 1일부터 실행되었다. 위 조례 규정 중 제95조에서는 공안기관의 교통관리 부문이 교통사고 손해배상문제를 조정하는 기한은 10일이며, 합의가 이루어지면 공안기관의 교통관리 부문은 응당 조정서를 여러 당사자들에게 발부하고, 조정서는 여러 당사자가 공통으로 서명한 후 효력이 발생된다고 규정하고 있다. 만약 협의가 이루어지지 못했을 경우에는 공안기관의 교통관리 부문은 조정종결서를 작성하여 당사자들에게 발부하여야 하며, 교통사고손해배상의 종목과 표준은 유관법률의 규정에 따라 집행한다고 한다.

Ⅲ. 자동차교통사고책임강제보험조례

중화인민공화국 국경 내의 도로에서 다니는 자동차, 모든 사람 혹은 관리자는 반드시 중화인민공화국 도로교통안전법의 규정에 의거하여 자동차교통사고 책임강제보험에 가입해야 한다고 규정하고 있다. 자동차교통사고강제보험(机动车交通事故责任强制保险, 이하 교강험이라 함)이란 피보험자동차에 의한 교통사고가 발생하였을 경우, 이 사고를 일으킨 자동차의 소유자 및 피보험자를 제외한 사고피해자의 상해 사망 재산에 대하여 보상을 진행하는 보험이다.

자동차의 소유자 혹은 관리자가 규정에 따라 자동차교통사고 책임강제보험에 가입하지 않았을 경우, 공안기구의 교통관리부서는 자동차를 압수하고 자동차의 소유자, 관리자에게 통지하여 규정에 따라 보험을 가입하게 하고 최저보험가입한도액의 2배 이상의 벌금을 부과한다. 자동차교통사고책임강제보험조례의 구체적인 내용은 다음과 같다.[148]

1. 총 칙

본 조례는 자동차도로교통안전사고피해인이 법에 따라 배상을 받고 도로교통안전을 촉진하기 위하여 '중화인민공화국 도로교통안전법', '중화인민공화국보험법'에 근거하여 규정한 것으로(제1조), 중화인민공화국 국경 내 도로에서 운행하는 자동차량의 모든 소유자 혹은 관리자는 응당 '중화인민공화국 도로교통안전법'의 규정에 따라 자동차교통사고책임보험에 가입하도록 강제하고 있다(제2조).

나아가 본 조례 제3조에서도 "보험회사가 피보험자동차량으로 발생한 교통사고가 조성한 본 차의 인원, 피보험인 이외의 피해자의 인신사망, 재산손실을 책임한도액 내에서 배상하여야 하는 강제성 책임보험이다"고 규정함으로써 강제성 책임보험임을 명시하고 있다. 따라서 중국 국경 내에 있는 자동차의 소유자 내지 관리자 모두 교강험(交强險)에 가입하여야 한다. 만약 자동차의 소유자 내지 관리자가 위의 교강험(交强險)에 가입하지 않으면 공안기관의 교통관리부문은 자동차를 압류할 수 있는 권리가 있고 동 조례상의 규정에 따라 보험료의 2배에 해당하는 벌금에 처할 수 있다. 보험기간은 1년으로 한다.

2. 보험가입

중자보험회사(中資保險會社)(이하 보험회사라 함)는 국무원 보험감독관리기구(이하 보감회라고 함)의 비준을 경유하여, 자동차교통사고책임 강제보험 업무에 종사할 수 있도록 하였다(제5조). 따라서 보감회의 비준을 받지 아니하면 어떤 단체 내지 개인도 자동차교통사고책임 강제보험 업무에 종사할 수 없다.

동 보험과 관련하여 보험회사는 표준보험약관을 작성하여야 하며 기초보험요율을 산정하여야 한다. 이렇게 작성된 요율에 대하여 보감회는 이익도 손해도 보지 않는다는 원칙을 근거로 심사하여 비준하여야 한다(제6조). 나아가 보감회는 동 요율에 대하여 총체적인 영

---

148) 본 조례는 제127차 상무회를 통과하여 현재 공포되었으며 2006년 7월 1일부터 시행되고 있다. 전체적인 체계로는 제1장 총칙, 제2장 보험가입, 제3장 배상, 제4장 벌칙, 제5장 부칙으로 구성되어 있다. http:// www.gov.cn/zwgk/2006 - 03/28/content_238547.htm, 2008. 10. 15.

리 또는 손실 정황에 근거하여 조절할 수 있도록 요구하거나 허가를 할 수 있다(제7조).

이렇게 산정된 보험요율에 대하여 피보험자동차가 도로교통안전 위법행위와 도로교통사고를 발생케 하지 않았을 경우에는 다음 연도 그 차량의 보험요율을 최하위표준에 이를 때까지 낮추어 주어야 한다. 반면 교통사고 등을 발생케 하였을 경우에는 보험요율이 응당 증가하게 될 것이다(제8조).[149]

또한 보험계약자가 보험회사를 선택하여 보험계약을 체결 신청할 경우 보험회사는 이를 거절하거나 연기해서는 안 되며, 보감회는 자동차량교통사고책임 강제보험의 업무자격이 있는 보험회사를 공시하도록 하고 있다(제10조). 물론 보험계약자가 보험계약을 체결할 때에는 보험회사에 대하여 중요사항인 자동차의 종류, 차량번호(厂牌型号), 식별코드, 등록번호(牌照号碼), 사용 성질과 자동차의 소유자 내지 관리자의 성명(명칭), 성별, 연령, 주소, 신분증 내지 운전증번호(조직기구코드), 보험계약의 체결 전 자동차사고발생 정황 및 보감회가 규정한 사항 등을 고지하여야 한다(제11조).

또한 자동차교통사고책임 강제보험계약을 체결할 때, 보험계약자는 응당 먼저 보험료의 전부를 지급하여야 하며, 이에 대하여 보험회사는 보험계약체결에 대한 보험증권(保險單),[150] 보험표시(保險標志)[151]를 발급하여야 한다. 보험증권 등에는 보험번호, 차량번호, 보험기간, 보험회사의 명칭 주소 및 전화번호를 기재하여야 한다. 피보험자는 피보험자동차에 보험표지를 비치하여야 하며, 보험표지의 양식은 전국적으로 표준화되어 있다. 강제보험계약 체결 시 보험회사는 보험계약자에게 보험약관과 보험요율에서 정한 것 이외의 부가조건을 요구해서는 안 된다(제13조).

이렇게 체결된 보험계약에 대하여 보험회사는 보험계약자가 보험계약을 체결할 때 중요한 사항을 고지하지 않는 경우를 제외하고 해제할 수 없다(제14조). 만약 보험회사가 보험계약을 해제하는 경우에는 보험회사는 계약을 해제하기 전 서면의 형식으로 보험계약자에게 통지하여야 하며, 보험계약자가 통지를 받은 날로부터 5일 내에 고지해야 할 사항에 대하여 고지하여야 한다. 따라서 위의 기한 내에 고지를 하면 보험회사는 보험계약을 해제하지 못한다. 반면 보험계약자가 자동차교통사고책임 강제보험계약을 해제하지

---

149) 보감회는 2006년 6월 19일부터 <자동차교통사고책임강제보험 기초보험요율표>를 제시하였고, 2008년 2월 1일 제2차 새로운 조정요율표를 실행하였다[根据中國保監會 2008年 1月 11日 保監産險 27号 自2008年 2月 1日 實行 机動車交通事故責任强制保險基础比率表 참조].

150) 단증(單証)이란 보험계약자와 보험회사와의 보험계약을 체결할 때, 강제보험계약 관련 존재의 법정 증명을 하는 문건을 말한다.

151) 보험표시(保險標志)란 법률 및 관련 규정에 근거하여 보험회사가 보험계약자에게 발급하는 것으로 이미 강제보험계약에 가입하였다는 표시를 증명하는 것이다.

는 못한다. 다만, 피보험자동차가 법에 의하여 등기 말소되었거나 피보험자동차가 운행을 정지하였을 경우, 피보험자동차가 분실되었음에 대하여 공안기관의 증명이 있는 경우 등에는 계약을 해제할 수 있다(제16조).

3. 배 상

피보험자동차가 도로교통사고를 발생하여 본 차 인원 피보험인 이외의 기타 피해자의 인신사망, 재산손실을 발생케 하였을 때에는 보험회사는 법에 근거하여 자동차교통사고책임 강제보험 책임범위 내의 한도액의 배상을 하여야 한다. 다만, 그러한 사고가 피해자의 고의로 인한 것일 때에는 배상하지 않는다(제21조). 배상을 할 때에는 ① 운전자가 운전자격증이 없거나 음주운전인 경우, ② 피보험자동차가 분실 내지 강탈당한 기간 내에 발생한 사고의 경우, ③ 피보험자가 고의로 발생시킨 교통사고인 경우에는 보험회사는 동 보험이 한도액 내에서 응급구조비용을 먼저 지급하고 후에 가해자에 대하여 구상할 수 있다. 다만, 위의 요인으로 인한 사고가 피해자의 재산상 손실인 경우에는 보험회사는 배상하지 않는다. 나아가, 배상한도액은 전국적으로 통일된 한도액을 정하고 있는데, 책임한도액은 사망장애배상한도액(11만 위안 한도 내), 의료비용배상한도액(10,000위안 한도 내), 재산손실배상책임한도액(2000 위안 한도 내) 및 피보험인이 도로교통사고 중 의무책임의 배상한도액으로 구성되어 있다(제23조).[152] 그 액은 보감회를 경유하여 국무원 공안부문, 국무원 위생주관부문, 국무원 농업주관부문에서 규정하고 있다(제23조).

나아가, 국가는 도로교통사고 사회구조기금(이하 구제기금이라 함)을 설립할 의무가 있다. 구제기금의 재원은 ① 자동차교통사고책임 강제보험의 보험료의 일정한 비율에 따라 제공된 기금, ② 규정에 따라 보험에 가입하지 않는 자동차교통사고책임 강제보험의 자동차의 소유자 내지 관리자에 대한 벌금, ③ 구제기금관리기구가 법에 따라 도로교통책임인에게 배상받은 기금, ④ 구제기금수익, ⑤ 기타 기금에 의한다(제25조). 이렇게 형성된 구제기금은 ① 응급비용이 자동차교통사고책임 강제보험책임의 한도액을 초과할 때, ② 사고자동차가 자동차교통사고책임 강제보험에 가입하지 않았을 때, ③ 자동차가 사고 후 도주하였을 때에는 도로교통사고 중 피해자 인신사망의 장례비용 또는 응급비용의 전

---

152) 구체적인 내용에 대해서는 机動車交通事故責任强制保險條款2008) 第8條,
http://hi.baidu.com/
%B6%AB%E9%9%AAk%C3%C5/blog/item/8dd28d8b10f190d4fc1f107b.html, 2008. 10. 12, 참조.

부를 먼저 지급하고 사후 구조기금 관리기구는 가해자에 대하여 보상을 받게 된다. 구제기금의 구체적인 관리 방법은 국무원 재정부문에서 보감회, 국무원 공안부문, 국무원 위생주관부문, 국무원 농업주관부문에서 제정하여 실행한다(제26조).

보상을 받는 절차는 다음과 같다. 먼저, 피보험자동차가 도로에서 교통사고가 발생하여 피보험자 또는 피해자가 보험회사에 통지를 하면 보험회사는 즉시 구체적인 배상절차 등 관련 사항을 알려 주어야 한다(제27조). 이에 따라 피보험자는 보험회사에 보험금을 신청하게 된다. 보험회사는 이러한 신청을 받으면 1일 이내에 서면 형식으로 피보험자에게 보험금 지급을 위한 관련 증명과 자료를 요구할 수 있다(제28조). 이처럼 피보험자가 보험회사에 보험금을 신청하면 보험회사는 응당 피보험자가 제공한 증명서와 자료에 근거하여 5일 이내에 보험책임에 속하는지의 여부를 판단하고, 그 결과를 피보험자에게 통지하여야 한다. 만약 보험책임에 속하지 않는 부분이 있는 경우 보험회사는 서면으로 그 이유를 설명하고, 보험책임에 속하는 부분에 대해서는 피보험자와 지급보험금에 대한 합의가 성립한 후 10일 이내에 보험금을 지급하여야 한다(제29조). 도로교통사고 손해배상 항목과 표준은 유관 법률규정에 의하여 집행한다(제35조).

피보험자와 보험회사와의 사이에 보험금 지급과 관련한 분쟁이 있을 경우에는 법에 따라 중재 혹은 소송을 제기할 수 있다(제30조). 보험금의 지급방법은 보험회사가 피보험자 또는 피해자에게 직접 보험금을 지급할 수 있다. 다만, 위에서 언급한 바와 같이 응급치료환자에 대한 응급치료비용을 먼저 지급할 때에는 보험회사가 공안기관의 교통관리부분의 통지를 받아 대조확인을 거친 후 지급하게 된다(제31조). 다만, 보험회사, 구조기금관리기구의 관련자가 취득한 당사자 개인적 정보에 대해서는 이를 공개해서는 안 되며 비밀로 하여야 한다(제34조).

4. 벌 칙

보감회의 비준을 받지 않고 불법적으로 자동차교통사고책임 강제보험 업무에 종사하는 경우에는 보감회에 의하여 단속대상이 된다. 만약 범죄를 구성하는 경우에는 법에 따라 형사책임을 추궁하게 되고, 만약 범죄를 구성하지 않는 경우에는 보감회에 의하여 위법소득을 몰수하게 된다. 그런데 위법소득이 20만 위안을 넘은 경우에는 위법소득의 1배 이상 5배 이하의 벌금에 처하고, 위법소득이 없거나 위법소득이 20만 위안에 미달하는 경우에는 20만 위안 이상 100만 위안 이하의 벌금에 처하도록 규정하고 있다(제36조).

나아가, 보험회사가 보감회의 비준 없이 자동차교통사고책임 강제보험 업무에 종사하면 보감회는 책령(責令)을 통하여 이를 시정케 하고, 수익한 보험료는 반환토록 하며, 위법소득은 몰수한다. 만약 위법소득이 10만 위안 이상일 때에는 위법소득의 1배 이상 5배 이하의 벌금에 처하고, 위법소득이 없거나 10만 위안에 미달하는 경우에는 10만 위안 이상 50만 위안 이하의 벌금에 처한다. 만약 지정된 날짜에도 이를 시정하지 않거나 엄중한 결과를 초래하였을 경우에는 영업정지 또는 보험업무경영 허가증을 취소한다(제37조).

보험회사가 본 조의 규정을 위반하여 다음의 행위를 하는 경우에는 보감회는 칙령을 통하여 이를 시정케 하고 5만 위안 이상 30만 위안 이하의 벌금에 처한다. 만약 그 사안이 엄중한 경우에는 업무의 범위를 제한하고 칙령을 통하여 정돈하거나 보험업무경영 허가증을 취소하게 된다. 다음의 행위란, ① 자동차교통사고책임강제보험의 승낙거절 내지 연기의 경우, ② 통일적인 보험약관과 기초보험요율에 따른 자동차교통사고책임 강제보험 업무에 종사하지 않는 경우, ③ 자동차교통사고책임 강제보험 업무와 기타 보험 업무를 구분하지 않고 함께 계산하는 경우, ④ 보험계약자를 강제하여 상업보험계약을 체결하는 경우, ⑤ 규정을 위반하여 자동차교통사고책임 강제보험계약을 해제하는 경우, ⑥ 약정보험금의 배상의무의 이행을 거부하는 경우, ⑦ 규정에 따라 정해진 때에 지급하지 않거나 또는 응급치료비용을 대신 지급하지 않는 경우 등이다(제38조).

이외에도 자동차의 소유자 내지 관리자가 규정에 따라 자동차교통사고책임 강제보험에 가입하지 않는 경우(제39조), 도로에서 달리는 자동차가 보험표지를 부착하지 않는 경우(제40조), 위조, 변호 내지 위조·변조한 보험표지를 사용하거나 기타 자동차의 보험표지를 사용할 경우(제41조)에 대한 규정 및 부칙(제5장)을 두고 있다.

부록 2: 자동차보험 분쟁조정사례

1. 한시장해진단 시 장해보험금 지급 여부

<문> 계약자: 5년 한시장해라며 후유장해보험금 보험사에 요구

　　분조위: 약관상 후유장해는 영구적으로 남는 장해를 의미한다고 판결

　계약자 H씨는 99년 12월 ○○보험사와 사망, 후유장해, 의료실비, 입원비, 배상책임, 벌금 등을 보장하는 보험계약을 체결했다. 그러던 중 2000년 1월 차량운행 중 차선을 변경해 직진하던 버스에 추돌당해 부상을 입었다. 사고 후 H씨는 보험사에 후유장해보험금을 청구했으나 보험사는 한시장해이므로 후유장해보험금 지급책임이 없다고 주장해 분쟁이 발생했다.

　보험사는 사고발생장소가 검문소로 서행 중에 충돌사고가 일어나 피보험자의 차량수리비가 85만 원에 불과하고 H씨가 입원 중에도 수시로 예배참석, 대학원출석 등을 이유로 병실을 비운 사실에 비추어 볼 때 교통사고에도 불구하고 정상적으로 생활해 왔으며 의료자문결과 피보험자의 증상이 전형적인 기왕증으로 치유할 개연성이 큰 한시장해이므로 보험금 지급책임이 없다고 주장했다.

　이에 대해 분조위는 H씨가 제출한 분쟁조정신청서 및 보험사가 제출한 병원 진단서, 입원확인서 등의 기록을 살펴보았다. 그 결과 H씨는 사고로 인해 요추간판탈출증으로 맥브라이드 장해등급표 Ⅴ-A에 해당하는 일반노동능력 23% 상실 및 5년 한시장해를 입은 것으로 인정할 수 있다고 밝혔다.

　그러나 장기종합보험 후유장해를 피해일로부터 180일 안에 신체의 일부를 잃거나 또는 그 기능이 상실되었을 때라고 규정한 보험약관에 비추어 볼 때 후유장해란 사고로 인해 영구적으로 남게 되는 후유장해를 의미한다고 판단했다. 하지만 H씨의 장해상태는 진단일로부터 5년까지만 한시적으로 노동능력 상실을 의사가 인정하고 있으므로 이에 해당되지 않는다고 보아 보험사는 후유장해보험금을 지급할 책임이 없다고 결정해 H씨의 보험금 청구를 기각했다.

2. 업무용자동차 명의 이전 안 된 상태에서 사고발생

지난 1998년 11월 K씨는 ○보험사와 업무용자동차보험(담보종목: 대인배상 Ⅰ·Ⅱ, 대물배상, 자기신체사고, 무보험차 상해담보)계약을 체결했다. 다음 해 4월 K씨는 서울근교 도로를 운행하던 중 신호대기 정차 중인 차량을 추돌, 운전자를 부상케 하는 사고를 냈다. 사고가 나자 보험사는 책임개시일에 C 모씨는 K씨에게 차량을 양도했다고 주장하지만 사고 당일까지 약 5개월 동안 명의이전이 안 돼 있어 실질적인 양도, 양수 사실을 입증하지 못하고 있다고 주장했다. 또한 소유자를 변경하려는 이유가 보험료 절감을 위해서였다는 점이 확인돼 업무용자동차보험약관 제57조 제3항 및 상법 제651조의 고지의무 위반에 해당한다며 면책을 주장했다.

반면 K씨는 갱신계약 당시 피보험차량을 자신의 이름으로 명이 이전할 것이라는 사실을 고지했으나, 차일피일 미루다가 이전등록을 하지 못한 상태에서 사고가 발생했다고 주장했다.

이에 분조위는 보험료를 절감할 목적으로 기명 피보험자를 변경해 갱신보험계약을 체결한 경우 고지의무 위반에 해당하는지 여부가 쟁점이라고 봤다. 자동차보험 가입 시 자동차를 실질적으로 사용·관리함으로써 자동차사고로 손해배상책임의무를 부담할 지위에 있는 자는 피보험이익이 존재한다고 할 수 있고, 이와 같이 피보험이익이 있는 자는 법률상 소유자가 아니더라도 기명피보험자로 보험에 가입할 수 있다.

따라서 K씨는 사고 당시 법률상 소유자는 아니었지만 피보험차량을 사용·관리하고 운행한 사실로 보아 피보험이익을 가진 자로 인정할 수 있다며 보험금을 지급하라고 결정했다.

3. 개인사업용으로 가입한 자동차보험계약을 변경하려는 경우

<문> 개인사업을 하고 있지만 차량은 출퇴근용으로만 사용하고 다른 용도로는 사용하지 않는다. 자동차보험에 가입하면서 모집인은 개인사업자라는 이유로 무조건 '개인 사업용'으로 가입시켰고 이 때문에 보험료를 많이 냈다. '출퇴근 및 가정용'으로 계약을 변경해 달라고 보험회사에 요청했으나 거절당했다.

<답 & 해설> 개인용자동차보험의 '출퇴근 및 가정용'으로 변경·처리하여 보험료 차

액 환급

개인용자동차보험은 피보험자동차의 용도에 따라 다시 '출퇴근 및 가정용'과 '개인 사업용 및 기타 용도'로 구분된다. '출퇴근 및 가정용'은 주로 회사원 등 봉급생활자들이 출퇴근 및 개인의 통상적인 생활에 사용하는 것이다. '개인 사업용 및 기타 용도'는 개인 사업자가 사업상의 업무에 주로 사용하는 것으로 전자가 후자보다 보험료가 더 저렴하다.

4. 계약 취소 후 보험료를 반환해 주지 않는 경우

<문> 자동차보험에 가입한 후 약관을 교부받지 못한 것을 이유로 보험회사에 계약을 취소하겠다고 했다. 그런데 아직까지 납입한 보험료를 돌려주지 않는다.

<답 & 해설> 납입한 보험료 환급

자동차보험 약관 제55조에 의하면 보험회사는 계약을 체결할 때 계약자에게 약관을 교부해야 한다. 이를 위반한 때에는 계약자는 보험계약 성립일로부터 1개월 이내에 계약을 취소할 수 있다. 이미 납입한 보험료는 전액 돌려받을 수 있다.

다만 책임보험(대인배상 Ⅰ) 부분은 단기 일수에 따른 할인율을 적용해 공제하고 남은 보험료를 반환받을 수 있다. 이 경우에 다른 보험회사에 즉시 책임보험을 가입해야 한다.

5. 주소변경 시에는 반드시 보험회사에 알려야 하나

<문> 자동차보험료를 분할 납입하고 있다. 이사하고 나서 즉시 보험회사 담당 직원에게 변경된 주소로 지로 영수증을 보내주도록 신청했다. 그 후 사고가 발생하여 보험금을 청구했는데, 보험회사에서는 보험이 실효되었다며 보상해 주지 않는다.

<답 & 해설> 담당 직원의 사무 처리 잘못(전산 미입력)임이 밝혀져 보상처리

자동차보험 약관 제58조(계약 후 알릴 의무)에 따라 계약자 또는 피보험자는 계약 후 중대한 변경사항이 발생하면 지체 없이 서면으로 보험회사에 알리고 보험 증권에 보험회

사의 승인을 받아야 한다. 주소·연락처가 변경된 경우에도 지체 없이 알려야 한다. 이 경우에는 반드시 서면으로 할 필요는 없다.

자동차보험 약관 제57조(계약 전 알릴 의무)에 따라 보험계약을 체결할 때 보험 계약자와 피보험자는 중요한 사항을 알릴 의무가 있다. 고의 또는 중대한 과실로 인하여 알고 있는 사실을 알리지 않거나 사실과 다르면 보험회사는 해당 보험계약을 해지할 수 있다. 고지의무 위반의 사실을 안 날로부터 1개월, 계약을 체결한 날로부터 3년이 지나면 보험회사는 계약을 해지할 수 없도록 되어 있다.

6. 자동차양수인이 사고를 냈는데 보험처리를 해 주지 않는 경우

<문> 승용차를 다른 사람에게 양도하고 나서 얼마 되지 않아 양수인이 사고를 냈다. 보험회사에 보상을 청구했으나 보험회사는 배서 승인을 받지 않았다며 보험처리를 해 주지 않는다.

<답 & 해설> 보험 처리 불가

자동차보험 약관 제59조(피보험 자동차의 양도)에 의하여 피보험 자동차의 양도인은 보험회사에 서면으로 양도사실을 통지하고 보험증권에 배서를 받도록 돼 있다. 이를 해태하면 보험처리를 받을 수 없다.

7. 분할보험료 납입지체 중에 사고가 발생한 경우

<문> 자동차보험에 가입한 후 유지하여 오던 중 2회분 보험료의 납입약정일로부터 15일이 경과하였다. 보험회사로부터 납입 최고를 받은 상태에서 사고가 발생해 보험처리를 하려고 했으나 보험회사에서는 보상을 거절한다.

<답 & 해설> 납입최고기간(약정일로부터 30일) 내에는 보상 가능

보험계약자가 분할 보험료를 납입 약정일까지 납입하지 아니할 경우 납입약정일로부터 30일간의 최고 기간을 둔다. 이 기간 내에 생긴 사고는 보상하도록 돼 있다.

최고기간까지 보험료를 납입하지 아니할 경우에는 계약이 해지되며, 해지 이후의 사고는 보상되지 않는다(상법 제650조).

8. 형이 운전했다는 이유로 보상처리가 거절된 경우

<문> 개인용자동차보험에 가입하면서 '가족운전자 한정 운전특약'에 가입했다. 형이 운전하다 사고를 내 상대 차량 운전자가 다치고 차량이 파손됐다. 보험금을 청구했는데 보험회사는 보험처리가 되지 않는다고 한다.

<답 & 해설> 책임보험금(대인배상 Ⅰ)만 지급

'가족운전자 한정 운전특약'은 보험계약자가 담보 종목별 기본보험료의 65%를 적용받는 반면, 운전할 수 있는 사람을 보험증권에 기재된 기명 피보험자와 가족으로 한정하는 제도다. 가족 이외의 사람이 운전하다 발생한 사고는 보상받을 수 없다.

'운전자 연령한정 운전특약'은 만 26세 이상, 만 21세 이상으로 구분되며 담보 종목별 기본보험료의 80%, 70%로 각각 적용받는다. 운전가능 범위는 보험증권에 기재된 자동차를 운전할 수 있는 자를 만 26세, 만 21세 이상으로 한정하는 제도다. 연령에 제한 없이 운전하고자 할 때는 전 연령으로 가입해야 한다.

9. 책임보험 미가입으로 인하여 과태료가 부과된 경우

<문> 책임보험(대인배상 Ⅰ) 기간 종료 후 개인 사정으로 가입하지 못했다. 그 후 관할 구청으로부터 책임보험 미가입으로 인한 과태료 30만 원을 부과한다는 통지를 받았다.

<답 & 해설> 과태료 납부 및 책임보험 가입

보험회사는 책임보험에 가입한 자에게 계약기간이 종료된다는 사실을 계약종료일 30일 전과 10일 전에 각각 통지해야 한다.

통지 후에도 가입하지 않을 경우 시·도지사에게 통지해야 하고 시·도지사는 지체 없이 해당자에게 통지하게 돼 있다. 통지를 받은 자동차보유자는 통지받은 날로부터 10일 이상 15일 이하의 기간 내에 책임보험에 가입한 후 그 사실을 증명하도록 돼 있다.

계약기간 종료 후 책임보험에 가입하지 아니하는 경우는 미가입기간에 따라 최고 30만 원 이하의 과태료가 부과된다.

10. 무단횡단사고 시 가해자가 보험처리를 해 주지 않는 경우

<문> 도로를 무단으로 횡단하다 가해차량의 측면에 부딪혀 부상을 입었다. 가해자는 자기 과실이 없다며 보상금도 주지 않고, 자동차보험 처리도 해 주지 않는다.

<답 & 해설> 피해자가 보험회사에 보험금을 직접 청구

자동차보험은 원칙적으로 손해를 보상할 가해자가 보험금을 청구할 수 있다. 그런데 가해자가 변제능력이 없는 경우, 사망·행방불명 등의 사유로 피해자에게 손해배상금·보험금을 지급할 수 없는 경우, 자기 과실이 있으면서도 보험 처리를 해 주지 않는 경우에는 피해자가 피해를 입게 마련이다.

이와 같은 피해자를 보호하기 위해 상법·자동차손해배상보장법·약관 등에 피해자에게 보험금을 직접 청구할 수 있는 권리를 부여(피해자의 직접청구권)하고 있다. 피해자는 보험회사에 교통사고로 인한 보험금을 직접 청구할 수 있는데, 사고가 발생한 날로부터 2년 이내에 해야 한다.

11. 횡단보도에서 과속 차량에 의해 충격되어 3주의 진단을 받은 경우의 보상은 얼마나 받나

<문> 신호등 없는 횡단보도를 건너던 중 과속으로 운행하던 승용차에 부딪쳤다. 요우염좌·다발성 타박상으로 진단받아 3주간 입원 치료 후 퇴원했다. 보험회사와 합의를 보려고 하는데, 이 경우 어떤 보상을 받을 수 있는가?

<답 & 해설> 위자료·휴업손해·기타 손해배상금을 받을 수 있으며, 치료경과에 따라 향후 치료비 등이 가산

▶ 위자료

자동차보험에서 상해는 책임보험 상해등급표에 따라 1~14급으로 나누어진다. 이 경우는 상해 9급에 해당하므로 치료 기관과 관계없이 지급된다.

▶ 휴업손해

소득을 입증할 수 있는 세법에 따른 관계 증명서를 제출할 경우 감소액의 80%, 관계 증명서가 없을 때는 일용 근로자 임금의 80%를 지급한다. 주부의 경우 일용근로자 임금의 80%에 해당하는 금액을 30일로 나누어 1일 휴업 손해금을 산정한 다음 치료일수를 곱하여 휴업손해금을 산출한다.

▶ 계산 방식

- 713,337원(99년 상반기 일용 근로자 임금 기준)÷30일×80% = 19,022원
- 19,022원×21일 = 399,462원

▶ 기타 손해배상금

- 입원의 경우 1일 9,000 원 중 식대 공제 금액을 제외한 금액
- 통원의 경우 실제 통원일수×5,000 원

이 경우 위자료 140,000 원 + 휴업손해액 399,462 = 539,460원이 되지만 치료 경과에 따라 향후 치료비 등이 가산될 수 있다. 본인에게 과실이 있을 때는 총 금액에서 과실 부분만큼 제외하고 지급한다.

12. 뒤따라오던 차량에 부딪쳐 수리비가 2백만 원이 나온 경우

<문> 신호 대기 중 뒤따라오던 차에 부딪쳐 차량이 파손돼 수리비가 2백만 원 정도 나왔다. 보험회사에서는 어떤 기준에 의해, 어떤 보상을 해 주는지 알고 싶다.

<답 & 해설> 수리비용 및 대차료, 견인 비용 지급

▶ 수리비

원상회복이 가능한 경우 사고 직전의 상태로 고치는 데 소요되는 필요 타당한 비용을 지급받는다. 차량 수리비가 사고 직전의 중고차 시세가액의 범위 내인 경우, 수리비용 전액을 지급받는다. 만일 차량 수리비가 사고 직전의 중고차 시세가액을 초과할 때는 중고차 시세가액만큼 지급받을 수 있다.

▶ 대차료

같은 등급의 대여 자동차(렌터카)를 사용할 경우, 실제 수리 기간 동안 사용한 대여 자동차료의 80%를 지급한다. 대여 자동차를 사용하지 않았을 때는 대여 자동차요금의 20%를 지급한다. 대차료 인정 기간은 30일이다. 완전 파손으로 수리가 불가능할 때에는 10일간의 대여 자동차요금을 인정한다.

▶ 견인비

자동차가 자력으로 이동할 수 없는 경우, 사고 장소에서 이를 고칠 수 있는 가장 가까운 수리 공장 또는 회사가 지정하는 장소까지 운반하는 데 든 레카 견인비를 지급한다.

13. 졸음운전을 하다 중상을 입은 경우

<문> 야간에 졸음운전을 하다가 길가의 가로수를 들이받아 대퇴골 간부골절의 중상을 입었다. 어떤 보상을 받을 수 있는가?

<답 & 해설> 자기신체사고보험금의 한도 금액 내(750만 원)에서 치료비 보상

자기신체사고보험금(통상 '자손보험금'이라 함)은 자신의 생명·신체를 담보로 한 상해보험의 일종이다. 자손보험금은 가입금액별로 사망 시 지급하는 금액이 다르다. 최저 1천5백만 원에서 최고 1억 원까지 지급된다. 부상의 경우에는 상해등급별로 다르다. 1급은 1천5백만 원까지 지급된다.

각 등급별로 한도금액이 있어 이 한도금액 내에서 실제 지급된 치료비만을 대상으로 한다. 이 경우에는 부상 3급에 해당되는데 한도금액이 750만 원이므로 750만 원 한도 내에서 실제 발생한 치료비를 지급한다. 위자료·휴업손해금 등은 없다.

14. 주차시켜 놓은 차량을 도난당한 경우

<문> 회사 주차장에 주차시켜 놓은 자동차를 도난당했다. 즉시 경찰서에 신고하고 보험회사에 통지한 후 30일이 지나 보험회사에 보험금을 청구했다. 보험회사는 도난 차량이 회수되었기 때문에 보험금을 지급할 수 없다며 차량을 가져가라고 한다.

<답 & 해설> 보험금 지급

피보험 자동차를 도난당한 경우에는 즉시 도난사실을 경찰서에 신고하고 보험회사에 통지해야 한다. 경찰에 신고한 후 30일이 지나면 보험금을 청구할 수 있다. 만일 30일이 지나 보험금을 청구했으나 피보험 차량이 회수되었을 경우 보험금지급 또는 피보험차량 반환 여부는 피보험자가 선택할 수 있다. 보험금은 경찰서 신고 후 30일이 지난 때부터 2년 이내에 청구해야 한다.

15. 무보험 자동차에 의한 상해 시 보상

<문> 상대방 차량이 중앙선을 침범하여 다쳤다. 상대방 차량은 자동차보험에 가입돼 있으나 무면허운전자라 보험처리가 되지 않고, 가해자가 변제능력도 없다. 보상받을 수 있는 방법은 무엇인가?

<답 & 해설> 피해자가 '무보험자동차에 의한 상해 담보'에 가입했다면 이에 의하여 보상

'무보험자동차에 의한 상해'는 대인배상 Ⅰ · 대인배상 Ⅱ · 대물배상 · 자기신체사고 담보에 모두 가입돼 있는 경우에 한하여 가입할 수 있다. 영업용은 안 된다.
자동차보험 중 '무보험 자동차에 의한 상해'에 가입돼 있다면 책임보험(대인배상 Ⅰ), 책임보험을 넘어서는 금액에 대해서는 대인배상 Ⅱ의 지급 기준에 따라 1인당 2억 원 한도로 보상받을 수 있다. 이를 이유로 보험금을 지급한 보험회사는 가해자를 상대로 구상권을 행사할 수 있다.

16. 뺑소니 차량에 의한 교통사고 시 보상은

<문> 중앙선을 침범한 뺑소니 차량에 부딪친 후 의식을 잃었다. 보상받을 수 있는 방법이 있는가?

<답 & 해설> 정부 보장사업에 의하여 보상 가능

정부 보장사업이란 뺑소니 자동차사고 · 무보험 자동차사고 · 면책 자동차사고에 의해 보상받을 수 없을 때 피해자에게 책임보험(대인배상 Ⅰ) 보험금 범위 내에서 보상해 주는 제도다. 현재 동부화재해상보험(주)에서 대행하고 있다.

17. 보험회사가 동승한 가족의 대인보상을 거절한 경우

<문> 가족과 함께 고향에 가다가 차가 전복돼 운전자와 가족들이 모두 다쳐 보험금을 청구했다. 보험회사에서는 운전자와 동승한 가족에게 자기신체사고보험금만 지급하고, 가족이라는 이유로 대인보상을 하지 않는다.

<답 & 해설> 책임보험(대인배상 Ⅰ) 보험금 지급

피보험자(운행자)가 피보험 자동차의 운행으로 인하여 다른 사람(타인)에게 손해를 입힌 경우, 보험회사는 보상책임이 있다. 지금까지 보험회사는 가족은 남(타인)이 아니라는 이유로 책임보험금을 지급하지 않고 자기신체사고보험금만 지급했다. 최근에는 책임보험금도 지급하는 추세다.
동승한 가족이 고의 또는 자살 행위가 없거나 사고차량에 대해서 운행 지배권 및 운행이익이 없어야 책임보험금을 받을 수 있다. 그러나 동승한 가족이 진정 공동 운행자일 경우는 책임보험금은 받을 수 없고 자손보험금만 받을 수 있다. 왜냐하면 공동 운행자는 자동차손해배상보장법에 의한 타인(남)이 아니기 때문이다.

18. 무면허운전자에 의한 사고로 인하여 부상을 입은 경우

<문> 자동차사고로 부상을 당했다. 가해차량의 운전자가 무면허라는 이유로 보험회사에서는 보험처리가 안 된다고 한다.

<답 & 해설> 책임보험(대인배상 Ⅰ) 보험금 지급

피보험자 본인이 무면허운전을 했거나, 기명피보험자(보험증권에 피보험자로 명시된 피보험자)의 명시적 · 묵시적 승인하에 피보험 자동차를 무면허로 운전해 일어난 사고는

보상하지 않는다. 하지만 기명피보험자가 승낙하지 않은 무단운전자나 절취운전자 등이 무면허인 경우에는 보상받을 수 있다.

19. 음주운전으로 인하여 사고가 발생한 경우

<문> 음주운전을 하다가 중앙선 침범으로 사고가 발생했다. 보험금을 청구했는데 보험회사에서는 대인배상·대물배상은 해 주고, 자기차량손해(자차)·자기신체사고(자손)·무보험차 상해는 보상해 줄 수 없다고 한다.

<답 & 해설> 대인배상 Ⅰ(책임보험)·대인배상 Ⅱ 외에 자손·무보험 자동차에 의한 상해보험금 지급(자기차량손해 제외)

대인배상·대물배상은 음주운전을 해도 다른 사람의 피해를 보상하는 것이므로 보험처리가 된다. 대인배상은 2백만 원, 대물배상은 50만 원을 보험회사에 납부해야 하고, 자기차량 손해는 보상받을 수 없다.

자기신체사고, 무보험자동차에 의한 상해는 약관상 보험금을 지급하지 않는 사유에 해당되어 보험회사에서 보상하지 않는다. 현재 대법원에서는 이와 같은 약관 조항이 무효라고 판결하고 있어 소송을 제기할 경우 보상받는 추세다.

본 상당사례의 경우 특정 시점을 기준으로 하므로 이후의 관련 법규 및 약관내용의 변경으로 인해 지급기준 및 기준액(수)에 변경이 있을 수 있음을 참고바랍니다.

부록 3: 관련 법령

Ⅰ. 상법(보험편)

제1장 통 칙

제638조(의의) 보험계약은 당사자 일방이 약정한 보험료를 지급하고 상대방이 재산 또는
생명이나 신체에 관하여 불확정한 사고가 생길 경우에 일정한 보험금액 기타의 급여
를 지급할 것을 약정함으로써 효력이 생긴다.

제638조의 2(보험계약의 성립) ① 보험자가 보험계약자로부터 보험계약의 청약과 함께
보험료 상당액의 전부 또는 일부의 지급을 받은 때에는 다른 약정이 없으면 30일 내
에 그 상대방에 대하여 낙부의 통지를 발송하여야 한다. 그러나 인보험계약의 피보험
자가 신체검사를 받아야 하는 경우에는 그 기간은 신체검사를 받은 날부터 기산한다.
② 보험자가 제1항의 규정에 의한 기간 내에 낙부의 통지를 해태한 때에는 승낙한
것으로 본다.
③ 보험자가 보험계약자로부터 보험계약의 청약과 함께 보험료 상당액의 전부 또는
일부를 받은 경우에 그 청약을 승낙하기 전에 보험계약에서 정한 보험사고가 생긴 때
에는 그 청약을 거절할 사유가 없는 한 보험자는 보험계약상의 책임을 진다. 그러나
인보험계약의 피보험자가 신체검사를 받아야 하는 경우에 그 검사를 받지 아니한 때
에는 그러하지 아니하다. [본 조 신설 1991.12.31.]

제638조의 3(보험약관의 교부·명시의무) ① 보험자는 보험계약을 체결할 때에 보험계
약자에게 보험약관을 교부하고 그 약관의 중요한 내용을 알려 주어야 한다.
② 보험자가 제1항의 규정에 위반한 때에는 보험계약자는 보험계약이 성립한 날부터
1개월 내에 그 계약을 취소할 수 있다. [본 조 신설 1991.12.31.]

제639조(타인을 위한 보험) ① 보험계약자는 위임을 받거나 위임을 받지 아니하고 특정 또는 불특정의 타인을 위하여 보험계약을 체결할 수 있다. 그러나 손해보험계약의 경우에 그 타인의 위임이 없는 때에는 보험계약자는 이를 보험자에게 고지하여야 하고, 그 고지가 없는 때에는 타인이 그 보험계약이 체결된 사실을 알지 못하였다는 사유로 보험자에게 대항하지 못한다. <개정 1991.12.31.>

② 제1항의 경우에는 그 타인은 당연히 그 계약의 이익을 받는다. 그러나 손해보험계약의 경우에 보험계약자가 그 타인에게 보험사고의 발생으로 생긴 손해의 배상을 한 때에는 보험계약자는 그 타인의 권리를 해하지 아니하는 범위 안에서 보험자에게 보험금액의 지급을 청구할 수 있다. <신설 1991.12.31.>

③ 제1항의 경우에는 보험계약자는 보험자에 대하여 보험료를 지급할 의무가 있다. 그러나 보험계약자가 파산선고를 받거나 보험료의 지급을 지체한 때에는 그 타인이 그 권리를 포기하지 아니하는 한 그 타인도 보험료를 지급할 의무가 있다. <개정 1991.12.31.>

제640조(보험증권의 교부) ① 보험자는 보험계약이 성립한 때에는 지체 없이 보험증권을 작성하여 보험계약자에게 교부하여야 한다. 그러나 보험계약자가 보험료의 전부 또는 최초의 보험료를 지급하지 아니한 때에는 그러하지 아니하다. <개정 1991.12.31.>

② 기존의 보험계약을 연장하거나 변경한 경우에는 보험자는 그 보험증권에 그 사실을 기재함으로써 보험증권의 교부에 갈음할 수 있다. <신설 1991.12.31.>

제641조(증권에 관한 이의약관의 효력) 보험계약의 당사자는 보험증권의 교부가 있은 날로부터 일정한 기간 내에 한하여 그 증권내용의 정부에 관한 이의를 할 수 있음을 약정할 수 있다. 이 기간은 1개월을 내리지 못한다.

제642조(증권의 재교부청구) 보험증권을 멸실 또는 현저하게 훼손한 때에는 보험계약자는 보험자에 대하여 증권의 재교부를 청구할 수 있다. 그 증권작성의 비용은 보험계약자의 부담으로 한다.

제643조(소급보험) 보험계약은 그 계약 전의 어느 시기를 보험기간의 시기로 할 수 있다.

제644조(보험사고의 객관적 확정의 효과) 보험계약 당시에 보험사고가 이미 발생하였거나 또는 발생할 수 없는 것인 때에는 그 계약은 무효로 한다. 그러나 당사자 쌍방과 피보험자가 이를 알지 못한 때에는 그러하지 아니하다.

제645조 삭제 <1991.12.31.>

제646조(대리인이 안 것의 효과) 대리인에 의하여 보험계약을 체결한 경우에 대리인이 안 사유는 그 본인이 안 것과 동일한 것으로 한다.

제647조(특별위험의 소멸로 인한 보험료의 감액청구) 보험계약의 당사자가 특별한 위험을 예기하여 보험료의 액을 정한 경우에 보험기간 중 그 예기한 위험이 소멸한 때에는 보험계약자는 그 후의 보험료의 감액을 청구할 수 있다.

제648조(보험계약의 무효로 인한 보험료반환청구) 보험계약의 전부 또는 일부가 무효인 경우에 보험계약자와 피보험자가 선의이며 중대한 과실이 없는 때에는 보험자에 대하여 보험료의 전부 또는 일부의 반환을 청구할 수 있다. 보험계약자와 보험수익자가 선의이며 중대한 과실이 없는 때에도 같다.

제649조(사고발생 전의 임의해지) ① 보험사고가 발생하기 전에는 보험계약자는 언제든지 계약의 전부 또는 일부를 해지할 수 있다. 그러나 제639조의 보험계약의 경우에는 보험계약자는 그 타인의 동의를 얻지 아니하거나 보험증권을 소지하지 아니하면 그 계약을 해지하지 못한다. <개정 1991.12.31.>
② 보험사고의 발생으로 보험자가 보험금액을 지급한 때에도 보험금액이 감액되지 아니하는 보험의 경우에는 보험계약자는 그 사고발생 후에도 보험계약을 해지할 수 있다. <신설 1991.12.31.>
③ 제1항의 경우에는 보험계약자는 당사자 간에 다른 약정이 없으면 미경과보험료의 반환을 청구할 수 있다. <개정 1991.12.31.>

제650조(보험료의 지급과 지체의 효과) ① 보험계약자는 계약체결 후 지체 없이 보험료의 전부 또는 제1회 보험료를 지급하여야 하며, 보험계약자가 이를 지급하지 아니하

는 경우에는 다른 약정이 없는 한 계약성립 후 2개월이 경과하면 그 계약은 해제된 것으로 본다.

② 계속보험료가 약정한 시기에 지급되지 아니한 때에는 보험자는 상당한 기간을 정하여 보험계약자에게 최고하고 그 기간 내에 지급되지 아니한 때에는 그 계약을 해지할 수 있다.

③ 특정한 타인을 위한 보험의 경우에 보험계약자가 보험료의 지급을 지체한 때에는 보험자는 그 타인에게도 상당한 기간을 정하여 보험료의 지급을 최고한 후가 아니면 그 계약을 해제 또는 해지하지 못한다. [전문개정 1991.12.31.]

제650조의 2(보험계약의 부활) 제650조 제2항에 따라 보험계약이 해지되고 해지환급금이 지급되지 아니한 경우에 보험계약자는 일정한 기간 내에 연체보험료에 약정이자를 붙여 보험자에게 지급하고 그 계약의 부활을 청구할 수 있다. 제638조의 2의 규정은 이 경우에 준용한다. [본 조 신설 1991.12.31.]

제651조(고지의무위반으로 인한 계약해지) 보험계약 당시에 보험계약자 또는 피보험자가 고의 또는 중대한 과실로 인하여 중요한 사항을 고지하지 아니하거나 부실의 고지를 한 때에는 보험자는 그 사실을 안 날로부터 1개월 내에, 계약을 체결한 날로부터 3년 내에 한하여 계약을 해지할 수 있다. 그러나 보험자가 계약 당시에 그 사실을 알았거나 중대한 과실로 인하여 알지 못한 때에는 그러하지 아니하다. <개정 1991.12.31.>

제651조의 2(서면에 의한 질문의 효력) 보험자가 서면으로 질문한 사항은 중요한 사항으로 추정한다. [본 조 신설 1991.12.31.]

제652조(위험변경증가의 통지와 계약해지) ① 보험기간 중에 보험계약자 또는 피보험자가 사고발생의 위험이 현저하게 변경 또는 증가된 사실을 안 때에는 지체 없이 보험자에게 통지하여야 한다. 이를 해태한 때에는 보험자는 그 사실을 안 날로부터 1개월 내에 한하여 계약을 해지할 수 있다.

② 보험자가 제1항의 위험변경증가의 통지를 받은 때에는 1개월 내에 보험료의 증액을 청구하거나 계약을 해지할 수 있다. <신설 1991.12.31.>

제653조(보험계약자 등의 고의나 중과실로 인한 위험증가와 계약해지) 보험기간 중에 보험계약자, 피보험자 또는 보험수익자의 고의 또는 중대한 과실로 인하여 사고발생의 위험이 현저하게 변경 또는 증가된 때에는 보험자는 그 사실을 안 날부터 1개월 내에 보험료의 증액을 청구하거나 계약을 해지할 수 있다. <개정 1991.12.31.>

제654조(보험자의 파산선고와 계약해지) ① 보험자가 파산의 선고를 받은 때에는 보험계약자는 계약을 해지할 수 있다.
② 제1항의 규정에 의하여 해지하지 아니한 보험계약은 파산선고 후 3개월을 경과한 때에는 그 효력을 잃는다. <개정 1991.12.31.>

제655조(계약해지와 보험금액청구권) 보험사고가 발생한 후에도 보험자가 제650조, 제651조, 제652조와 제653조의 규정에 의하여 계약을 해지한 때에는 보험금액을 지급할 책임이 없고 이미 지급한 보험금액의 반환을 청구할 수 있다. 그러나 고지의무에 위반한 사실 또는 위험의 현저한 변경이나 증가된 사실이 보험사고의 발생에 영향을 미치지 아니하였음이 증명된 때에는 그러하지 아니하다. <개정 1962.12.12, 1991.12.31.>

제656조(보험료의 지급과 보험자의 책임개시) 보험자의 책임은 당사자 간에 다른 약정이 없으면 최초의 보험료의 지급을 받은 때로부터 개시한다.

제657조(보험사고 발생의 통지의무) ① 보험계약자 또는 피보험자나 보험수익자는 보험사고의 발생을 안 때에는 지체 없이 보험자에게 그 통지를 발송하여야 한다.
② 보험계약자 또는 피보험자나 보험수익자가 제1항의 통지의무를 해태함으로 인하여 손해가 증가된 때에는 보험자는 그 증가된 손해를 보상할 책임이 없다. <신설 1991.12.31.>

제658조(보험금액의 지급) 보험자는 보험금액의 지급에 관하여 약정기간이 있는 경우에는 그 기간 내에 약정기간이 없는 경우에는 제657조 제1항의 통지를 받은 후 지체 없이 지급할 보험금액을 정하고 그 정하여진 날부터 10일 내에 피보험자 또는 보험수익자에게 보험금액을 지급하여야 한다. [전문개정 1991.12.31.]

제659조(보험자의 면책사유) ① 보험사고가 보험계약자 또는 피보험자나 보험수익자의 고

의 또는 중대한 과실로 인하여 생긴 때에는 보험자는 보험금액을 지급할 책임이 없다.
② 삭제 <1991.12.31.>

제660조(전쟁위험 등으로 인한 면책) 보험사고가 전쟁 기타의 변란으로 인하여 생긴 때에는 당사자 간에 다른 약정이 없으면 보험자는 보험금액을 지급할 책임이 없다.

제661조(재보험) 보험자는 보험사고로 인하여 부담할 책임에 대하여 다른 보험자와 재보험계약을 체결할 수 있다. 이 재보험계약은 원보험계약의 효력에 영향을 미치지 아니한다.

제662조(소멸시효) 보험금액의 청구권과 보험료 또는 적입금의 반환청구권은 2년간, 보험료의 청구권은 1년간 행사하지 아니하면 소멸시효가 완성한다.

제663조(보험계약자 등의 불이익변경금지) 이 편의 규정은 당사자 간의 특약으로 보험계약자 또는 피보험자나 보험수익자의 불이익으로 변경하지 못한다. 그러나 재보험 및 해상보험 기타 이와 유사한 보험의 경우에는 그러하지 아니하다. <개정 1991.12.31.>

제664조(상호보험에의 준용) 이 편의 규정은 그 성질이 상반되지 아니하는 한도에서 상호보험에 준용한다. <개정 1991.12.31.>

제2장 손해보험

제1절 통 칙

제665조(손해보험자의 책임) 손해보험계약의 보험자는 보험사고로 인하여 생길 피보험자의 재산상의 손해를 보상할 책임이 있다.

제666조(손해보험증권) 손해보험증권에는 다음의 사항을 기재하고 보험자가 기명날인 또는 서명하여야 한다. <개정 1991.12.31.>

1. 보험의 목적

2. 보험사고의 성질

3. 보험금액

4. 보험료와 그 지급방법

5. 보험기간을 정한 때에는 그 시기와 종기

6. 무효와 실권의 사유

7. 보험계약자의 주소와 성명 또는 상호

8. 보험계약의 연월일

9. 보험증권의 작성지와 그 작성 연월일

제667조(상실이익 등의 불산입) 보험사고로 인하여 상실된 피보험자가 얻을 이익이나 보수는 당사자 간에 다른 약정이 없으면 보험자가 보상할 손해액에 산입하지 아니한다.

제668조(보험계약의 목적) 보험계약은 금전으로 산정할 수 있는 이익에 한하여 보험계약의 목적으로 할 수 있다.

제669조(초과보험) ① 보험금액이 보험계약의 목적의 가액을 현저하게 초과한 때에는 보험자 또는 보험계약자는 보험료와 보험금액의 감액을 청구할 수 있다. 그러나 보험료의 감액은 장래에 대하여서만 그 효력이 있다.
② 제1항의 가액은 계약 당시의 가액에 의하여 정한다. <개정 1991.12.31.>
③ 보험가액이 보험기간 중에 현저하게 감소된 때에도 제1항과 같다.
④ 제1항의 경우에 계약이 보험계약자의 사기로 인하여 체결된 때에는 그 계약은 무

효로 한다. 그러나 보험자는 그 사실을 안 때까지의 보험료를 청구할 수 있다.

제670조(기평가보험) 당사자 간에 보험가액을 정한 때에는 그 가액은 사고발생 시의 가액으로 정한 것으로 추정한다. 그러나 그 가액이 사고발생 시의 가액을 현저하게 초과할 때에는 사고발생 시의 가액을 보험가액으로 한다.

제671조(미평가보험) 당사자 간에 보험가액을 정하지 아니한 때에는 사고발생 시의 가액을 보험가액으로 한다.

제672조(중복보험) ① 동일한 보험계약의 목적과 동일한 사고에 관하여 수 개의 보험계약이 동시에 또는 순차로 체결된 경우에 그 보험금액의 총액이 보험가액을 초과한 때에는 보험자는 각자의 보험금액의 한도에서 연대책임을 진다. 이 경우에는 각 보험자의 보상책임은 각자의 보험금액의 비율에 따른다. <개정 1991.12.31.>
② 동일한 보험계약의 목적과 동일한 사고에 관하여 수 개의 보험계약을 체결하는 경우에는 보험계약자는 각 보험자에 대하여 각 보험계약의 내용을 통지하여야 한다. <개정 1991.12.31.>
③ 제669조 제4항의 규정은 제1항의 보험계약에 준용한다.

제673조(중복보험과 보험자 1인에 대한 권리포기) 제672조의 규정에 의한 수 개의 보험계약을 체결한 경우에 보험자 1인에 대한 권리의 포기는 다른 보험자의 권리의무에 영향을 미치지 아니한다. <개정 1991.12.31.>

제674조(일부보험) 보험가액의 일부를 보험에 붙인 경우에는 보험자는 보험금액의 보험가액에 대한 비율에 따라 보상할 책임을 진다. 그러나 당사자 간에 다른 약정이 있는 때에는 보험자는 보험금액의 한도 내에서 그 손해를 보상할 책임을 진다. <개정 1991.12.31.>

제675조(사고발생 후의 목적멸실과 보상책임) 보험의 목적에 관하여 보험자가 부담할 손해가 생긴 경우에는 그 후 그 목적이 보험자가 부담하지 아니하는 보험사고의 발생으로 인하여 멸실된 때에도 보험자는 이미 생긴 손해를 보상할 책임을 면하지 못한다. <개정 1962.12.12.>

제676조(손해액의 산정기준) ① 보험자가 보상할 손해액은 그 손해가 발생한 때와 곳의 가액에 의하여 산정한다. 그러나 당사자 간에 다른 약정이 있는 때에는 그 신품가액에 의하여 손해액을 산정할 수 있다. <개정 1991.12.31.>

② 제1항의 손해액의 산정에 관한 비용은 보험자의 부담으로 한다. <개정 1991. 12.31.>

제677조(보험료체납과 보상액의 공제) 보험자가 손해를 보상할 경우에 보험료의 지급을 받지 아니한 잔액이 있으면 그 지급기일이 도래하지 아니한 때라도 보상할 금액에서 이를 공제할 수 있다.

제678조(보험자의 면책사유) 보험의 목적의 성질, 하자 또는 자연소모로 인한 손해는 보험자가 이를 보상할 책임이 없다.

제679조(보험목적의 양도) ① 피보험자가 보험의 목적을 양도한 때에는 양수인은 보험계약상의 권리와 의무를 승계한 것으로 추정한다. <개정 1991.12.31.>

② 제1항의 경우에 보험의 목적의 양도인 또는 양수인은 보험자에 대하여 지체 없이 그 사실을 통지하여야 한다. <신설 1991.12.31.>

제680조(손해방지의무) ① 보험계약자와 피보험자는 손해의 방지와 경감을 위하여 노력하여야 한다. 그러나 이를 위하여 필요 또는 유익하였던 비용과 보상액이 보험금액을 초과한 경우라도 보험자가 이를 부담한다. <개정 1991.12.31.>

② 삭제 <1991.12.31.>

제681조(보험목적에 관한 보험대위) 보험의 목적의 전부가 멸실한 경우에 보험금액의 전부를 지급한 보험자는 그 목적에 대한 피보험자의 권리를 취득한다. 그러나 보험가액의 일부를 보험에 붙인 경우에는 보험자가 취득할 권리는 보험금액의 보험가액에 대한 비율에 따라 이를 정한다.

제682조(제삼자에 대한 보험대위) 손해가 제삼자의 행위로 인하여 생긴 경우에 보험금액을 지급한 보험자는 그 지급한 금액의 한도에서 그 제삼자에 대한 보험계약자 또는 피보험자의 권리를 취득한다. 그러나 보험자가 보상할 보험금액의 일부를 지급한 때

에는 피보험자의 권리를 해하지 아니하는 범위 내에서 그 권리를 행사할 수 있다.

제2절 화재보험

제683조(화재보험자의 책임) 화재보험계약의 보험자는 화재로 인하여 생길 손해를 보상할 책임이 있다.

제684조(소방 등의 조치로 인한 손해의 보상) 보험자는 화재의 소방 또는 손해의 감소에 필요한 조치로 인하여 생긴 손해를 보상할 책임이 있다.

제685조(화재보험증권) 화재보험증권에는 제666조에 게기한 사항 외에 다음의 사항을 기재하여야 한다.

1. 건물을 보험의 목적으로 한 때에는 그 소재지, 구조와 용도

2. 동산을 보험의 목적으로 한 때에는 그 존치한 장소의 상태와 용도

3. 보험가액을 정한 때에는 그 가액

제686조(집합보험의 목적) 집합된 물건을 일괄하여 보험의 목적으로 한 때에는 피보험자의 가족과 사용인의 물건도 보험의 목적에 포함된 것으로 한다. 이 경우에는 그 보험은 그 가족 또는 사용인을 위하여서도 체결한 것으로 본다.

제687조(동전) 집합된 물건을 일괄하여 보험의 목적으로 한 때에는 그 목적에 속한 물건이 보험기간 중에 수시로 교체된 경우에도 보험사고의 발생 시에 현존한 물건은 보험의 목적에 포함된 것으로 한다.

제3절 운송보험

제688조(운송보험자의 책임) 운송보험계약의 보험자는 다른 약정이 없으면 운송인이 운

송물을 수령한 때로부터 수하인에게 인도할 때까지 생길 손해를 보상할 책임이 있다.

제689조(운송보험의 보험가액) ① 운송물의 보험에 있어서는 발송한 때와 곳의 가액과 도착지까지의 운임 기타의 비용을 보험가액으로 한다.

② 운송물의 도착으로 인하여 얻을 이익은 약정이 있는 때에 한하여 보험가액 중에 산입한다.

제690조(운송보험증권) 운송보험증권에는 제666조에 게기한 사항 외에 다음의 사항을 기재하여야 한다.

1. 운송의 노순과 방법

2. 운송인의 주소와 성명 또는 상호

3. 운송물의 수령과 인도의 장소

4. 운송기간을 정한 때에는 그 기간

5. 보험가액을 정한 때에는 그 가액

제691조(운송의 중지나 변경과 계약효력) 보험계약은 다른 약정이 없으면 운송의 필요에 의하여 일시운송을 중지하거나 운송의 노순 또는 방법을 변경한 경우에도 그 효력을 잃지 아니한다.

제692조(운송보조자의 고의, 중과실과 보험자의 면책) 보험사고가 송하인 또는 수하인의 고의 또는 중대한 과실로 인하여 발생한 때에는 보험자는 이로 인하여 생긴 손해를 보상할 책임이 없다.

제4절 해상보험

제693조(해상보험자의 책임) 해상보험계약의 보험자는 해상사업에 관한 사고로 인하여 생길 손해를 보상할 책임이 있다. <개정 1991.12.31.>

제694조(공동해손분담액의 보상) 보험자는 피보험자가 지급할 공동해손의 분담액을 보상할 책임이 있다. 그러나 보험의 목적의 공동해손분담가액이 보험가액을 초과할 때에는 그 초과액에 대한 분담액은 보상하지 아니한다. <개정 1991.12.31.>

제694조의 2(구조료의 보상) 보험자는 피보험자가 보험사고로 인하여 발생하는 손해를 방지하기 위하여 지급할 구조료를 보상할 책임이 있다. 그러나 보험의 목적물의 구조료 분담가액이 보험가액을 초과할 때에는 그 초과액에 대한 분담액은 보상하지 아니한다. [본 조 신설 1991.12.31.]

제694조의 3(특별비용의 보상) 보험자는 보험의 목적의 안전이나 보존을 위하여 지급할 특별비용을 보험금액의 한도 내에서 보상할 책임이 있다. [본 조 신설 1991.12.31.]

제695조(해상보험증권) 해상보험증권에는 제666조에 게기한 사항 외에 다음의 사항을 기재하여야 한다. <개정 1991.12.31.>

1. 선박을 보험에 붙인 경우에는 그 선박의 명칭, 국적과 종류 및 항해의 범위

2. 적하를 보험에 붙인 경우에는 선박의 명칭, 국적과 종류, 선적항, 양륙항 및 출하지와 도착지를 정한 때에는 그 지명

3. 보험가액을 정한 때에는 그 가액

제696조(선박보험의 보험가액과 보험목적) ① 선박의 보험에 있어서는 보험자의 책임이 개시될 때의 선박가액을 보험가액으로 한다.
② 제1항의 경우에는 선박의 속구, 연료, 양식 기타 항해에 필요한 모든 물건은 보험

의 목적에 포함된 것으로 한다. <개정 1991.12.31.>

제697조(적하보험의 보험가액) 적하의 보험에 있어서는 선적한 때와 곳의 적하의 가액과 선적 및 보험에 관한 비용을 보험가액으로 한다. <개정 1962.12.12.>

제698조(희망이익보험의 보험가액) 적하의 도착으로 인하여 얻을 이익 또는 보수의 보험에 있어서는 계약으로 보험가액을 정하지 아니한 때에는 보험금액을 보험가액으로 한 것으로 추정한다.

제699조(해상보험의 보험기간의 개시) ① 항해단위로 선박을 보험에 붙인 경우에는 보험기간은 하물 또는 저하의 선적에 착수한 때에 개시한다.
② 석하를 보험에 붙인 경우에는 보험기간은 하물의 선적에 착수한 때에 개시한다. 그러나 출하지를 정한 경우에는 그곳에서 운송에 착수한 때에 개시한다.
③ 하물 또는 저하의 선적에 착수한 후에 제1항 또는 제2항의 규정에 의한 보험계약이 체결된 경우에는 보험기간은 계약이 성립한 때에 개시한다. [전문개정 1991.12.31.]

제700조(해상보험의 보험기간의 종료) 보험기간은 제699조 제1항의 경우에는 도착항에서 하물 또는 저하를 양륙한 때에, 동 조 제2항의 경우에는 양륙항 또는 도착지에서 하물을 인도한 때에 종료한다. 그러나 불가항력으로 인하지 아니하고 양륙이 지연된 때에는 그 양륙이 보통 종료될 때에 종료된 것으로 한다. <개정 1991.12.31.>

제701조(항해변경의 효과) ① 선박이 보험계약에서 정하여진 발항항이 아닌 다른 항에서 출항한 때에는 보험자는 책임을 지지 아니한다.
② 선박이 보험계약에서 정하여진 도착항이 아닌 다른 항을 향하여 출항한 때에도 제1항의 경우와 같다.
③ 보험자의 책임이 개시된 후에 보험계약에서 정하여진 도착항이 변경된 경우에는 보험자는 그 항해의 변경이 결정된 때부터 책임을 지지 아니한다. [전문개정 1991.12.31.]

제701조의 2(이로) 선박이 정당한 사유 없이 보험계약에서 정하여진 선로를 이탈한 경우에는 보험자는 그때부터 책임을 지지 아니한다. 선박이 손해발생 전에 원항로로 돌아

온 경우에도 같다. [본 조 신설 1991.12.31.]

제702조(발항 또는 항해의 지연의 효과) 피보험자가 정당한 사유 없이 발항 또는 항해를 지연한 때에는 보험자는 발항 또는 항해를 지체한 이후의 사고에 대하여 책임을 지지 아니한다. [전문개정 1991.12.31.]

제703조(선박변경의 효과) 적하를 보험에 붙인 경우에 보험계약자 또는 피보험자의 책임 있는 사유로 인하여 선박을 변경한 때에는 그 변경 후의 사고에 대하여 책임을 지지 아니한다. <개정 1991.12.31.>

제703조의 2(선박의 양도 등의 효과) 선박을 보험에 붙인 경우에 다음의 사유가 있을 때 에는 보험계약은 종료한다. 그러나 보험자의 동의가 있는 때에는 그러하지 아니하다.

  1. 선박을 양도할 때

  2. 선박의 선급을 변경한 때

  3. 선박을 새로운 관리로 옮긴 때 [본 조 신설 1991.12.31.]

제704조(선박미확정의 적하예정보험) ① 보험계약의 체결 당시에 하물을 적재할 선박을 지정하지 아니한 경우에 보험계약자 또는 피보험자가 그 하물이 선적되었음을 안 때 에는 지체 없이 보험자에 대하여 그 선박의 명칭, 국적과 하물의 종류, 수량과 가액 의 통지를 발송하여야 한다. <개정 1991.12.31.>
  ② 제1항의 통지를 해태한 때에는 보험자는 그 사실을 안 날부터 1개월 내에 계약을 해지할 수 있다. <개정 1991.12.31.>

제705조 삭제 <1991.12.31.>

제706조(해상보험자의 면책사유) 보험자는 다음의 손해와 비용을 보상할 책임이 없다. <개정 1991.12.31.>

1. 선박 또는 운임을 보험에 붙인 경우에는 발항 당시 안전하게 항해를 하기에 필요한 준비를 하지 아니하거나 필요한 서류를 비치하지 아니함으로 인하여 생긴 손해

2. 적하를 보험에 붙인 경우에는 용선자, 송하인 또는 수하인의 고의 또는 중대한 과실로 인하여 생긴 손해

3. 도선료, 입항료, 등대료, 검역료, 기타 선박 또는 적하에 관한 항해 중의 통상비용

제707조 삭제 <1991.12.31.>

제707조의 2(선박의 일부손해의 보상) ① 선박의 일부가 훼손되어 그 훼손된 부분의 전부를 수선한 경우에는 보험자는 수선에 따른 비용을 1회의 사고에 대하여 보험금액을 한도로 보상할 책임이 있다.
② 선박의 일부가 훼손되어 그 훼손된 부분의 일부를 수선한 경우에는 보험자는 수선에 따른 비용과 수선을 하지 아니함으로써 생긴 감가액을 보상할 책임이 있다.
③ 선박의 일부가 훼손되었으나 이를 수선하지 아니한 경우에는 보험자는 그로 인한 감가액을 보상할 책임이 있다. [본 조 신설 1991.12.31.]

제708조(적하의 일부손해의 보상) 보험의 목적인 적하가 훼손되어 양륙항에 도착한 때에는 보험자는 그 훼손된 상태의 가액과 훼손되지 아니한 상태의 가액과의 비율에 따라 보험가액의 일부에 대한 손해를 보상할 책임이 있다.

제709조(적하매각으로 인한 손해의 보상) ① 항해 도중에 불가항력으로 보험의 목적인 적하를 매각한 때에는 보험자는 그 대금에서 운임 기타 필요한 비용을 공제한 금액과 보험가액과의 차액을 보상하여야 한다.
② 제1항의 경우에 매수인이 대금을 지급하지 아니한 때에는 보험자는 그 금액을 지급하여야 한다. 보험자가 그 금액을 지급한 때에는 피보험자의 매수인에 대한 권리를 취득한다. <개정 1991.12.31.>

제710조(보험위부의 원인) 다음의 경우에는 피보험자는 보험의 목적을 보험자에게 위부

하고 보험금액의 전부를 청구할 수 있다. <개정 1991.12.31.>

1. 피보험자가 보험사고로 인하여 자기의 선박 또는 적하의 점유를 상실하여 이를 회복할 가능성이 없거나 회복하기 위한 비용이 회복하였을 때의 가액을 초과하리라고 예상될 경우

2. 선박이 보험사고로 인하여 심하게 훼손되어 이를 수선하기 위한 비용이 수선하였을 때의 가액을 초과하리라고 예상될 경우

3. 적하가 보험사고로 인하여 심하게 훼손되어서 이를 수선하기 위한 비용과 그 적하를 목적지까지 운송하기 위한 비용과의 합계액이 도착하는 때의 적하의 가액을 초과하리라고 예상될 경우

제711조(선박의 행방불명) ① 선박의 존부가 2개월간 분명하지 아니한 때에는 그 선박의 행방이 불명한 것으로 한다. <개정 1991.12.31.>
② 제1항의 경우에는 전손으로 추정한다. <개정 1991.12.31.>

제712조(대선에 의한 운송의 계속과 위부권의 소멸) 제710조 제2호의 경우에 선장이 지체 없이 다른 선박으로 적하의 운송을 계속한 때에는 피보험자는 그 적하를 위부할 수 없다. <개정 1991.12.31.>

제713조(위부의 통지) ① 피보험자가 위부를 하고자 할 때에는 상당한 기간 내에 보험자에 대하여 그 통지를 발송하여야 한다. <개정 1991.12.31.>
② 삭제 <1991.12.31.>

제714조(위부권 행사의 요건) ① 위부는 무조건이어야 한다.
② 위부는 보험의 목적의 전부에 대하여 이를 하여야 한다. 그러나 위부의 원인이 그 일부에 대하여 생긴 때에는 그 부분에 대하여서만 이를 할 수 있다.
③ 보험가액의 일부를 보험에 붙인 경우에는 위부는 보험금액의 보험가액에 대한 비율에 따라서만 이를 할 수 있다.

제715조(다른 보험계약 등에 관한 통지) ① 피보험자가 위부를 함에 있어서는 보험자에 대하여 보험의 목적에 관한 다른 보험계약과 그 부담에 속한 채무의 유무와 그 종류 및 내용을 통지하여야 한다.

② 보험자는 제1항의 통지를 받을 때까지 보험금액의 지급을 거부할 수 있다. <개정 1991.12.31.>

③ 보험금액의 지급에 관한 기간의 약정이 있는 때에는 그 기간은 제1항의 통지를 받은 날로부터 기산한다.

제716조(위부의 승인) 보험자가 위부를 승인한 후에는 그 위부에 대하여 이의를 하지 못한다.

제717조(위부의 불승인) 보험자가 위부를 승인하지 아니한 때에는 피보험자는 위부의 원인을 증명하지 아니하면 보험금액의 지급을 청구하지 못한다.

제718조(위부의 효과) ① 보험자는 위부로 인하여 그 보험의 목적에 관한 피보험자의 모든 권리를 취득한다.

② 피보험자가 위부를 한 때에는 보험의 목적에 관한 모든 서류를 보험자에게 교부하여야 한다.

제5절 책임보험

제719조(책임보험자의 책임) 책임보험계약의 보험자는 피보험자가 보험기간 중의 사고로 인하여 제3자에게 배상할 책임을 진 경우에 이를 보상할 책임이 있다.

제720조(피보험자가 지출한 방어비용의 부담) ① 피보험자가 제3자의 청구를 방어하기 위하여 지출한 재판상 또는 재판 외의 필요비용은 보험의 목적에 포함된 것으로 한다. 피보험자는 보험자에 대하여 그 비용의 선급을 청구할 수 있다.

② 피보험자가 담보의 제공 또는 공탁으로써 재판의 집행을 면할 수 있는 경우에는 보험자에 대하여 보험금액의 한도 내에서 그 담보의 제공 또는 공탁을 청구할 수 있다.

③ 제1항 또는 제2항의 행위가 보험자의 지시에 의한 것인 경우에는 그 금액에 손해

액을 가산한 금액이 보험금액을 초과하는 때에도 보험자가 이를 부담하여야 한다. <개정 1991.12.31.>

제721조(영업책임보험의 목적) 피보험자가 경영하는 사업에 관한 책임을 보험의 목적으로 한 때에는 피보험자의 대리인 또는 그 사업감독자의 제3자에 대한 책임도 보험의 목적에 포함된 것으로 한다.

제722조(피보험자의 사고통지의무) 피보험자가 제3자로부터 배상의 청구를 받은 때에는 지체 없이 보험자에게 그 통지를 발송하여야 한다.

제723조(피보험자의 변제 등의 통지와 보험금액의 지급) ① 피보험자가 제3자에 대하여 변제, 승인, 화해 또는 재판으로 인하여 채무가 확정된 때에는 지체 없이 보험자에게 그 통지를 발송하여야 한다.

② 보험자는 특별한 기간의 약정이 없으면 전항의 통지를 받은 날로부터 10일 내에 보험금액을 지급하여야 한다.

③ 피보험자가 보험자의 동의 없이 제3자에 대하여 변제, 승인 또는 화해를 한 경우에는 보험자가 그 책임을 면하게 되는 합의가 있는 때에도 그 행위가 현저하게 부당한 것이 아니면 보험자는 보상할 책임을 면하지 못한다.

제724조(보험자와 제3자와의 관계) ① 보험자는 피보험자가 책임을 질 사고로 인하여 생긴 손해에 대하여 제3자가 그 배상을 받기 전에는 보험금액의 전부 또는 일부를 피보험자에게 지급하지 못한다.

② 제3자는 피보험자가 책임을 질 사고로 입은 손해에 대하여 보험금액의 한도 내에서 보험자에게 직접 보상을 청구할 수 있다. 그러나 보험자는 피보험자가 그 사고에 관하여 가지는 항변으로써 제3자에게 대항할 수 있다. <개정 1991.12.31.>

③ 보험자가 제2항의 규정에 의한 청구를 받은 때에는 지체 없이 피보험자에게 이를 통지하여야 한다. <신설 1991.12.31.>

④ 제2항의 경우에 피보험자는 보험자의 요구가 있을 때에는 필요한 서류·증거의 제출, 증언 또는 증인의 출석에 협조하여야 한다. <신설 1991.12.31.>

제725조(보관자의 책임보험) 임차인 기타 타인의 물건을 보관하는 자가 그 지급할 손해 배상을 위하여 그 물건을 보험에 붙인 경우에는 그 물건의 소유자는 보험자에 대하여 직접 그 손해의 보상을 청구할 수 있다.

제725조의 2(수 개의 책임보험) 피보험자가 동일한 사고로 제3자에게 배상책임을 짐으로써 입은 손해를 보상하는 수 개의 책임보험계약이 동시 또는 순차로 체결된 경우에 그 보험금액의 총액이 피보험자의 제3자에 대한 손해배상액을 초과하는 때에는 제672조와 제673조의 규정을 준용한다. [본 조 신설 1991.12.31.]

제726조(재보험에의 적용) 이 절의 규정은 재보험계약에 준용한다. <개정 1991.12.31.>

제6절 자동차보험

제726조의 2(자동차보험자의 책임) 자동차보험계약의 보험자는 피보험자가 자동차를 소유, 사용 또는 관리하는 동안에 발생한 사고로 인하여 생긴 손해를 보상할 책임이 있다. [본 조 신설 1991.12.31.]

제726조의 3(자동차보험증권) 자동차보험증권에는 제666조에 게기한 사항 외에 다음의 사항을 기재하여야 한다.

1. 자동차소유자와 그 밖의 보유자의 성명과 생년월일 또는 상호

2. 피보험자동차의 등록번호, 차대번호, 차형년식과 기계장치

3. 차량가액을 정한 때에는 그 가액 [본 조 신설 1991.12.31.]

제726조의 4(자동차의 양도) ① 피보험자가 보험기간 중에 자동차를 양도한 때에는 양수인은 보험자의 승낙을 얻은 경우에 한하여 보험계약으로 인하여 생긴 권리와 의무를 승계한다.
② 보험자가 양수인으로부터 양수 사실을 통지받은 때에는 지체 없이 낙부를 통지하

여야 하고 통지받은 날부터 10일 내에 낙부의 통지가 없을 때에는 승낙한 것으로 본다. [본 조 신설 1991.12.31.]

제3장 인보험

제1절 통 칙

제727조(인보험자의 책임) 인보험계약의 보험자는 생명 또는 신체에 관하여 보험사고가 생길 경우에 보험계약의 정하는 바에 따라 보험금액 기타의 급여를 할 책임이 있다.

제728조(인보험증권) 인보험증권에는 제666조에 게기한 사항 외에 다음의 사항을 기재하여야 한다. <개정 1991.12.31.>

1. 보험계약의 종류

2. 피보험자의 주소·성명 및 생년월일

3. 보험수익자를 정한 때에는 그 주소·성명 및 생년월일

제729조(제3자에 대한 보험대위의 금지) 보험자는 보험사고로 인하여 생긴 보험계약자 또는 보험수익자의 제3자에 대한 권리를 대위하여 행사하지 못한다. 그러나 상해보험계약의 경우에 당사자 간에 다른 약정이 있는 때에는 보험자는 피보험자의 권리를 해하지 아니하는 범위 안에서 그 권리를 대위하여 행사할 수 있다. <개정 1991.12.31.>

제2절 생명보험

제730조(생명보험자의 책임) 생명보험계약의 보험자는 피보험자의 생명에 관한 보험사고가 생길 경우에 약정한 보험금액을 지급할 책임이 있다.

제731조(타인의 생명의 보험) ① 타인의 사망을 보험사고로 하는 보험계약에는 보험계약 체결 시에 그 타인의 서면에 의한 동의를 얻어야 한다. <개정 1991.12.31.>

② 보험계약으로 인하여 생긴 권리를 피보험자가 아닌 자에게 양도하는 경우에도 제1항과 같다. <개정 1991.12.31.>

제732조(15세 미만자 등에 대한 계약의 금지) 15세 미만자, 심신상실자 또는 심신박약자의 사망을 보험사고로 한 보험계약은 무효로 한다. <개정 1991.12.31.>

제732조의 2(중과실로 인한 보험사고) 사망을 보험사고로 한 보험계약에는 사고가 보험계약자 또는 피보험자나 보험수익자의 중대한 과실로 인하여 생긴 경우에도 보험자는 보험금액을 지급할 책임을 면하지 못한다. [본 조 신설 1991.12.31.]

제733조(보험수익자의 지정 또는 변경의 권리) ① 보험계약자는 보험수익자를 지정 또는 변경할 권리가 있다.

② 보험계약자가 제1항의 지정권을 행사하지 아니하고 사망한 때에는 피보험자를 보험수익자로 하고 보험계약자가 제1항의 변경권을 행사하지 아니하고 사망한 때에는 보험수익자의 권리가 확정된다. 그러나 보험계약자가 사망한 경우에는 그 승계인이 제1항의 권리를 행사할 수 있다는 약정이 있는 때에는 그러하지 아니하다. <개정 1991.12.31.>

③ 보험수익자가 보험존속 중에 사망한 때에는 보험계약자는 다시 보험수익자를 지정할 수 있다. 이 경우에 보험계약자가 지정권을 행사하지 아니하고 사망한 때에는 보험수익자의 상속인을 보험수익자로 한다.

④ 보험계약자가 제2항과 제3항의 지정권을 행사하기 전에 보험사고가 생긴 경우에는 피보험자 또는 보험수익자의 상속인을 보험수익자로 한다. <신설 1991.12.31.>

제734조(보험수익자지정권 등의 통지) ① 보험계약자가 계약체결 후에 보험수익자를 지정 또는 변경할 때에는 보험자에 대하여 그 통지를 하지 아니하면 이로써 보험자에게 대항하지 못한다.

② 제731조 제1항의 규정은 제1항의 지정 또는 변경에 준용한다. <개정 1962.12.12, 1991.12.31.>

제735조(양로보험) 피보험자의 사망을 보험사고로 한 보험계약에는 사고의 발생 없이 보험기간이 종료한 때에도 보험금액을 지급할 것을 약정할 수 있다.

제735조의 2(연금보험) 생명보험계약의 보험자는 피보험자의 생명에 관한 보험사고가 생긴 때에 약정에 따라 보험금액을 연금으로 분할하여 지급할 수 있다. [본 조 신설 1991.12.31.]

제735조의 3(단체보험) ① 단체가 규약에 따라 구성원의 전부 또는 일부를 피보험자로 하는 생명보험계약을 체결하는 경우에는 제731조를 적용하지 아니한다.
② 제1항의 보험계약이 체결된 때에는 보험자는 보험계약자에 대하여서만 보험증권을 교부한다. [본 조 신설 1991.12.31.]

제736조(보험적립금반환의무 등) ① 제649조, 제650조, 제651조 및 제652조 내지 제655조의 규정에 의하여 보험계약이 해지된 때, 제659조와 제660조의 규정에 의하여 보험금액의 지급책임이 면제된 때에는 보험자는 보험수익자를 위하여 적립한 금액을 보험계약자에게 지급하여야 한다. 그러나 다른 약정이 없으면 제659조 제1항의 보험사고가 보험계약자에 의하여 생긴 경우에는 그러하지 아니하다. <개정 1991.12.31.>
② 삭제 <1991.12.31.>

제3절 상해보험

제737조(상해보험자의 책임) 상해보험계약의 보험자는 신체의 상해에 관한 보험사고가 생길 경우에 보험금액 기타의 급여를 할 책임이 있다.

제738조(상해보험증권) 상해보험의 경우에 피보험자와 보험계약자가 동일인이 아닐 때에는 그 보험증권 기재사항 중 제728조 제2호에 게기한 사항에 갈음하여 피보험자의 직무 또는 직위만을 기재할 수 있다.

제739조(준용규정) 상해보험에 관해서는 제732조를 제외하고 생명보험에 관한 규정을 준용한다.

Ⅱ. 민사소송법

[시행 2010. 10. 24] [법률 제10373호, 2010. 7. 23, 일부개정]

제1편 총 칙

제1조(민사소송의 이상과 신의성실의 원칙) ① 법원은 소송절차가 공정하고 신속하며 경제적으로 진행되도록 노력하여야 한다.
② 당사자와 소송관계인은 신의에 따라 성실하게 소송을 수행하여야 한다.

제1장 법 원

제1절 관 할

제2조(보통재판적) 소(訴)는 피고의 보통재판적(普通裁判籍)이 있는 곳의 법원이 관할한다.

제3조(사람의 보통재판적) 사람의 보통재판적은 그의 주소에 따라 정한다. 다만, 대한민국에 주소가 없거나 주소를 알 수 없는 경우에는 거소에 따라 정하고, 거소가 일정하지 아니하거나 거소도 알 수 없으면 마지막 주소에 따라 정한다.

제4조(대사·공사 등의 보통재판적) 대사(大使)·공사(公使), 그 밖에 외국의 재판권 행사대상에서 제외되는 대한민국 국민이 제3조의 규정에 따른 보통재판적이 없는 경우에는 이들의 보통재판적은 대법원이 있는 곳으로 한다.

제5조(법인 등의 보통재판적) ① 법인, 그 밖의 사단 또는 재단의 보통재판적은 이들의 주된 사무소 또는 영업소가 있는 곳에 따라 정하고, 사무소와 영업소가 없는 경우에는 주된 업무담당자의 주소에 따라 정한다.
② 제1항의 규정을 외국법인, 그 밖의 사단 또는 재단에 적용하는 경우 보통재판적은

대한민국에 있는 이들의 사무소·영업소 또는 업무담당자의 주소에 따라 정한다.

제6조(국가의 보통재판적) 국가의 보통재판적은 그 소송에서 국가를 대표하는 관청 또는 대법원이 있는 곳으로 한다.

제7조(근무지의 특별재판적) 사무소 또는 영업소에 계속하여 근무하는 사람에 대하여 소를 제기하는 경우에는 그 사무소 또는 영업소가 있는 곳을 관할하는 법원에 제기할 수 있다.

제8조(거소지 또는 의무이행지의 특별재판적) 재산권에 관한 소를 제기하는 경우에는 거소지 또는 의무이행지의 법원에 제기할 수 있다.

제9조(어음·수표 지급지의 특별재판적) 어음·수표에 관한 소를 제기하는 경우에는 지급지의 법원에 제기할 수 있다.

제10조(선원·군인·군무원에 대한 특별재판적) ① 선원에 대하여 재산권에 관한 소를 제기하는 경우에는 선적(船籍)이 있는 곳의 법원에 제기할 수 있다.
② 군인·군무원에 대하여 재산권에 관한 소를 제기하는 경우에는 군사용 청사가 있는 곳 또는 군용 선박의 선적이 있는 곳의 법원에 제기할 수 있다.

제11조(재산이 있는 곳의 특별재판적) 대한민국에 주소가 없는 사람 또는 주소를 알 수 없는 사람에 대하여 재산권에 관한 소를 제기하는 경우에는 청구의 목적 또는 담보의 목적이나 압류할 수 있는 피고의 재산이 있는 곳의 법원에 제기할 수 있다.

제12조(사무소·영업소가 있는 곳의 특별재판적) 사무소 또는 영업소가 있는 사람에 대하여 그 사무소 또는 영업소의 업무와 관련이 있는 소를 제기하는 경우에는 그 사무소 또는 영업소가 있는 곳의 법원에 제기할 수 있다.

제13조(선적이 있는 곳의 특별재판적) 선박 또는 항해에 관한 일로 선박소유자, 그 밖의 선박이용자에 대하여 소를 제기하는 경우에는 선적이 있는 곳의 법원에 제기할 수 있다.

제14조(선박이 있는 곳의 특별재판적) 선박채권(船舶債權), 그 밖에 선박을 담보로 한 채권에 관한 소를 제기하는 경우에는 선박이 있는 곳의 법원에 제기할 수 있다.

제15조(사원 등에 대한 특별재판적) ① 회사, 그 밖의 사단이 사원에 대하여 소를 제기하거나 사원이 다른 사원에 대하여 소를 제기하는 경우에는 그 소가 사원의 자격으로 말미암은 것이면 회사, 그 밖의 사단의 보통재판적이 있는 곳의 법원에 소를 제기할 수 있다.
② 사단 또는 재단이 그 임원에 대하여 소를 제기하거나 회사가 그 발기인 또는 검사인에 대하여 소를 제기하는 경우에는 제1항의 규정을 준용한다.

제16조(사원 등에 대한 특별재판적) 회사, 그 밖의 사단의 채권자가 그 사원에 대하여 소를 제기하는 경우에는 그 소가 사원의 자격으로 말미암은 것이면 제15조에 규정된 법원에 제기할 수 있다.

제17조(사원 등에 대한 특별재판적) 회사, 그 밖의 사단, 재단, 사원 또는 사단의 채권자가 그 사원·임원·발기인 또는 검사인이었던 사람에 대하여 소를 제기하는 경우와 사원이었던 사람이 그 사원에 대하여 소를 제기하는 경우에는 제15조 및 제16조의 규정을 준용한다.

제18조(불법행위지의 특별재판적) ① 불법행위에 관한 소를 제기하는 경우에는 행위지의 법원에 제기할 수 있다.
② 선박 또는 항공기의 충돌이나 그 밖의 사고로 말미암은 손해배상에 관한 소를 제기하는 경우에는 사고선박 또는 항공기가 맨 처음 도착한 곳의 법원에 제기할 수 있다.

제19조(해난구조에 관한 특별재판적) 해난구조(海難救助)에 관한 소를 제기하는 경우에는 구제된 곳 또는 구제된 선박이 맨 처음 도착한 곳의 법원에 제기할 수 있다.

제20조(부동산이 있는 곳의 특별재판적) 부동산에 관한 소를 제기하는 경우에는 부동산이 있는 곳의 법원에 제기할 수 있다.

제21조(등기·등록에 관한 특별재판적) 등기·등록에 관한 소를 제기하는 경우에는 등기 또는 등록할 공공기관이 있는 곳의 법원에 제기할 수 있다.

제22조(상속·유증 등의 특별재판적) 상속(相續)에 관한 소 또는 유증(遺贈), 그 밖에 사망으로 효력이 생기는 행위에 관한 소를 제기하는 경우에는 상속이 시작된 당시 피상속인의 보통재판적이 있는 곳의 법원에 제기할 수 있다.

제23조(상속·유증 등의 특별재판적) 상속채권, 그 밖의 상속재산에 대한 부담에 관한 것으로 제22조의 규정에 해당되지 아니하는 소를 제기하는 경우에는 상속재산의 전부 또는 일부가 제22조의 법원관할구역 안에 있으면 그 법원에 제기할 수 있다.

제24조(지적재산권 등에 관한 특별재판적) 지적재산권(知的財産權)과 국제거래에 관한 소를 제기하는 경우에는 제2조 내지 제23조의 규정에 따른 관할법원 소재지를 관할하는 고등법원이 있는 곳의 지방법원에 제기할 수 있다.

제25조(관련재판적) ① 하나의 소로 여러 개의 청구를 하는 경우에는 제2조 내지 제24조의 규정에 따라 그 여러 개 가운데 하나의 청구에 대한 관할권이 있는 법원에 소를 제기할 수 있다.
② 소송목적이 되는 권리나 의무가 여러 사람에게 공통되거나 사실상 또는 법률상 같은 원인으로 말미암아 그 여러 사람이 공동소송인(共同訴訟人)으로서 당사자가 되는 경우에는 제1항의 규정을 준용한다.

제26조(소송목적의 값의 산정) ① 법원조직법에서 소송목적의 값에 따라 관할을 정하는 경우 그 값은 소로 주장하는 이익을 기준으로 계산하여 정한다.
②제1항의 값을 계산할 수 없는 경우 그 값은 민사소송등인지법의 규정에 따른다.

제27조(청구를 병합한 경우의 소송목적의 값) ① 하나의 소로 여러 개의 청구를 하는 경우에는 그 여러 청구의 값을 모두 합하여 소송목적의 값을 정한다.
② 과실(果實)·손해배상·위약금(違約金) 또는 비용의 청구가 소송의 부대목적(附帶目的)이 되는 경우에는 그 값은 소송목적의 값에 넣지 아니한다.

제28조(관할의 지정) ① 다음 각호 가운데 어느 하나에 해당하면 관계된 법원과 공통되는 바로 위의 상급법원이 그 관계된 법원 또는 당사자의 신청에 따라 결정으로 관할법원을 정한다.

 1. 관할법원이 재판권을 법률상 또는 사실상 행사할 수 없는 때

 2. 법원의 관할구역이 분명하지 아니한 때

 ② 제1항의 결정에 대하여는 불복할 수 없다.

제29조(합의관할) ① 당사자는 합의로 제1심 관할법원을 정할 수 있다.
 ② 제1항의 합의는 일정한 법률관계로 말미암은 소에 관하여 서면으로 하여야 한다.

제30조(변론관할) 피고가 제1심 법원에서 관할위반이라고 항변(抗辯)하지 아니하고 본안(本案)에 대하여 변론(辯論)하거나 변론준비기일(辯論準備期日)에서 진술하면 그 법원은 관할권을 가진다

제31조(전속관할에 따른 제외) 전속관할(專屬管轄)이 정하여진 소에는 제2조, 제7조 내지 제25조, 제29조 및 제30조의 규정을 적용하지 아니한다.

제32조(관할에 관한 직권조사) 법원은 관할에 관한 사항을 직권으로 조사할 수 있다.

제33조(관할의 표준이 되는 시기) 법원의 관할은 소를 제기한 때를 표준으로 정한다.

제34조(관할위반 또는 재량에 따른 이송) ① 법원은 소송의 전부 또는 일부에 대하여 관할권이 없다고 인정하는 경우에는 결정으로 이를 관할법원에 이송한다.
 ② 지방법원 단독판사는 소송에 대하여 관할권이 있는 경우라도 상당하다고 인정하면 직권 또는 당사자의 신청에 따른 결정으로 소송의 전부 또는 일부를 같은 지방법원 합의부에 이송할 수 있다.
 ③ 지방법원 합의부는 소송에 대하여 관할권이 없는 경우라도 상당하다고 인정하면

직권으로 또는 당사자의 신청에 따라 소송의 전부 또는 일부를 스스로 심리ㆍ재판할 수 있다.

④ 전속관할이 정하여진 소에 대하여는 제2항 및 제3항의 규정을 적용하지 아니한다.

제35조(손해나 지연을 피하기 위한 이송) 법원은 소송에 대하여 관할권이 있는 경우라도 현저한 손해 또는 지연을 피하기 위하여 필요하면 직권 또는 당사자의 신청에 따른 결정으로 소송의 전부 또는 일부를 다른 관할법원에 이송할 수 있다. 다만, 전속관할이 정하여진 소의 경우에는 그러하지 아니하다.

제36조(지적재산권 등에 관한 소송의 이송) ① 법원은 지적재산권과 국제거래에 관한 소가 제기된 경우 직권 또는 당사자의 신청에 따른 결정으로 그 소송의 전부 또는 일부를 제24조의 규정에 따른 관할법원에 이송할 수 있다. 다만, 이로 인하여 소송절차를 현저하게 지연시키는 경우에는 그러하지 아니하다.

② 전속관할이 정하여져 있는 소의 경우에는 제1항의 규정을 적용하지 아니한다.

제37조(이송결정이 확정된 뒤의 긴급처분) 법원은 소송의 이송결정이 확정된 뒤라도 급박한 사정이 있는 때에는 직권으로 또는 당사자의 신청에 따라 필요한 처분을 할 수 있다. 다만, 기록을 보낸 뒤에는 그러하지 아니하다.

제38조(이송결정의 효력) ① 소송을 이송받은 법원은 이송결정에 따라야 한다.

② 소송을 이송받은 법원은 사건을 다시 다른 법원에 이송하지 못한다.

제39조(즉시항고) 이송결정과 이송신청의 기각결정(棄却決定)에 대하여는 즉시항고(卽時抗告)를 할 수 있다.

제40조(이송의 효과) ① 이송결정이 확정된 때에는 소송은 처음부터 이송받은 법원에 계속(係屬)된 것으로 본다.

② 제1항의 경우에는 이송결정을 한 법원의 법원서기관ㆍ법원사무관ㆍ법원주사 또는 법원주사보(이하 "법원사무관 등"이라 한다)는 그 결정의 정본(正本)을 소송기록에 붙여 이송받을 법원에 보내야 한다.

제2절 법관 등의 제척 · 기피 · 회피

제41조(제척의 이유) 법관은 다음 각호 가운데 어느 하나에 해당하면 직무집행에서 제척(除斥)된다. <개정 2005. 3. 31>

1. 법관 또는 그 배우자나 배우자이었던 사람이 사건의 당사자가 되거나, 사건의 당사자와 공동권리자 · 공동의무자 또는 상환의무자의 관계에 있는 때

2. 법관이 당사자와 친족의 관계에 있거나 그러한 관계에 있었을 때

3. 법관이 사건에 관하여 증언이나 감정(鑑定)을 하였을 때

4. 법관이 사건당사자의 대리인이었거나 대리인이 된 때

5. 법관이 불복사건의 이전심급의 재판에 관여하였을 때. 다만, 다른 법원의 촉탁에 따라 그 직무를 수행한 경우에는 그러하지 아니하다.

제42조(제척의 재판) 법원은 제척의 이유가 있는 때에는 직권으로 또는 당사자의 신청에 따라 제척의 재판을 한다.

제43조(당사자의 기피권) ① 당사자는 법관에게 공정한 재판을 기대하기 어려운 사정이 있는 때에는 기피신청을 할 수 있다.
② 당사자가 법관을 기피할 이유가 있다는 것을 알면서도 본안에 관하여 변론하거나 변론준비기일에서 진술을 한 경우에는 기피신청을 하지 못한다.

제44조(제척과 기피신청의 방식) ① 합의부의 법관에 대한 제척 또는 기피는 그 합의부에, 수명법관(受命法官) · 수탁판사(受託判事) 또는 단독판사에 대한 제척 또는 기피는 그 법관에게 이유를 밝혀 신청하여야 한다.
② 제척 또는 기피하는 이유와 소명방법은 신청한 날부터 3일 이내에 서면으로 제출하여야 한다.

제45조(제척 또는 기피신청의 각하 등) ① 제척 또는 기피신청이 제44조의 규정에 어긋나거나 소송의 지연을 목적으로 하는 것이 분명한 경우에는 신청을 받은 법원 또는 법관은 결정으로 이를 각하(却下)한다.

② 제척 또는 기피를 당한 법관은 제1항의 경우를 제외하고는 바로 제척 또는 기피신청에 대한 의견서를 제출하여야 한다.

제46조(제척 또는 기피신청에 대한 재판) ① 제척 또는 기피신청에 대한 재판은 그 신청을 받은 법관의 소속 법원 합의부에서 결정으로 하여야 한다.

② 제척 또는 기피신청을 받은 법관은 제1항의 재판에 관여하지 못한다. 다만, 의견을 진술할 수 있다.

③ 제척 또는 기피신청을 받은 법관의 소속 법원이 합의부를 구성하지 못하는 경우에는 바로 위의 상급법원이 결정하여야 한다.

제47조(불복신청) ① 제척 또는 기피신청에 정당한 이유가 있다는 결정에 대하여는 불복할 수 없다.

② 제45조 제1항의 각하결정(却下決定) 또는 제척이나 기피신청이 이유 없다는 결정에 대하여는 즉시항고를 할 수 있다.

③ 제45조 제1항의 각하결정에 대한 즉시항고는 집행정지의 효력을 가지지 아니한다.

제48조(소송절차의 정지) 법원은 제척 또는 기피신청이 있는 경우에는 그 재판이 확정될 때까지 소송절차를 정지하여야 한다. 다만, 제척 또는 기피신청이 각하된 경우 또는 종국판결(終局判決)을 선고하거나 긴급을 요하는 행위를 하는 경우에는 그러하지 아니하다.

제49조(법관의 회피) 법관은 제41조 또는 제43조의 사유가 있는 경우에는 감독권이 있는 법원의 허가를 받아 회피(回避)할 수 있다.

제50조(법원사무관 등에 대한 제척·기피·회피) ① 법원사무관 등에 대하여는 이 절의 규정을 준용한다.

② 제1항의 법원사무관 등에 대한 제척 또는 기피의 재판은 그가 속한 법원이 결정

으로 하여야 한다.

제2장 당사자

제1절 당사자능력과 소송능력

제51조(당사자능력·소송능력 등에 대한 원칙) 당사자능력(當事者能力), 소송능력(訴訟能力), 소송무능력자(訴訟無能力者)의 법정대리와 소송행위에 필요한 권한의 수여는 이 법에 특별한 규정이 없으면 민법, 그 밖의 법률에 따른다.

제52조(법인이 아닌 사단 등의 당사자능력) 법인이 아닌 사단이나 재단은 대표자 또는 관리인이 있는 경우에는 그 사단이나 재단의 이름으로 당사자가 될 수 있다.

제53조(선정당사자) ① 공동의 이해관계를 가진 여러 사람이 제52조의 규정에 해당되지 아니하는 경우에는, 이들은 그 가운데에서 모두를 위하여 당사자가 될 한 사람 또는 여러 사람을 선정하거나 이를 바꿀 수 있다.
② 소송이 법원에 계속된 뒤 제1항의 규정에 따라 당사자를 바꾼 때에는 그 전의 당사자는 당연히 소송에서 탈퇴한 것으로 본다.

제54조(선정당사자 일부의 자격상실) 제53조의 규정에 따라 선정된 여러 당사자 가운데 죽거나 그 자격을 잃은 사람이 있는 경우에는 다른 당사자가 모두를 위하여 소송행위를 한다.

제55조(미성년자·한정치산자·금치산자의 소송능력) 미성년자·한정치산자 또는 금치산자는 법정대리인에 의하여서만 소송행위를 할 수 있다. 다만, 미성년자 또는 한정치산자가 독립하여 법률행위를 할 수 있는 경우에는 그러하지 아니하다.

제56조(법정대리인의 소송행위에 대한 특별규정) ① 법정대리인이 상대방의 소제기 또는 상소에 관하여 소송행위를 하는 경우에는 친족회로부터 특별한 권한을 받을 필요가

없다.

② 법정대리인이 소의 취하, 화해, 청구의 포기·인낙(認諾) 또는 제80조의 규정에 따른 탈퇴를 하기 위하여서는 특별한 권한을 받아야 한다.

제57조(외국인의 소송능력에 대한 특별규정) 외국인은 그의 본국법에 따르면 소송능력이 없는 경우라도 대한민국의 법률에 따라 소송능력이 있는 경우에는 소송능력이 있는 것으로 본다.

제58조(법정대리권 등의 증명) ① 법정대리권이 있는 사실 또는 소송행위를 위한 권한을 받은 사실은 서면으로 증명하여야 한다. 제53조의 규정에 따라서 당사자를 선정하고 바꾸는 경우에도 또한 같다.

② 제1항의 서면은 소송기록에 붙여야 한다.

제59조(소송능력 등의 흠에 대한 조치) 소송능력·법정대리권 또는 소송행위에 필요한 권한의 수여에 흠이 있는 경우에는 법원은 기간을 정하여 이를 보정(補正)하도록 명하여야 하며, 만일 보정하는 것이 지연됨으로써 손해가 생길 염려가 있는 경우에는 법원은 보정하기 전의 당사자 또는 법정대리인으로 하여금 일시적으로 소송행위를 하게 할 수 있다.

제60조(소송능력 등의 흠과 추인) 소송능력, 법정대리권 또는 소송행위에 필요한 권한의 수여에 흠이 있는 사람이 소송행위를 한 뒤에 보정된 당사자나 법정대리인이 이를 추인(追認)한 경우에는, 그 소송행위는 이를 한 때에 소급하여 효력이 생긴다.

제61조(선정당사자에 대한 준용) 제53조의 규정에 따른 당사자가 소송행위를 하는 경우에는 제59조 및 제60조의 규정을 준용한다.

제62조(특별대리인) ① 법정대리인이 없거나 법정대리인이 대리권을 행사할 수 없는 경우에 미성년자·한정치산자 또는 금치산자를 상대로 소송행위를 하고자 하는 사람은 소송절차가 지연됨으로써 손해를 볼 염려가 있다는 것을 소명하여 수소법원(受訴法院)에 특별대리인을 선임하여 주도록 신청할 수 있다.

② 제1항의 경우로서 미성년자·한정치산자 또는 금치산자가 소송행위를 하는 데 필요한 경우에는 그 친족·이해관계인 또는 검사는 소송절차가 지연됨으로써 손해를 볼 염려가 있다는 것을 소명하여 수소법원에 특별대리인을 선임하여 주도록 신청할 수 있다.

③ 법원은 언제든지 특별대리인을 개임(改任)할 수 있다.

④ 특별대리인이 소송행위를 하기 위하여서는 후견인(後見人)과 같은 권한을 받아야 한다.

⑤ 특별대리인의 선임 또는 개임은 법원의 결정으로 하며, 그 결정은 특별대리인에게 송달하여야 한다.

⑥ 특별대리인의 선임에 관한 비용과 특별대리인의 소송행위에 관한 비용은 신청인에게 부담히도록 명할 수 있다.

제63조(법정대리권의 소멸통지) ① 소송절차가 진행되는 중에 법정대리권이 소멸한 경우에는 본인 또는 대리인이 상대방에게 소멸된 사실을 통지하지 아니하면 소멸의 효력을 주장하지 못한다. 다만, 법원에 법정대리권의 소멸사실이 알려진 뒤에는 그 법정대리인은 제56조제2항의 소송행위를 하지 못한다.

② 제53조의 규정에 따라 당사자를 바꾸는 경우에는 제1항의 규정을 준용한다.

제64조(법인 등 단체의 대표자의 지위) 법인의 대표자 또는 제52조의 대표자 또는 관리인에게는 이 법 가운데 법정대리와 법정대리인에 관한 규정을 준용한다.

제2절 공동소송

제65조(공동소송의 요건) 소송목적이 되는 권리나 의무가 여러 사람에게 공통되거나 사실상 또는 법률상 같은 원인으로 말미암아 생긴 경우에는 그 여러 사람이 공동소송인으로서 당사자가 될 수 있다. 소송목적이 되는 권리나 의무가 같은 종류의 것이고, 사실상 또는 법률상 같은 종류의 원인으로 말미암은 것인 경우에도 또한 같다.

제66조(통상공동소송인의 지위) 공동소송인 가운데 한 사람의 소송행위 또는 이에 대한 상대방의 소송행위와 공동소송인 가운데 한 사람에 관한 사항은 다른 공동소송인에게

영향을 미치지 아니한다.

제67조(필수적 공동소송에 대한 특별규정) ① 소송목적이 공동소송인 모두에게 합일적으로 확정되어야 할 공동소송의 경우에 공동소송인 가운데 한 사람의 소송행위는 모두의 이익을 위하여서만 효력을 가진다.

② 제1항의 공동소송에서 공동소송인 가운데 한 사람에 대한 상대방의 소송행위는 공동소송인 모두에게 효력이 미친다.

③ 제1항의 공동소송에서 공동소송인 가운데 한 사람에게 소송절차를 중단 또는 중지하여야 할 이유가 있는 경우 그 중단 또는 중지는 모두에게 효력이 미친다.

제68조(필수적 공동소송인의 추가) ① 법원은 제67조 제1항의 규정에 따른 공동소송인 가운데 일부가 누락된 경우에는 제1심의 변론을 종결할 때까지 원고의 신청에 따라 결정으로 원고 또는 피고를 추가하도록 허가할 수 있다. 다만, 원고의 추가는 추가될 사람의 동의를 받은 경우에만 허가할 수 있다.

② 제1항의 허가결정을 한 때에는 허가결정의 정본을 당사자 모두에게 송달하여야 하며, 추가될 당사자에게는 소장부본도 송달하여야 한다.

③ 제1항의 규정에 따라 공동소송인이 추가된 경우에는 처음의 소가 제기된 때에 추가된 당사자와의 사이에 소가 제기된 것으로 본다.

④ 제1항의 허가결정에 대하여 이해관계인은 추가될 원고의 동의가 없었다는 것을 사유로 하는 경우에만 즉시항고를 할 수 있다.

⑤ 제4항의 즉시항고는 집행정지의 효력을 가지지 아니한다.

⑥ 제1항의 신청을 기각한 결정에 대하여는 즉시항고를 할 수 있다.

제69조(필수적 공동소송에 대한 특별규정) 제67조 제1항의 공동소송인 가운데 한 사람이 상소를 제기한 경우에 다른 공동소송인이 그 상소심에서 하는 소송행위에는 제56조 제1항의 규정을 준용한다.

제70조(예비적 · 선택적 공동소송에 대한 특별규정) ① 공동소송인 가운데 일부의 청구가 다른 공동소송인의 청구와 법률상 양립할 수 없거나 공동소송인 가운데 일부에 대한 청구가 다른 공동소송인에 대한 청구와 법률상 양립할 수 없는 경우에는 제67조

내지 제69조를 준용한다. 다만, 청구의 포기·인낙, 화해 및 소의 취하의 경우에는 그러하지 아니하다.

② 제1항의 소송에서는 모든 공동소송인에 관한 청구에 대하여 판결을 하여야 한다.

제3절 소송참가

제71조(보조참가) 소송결과에 이해관계가 있는 제3자는 한 쪽 당사자를 돕기 위하여 법원에 계속 중인 소송에 참가할 수 있다. 다만, 소송절차를 현저하게 지연시키는 경우에는 그러하지 아니하다.

제72조(참가신청의 방식) ① 참가신청은 참가의 취지와 이유를 밝혀 참가하고자 하는 소송이 계속된 법원에 제기하여야 한다.

② 서면으로 참가를 신청한 경우에는 법원은 그 서면을 양쪽 당사자에게 송달하여야 한다.

③ 참가신청은 참가인으로서 할 수 있는 소송행위와 동시에 할 수 있다.

제73조(참가허가 여부에 대한 재판) ① 당사자가 참가에 대하여 이의를 신청한 때에는 참가인은 참가의 이유를 소명하여야 하며, 법원은 참가를 허가할 것인지 아닌지를 결정하여야 한다.

② 법원은 직권으로 참가인에게 참가의 이유를 소명하도록 명할 수 있으며, 참가의 이유가 있다고 인정되지 아니하는 때에는 참가를 허가하지 아니하는 결정을 하여야 한다.

③ 제1항 및 제2항의 결정에 대하여는 즉시항고를 할 수 있다.

제74조(이의신청권의 상실) 당사자가 참가에 대하여 이의를 신청하지 아니한 채 변론하거나 변론준비기일에서 진술을 한 경우에는 이의를 신청할 권리를 잃는다.

제75조(참가인의 소송관여) ① 참가인은 그의 참가에 대한 이의신청이 있는 경우라도 참가를 허가하지 아니하는 결정이 확정될 때까지 소송행위를 할 수 있다.

② 당사자가 참가인의 소송행위를 원용(援用)한 경우에는 참가를 허가하지 아니하는

결정이 확정되어도 그 소송행위는 효력을 가진다.

제76조(참가인의 소송행위) ① 참가인은 소송에 관하여 공격·방어·이의·상소, 그 밖의 모든 소송행위를 할 수 있다. 다만, 참가할 때의 소송의 진행정도에 따라 할 수 없는 소송행위는 그러하지 아니하다.
② 참가인의 소송행위가 피참가인의 소송행위에 어긋나는 경우에는 그 참가인의 소송행위는 효력을 가지지 아니한다.

제77조(참가인에 대한 재판의 효력) 재판은 다음 각호 가운데 어느 하나에 해당하지 아니하면 참가인에게도 그 효력이 미친다.

1. 제76조의 규정에 따라 참가인이 소송행위를 할 수 없거나, 그 소송행위가 효력을 가지지 아니하는 때

2. 피참가인이 참가인의 소송행위를 방해한 때

3. 피참가인이 참가인이 할 수 없는 소송행위를 고의나 과실로 하지 아니한 때

제78조(공동소송적 보조참가) 재판의 효력이 참가인에게도 미치는 경우에는 그 참가인과 피참가인에 대하여 제67조 및 제69조를 준용한다.

제79조(독립당사자참가) ① 소송목적의 전부나 일부가 자기의 권리라고 주장하거나, 소송결과에 따라 권리가 침해된다고 주장하는 제3자는 당사자의 양 쪽 또는 한 쪽을 상대방으로 하여 당사자로서 소송에 참가할 수 있다.
② 제1항의 경우에는 제67조 및 제72조의 규정을 준용한다.

제80조(독립당사자참가소송에서의 탈퇴) 제79조의 규정에 따라 자기의 권리를 주장하기 위하여 소송에 참가한 사람이 있는 경우 그가 참가하기 전의 원고나 피고는 상대방의 승낙을 받아 소송에서 탈퇴할 수 있다. 다만, 판결은 탈퇴한 당사자에 대하여도 그 효력이 미친다.

제81조(승계인의 소송참가) 소송이 법원에 계속되어 있는 동안에 제3자가 소송목적인 권리 또는 의무의 전부나 일부를 승계하였다고 주장하며 제79조의 규정에 따라 소송에 참가한 경우 그 참가는 소송이 법원에 처음 계속된 때에 소급하여 시효의 중단 또는 법률상 기간준수의 효력이 생긴다.

제82조(승계인의 소송인수) ① 소송이 법원에 계속되어 있는 동안에 제3자가 소송목적인 권리 또는 의무의 전부나 일부를 승계한 때에는 법원은 당사자의 신청에 따라 그 제3자로 하여금 소송을 인수하게 할 수 있다.

② 법원은 제1항의 규정에 따른 결정을 할 때에는 당사자와 제3자를 심문(審問)하여야 한다.

③ 제1항의 소송인수의 경우에는 제80조의 규정 가운데 탈퇴 및 판결의 효력에 관한 것과, 제81조의 규정 가운데 참가의 효력에 관한 것을 준용한다.

제83조(공동소송참가) ① 소송목적이 한 쪽 당사자와 제3자에게 합일적으로 확정되어야 할 경우 그 제3자는 공동소송인으로 소송에 참가할 수 있다.

② 제1항의 경우에는 제72조의 규정을 준용한다.

제84조(소송고지의 요건) ① 소송이 법원에 계속된 때에는 당사자는 참가할 수 있는 제3자에게 소송고지(訴訟告知)를 할 수 있다.

②소송고지를 받은 사람은 다시 소송고지를 할 수 있다.

제85조(소송고지의 방식) ① 소송고지를 위하여서는 그 이유와 소송의 진행정도를 적은 서면을 법원에 제출하여야 한다.

② 제1항의 서면은 상대방에게 송달하여야 한다.

제86조(소송고지의 효과) 소송고지를 받은 사람이 참가하지 아니한 경우라도 제77조의 규정을 적용할 때에는 참가할 수 있었을 때에 참가한 것으로 본다.

제4절 소송대리인

제87조(소송대리인의 자격) 법률에 따라 재판상 행위를 할 수 있는 대리인 외에는 변호사가 아니면 소송대리인이 될 수 없다.

제88조(소송대리인의 자격의 예외) ① 단독판사가 심리·재판하는 사건 가운데 그 소송목적의 값이 일정한 금액 이하인 사건에서, 당사자와 밀접한 생활관계를 맺고 있고 일정한 범위안의 친족관계에 있는 사람 또는 당사자와 고용계약 등으로 그 사건에 관한 통상사무를 처리·보조하여 오는 등 일정한 관계에 있는 사람이 법원의 허가를 받은 때에는 제87조를 적용하지 아니한다.
② 제1항의 규정에 따라 법원의 허가를 받을 수 있는 사건의 범위, 대리인의 자격 등에 관한 구체적인 사항은 대법원규칙으로 정한다.
③ 법원은 언제든지 제1항의 허가를 취소할 수 있다.

제89조(소송대리권의 증명) ① 소송대리인의 권한은 서면으로 증명하여야 한다.
② 제1항의 서면이 사문서인 경우에는 법원은 공증인, 그 밖의 공증업무를 보는 사람(이하 "공증사무소"라 한다)의 인증을 받도록 소송대리인에게 명할 수 있다.
③ 당사자가 말로 소송대리인을 선임하고, 법원사무관 등이 조서에 그 진술을 적어 놓은 경우에는 제1항 및 제2항의 규정을 적용하지 아니한다.

제90조(소송대리권의 범위) ① 소송대리인은 위임을 받은 사건에 대하여 반소(反訴)·참가·강제집행·가압류·가처분에 관한 소송행위 등 일체의 소송행위와 변제(辨濟)의 영수를 할 수 있다.
② 소송대리인은 다음 각호의 사항에 대하여는 특별한 권한을 따로 받아야 한다.

1. 반소의 제기

2. 소의 취하, 화해, 청구의 포기·인낙 또는 제80조의 규정에 따른 탈퇴

3. 상소의 제기 또는 취하

4. 대리인의 선임

제91조(소송대리권의 제한) 소송대리권은 제한하지 못한다. 다만, 변호사가 아닌 소송대리인에 대하여는 그러하지 아니하다.

제92조(법률에 의한 소송대리인의 권한) 법률에 의하여 재판상 행위를 할 수 있는 대리인의 권한에는 제90조와 제91조의 규정을 적용하지 아니한다.

제93조(개별대리의 원칙) ① 여러 소송대리인이 있는 때에는 각자가 당사자를 대리한다.
② 당사자가 제1항의 규정에 어긋나는 약정을 한 경우 그 약정은 효력을 가지지 못한다.

제94조(당사자의 경정권) 소송대리인의 사실상 진술은 당사자가 이를 곧 취소하거나 경정(更正)한 때에는 그 효력을 잃는다.

제95조(소송대리권이 소멸되지 아니하는 경우) 다음 각호 가운데 어느 하나에 해당하더라도 소송대리권은 소멸되지 아니한다.

1. 당사자의 사망 또는 소송능력의 상실

2. 당사자인 법인의 합병에 의한 소멸

3. 당사자인 수탁자(受託者)의 신탁임무의 종료

4. 법정대리인의 사망, 소송능력의 상실 또는 대리권의 소멸·변경

제96조(소송대리권이 소멸되지 아니하는 경우) ① 일정한 자격에 의하여 자기의 이름으로 남을 위하여 소송당사자가 된 사람에게 소송대리인이 있는 경우에 그 소송대리인의 대리권은 당사자가 자격을 잃더라도 소멸되지 아니한다.
② 제53조의 규정에 따라 선정된 당사자가 그 자격을 잃은 경우에는 제1항의 규정을 준용한다.

제97조(법정대리인에 관한 규정의 준용) 소송대리인에게는 제58조 제2항·제59조·제60조 및 제63조의 규정을 준용한다.

제3장 소송비용

제1절 소송비용의 부담

제98조(소송비용부담의 원칙) 소송비용은 패소한 당사자가 부담한다.

제99조(원칙에 대한 예외) 법원은 사정에 따라 승소한 당사자로 하여금 그 권리를 늘리거나 지키는 데 필요하지 아니한 행위로 말미암은 소송비용 또는 상대방의 권리를 늘리거나 지키는 데 필요한 행위로 말미암은 소송비용의 전부나 일부를 부담하게 할 수 있다.

제100조(원칙에 대한 예외) 당사자가 적당한 시기에 공격이나 방어의 방법을 제출하지 아니하였거나, 기일이나 기간의 준수를 게을리 하였거나, 그 밖에 당사자가 책임져야 할 사유로 소송이 지연된 때에는 법원은 지연됨으로 말미암은 소송비용의 전부나 일부를 승소한 당사자에게 부담하게 할 수 있다.

제101조(일부패소의 경우) 일부패소의 경우에 당사자들이 부담할 소송비용은 법원이 정한다. 다만, 사정에 따라 한 쪽 당사자에게 소송비용의 전부를 부담하게 할 수 있다.

제102조(공동소송의 경우) ① 공동소송인은 소송비용을 균등하게 부담한다. 다만, 법원은 사정에 따라 공동소송인에게 소송비용을 연대하여 부담하게 하거나 다른 방법으로 부담하게 할 수 있다.
② 제1항의 규정에 불구하고 법원은 권리를 늘리거나 지키는 데 필요하지 아니한 행위로 생긴 소송비용은 그 행위를 한 당사자에게 부담하게 할 수 있다.

제103조(참가소송의 경우) 참가소송비용에 대한 참가인과 상대방 사이의 부담과, 참가이

의신청의 소송비용에 대한 참가인과 이의신청 당사자 사이의 부담에 대하여는 제98
조 내지 제102조의 규정을 준용한다.

제104조(각 심급의 소송비용의 재판) 법원은 사건을 완결하는 재판에서 직권으로 그 심
급의 소송비용 전부에 대하여 재판하여야 한다. 다만, 사정에 따라 사건의 일부나 중
간의 다툼에 관한 재판에서 그 비용에 대한 재판을 할 수 있다.

제105조(소송의 총비용에 대한 재판) 상급법원이 본안의 재판을 바꾸는 경우 또는 사건
을 환송받거나 이송받은 법원이 그 사건을 완결하는 재판을 하는 경우에는 소송의 총
비용에 대하여 재판하여야 한다.

제106조(화해한 경우의 비용부담) 당사자가 법원에서 화해한 경우(제231조의 경우를 포
함한다) 화해비용과 소송비용의 부담에 대하여 특별히 정한 바가 없으면 그 비용은
당사자들이 각자 부담한다.

제107조(제3자의 비용상환) ① 법정대리인·소송대리인·법원사무관 등이나 집행관이
고의 또는 중대한 과실로 쓸데없는 비용을 지급하게 한 경우에는 수소법원은 직권으
로 또는 당사자의 신청에 따라 그에게 비용을 갚도록 명할 수 있다.
② 법정대리인 또는 소송대리인으로서 소송행위를 한 사람이 그 대리권 또는 소송행
위에 필요한 권한을 받았음을 증명하지 못하거나, 추인을 받지 못한 경우에 그 소송
행위로 말미암아 발생한 소송비용에 대하여는 제1항의 규정을 준용한다.
③ 제1항 및 제2항의 결정에 대하여는 즉시항고를 할 수 있다.

제108조(무권대리인의 비용부담) 제107조 제2항의 경우에 소가 각하된 경우에는 소송비
용은 그 소송행위를 한 대리인이 부담한다.

제109조(변호사의 보수와 소송비용) ① 소송을 대리한 변호사에게 당사자가 지급하였거
나 지급할 보수는 대법원규칙이 정하는 금액의 범위 안에서 소송비용으로 인정한다.
② 제1항의 소송비용을 계산할 때에는 여러 변호사가 소송을 대리하였더라도 한 변
호사가 대리한 것으로 본다.

제110조(소송비용액의 확정결정) ① 소송비용의 부담을 정하는 재판에서 그 액수가 정하여지지 아니한 경우에 제1심 법원은 그 재판이 확정되거나, 소송비용부담의 재판이 집행력을 갖게 된 후에 당사자의 신청을 받아 결정으로 그 소송비용액을 확정한다.

② 제1항의 확정결정을 신청할 때에는 비용계산서, 그 등본과 비용액을 소명하는 데 필요한 서면을 제출하여야 한다.

③ 제1항의 결정에 대하여는 즉시항고를 할 수 있다.

제111조(상대방에 대한 최고) ① 법원은 소송비용액을 결정하기 전에 상대방에게 비용계산서의 등본을 교부하고, 이에 대한 진술을 할 것과 일정한 기간 이내에 비용계산서와 비용액을 소명하는 데 필요한 서면을 제출할 것을 최고(催告)하여야 한다.

② 상대방이 제1항의 서면을 기간 이내에 제출하지 아니한 때에는 법원은 신청인의 비용에 대하여서만 결정할 수 있다. 다만, 상대방도 제110조 제1항의 확정결정을 신청할 수 있다.

제112조(부담비용의 상계) 법원이 소송비용을 결정하는 경우에 당사자들이 부담할 비용은 대등한 금액에서 상계(相計)된 것으로 본다. 다만, 제111조 제2항의 경우에는 그러하지 아니하다.

제113조(화해한 경우의 비용액확정) ① 제106조의 경우에 당사자가 소송비용부담의 원칙만을 정하고 그 액수를 정하지 아니한 때에는 법원은 당사자의 신청에 따라 결정으로 그 액수를 정하여야 한다.

② 제1항의 경우에는 제110조 제2항·제3항, 제111조 및 제112조의 규정을 준용한다.

제114조(소송이 재판에 의하지 아니하고 끝난 경우) ① 제113조의 경우 외에 소송이 재판에 의하지 아니하고 끝나거나 참가 또는 이에 대한 이의신청이 취하된 경우에는 법원은 당사자의 신청에 따라 결정으로 소송비용의 액수를 정하고, 이를 부담하도록 명하여야 한다.

② 제1항의 경우에는 제98조 내지 제103조, 제110조 제2항·제3항, 제111조 및 제112조의 규정을 준용한다.

제115조(법원사무관 등에 의한 계산) 제110조 제1항의 신청이 있는 때에는 법원은 법원 사무관 등에게 소송비용액을 계산하게 하여야 한다.

제116조(비용의 예납) ① 비용을 필요로 하는 소송행위에 대하여 법원은 당사자에게 그 비용을 미리 내게 할 수 있다.
② 비용을 미리 내지 아니하는 때에는 법원은 그 소송행위를 하지 아니할 수 있다.

제2절 소송비용의 담보

제117조(담보제공의무) ① 원고가 대한민국에 주소·사무소와 영업소를 두지 아니한 때 또는 소장·준비서면, 그 밖의 소송기록에 의하여 청구가 이유 없음이 명백한 때 등 소송비용에 대한 담보제공이 필요하다고 판단되는 경우에 피고의 신청이 있으면 법원 은 원고에게 소송비용에 대한 담보를 제공하도록 명하여야 한다. 담보가 부족한 경우 에도 또한 같다. <개정 2010. 7. 23>
② 제1항의 경우에 법원은 직권으로 원고에게 소송비용에 대한 담보를 제공하도록 명할 수 있다. <신설 2010. 7. 23>
③ 청구의 일부에 대하여 다툼이 없는 경우에는 그 액수가 담보로 충분하면 제1항의 규정을 적용하지 아니한다. <개정 2010. 7. 23>

제118조(소송에 응함으로 말미암은 신청권의 상실) 담보를 제공할 사유가 있다는 것을 알고도 피고가 본안에 관하여 변론하거나 변론준비기일에서 진술한 경우에는 담보제 공을 신청하지 못한다.

제119조(피고의 거부권) 담보제공을 신청한 피고는 원고가 담보를 제공할 때까지 소송에 응하지 아니할 수 있다.

제120조(담보제공결정) ① 법원은 담보를 제공하도록 명하는 결정에서 담보액과 담보제 공의 기간을 정하여야 한다.
② 담보액은 피고가 각 심급에서 지출할 비용의 총액을 표준으로 하여 정하여야 한다.

제121조(불복신청) 담보제공신청에 관한 결정에 대하여는 즉시항고를 할 수 있다.

제122조(담보제공방식) 담보의 제공은 금전 또는 법원이 인정하는 유가증권을 공탁(供託)하거나, 대법원규칙이 정하는 바에 따라 지급을 보증하겠다는 위탁계약을 맺은 문서를 제출하는 방법으로 한다. 다만, 당사자들 사이에 특별한 약정이 있으면 그에 따른다.

제123조(담보물에 대한 피고의 권리) 피고는 소송비용에 관하여 제122조의 규정에 따른 담보물에 대하여 질권자와 동일한 권리를 가진다.

제124조(담보를 제공하지 아니한 효과) 담보를 제공하여야 할 기간 이내에 원고가 이를 제공하지 아니하는 때에는 법원은 변론없이 판결로 소를 각하할 수 있다. 다만, 판결하기 전에 담보를 제공한 때에는 그러하지 아니하다.

제125조(담보의 취소) ① 담보제공자가 담보하여야 할 사유가 소멸되었음을 증명하면서 취소신청을 하면, 법원은 담보취소결정을 하여야 한다.
② 담보제공자가 담보취소에 대한 담보권리자의 동의를 받았음을 증명한 때에도 제1항과 같다.
③ 소송이 완결된 뒤 담보제공자가 신청하면, 법원은 담보권리자에게 일정한 기간 이내에 그 권리를 행사하도록 최고하고, 담보권리자가 그 행사를 하지 아니하는 때에는 담보취소에 대하여 동의한 것으로 본다.
④ 제1항과 제2항의 규정에 따른 결정에 대하여는 즉시항고를 할 수 있다.

제126조(담보물변경) 법원은 담보제공자의 신청에 따라 결정으로 공탁한 담보물을 바꾸도록 명할 수 있다. 다만, 당사자가 계약에 의하여 공탁한 담보물을 다른 담보로 바꾸겠다고 신청한 때에는 그에 따른다.

제127조(준용규정) 다른 법률에 따른 소제기에 관하여 제공되는 담보에는 제119조, 제120조 제1항, 제121조 내지 제126조의 규정을 준용한다.

제3절 소송구조

제128조(구조의 요건) ① 법원은 소송비용을 지출할 자금능력이 부족한 사람의 신청에 따라 또는 직권으로 소송구조(訴訟救助)를 할 수 있다. 다만, 패소할 것이 분명한 경우에는 그러하지 아니하다.

② 제1항의 신청인은 구조의 사유를 소명하여야 한다.

③ 소송구조에 대한 재판은 소송기록을 보관하고 있는 법원이 한다.

④ 제1항에서 정한 소송구조요건의 구체적인 내용과 소송구조절차에 관하여 상세한 사항은 대법원규칙으로 정한다.

제129조(구조의 객관적 범위) ① 소송과 강제집행에 대한 소송구조의 범위는 다음 각호와 같다. 다만, 법원은 상당한 이유가 있는 때에는 다음 각호 가운데 일부에 대한 소송구조를 할 수 있다.

1. 재판비용의 납입유예

2. 변호사 및 집행관의 보수와 체당금(替當金)의 지급유예

3. 소송비용의 담보면제

4. 대법원규칙이 정하는 그 밖의 비용의 유예나 면제

② 제1항 제2호의 경우에는 변호사나 집행관이 보수를 받지 못하면 국고에서 상당한 금액을 지급한다.

제130조(구조효력의 주관적 범위) ① 소송구조는 이를 받은 사람에게만 효력이 미친다.

② 법원은 소송승계인에게 미루어 둔 비용의 납입을 명할 수 있다.

제131조(구조의 취소) 소송구조를 받은 사람이 소송비용을 납입할 자금능력이 있다는 것이 판명되거나, 자금능력이 있게 된 때에는 소송기록을 보관하고 있는 법원은 직권으

로 또는 이해관계인의 신청에 따라 언제든지 구조를 취소하고, 납입을 미루어 둔 소송비용을 지급하도록 명할 수 있다.

제132조(납입유예비용의 추심) ① 소송구조를 받은 사람에게 납입을 미루어 둔 비용은 그 부담의 재판을 받은 상대방으로부터 직접 지급받을 수 있다.

② 제1항의 경우에 변호사 또는 집행관은 소송구조를 받은 사람의 집행권원으로 보수와 체당금에 관한 비용액의 확정결정신청과 강제집행을 할 수 있다.

③ 변호사 또는 집행관은 보수와 체당금에 대하여 당사자를 대위(代位)하여 제113조 또는 제114조의 결정신청을 할 수 있다.

제133조(불복신청) 이 절에 규정한 재판에 대하여는 즉시항고를 할 수 있다. 다만, 상대방은 제129조 제1항 제3호의 소송구조결정을 제외하고는 불복할 수 없다.

제4장 소송절차

제1절 변 론

제134조(변론의 필요성) ① 당사자는 소송에 대하여 법원에서 변론하여야 한다. 다만, 결정으로 완결할 사건에 대하여는 법원이 변론을 열 것인지 아닌지를 정한다.

② 제1항 단서의 규정에 따라 변론을 열지 아니할 경우에, 법원은 당사자와 이해관계인, 그 밖의 참고인을 심문할 수 있다.

③ 이 법에 특별한 규정이 있는 경우에는 제1항과 제2항의 규정을 적용하지 아니한다.

제135조(재판장의 지휘권) ① 변론은 재판장(합의부의 재판장 또는 단독판사를 말한다. 이하 같다)이 지휘한다.

② 재판장은 발언을 허가하거나 그의 명령에 따르지 아니하는 사람의 발언을 금지할 수 있다.

제136조(석명권·구문권 등) ① 재판장은 소송관계를 분명하게 하기 위하여 당사자에게

사실상 또는 법률상 사항에 대하여 질문할 수 있고, 증명을 하도록 촉구할 수 있다.

② 합의부원은 재판장에게 알리고 제1항의 행위를 할 수 있다.

③ 당사자는 필요한 경우 재판장에게 상대방에 대하여 설명을 요구하여 줄 것을 요청할 수 있다.

④ 법원은 당사자가 간과하였음이 분명하다고 인정되는 법률상 사항에 관하여 당사자에게 의견을 진술할 기회를 주어야 한다.

제137조(석명준비명령) 재판장은 제136조의 규정에 따라 당사자에게 설명 또는 증명하거나 의견을 진술할 사항을 지적하고 변론기일 이전에 이를 준비하도록 명할 수 있다.

제138조(합의부에 의한 감독) 당사자가 변론의 지휘에 관한 재판장의 명령 또는 제136조 및 제137조의 규정에 따른 재판장이나 합의부원의 조치에 대하여 이의를 신청한 때에는 법원은 결정으로 그 이의신청에 대하여 재판한다.

제139조(수명법관의 지정 및 촉탁) ① 수명법관으로 하여금 그 직무를 수행하게 하고자 할 경우에는 재판장이 그 판사를 지정한다.

② 법원이 하는 촉탁은 특별한 규정이 없으면 재판장이 한다.

제140조(법원의 석명처분) ① 법원은 소송관계를 분명하게 하기 위하여 다음 각호의 처분을 할 수 있다.

1. 당사자 본인 또는 그 법정대리인에게 출석하도록 명하는 일

2. 소송서류 또는 소송에 인용한 문서, 그 밖의 물건으로서 당사자가 가지고 있는 것을 제출하게 하는 일

3. 당사자 또는 제3자가 제출한 문서, 그 밖의 물건을 법원에 유치하는 일

4. 검증을 하고 감정을 명하는 일

5. 필요한 조사를 촉탁하는 일

② 제1항의 검증·감정과 조사의 촉탁에는 이 법의 증거조사에 관한 규정을 준용한다.

제141조(변론의 제한·분리·병합) 법원은 변론의 제한·분리 또는 병합을 명하거나, 그 명령을 취소할 수 있다.

제142조(변론의 재개) 법원은 종결된 변론을 다시 열도록 명할 수 있다.

제143조(통역) ① 변론에 참여하는 사람이 우리말을 하지 못하거나, 듣거나 말하는 데 장애가 있으면 통역인에게 통역하게 하여야 한다. 다만, 위와 같은 장애가 있는 사람에게는 문자로 질문하거나 진술하게 할 수 있다.
② 통역인에게는 이 법의 감정인에 관한 규정을 준용한다.

제144조(변론능력이 없는 사람에 대한 조치) ① 법원은 소송관계를 분명하게 하기 위하여 필요한 진술을 할 수 없는 당사자 또는 대리인의 진술을 금지하고, 변론을 계속할 새 기일을 정할 수 있다.
② 제1항의 규정에 따라 진술을 금지하는 경우에 필요하다고 인정하면 법원은 변호사를 선임하도록 명할 수 있다.
③ 제1항 또는 제2항의 규정에 따라 대리인에게 진술을 금지하거나 변호사를 선임하도록 명하였을 때에는 본인에게 그 취지를 통지하여야 한다.
④ 소 또는 상소를 제기한 사람이 제2항의 규정에 따른 명령을 받고도 제1항의 새 기일까지 변호사를 선임하지 아니한 때에는 법원은 결정으로 소 또는 상소를 각하할 수 있다.
⑤ 제4항의 결정에 대하여는 즉시항고를 할 수 있다.

제145조(화해의 권고) ① 법원은 소송의 정도와 관계없이 화해를 권고하거나, 수명법관 또는 수탁판사로 하여금 권고하게 할 수 있다.
② 제1항의 경우에 법원·수명법관 또는 수탁판사는 당사자 본인이나 그 법정대리인의 출석을 명할 수 있다.

제146조(적시제출주의) 공격 또는 방어의 방법은 소송의 정도에 따라 적절한 시기에 제출하여야 한다.

제147조(제출기간의 제한) ① 재판장은 당사자의 의견을 들어 한 쪽 또는 양 쪽 당사자에 대하여 특정한 사항에 관하여 주장을 제출하거나 증거를 신청할 기간을 정할 수 있다. ② 당사자가 제1항의 기간을 넘긴 때에는 주장을 제출하거나 증거를 신청할 수 없다. 다만, 당사자가 정당한 사유로 그 기간 이내에 제출 또는 신청하지 못하였다는 것을 소명한 경우에는 그러하지 아니하다.

제148조(한 쪽 당사자가 출석하지 아니한 경우) ① 원고 또는 피고가 변론기일에 출석하지 아니하거나, 출석하고서도 본안에 관하여 변론하지 아니한 때에는 그가 제출한 소장·답변서, 그 밖의 준비서면에 적혀 있는 사항을 진술한 것으로 보고 출석한 상대방에게 변론을 명할 수 있다.
② 제1항의 규정에 따라 당사자가 진술한 것으로 보는 답변서, 그 밖의 준비서면에 청구의 포기 또는 인낙의 의사표시가 적혀 있고 공증사무소의 인증을 받은 때에는 그 취지에 따라 청구의 포기 또는 인낙이 성립된 것으로 본다.
③ 제1항의 규정에 따라 당사자가 진술한 것으로 보는 답변서, 그 밖의 준비서면에 화해의 의사표시가 적혀 있고 공증사무소의 인증을 받은 경우에, 상대방 당사자가 변론기일에 출석하여 그 화해의 의사표시를 받아들인 때에는 화해가 성립된 것으로 본다.

제149조(실기한 공격·방어방법의 각하) ① 당사자가 제146조의 규정을 어기어 고의 또는 중대한 과실로 공격 또는 방어방법을 뒤늦게 제출함으로써 소송의 완결을 지연시키게 하는 것으로 인정할 때에는 법원은 직권으로 또는 상대방의 신청에 따라 결정으로 이를 각하할 수 있다.
② 당사자가 제출한 공격 또는 방어방법의 취지가 분명하지 아니한 경우에, 당사자가 필요한 설명을 하지 아니하거나 설명할 기일에 출석하지 아니한 때에는 법원은 직권으로 또는 상대방의 신청에 따라 결정으로 이를 각하할 수 있다.

제150조(자백간주) ① 당사자가 변론에서 상대방이 주장하는 사실을 명백히 다투지 아니한 때에는 그 사실을 자백한 것으로 본다. 다만, 변론 전체의 취지로 보아 그 사실에

대하여 다툰 것으로 인정되는 경우에는 그러하지 아니하다.

② 상대방이 주장한 사실에 대하여 알지 못한다고 진술한 때에는 그 사실을 다툰 것으로 추정한다.

③ 당사자가 변론기일에 출석하지 아니하는 경우에는 제1항의 규정을 준용한다. 다만, 공시송달의 방법으로 기일통지서를 송달받은 당사자가 출석하지 아니한 경우에는 그러하지 아니하다.

제151조(소송절차에 관한 이의권) 당사자는 소송절차에 관한 규정에 어긋난 것임을 알거나, 알 수 있었을 경우에 바로 이의를 제기하지 아니하면 그 권리를 잃는다. 다만, 그 권리가 포기할 수 없는 것인 때에는 그러하지 아니하다.

제152조(변론조서의 작성) ① 법원사무관 등은 변론기일에 참여하여 기일마다 조서를 작성하여야 한다. 다만, 변론을 녹음하거나 속기하는 경우 그 밖에 이에 준하는 특별한 사정이 있는 경우에는 법원사무관 등을 참여시키지 아니하고 변론기일을 열 수 있다.

② 재판장은 필요하다고 인정하는 경우 법원사무관 등을 참여시키지 아니하고 변론기일 및 변론준비기일 외의 기일을 열 수 있다.

③ 제1항 단서 및 제2항의 경우에는 법원사무관 등은 그 기일이 끝난 뒤에 재판장의 설명에 따라 조서를 작성하고, 그 취지를 덧붙여 적어야 한다.

제153조(형식적 기재사항) 조서에는 법원사무관 등이 다음 각호의 사항을 적고, 재판장과 법원사무관 등이 기명날인한다. 다만, 재판장이 기명날인할 수 없는 사유가 있는 때에는 합의부원이 그 사유를 적은 뒤에 기명날인하며, 법관 모두가 기명날인할 수 없는 사유가 있는 때에는 법원사무관 등이 그 사유를 적는다.

1. 사건의 표시

2. 법관과 법원사무관 등의 성명

3. 출석한 검사의 성명

4. 출석한 당사자·대리인·통역인과 출석하지 아니한 당사자의 성명

5. 변론의 날짜와 장소

6. 변론의 공개여부와 공개하지 아니한 경우에는 그 이유

제154조(실질적 기재사항) 조서에는 변론의 요지를 적되, 특히 다음 각호의 사항을 분명히 하여야 한다.

1. 화해, 청구의 포기·인낙, 소의 취하와 자백

2. 증인·삼성인의 선서와 진술

3. 검증의 결과

4. 재판장이 적도록 명한 사항과 당사자의 청구에 따라 적는 것을 허락한 사항

5. 서면으로 작성되지 아니한 재판

6. 재판의 선고

제155조(조서기재의 생략 등) ① 조서에 적을 사항은 대법원규칙이 정하는 바에 따라 생략할 수 있다. 다만, 당사자의 이의가 있으면 그러하지 아니하다.
② 변론방식에 관한 규정의 준수, 화해, 청구의 포기·인낙, 소의 취하와 자백에 대하여는 제1항 본문의 규정을 적용하지 아니한다.

제156조(서면 등의 인용·첨부) 조서에는 서면, 사진, 그 밖에 법원이 적당하다고 인정한 것을 인용하고 소송기록에 붙여 이를 조서의 일부로 삼을 수 있다.

제157조(관계인의 조서낭독 등 청구권) 조서는 관계인이 신청하면 그에게 읽어 주거나

보여주어야 한다.

제158조(조서의 증명력) 변론방식에 관한 규정이 지켜졌다는 것은 조서로만 증명할 수 있다. 다만, 조서가 없어진 때에는 그러하지 아니하다.

제159조(변론의 속기와 녹음) ① 법원은 필요하다고 인정하는 경우에는 변론의 전부 또는 일부를 녹음하거나, 속기자로 하여금 받아 적도록 명할 수 있으며, 당사자가 녹음 또는 속기를 신청하면 특별한 사유가 없는 한 이를 명하여야 한다.
② 제1항의 녹음테이프와 속기록은 조서의 일부로 삼는다.
③ 제1항 및 제2항의 규정에 따라 녹음테이프 또는 속기록으로 조서의 기재를 대신한 경우에, 소송이 완결되기 전까지 당사자가 신청하거나 그 밖에 대법원규칙이 정하는 때에는 녹음테이프나 속기록의 요지를 정리하여 조서를 작성하여야 한다.
④ 제3항의 규정에 따라 조서가 작성된 경우에는 재판이 확정되거나, 양 쪽 당사자의 동의가 있으면 법원은 녹음테이프와 속기록을 폐기할 수 있다. 이 경우 당사자가 녹음테이프와 속기록을 폐기한다는 통지를 받은 날부터 2주 이내에 이의를 제기하지 아니하면 폐기에 대하여 동의한 것으로 본다.

제160조(다른 조서에 준용하는 규정) 법원·수명법관 또는 수탁판사의 신문(訊問) 또는 심문과 증거조사에는 제152조 내지 제159조의 규정을 준용한다.

제161조(신청 또는 진술의 방법) ① 신청, 그 밖의 진술은 특별한 규정이 없는 한 서면 또는 말로 할 수 있다.
② 말로 하는 경우에는 법원사무관 등의 앞에서 하여야 한다.
③ 제2항의 경우에 법원사무관 등은 신청 또는 진술의 취지에 따라 조서 또는 그 밖의 서면을 작성한 뒤 기명날인하여야 한다.

제162조(소송기록의 열람과 증명서의 교부청구) ① 당사자나 이해관계를 소명한 제3자는 대법원규칙이 정하는 바에 따라, 소송기록의 열람·복사, 재판서·조서의 정본·등본·초본의 교부 또는 소송에 관한 사항의 증명서의 교부를 법원사무관 등에게 신청할 수 있다.

② 누구든지 권리구제·학술연구 또는 공익적 목적으로 대법원규칙으로 정하는 바에 따라 법원사무관 등에게 재판이 확정된 소송기록의 열람을 신청할 수 있다. 다만, 공개를 금지한 변론에 관련된 소송기록에 대하여는 그러하지 아니하다. <신설 2007. 5. 17>

③ 법원은 제2항에 따른 열람 신청시 당해 소송관계인이 동의하지 아니하는 경우에는 열람하게 하여서는 아니 된다. 이 경우 당해 소송관계인의 범위 및 동의 등에 관하여 필요한 사항은 대법원규칙으로 정한다. <신설 2007. 5. 17>

④ 소송기록을 열람·복사한 사람은 열람·복사에 의하여 알게 된 사항을 이용하여 공공의 질서 또는 선량한 풍속을 해하거나 관계인의 명예 또는 생활의 평온을 해하는 행위를 하여서는 아니 된다. <신설 2007. 5. 17>

⑤ 제1항 및 제2항의 신청에 대하여는 대법원규칙이 정하는 수수료를 내야 한다. <개정 2007. 5. 17>

⑥ 재판서·조서의 정본·등본·초본에는 그 취지를 적고 법원사무관 등이 기명날인하여야 한다. <개정 2007. 5. 17>

제163조(비밀보호를 위한 열람 등의 제한) ① 다음 각호 가운데 어느 하나에 해당한다는 소명이 있는 경우에는 법원은 당사자의 신청에 따라 결정으로 소송기록중 비밀이 적혀 있는 부분의 열람·복사, 재판서·조서 중 비밀이 적혀 있는 부분의 정본·등본·초본의 교부(이하 "비밀 기재부분의 열람 등"이라 한다)를 신청할 수 있는 자를 당사자로 한정할 수 있다.

1. 소송기록 중에 당사자의 사생활에 관한 중대한 비밀이 적혀 있고, 제3자에게 비밀 기재부분의 열람 등을 허용하면 당사자의 사회생활에 지장이 클 우려가 있는 때

2. 소송기록 중에 당사자가 가지는 영업비밀(부정경쟁방지 및 영업비밀보호에 관한 법률 제2조 제2호에 규정된 영업비밀을 말한다)이 적혀 있는 때

② 제1항의 신청이 있는 경우에는 그 신청에 관한 재판이 확정될 때까지 제3자는 비밀 기재부분의 열람 등을 신청할 수 없다.

③ 소송기록을 보관하고 있는 법원은 이해관계를 소명한 제3자의 신청에 따라 제1항 각호의 사유가 존재하지 아니하거나 소멸되었음을 이유로 제1항의 결정을 취소할

수 있다.

④ 제1항의 신청을 기각한 결정 또는 제3항의 신청에 관한 결정에 대하여는 즉시항고를 할 수 있다.

⑤ 제3항의 취소결정은 확정되어야 효력을 가진다.

제164조(조서에 대한 이의) 조서에 적힌 사항에 대하여 관계인이 이의를 제기한 때에는 조서에 그 취지를 적어야 한다.

제2절 전문심리위원〈신설 2007. 7. 13〉

제164조의2(전문심리위원의 참여) ① 법원은 소송관계를 분명하게 하거나 소송절차(증거조사ㆍ화해 등을 포함한다. 이하 이 절에서 같다)를 원활하게 진행하기 위하여 직권 또는 당사자의 신청에 따른 결정으로 제164조의4 제1항에 따라 전문심리위원을 지정하여 소송절차에 참여하게 할 수 있다.

② 전문심리위원은 전문적인 지식을 필요로 하는 소송절차에서 설명 또는 의견을 기재한 서면을 제출하거나 기일에 출석하여 설명이나 의견을 진술할 수 있다. 다만, 재판의 합의에는 참여할 수 없다.

③ 전문심리위원은 기일에 재판장의 허가를 받아 당사자, 증인 또는 감정인 등 소송관계인에게 직접 질문할 수 있다.

④ 법원은 제2항에 따라 전문심리위원이 제출한 서면이나 전문심리위원의 설명 또는 의견의 진술에 관하여 당사자에게 구술 또는 서면에 의한 의견진술의 기회를 주어야 한다. [본조신설 2007. 7. 13]

제164조의3(전문심리위원 참여결정의 취소) ① 법원은 상당하다고 인정하는 때에는 직권이나 당사자의 신청으로 제164조의2 제1항에 따른 결정을 취소할 수 있다.

② 제1항에도 불구하고 당사자가 합의로 제164조의2 제1항에 따른 결정을 취소할 것을 신청하는 때에는 법원은 그 결정을 취소하여야 한다. [본조신설 2007. 7. 13]

제164조의4(전문심리위원의 지정 등) ① 법원은 제164조의2 제1항에 따라 전문심리위원을 소송절차에 참여시키는 경우 당사자의 의견을 들어 각 사건마다 1인 이상의 전문

심리위원을 지정하여야 한다.

② 전문심리위원에게는 대법원규칙으로 정하는 바에 따라 수당을 지급하고, 필요한 경우에는 그 밖의 여비, 일당 및 숙박료를 지급할 수 있다.

③ 전문심리위원의 지정에 관하여 그 밖에 필요한 사항은 대법원규칙으로 정한다. [본조신설 2007. 7. 13]

제164조의5(전문심리위원의 제척 및 기피) ① 전문심리위원에게 제41조부터 제45조까지 및 제47조를 준용한다.

② 제척 또는 기피 신청을 받은 전문심리위원은 그 신청에 관한 결정이 확정될 때까지 그 신청이 있는 사건의 소송절차에 참여할 수 없다. 이 경우 전문심리위원은 당해 제척 또는 기피 신청에 대하여 의견을 진술할 수 있다 .[본조신설 2007. 7. 13]

제164조의6(수명법관 등의 권한) 수명법관 또는 수탁판사가 소송절차를 진행하는 경우에는 제164조의2제2항부터 제4항까지의 규정에 따른 법원 및 재판장의 직무는 그 수명법관이나 수탁판사가 행한다. [본조신설 2007. 7. 13]

제164조의7(비밀누설죄) 전문심리위원 또는 전문심리위원이었던 자가 그 직무수행 중에 알게 된 다른 사람의 비밀을 누설하는 경우에는 2년 이하의 징역이나 금고 또는 1천만원 이하의 벌금에 처한다. [본조신설 2007. 7. 13]

제164조의8(벌칙 적용에서의 공무원 의제) 전문심리위원은「형법」제129조부터 제132조까지의 규정에 따른 벌칙의 적용에서는 공무원으로 본다.[본조신설 2007. 7. 13]

제3절 기일과 기간〈개정 2007.7.13〉

제165조(기일의 지정과 변경) ① 기일은 직권으로 또는 당사자의 신청에 따라 재판장이 지정한다. 다만, 수명법관 또는 수탁판사가 신문하거나 심문하는 기일은 그 수명법관 또는 수탁판사가 지정한다.

② 첫 변론기일 또는 첫 변론준비기일을 바꾸는 것은 현저한 사유가 없는 경우라도 당사자들이 합의하면 이를 허가한다.

제166조(공휴일의 기일) 기일은 필요한 경우에만 공휴일로도 정할 수 있다.

제167조(기일의 통지) ① 기일은 기일통지서 또는 출석요구서를 송달하여 통지한다. 다만, 그 사건으로 출석한 사람에게는 기일을 직접 고지하면 된다.

② 법원은 대법원규칙이 정하는 간이한 방법에 따라 기일을 통지할 수 있다. 이 경우 기일에 출석하지 아니한 당사자·증인 또는 감정인 등에 대하여 법률상의 제재, 그 밖에 기일을 게을리 함에 따른 불이익을 줄 수 없다.

제168조(출석승낙서의 효력) 소송관계인이 일정한 기일에 출석하겠다고 적은 서면을 제출한 때에는 기일통지서 또는 출석요구서를 송달한 것과 같은 효력을 가진다.

제169조(기일의 시작) 기일은 사건과 당사자의 이름을 부름으로써 시작된다.

제170조(기간의 계산) 기간의 계산은 민법에 따른다.

제171조(기간의 시작) 기간을 정하는 재판에 시작되는 때를 정하지 아니한 경우에 그 기간은 재판의 효력이 생긴 때부터 진행한다.

제172조(기간의 신축, 부가기간) ① 법원은 법정기간 또는 법원이 정한 기간을 늘이거나 줄일 수 있다. 다만, 불변기간은 그러하지 아니하다.

② 법원은 불변기간에 대하여 주소 또는 거소가 멀리 떨어진 곳에 있는 사람을 위하여 부가기간(附加期間)을 정할 수 있다.

③ 재판장·수명법관 또는 수탁판사는 제1항 및 제2항의 규정에 따라 법원이 정한 기간 또는 자신이 정한 기간을 늘이거나 줄일 수 있다.

제173조(소송행위의 추후보완) ① 당사자가 책임질 수 없는 사유로 말미암아 불변기간을 지킬 수 없었던 경우에는 그 사유가 없어진 날부터 2주 이내에 게을리 한 소송행위를 보완할 수 있다. 다만, 그 사유가 없어질 당시 외국에 있던 당사자에 대하여는 이 기간을 30일로 한다.

② 제1항의 기간에 대하여는 제172조의 규정을 적용하지 아니한다.

제4절 송달〈개정 2007. 7. 13〉

제174조(직권송달의 원칙) 송달은 이 법에 특별한 규정이 없으면 법원이 직권으로 한다.

제175조(송달사무를 처리하는 사람) ① 송달에 관한 사무는 법원사무관 등이 처리한다.
② 법원사무관 등은 송달하는 곳의 지방법원에 속한 법원사무관 등 또는 집행관에게 제1항의 사무를 촉탁할 수 있다.

제176조(송달기관) ① 송달은 우편 또는 집행관에 의하거나, 그 밖에 대법원규칙이 정하는 방법에 따라서 하여야 한다.
② 우편에 의한 송달은 우편집배원이 한다.
③ 송달기관이 송달하는 데 필요한 때에는 국가경찰공무원에게 원조를 요청할 수 있다. <개정 2006. 2. 21>

제177조(법원사무관 등에 의한 송달) ① 해당 사건에 출석한 사람에게는 법원사무관 등이 직접 송달할 수 있다.
② 법원사무관 등이 그 법원 안에서 송달받을 사람에게 서류를 교부하고 영수증을 받은 때에는 송달의 효력을 가진다.

제178조(교부송달의 원칙) ① 송달은 특별한 규정이 없으면 송달받을 사람에게 서류의 등본 또는 부본을 교부하여야 한다.
② 송달할 서류의 제출에 갈음하여 조서, 그 밖의 서면을 작성한 때에는 그 등본이나 초본을 교부하여야 한다.

제179조(소송무능력자에게 할 송달) 소송무능력자에게 할 송달은 그의 법정대리인에게 한다.

제180조(공동대리인에게 할 송달) 여러 사람이 공동으로 대리권을 행사하는 경우의 송달은 그 가운데 한 사람에게 하면 된다.

제181조(군관계인에게 할 송달) 군사용의 청사 또는 선박에 속하여 있는 사람에게 할 송달은 그 청사 또는 선박의 장에게 한다.

제182조(구속된 사람 등에게 할 송달) 교도소 · 구치소 또는 국가경찰관서의 유치장에 체포 · 구속 또는 유치(留置)된 사람에게 할 송달은 교도소 · 구치소 또는 국가경찰관서의 장에게 한다. <개정 2006. 2. 21>

제183조(송달장소) ① 송달은 받을 사람의 주소 · 거소 · 영업소 또는 사무소(이하 "주소 등"이라 한다)에서 한다. 다만, 법정대리인에게 할 송달은 본인의 영업소나 사무소에서도 할 수 있다.
② 제1항의 장소를 알지 못하거나 그 장소에서 송달할 수 없는 때에는 송달받을 사람이 고용 · 위임 그 밖에 법률상 행위로 취업하고 있는 다른 사람의 주소 등(이하 "근무장소"라 한다)에서 송달할 수 있다.
③ 송달받을 사람의 주소 등 또는 근무장소가 국내에 없거나 알 수 없는 때에는 그를 만나는 장소에서 송달할 수 있다.
④ 주소 등 또는 근무장소가 있는 사람의 경우에도 송달받기를 거부하지 아니하면 만나는 장소에서 송달할 수 있다.

제184조(송달받을 장소의 신고) 당사자 · 법정대리인 또는 소송대리인은 주소 등 외의 장소(대한민국안의 장소로 한정한다)를 송달받을 장소로 정하여 법원에 신고할 수 있다. 이 경우에는 송달 영수인을 정하여 신고할 수 있다.

제185조(송달장소변경의 신고의무) ① 당사자 · 법정대리인 또는 소송대리인이 송달받을 장소를 바꿀 때에는 바로 그 취지를 법원에 신고하여야 한다.
② 제1항의 신고를 하지 아니한 사람에게 송달할 서류는 달리 송달할 장소를 알 수 없는 경우 종전에 송달받던 장소에 대법원규칙이 정하는 방법으로 발송할 수 있다.

제186조(보충송달 · 유치송달) ① 근무장소 외의 송달할 장소에서 송달받을 사람을 만나지 못한 때에는 그 사무원, 피용자(被用者) 또는 동거인으로서 사리를 분별할 지능이 있는 사람에게 서류를 교부할 수 있다.

② 근무장소에서 송달받을 사람을 만나지 못한 때에는 제183조제2항의 다른 사람 또는 그 법정대리인이나 피용자 그 밖의 종업원으로서 사리를 분별할 지능이 있는 사람이 서류의 수령을 거부하지 아니하면 그에게 서류를 교부할 수 있다.

③ 서류를 송달받을 사람 또는 제1항의 규정에 의하여 서류를 넘겨받을 사람이 정당한 사유 없이 송달받기를 거부하는 때에는 송달할 장소에 서류를 놓아둘 수 있다.

제187조(우편송달) 제186조의 규정에 따라 송달할 수 없는 때에는 법원사무관 등은 서류를 등기우편 등 대법원규칙이 정하는 방법으로 발송할 수 있다.

제188조(송달함 송달) ① 제183조 내지 제187조의 규정에 불구하고 법원안에 송달할 서류를 넣을 함(이하 "송달함"이라 한다)을 설치하여 송달할 수 있다.

② 송달함을 이용하는 송달은 법원사무관 등이 한다.

③ 송달받을 사람이 송달함에서 서류를 수령하여 가지 아니한 경우에는 송달함에 서류를 넣은 지 3일이 지나면 송달된 것으로 본다.

④ 송달함의 이용절차와 수수료, 송달함을 이용하는 송달방법 및 송달함으로 송달할 서류에 관한 사항은 대법원규칙으로 정한다.

제189조(발신주의) 제185조 제2항 또는 제187조의 규정에 따라 서류를 발송한 경우에는 발송한 때에 송달된 것으로 본다.

제190조(공휴일 등의 송달) ① 당사자의 신청이 있는 때에는 공휴일 또는 해뜨기 전이나 해진 뒤에 집행관 또는 대법원규칙이 정하는 사람에 의하여 송달할 수 있다.

② 제1항의 규정에 따라 송달하는 때에는 법원사무관 등은 송달할 서류에 그 사유를 덧붙여 적어야 한다.

③ 제1항과 제2항의 규정에 어긋나는 송달은 서류를 교부받을 사람이 이를 영수한 때에만 효력을 가진다.

제191조(외국에서 하는 송달의 방법) 외국에서 하여야 하는 송달은 재판장이 그 나라에 주재하는 대한민국의 대사 · 공사 · 영사 또는 그 나라의 관할 공공기관에 촉탁한다.

제192조(전쟁에 나간 군인 또는 외국에 주재하는 군관계인 등에게 할 송달) ① 전쟁에 나간 군대, 외국에 주둔하는 군대에 근무하는 사람 또는 군에 복무하는 선박의 승무원에게 할 송달은 재판장이 그 소속 사령관에게 촉탁한다.

② 제1항의 송달에 대하여는 제181조의 규정을 준용한다.

제193조(송달통지) 송달한 기관은 송달에 관한 사유를 대법원규칙이 정하는 방법으로 법원에 알려야 한다.

제194조(공시송달의 요건) ① 당사자의 주소 등 또는 근무장소를 알 수 없는 경우 또는 외국에서 하여야 할 송달에 관하여 제191조의 규정에 따를 수 없거나 이에 따라도 효력이 없을 것으로 인정되는 경우에는 재판장은 직권으로 또는 당사자의 신청에 따라 공시송달을 명할 수 있다.

② 제1항의 신청에는 그 사유를 소명하여야 한다.

제195조(공시송달의 방법) 공시송달은 법원사무관 등이 송달할 서류를 보관하고 그 사유를 법원게시판에 게시하거나, 그 밖에 대법원규칙이 정하는 방법에 따라서 하여야 한다.

제196조(공시송달의 효력발생) ① 첫 공시송달은 제195조의 규정에 따라 실시한 날부터 2주가 지나야 효력이 생긴다. 다만, 같은 당사자에게 하는 그 뒤의 공시송달은 실시한 다음 날부터 효력이 생긴다.

② 외국에서 할 송달에 대한 공시송달의 경우에는 제1항 본문의 기간은 2월로 한다.

③ 제1항 및 제2항의 기간은 줄일 수 없다.

제197조(수명법관 등의 송달권한) 수명법관 및 수탁판사와 송달하는 곳의 지방법원판사도 송달에 대한 재판장의 권한을 행사할 수 있다.

제5절 재판〈개정 2007. 7. 13〉

제198조(종국판결) 법원은 소송의 심리를 마치고 나면 종국판결(終局判決)을 한다.

제199조(종국판결 선고기간) 판결은 소가 제기된 날부터 5월 이내에 선고한다. 다만, 항소심 및 상고심에서는 기록을 받은 날부터 5월 이내에 선고한다.

제200조(일부판결) ① 법원은 소송의 일부에 대한 심리를 마친 경우 그 일부에 대한 종국판결을 할 수 있다.

② 변론을 병합한 여러 개의 소송 가운데 한 개의 심리를 마친 경우와, 본소(本訴)나 반소의 심리를 마친 경우에는 제1항의 규정을 준용한다.

제201조(중간판결) ① 법원은 독립된 공격 또는 방어의 방법, 그 밖의 중간의 다툼에 대하여 필요한 때에는 중간판결(中間判決)을 할 수 있다.

② 청구의 원인과 액수에 대하여 다툼이 있는 경우에 그 원인에 대하여도 중간판결을 할 수 있다.

제202조(자유심증주의) 법원은 변론 전체의 취지와 증거조사의 결과를 참작하여 자유로운 심증으로 사회정의와 형평의 이념에 입각하여 논리와 경험의 법칙에 따라 사실주장이 진실한지 아닌지를 판단한다.

제203조(처분권주의) 법원은 당사자가 신청하지 아니한 사항에 대하여는 판결하지 못한다.

제204조(직접주의) ① 판결은 기본이 되는 변론에 관여한 법관이 하여야 한다.

② 법관이 바뀐 경우에 당사자는 종전의 변론결과를 진술하여야 한다.

③ 단독사건의 판사가 바뀐 경우에 종전에 신문한 증인에 대하여 당사자가 다시 신문신청을 한 때에는 법원은 그 신문을 하여야 한다. 합의부 법관의 반수 이상이 바뀐 경우에도 또한 같다.

제205조(판결의 효력발생) 판결은 선고로 효력이 생긴다.

제206조(선고의 방식) 판결은 재판장이 판결원본에 따라 주문을 읽어 선고하며, 필요한 때에는 이유를 간략히 설명할 수 있다.

제207조(선고기일) ① 판결은 변론이 종결된 날부터 2주 이내에 선고하여야 하며, 복잡한 사건이나 그 밖의 특별한 사정이 있는 때에도 변론이 종결된 날부터 4주를 넘겨서는 아니 된다.

② 판결은 당사자가 출석하지 아니하여도 선고할 수 있다.

제208조(판결서의 기재사항 등) ① 판결서에는 다음 각호의 사항을 적고, 판결한 법관이 서명날인하여야 한다.

1. 당사자와 법정대리인

2. 주문

3. 청구의 취지 및 상소의 취지

4. 이유

5. 변론을 종결한 날짜. 다만, 변론 없이 판결하는 경우에는 판결을 선고하는 날짜

6. 법원

② 판결서의 이유에는 주문이 정당하다는 것을 인정할 수 있을 정도로 당사자의 주장, 그 밖의 공격·방어방법에 관한 판단을 표시한다.

③ 제2항의 규정에 불구하고 제1심 판결로서 다음 각호 가운데 어느 하나에 해당하는 경우에는 청구를 특정함에 필요한 사항과 제216조 제2항의 판단에 관한 사항만을 간략하게 표시할 수 있다.

1. 제257조의 규정에 의한 무변론 판결

2. 제150조 제3항이 적용되는 경우의 판결

3. 피고가 제194조 내지 제196조의 규정에 의한 공시송달로 기일통지를 받고 변론기일에 출석하지 아니한 경우의 판결

④ 법관이 판결서에 서명날인함에 지장이 있는 때에는 다른 법관이 판결에 그 사유를 적고 서명날인하여야 한다.

제209조(법원사무관 등에 대한 교부) 판결서는 선고한 뒤에 바로 법원사무관 등에게 교부하여야 한다.

제210조(판결서의 송달) ① 법원사무관 등은 판결서를 받은 날부터 2주 이내에 당사자에게 송달하여야 한다.
② 판결서는 정본으로 송달한다.

제211조(판결의 경정) ① 판결에 잘못된 계산이나 기재, 그 밖에 이와 비슷한 잘못이 있음이 분명한 때에 법원은 직권으로 또는 당사자의 신청에 따라 경정결정(更正決定)을 할 수 있다.
② 경정결정은 판결의 원본과 정본에 덧붙여 적어야 한다. 다만, 정본에 덧붙여 적을 수 없을 때에는 결정의 정본을 작성하여 당사자에게 송달하여야 한다.
③ 경정결정에 대하여는 즉시항고를 할 수 있다. 다만, 판결에 대하여 적법한 항소가 있는 때에는 그러하지 아니하다.

제212조(재판의 누락) ① 법원이 청구의 일부에 대하여 재판을 누락한 경우에 그 청구부분에 대하여는 그 법원이 계속하여 재판한다.
② 소송비용의 재판을 누락한 경우에는 법원은 직권으로 또는 당사자의 신청에 따라 그 소송비용에 대한 재판을 한다. 이 경우 제114조의 규정을 준용한다.
③ 제2항의 규정에 따른 소송비용의 재판은 본안판결에 대하여 적법한 항소가 있는 때에는 그 효력을 잃는다. 이 경우 항소법원은 소송의 총비용에 대하여 재판을 한다.

제213조(가집행의 선고) ① 재산권의 청구에 관한 판결은 가집행(假執行)의 선고를 붙이지 아니할 상당한 이유가 없는 한 직권으로 담보를 제공하거나, 제공하지 아니하고

가집행을 할 수 있다는 것을 선고하여야 한다. 다만, 어음금·수표금 청구에 관한 판결에는 담보를 제공하게 하지 아니하고 가집행의 선고를 하여야 한다.

② 법원은 직권으로 또는 당사자의 신청에 따라 채권전액을 담보로 제공하고 가집행을 면제받을 수 있다는 것을 선고할 수 있다.

③ 제1항 및 제2항의 선고는 판결주문에 적어야 한다.

제214조(소송비용담보규정의 준용) 제213조의 담보에는 제122조·제123조·제125조 및 제126조의 규정을 준용한다.

제215조(가집행선고의 실효, 가집행의 원상회복과 손해배상) ① 가집행의 선고는 그 선고 또는 본안판결을 바꾸는 판결의 선고로 바뀌는 한도에서 그 효력을 잃는다.

② 본안판결을 바꾸는 경우에는 법원은 피고의 신청에 따라 그 판결에서 가집행의 선고에 따라 지급한 물건을 돌려 줄 것과, 가집행으로 말미암은 손해 또는 그 면제를 받기 위하여 입은 손해를 배상할 것을 원고에게 명하여야 한다.

③ 가집행의 선고를 바꾼 뒤 본안판결을 바꾸는 경우에는 제2항의 규정을 준용한다.

제216조(기판력의 객관적 범위) ① 확정판결(確定判決)은 주문에 포함된 것에 한하여 기판력(旣判力)을 가진다.

② 상계를 주장한 청구가 성립되는지 아닌지의 판단은 상계하자고 대항한 액수에 한하여 기판력을 가진다.

제217조(외국판결의 효력) 외국법원의 확정판결은 다음 각호의 요건을 모두 갖추어야 효력이 인정된다.

1. 대한민국의 법령 또는 조약에 따른 국제재판관할의 원칙상 그 외국법원의 국제재판관할권이 인정될 것

2. 패소한 피고가 소장 또는 이에 준하는 서면 및 기일통지서나 명령을 적법한 방식에 따라 방어에 필요한 시간여유를 두고 송달받았거나(공시송달이나 이와 비슷한 송달에 의한 경우를 제외한다) 송달받지 아니하였더라도 소송에 응하였을 것

3. 그 판결의 효력을 인정하는 것이 대한민국의 선량한 풍속이나 그 밖의 사회질서에 어긋나지 아니할 것

  4. 상호보증이 있을 것

제218조(기판력의 주관적 범위) ① 확정판결은 당사자, 변론을 종결한 뒤의 승계인(변론 없이 한 판결의 경우에는 판결을 선고한 뒤의 승계인) 또는 그를 위하여 청구의 목적물을 소지한 사람에 대하여 효력이 미친다.
  ② 제1항의 경우에 당사자가 변론을 종결할 때(변론 없이 한 판결의 경우에는 판결을 선고할 때)까지 승계사실을 진술하지 아니한 때에는 변론을 종결한 뒤(변론 없이 한 판결의 경우에는 판결을 선고한 뒤)에 승계한 것으로 추정한다.
  ③ 다른 사람을 위하여 원고나 피고가 된 사람에 대한 확정판결은 그 다른 사람에 대하여도 효력이 미친다.
  ④ 가집행의 선고에는 제1항 내지 제3항의 규정을 준용한다.

제219조(변론 없이 하는 소의 각하) 부적법한 소로서 그 흠을 보정할 수 없는 경우에는 변론 없이 판결로 소를 각하할 수 있다.

제220조(화해, 청구의 포기·인낙조서의 효력) 화해, 청구의 포기·인낙을 변론조서·변론준비기일조서에 적은 때에는 그 조서는 확정판결과 같은 효력을 가진다.

제221조(결정·명령의 고지) ① 결정과 명령은 상당한 방법으로 고지하면 효력을 가진다.
  ② 법원사무관 등은 고지의 방법·장소와 날짜를 재판의 원본에 덧붙여 적고 날인하여야 한다.

제222조(소송지휘에 관한 재판의 취소) 소송의 지휘에 관한 결정과 명령은 언제든지 취소할 수 있다.

제223조(법원사무관 등의 처분에 대한 이의) 법원사무관 등의 처분에 관한 이의신청에 대하여는 그 법원사무관 등이 속한 법원이 결정으로 재판한다.

제224조(판결규정의 준용) ① 성질에 어긋나지 아니하는 한, 결정과 명령에는 판결에 관한 규정을 준용한다. 다만, 법관의 서명은 기명으로 갈음할 수 있고, 이유를 적는 것을 생략할 수 있다.

② 이 법에 따른 과태료재판에는 비송사건절차법 제248조 및 제250조 가운데 검사에 관한 규정을 적용하지 아니한다.

제6절 화해권고결정〈개정 2007. 7. 13〉

제225조(결정에 의한 화해권고) ① 법원·수명법관 또는 수탁판사는 소송에 계속 중인 사건에 대하여 직권으로 당사자의 이익, 그 밖의 모든 사정을 참작하여 청구의 취지에 어긋나지 아니하는 범위 안에서 사건의 공평한 해결을 위한 화해권고결정(和解勸告決定)을 할 수 있다.

② 법원사무관 등은 제1항의 결정내용을 적은 조서 또는 결정서의 정본을 당사자에게 송달하여야 한다. 다만, 그 송달은 제185조 제2항·제187조 또는 제194조에 규정한 방법으로는 할 수 없다.

제226조(결정에 대한 이의신청) ① 당사자는 제225조의 결정에 대하여 그 조서 또는 결정서의 정본을 송달받은 날부터 2주 이내에 이의를 신청할 수 있다. 다만, 그 정본이 송달되기 전에도 이의를 신청할 수 있다.

② 제1항의 기간은 불변기간으로 한다.

제227조(이의신청의 방식) ① 이의신청은 이의신청서를 화해권고결정을 한 법원에 제출함으로써 한다.

② 이의신청서에는 다음 각호의 사항을 적어야 한다.

1. 당사자와 법정대리인

2. 화해권고결정의 표시와 그에 대한 이의신청의 취지

③ 이의신청서에는 준비서면에 관한 규정을 준용한다.

④ 제226조 제1항의 규정에 따라 이의를 신청한 때에는 이의신청의 상대방에게 이의 신청서의 부본을 송달하여야 한다.

제228조(이의신청의 취하) ① 이의신청을 한 당사자는 그 심급의 판결이 선고될 때까지 상대방의 동의를 얻어 이의신청을 취하할 수 있다.

② 제1항의 취하에는 제266조 제3항 내지 제6항을 준용한다. 이 경우 "소"는 "이의 신청'으로 본다.

제229조(이의신청권의 포기) ① 이의신청권은 그 신청 전까지 포기할 수 있다.

② 이의신청권의 포기는 서면으로 하여야 한다.

③ 제2항의 서면은 상대방에게 송달하여야 한다.

제230조(이의신청의 각하) ① 법원·수명법관 또는 수탁판사는 이의신청이 법령상의 방식에 어긋나거나 신청권이 소멸된 뒤의 것임이 명백한 경우에는 그 흠을 보정할 수 없으면 결정으로 이를 각하하여야 하며, 수명법관 또는 수탁판사가 각하하지 아니한 때에는 수소법원이 결정으로 각하한다.

② 제1항의 결정에 대하여는 즉시항고를 할 수 있다.

제231조(화해권고결정의 효력) 화해권고결정은 다음 각호 가운데 어느 하나에 해당하면 재판상 화해와 같은 효력을 가진다.

1. 제226조 제1항의 기간 이내에 이의신청이 없는 때

2. 이의신청에 대한 각하결정이 확정된 때

3. 당사자가 이의신청을 취하하거나 이의신청권을 포기한 때

제232조(이의신청에 의한 소송복귀 등) ① 이의신청이 적법한 때에는 소송은 화해권고결정 이전의 상태로 돌아간다. 이 경우 그 이전에 행한 소송행위는 그대로 효력을 가진다.

② 화해권고결정은 그 심급에서 판결이 선고된 때에는 그 효력을 잃는다.

제7절 소송절차의 중단과 중지〈개정 2007. 7. 13〉

제233조(당사자의 사망으로 말미암은 중단) ① 당사자가 죽은 때에 소송절차는 중단된
다. 이 경우 상속인·상속재산관리인, 그 밖에 법률에 의하여 소송을 계속하여 수행
할 사람이 소송절차를 수계(受繼)하여야 한다.
② 상속인은 상속포기를 할 수 있는 동안 소송절차를 수계하지 못한다.

제234조(법인의 합병으로 말미암은 중단) 당사자인 법인이 합병에 의하여 소멸된 때에
소송절차는 중단된다. 이 경우 합병에 의하여 설립된 법인 또는 합병한 뒤의 존속법
인이 소송절차를 수계하여야 한다.

제235조(소송능력의 상실, 법정대리권의 소멸로 말미암은 중단) 당사자가 소송능력을 잃
은 때 또는 법정대리인이 죽거나 대리권을 잃은 때에 소송절차는 중단된다. 이 경우
소송능력을 회복한 당사자 또는 법정대리인이 된 사람이 소송절차를 수계하여야 한다.

제236조(수탁자의 임무가 끝남으로 말미암은 중단) 신탁으로 말미암은 수탁자의 위탁임
무가 끝난 때에 소송절차는 중단된다. 이 경우 새로운 수탁자가 소송절차를 수계하여
야 한다.

제237조(자격상실로 말미암은 중단) ① 일정한 자격에 의하여 자기 이름으로 남을 위하
여 소송당사자가 된 사람이 그 자격을 잃거나 죽은 때에 소송절차는 중단된다. 이 경
우 같은 자격을 가진 사람이 소송절차를 수계하여야 한다.
② 제53조의 규정에 따라 당사자가 될 사람을 선정한 소송에서 선정된 당사자 모두
가 자격을 잃거나 죽은 때에 소송절차는 중단된다. 이 경우 당사자를 선정한 사람 모
두 또는 새로 당사자로 선정된 사람이 소송절차를 수계하여야 한다.

제238조(소송대리인이 있는 경우의 제외) 소송대리인이 있는 경우에는 제233조 제1항,
제234조 내지 제237조의 규정을 적용하지 아니한다.

제239조(당사자의 파산으로 말미암은 중단) 당사자가 파산선고를 받은 때에 파산재단에

관한 소송절차는 중단된다. 이 경우「채무자 회생 및 파산에 관한 법률」에 따른 수계가 이루어지기 전에 파산절차가 해지되면 파산선고를 받은 자가 당연히 소송절차를 수계한다. <개정 2005. 3. 31>

제240조(파산절차의 해지로 말미암은 중단)「채무자 회생 및 파산에 관한 법률」에 따라 파산재단에 관한 소송의 수계가 이루어진 뒤 파산절차가 해지된 때에 소송절차는 중단된다. 이 경우 파산선고를 받은 자가 소송절차를 수계하여야 한다.<개정 2005. 3. 31>

제241조(상대방의 수계신청권) 소송절차의 수계신청은 상대방도 할 수 있다.

제242조(수계신청의 통지) 소송절차의 수계신청이 있는 때에는 법원은 상대방에게 이를 통지하여야 한다.

제243조(수계신청에 대한 재판) ① 소송절차의 수계신청은 법원이 직권으로 조사하여 이유가 없다고 인정한 때에는 결정으로 기각하여야 한다.
② 재판이 송달된 뒤에 중단된 소송절차의 수계에 대하여는 그 재판을 한 법원이 결정하여야 한다.

제244조(직권에 의한 속행명령) 법원은 당사자가 소송절차를 수계하지 아니하는 경우에 직권으로 소송절차를 계속하여 진행하도록 명할 수 있다.

제245조(법원의 직무집행 불가능으로 말미암은 중지) 천재지변, 그 밖의 사고로 법원이 직무를 수행할 수 없을 경우에 소송절차는 그 사고가 소멸될 때까지 중지된다.

제246조(당사자의 장애로 말미암은 중지) ① 당사자가 일정하지 아니한 기간 동안 소송행위를 할 수 없는 장애사유가 생긴 경우에는 법원은 결정으로 소송절차를 중지하도록 명할 수 있다.
② 법원은 제1항의 결정을 취소할 수 있다.

제247조(소송절차 정지의 효과) ① 판결의 선고는 소송절차가 중단된 중에도 할 수 있다.

② 소송절차의 중단 또는 중지는 기간의 진행을 정지시키며, 소송절차의 수계사실을 통지한 때 또는 소송절차를 다시 진행한 때부터 전체기간이 새로이 진행된다.

제2편 제1심의 소송절차

제1장 소의 제기

제248조(소제기의 방식) 소는 법원에 소장을 제출함으로써 제기한다.

제249조(소장의 기재사항) ① 소장에는 당사자와 법정대리인, 청구의 취지와 원인을 적어야 한다.
② 소장에는 준비서면에 관한 규정을 준용한다.

제250조(증서의 진정여부를 확인하는 소) 확인의 소는 법률관계를 증명하는 서면이 진정한지 아닌지를 확정하기 위하여서도 제기할 수 있다.

제251조(장래의 이행을 청구하는 소) 장래에 이행할 것을 청구하는 소는 미리 청구할 필요가 있어야 제기할 수 있다.

제252조(정기금판결과 변경의 소) ① 정기금(定期金)의 지급을 명한 판결이 확정된 뒤에 그 액수산정의 기초가 된 사정이 현저하게 바뀜으로써 당사자 사이의 형평을 크게 침해할 특별한 사정이 생긴 때에는 그 판결의 당사자는 장차 지급할 정기금 액수를 바꾸어 달라는 소를 제기할 수 있다.
② 제1항의 소는 제1심 판결법원의 전속관할로 한다.

제253조(소의 객관적 병합) 여러 개의 청구는 같은 종류의 소송절차에 따르는 경우에만 하나의 소로 제기할 수 있다.

제254조(재판장의 소장심사권) ① 소장이 제249조 제1항의 규정에 어긋나는 경우에는 재판장은 상당한 기간을 정하고, 그 기간 이내에 흠을 보정하도록 명하여야 한다. 소장에 법률의 규정에 따른 인지를 붙이지 아니한 경우에도 또한 같다.

② 원고가 제1항의 기간 이내에 흠을 보정하지 아니한 때에는 재판장은 명령으로 소장을 각하하여야 한다.

③ 제2항의 명령에 대하여는 즉시항고를 할 수 있다.

④ 재판장은 소장을 심사하면서 필요하다고 인정하는 경우에는 원고에게 청구하는 이유에 대응하는 증거방법을 구체적으로 적어 내도록 명할 수 있으며, 원고가 소장에 인용한 서증(書證)의 등본 또는 사본을 붙이지 아니한 경우에는 이를 제출하도록 명할 수 있다.

제255조(소장부본의 송달) ① 법원은 소장의 부본을 피고에게 송달하여야 한다.

② 소장의 부본을 송달할 수 없는 경우에는 제254조 제1항 내지 제3항의 규정을 준용한다.

제256조(답변서의 제출의무) ① 피고가 원고의 청구를 다투는 경우에는 소장의 부본을 송달받은 날부터 30일 이내에 답변서를 제출하여야 한다. 다만, 피고가 공시송달의 방법에 따라 소장의 부본을 송달받은 경우에는 그러하지 아니하다.

② 법원은 소장의 부본을 송달할 때에 제1항의 취지를 피고에게 알려야 한다.

③ 법원은 답변서의 부본을 원고에게 송달하여야 한다.

④ 답변서에는 준비서면에 관한 규정을 준용한다.

제257조(변론 없이 하는 판결) ① 법원은 피고가 제256조 제1항의 답변서를 제출하지 아니한 때에는 청구의 원인이 된 사실을 자백한 것으로 보고 변론 없이 판결할 수 있다. 다만, 직권으로 조사할 사항이 있거나 판결이 선고되기까지 피고가 원고의 청구를 다투는 취지의 답변서를 제출한 경우에는 그러하지 아니하다.

② 피고가 청구의 원인이 된 사실을 모두 자백하는 취지의 답변서를 제출하고 따로 항변을 하지 아니한 때에는 제1항의 규정을 준용한다.

③ 법원은 피고에게 소장의 부본을 송달할 때에 제1항 및 제2항의 규정에 따라 변론 없이 판결을 선고할 기일을 함께 통지할 수 있다.

제258조(변론기일의 지정) ① 재판장은 제257조 제1항 및 제2항에 따라 변론 없이 판결하는 경우 외에는 바로 변론기일을 정하여야 한다. 다만, 사건을 변론준비절차에 부칠 필요가 있는 경우에는 그러하지 아니하다.

② 재판장은 변론준비절차가 끝난 경우에는 바로 변론기일을 정하여야 한다. [전문개정 2008. 12. 26]

제259조(중복된 소제기의 금지) 법원에 계속되어 있는 사건에 대하여 당사자는 다시 소를 제기하지 못한다.

제260조(피고의 경정) ① 원고가 피고를 잘못 지정한 것이 분명한 경우에는 제1심 법원은 변론을 종결할 때까지 원고의 신청에 따라 결정으로 피고를 경정하도록 허가할 수 있다. 다만, 피고가 본안에 관하여 준비서면을 제출하거나, 변론준비기일에서 진술하거나 변론을 한 뒤에는 그의 동의를 받아야 한다.

② 피고의 경정은 서면으로 신청하여야 한다.

③ 제2항의 서면은 상대방에게 송달하여야 한다. 다만, 피고에게 소장의 부본을 송달하지 아니한 경우에는 그러하지 아니하다.

④ 피고가 제3항의 서면을 송달받은 날부터 2주 이내에 이의를 제기하지 아니하면 제1항 단서와 같은 동의를 한 것으로 본다.

제261조(경정신청에 관한 결정의 송달 등) ① 제260조 제1항의 신청에 대한 결정은 피고에게 송달하여야 한다. 다만, 피고에게 소장의 부본을 송달하지 아니한 때에는 그러하지 아니하다.

② 신청을 허가하는 결정을 한 때에는 그 결정의 정본과 소장의 부본을 새로운 피고에게 송달하여야 한다.

③ 신청을 허가하는 결정에 대하여는 동의가 없었다는 사유로만 즉시항고를 할 수 있다.

④ 신청을 허가하는 결정을 한 때에는 종전의 피고에 대한 소는 취하된 것으로 본다.

제262조(청구의 변경) ① 원고는 청구의 기초가 바뀌지 아니하는 한도 안에서 변론을 종결할 때(변론 없이 한 판결의 경우에는 판결을 선고할 때)까지 청구의 취지 또는 원인을 바꿀 수 있다. 다만, 소송절차를 현저히 지연시키는 경우에는 그러하지 아니하다.

② 청구취지의 변경은 서면으로 신청하여야 한다.

③ 제2항의 서면은 상대방에게 송달하여야 한다.

제263조(청구의 변경의 불허가) 법원이 청구의 취지 또는 원인의 변경이 옳지 아니하다고 인정한 때에는 직권으로 또는 상대방의 신청에 따라 변경을 허가하지 아니하는 결정을 하여야 한다.

제264조(중간확인의 소) ① 재판이 소송의 진행 중에 쟁점이 된 법률관계의 성립여부에 매인 때에 당사자는 따로 그 법률관계의 확인을 구하는 소를 제기할 수 있다. 다만, 이는 그 확인청구가 다른 법원의 관할에 전속되지 아니하는 때에 한한다.

② 제1항의 청구는 서면으로 하여야 한다.

③ 제2항의 서면은 상대방에게 송달하여야 한다.

제265조(소제기에 따른 시효중단의 시기) 시효의 중단 또는 법률상 기간을 지킴에 필요한 재판상 청구는 소를 제기한 때 또는 제260조 제2항·제262조 제2항 또는 제264조 제2항의 규정에 따라 서면을 법원에 제출한 때에 그 효력이 생긴다.

제266조(소의 취하) ① 소는 판결이 확정될 때까지 그 전부나 일부를 취하할 수 있다.

② 소의 취하는 상대방이 본안에 관하여 준비서면을 제출하거나 변론준비기일에서 진술하거나 변론을 한 뒤에는 상대방의 동의를 받아야 효력을 가진다.

③ 소의 취하는 서면으로 하여야 한다. 다만, 변론 또는 변론준비기일에서 말로 할 수 있다.

④ 소장을 송달한 뒤에는 취하의 서면을 상대방에게 송달하여야 한다.

⑤ 제3항 단서의 경우에 상대방이 변론 또는 변론준비기일에 출석하지 아니한 때에는 그 기일의 조서등본을 송달하여야 한다.

⑥ 소취하의 서면이 송달된 날부터 2주 이내에 상대방이 이의를 제기하지 아니한 경우에는 소취하에 동의한 것으로 본다. 제3항 단서의 경우에 있어서, 상대방이 기일에 출석한 경우에는 소를 취하한 날부터, 상대방이 기일에 출석하지 아니한 경우에는 제5항의 등본이 송달된 날부터 2주 이내에 상대방이 이의를 제기하지 아니하는 때에도 또한 같다.

제267조(소취하의 효과) ① 취하된 부분에 대하여는 소가 처음부터 계속되지 아니한 것으로 본다.

② 본안에 대한 종국판결이 있은 뒤에 소를 취하한 사람은 같은 소를 제기하지 못한다.

제268조(양 쪽 당사자가 출석하지 아니한 경우) ① 양 쪽 당사자가 변론기일에 출석하지 아니하거나 출석하였다 하더라도 변론하지 아니한 때에는 재판장은 다시 변론기일을 정하여 양 쪽 당사자에게 통지하여야 한다.

② 제1항의 새 변론기일 또는 그 뒤에 열린 변론기일에 양 쪽 당사자가 출석하지 아니하거나 출석하였다 하더라도 변론하지 아니한 때에는 1월 이내에 기일지정신청을 하지 아니하면 소를 취하한 것으로 본다.

③ 제2항의 기일지정신청에 따라 정한 변론기일 또는 그 뒤의 변론기일에 양쪽 당사자가 출석하지 아니하거나 출석하였다 하더라도 변론하지 아니한 때에는 소를 취하한 것으로 본다.

④ 상소심의 소송절차에는 제1항 내지 제3항의 규정을 준용한다. 다만, 상소심에서는 상소를 취하한 것으로 본다.

제269조(반소) ① 피고는 소송절차를 현저히 지연시키지 아니하는 경우에만 변론을 종결할 때까지 본소가 계속된 법원에 반소를 제기할 수 있다. 다만, 소송의 목적이 된 청구가 다른 법원의 관할에 전속되지 아니하고 본소의 청구 또는 방어의 방법과 서로 관련이 있어야 한다.

② 본소가 단독사건인 경우에 피고가 반소로 합의사건에 속하는 청구를 한 때에는 법원은 직권 또는 당사자의 신청에 따른 결정으로 본소와 반소를 합의부에 이송하여야 한다. 다만, 반소에 관하여 제30조의 규정에 따른 관할권이 있는 경우에는 그러하지 아니하다.

제270조(반소의 절차) 반소는 본소에 관한 규정을 따른다.

제271조(반소의 취하) 본소가 취하된 때에는 피고는 원고의 동의 없이 반소를 취하할 수 있다.

제2장 변론과 그 준비

제272조(변론의 집중과 준비) ① 변론은 집중되어야 하며, 당사자는 변론을 서면으로 준비하여야 한다.

② 단독사건의 변론은 서면으로 준비하지 아니할 수 있다. 다만, 상대방이 준비하지 아니하면 진술할 수 없는 사항은 그러하지 아니하다.

제273조(준비서면의 제출 등) 준비서면은 그것에 적힌 사항에 대하여 상대방이 준비하는데 필요한 기간을 두고 제출하여야 하며, 법원은 상대방에게 그 부본을 송달하여야한다.

제274조(준비서면의 기재사항) ① 준비서면에는 다음 각호의 사항을 적고, 당사자 또는 대리인이 기명날인 또는 서명한다.

1. 당사자의 성명·명칭 또는 상호와 주소

2. 대리인의 성명과 주소

3. 사건의 표시

4. 공격 또는 방어의 방법

5. 상대방의 청구와 공격 또는 방어의 방법에 대한 진술

6. 덧붙인 서류의 표시

7. 작성한 날짜

8. 법원의 표시

② 제1항 제4호 및 제5호의 사항에 대하여는 사실상 주장을 증명하기 위한 증거방법과 상대방의 증거방법에 대한 의견을 함께 적어야 한다.

제275조(준비서면의 첨부서류) ① 당사자가 가지고 있는 문서로서 준비서면에 인용한 것은 그 등본 또는 사본을 붙여야 한다.
② 문서의 일부가 필요한 때에는 그 부분에 대한 초본을 붙이고, 문서가 많을 때에는 그 문서를 표시하면 된다.
③ 제1항 및 제2항의 문서는 상대방이 요구하면 그 원본을 보여주어야 한다.

제276조(준비서면에 적지 아니한 효과) 준비서면에 적지 아니한 사실은 상대방이 출석하지 아니한 때에는 변론에서 주장하지 못한다. 다만, 제272조 제2항 본문의 규정에 따라 준비서면을 필요로 하지 아니하는 경우에는 그러하지 아니하다.

제277조(번역문의 첨부) 외국어로 작성된 문서에는 번역문을 붙여야 한다.

제278조(요약준비서면) 재판장은 당사자의 공격방어방법의 요지를 파악하기 어렵다고 인정하는 때에는 변론을 종결하기에 앞서 당사자에게 쟁점과 증거의 정리 결과를 요약한 준비서면을 제출하도록 할 수 있다.

제279조(변론준비절차의 실시) ① 변론준비절차에서는 변론이 효율적이고 집중적으로 실시될 수 있도록 당사자의 주장과 증거를 정리하여야 한다. <개정 2008.12.26>
② 재판장은 특별한 사정이 있는 때에는 변론기일을 연 뒤에도 사건을 변론준비절차에 부칠 수 있다.

제280조(변론준비절차의 진행) ① 변론준비절차는 기간을 정하여, 당사자로 하여금 준비서면, 그 밖의 서류를 제출하게 하거나 당사자 사이에 이를 교환하게 하고 주장사실을 증명할 증거를 신청하게 하는 방법으로 진행한다.
② 변론준비절차의 진행은 재판장이 담당한다.
③ 합의사건의 경우 재판장은 합의부원을 수명법관으로 지정하여 변론준비절차를 담당하게 할 수 있다.

④ 재판장은 필요하다고 인정하는 때에는 변론준비절차의 진행을 다른 판사에게 촉탁할 수 있다.

제281조(변론준비절차에서의 증거조사) ① 변론준비절차를 진행하는 재판장, 수명법관, 제280조 제4항의 판사(이하 "재판장등"이라 한다)는 변론의 준비를 위하여 필요하다고 인정하면 증거결정을 할 수 있다.
② 합의사건의 경우에 제1항의 증거결정에 대한 당사자의 이의신청에 관하여는 제138조의 규정을 준용한다.
③ 재판장 등은 제279조 제1항의 목적을 달성하기 위하여 필요한 범위 안에서 증거조사를 할 수 있다. 다만, 증인신문 및 당사자신문은 제313조에 해당되는 경우에만 할 수 있나.
④ 제1항 및 제3항의 경우에는 재판장 등이 이 법에서 정한 법원과 재판장의 직무를 행한다.

제282조(변론준비기일) ① 재판장 등은 변론준비절차를 진행하는 동안에 주장 및 증거를 정리하기 위하여 필요하다고 인정하는 때에는 변론준비기일을 열어 당사자를 출석하게 할 수 있다.
② 사건이 변론준비절차에 부쳐진 뒤 변론준비기일이 지정됨이 없이 4월이 지난 때에는 재판장 등은 즉시 변론준비기일을 지정하거나 변론준비절차를 끝내야 한다.
③ 당사자는 재판장 등의 허가를 얻어 변론준비기일에 제3자와 함께 출석할 수 있다.
④ 당사자는 변론준비기일이 끝날 때까지 변론의 준비에 필요한 주장과 증거를 정리하여 제출하여야 한다.
⑤ 재판장 등은 변론준비기일이 끝날 때까지 변론의 준비를 위한 모든 처분을 할 수 있다.

제283조(변론준비기일의 조서) ① 변론준비기일의 조서에는 당사자의 진술에 따라 제274조 제1항 제4호와 제5호에 규정한 사항을 적어야 한다. 이 경우 특히 증거에 관한 진술은 명확히 하여야 한다.
② 변론준비기일의 조서에는 제152조 내지 제159조의 규정을 준용한다.

제284조(변론준비절차의 종결) ① 재판장등은 다음 각호 가운데 어느 하나에 해당하면 변론준비절차를 종결하여야 한다. 다만, 변론의 준비를 계속하여야 할 상당한 이유가 있는 때에는 그러하지 아니하다.

1. 사건을 변론준비절차에 부친 뒤 6월이 지난 때

2. 당사자가 제280조제1항의 규정에 따라 정한 기간 이내에 준비서면 등을 제출하지 아니하거나 증거의 신청을 하지 아니한 때

3. 당사자가 변론준비기일에 출석하지 아니한 때

② 변론준비절차를 종결하는 경우에 재판장등은 변론기일을 미리 지정할 수 있다.

제285조(변론준비기일을 종결한 효과) ① 변론준비기일에 제출하지 아니한 공격방어방법은 다음 각호 가운데 어느 하나에 해당하여야만 변론에서 제출할 수 있다.

1. 그 제출로 인하여 소송을 현저히 지연시키지 아니하는 때

2. 중대한 과실 없이 변론준비절차에서 제출하지 못하였다는 것을 소명한 때

3. 법원이 직권으로 조사할 사항인 때

② 제1항의 규정은 변론에 관하여 제276조의 규정을 적용하는 데에 영향을 미치지 아니한다.
③ 소장 또는 변론준비절차 전에 제출한 준비서면에 적힌 사항은 제1항의 규정에 불구하고 변론에서 주장할 수 있다. 다만, 변론준비절차에서 철회되거나 변경된 때에는 그러하지 아니하다.

제286조(준용규정) 변론준비절차에는 제135조 내지 제138조, 제140조, 제142조 내지 제151조, 제225조 내지 제232조, 제268조 및 제278조의 규정을 준용한다.

제287조(변론준비절차를 마친 뒤의 변론) ① 법원은 변론준비절차를 마친 경우에는 첫 변론기일을 거친 뒤 바로 변론을 종결할 수 있도록 하여야 하며, 당사자는 이에 협력하여야 한다.

② 당사자는 변론준비기일을 마친 뒤의 변론기일에서 변론준비기일의 결과를 진술하여야 한다.

③ 법원은 변론기일에 변론준비절차에서 정리된 결과에 따라서 바로 증거조사를 하여야 한다.

제3장 증 거

제1절 총 칙

제288조(불요증사실) 법원에서 당사자가 자백한 사실과 현저한 사실은 증명을 필요로 하지 아니한다. 다만, 진실에 어긋나는 자백은 그것이 착오로 말미암은 것임을 증명한 때에는 취소할 수 있다.

제289조(증거의 신청과 조사) ① 증거를 신청할 때에는 증명할 사실을 표시하여야 한다.

② 증거의 신청과 조사는 변론기일 전에도 할 수 있다.

제290조(증거신청의 채택여부) 법원은 당사자가 신청한 증거를 필요하지 아니하다고 인정한 때에는 조사하지 아니할 수 있다. 다만, 그것이 당사자가 주장하는 사실에 대한 유일한 증거인 때에는 그러하지 아니하다.

제291조(증거조사의 장애) 법원은 증거조사를 할 수 있을지, 언제 할 수 있을지 알 수 없는 경우에는 그 증거를 조사하지 아니할 수 있다.

제292조(직권에 의한 증거조사) 법원은 당사자가 신청한 증거에 의하여 심증을 얻을 수 없거나, 그 밖에 필요하다고 인정한 때에는 직권으로 증거조사를 할 수 있다.

제293조(증거조사의 집중) 증인신문과 당사자신문은 당사자의 주장과 증거를 정리한 뒤 집중적으로 하여야 한다.

제294조(조사의 촉탁) 법원은 공공기관·학교, 그 밖의 단체·개인 또는 외국의 공공기관에게 그 업무에 속하는 사항에 관하여 필요한 조사 또는 보관중인 문서의 등본·사본의 송부를 촉탁할 수 있다.

제295조(당사자가 출석하지 아니한 경우의 증거조사) 증거조사는 당사자가 기일에 출석하지 아니한 때에도 할 수 있다.

제296조(외국에서 시행하는 증거조사) ① 외국에서 시행할 증거조사는 그 나라에 주재하는 대한민국 대사·공사·영사 또는 그 나라의 관할 공공기관에 촉탁한다.
② 외국에서 시행한 증거조사는 그 나라의 법률에 어긋나더라도 이 법에 어긋나지 아니하면 효력을 가진다.

제297조(법원 밖에서의 증거조사) ① 법원은 필요하다고 인정할 때에는 법원 밖에서 증거조사를 할 수 있다. 이 경우 합의부원에게 명하거나 다른 지방법원 판사에게 촉탁할 수 있다.
② 수탁판사는 필요하다고 인정할 때에는 다른 지방법원 판사에게 증거조사를 다시 촉탁할 수 있다. 이 경우 그 사유를 수소법원과 당사자에게 통지하여야 한다.

제298조(수탁판사의 기록송부) 수탁판사는 증거조사에 관한 기록을 바로 수소법원에 보내야 한다.

제299조(소명의 방법) ① 소명은 즉시 조사할 수 있는 증거에 의하여야 한다.
② 법원은 당사자 또는 법정대리인으로 하여금 보증금을 공탁하게 하거나, 그 주장이 진실하다는 것을 선서하게 하여 소명에 갈음할 수 있다.
③ 제2항의 선서에는 제320조, 제321조 제1항·제3항·제4항 및 제322조의 규정을 준용한다.

제300조(보증금의 몰취) 제299조 제2항의 규정에 따라 보증금을 공탁한 당사자 또는 법정대리인이 거짓 진술을 한 때에 법원은 결정으로 보증금을 몰취(沒取)한다.

제301조(거짓 진술에 대한 제재) 제299조제2항의 규정에 따라 선서한 당사자 또는 법정대리인이 거짓 진술을 한 때에 법원은 결정으로 200만원 이하의 과태료에 처한다.

제302조(불복신청) 제300조 및 제301조의 결정에 대하여는 즉시항고를 할 수 있다.

제2절 증인신문

제303조(증인의 의무) 법원은 특별한 규정이 없으면 누구든지 증인으로 신문할 수 있다.

제304조(대통령·국회의장·대법원장·헌법재판소장의 신문) 대통령·국회의장·대법원장 및 헌법재판소장 또는 그 직책에 있었던 사람을 증인으로 하여 직무상 비밀에 관한 사항을 신문할 경우에 법원은 그의 동의를 받아야 한다.

제305조(국회의원·국무총리·국무위원의 신문) ① 국회의원 또는 그 직책에 있었던 사람을 증인으로 하여 직무상 비밀에 관한 사항을 신문할 경우에 법원은 국회의 동의를 받아야 한다.
② 국무총리·국무위원 또는 그 직책에 있었던 사람을 증인으로 하여 직무상 비밀에 관한 사항을 신문할 경우에 법원은 국무회의의 동의를 받아야 한다.

제306조(공무원의 신문) 제304조와 제305조에 규정한 사람 외의 공무원 또는 공무원이었던 사람을 증인으로 하여 직무상 비밀에 관한 사항을 신문할 경우에 법원은 그 소속 관청 또는 감독 관청의 동의를 받아야 한다.

제307조(거부권의 제한) 제305조와 제306조의 경우에 국회·국무회의 또는 제306조의 관청은 국가의 중대한 이익을 해치는 경우를 제외하고는 동의를 거부하지 못한다.

제308조(증인신문의 신청) 당사자가 증인신문을 신청하고자 하는 때에는 증인을 지정하

여 신청하여야 한다.

제309조(출석요구서의 기재사항) 증인에 대한 출석요구서에는 다음 각호의 사항을 적어야 한다.

1. 당사자의 표시

2. 신문 사항의 요지

3. 출석하지 아니하는 경우의 법률상 제재

제310조(증언에 갈음하는 서면의 제출) ① 법원은 증인과 증명할 사항의 내용 등을 고려하여 상당하다고 인정하는 때에는 출석·증언에 갈음하여 증언할 사항을 적은 서면을 제출하게 할 수 있다.
② 법원은 상대방의 이의가 있거나 필요하다고 인정하는 때에는 제1항의 증인으로 하여금 출석·증언하게 할 수 있다.

제311조(증인이 출석하지 아니한 경우의 과태료 등) ① 증인이 정당한 사유 없이 출석하지 아니한 때에 법원은 결정으로 증인에게 이로 말미암은 소송비용을 부담하도록 명하고 500만원 이하의 과태료에 처한다.
② 법원은 증인이 제1항의 규정에 따른 과태료의 재판을 받고도 정당한 사유 없이 다시 출석하지 아니한 때에는 결정으로 증인을 7일 이내의 감치(監置)에 처한다.
③ 법원은 감치재판기일에 증인을 소환하여 제2항의 정당한 사유가 있는지 여부를 심리하여야 한다.
④ 감치에 처하는 재판은 그 재판을 한 법원의 재판장의 명령에 따라 법원공무원 또는 국가경찰공무원이 경찰서유치장·교도소 또는 구치소에 유치함으로써 집행한다. <개정 2006.2.21>
⑤ 감치의 재판을 받은 증인이 제4항에 규정된 감치시설에 유치된 때에는 당해 감치시설의 장은 즉시 그 사실을 법원에 통보하여야 한다.
⑥ 법원은 제5항의 통보를 받은 때에는 바로 증인신문기일을 열어야 한다.

⑦ 감치의 재판을 받은 증인이 감치의 집행 중에 증언을 한 때에는 법원은 바로 감치결정을 취소하고 그 증인을 석방하도록 명하여야 한다.

⑧ 제1항과 제2항의 결정에 대하여는 즉시항고를 할 수 있다. 다만, 제447조의 규정은 적용하지 아니한다.

⑨ 제2항 내지 제8항의 규정에 따른 재판절차 및 그 집행 그 밖에 필요한 사항은 대법원규칙으로 정한다.

제312조(출석하지 아니한 증인의 구인) ① 법원은 정당한 사유 없이 출석하지 아니한 증인을 구인(拘引)하도록 명할 수 있다.

② 제1항의 구인에는 형사소송법의 구인에 관한 규정을 준용한다.

제313조(수명법관·수탁판사에 의한 증인신문) 법원은 다음 각호 가운데 어느 하나에 해당하면 수명법관 또는 수탁판사로 하여금 증인을 신문하게 할 수 있다.

1. 증인이 정당한 사유로 수소법원에 출석하지 못하는 때

2. 증인이 수소법원에 출석하려면 지나치게 많은 비용 또는 시간을 필요로 하는 때

3. 그 밖의 상당한 이유가 있는 경우로서 당사자가 이의를 제기하지 아니하는 때

제314조(증언거부권) 증인은 그 증언이 자기나 다음 각호 가운데 어느 하나에 해당하는 사람이 공소제기되거나 유죄판결을 받을 염려가 있는 사항 또는 자기나 그들에게 치욕이 될 사항에 관한 것인 때에는 이를 거부할 수 있다. <개정 2005. 3. 31>

1. 증인의 친족 또는 이러한 관계에 있었던 사람

2. 증인의 후견인 또는 증인의 후견을 받는 사람

제315조(증언거부권) ① 증인은 다음 각호 가운데 어느 하나에 해당하면 증언을 거부할 수 있다.

1. 변호사·변리사·공증인·공인회계사·세무사·의료인·약사, 그 밖에 법령에 따라 비밀을 지킬 의무가 있는 직책 또는 종교의 직책에 있거나 이러한 직책에 있었던 사람이 직무상 비밀에 속하는 사항에 대하여 신문을 받을 때

2. 기술 또는 직업의 비밀에 속하는 사항에 대하여 신문을 받을 때

② 증인이 비밀을 지킬 의무가 면제된 경우에는 제1항의 규정을 적용하지 아니한다.

제316조(거부이유의 소명) 증언을 거부하는 이유는 소명하여야 한다.

제317조(증언거부에 대한 재판) ① 수소법원은 당사자를 심문하여 증언거부가 옳은 지를 재판한다.
② 당사자 또는 증인은 제1항의 재판에 대하여 즉시항고를 할 수 있다.

제318조(증언거부에 대한 제재) 증언의 거부에 정당한 이유가 없다고 한 재판이 확정된 뒤에 증인이 증언을 거부한 때에는 제311조 제1항, 제8항 및 제9항의 규정을 준용한다.

제319조(선서의 의무) 재판장은 증인에게 신문에 앞서 선서를 하게 하여야 한다. 다만, 특별한 사유가 있는 때에는 신문한 뒤에 선서를 하게 할 수 있다.

제320조(위증에 대한 벌의 경고) 재판장은 선서에 앞서 증인에게 선서의 취지를 밝히고, 위증의 벌에 대하여 경고하여야 한다.

제321조(선서의 방식) ① 선서는 선서서에 따라서 하여야 한다.
② 선서서에는 "양심에 따라 숨기거나 보태지 아니하고 사실 그대로 말하며, 만일 거짓말을 하면 위증의 벌을 받기로 맹세합니다."라고 적어야 한다.
③ 재판장은 증인으로 하여금 선서서를 소리 내어 읽고 기명날인 또는 서명하게 하며, 증인이 선서서를 읽지 못하거나 기명날인 또는 서명하지 못하는 경우에는 참여한 법원사무관 등이나 그 밖의 법원공무원으로 하여금 이를 대신하게 한다.
④증인은 일어서서 엄숙하게 선서하여야 한다.

제322조(선서무능력) 다음 각호 가운데 어느 하나에 해당하는 사람을 증인으로 신문할 때에는 선서를 시키지 못한다.

1. 16세 미만인 사람

2. 선서의 취지를 이해하지 못하는 사람

제323조(선서의 면제) 제314조에 해당하는 증인으로서 증언을 거부하지 아니한 사람을 신문할 때에는 선서를 시키지 아니할 수 있다.

제324조(선서거부권) 증인이 자기 또는 제314조 각호에 규정된 어느 한 사람과 현저한 이해관계가 있는 사항에 관하여 신문을 받을 때에는 선서를 거부할 수 있다.

제325조(조서에의 기재) 선서를 시키지 아니하고 증인을 신문한 때에는 그 사유를 조서에 적어야 한다.

제326조(선서거부에 대한 제재) 증인이 선서를 거부하는 경우에는 제316조 내지 제318조의 규정을 준용한다.

제327조(증인신문의 방식) ① 증인신문은 증인을 신청한 당사자가 먼저 하고, 다음에 다른 당사자가 한다.
② 재판장은 제1항의 신문이 끝난 뒤에 신문할 수 있다.
③ 재판장은 제1항과 제2항의 규정에 불구하고 언제든지 신문할 수 있다.
④ 재판장이 알맞다고 인정하는 때에는 당사자의 의견을 들어 제1항과 제2항의 규정에 따른 신문의 순서를 바꿀 수 있다.
⑤ 당사자의 신문이 중복되거나 쟁점과 관계가 없는 때, 그 밖에 필요한 사정이 있는 때에 재판장은 당사자의 신문을 제한할 수 있다.
⑥ 합의부원은 재판장에게 알리고 신문할 수 있다.

제328조(격리신문과 그 예외) ① 증인은 따로따로 신문하여야 한다.

② 신문하지 아니한 증인이 법정(法廷)안에 있을 때에는 법정에서 나가도록 명하여야 한다. 다만, 필요하다고 인정한 때에는 신문할 증인을 법정 안에 머무르게 할 수 있다.

제329조(대질신문) 재판장은 필요하다고 인정한 때에는 증인 서로의 대질을 명할 수 있다.

제330조(증인의 행위의무) 재판장은 필요하다고 인정한 때에는 증인에게 문자를 손수 쓰게 하거나 그 밖의 필요한 행위를 하게 할 수 있다.

제331조(증인의 진술원칙) 증인은 서류에 의하여 진술하지 못한다. 다만, 재판장이 허가하면 그러하지 아니하다.

제332조(수명법관 · 수탁판사의 권한) 수명법관 또는 수탁판사가 증인을 신문하는 경우에는 법원과 재판장의 직무를 행한다.

제3절 감 정

제333조(증인신문규정의 준용) 감정에는 제2절의 규정을 준용한다. 다만, 제311조 제2항 내지 제7항, 제312조 및 제321조 제2항의 규정은 그러하지 아니하다.

제334조(감정의무) ① 감정에 필요한 학식과 경험이 있는 사람은 감정할 의무를 진다.
② 제314조 또는 제324조의 규정에 따라 증언 또는 선서를 거부할 수 있는 사람과 제322조에 규정된 사람은 감정인이 되지 못한다.

제335조(감정인의 지정) 감정인은 수소법원 · 수명법관 또는 수탁판사가 지정한다.

제336조(감정인의 기피) 감정인이 성실하게 감정할 수 없는 사정이 있는 때에 당사자는 그를 기피할 수 있다. 다만, 당사자는 감정인이 감정사항에 관한 진술을 하기 전부터 기피할 이유가 있다는 것을 알고 있었던 때에는 감정사항에 관한 진술이 이루어진 뒤에 그를 기피하지 못한다.

제337조(기피의 절차) ① 기피신청은 수소법원·수명법관 또는 수탁판사에게 하여야 한다.

② 기피하는 사유는 소명하여야 한다.

③ 기피하는 데 정당한 이유가 있다고 한 결정에 대하여는 불복할 수 없고, 이유가 없다고 한 결정에 대하여는 즉시항고를 할 수 있다.

제338조(선서의 방식) 선서서에는 "양심에 따라 성실히 감정하고, 만일 거짓이 있으면 거짓감정의 벌을 받기로 맹세합니다."라고 적어야 한다.

제339조(감정진술의 방식) ① 재판장은 감정인으로 하여금 서면이나 말로써 의견을 진술하게 할 수 있다.

② 재판장은 여러 감정인에게 감정을 명하는 경우에는 다 함께 또는 따로따로 의견을 진술하게 할 수 있다.

제340조(감정증인) 특별한 학식과 경험에 의하여 알게 된 사실에 관한 신문은 증인신문에 관한 규정을 따른다.

제341조(감정의 촉탁) ① 법원이 필요하다고 인정하는 경우에는 공공기관·학교, 그 밖에 상당한 설비가 있는 단체 또는 외국의 공공기관에 감정을 촉탁할 수 있다. 이 경우에는 선서에 관한 규정을 적용하지 아니한다.

② 제1항의 경우에 법원은 필요하다고 인정하면 공공기관·학교, 그 밖의 단체 또는 외국 공공기관이 지정한 사람으로 하여금 감정서를 설명하게 할 수 있다.

제342조(감정에 필요한 처분) ① 감정인은 감정을 위하여 필요한 경우에는 법원의 허가를 받아 남의 토지, 주거, 관리중인 가옥, 건조물, 항공기, 선박, 차량, 그 밖의 시설물 안에 들어갈 수 있다.

② 제1항의 경우 저항을 받을 때에는 감정인은 국가경찰공무원에게 원조를 요청할 수 있다. <개정 2006. 2. 21>

제4절 서증

제343조(서증신청의 방식) 당사자가 서증(書證)을 신청하고자 하는 때에는 문서를 제출하는 방식 또는 문서를 가진 사람에게 그것을 제출하도록 명할 것을 신청하는 방식으로 한다.

제344조(문서의 제출의무) ① 다음 각호의 경우에 문서를 가지고 있는 사람은 그 제출을 거부하지 못한다.

1. 당사자가 소송에서 인용한 문서를 가지고 있는 때

2. 신청자가 문서를 가지고 있는 사람에게 그것을 넘겨 달라고 하거나 보겠다고 요구할 수 있는 사법상의 권리를 가지고 있는 때

3. 문서가 신청자의 이익을 위하여 작성되었거나, 신청자와 문서를 가지고 있는 사람 사이의 법률관계에 관하여 작성된 것인 때. 다만, 다음 각목의 사유 가운데 어느 하나에 해당하는 경우에는 그러하지 아니하다.

가. 제304조 내지 제306조에 규정된 사항이 적혀있는 문서로서 같은 조문들에 규정된 동의를 받지 아니한 문서

나. 문서를 가진 사람 또는 그와 제314조 각호 가운데 어느 하나의 관계에 있는 사람에 관하여 같은 조에서 규정된 사항이 적혀 있는 문서

다. 제315조 제1항 각호에 규정된 사항 중 어느 하나에 규정된 사항이 적혀 있고 비밀을 지킬 의무가 면제되지 아니한 문서

② 제1항의 경우 외에도 문서(공무원 또는 공무원이었던 사람이 그 직무와 관련하여 보관하거나 가지고 있는 문서를 제외한다)가 다음 각호의 어느 하나에도 해당하지 아니하는 경우에는 문서를 가지고 있는 사람은 그 제출을 거부하지 못한다.

1. 제1항 제3호 나목 및 다목에 규정된 문서

2. 오로지 문서를 가진 사람이 이용하기 위한 문서

제345조(문서제출신청의 방식) 문서제출신청에는 다음 각호의 사항을 밝혀야 한다.

1. 문서의 표시

2. 문서의 취지

3. 문서를 가진 사람

4. 증명할 사실

5. 문서를 제출하여야 하는 의무의 원인

제346조(문서목록의 제출) 제345조의 신청을 위하여 필요하다고 인정하는 경우에는, 법원은 신청대상이 되는 문서의 취지나 그 문서로 증명할 사실을 개괄적으로 표시한 당사자의 신청에 따라, 상대방 당사자에게 신청내용과 관련하여 가지고 있는 문서 또는 신청내용과 관련하여 서증으로 제출할 문서에 관하여 그 표시와 취지 등을 적어 내도록 명할 수 있다.

제347조(제출신청의 허가여부에 대한 재판) ① 법원은 문서제출신청에 정당한 이유가 있다고 인정한 때에는 결정으로 문서를 가진 사람에게 그 제출을 명할 수 있다.
② 문서제출의 신청이 문서의 일부에 대하여만 이유 있다고 인정한 때에는 그 부분만의 제출을 명하여야 한다.
③ 제3자에 대하여 문서의 제출을 명하는 경우에는 제3자 또는 그가 지정하는 자를 심문하여야 한다.
④ 법원은 문서가 제344조에 해당하는지를 판단하기 위하여 필요하다고 인정하는 때에는 문서를 가지고 있는 사람에게 그 문서를 제시하도록 명할 수 있다. 이 경우 법

원은 그 문서를 다른 사람이 보도록 하여서는 안 된다.

제348조(불복신청) 문서제출의 신청에 관한 결정에 대하여는 즉시항고를 할 수 있다.

제349조(당사자가 문서를 제출하지 아니한 때의 효과) 당사자가 제347조 제1항·제2항
및 제4항의 규정에 의한 명령에 따르지 아니한 때에는 법원은 문서의 기재에 대한
상대방의 주장을 진실한 것으로 인정할 수 있다.

제350조(당사자가 사용을 방해한 때의 효과) 당사자가 상대방의 사용을 방해할 목적으로
제출의무가 있는 문서를 훼손하여 버리거나 이를 사용할 수 없게 한 때에는, 법원은
그 문서의 기재에 대한 상대방의 주장을 진실한 것으로 인정할 수 있다.

제351조(제3자가 문서를 제출하지 아니한 때의 제재) 제3자가 제347조 제1항·제2항 및
제4항의 규정에 의한 명령에 따르지 아니한 때에는 제318조의 규정을 준용한다.

제352조(문서송부의 촉탁) 서증의 신청은 제343조의 규정에 불구하고 문서를 가지고 있는
사람에게 그 문서를 보내도록 촉탁할 것을 신청함으로써도 할 수 있다. 다만, 당사자가
법령에 의하여 문서의 정본 또는 등본을 청구할 수 있는 경우에는 그러하지 아니하다.

제352조의2(협력의무) ① 제352조에 따라 법원으로부터 문서의 송부를 촉탁받은 사람
또는 제297조에 따른 증거조사의 대상인 문서를 가지고 있는 사람은 정당한 사유가
없는 한 이에 협력하여야 한다.
② 문서의 송부를 촉탁받은 사람이 그 문서를 보관하고 있지 아니하거나 그 밖에 송
부촉탁에 따를 수 없는 사정이 있는 때에는 법원에 그 사유를 통지하여야 한다. [본
조신설 2007. 5. 17]

제353조(제출문서의 보관) 법원은 필요하다고 인정하는 때에는 제출되거나 보내 온 문서
를 맡아 둘 수 있다.

제354조(수명법관·수탁판사에 의한 조사) ① 법원은 제297조의 규정에 따라 수명법관

또는 수탁판사에게 문서에 대한 증거조사를 하게 하는 경우에 그 조서에 적을 사항을 정할 수 있다.

② 제1항의 조서에는 문서의 등본 또는 초본을 붙여야 한다.

제355조(문서제출의 방법 등) ① 법원에 문서를 제출하거나 보낼 때에는 원본, 정본 또는 인증이 있는 등본으로 하여야 한다.

② 법원은 필요하다고 인정하는 때에는 원본을 제출하도록 명하거나 이를 보내도록 촉탁할 수 있다.

③ 법원은 당사자로 하여금 그 인용한 문서의 등본 또는 초본을 제출하게 할 수 있다.

④ 문서가 증거로 채택되지 아니한 때에는 법원은 당사자의 의견을 들어 제출된 문서의 원본·정본·등본·초본 등을 돌려주거나 폐기할 수 있다.

제356조(공문서의 진정의 추정) ① 문서의 작성방식과 취지에 의하여 공무원이 직무상 작성한 것으로 인정한 때에는 이를 진정한 공문서로 추정한다.

② 공문서가 진정한지 의심스러운 때에는 법원은 직권으로 해당 공공기관에 조회할 수 있다.

③ 외국의 공공기관이 작성한 것으로 인정한 문서에는 제1항 및 제2항의 규정을 준용한다.

제357조(사문서의 진정의 증명) 사문서는 그것이 진정한 것임을 증명하여야 한다.

제358조(사문서의 진정의 추정) 사문서는 본인 또는 대리인의 서명이나 날인 또는 무인(拇印)이 있는 때에는 진정한 것으로 추정한다.

제359조(필적 또는 인영의 대조) 문서가 진정하게 성립된 것인지 어떤지는 필적 또는 인영(印影)을 대조하여 증명할 수 있다.

제360조(대조용문서의 제출절차) ① 대조에 필요한 필적이나 인영이 있는 문서, 그 밖의 물건을 법원에 제출하거나 보내는 경우에는 제343조, 제347조 내지 제350조, 제352조 내지 제354조의 규정을 준용한다.

② 제3자가 정당한 사유 없이 제1항의 규정에 의한 제출명령에 따르지 아니한 때에 법원은 결정으로 200만원 이하의 과태료에 처한다.

③ 제2항의 결정에 대하여는 즉시항고를 할 수 있다.

제361조(상대방이 손수 써야 하는 의무) ① 대조하는 데에 적당한 필적이 없는 때에는 법원은 상대방에게 그 문자를 손수 쓰도록 명할 수 있다.

② 상대방이 정당한 이유 없이 제1항의 명령에 따르지 아니한 때에는 법원은 문서의 진정여부에 관한 확인신청자의 주장을 진실한 것으로 인정할 수 있다. 필치(筆致)를 바꾸어 손수 쓴 때에도 또한 같다.

제362조(대조용문서의 첨부) 대조하는 데에 제공된 서류는 그 원본·등본 또는 초본을 조서에 붙여야 한다.

제363조(문서성립의 부인에 대한 제재) ① 당사자 또는 그 대리인이 고의나 중대한 과실로 진실에 어긋나게 문서의 진정을 다툰 때에는 법원은 결정으로 200만원 이하의 과태료에 처한다.

② 제1항의 결정에 대하여는 즉시항고를 할 수 있다.

③ 제1항의 경우에 문서의 진정에 대하여 다툰 당사자 또는 대리인이 소송이 법원에 계속된 중에 그 진정을 인정하는 때에는 법원은 제1항의 결정을 취소할 수 있다.

제5절 검증

제364조(검증의 신청) 당사자가 검증을 신청하고자 하는 때에는 검증의 목적을 표시하여 신청하여야 한다.

제365조(검증할 때의 감정 등) 수명법관 또는 수탁판사는 검증에 필요하다고 인정할 때에는 감정을 명하거나 증인을 신문할 수 있다.

제366조(검증의 절차 등) ① 검증할 목적물을 제출하거나 보내는 데에는 제343조, 제347조 내지 제350조, 제352조 내지 제354조의 규정을 준용한다.

② 제3자가 정당한 사유 없이 제1항의 규정에 의한 제출명령에 따르지 아니한 때에는 법원은 결정으로 200만원 이하의 과태료에 처한다. 이 결정에 대하여는 즉시항고를 할 수 있다.

③ 법원은 검증을 위하여 필요한 경우에는 제342조 제1항에 규정된 처분을 할 수 있다. 이 경우 저항을 받은 때에는 국가경찰공무원에게 원조를 요청할 수 있다. <개정 2006.2.21>

제6절 당사자신문

제367조(당사자신문) 법원은 직권으로 또는 당사자의 신청에 따라 당사자 본인을 신문할 수 있다. 이 경우 당사자에게 선서를 하게 하여야 한다,

제368조(대질) 재판장은 필요하다고 인정한 때에 당사자 서로의 대질 또는 당사자와 증인의 대질을 명할 수 있다.

제369조(출석·선서·진술의 의무) 당사자가 정당한 사유 없이 출석하지 아니하거나 선서 또는 진술을 거부한 때에는 법원은 신문사항에 관한 상대방의 주장을 진실한 것으로 인정할 수 있다.

제370조(거짓 진술에 대한 제재) ① 선서한 당사자가 거짓 진술을 한 때에는 법원은 결정으로 500만원 이하의 과태료에 처한다.

② 제1항의 결정에 대하여는 즉시항고를 할 수 있다.

③ 제1항의 결정에는 제363조제3항의 규정을 준용한다.

제371조(신문조서) 당사자를 신문한 때에는 선서의 유무와 진술 내용을 조서에 적어야 한다.

제372조(법정대리인의 신문) 소송에서 당사자를 대표하는 법정대리인에 대하여는 제367조 내지 제371조의 규정을 준용한다. 다만, 당사자 본인도 신문할 수 있다.

제373조(증인신문 규정의 준용) 이 절의 신문에는 제309조, 제313조, 제319조 내지 제322조, 제327조와 제330조 내지 제332조의 규정을 준용한다.

제7절 그 밖의 증거

제374조(그 밖의 증거) 도면·사진·녹음테이프·비디오테이프·컴퓨터용 자기디스크, 그 밖에 정보를 담기 위하여 만들어진 물건으로서 문서가 아닌 증거의 조사에 관한 사항은 제3절 내지 제5절의 규정에 준하여 대법원규칙으로 정한다.

제8절 증거보전

제375조(증거보전의 요건) 법원은 미리 증거조사를 하지 아니하면 그 증거를 사용하기 곤란할 사정이 있다고 인정한 때에는 당사자의 신청에 따라 이 장의 규정에 따라 증거조사를 할 수 있다.

제376조(증거보전의 관할) ① 증거보전의 신청은 소를 제기한 뒤에는 그 증거를 사용할 심급의 법원에 하여야 한다. 소를 제기하기 전에는 신문을 받을 사람이나 문서를 가진 사람의 거소 또는 검증하고자 하는 목적물이 있는 곳을 관할하는 지방법원에 하여야 한다.
② 급박한 경우에는 소를 제기한 뒤에도 제1항 후단에 규정된 지방법원에 증거보전의 신청을 할 수 있다.

제377조(신청의 방식) ① 증거보전의 신청에는 다음 각호의 사항을 밝혀야 한다.

1. 상대방의 표시

2. 증명할 사실

3. 보전하고자 하는 증거

4. 증거보전의 사유

② 증거보전의 사유는 소명하여야 한다.

제378조(상대방을 지정할 수 없는 경우) 증거보전의 신청은 상대방을 지정할 수 없는 경우에도 할 수 있다. 이 경우 법원은 상대방이 될 사람을 위하여 특별대리인을 선임할 수 있다.

제379조(직권에 의한 증거보전) 법원은 필요하다고 인정한 때에는 소송이 계속된 중에 직권으로 증거보전을 결정할 수 있다.

제380조(불복금지) 증거보전의 결정에 대하여는 불복할 수 없다.

제381조(당사자의 참여) 증거조사의 기일은 신청인과 상대방에게 통지하여야 한다. 다만, 긴급한 경우에는 그러하지 아니하다.

제382조(증거보전의 기록) 증거보전에 관한 기록은 본안소송의 기록이 있는 법원에 보내야 한다.

제383조(증거보전의 비용) 증거보전에 관한 비용은 소송비용의 일부로 한다.

제384조(변론에서의 재신문) 증거보전절차에서 신문한 증인을 당사자가 변론에서 다시 신문하고자 신청한 때에는 법원은 그 증인을 신문하여야 한다.

제4장 제소전화해(提訴前和解)의 절차

제385조(화해신청의 방식) ① 민사상 다툼에 관하여 당사자는 청구의 취지·원인과 다투는 사정을 밝혀 상대방의 보통재판적이 있는 곳의 지방법원에 화해를 신청할 수 있다.
② 당사자는 제1항의 화해를 위하여 대리인을 선임하는 권리를 상대방에게 위임할

수 없다.

③ 법원은 필요한 경우 대리권의 유무를 조사하기 위하여 당사자본인 또는 법정대리인의 출석을 명할 수 있다.

④ 화해신청에는 그 성질에 어긋나지 아니하면 소에 관한 규정을 준용한다.

제386조(화해가 성립된 경우) 화해가 성립된 때에는 법원사무관 등은 조서에 당사자, 법정대리인, 청구의 취지와 원인, 화해조항, 날짜와 법원을 표시하고 판사와 법원사무관 등이 기명날인한다.

제387조(화해가 성립되지 아니한 경우) ① 화해가 성립되지 아니한 때에는 법원사무관 등은 그 사유를 조서에 적어야 한다.

② 신청인 또는 상대방이 기일에 출석하지 아니한 때에는 법원은 이들의 화해가 성립되지 아니한 것으로 볼 수 있다.

③ 법원사무관 등은 제1항의 조서등본을 당사자에게 송달하여야 한다.

제388조(소제기신청) ① 제387조의 경우에 당사자는 소제기신청을 할 수 있다.

② 적법한 소제기신청이 있으면 화해신청을 한 때에 소가 제기된 것으로 본다. 이 경우 법원사무관 등은 바로 소송기록을 관할법원에 보내야 한다.

③ 제1항의 신청은 제387조 제3항의 조서등본이 송달된 날부터 2주 이내에 하여야 한다. 다만, 조서등본이 송달되기 전에도 신청할 수 있다.

④ 제3항의 기간은 불변기간으로 한다.

제389조(화해비용) 화해비용은 화해가 성립된 경우에는 특별한 합의가 없으면 당사자들이 각자 부담하고, 화해가 성립되지 아니한 경우에는 신청인이 부담한다. 다만, 소제기신청이 있는 경우에는 화해비용을 소송비용의 일부로 한다.

제3편 상 소

제1장 항 소

제390조(항소의 대상) ① 항소(抗訴)는 제1심 법원이 선고한 종국판결에 대하여 할 수
있다. 다만, 종국판결 뒤에 양 쪽 당사자가 상고(上告)할 권리를 유보하고 항소를 하
지 아니하기로 합의한 때에는 그러하지 아니하다.
② 제1항 단서의 합의에는 제29조 제2항의 규정을 준용한다.

제391조(독립한 항소가 금지되는 재판) 소송비용 및 가집행에 관한 재판에 대하여는 독
립하여 항소를 하지 못한다.

제392조(항소심의 판단을 받는 재판) 종국판결 이전의 재판은 항소법원의 판단을 받는다.
다만, 불복할 수 없는 재판과 항고(抗告)로 불복할 수 있는 재판은 그러하지 아니하다.

제393조(항소의 취하) ① 항소는 항소심의 종국판결이 있기 전에 취하할 수 있다.
② 항소의 취하에는 제266조 제3항 내지 제5항 및 제267조 제1항의 규정을 준용한다.

제394조(항소권의 포기) 항소권은 포기할 수 있다.

제395조(항소권의 포기방식) ① 항소권의 포기는 항소를 하기 이전에는 제1심 법원에,
항소를 한 뒤에는 소송기록이 있는 법원에 서면으로 하여야 한다.
② 항소권의 포기에 관한 서면은 상대방에게 송달하여야 한다.
③ 항소를 한 뒤의 항소권의 포기는 항소취하의 효력도 가진다.

제396조(항소기간) ① 항소는 판결서가 송달된 날부터 2주 이내에 하여야 한다. 다만,
판결서 송달 전에도 할 수 있다.
② 제1항의 기간은 불변기간으로 한다.

제397조(항소의 방식, 항소장의 기재사항) ① 항소는 항소장을 제1심 법원에 제출함으로써 한다.

② 항소장에는 다음 각호의 사항을 적어야 한다.

1. 당사자와 법정대리인

2. 제1심 판결의 표시와 그 판결에 대한 항소의 취지

제398조(준비서면규정의 준용) 항소장에는 준비서면에 관한 규정을 준용한다.

제399조(원심재판장의 항소장심사권) ① 항소장이 제397조 제2항의 규정에 어긋난 경우와 항소장에 법률의 규정에 따른 인지를 붙이지 아니한 경우에는 원심재판장은 항소인에게 상당한 기간을 정하여 그 기간 이내에 흠을 보정하도록 명하여야 한다.

② 항소인이 제1항의 기간 이내에 흠을 보정하지 아니한 때와, 항소기간을 넘긴 것이 분명한 때에는 원심재판장은 명령으로 항소장을 각하하여야 한다.

③ 제2항의 명령에 대하여는 즉시항고를 할 수 있다.

제400조(항소기록의 송부) ① 항소장이 각하되지 아니한 때에 원심법원의 법원사무관 등은 항소장이 제출된 날부터 2주 이내에 항소기록에 항소장을 붙여 항소법원으로 보내야 한다.

② 제399조 제1항의 규정에 의하여 원심재판장이 흠을 보정하도록 명한 때에는 그 흠이 보정된 날부터 1주 이내에 항소기록을 보내야 한다.

제401조(항소장부본의 송달) 항소장의 부본은 피항소인에게 송달하여야 한다.

제402조(항소심재판장의 항소장심사권) ① 항소장이 제397조 제2항의 규정에 어긋나거나 항소장에 법률의 규정에 따른 인지를 붙이지 아니하였음에도 원심재판장이 제399조 제1항의 규정에 의한 명령을 하지 아니한 경우, 또는 항소장의 부본을 송달할 수 없는 경우에는 항소심재판장은 항소인에게 상당한 기간을 정하여 그 기간 이내에 흠을 보정하도록 명하여야 한다.

② 항소인이 제1항의 기간 이내에 흠을 보정하지 아니한 때, 또는 제399조 제2항의 규정에 따라 원심재판장이 항소장을 각하하지 아니한 때에는 항소심재판장은 명령으로 항소장을 각하하여야 한다.

③ 제2항의 명령에 대하여는 즉시항고를 할 수 있다.

제403조(부대항소) 피항소인은 항소권이 소멸된 뒤에도 변론이 종결될 때까지 부대항소(附帶抗訴)를 할 수 있다.

제404조(부대항소의 종속성) 부대항소는 항소가 취하되거나 부적법하여 각하된 때에는 그 효력을 잃는다. 다만, 항소기간 이내에 한 부대항소는 독립된 항소로 본다.

제405조(부대항소의 방식) 부대항소에는 항소에 관한 규정을 적용한다.

제406조(가집행의 선고) ① 항소법원은 제1심 판결 중에 불복신청이 없는 부분에 대하여는 당사자의 신청에 따라 결정으로 가집행의 선고를 할 수 있다.

② 제1항의 신청을 기각한 결정에 대하여는 즉시항고를 할 수 있다.

제407조(변론의 범위) ① 변론은 당사자가 제1심 판결의 변경을 청구하는 한도 안에서 한다.

② 당사자는 제1심 변론의 결과를 진술하여야 한다.

제408조(제1심 소송절차의 준용) 항소심의 소송절차에는 특별한 규정이 없으면 제2편 제1장 내지 제3장의 규정을 준용한다.

제409조(제1심 소송행위의 효력) 제1심의 소송행위는 항소심에서도 그 효력을 가진다.

제410조(제1심의 변론준비절차의 효력) 제1심의 변론준비절차는 항소심에서도 그 효력을 가진다.

제411조(관할위반 주장의 금지) 당사자는 항소심에서 제1심 법원의 관할위반을 주장하지

못한다. 다만, 전속관할에 대하여는 그러하지 아니하다.

제412조(반소의 제기) ① 반소는 상대방의 심급의 이익을 해할 우려가 없는 경우 또는 상대방의 동의를 받은 경우에 제기할 수 있다.
② 상대방이 이의를 제기하지 아니하고 반소의 본안에 관하여 변론을 한 때에는 반소제기에 동의한 것으로 본다.

제413조(변론 없이 하는 항소각하) 부적법한 항소로서 흠을 보정할 수 없으면 변론 없이 판결로 항소를 각하할 수 있다.

제414조(항소기각) ① 항소법원은 제1심 판결을 정당하다고 인정한 때에는 항소를 기각하여야 한다.
② 제1심 판결의 이유가 정당하지 아니한 경우에도 다른 이유에 따라 그 판결이 정당하다고 인정되는 때에는 항소를 기각하여야 한다.

제415조(항소를 받아들이는 범위) 제1심 판결은 그 불복의 한도 안에서 바꿀 수 있다. 다만, 상계에 관한 주장을 인정한 때에는 그러하지 아니하다.

제416조(제1심 판결의 취소) 항소법원은 제1심 판결을 정당하지 아니하다고 인정한 때에는 취소하여야 한다.

제417조(판결절차의 위법으로 말미암은 취소) 제1심 판결의 절차가 법률에 어긋날 때에 항소법원은 제1심 판결을 취소하여야 한다.

제418조(필수적 환송) 소가 부적법하다고 각하한 제1심 판결을 취소하는 경우에는 항소법원은 사건을 제1심 법원에 환송(還送)하여야 한다. 다만, 제1심에서 본안판결을 할 수 있을 정도로 심리가 된 경우, 또는 당사자의 동의가 있는 경우에는 항소법원은 스스로 본안판결을 할 수 있다.

제419조(관할위반으로 말미암은 이송) 관할위반을 이유로 제1심 판결을 취소한 때에는

항소법원은 판결로 사건을 관할법원에 이송하여야 한다.

제420조(판결서를 적는 방법) 판결이유를 적을 때에는 제1심 판결을 인용할 수 있다. 다만, 제1심 판결이 제208조 제3항에 따라 작성된 경우에는 그러하지 아니하다.

제421조(소송기록의 반송) 소송이 완결된 뒤 상고가 제기되지 아니하고 상고기간이 끝난 때에는 법원사무관 등은 판결서 또는 제402조의 규정에 따른 명령의 정본을 소송기록에 붙여 제1심 법원에 보내야 한다.

제2장 상 고

제422조(상고의 대상) ① 상고는 고등법원이 선고한 종국판결과 지방법원 합의부가 제2심으로서 선고한 종국판결에 대하여 할 수 있다.
② 제390조 제1항 단서의 경우에는 제1심의 종국판결에 대하여 상고할 수 있다.

제423조(상고이유) 상고는 판결에 영향을 미친 헌법 · 법률 · 명령 또는 규칙의 위반이 있다는 것을 이유로 드는 때에만 할 수 있다.

제424조(절대적 상고이유) ① 판결에 다음 각호 가운데 어느 하나의 사유가 있는 때에는 상고에 정당한 이유가 있는 것으로 한다.

1. 법률에 따라 판결법원을 구성하지 아니한 때

2. 법률에 따라 판결에 관여할 수 없는 판사가 판결에 관여한 때

3. 전속관할에 관한 규정에 어긋난 때

4. 법정대리권 · 소송대리권 또는 대리인의 소송행위에 대한 특별한 권한의 수여에 흠이 있는 때

5. 변론을 공개하는 규정에 어긋난 때

6. 판결의 이유를 밝히지 아니하거나 이유에 모순이 있는 때

② 제60조 또는 제97조의 규정에 따라 추인한 때에는 제1항 제4호의 규정을 적용하지 아니한다.

제425조(항소심절차의 준용) 상고와 상고심의 소송절차에는 특별한 규정이 없으면 제1장의 규정을 준용한다.

제426조(소송기록 접수의 통지) 상고법원의 법원사무관 등은 원심법원의 법원사무관 등으로부터 소송기록을 받은 때에는 바로 그 사유를 당사자에게 통지하여야 한다.

제427조(상고이유서 제출) 상고장에 상고이유를 적지 아니한 때에 상고인은 제426조의 통지를 받은 날부터 20일 이내에 상고이유서를 제출하여야 한다.

제428조(상고이유서, 답변서의 송달 등) ① 상고이유서를 제출받은 상고법원은 바로 그 부본이나 등본을 상대방에게 송달하여야 한다.
② 상대방은 제1항의 서면을 송달받은 날부터 10일 이내에 답변서를 제출할 수 있다.
③ 상고법원은 제2항의 답변서의 부본이나 등본을 상고인에게 송달하여야 한다.

제429조(상고이유서를 제출하지 아니함으로 말미암은 상고기각) 상고인이 제427조의 규정을 어기어 상고이유서를 제출하지 아니한 때에는 상고법원은 변론 없이 판결로 상고를 기각하여야 한다. 다만, 직권으로 조사하여야 할 사유가 있는 때에는 그러하지 아니하다.

제430조(상고심의 심리절차) ① 상고법원은 상고장 · 상고이유서 · 답변서, 그 밖의 소송 기록에 의하여 변론없이 판결할 수 있다.
② 상고법원은 소송관계를 분명하게 하기 위하여 필요한 경우에는 특정한 사항에 관하여 변론을 열어 참고인의 진술을 들을 수 있다.

제431조(심리의 범위) 상고법원은 상고이유에 따라 불복신청의 한도 안에서 심리한다.

제432조(사실심의 전권) 원심판결이 적법하게 확정한 사실은 상고법원을 기속한다.

제433조(비약적 상고의 특별규정) 상고법원은 제422조 제2항의 규정에 따른 상고에 대하여는 원심판결의 사실확정이 법률에 어긋난다는 것을 이유로 그 판결을 파기하지 못한다.

제434조(직권조사사항에 대한 예외) 법원이 직권으로 조사하여야 할 사항에 대하여는 제431조 내지 제433조의 규정을 적용하지 아니한다.

제435조(가집행의 선고) 상고법원은 원심판결 중 불복신청이 없는 부분에 대하여는 당사자의 신청에 따라 결정으로 가집행의 선고를 할 수 있다.

제436조(파기환송, 이송) ① 상고법원은 상고에 정당한 이유가 있다고 인정할 때에는 원심판결을 파기하고 사건을 원심법원에 환송하거나, 동등한 다른 법원에 이송하여야 한다.
② 사건을 환송받거나 이송받은 법원은 다시 변론을 거쳐 재판하여야 한다. 이 경우에는 상고법원이 파기의 이유로 삼은 사실상 및 법률상 판단에 기속된다.
③ 원심판결에 관여한 판사는 제2항의 재판에 관여하지 못한다.

제437조(파기자판) 다음 각호 가운데 어느 하나에 해당하면 상고법원은 사건에 대하여 종국판결을 하여야 한다.

 1. 확정된 사실에 대하여 법령적용이 어긋난다 하여 판결을 파기하는 경우에 사건이 그 사실을 바탕으로 재판하기 충분한 때
 2. 사건이 법원의 권한에 속하지 아니한다 하여 판결을 파기하는 때

제438조(소송기록의 송부) 사건을 환송하거나 이송하는 판결이 내려졌을 때에는 법원사무관 등은 2주 이내에 그 판결의 정본을 소송기록에 붙여 사건을 환송받거나 이송받을 법원에 보내야 한다.

제3장 항 고

제439조(항고의 대상) 소송절차에 관한 신청을 기각한 결정이나 명령에 대하여 불복하면 항고할 수 있다.

제440조(형식에 어긋나는 결정·명령에 대한 항고) 결정이나 명령으로 재판할 수 없는 사항에 대하여 결정 또는 명령을 한 때에는 항고할 수 있다.

제441조(준항고) ① 수명법관이나 수탁판사의 재판에 대하여 불복하는 당사자는 수소법원에 이의를 신청할 수 있다. 다만, 그 재판이 수소법원의 재판인 경우로서 항고할 수 있는 것인 때에 한한다.
② 제1항의 이의신청에 대한 재판에 대하여는 항고할 수 있다.
③ 상고심이나 제2심에 계속된 사건에 대한 수명법관이나 수탁판사의 재판에는 제1항의 규정을 준용한다.

제442조(재항고) 항고법원·고등법원 또는 항소법원의 결정 및 명령에 대하여는 재판에 영향을 미친 헌법·법률·명령 또는 규칙의 위반을 이유로 드는 때에만 재항고(再抗告)할 수 있다.

제443조(항소 및 상고의 절차규정준용) ① 항고법원의 소송절차에는 제1장의 규정을 준용한다.
② 재항고와 이에 관한 소송절차에는 제2장의 규정을 준용한다.

제444조(즉시항고) ① 즉시항고는 재판이 고지된 날부터 1주 이내에 하여야 한다.
② 제1항의 기간은 불변기간으로 한다.

제445조(항고제기의 방식) 항고는 항고장을 원심법원에 제출함으로써 한다.

제446조(항고의 처리) 원심법원이 항고에 정당한 이유가 있다고 인정하는 때에는 그 재판을 경정하여야 한다.

제447조(즉시항고의 효력) 즉시항고는 집행을 정지시키는 효력을 가진다.

제448조(원심재판의 집행정지) 항고법원 또는 원심법원이나 판사는 항고에 대한 결정이 있을 때까지 원심재판의 집행을 정지하거나 그 밖에 필요한 처분을 명할 수 있다.

제449조(특별항고) ① 불복할 수 없는 결정이나 명령에 대하여는 재판에 영향을 미친 헌법위반이 있거나, 재판의 전제가 된 명령·규칙·처분의 헌법 또는 법률의 위반여부에 대한 판단이 부당하다는 것을 이유로 하는 때에만 대법원에 특별항고(特別抗告)를 할 수 있다.
② 제1항의 항고는 재판이 고지된 날부터 1주 이내에 하여야 한다.
③ 제2항의 기간은 불변기간으로 한다.

제450조(준용규정) 특별항고와 그 소송절차에는 제448조와 상고에 관한 규정을 준용한다.

제4편 재 심

제451조(재심사유) ① 다음 각호 가운데 어느 하나에 해당하면 확정된 종국판결에 대하여 재심의 소를 제기할 수 있다. 다만, 당사자가 상소에 의하여 그 사유를 주장하였거나, 이를 알고도 주장하지 아니한 때에는 그러하지 아니하다.

1. 법률에 따라 판결법원을 구성하지 아니한 때

2. 법률상 그 재판에 관여할 수 없는 법관이 관여한 때

3. 법정대리권·소송대리권 또는 대리인이 소송행위를 하는 데에 필요한 권한의 수여에 흠이 있는 때. 다만, 제60조 또는 제97조의 규정에 따라 추인한 때에는 그러하지 아니하다.

4. 재판에 관여한 법관이 그 사건에 관하여 직무에 관한 죄를 범한 때

5. 형사상 처벌을 받을 다른 사람의 행위로 말미암아 자백을 하였거나 판결에 영향을 미칠 공격 또는 방어방법의 제출에 방해를 받은 때

6. 판결의 증거가 된 문서, 그 밖의 물건이 위조되거나 변조된 것인 때

7. 증인·감정인·통역인의 거짓 진술 또는 당사자신문에 따른 당사자나 법정대리인의 거짓 진술이 판결의 증거가 된 때

8. 판결의 기초가 된 민사나 형사의 판결, 그 밖의 재판 또는 행정처분이 다른 재판이나 행정처분에 따라 바뀐 때

9. 판결에 영향을 미칠 중요한 사항에 관하여 판단을 누락한 때

10. 재심을 제기할 판결이 전에 선고한 확정판결에 어긋나는 때

11. 당사자가 상대방의 주소 또는 거소를 알고 있었음에도 있는 곳을 잘 모른다고 하거나 주소나 거소를 거짓으로 하여 소를 제기한 때

② 제1항 제4호 내지 제7호의 경우에는 처벌받을 행위에 대하여 유죄의 판결이나 과태료부과의 재판이 확정된 때 또는 증거부족 외의 이유로 유죄의 확정판결이나 과태료부과의 확정재판을 할 수 없을 때에만 재심의 소를 제기할 수 있다.
③ 항소심에서 사건에 대하여 본안판결을 하였을 때에는 제1심 판결에 대하여 재심의 소를 제기하지 못한다.

제452조(기본이 되는 재판의 재심사유) 판결의 기본이 되는 재판에 제451조에 정한 사유가 있을 때에는 그 재판에 대하여 독립된 불복방법이 있는 경우라도 그 사유를 재심의 이유로 삼을 수 있다.

제453조(재심관할법원) ① 재심은 재심을 제기할 판결을 한 법원의 전속관할로 한다.
② 심급을 달리하는 법원이 같은 사건에 대하여 내린 판결에 대한 재심의 소는 상급

법원이 관할한다. 다만, 항소심판결과 상고심판결에 각각 독립된 재심사유가 있는 때에는 그러하지 아니하다.

제454조(재심사유에 관한 중간판결) ① 법원은 재심의 소가 적법한지 여부와 재심사유가 있는지 여부에 관한 심리 및 재판을 본안에 관한 심리 및 재판과 분리하여 먼저 시행할 수 있다.
② 제1항의 경우에 법원은 재심사유가 있다고 인정한 때에는 그 취지의 중간판결을 한 뒤 본안에 관하여 심리·재판한다.

제455조(재심의 소송절차) 재심의 소송절차에는 각 심급의 소송절차에 관한 규정을 준용한다.

제456조(재심제기의 기간) ① 재심의 소는 당사자가 판결이 확정된 뒤 재심의 사유를 안 날부터 30일 이내에 제기하여야 한다.
② 제1항의 기간은 불변기간으로 한다.
③ 판결이 확정된 뒤 5년이 지난 때에는 재심의 소를 제기하지 못한다.
④ 재심의 사유가 판결이 확정된 뒤에 생긴 때에는 제3항의 기간은 그 사유가 발생한 날부터 계산한다.

제457조(재심제기의 기간) 대리권의 흠 또는 제451조 제1항 제10호에 규정한 사항을 이유로 들어 제기하는 재심의 소에는 제456조의 규정을 적용하지 아니한다.

제458조(재심소장의 필수적 기재사항) 재심소장에는 다음 각호의 사항을 적어야 한다.

1. 당사자와 법정대리인

2. 재심할 판결의 표시와 그 판결에 대하여 재심을 청구하는 취지

3. 재심의 이유

제459조(변론과 재판의 범위) ① 본안의 변론과 재판은 재심청구이유의 범위안에서 하여야 한다.

② 재심의 이유는 바꿀 수 있다.

제460조(결과가 정당한 경우의 재심기각) 재심의 사유가 있는 경우라도 판결이 정당하다고 인정한 때에는 법원은 재심의 청구를 기각하여야 한다.

제461조(준재심) 제220조의 조서 또는 즉시항고로 불복할 수 있는 결정이나 명령이 확정된 경우에 제451조 제1항에 규정된 사유가 있는 때에는 확정판결에 대한 제451조 내지 제460조의 규정에 준하여 재심을 제기할 수 있다.

제5편 독촉절차

제462조(적용의 요건) 금전, 그 밖에 대체물(代替物)이나 유가증권의 일정한 수량의 지급을 목적으로 하는 청구에 대하여 법원은 채권자의 신청에 따라 지급명령을 할 수 있다. 다만, 대한민국에서 공시송달 외의 방법으로 송달할 수 있는 경우에 한한다.

제463조(관할법원) 독촉절차는 채무자의 보통재판적이 있는 곳의 지방법원이나 제7조 내지 제9조, 제12조 또는 제18조의 규정에 의한 관할법원의 전속관할로 한다.

제464조(지급명령의 신청) 지급명령의 신청에는 그 성질에 어긋나지 아니하면 소에 관한 규정을 준용한다.

제465조(신청의 각하) ① 지급명령의 신청이 제462조 본문 또는 제463조의 규정에 어긋나거나, 신청의 취지로 보아 청구에 정당한 이유가 없는 것이 명백한 때에는 그 신청을 각하하여야 한다. 청구의 일부에 대하여 지급명령을 할 수 없는 때에 그 일부에 대하여도 또한 같다.

② 신청을 각하하는 결정에 대하여는 불복할 수 없다.

제466조(지급명령을 하지 아니하는 경우) ① 채권자는 법원으로부터 채무자의 주소를 보정하라는 명령을 받은 경우에 소제기신청을 할 수 있다.

② 지급명령을 공시송달에 의하지 아니하고는 송달할 수 없거나 외국으로 송달하여야 할 때에는 법원은 직권에 의한 결정으로 사건을 소송절차에 부칠 수 있다.

③ 제2항의 결정에 대하여는 불복할 수 없다.

제467조(일방적 심문) 지급명령은 채무자를 심문하지 아니하고 한다.

제468조(지급명령의 기재사항) 지급명령에는 당사자, 법정대리인, 청구의 취지와 원인을 적고, 채무자가 지급명령이 송달된 날부터 2주 이내에 이의신청을 할 수 있다는 것을 덧붙여 적어야 한다.

제469조(지급명령의 송달) ① 지급명령은 당사자에게 송달하여야 한다.

② 채무자는 지급명령에 대하여 이의신청을 할 수 있다.

제470조(이의신청의 효력) ① 채무자가 지급명령을 송달받은 날부터 2주 이내에 이의신청을 한 때에는 지급명령은 그 범위 안에서 효력을 잃는다.

② 제1항의 기간은 불변기간으로 한다.

제471조(이의신청의 각하) ① 법원은 이의신청이 부적법하다고 인정한 때에는 결정으로 이를 각하하여야 한다.

② 제1항의 결정에 대하여는 즉시항고를 할 수 있다.

제472조(소송으로의 이행) ① 채권자가 제466조 제1항의 규정에 따라 소제기신청을 한 경우, 또는 법원이 제466조 제2항의 규정에 따라 지급명령신청사건을 소송절차에 부치는 결정을 한 경우에는 지급명령을 신청한 때에 소가 제기된 것으로 본다.

② 채무자가 지급명령에 대하여 적법한 이의신청을 한 경우에는 지급명령을 신청한 때에 이의신청된 청구목적의 값에 관하여 소가 제기된 것으로 본다.

제473조(소송으로의 이행에 따른 처리) ① 제472조의 규정에 따라 소가 제기된 것으로

보는 경우, 지급명령을 발령한 법원은 채권자에게 상당한 기간을 정하여, 소를 제기하는 경우 소장에 붙여야 할 인지액에서 소제기신청 또는 지급명령신청시에 붙인 인지액을 뺀 액수의 인지를 보정하도록 명하여야 한다.

② 채권자가 제1항의 기간 이내에 인지를 보정하지 아니한 때에는 위 법원은 결정으로 지급명령신청서를 각하하여야 한다. 이 결정에 대하여는 즉시항고를 할 수 있다.

③ 제1항에 규정된 인지가 보정되면 법원사무관 등은 바로 소송기록을 관할법원에 보내야 한다. 이 경우 사건이 합의부의 관할에 해당되면 법원사무관 등은 바로 소송기록을 관할법원 합의부에 보내야 한다.

④ 제472조의 경우 독촉절차의 비용은 소송비용의 일부로 한다.

제474조(지급명령의 효력) 지급명령에 대하여 이의신청이 없거나, 이의신청을 취하하거나, 각하결정이 확정된 때에는 지급명령은 확정판결과 같은 효력이 있다.

제6편 공시최고절차

제475조(공시최고의 적용범위) 공시최고(公示催告)는 권리 또는 청구의 신고를 하지 아니하면 그 권리를 잃게 될 것을 법률로 정한 경우에만 할 수 있다.

제476조(공시최고절차를 관할하는 법원) ① 공시최고는 법률에 다른 규정이 있는 경우를 제외하고는 권리자의 보통재판적이 있는 곳의 지방법원이 관할한다. 다만, 등기 또는 등록을 말소하기 위한 공시최고는 그 등기 또는 등록을 한 공공기관이 있는 곳의 지방법원에 신청할 수 있다.

② 제492조의 경우에는 증권이나 증서에 표시된 이행지의 지방법원이 관할한다. 다만, 증권이나 증서에 이행지의 표시가 없는 때에는 발행인의 보통재판적이 있는 곳의 지방법원이, 그 법원이 없는 때에는 발행 당시에 발행인의 보통재판적이 있었던 곳의 지방법원이 각각 관할한다.

③ 제1항 및 제2항의 관할은 전속관할로 한다.

제477조(공시최고의 신청) ① 공시최고의 신청에는 그 신청의 이유와 제권판결(除權判

決)을 청구하는 취지를 밝혀야 한다.

② 제1항의 신청은 서면으로 하여야 한다.

③ 법원은 여러 개의 공시최고를 병합하도록 명할 수 있다.

제478조(공시최고의 허가여부) ① 공시최고의 허가 여부에 대한 재판은 결정으로 한다. 허가하지 아니하는 결정에 대하여는 즉시항고를 할 수 있다.

② 제1항의 경우에는 신청인을 심문할 수 있다.

제479조(공시최고의 기재사항) ① 공시최고의 신청을 허가한 때에는 법원은 공시최고를 하여야 한다.

② 공시최고에는 다음 각호의 사항을 적어야 한다.

1. 신청인의 표시

2. 공시최고기일까지 권리 또는 청구의 신고를 하여야 한다는 최고

3. 신고를 하지 아니하면 권리를 잃게 될 사항

4. 공시최고기일

제480조(공고방법) 공시최고는 대법원규칙이 정하는 바에 따라 공고하여야 한다.

제481조(공시최고기간) 공시최고의 기간은 공고가 끝난 날부터 3월 뒤로 정하여야 한다.

제482조(제권판결전의 신고) 공시최고기일이 끝난 뒤에도 제권판결에 앞서 권리 또는 청구의 신고가 있는 때에는 그 권리를 잃지 아니한다.

제483조(신청인의 불출석과 새 기일의 지정) ① 신청인이 공시최고기일에 출석하지 아니하거나, 기일변경신청을 하는 때에는 법원은 1회에 한하여 새 기일을 정하여 주어야 한다.

② 제1항의 새 기일은 공시최고기일부터 2월을 넘기지 아니하여야 하며, 공고는 필요로 하지 아니한다.

제484조(취하간주) 신청인이 제483조의 새 기일에 출석하지 아니한 때에는 공시최고신청을 취하한 것으로 본다.

제485조(신고가 있는 경우) 신청이유로 내세운 권리 또는 청구를 다투는 신고가 있는 때에는 법원은 그 권리에 대한 재판이 확정될 때까지 공시최고절차를 중지하거나, 신고한 권리를 유보하고 제권판결을 하여야 한다.

제486조(신청인의 진술의무) 공시최고의 신청인은 공시최고기일에 출석하여 그 신청을 하게 된 이유와 제권판결을 청구하는 취지를 진술하여야 한다.

제487조(제권판결) ① 법원은 신청인이 진술을 한 뒤에 제권판결신청에 정당한 이유가 없다고 인정할 때에는 결정으로 신청을 각하하여야 하며, 이유가 있다고 인정할 때에는 제권판결을 선고하여야 한다.
② 법원은 제1항의 재판에 앞서 직권으로 사실을 탐지할 수 있다.

제488조(불복신청) 제권판결의 신청을 각하한 결정이나, 제권판결에 덧붙인 제한 또는 유보에 대하여는 즉시항고를 할 수 있다.

제489조(제권판결의 공고) 법원은 제권판결의 요지를 대법원규칙이 정하는 바에 따라 공고할 수 있다.

제490조(제권판결에 대한 불복소송) ① 제권판결에 대하여는 상소를 하지 못한다.
② 제권판결에 대하여는 다음 각호 가운데 어느 하나에 해당하면 신청인에 대한 소로써 최고법원에 불복할 수 있다.

  1. 법률상 공시최고절차를 허가하지 아니할 경우일 때

2. 공시최고의 공고를 하지 아니하였거나, 법령이 정한 방법으로 공고를 하지 아니한 때

3. 공시최고기간을 지키지 아니한 때

4. 판결을 한 판사가 법률에 따라 직무집행에서 제척된 때

5. 전속관할에 관한 규정에 어긋난 때

6. 권리 또는 청구의 신고가 있음에도 법률에 어긋나는 판결을 한 때

7. 거짓 또는 부정한 방법으로 제권판결을 받은 때

8. 제451조 제1항 제4호 내지 제8호의 재심사유가 있는 때

제491조(소제기기간) ① 제490조 제2항의 소는 1월 이내에 제기하여야 한다.
　② 제1항의 기간은 불변기간으로 한다.
　③ 제1항의 기간은 원고가 제권판결이 있다는 것을 안 날부터 계산한다. 다만, 제490조 제2항 제4호·제7호 및 제8호의 사유를 들어 소를 제기하는 경우에는 원고가 이러한 사유가 있음을 안 날부터 계산한다.
　④ 이 소는 제권판결이 선고된 날부터 3년이 지나면 제기하지 못한다.

제492조(증권의 무효선고를 위한 공시최고) ① 도난·분실되거나 없어진 증권, 그 밖에 상법에서 무효로 할 수 있다고 규정한 증서의 무효선고를 청구하는 공시최고절차에는 제493조 내지 제497조의 규정을 적용한다.
　② 법률상 공시최고를 할 수 있는 그 밖의 증서에 관하여 그 법률에 특별한 규정이 없으면 제1항의 규정을 적용한다.

제493조(증서에 관한 공시최고신청권자) 무기명증권 또는 배서(背書)로 이전할 수 있거나 약식배서(略式背書)가 있는 증권 또는 증서에 관하여는 최종소지인이 공시최고절차를 신청할 수 있으며, 그 밖의 증서에 관하여는 그 증서에 따라서 권리를 주장할

수 있는 사람이 공시최고절차를 신청할 수 있다.

제494조(신청사유의 소명) ① 신청인은 증서의 등본을 제출하거나 또는 증서의 존재 및 그 중요한 취지를 충분히 알리기에 필요한 사항을 제시하여야 한다.

② 신청인은 증서가 도난·분실되거나 없어진 사실과, 그 밖에 공시최고절차를 신청할 수 있는 이유가 되는 사실 등을 소명하여야 한다.

제495조(신고최고, 실권경고) 공시최고에는 공시최고기일까지 권리 또는 청구의 신고를 하고 그 증서를 제출하도록 최고하고, 이를 게을리 하면 권리를 잃게 되어 증서의 무효가 선고된다는 것을 경고하여야 한다.

제496조(제권판결의 선고) 제권판결에서는 증권 또는 증서의 무효를 선고하여야 한다.

제497조(제권판결의 효력) 제권판결이 내려진 때에는 신청인은 증권 또는 증서에 따라 의무를 지는 사람에게 증권 또는 증서에 따른 권리를 주장할 수 있다.

제7편 판결의 확정 및 집행정지

제498조(판결의 확정시기) 판결은 상소를 제기할 수 있는 기간 또는 그 기간 이내에 적법한 상소제기가 있을 때에는 확정되지 아니한다.

제499조(판결확정증명서의 부여자) ① 원고 또는 피고가 판결확정증명서를 신청한 때에는 제1심 법원의 법원사무관 등이 기록에 따라 내어 준다.

② 소송기록이 상급심에 있는 때에는 상급법원의 법원사무관 등이 그 확정부분에 대하여만 증명서를 내어 준다.

제500조(재심 또는 상소의 추후보완신청으로 말미암은 집행정지) ① 재심 또는 제173조에 따른 상소의 추후보완신청이 있는 경우에 불복하는 이유로 내세운 사유가 법률상 정당한 이유가 있다고 인정되고, 사실에 대한 소명이 있는 때에는 법원은 당사자의

신청에 따라 담보를 제공하게 하거나 담보를 제공하지 아니하게 하고 강제집행을 일시정지하도록 명할 수 있으며, 담보를 제공하게 하고 강제집행을 실시하도록 명하거나 실시한 강제처분을 취소하도록 명할 수 있다.

② 담보 없이 하는 강제집행의 정지는 그 집행으로 말미암아 보상할 수 없는 손해가 생기는 것을 소명한 때에만 한다.

③ 제1항 및 제2항의 재판은 변론 없이 할 수 있으며, 이 재판에 대하여는 불복할 수 없다.

④ 상소의 추후보완신청의 경우에 소송기록이 원심법원에 있으면 그 법원이 제1항 및 제2항의 재판을 한다.

제501조(상소제기 또는 변경의 소제기로 말미암은 집행정지) 가집행의 선고가 붙은 판결에 대하여 상소를 한 경우 또는 정기금의 지급을 명한 확정판결에 대하여 제252조 제1항의 규정에 따른 소를 제기한 경우에는 제500조의 규정을 준용한다.

제502조(담보를 공탁할 법원) ① 이 편의 규정에 의한 담보의 제공이나 공탁은 원고나 피고의 보통재판적이 있는 곳의 지방법원 또는 집행법원에 할 수 있다.

② 담보를 제공하거나 공탁을 한 때에는 법원은 당사자의 신청에 따라서 증명서를 주어야 한다.

③ 이 편에 규정된 담보에는 달리 규정이 있는 경우를 제외하고는 제122조·제123조·제125조 및 제126조의 규정을 준용한다.

부칙 <법률 제6626호, 2002. 1. 26>

제1조 (시행일) 이 법은 2002년 7월 1일부터 시행한다.

제2조 (계속사건에 대한 경과조치) 이 법은 특별한 규정이 없으면 이 법 시행 당시 법원에 계속 중인 사건에도 적용한다. 다만, 이 법 시행 전의 소송행위의 효력에는 영향을 미치지 아니한다.

제3조 (법 적용의 시간적 범위) 이 법은 이 법 시행 이전에 생긴 사항에도 적용한다. 다

만, 종전의 규정에 따라 생긴 효력에는 영향을 미치지 아니한다.

제4조 (관할에 관한 경과조치) 이 법 시행 당시 법원에 계속 중인 사건은 이 법에 따라 관할권이 없는 경우에도 종전의 규정에 따라 관할권이 있으면 그에 따른다.

제5조 (법정기간에 대한 경과조치) 이 법 시행 전부터 진행된 법정기간과 그 계산은 종전의 규정에 따른다.

제6조(다른 법률의 개정) ①가사소송법 중 다음과 같이 개정한다.
제3조 제2항 중 "민사소송법 제25조"를 "민사소송법 제28조"로 한다.
제12조 단서 중 "민사소송법 제138조, 동법 제139조 제1항, 동법 제257조, 동법 제259조, 동법 제320조, 동법 제321조의 규정 및 동법 제206조 중 청구의 인낙에 관한 규정, 동법 제261조 중 자백에 관한 규정"을 "민사소송법 제147조 제2항·동법 제149조·동법 제150조제1항·동법 제284조 제1항·동법 제285조·동법 제349조·동법 제350조·동법 제410조의 규정 및 동법 제220조 중 청구의 인낙에 관한 규정, 동법 제288조 중 자백에 관한 규정"으로 한다.
제15조제1항중 "민사소송법 제63조의2 또는 제234조의2"를 "민사소송법 제68조 또는 제260조"로 한다.
② 가정폭력범죄의 처벌 등에 관한 특례법 중 다음과 같이 개정한다.
제58조 제4항 중 "민사소송법 제199조 제3항·제201조·제473조 및 제474조"를 "민사소송법 제213조 제3항·제215조·제500조 및 제501조"로 한다.
③ 공장저당법 중 다음과 같이 개정한다.
제29조 제2항 중 "민사소송법 제25조"를 "민사소송법 제28조"로 한다.
④ 공증인법 중 다음과 같이 개정한다.
제56조의4 제3항 중 "민사소송법 제163조 제2항, 동법 제165조 제1항, 동법 제166조 내지 제170조, 동법 제172조 및 동법 제178조"를 "민사소송법 제176조 제2항, 동법 제178조 제1항, 동법 제179조 내지 제183조, 동법 제186조 및 동법 제193조"로 한다.
⑤ 공직선거 및 선거부정방지법 중 다음과 같이 개정한다.

제227조 단서 중 "민사소송법 제135조(화해의 권고), 제138조(실기한 공격, 방어방법의 각하), 제139조(의제자백) 제1항, 제206조(화해, 포기, 인낙조서의 효력), 제259조(준비절차종결의 효과) 및 제261조(불요증사실)"를 "민사소송법 제145조(화해의 권고), 제147조(제출기간의 제한) 제2항, 제149조(실기한 공격 · 방어방법의 각하), 제150조(자백간주) 제1항, 제220조(화해, 청구의 포기 · 인낙조서의 효력), 제225조(결정에 의한 화해권고), 제226조(결정에 대한 이의신청), 제227조(이의신청의 방식), 제228조(이의신청의 취하), 제229조(이의신청권의 포기), 제230조(이의신청의 각하), 제231조(화해권고결정의 효력), 제232조(이의신청에 의한 소송복귀 등), 제284조(변론준비절차의 종결)제1항, 제285조(변론준비기일을 종결한 효과) 및 제288조(불요증사실)"로 한다.

⑥ 국가채권관리법 중 다음과 같이 개정한다.

제30조 중 "민사소송법 제355조"를 "민사소송법 제385조"로 한다.

⑦ 국민투표법 중 다음과 같이 개정한다.

제95조 단서 중 "민사소송법중 제135조 · 제138조 · 제139조 제1항 · 제206조 · 제259조와 제261조"를 "민사소송법중 제145조 · 제147조 제2항 · 제149조 · 제150조 제1항 · 제220조 · 제225조 내지 제232조 · 제284조 제1항 · 제285조 및 제288조"로 한다.

⑧ 마약류 불법거래방지에 관한 특례법 중 다음과 같이 개정한다.

제60조 후단 중 "민사소송법 제179조 제1항"을 "민사소송법 제194조 제1항"으로, "같은 법 제181조 제1항 본문 및 제2항"을 "같은 법 제196조 제1항 본문 및 제2항"으로 한다.

⑨ 민사조정법 중 다음과 같이 개정한다.

제3조 제1항 제1호 중 "민사소송법 제2조 내지 제5조"를 "민사소송법 제3조 내지 제6조"로 한다.

제17조 제4항 중 "민사소송법 제234조의2"를 "민사소송법 제260조"로 한다.

제34조 제3항 후단 중 "민사소송법 제239조 제3항 내지 제6항"을 "민사소송법 제266조 제3항 내지 제6항"으로 한다.

제38조 제1항 중 "민사소송법 제47조, 제48조, 제51조 내지 제56조(다만, 제54조 제1항 후단은 제외한다), 제58조, 제59조 제1항, 제60조, 제80조 및 제135조"를 "민사소송법 제51조, 제52조, 제55조 내지 제60조(다만, 제58조 제1항 후단을 제외한다),

제62조, 제63조 제1항, 제64조, 제87조, 제88조, 제145조 및 제152조 제2항·제3항"으로 하고, 동조 제2항 단서 중 "민사소송법 제171조 제2항, 제171조의2 제2항, 제173조, 제179조 내지 제181조"를 "민사소송법 제185조 제2항, 제187조, 제194조 내지 제196조"로 한다.

⑩ 반도체집적회로의 배치설계에 관한 법률 중 다음과 같이 개정한다.

제41조 중 "민사소송법 제9조"를 "민사소송법 제11조"로 한다.

⑪ 비송사건절차법 중 다음과 같이 개정한다.

제7조 제1항 중 "민사소송법 제81조"를 "민사소송법 제89조"로 한다.

제8조 중 "민사소송법 제150조"를 "민사소송법 제161조"로 한다.

제27조 중 "민사소송법 제93조"를 "민사소송법 제102조"로 한다.

제29조 제3항중 "민사소송법 제418조와 제473조"를 "민사소송법 제448조와 제500조"로 한다.

제51조 중 "민사소송법 제89조"를 "민사소송법 제98조"로 한다.

제97조 중 "민사소송법 제110조 제1항과 동법 제111조 내지 제116조"를 "민사소송법 제120조 제1항 및 제121조 내지 제126조"로 한다.

⑫ 상고심절차에 관한 특례법 중 다음과 같이 개정한다.

제4조 제1항 제6호 중 "민사소송법 제394조 제1항 제1호 내지 제5호"를 "민사소송법 제424조 제1항 제1호 내지 제5호"로 한다.

제5조 제1항 중 "민사소송법 제399조 본문"을 "민사소송법 제429조 본문"으로 한다.

⑬ 상표법 중 다음과 같이 개정한다.

제33조 및 제49조 제3항 중 "민사소송법 제133조·제271조 및 동법 제339조"를 각각 "민사소송법 제143조·제299조 및 동법 제367조"로 한다.

제83조 제2항 중 "민사소송법 제422조 및 동법 제424조"를 "민사소송법 제451조 및 동법 제453조"로 한다.

제86조 제1항 중 "민사소송법 제429조제1항"을 "민사소송법 제459조 제1항"으로 한다.

제98조 제1항 제1호 중 "민사소송법 제271조 제2항 및 동법 제339조"를 "민사소송법 제299조 제2항 및 동법 제367조"로 한다.

⑭ 선박소유자 등의 책임제한절차에 관한 법률 중 다음과 같이 개정한다.

제59조 제4항 후단 중 "민사소송법 제63조"를 "민사소송법 제67조"로 한다.

⑮ 소송촉진 등에 관한 특례법 중 다음과 같이 개정한다.

제3조 제1항 단서 중 "민사소송법 제229조"를 "민사소송법 제251조"로 한다.

제31조 제4항 중 "민사소송법 제199조 제3항·제201조·제473조 및 제474조"를 "민사소송법 제213조 제3항·제215조·제500조 및 제501조"로 한다.

⑯ 실용신안법 중 다음과 같이 개정한다.

제86조 제1항 제1호중 "민사소송법 제271조 제2항 및 동법 제339조"를 "민사소송법 제299조 제2항 및 동법 제367조"로 한다.

⑰ 예금자보호법 중 다음과 같이 개정한다.

제21조의2 제4항 후단 중 "민사소송법 제65조 내지 제71조"를 "민사소송법 제71조 내지 제77조"로 한다.

⑱ 유류오염손해배상보장법 중 다음과 같이 개정한다.

제25조 제2항 중 "민사소송법 제72조"를 "민사소송법 제79조"로 한다.

제26조 제2항 중 "민사소송법 제78조"를 "민사소송법 제85조"로 한다.

⑲ 의장법 중 다음과 같이 개정한다.

제73조 제2항 중 "민사소송법 제422조 및 동법 제424조"를 "민사소송법 제451조 및 동법 제453조"로 한다.

제88조 제1항 제1호 중 "민사소송법 제271조 제2항 및 동법 제339조"를 "민사소송법 제299조 제2항 및 동법 제367조"로 한다.

⑳ 종자산업법 중 다음과 같이 개정한다.

제10조 중 "민사소송법 제54조 제2항·제55조·제59조·제80조·제83조·제85조·제87조"를 "민사소송법 제58조 제2항·제59조·제63조·제87조·제88조·제92조·제94조·제96조"로 한다.

제48조 제2항 중 "민사소송법 제133조·제271조 및 동법 제339조"를 "민사소송법 제143조·제299조 및 동법 제367조"로 한다.

제101조 제2항 중 "민사소송법 제422조 및 동법 제424조 제1항"을 "민사소송법 제451조 및 동법 제453조 제1항"으로 한다.

제107조 제1항 중 "민사소송법 제429조 제1항"을 "민사소송법 제459조 제1항"으로 한다.

제176조 제2항 제1호 중 "민사소송법 제271조"를 "민사소송법 제299조"로 한다.

㉑ 중재법 중 다음과 같이 개정한다.

제39조 제2항 중 "민사소송법 제203조, 제476조제1항 및 제477조"를 "민사소송법

제217조, 민사집행법 제26조 제1항 및 제27조"로 한다.

㉒ 지방교육자치에 관한 법률 중 다음과 같이 개정한다.

제137조 단서 중 "민사소송법 제135조(화해의 권고), 제138조(실기한 공격, 방어방법의 각하), 제139조(의제자백) 제1항, 제206조(화해, 포기, 인낙조서의 효력), 제259조(준비절차종결의 효과) 및 제261조(불요증사실)"을 "민사소송법 제145조(화해의 권고), 제149조(실기한 공격, 방어방법의 각하), 제150조(자백간주) 제1항, 제220조(화해, 청구의 포기 · 인낙조서의 효력), 제285조(변론준비기일을 종결한 효과) 및 제288조(불요증사실)"로 한다.

㉓ 특허법 중 다음과 같이 개정한다.

제13조 중 "민사소송법 제9조"를 "민사소송법 제11조"로 한다.

제154조 제7항 중 "민사소송법 제142조 · 제143조 및 동법 제145조 내지 제149조"를 "민사소송법 제153조 · 제154조 및 동법 제156조 내지 제160조"로 하고, 동조 제8항 중 "민사소송법 제133조 · 제271조 및 동법 제339조"를 "민사소송법 제143조 · 제299조 및 동법 제367조"로 한다.

제165조 제2항 중 "민사소송법 제89조 내지 제94조 · 제98조 제1항 및 제2항 · 제99조 · 제101조 · 제102조 및 동법 제106조"를 "민사소송법 제98조 내지 제103조, 제107조 제1항 · 제2항, 제108조, 제111조, 제112조 및 동법 제116조"로 하며, 동조 제4항 중 "민사소송법 제93조"를 "민사소송법 제102조"로 한다.

제178조 제2항 중 "민사소송법 제422조 및 동법 제424조"를 "민사소송법 제451조 및 동법 제453조"로 한다.

제185조 중 "민사소송법 제429조 제1항"을 "민사소송법 제459조 제1항"으로 한다.

제188조의2 제1항 중 "민사소송법 제38조 내지 제41조, 제43조 및 제44조"를 "민사소송법 제42조 내지 제45조, 제47조 및 제48조"로 한다.

제232조 제1항 제1호 중 "민사소송법 제271조 제2항 및 동법 제339조"를 "민사소송법 제299조 제2항 및 동법 제367조"로 한다.

㉔ 화의법 중 다음과 같이 개정한다.

제57조 제6항 · 제65조 제3항 및 제70조 제3항 중 "민사소송법 제420조"를 각각 "민사소송법 제449조"로 한다.

㉕ 행정소송법 중 다음과 같이 개정한다.

제7조중 "민사소송법 제31조 제1항"을 "민사소송법 제34조 제1항"으로 한다.

제16조 제4항 중 "민사소송법 제63조"를 "민사소송법 제67조"로 한다.

제17조 제3항 중 "민사소송법 제70조"를 "민사소송법 제76조"로 한다.

㉖ 헌법재판소법 중 다음과 같이 개정한다.

제24조 제6항 중 "민사소송법 제40조, 제41조, 제42조 제1항·제2항 및 제44조"를 "민사소송법 제44조, 제45조, 제46조 제1항·제2항 및 제48조"로 한다.

제41조 제3항 중 "민사소송법 제231조"를 "민사소송법 제254조"로 한다.

제42조 제2항 중 "민사소송법 제184조"를 "민사소송법 제199조"로 한다.

㉗ 회사정리법 중 다음과 같이 개정한다.

제127조 제1항 후단 중 "민사소송법 제159조 제1항"을 "민사소송법 제172조 제1항"으로 한다.

제237조 제7항 중 "민사소송법 제420조"를 "민사소송법 제449조"로 한다.

제248조 제3항 중 "민사소송법 제112조, 제113조, 제115조와 제116조"를 "민사소송법 제122조·제123조·제125조 및 제126조"로 한다.

제280조 제1항 중 "민사소송법 제420조"를 "민사소송법 제449조"로 한다.

㉘ 농업협동조합의 구조개선에 관한 법률 중 다음과 같이 개정한다.

제21조 제4항 중 "민사소송법 제65조 내지 제71조"를 "민사소송법 제71조 내지 제77조"로 한다.

㉘ 통신비밀보호법 중 다음과 같이 개정한다.

제13조의2 중 "민사소송법 제266조"를 "민사소송법 제294조"로 한다.

제7조 (다른 법률과의 관계) 이 법 시행 당시 다른 법률에서 종전의 민사소송법의 규정을 인용한 경우에 이 법 중 그에 해당하는 규정이 있는 때에는 이 법의 해당 규정을 인용한 것으로 본다.

부칙 <법률 제7427호, 2005. 3. 31>(민법)

제1조 (시행일) 이 법은 공포한 날부터 시행한다. 다만, …생략… 부칙 제7조(제2항 및 제29항을 제외한다)의 규정은 2008년 1월 1일부터 시행한다.

제2조 내지 제6조 생략

제7조 (다른 법률의 개정) ① 내지 ⑨ 생략

  ⑩ 민사소송법 일부를 다음과 같이 개정한다.

  제41조 제2호 및 제314조 제1호 중 "친족·호주·가족"을 각각 "친족"으로 한다.

  ⑪ 내지 <㉙> 생략

부칙 <법률 제7428호, 2005. 3. 31>(채무자 회생 및 파산에 관한 법률)

제1조 (시행일) 이 법은 공포 후 1년이 경과한 날부터 시행한다.

제2조 내지 제4조 생략

제5조 (다른 법률의 개정) ① 내지 ㊴ 생략

  ㊵ 민사소송법 일부를 다음과 같이 개정한다.

  제239조 후단 중 "파산법"을 "「채무자 회생 및 파산에 관한 법률」"로, "파산자"를 "파산선고를 받은 자"로 한다.

  제240조 전단 중 "파산법"을 "「채무자 회생 및 파산에 관한 법률」로 하고, 동조 후단 중 파산자"를 "파산선고를 받은 자"로 한다.

  ㊶ 내지 ⑯ 생략

제6조 생략

부칙 <법률 제7849호, 2006. 2. 21>(제주특별자치도 설치 및 국제자유도시 조성을 위한 특별법)

제1조 (시행일) 이 법은 2006년 7월 1일부터 시행한다. <단서 생략>

제2조 내지 제39조 생략

제40조 (다른 법령의 개정) ① 내지 ⑬ 생략

  ⑭ 민사소송법 일부를 다음과 같이 개정한다.

제176조 제3항·제311조 제4항·제342조 제2항 및 제366조 제3항 후단 중 "경찰공무원"을 각각 "국가경찰공무원"으로 한다.

제182조 중 "경찰관서"를 각각 "국가경찰관서"로 한다.

⑮ 내지 <47> 생략

제41조 생략

부칙 <법률 제8438호, 2007. 5. 17>

이 법은 2008년 1월 1일부터 시행한다.

부칙 <법률 제8499호, 2007. 7. 13>

① (시행일) 이 법은 공포 후 1개월이 경과한 날부터 시행한다.

② (전문심리위원에 대한 적용례) 제164조의2부터 제164조의8까지의 개정규정은 이 법 시행 당시 법원에 계속 중인 사건에도 적용한다.

부칙 <법률 제9171호, 2008. 12. 26>

① (시행일) 이 법은 공포한 날부터 시행한다.

② (계속사건에 대한 경과조치) 이 법은 이 법 시행 당시 법원에 계속 중인 사건에 대하여도 적용한다.

부칙 <법률 제10373호, 2010. 7. 23>
① (시행일) 이 법은 공포 후 3개월이 경과한 날부터 시행한다.

② (적용례) 제117조의 개정규정은 이 법 시행 후 최초로 소송제기되는 경우부터 적용한다.

Ⅲ. 민사조정법

[일부개정 2010.3.31. 법률 제10200호]

제1조(목적) 이 법은 민사(民事)에 관한 분쟁을 간이한 절차에 따라 당사자 사이의 상호 양해를 통하여 조리(條理)를 바탕으로 실정(實情)에 맞게 해결함을 목적으로 한다. [전문개정 2010.3.31.]

제2조(조정사건) 민사에 관한 분쟁의 당사자는 법원에 조정(調停)을 신청할 수 있다. [전문개정 2010.3.31.]

제3조(관할 법원) ① 조정사건은 다음 각 호의 어느 하나에 해당하는 곳을 관할하는 지방법원, 지방법원지원(地方法院支院), 시법원(市法院) 또는 군법원(郡法院)(이하 '시ㆍ군법원'이라 한다)이 관할한다.

 1. 피신청인에 대한 '민사소송법' 제3조부터 제6조까지의 규정에 따른 보통재판적(普通裁判籍) 소재지

 2. 피신청인의 사무소 또는 영업소 소재지

 3. 피신청인의 근무지

 4. 분쟁의 목적물 소재지

 5. 손해 발생지

 ② 제1항에도 불구하고 조정사건은 그에 상응하는 소송사건의 전속관할 법원(專屬管轄法院)이나 당사자 사이에 합의로 정한 법원에서 관할할 수 있다. [전문개정 2010.3.31.]

제4조(이송) ① 고등법원장, 지방법원장 또는 지방법원지원장의 지정을 받아 조정사건을 담당하는 판사 또는 조정사건을 담당하는 시·군법원의 판사(이하 '조정담당판사'라 한다)는 사건이 그 관할에 속하지 아니한다고 인정할 때에는 결정(決定)으로 사건을 관할 법원에 이송하여야 한다. 다만, 피신청인이 관할 위반에 대하여 항변(항변)을 하지 아니하고 조정절차에서 진술하거나, 사건의 해결을 위하여 특히 필요하다고 인정할 때에는 그러하지 아니하다.

② 조정담당판사는 사건이 그 관할에 속하는 경우라도 이송하는 것이 적절하다고 인정하면 직권 또는 당사자의 신청에 의한 결정으로 그 사건을 다른 관할 법원에 이송할 수 있다.

③ 제1항 및 제2항에 따른 결정에 대해서는 불복의 신청을 하지 못한다. [전문개정 2010.3.31.]

제5조(신청 방식) ① 조정의 신청은 서면(書面)이나 구술(구술)로 할 수 있다.

② 구술로 신청할 때에는 법원서기관, 법원사무관, 법원주사 또는 법원주사보(이하 '법원사무관 등'이라 한다)의 앞에서 진술하여야 한다.

③ 제2항의 경우에 법원사무관등은 조정신청조서(調停申請調書)를 작성하고 이에 기명날인하여야 한다.

④ 조정신청을 할 때에는 대법원규칙으로 정하는 바에 따라 수수료를 내야 한다. [전문개정 2010.3.31.]

제6조(조정 회부) 수소법원(受訴法院)은 필요하다고 인정하면 항소심(抗訴審) 판결 선고 전까지 소송이 계속(係屬) 중인 사건을 결정으로 조정에 회부(回附)할 수 있다. [전문개정 2010.3.31.]

제7조(조정기관) ① 조정사건은 조정담당판사가 처리한다.

② 조정담당판사는 스스로 조정을 하거나, 상임(常任)으로 이 법에 따른 조정에 관한 사무를 처리하는 조정위원(이하 '상임 조정위원'이라 한다) 또는 조정위원회로 하여금 조정을 하게 할 수 있다. 다만, 당사자의 신청이 있을 때에는 조정위원회로 하여금 조정을 하게 하여야 한다.

③ 제6조에 따라 수소법원이 조정에 회부한 사건으로서 수소법원이 스스로 조정하는

것이 적절하다고 인정한 사건은 제1항 및 제2항에도 불구하고 스스로 처리할 수 있다.

④ 제2항 본문 및 제3항에 따라 조정을 하는 상임 조정위원과 수소법원은 조정담당판사와 동일한 권한을 가진다.

⑤ 제3항의 경우에 수소법원은 수명법관(受命法官)이나 수탁판사(受託判事)로 하여금 조정을 담당하게 할 수 있다. 이 경우 수명법관이나 수탁판사는 조정담당판사와 동일한 권한을 가진다. [전문개정 2010.3.31.]

제8조(조정위원회) 조정위원회는 조정장(調停長) 1명과 조정위원 2명 이상으로 구성한다. [전문개정 2010.3.31.]

제9조(조정장) 조정장은 다음 각 호의 구분에 따른 사람이 된다.

1. 제7조 제2항의 경우: 조정담당판사 또는 상임 조정위원

2. 제7조 제3항의 경우: 수소법원의 재판장

3. 제7조 제5항의 경우: 수명법관 또는 수탁판사

4. 시·군법원의 경우: 시·군법원의 판사 [전문개정 2010.3.31.]

제10조(조정위원) ① 조정위원은 고등법원장, 지방법원장 또는 지방법원지원장이 학식과 덕망이 있는 사람 중에서 미리 위촉한다. 다만, 상임 조정위원은 변호사 자격이 있는 사람으로서 대법원규칙으로 정하는 일정한 경력을 가진 사람 중에서 법원행정처장이 위촉한다.

② 조정위원의 임기는 2년으로 한다. 다만, 특별한 사정이 있을 때에는 임기를 2년 이내로 정하여 조정위원을 위촉할 수 있다.

③ 제1항에 따른 조정위원은 다음 각 호의 사무를 수행한다.

1. 조정에 관여하는 일

2. 조정담당판사 또는 조정장의 촉탁(囑託)을 받아 분쟁해결을 위하여 사건관계인의 의견을 듣거나 그 밖에 조정사건의 처리를 위하여 필요한 사무를 수행하는 일 [전문개정 2010.3.31.]

제10조의 2(조정위원회를 구성하는 조정위원) 조정위원회를 구성하는 조정위원은 당사자가 합의하여 선정한 사람 또는 제10조 제1항의 조정위원 중에서 사건마다 조정장이 지정한다. [전문개정 2010.3.31.]

제11조(조정절차) 조정위원회의 조정절차는 조정장이 지휘한다. [전문개정 2010.3.31.]

제12조(조정위원에 대한 수당 등) 조정위원에게는 대법원규칙으로 정하는 바에 따라 수당을 지급하고, 필요한 경우에는 그 밖의 여비·일당 및 수바료를 지급할 수 있다. [전문개정 2010.3.31.]

제13조(수수료 납부의 심사) ① 조정담당판사는 신청인이 제5조 제4항에 따른 수수료를 내지 아니한 경우에는 적절한 기간을 정하여 그 기간 내에 낼 것을 명하여야 한다.
② 신청인이 제1항의 명령을 이행하지 아니하면 조정담당판사는 명령으로 신청서를 각하(却下)하여야 한다.
③ 제2항의 명령에 대해서는 즉시항고(卽時抗告)를 할 수 있다. [전문개정 2010.3.31.]

제14조(조정신청서 등의 송달) 조정신청서나 조정신청조서는 지체 없이 피신청인에게 송달하여야 한다. [전문개정 2010.3.31.]

제14조의 2(사건의 분리·병합) 제7조에 따른 조정기관은 조정사건의 분리 또는 병합을 명하거나 이를 취소할 수 있다. [전문개정 2010.3.31.]

제15조(조정기일) ① 조정기일은 당사자에게 통지하여야 한다.
② 조정기일의 통지는 소환장을 송달하는 방법이나 그 밖의 적절한 방법으로 할 수 있다.
③ 양쪽 당사자가 법원에 출석하여 조정신청을 하는 경우에는 특별한 사정이 없으면 그 신청일을 조정기일로 한다. [전문개정 2010.3.31.]

제16조(이해관계인의 참가) ① 조정의 결과에 관하여 이해관계가 있는 자는 조정담당판사의 허가를 받아 조정에 참가할 수 있다.

② 조정담당판사는 필요하다고 인정하면 조정의 결과에 관하여 이해관계가 있는 자를 조정에 참가하게 할 수 있다. [전문개정 2010.3.31.]

제17조(피신청인의 경정) ① 신청인이 피신청인을 잘못 지정한 것이 명백한 경우에는 조정담당판사는 신청인의 신청을 받아 결정으로 피신청인의 경정(更正)을 허가할 수 있다.

② 제1항에 따른 허가결정이 있는 경우 새로운 피신청인에 대한 조정신청은 제1항의 경정신청이 있은 때에 한 것으로 본다.

③ 제1항에 따른 허가결정이 있는 경우 종전의 피신청인에 대한 조정신청은 제1항의 경정신청이 있은 때에 취하(取下)된 것으로 본다.

④ 제6조에 따라 제1심 수소법원이 조정에 회부한 사건에 대하여 '민사소송법' 제260조에 따른 피고의 경정을 한 경우에는 소송절차에서도 그 효력이 있다. [전문개정 2010.3.31.]

제18조(대표당사자) ① 공동의 이해관계가 있는 다수(多數)의 당사자는 그중 한 사람 또는 여러 사람을 대표당사자로 선임할 수 있다.

② 제1항의 선임은 서면으로 증명하여야 한다.

③ 조정담당판사는 필요하다고 인정하면 당사자에게 대표당사자를 선임할 것을 명할 수 있다.

④ 대표당사자는 자신을 선임한 다른 당사자를 위하여 다음 각 호의 행위를 제외하고는 각자 조정절차에 관한 모든 행위를 할 수 있다.

1. 조정조항안(調停條項案)의 수락

2. 조정신청의 취하

3. 제30조 및 제32조에 따른 결정에 관계되는 행위

4. 대리인의 선임

⑤ 대표당사자가 선임된 경우에는 대표당사자 외의 나머지 당사자에게는 조정기일을 통지하지 아니할 수 있다. [전문개정 2010.3.31.]

제19조(조정 장소) 조정담당판사는 사건의 실정에 따라 법원 외의 적당한 장소에서 조정을 할 수 있다. [전문개정 2010.3.31.]

제20조(비공개) 조정절차는 공개하지 아니할 수 있다. 다만, 조정절차를 공개하지 아니하는 경우에도 조정담당판사는 적당하다고 인정하는 자에게 방청을 허가할 수 있다. [전문개정 2010.3.31.]

제21조(조정 전의 처분) ① 조정담당판사는 조정을 위하여 특히 필요하다고 인정하면 당사자의 신청을 받아 상대방과 그 밖의 사건관계인에게 조정 전의 처분으로서 다음 각 호의 사항을 명할 수 있다.

1. 현상(현장)을 변경하거나 물건을 처분하는 행위의 금지

2. 그 밖에 조정의 내용이 되는 사항의 실현(實現)을 불가능하게 하거나 현저히 곤란하게 하는 행위의 배제(排除)

② 제1항의 처분을 할 때에는 제42조에 규정된 처분 위반에 대한 제재(制裁)를 고지하여야 한다.
③ 제1항의 처분에 대해서는 즉시항고를 할 수 있다.
④ 제1항의 처분은 집행력을 갖지 아니한다. [전문개정 2010.3.31.]

제22조(진술청취와 증거조사) 조정담당판사는 조정에 관하여 당사자나 이해관계인의 진술을 듣고 필요하다고 인정하면 적당한 방법으로 사실 또는 증거를 조사할 수 있다. [전문개정 2010.3.31.]

제23조(진술의 원용 제한) 조정절차에서의 당사자 또는 이해관계인의 진술은 민사소송에서 원용(援用)하지 못한다. [전문개정 2010.3.31.]

제24조(조서의 작성) 조정절차에 참여한 법원사무관 등은 조정에 관하여 조서를 작성하여야 한다. 다만, 조정담당판사의 허가가 있는 경우에는 그 기재의 일부를 생략할 수 있다. [전문개정 2010.3.31.]

제25조(조정신청의 각하) ① 당사자에게 조정기일을 통지할 수 없을 때에는 조정담당판사는 결정으로 조정신청을 각하할 수 있다.

② 제1항에 따른 결정에 대해서는 불복의 신청을 하지 못한다. [전문개정 2010.3.31.]

제26조(조정을 하지 아니하는 결정) ① 조정담당판사는 사건이 그 성질상 조정을 하기에 적당하지 아니하다고 인정하거나 당사자가 부당한 목적으로 조정신청을 한 것임을 인정하는 경우에는 조정을 하지 아니하는 결정으로 사건을 종결시킬 수 있다.

② 제1항에 따른 결정에 대해서는 불복의 신청을 하지 못한다. [전문개정 2010.3.31.]

제27조(조정의 불성립) 조정담당판사는 다음 각 호의 어느 하나에 해당하는 경우 제30조에 따른 결정을 하지 아니할 때에는 조정이 성립되지 아니한 것으로 사건을 종결시켜야 한다.

1. 당사자 사이에 합의가 성립되지 아니하는 경우

2. 성립된 합의의 내용이 적당하지 아니하다고 인정하는 경우 [전문개정 2010.3.31.]

제28조(조정의 성립) 조정은 당사자 사이에 합의된 사항을 조서에 기재함으로써 성립한다. [전문개정 2010.3.31.]

제29조(조정의 효력) 조정은 재판상의 화해와 동일한 효력이 있다. [전문개정 2010.3.31.]

제30조(조정을 갈음하는 결정) 조정담당판사는 합의가 성립되지 아니한 사건 또는 당사자 사이에 성립된 합의의 내용이 적당하지 아니하다고 인정한 사건에 관하여 상당한 이유가 없으면 직권으로 당사자의 이익이나 그 밖의 모든 사정을 고려하여 신청인의 신청 취지에 반하지 아니하는 한도에서 사건의 공평한 해결을 위한 결정을 하여야 한

다. [전문개정 2010.3.31.]

제31조(신청인의 불출석) ① 신청인이 조정기일에 출석하지 아니한 때에는 다시 기일을 정하여 통지하여야 한다.

② 제1항의 새로운 기일 또는 그 후의 기일에 신청인이 출석하지 아니한 때에는 조정신청이 취하된 것으로 본다. [전문개정 2010.3.31.]

제32조(피신청인의 불출석) 피신청인이 조정기일에 출석하지 아니한 경우 조정담당판사는 상당한 이유가 없으면 직권으로 제30조에 따른 결정을 하여야 한다. [전문개정 2010.3.31.]

제33조(조정에 관한 조서의 송달 등) ① 법원사무관 등은 다음 각 호의 어느 하나에 해당하는 때에는 그 사유를 조서에 기재하여야 한다.

1. 사건에 관하여 조정을 하지 아니하기로 하는 결정이 있을 때

2. 조정이 성립되지 아니한 때

3. 조정을 갈음하는 결정이 있을 때

② 법원사무관 등은 제1항에 따른 조서 중 조정을 하지 아니하기로 하는 결정이 있거나 조정이 성립되지 아니한 사유를 기재한 조서는 그 등본을, 조정을 갈음하는 결정을 기재한 조서 또는 제28조에 따른 조서는 그 정본(正本)을 당사자에게 각각 송달하여야 한다. [전문개정 2010.3.31.]

제34조(이의신청) ① 제30조 또는 제32조의 결정에 대하여 당사자는 그 조서의 정본이 송달된 날부터 2주일 이내에 이의를 신청할 수 있다. 다만, 조서의 정본이 송달되기 전에도 이의를 신청할 수 있다.

② 제1항의 기간 내에 이의신청이 있을 때에는 조정담당판사는 이의신청의 상대방에게 지체 없이 이를 통지하여야 한다.

③ 이의신청을 한 당사자는 해당 심급(審級)의 판결이 선고될 때까지 상대방의 동의를 받아 이의신청을 취하할 수 있다. 이 경우 '민사소송법' 제266조 제3항부터 제6항까지의 규정을 준용하며, '소'(訴)는 '이의신청'으로 본다.

④ 다음 각 호의 어느 하나에 해당하는 경우에는 제30조 및 제32조에 따른 결정은 재판상의 화해와 동일한 효력이 있다.

1. 제1항에 따른 기간 내에 이의신청이 없는 경우

2. 이의신청이 취하된 경우

3. 이의신청이 적법하지 아니하여 대법원규칙으로 정하는 바에 따라 각하결정이 확정된 경우

⑤ 제1항의 기간은 불변기간으로 한다. [전문개정 2010.3.31.]

제35조(소멸시효의 중단) ① 조정신청은 시효중단의 효력이 있다.

② 당사자의 신청에 의한 조정사건에 관하여 다음 각 호의 어느 하나에 해당하는 사유가 있는 때에는 1개월 이내에 소를 제기하지 아니하면 시효중단의 효력이 없다.

1. 조정신청이 취하된 때

2. 제31조 제2항에 따라 조정신청이 취하된 것으로 보는 때 [전문개정 2010.3.31.]

제36조(이의신청에 의한 소송으로의 이행) ① 다음 각 호의 어느 하나에 해당하는 경우에는 조정신청을 한 때에 소가 제기된 것으로 본다.

1. 제26조에 따라 조정을 하지 아니하기로 하는 결정이 있는 경우

2. 제27조에 따라 조정이 성립되지 아니한 것으로 사건이 종결된 경우

3. 제30조 또는 제32조에 따른 조정을 갈음하는 결정에 대하여 제34조 제1항에 따른 기간 내에 이의신청이 있는 경우

② 제1항에 따라 조정신청을 한 때에 소가 제기된 것으로 보는 경우 해당 신청인은 소를 제기할 때 소장(訴狀)에 붙여야 할 인지액(印紙額)에서 그 조정신청서에 붙인 인지액을 뺀 금액에 상당하는 인지를 보정(補正)하여야 한다. [전문개정 2010.3.31.]

제37조(절차비용) ① 조정절차의 비용은 조정이 성립된 경우에는 특별한 합의가 없으면 당사자들이 각자 부담하고, 조정이 성립되지 아니한 경우에는 신청인이 부담한다.
② 조정신청이 제36조 제1항에 따라 소송으로 이행(移行)되었을 때에는 제1항의 비용은 소송비용의 일부로 본다. [전문개정 2010.3.31.]

제38조('민사소송법'의 준용) ① 조정에 관해서는 '민사소송법' 제51조, 제52조, 제55조부터 제60조까지(제58조 제1항 후단은 제외한다), 제62조, 제63조 제1항, 제64조, 제87조, 제88조, 제145조 및 제152조 제2항·제3항을 준용한다.
② 이 법에 따른 기일, 기간 및 서류의 송달에 관해서는 '민사소송법'을 준용한다. 다만, '민사소송법' 제185조 제2항, 제187조, 제194조부터 제196조까지의 규정은 제28조에 따라 작성된 조서를 송달하는 경우를 제외하고는 준용하지 아니한다. [전문개정 2010.3.31.]

제39조('비송사건절차법'의 준용) 조정에 관해서는 이 법에 특별한 규정이 있는 경우를 제외하고는 그 성질에 반하지 아니하는 범위에서 '비송사건절차법' 제1편(제15조는 제외한다)을 준용한다. [전문개정 2010.3.31.]

제40조(조정위원회 및 조정장의 권한) 조정위원회가 조정을 하는 경우 조정위원회와 조정장은 다음 각 호의 구분에 따른 조정담당판사의 권한을 가진다.

1. 조정위원회: 제16조, 제17조 제1항, 제18조 제3항, 제19조, 제21조 제1항, 제22조, 제25조 제1항, 제26조 제1항, 제27조, 제30조 및 제32조에 규정된 조정담당판사의 권한

2. 조정장: 제13조 제1항·제2항, 제20조, 제24조, 제34조 제2항 및 제42조에 규정된 조정담당판사의 권한 [전문개정 2010.3.31.]

제40조의 2(상임 조정위원의 공무원 의제) 상임 조정위원은 '형법' 제129조부터 제132조까지의 규정에 따른 벌칙을 적용할 때에는 공무원으로 본다. [본 조 신설 2009.2.6.]

제41조(벌칙) ① 조정위원 또는 조정위원이었던 사람이 정당한 이유 없이 합의의 과정이나 조정장 또는 조정위원의 의견 및 그 의견별 조정위원의 수(數)를 누설한 경우에는 30만 원 이하의 벌금에 처한다.

② 조정위원 또는 조정위원이었던 사람이 정당한 이유 없이 그 직무수행 중에 알게 된 타인의 비밀을 누설한 경우에는 2년 이하의 징역 또는 100만 원 이하의 벌금에 처한다.

③ 제2항의 죄는 고소가 있어야 공소(公訴)를 제기할 수 있다. [전문개정 2010.3.31.]

제42조(조정 전의 처분 위반자에 대한 제재) ① 조정담당판사는 당사자 또는 참가인이 제21조에 따른 조정 전의 처분에 따르지 아니하면 직권으로 30만 원 이하의 과태료를 부과한다.

② '비송사건절차법' 제248조 및 제250조 중 검사(檢事)에 관한 규정은 제1항의 과태료 재판에는 적용하지 아니한다. [전문개정 2010.3.31.]

제43조(위임규정) 이 법에서 규정한 사항 외에 조정절차에서의 의견청취, 사실조사, 증거조사, 절차비용의 예납(豫納), 소송절차와의 관계, 집행절차와의 관계, 그 밖에 조정에 필요한 사항은 대법원규칙으로 정한다. [전문개정 2010.3.31.]

부칙 <제4202호, 1990.1.13.>

① (시행일) 이 법은 1990년 9월 1일부터 시행한다.

② (폐지법률) 법률 제969호 차지차가조정법은 이를 폐지한다.

③ (경과조치) 이 법은 이 법 시행 당시 종전의 규정에 의하여 법원에 계속 중인 사건

후단은 제외한다), 제58조, 제59조 제1항, 제60조, 제80조 및 제135조"를 "민사소송법 제51조, 제52조, 제55조 내지 제60조(다만, 제58조 제1항 후단을 제외한다), 제62조, 제63조 제1항, 제64조, 제87조, 제88조, 제145조 및 제152조 제2항·제3항"으로 하고, 동조 제2항 단서 중 "민사소송법 제171조 제2항, 제171조의 2 제2항, 제173조, 제179조 내지 제181조"를 "민사소송법 제185조 제2항, 제187조, 제194조 내지 제196조"로 한다.

⑩ 내지 <29> 생략

제7조 생략

부칙 <제9417호, 2009.2.6.>

① (시행일) 이 법은 공포한 날부터 시행한다.

② (경과조치) 이 법은 이 법 시행 당시 법원에 계속 중인 사건에 대해서도 적용한다.

부칙 <제10200호, 2010.3.31.>

이 법은 공포한 날부터 시행한다.

Ⅳ. 민사소송 등 인지법

[일부개정 2009.5.8. 법률 제9645호]

제1조(인지의 부착) 민사소송절차, 행정소송절차, 그 밖에 법원에서의 소송절차 또는 비송사건절차에서 소장(訴狀)이나 신청서 또는 신청의 취지를 적은 조서에는 다른 법률에 특별한 규정이 있는 경우가 아니면 이 법에서 정하는 인지(印紙)를 붙여야 한다. 다만, 대법원규칙으로 정하는 경우에는 인지를 붙이는 대신 그 인지액에 해당하는 현금을 납부하게 할 수 있다. [전문개정 2009.5.8.]

제2조(소장) ① 소장[반소장(反訴狀) 및 대법원에 제출하는 소장은 제외한다]에는 소송목적의 값에 따라 다음 각 호의 금액에 해당하는 인지를 붙여야 한다.

1. 소송목적의 값이 1천만 원 미만인 경우에는 그 값에 1만분의 50을 곱한 금액

2. 소송목적의 값이 1천만 원 이상 1억 원 미만인 경우에는 그 값에 1만분의 45를 곱한 금액에 5천 원을 더한 금액

3. 소송목적의 값이 1억 원 이상 10억 원 미만인 경우에는 그 값에 1만분의 40을 곱한 금액에 5만 5천 원을 더한 금액

4. 소송목적의 값이 10억 원 이상인 경우에는 그 값에 1만분의 35를 곱한 금액에 55만 5천 원을 더한 금액

② 제1항에 따라 계산한 인지액이 1천 원 미만이면 그 인지액은 1천 원으로 하고, 1천 원 이상이면 100 원 미만은 계산하지 아니한다.
③ 소송목적의 값은 '민사소송법' 제26조 제1항 및 제27조에 따라 산정(算定)하되, 대법원규칙으로 소송목적의 값을 산정하는 기준을 정할 수 있다.
④ 재산권에 관한 소(訴)로서 그 소송목적의 값을 계산할 수 없는 것과 비(非)재산권을 목적으로 하는 소송의 소송목적의 값은 대법원규칙으로 정한다.

⑤ 1개의 소로서 비재산권을 목적으로 하는 소송과 그 소송의 원인이 된 사실로부터 발생하는 재산권에 관한 소송을 병합한 경우에는 액수가 많은 소송목적의 값에 따라 인지를 붙인다. [전문개정 2009.5.8.]

제3조(항소장, 상고장) 항소장(抗訴狀)에는 제2조에 따른 금액의 1.5배에 해당하는 인지를 붙이고, 상고장(상고장, 대법원에 제출하는 소장을 포함한다)에는 제2조에 따른 금액의 2배에 해당하는 인지를 붙여야 한다. [전문개정 2009.5.8.]

제4조(반소장) ① 제1심에 제출하는 반소장에는 제2조에 따른 금액의 인지를 붙이고, 항소심에 제출하는 반소장에는 제2조에 따른 금액의 1.5배에 해당하는 인지를 붙여야 한다.
② 본소(本訴)와 그 목적이 같은 반소장에는 심급에 따라 다음 각 호에 해당하는 금액의 인지를 붙여야 한다.

　1. 제1심의 경우에는 제1항 전단에 따른 금액에서 본소의 소송목적의 값에 대한 제2조에 따른 금액을 뺀 금액

　2. 항소심의 경우에는 제1항 후단에 따른 금액에서 본소의 소송목적의 값에 대한 제2조에 따른 금액의 1.5배를 뺀 금액 [전문개정 2009.5.8.]

제5조(청구변경신청서) 청구변경신청서에는 심급에 따라 다음 각 호에 해당하는 금액의 인지를 붙여야 한다.

　1. 제1심의 경우에는 변경 후의 청구에 관한 제2조에 따른 금액에서 변경 전의 청구에 관한 인지액을 뺀 금액

　2. 항소심의 경우에는 변경 후의 청구에 관한 제2조에 따른 금액의 1.5배에서 변경 전의 청구에 관한 인지액을 뺀 금액 [전문개정 2009.5.8.]

제6조(당사자참가신청서) ① '민사소송법' 제79조 또는 제83조에 따라 소송에 참가하는 경우 제1심 참가신청서에는 제2조에 따른 금액의 인지를 붙이고, 항소심 참가신청서

에는 제2조에 따른 금액의 1.5배에 해당하는 인지를 붙여야 한다.

② '민사소송법' 제81조에 따른 참가신청에 대하여 피신청인이 신청인의 승계주장 사실을 다투는 경우에도 제1항과 같다. [전문개정 2009.5.8.]

제7조(화해신청서 등) ① 화해신청서에는 제2조에 따른 금액의 5분의 1에 해당하는 인지를 붙여야 한다.

② 지급명령신청서에는 제2조에 따른 금액의 10분의 1에 해당하는 인지를 붙여야 한다.

③ '민사소송법' 제388조 또는 제472조에 따라 화해 또는 지급명령 신청을 한 때에 소가 제기된 것으로 보는 경우에는 해당 신청인은 소를 제기할 때 소장에 붙여야 할 인지액에서 해당 신청서에 붙인 인지액을 뺀 금액에 해당하는 인지를 보정(補正)하여야 한다.

④ 제1항과 제2항에 따른 인지액에 관해서는 제2조 제2항을 준용한다. [전문개정 2009.5.8.]

제8조(재심소장 등) ① 재심소장에는 심급에 따라 제2조, 제3조 또는 제4조 제1항에 따른 금액에 해당하는 인지를 붙여야 한다.

② '민사소송법' 제220조의 조서에 대한 준재심의 경우에도 제1항과 같다. 다만, '민사소송법' 제386조의 조서에 대한 준재심의 소장에는 제7조 제1항에 따른 금액에 해당하는 인지를 붙여야 한다. [전문개정 2009.5.8.]

제9조(그 밖의 신청서) ① 다음 각 호의 신청을 위한 신청서에는 3만 원의 인지를 붙여야 한다.

1. 채권자가 하는 파산의 신청

2. 회생절차 개시의 신청

3. 개인회생절차 개시의 신청

4. 그 밖에 제1호부터 제3호까지의 신청에 준하는 신청으로서 대법원규칙으로 정하는

신청

② 다음 각 호의 신청을 위한 신청서에는 5천 원의 인지를 붙여야 한다.

1. 부동산의 강제경매의 신청, 담보권 실행을 위한 경매의 신청, 그 밖에 법원에 의한 경매의 신청

2. 강제관리의 신청이나 강제관리 방법으로 하는 가압류 집행의 신청

3. 그 밖에 제1호 또는 제2호의 신청에 준하는 신청으로서 대법원규칙으로 정하는 신청

③ 다음 각 호의 신청을 위한 신청서에는 2천 원의 인지를 붙여야 한다.

1. 채권의 압류명령의 신청, 그 밖에 법원에 의한 강제집행의 신청(제2항에 따른 신청은 제외한다)

2. '민사집행법'에 따른 가압류·가처분의 신청이나 가압류·가처분 결정에 대한 이의 또는 취소의 신청

3. '행정소송법'에 따른 집행정지의 신청

4. '부동산등기법' 제38조 제1항에 따른 가처분명령의 신청, 그 밖에 등기 또는 등록에 관한 법령에 따른 가등기 또는 가등록의 가처분명령의 신청

5. 즉시항고로 불복을 신청할 수 있는 결정 또는 명령이 확정된 경우에 하는 준재심의 신청

6. 그 밖에 제1호부터 제5호까지의 신청에 준하는 신청으로서 대법원규칙으로 정하는 신청

④ 다음 각 호의 신청을 위한 신청서에는 1천 원의 인지를 붙여야 한다.

1. '민사소송법' 제475조에 따른 공시최고(公示催告)의 신청

2. '비송사건절차법'에 따라 재판을 구하는 신청

3. 재산명시신청이나 채무불이행자명부 등재(登載)신청 또는 그 말소(말소)신청

4. 그 밖에 대법원규칙으로 정하는 각종 사건부에 등재할 신청(제1항부터 제3항까지의 신청은 제외한다) [전문개정 2009.5.8.]

제10조(그 밖의 신청서) 제2조부터 제9조까지에 규정되지 아니한 신청서에는 500 원의 인지를 붙여야 한다. 다만, 답변서, 증거신청서 및 법원의 직권 발동을 촉구하는 의미의 신청서에는 인지를 붙이지 아니한다. [전문개정 2009.5.8.]

제11조(항고장 등) ① 제9조 또는 제10조의 신청에 관한 재판(항고법원의 재판을 포함한다)에 대한 항고장(항고장) 및 상소장(상소장)에는 해당 신청서에 붙인 인지액의 2배에 해당하는 인지를 붙여야 한다.
② 제1항의 항고장 외의 항고장에는 2천 원의 인지를 붙여야 한다. [전문개정 2009.5.8.]

제12조(재판서 등의 등본·초본의 청구) 재판서 또는 조서의 등본 또는 초본 발급을 청구하는 경우에는 대법원규칙으로 정하는 금액의 인지를 붙여야 한다. [전문개정 2009.5.8.]

제13조(인지를 붙이지 아니한 경우의 효력) 이 법에 따른 인지를 붙이지 아니하거나 인지액에 해당하는 현금을 내지 아니하고 한 신청은 부적법하다. 다만, 법원은 신청인에게 보정(補正)을 명할 수 있고, 신청인이 그 명령에 따라 인지를 붙이거나 인지액에 해당하는 현금을 낸 경우에는 그러하지 아니하다. [전문개정 2009.5.8.]

제14조(인지액 중 일정액의 환급) ① 원고, 상소인, 그 밖의 신청인은 다음 각 호의 어느 하나에 해당하는 경우에는 해당 심급의 소장·항소장·상고장·반소장·청구변경신청서·당사자참가신청서 및 재심소장(이하 '소장 등'이라 한다)에 붙인 인지액의 2분

의 1에 해당하는 금액(인지액의 2분의 1에 해당하는 금액이 10만 원 미만이면 인지액에서 10만 원을 빼고 남은 금액)의 환급을 청구할 수 있다.

1. 소장 등에 대한 각하명령이 확정된 경우

2. 제1심 또는 항소심에서 해당 심급의 변론종결 전에 소·항소·반소·청구변경신청·당사자참가신청 또는 재심의 소가 취하(취하로 간주되는 경우를 포함한다)된 경우

3. 상고이유서 제출기간이 지나기 전에 상고가 취하된 경우

4. 제1심 또는 항소심에서 청구의 포기 또는 인낙(認諾)이 있은 경우

5. 제1심 또는 항소심에서 재판상 화해 또는 조정이 성립된 경우('민사소송법' 제231조 및 '민사조정법' 제34조 제4항에 따라 재판상 화해와 동일한 효력이 있는 경우를 포함한다)

② 제1항에 따른 청구는 그 사유가 발생한 날부터 3년 이내에 하여야 한다.
③ 제1항에 따른 인지액의 환급 절차 등에 관하여 필요한 사항은 대법원규칙으로 정한다. [전문개정 2009.5.8.]

제15조(위임규정) 제8조부터 제11조까지의 규정에 따른 인지액은 경제사정이 변동된 경우에는 이 법이 개정될 때까지 대법원규칙으로 올리거나 내릴 수 있다. [전문개정 2009.5.8.]

부칙 <제4299호, 1990.12.31.>

① (시행일) 이 법은 1991년 1월 1일부터 시행한다.

② (법원에 계속 중인 사건에 대한 경과조치) 이 법 시행 당시 법원에 계속 중인 사건에 대해서는 종전의 예에 의한다. 다만, 제10조 단서의 규정은 이 법 시행 당시 법원

에 계속 중인 사건에도 이를 적용한다.

③ (다른 법률의 개정) 민사조정법 중 다음과 같이 개정한다.
제36조 제5항 중 "민사소송인지법 제2조, 제3조 및 제18조"를 "민사소송등인지법 제2조 및 제14조"로 한다.

④ (다른 법령과의 관계) 이 법 시행 당시 다른 법령에서 민사소송인지법 또는 그 조문을 인용한 경우에는 이 법 또는 이 법 중 해당 조문을 각각 인용한 것으로 본다.

부칙 <제5428호, 1997.12.13.>

이 법은 공포한 날부터 시행한다.

부칙 <제6628호, 2002.1.26.>

① (시행일) 이 법은 2002년 7월 1일부터 시행한다. 다만, 제2조 제4항·제7조 제2항 및 제14조의 개정규정은 공포한 날부터 시행한다.

② (계속사건에 관한 경과조치) 제2조 제4항·제7조 제2항 및 제14조의 개정규정은 이 법 시행 당시 법원에 계속 중인 사건에 대해서는 이를 적용하지 아니하고 종전의 규정에 의한다.

부칙 <제7081호, 2004.1.20.>

① (시행일) 이 법은 2004년 2월 1일부터 시행한다.

② (경과조치) 이 법 시행 당시 법원에 계속 중인 사건에 대해서는 당해 심급에 한하여 제14조의 개정규정을 적용하지 아니한다.

부칙(채무자 회생 및 파산에 관한 법률) <제7428호, 2005.3.31.>

제1조(시행일) 이 법은 공포 후 1년이 경과한 날부터 시행한다.

제2조 내지 제4조 생략

제5조(다른 법률의 개정) ① 내지 <㊵> 생략

   ㊵ 민사소송등인지법 일부를 다음과 같이 개정한다.

   제9조 제1항 제2호 및 동 항 제3호를 각각 다음과 같이 한다.

   2. 회생절차개시의 신청

   3. 개인회생절차개시의 신청

   <42> 내지 <145> 생략

제6조 생략

부칙 <제9645호, 2009.5.8.>

이 법은 공포한 날부터 시행한다.

[별표] 〈개정 2007. 11. 28.〉

소송목적의 값	소송비용에 산입되는 비율
1,000만 원까지 부분	8%
1,000만 원을 초과하여 2,000만 원까지 부분 [80만 원 + (소송목적의 값 − 1,000만 원) $\times \frac{7}{100}$]	7%
2,000만 원을 초과하여 3,000만 원까지 부분 [150만 원 + (소송목적의 값 − 2,000만 원) $\times \frac{6}{100}$]	6%
3,000만 원을 초과하여 5,000만 원까지 부분 [210만 원 + (소송목적의 값 − 3,000만 원) $\times \frac{5}{100}$]	5%
5,000만 원을 초과하여 7,000만 원까지 부분 [310만 원 + (소송목적의 값 − 5,000만 원) $\times \frac{4}{100}$]	4%
7,000만 원을 초과하여 1억 원까지 부분 [390만 원 + (소송목적의 값 − 7,000만 원) $\times \frac{3}{100}$]	3%
1억 원을 초과하여 2억 원까지 부분 [480만 원 + (소송목적의 값 − 1억 원) $\times \frac{2}{100}$]	2%
2억 원을 초과하여 5억 원까지 부분 [680만 원 + (소송목적의 값 − 2억 원) $\times \frac{1}{100}$]	1%
5억 원을 초과하는 부분 [980만 원 + (소송목적의 값 − 5억 원) $\times \frac{0.5}{100}$]	0.5%

Ⅴ. 민사소송 등 인지규칙

[시행 2008. 1. 1] [대법원규칙 제2118호, 2007. 11. 28, 일부개정]

제1장 통 칙

제1조 (목적) 이 규칙은 「민사소송 등 인지법」(이하 "법"이라 한다)에서 대법원규칙으로 정하도록 위임한 사항 기타 필요한 사항에 관하여 규정함을 목적으로 한다.<개정 2006. 3. 23>

제2조 (인지의 확인 등) ① 소장·상소장 기타의 신청서(신청의 취시를 기재한 조서를 포함한다. 이하 같다)(이하 "소장 등"이라 한다)의 인지확인은 접수사무를 담당하는 법원서기관, 법원사무관, 법원주사 또는 법원주사보(이하 "법원사무관 등"이라 한다)가 한다.

② 접수담당 법원사무관 등은 소장 등의 인지가 첩부된 마지막 인지대지나 인지액 상당의 금액의 현금 영수필확인서가 첩부된 용지의 여백 또는 조서용지의 여백에 별지 1과 같은 양식의 고무인을 찍어야 한다. 다만, 정액의 인지를 첩부하는 항고장·재항고장 기타의 신청서의 경우에는 그러하지 아니하다.

③ 접수담당 법원사무관 등은 소장 등의 첩부인지액 또는 인지액 상당의 금액의 현금납부액의 상당 여부를 조사하여 소가, 첩부하여야 할 인지액과 첩부한 인지액 등을 기재하고 날인하며, 제5조의 규정에 따른 조치를 한 후 첩부된 인지 또는 현금영수필확인서에 소인하여야 한다.

④ 접수담당 법원사무관 등이 청구취지(항소취지 포함) 변경신청서를 접수한 후 총인지액과 기첩부 인지액 등을 확인하기 어려울 경우에는 별지 1 양식의 청구취지 변경용 고무인만을 찍어 참여 법원사무관 등에게 보내어 참여 법원사무관 등으로 하여금 제3항의 조치를 취하게 할 수 있다.

⑤ 법원사무관 등은 원고·상소인 기타의 신청인(이하 "신청인등"이라 한다)이 산정, 신고한 소가 또는 첩부인지액이나 현금납부액이 상당하지 아니하다고 인정한 때에는 신청인 등에게 보정을 권고하고, 별지 1 양식의 고무인 비고란에 그 사유를 부기하여

야 한다. 소가의 산정을 위한 자료의 미비 기타의 사유로 소가를 산정하기 어려운 경우에도 같다.

⑥ 원심법원의 법원사무관 등이 상소장에 대하여 제2항 내지 제4항의 규정에 따른 인지확인을 하지 아니한 경우에는 상소법원의 접수담당 법원사무관 등이 이를 한다. [전문개정 2001. 4. 26]

제3조 (소가의 인정) 소가의 산정을 위한 자료의 미비, 그 밖의 사유로 인하여 소가를 산정하기 어려운 때에는 재판장이 소가인정을 한다. 이 경우 재판장은 소장 등의 소송물가액표시 기재 오른쪽에 별지 2와 같은 양식의 고무인을 찍고 해당사항을 기입한 후 날인하여야 한다. [전문개정 2002. 6. 28]

제4조 (인지의 보정명령) 재판장은 소장 등에 첨부된 인지액 또는 그에 갈음한 현금납부액이 상당하지 아니하다고 인정한 때에는 지체 없이 신청인등에게 인지 또는 현금납부액의 보정을 명하여야 한다.

제5조 (과첩인지 등의 처리) ① 소장 등에 상당액수를 초과하여 첨부된 인지가 있는 때에는 접수담당 법원사무관 등은 이를 떼어내어 신청인등에게 반환하여야 한다. 신청인등이 그 인지의 반환청구를 포기할 뜻을 표시한 때에는 인지가 첨부된 마지막 인지 대지의 여백 또는 별지 1 양식의 고무인 비고란에 그 취지를 기재하고 신청인등의 기명날인 또는 서명을 받아야 한다. <개정 2001. 4. 26, 2002. 6. 28>

② 소장 등에 상당액수를 초과하여 인지의 첨부에 갈음한 현금영수필확인서가 첨부되어 있는 때에는 접수담당 법원사무관 등은 신청인등에게 제32조의 규정에 의하여 과오납금의 반환을 청구할 수 있음을 고지하고, 신청인등이 그 반환청구를 포기할 뜻을 표시한 때에는 현금영수필확인서가 첨부된 용지의 여백 또는 별지 1 양식의 고무인 비고란에 그 취지를 기재하고 신청인등의 기명날인 또는 서명을 받아야 한다.<개정 2001. 4. 26, 2002. 6. 28>

제2장 소가산정의 기준

제1절 총 칙

제6조 (소가산정의 원칙) 법 제2조 제1항의 규정에 의한 소가는 원고가 청구취지로써 구하는 범위 내에서 원고의 입장에서 보아 전부 승소할 경우에 직접 받게 될 경제적 이익을 객관적으로 평가하여 금액으로 정함을 원칙으로 한다.

제7조 (소가산정의 기준시) 소가는 소를 제기한 때(법률의 규정에 의하여 소의 제기가 의제되는 경우에는 그 소를 제기한 것으로 되는 때)를 기준으로 하여 산정한다.

제8조 (소가산정의 방법 등) ① 소장에는 소가의 산정을 위한 자료를 첨부하여야 한다.
② 토지 또는 건물에 관한 소송을 제기하는 경우에는 목적물의 개별공시지가 또는 시가표준액을 알 수 있는 토지대장등본, 공시지가확인원 또는 건축물대장등본 등을 제출하여야 한다. <개정 2002.8.26>
③ 법원은 소가의 산정을 위하여 필요한 때에는 직권 또는 신청에 의하여 공무소 기타 상당하다고 인정되는 단체 또는 개인에게 사실조사 또는 감정을 촉탁하고, 필요한 사항의 보고를 요구할 수 있다. 이 경우에는 「민사소송법」 제140조, 「민사소송규칙」 제29조의 규정을 준용한다. <개정 2002. 6. 28, 2006. 3. 23>
④ 소가의 산정을 위하여 필요한 비용은 당사자가 예납하여야 하며, 소송비용의 일부가 된다.

제2절 소가산정의 표준

제9조 (물건 등의 가액) ① 토지의 가액은 「부동산가격공시 및 감정평가에 관한 법률」에 의한 개별공시지가(개별공시지가가 없는 경우에는 시장·군수가 같은 법 제9조의 규정에 의하여 건설교통부장관이 제공한 토지가격비준표를 사용하여 산정한 가액)에 100분의 30을 곱하여 산정한 금액으로 한다.
② 건물의 가액은 「지방세법 시행령」 제80조 제1항 제1호의 방식에 의하여 산정한

시가표준액(이 경우 같은 법 시행령 제80조 제1항 제1호의 건축물은 건물로 한다)에 100분의 30을 곱한 금액으로 한다.

③ 선박·차량·기계장비·입목·항공기·광업권·어업권·골프회원권·콘도미니엄회원권·종합체육시설이용회원권 기타「지방세법」제111조 제2항 단서, 같은 법 시행령 제80조의 규정에 의한 시가표준액의 정함이 있는 것의 가액은 그 시가표준액으로 한다.

④ 유가증권의 가액은 액면금액 또는 표창하는 권리의 가액으로 하되, 증권거래소에 상장된 증권의 가액은 소 제기 전날의 최종거래가격으로 한다.

⑤ 유가증권 이외의 증서의 가액은 200,000 원으로 한다. [전문개정 2006. 3. 23]

제10조 (물건에 대한 권리의 가액) ① 물건에 대한 소유권의 가액은 그 물건가액으로 한다.

② 물건에 대한 점유권의 가액은 그 물건가액의 3분의 1로 한다.

③ 지상권 또는 임차권의 가액은 목적물건 가액의 2분의 1로 한다.

④ 지역권의 가액은 승역지 가액의 3분의 1로 한다.

⑤ 담보물권의 가액은 목적물건 가액을 한도로 한 피담보채권의 원본액(근저당권의 경우에는 채권최고액)으로 한다.

⑥ 전세권(채권적전세권을 포함한다)의 가액은 목적물건 가액을 한도로 한 전세금액으로 한다.

제11조 (기타의 물건 등의 가액) 제9조 및 제10조에 규정되지 아니한 물건 또는 권리(이하 이 조에서는 "물건 등"이라 한다)의 가액은 소를 제기할 당시의 시가로 하고, 시가를 알기 어려운 때에는 그 물건 등의 취득가격 또는 유사한 물건 등의 시가로 한다.

제3절 각종의 소의 소가산정

제12조 (통상의 소) 통상의 소의 소가는 다음 각호에 규정된 가액 또는 기준에 의하여 산정한다. <개정 2001. 4. 26, 2002. 6. 28, 2006. 3. 23>

1. 확인의 소(소극적확인의 소를 포함한다)에 있어서는 권리의 종류에 따라 제10조 및 제11조의 규정에 의한 가액

2. 증서진부확인의 소에 있어서는 그 증서가 유가증권인 경우에는 제9조제4항의 규정에 의한 가액의 2분의 1, 기타의 증서인 경우에는 제9조제5항의 규정에 의한 가액

3. 금전지급청구의 소에 있어서는 청구금액

4. 기간이 확정되지 아니한 정기금청구의 소에 있어서는 기발생분 및 1년분의 정기금 합산액

5. 물건의 인도 · 명도 또는 방해배제를 구하는 소에 있어서는 다음의 구별에 의한다.

가. 소유권에 기한 경우에는 목적물건 가액의 2분의 1
나. 지상권 · 전세권 · 임차권 또는 담보물권에 기한 경우 또는 그 계약의 해지 · 해제 · 계약기간의 만료를 원인으로 하는 경우에는 목적물건 가액의 2분의 1
다. 점유권에 기한 경우에는 목적물건 가액의 3분의 1
라. 소유권의 이전을 목적으로 하는 계약에 기한 동산인도청구의 경우에는 목적물건의 가액

6. 상린관계상의 청구에 있어서는 부담을 받는 이웃 토지 부분의 가액의 3분의 1

7. 공유물분할 청구의 소에 있어서는 목적물건의 가액에 원고의 공유지분 비율을 곱하여 산출한 가액의 3분의 1

8. 경계확정의 소에 있어서는 다툼이 있는 범위의 토지부분의 가액

9. 사해행위취소의 소에 있어서는 취소되는 법률행위의 목적의 가액을 한도로 한 원고의 채권액

10. 기간이 확정되지 아니한 정기금의 지급을 명한 판결을 대상으로 한 「민사소송법」 제252조에 규정된 소에 있어서는 그 소로써 증액 또는 감액을 구하는 부분의 1년간 합산액

제13조 (등기·등록 등 절차에 관한 소) ① 등기 또는 등록 등(이하 이 조에서는 "등기"라고만 한다) 절차의 이행을 구하는 소의 소가는 다음 각호에 규정된 가액 또는 기준에 의한다.

1. 소유권이전등기의 경우에는 목적물건의 가액

2. 제한물권의 설정등기 또는 이전등기의 경우에는 다음의 구별에 의한다.

   가. 지상권 또는 임차권인 경우에는 목적물건가액의 2분의 1
   나. 담보물권 또는 전세권인 경우에는 목적물건가액을 한도로 한 피담보채권액(근저당권의 경우에는 채권최고액)
   다. 지역권인 경우에는 승역지 가액의 3분의 1

   3. 가등기 또는 그에 기한 본등기의 경우에는 권리의 종류에 따라 제1호 또는 제2호의 규정에 의한 가액의 2분의 1

   4. 말소등기 또는 말소회복등기의 경우에는 다음의 구별에 의한다.

   가. 설정계약 또는 양도계약의 해지나 해제에 기한 경우에는 제1호 내지 제3호의 규정에 의한 가액
   나. 등기원인의 무효 또는 취소에 기한 경우에는 제1호 내지 제3호의 규정에 의한 가액의 2분의 1

② 등기의 인수를 구하는 소의 소가는 목적물건 가액의 10분의 1 [전문개정 2004. 10. 18]

제14조 (명예회복을 위한 처분 청구의 소) 「민법」 제764조의 규정에 의한 명예회복을 위한 적당한 처분을 구하는 소는, 그 처분에 통상 소요되는 비용을 산출할 수 있는 경우에는 그 비용을 소가로 하고, 그 비용을 산출하기 어려운 경우에는 비재산권상의 소로 본다. <개정 2006.3.23>

제15조 (회사등 관계소송 등) ① 주주의 대표소송, 이사의 위법행위유지(유지)청구의 소 및 회사에 대한 신주발행유지(유지)청구의 소는 소가를 산출할 수 없는 소송으로 본다. ② 제1항에 규정된 것을 제외하고 상법의 규정에 의한 회사관계 소송은 비재산권을 목적으로 하는 소송으로 본다. ③ 회사 이외의 단체에 관한 것으로서 제2항에 규정된 소에 준하는 소송은 비재산권을 목적으로 하는 소송으로 본다. ④ 해고무효확인의 소는 비재산권을 목적으로 하는 소송으로 본다.

제15조의2 (소비자단체소송)「소비자기본법」제70조에 따라 제기된 금지ㆍ중지 청구에 관한 소송은 비재산권을 목적으로 하는 소송으로 본다. [본조신설 2007. 11. 28]

제16조 (집행법상의 소)「민사집행법」에 규정된 각종 소의 소가는 다음 각호에 규정된 가액 또는 기준에 의한다. <개정 2002. 6. 28, 2004. 10. 18, 2006. 3. 23>

1. 가. 집행판결을 구하는 소에 있어서는 외국판결 또는 중재판정에서 인정된 권리의 가액의 2분의 1
나. 중재판정취소의 소에 있어서는 중재판정에서 인정된 권리의 가액

2. 집행문부여 또는 집행문부여에 대한 이의의 소에 있어서는 그 대상인 집행권원에서 인정된 권리의 가액의 10분의 1

3. 청구이의의 소에 있어서는 집행력 배제의 대상인 집행권원에서 인정된 권리의 가액

4. 제3자이의의 소에 있어서는 집행권원에서 인정된 권리의 가액을 한도로 한 원고의 권리의 가액

5. 삭제<2002. 6. 28>

6. 배당이의의 소에 있어서는 배당증가액

7. 공유관계부인의 소에 있어서는 원고의 채권액을 한도로 한 목적물건 가액의 2분의 1

제17조 (행정소송) 행정소송의 소가는 다음 각호에 규정된 가액 또는 기준에 의한다.

1. 조세 기타 공법상의 금전·유가증권 또는 물건의 납부를 명한 처분의 무효확인 또는 취소를 구하는 소송에 있어서는, 그 청구가 인용됨으로써 원고가 납부의무를 면하게 되거나 환급받게 될 금전, 유가증권 또는 물건의 가액의 3분의 1. 다만, 그 금전·유가증권 또는 물건의 가액이 30억원을 초과하는 경우에는 이를 30억원으로 본다.

2. 체납처분취소의 소에 있어서는 체납처분의 근거가 된 세액을 한도로 한 목적물건의 가액의 3분의 1. 다만, 그 세액 또는 목적물건의 가액이 30억원을 초과하는 경우에는 이를 30억원으로 본다.

3. 금전지급청구의 소에 있어서는 청구금액

4. 제1호 내지 제3호에 규정된 것 이외의 소송은 비재산권을 목적으로 하는 소송으로 본다.

제17조의2 (특허소송) 특허법원의 전속관할에 속하는 소송의 소가는 재산권상의 소로서 그 소가를 산출할 수 없는 것으로 본다. [본조신설 1998. 2. 17]

제18조 (무체재산권에 관한 소) 무체재산권에 관한 소중 금전의 지급이나 물건의 인도를 목적으로 하지 아니하는 소는 소가를 산출할 수 없는 소송으로 본다.

제18조의2 (소가를 산출할 수 없는 재산권상의 소 등 <개정 2002. 8. 26>) 재산권상의 소로서 그 소가를 산출할 수 없는 것과 비재산권을 목적으로 하는 소송의 소가는 2,000만 100 원으로 한다. 다만, 제15조 제1항 내지 제3항, 제15조의2, 제17조의2, 제18조에 정한 소송의 소가는 5,000만 100 원으로 한다. <개정 2007. 11. 28>[본조신설 2001. 4. 26]

제4절 병합청구의 소가산정

제19조 (합산의 원칙) 1개의 소로써 수개의 청구를 하는 경우에 그 수개의 청구의 경제적 이익이 독립한 별개의 것인 때에는 합산하여 소가를 산정한다.

제20조 (중복청구의 흡수) 1개의 소로써 주장하는 수개의 청구의 경제적 이익이 동일하거나 중복되는 때에는 중복되는 범위 내에서 흡수되고, 그중 가장 다액인 청구의 가액을 소가로 한다.

제21조 (수단인 청구의 흡수) 1개의 청구가 다른 청구의 수단에 지나지 않을 때에는, 특별한 규정이 있는 경우를 제외하고, 그 가액은 소가에 산입하지 아니한다. 다만, 수단인 청구의 가액이 주된 청구의 가액보다 다액인 경우에는 그 다액을 소가로 한다.

제22조 (비재산권상의 청구의 병합) 1개의 소로써 수개의 비재산권을 목적으로 하는 청구를 병합한 때에는 각 청구의 소가를 합산한다. 다만, 청구의 목적이 1개의 법률관계인 때에는 1개의 소로 본다.

제23조 (재산권상의 청구와 비재산권상의 청구의 병합) ① 법 제2조 제5항에 규정된 경우를 제외하고, 1개의 소로써 비재산권을 목적으로 하는 청구와 재산권을 목적으로 하는 청구를 병합한 때에는 각 청구의 소가를 합산한다.
② 수개의 비재산권을 목적으로 하는 청구와 그 원인된 사실로부터 생기는 재산권을 목적으로 하는 청구를 1개의 소로써 제기하는 때에는 제22조의 규정에 의한 소가와 재산권을 목적으로 하는 청구의 소가중 다액을 소가로 한다.

제24조 (수개의 소장에 의한 소) 1개의 소로써 병합제기할 수 있는 청구를 수개의 소장으로 나누어 소를 제기하는 경우에는 각각 별도로 소가를 산정한다.

제5절 상소장에 첨부할 인지액의 산정

제25조 (원칙) 항소장 또는 상고장에 첨부할 인지액은 상소로써 불복하는 범위의 소가를

기준으로 하여 산정한다.

제26조 (부대상소) 제25조의 규정은 부대항소장 또는 부대상고장에 이를 준용한다. 다만, 반소의 제기 또는 소의 변경을 위한 부대항소장에 첨부할 인지액은 법 제4조 및 제5조의 규정에 의하여 산정한다.

제3장 인지의 현금납부

제27조 (현금납부의 범위) ① 소장 등에 첨부하거나 보정하여야 할 인지액(이미 납부한 인지액이 있는 경우에는 그 합산액)이 10만원을 초과하는 때에는 그 인지의 첨부 또는 보정에 갈음하여 인지액 상당의 금액 전액을 현금으로 납부하여야 한다. <개정 2004. 1. 28>

② 제1항의 규정에 해당하지 아니하는 경우에도 신청인 등은 인지의 첨부에 갈음하여 인지액 상당의 금액을 현금으로 납부할 수 있다. <개정 2001. 4. 26>

③ 시·군법원에 제출하는 소장 등과 법 제9조 내지 제12조에 규정된 신청서 등의 경우에는 제1항, 제2항을 적용하지 아니한다. 다만, 소를 제기하는 경우에 소장에 붙여야 할 인지액이 10만원을 초과하는 화해, 지급명령 또는 조정신청 사건에 대하여 「민사소송법」 제388조, 제472조 또는 「민사조정법」 제36조의 규정에 의하여 소의 제기가 있는 것으로 보아인지를 보정하는 경우에는 현금으로 납부하여야 한다. <개정 2004. 1. 28, 2006. 3. 23>

제28조 (수납기관) 제27조의 규정에 의한 인지액 상당의 금액의 현금납부는 송달료규칙 제3조제1항에 규정된 송달료수납은행(이하 "수납은행"이라 한다)에 하여야 한다. <개정 2002. 6. 28>

제29조 (납부절차) ① 신청인 등은 별지 3-1 내지 3-4와 같은 양식의 납부서, 영수증, 영수필통지서 및 영수필확인서에 의하여 수납은행에 인지액 상당의 금액을 현금으로 납부하고, 수납은행은 그 중 영수증, 영수필통지서 및 영수필확인서에 해당사항을 기입하여 신청인등에게 교부하여야 한다. 다만, 인터넷뱅킹을 이용하여 이를 납부하는

때에는 수납은행은 영수증, 영수필통지서 및 영수필확인서의 해당사항을 기재한 정보를 인터넷으로 제공하여 신청인등이 출력할 수 있도록 하여야 한다.

② 신청인 등은 제1항의 규정에 의하여 수납은행으로부터 교부받거나 출력한 영수필통지서 및 영수필확인서를 소장 등에 첨부하여 법원에 제출하여야 한다.

③ 접수담당 법원사무관 등은 소장 등에 첨부된 영수필확인서와 영수필통지서를 대조, 확인한 후 영수필확인서는 소장 등에 첨부하여 제2조 제2항 내지 제5항, 제5조 제2항의 규정에 따른 조치를 하고, 영수필통지서는 소장등과 분리하여 접수인을 날인하고 지체 없이 수입징수관에게 송부하여야 한다.

④ 제27조 제3항 단서에 따라 현금을 납부한 경우에는 시·군법원의 접수담당 법원사무관 등은 소장등에 첨부된 영수필확인서와 영수필통지서를 대조, 확인한 후 영수필확인서는 소장등에 첨부하여 제2조제2항 내지 제5항, 제5조제2항의 규정에 따른 조치를 하고, 영수필통지서는 소장등과 분리하지 아니한 채 기록과 함께 관할법원에 송부하며, 관할법원의 접수담당 법원사무관 등이 기록 접수시에 이를 소장등과 분리하여 접수인을 날인하고 지체 없이 수입징수관에게 송부하여야 한다.

⑤ 수납은행은 매 영업일의 수납마감 후 지체 없이 인지액 상당의 금액의 현금수납금을 법원별로 구분하여 한국은행의 국고대리점계정에 입금하고 수입금수납증빙서류를 작성하여 「송달료규칙」 제3조제4항에 규정된 송달료관리은행(이하 "관리은행"이라 한다)에 송부하여야 한다. <개정 2006. 3. 23>

⑥ 관리은행은 매 영업일마다 제5항의 규정에 의하여 수납은행으로부터 송부받은 서류에 근거하여 인지액 상당의 금액의 현금납부자의 성명, 주민등록번호(법인인 경우에는 법인등록번호), 사건번호를 알 수 있는 경우에는 사건번호, 사건명, 수납은행 및 납부금액을 기재한 인지액 상당의 금액의 현금수납일계표 또는 현금수납명세표를 작성하고, 수납은행으로부터 송부받은 수입금 수납증빙서류를 첨부하여 지체 없이 관할법원의 수입징수관에게 송부하여야 한다. [전문개정 2004. 1. 28]

제30조 (수입징수결정 등) ① 수입징수관은 제29조 제3항 및 제6항의 규정에 의하여 송부받은 서류를 근거로 하여 수입징수결정을 하여야 한다.

② 제1항의 경우에, 수입징수결정의 근거로 되는 서류의 기재내용이 서로 다른 때에는 수입징수관은 그 사실을 당해사건의 재판장에게 서면으로 통지하여야 한다. [전문개정 2004. 1. 28]

제31조 (보고) 수입징수관은 별지 4와 같은 양식에 의하여 매월의 인지액 상당의 금액의 현금 납부상황을 그 다음달 10일까지 법원행정처장에게 보고하여야 한다. [전문개정 2004. 1. 28]

제32조 (과오납금의 반환) ① 신청인등이 소장 등에 첨부한 인지가 소인되거나 인지액 상당의 금액을 현금으로 납부한 후 과오납금이 있음을 발견한 때에는 당해 법원의 수입징수관에게 그 반환을 청구할 수 있다.

② 제1항의 청구는 서면으로 하여야 하고, 당해 사건의 담당 법원사무관 등이 과오납을 확인한 서면 또는 제29조 제1항 후단의 규정에 의하여 신청인등이 수납은행으로부터 교부받은 서류의 원본을 첨부하여야 한다.

③ 수입징수관은 제1항의 청구가 이유 있을 때에는 당해 법원의 수입징수금에서 과오납금을 반환하는 결정을 하고, 이유 없을 때에는 청구를 기각하는 결정을 하여야 한다.

④ 과오납금의 반환결정은 신청인등 외에 당해 사건의 재판장에게 서면으로 통지하여야 한다. [전문개정 2004. 1. 28]

제33조 (환급청구절차 등) ① 법 제14조 제1항의 규정에 따른 환급청구는 서면으로 당해 법원의 수입징수관에게 하여야 한다.

② 제1항의 청구서에는 당해 사건의 담당 법원사무관 등이 환급사유 및 환급금액을 확인한 서면을 첨부하여야 한다.

③「민사소송법」제27조 제1항의 규정에 따른 합산이 이루어진 경우 수개의 청구 중 일부에 대하여 환급사유가 생긴 때에는 각 청구의 가액에 따라 안분한 후 환급사유가 있는 청구부분의 인지액에 해당하는 금액에서 환급금액을 계산한다. <개정 2006. 3. 23>

④ 제32조 제3항·제4항의 규정은 수입징수관이 법 제14조 제1항의 규정에 따라 수입금을 환급하는 경우에 이를 준용한다. [본조신설 2004. 1. 28] [종전 제33조는 제34조로 이동<2004. 1. 28>]

제34조 (준용규정) 과오납금의 반환 및 인지액 환급절차 기타 수입징수관의 사무처리에 관하여는 이 규칙에 정한 것을 제외하고는 「국고금관리법 시행규칙」의 규정을 준용한다. <개정 2006. 3. 23>[전문개정 2004. 1. 28][제33조에서 이동<2004. 1. 28>]

부칙 <대법원규칙 제1179호, 1991.11.23>

제1조 (시행일) 이 규칙은 1992년 1월 1일부터 시행한다.

제2조 (폐지규칙) 민사소송인지에 관한 규칙 및 민사소송인지의 현금납부에 관한 규칙을 각각 폐지한다.

제3조 (계속사건에 대한 경과조치) 이 규칙 시행당시 이미 법원에 계속된 사건에 대하여는 종전의 예에 의한다.

제4조 (다른 법령과의 관계) 이 규칙 시행당시 다른 법령에서 민사소송인지에 관한 규칙 또는 민사소송인지의 현금납부에 관한 규칙이나 그 조문을 인용한 경우에 이 규칙 중 그에 해당하는 규정이 있을 때에는 종전의 규정에 대치하여 이 규칙 또는 이 규칙 중 해당조문을 인용한 것으로 본다.

부칙 <대법원규칙 제1456호, 1997. 1. 23>

제1조 (시행일) 이 규칙은 1997년 2월 1일부터 시행한다.

제2조 (계속사건에 대한 경과조치) 이 규칙 시행 당시 이미 법원에 계속 중인 사건은 종전의 예에 의한다.

부칙 <대법원규칙 제1512호, 1998. 2. 17>

이 규칙은 1998년 3월 1일부터 시행한다.

부칙 <대법원규칙 제1568호, 1998. 10. 8>

이 규칙은 공포한 날부터 시행한다.

부칙 <대법원규칙 제1702호, 2001. 4. 26>

제1조 (시행일) 이 규칙은 2001년 5월 1일부터 시행한다.

제2조 (경과조치) 제18조의2는 이 규칙 시행 전에 법원에 접수된 사건에 대해서는 적용하지 아니한다. 다만, 이 규칙 시행이후 상소되는 사건에 대하여 첨부할 인지액의 계산에 있어서는 이 규칙을 적용한다.

부칙 <대법원규칙 제1773호, 2002. 6. 28>

이 규칙은 2002. 7. 1.부터 시행한다.

부칙 <대법원규칙 제1790호, 2002. 8. 26>

제1조 (시행일) 이 규칙은 2002년 9월 1일부터 시행한다.

제2조 (경과조치) 이 규칙은 이 규칙 시행 당시 법원에 계속 중인 사건에도 적용한다.
부칙 <대법원규칙 제1865호, 2004. 1. 28>

제1조 (시행일) 이 규칙은 2004년 2월 1일부터 시행한다.

제2조 (경과조치) 이 규칙 시행 당시 법원에 계속 중인 사건에 대하여는 당해 심급에 한하여 제33조의 개정규정을 적용하지 아니한다.

제3조 (수납기관 등의 지정) 제28조 및 제29조 제4항의 규정에 의한 수납은행 및 관리은행이 지정되어 있지 아니한 시·군법원의 경우에는 대법원장이 지정하는 금융기관에서 그 업무를 수행한다.

부칙 <대법원규칙 제1910호, 2004. 10. 18>

제1조 (시행일) 이 규칙은 2004년 11. 1.부터 시행한다.

제2조 (경과규정) 이 규칙은 이 규칙 시행 전에 법원에 접수된 사건에 대해서는 적용하지 아니한다.

부칙 <대법원규칙 제2001호, 2006. 3. 23>

제1조 (시행일) 이 규칙은 공포한 날부터 시행한다.

제2조 (경과조치) 이 규칙 시행당시 이미 법원에 계속된 사건에 대하여는 종전의 예에 의한다.

부칙 <대법원규칙 제2118호, 2007. 11. 28>

이 규칙은 2008년 1월 1일부터 시행한다.

Ⅵ. 변호사보수의 소송비용산입에 관한 규칙

[일부개정 2007.11.28. 대법원규칙 제2116호]

제1조(목적) 이 규칙은 민사소송법 제109조 제1항에 의하여 소송비용에 산입할 변호사보수의 금액을 정함을 목적으로 한다. <개정 1990.8.21, 2003.6.9.>

제2조(적용범위) 이 규칙은 민사소송법의 규정(다른 법률에 의하여 민사소송법의 규정이 준용되는 경우를 포함한다)에 의하여 소송비용액의 확정결정 신청을 할 수 있는 사건에 적용한다. <개정 1990.8.21.>

제3조(산입할 보수의 기준) ① 소송비용에 산입되는 변호사의 보수는 당사자가 보수계약에 의하여 지급한 또는 지급할 보수액의 범위 내에서 각 심급단위로 소송목적의 값에 따라 별표의 기준에 의하여 산정한다. 다만, 별표의 기준에 따른 금액이 10만 원에 미치지 못하는 때에는 이를 10만 원으로 한다. <개정 2007.11.28.>
② 가압류, 가처분 명령의 신청, 그 명령에 대한 이의 또는 취소의 신청사건에 있어서 소송비용에 산입되는 변호사의 보수는, 피보전 권리의 값에 따라 제1항의 기준에 의하여 산정한 금액의 2분의 1로 한다. 다만, 가압류, 가처분 명령의 신청사건에 있어서는 변론 또는 심문을 거친 경우에 한한다. <신설 1990.8.21, 2003.6.9.><신설 1990.8.21, 2003.6.9.>

제4조(소송목적의 값 등의 산정기준 <개정 1990.8.21, 2003.6.9.>) ① 제3조에 규정된 소송목적의 값 또는 피보전 권리의 값의 산정은 민사소송등인지법 제2조의 규정에 의한다. <개정 1990.8.21, 2003.6.9.>
② 청구취지를 변경한 경우에는 변경한 청구취지를 기준으로 한다.

제5조(보수의 감액) 피고의 전부자백 또는 자백 간주에 의한 판결과 무변론 판결의 경우 소송비용에 산입할 변호사의 보수는 제3조의 기준에 의하여 산정한 금액의 2분의 1로 한다. <개정 2003.6.9.>

제6조(재량에 의한 조정) ① 제3조 및 제5조의 금액 전부를 소송비용에 산입하는 것이 현저히 부당하다고 인정되는 경우에는 법원은 상당한 정도까지 감액 산정할 수 있다. ② 법원은 제3조의 금액이 소송의 특성 및 이에 따른 소송대리인의 선임 필요성, 당사자가 실제 지출한 변호사보수 등에 비추어 현저히 부당하게 낮은 금액이라고 인정하는 때에는 당사자의 신청에 따라 위 금액의 2분의 1 한도에서 이를 증액할 수 있다. [전문개정 2007.11.28.]

부칙 <제758호, 1981.2.28.>

이 규칙은 1981년 3월 1일부터 시행한다.

부칙 <제1123호, 1990.8.21.>

이 규칙은 1990년 9월 1일부터 시행한다.

부칙 <제1829호, 2003.6.9.>

이 규칙은 2003년 7월 1일부터 시행한다.

부칙 <제2116호, 2007.11.28.>

제1조(시행일) 이 규칙은 2008년 1월 1일부터 시행한다.

제2조(경과조치) 이 규칙은 이 규칙 시행 전에 법원에 접수된 사건에 대해서는 적용하지 아니한다. 다만, 이 규칙 시행 이후 상소되는 사건에 대하여 상소심에서의 소송비용에 산입할 변호사보수의 금액을 정할 때는 이 규칙을 적용한다.

[별표] 소송목적의 값

부록 4: 자동차보험 표준약관

▣ 자동차보험 표준약관 ▣

<개정 2001. 3. 9, 2001. 7. 27, 2002. 12. 13, 2004. 6. 25, 2005. 12. 9, 2006. 11. 10.>

자동차보험은 자동차를 소유, 사용, 관리하는 동안에 발생한 사고에 대하여 보상하는 보험으로, 구체적인 보상내용 및 자동차보험계약의 성립에서 소멸까지의 보험계약자와 보험회사 간의 권리와 의무사항은 다음의 자동차보험 약관에 명시되어 있습니다.

-목 차-

자동차보험 약관 쉽게 찾는 법

❊ 보험계약 시 꼭 알아야 할 사항

1 보험종목 및 가입대상   7 자동차보험료의 계산방법
3 보험계약의 성립   14 보험회사가 보상하지 않는 사항
4 청약철회   20 보험약관 등의 교부 및 설명
5 보험기간   21 보험안내장 등의 효력
6 보험계약자 등의 의무사항   22 보험계약 정보의 제공

❊ 자동차사고로 다른 사람에게 피해를 주었을 경우

8 자동차사고 시 보상처리 흐름도   14 보험회사가 보상하지 않는 사항
9 분쟁, 합의, 관할 법원   15 보험금의 청구와 지급
10 배상책임

❊ 자동차사고로 자신 또는 가족이 피해를 입었을 경우

8 자동차사고 시 보상처리 흐름도   13 자기차량손해
9 분쟁, 합의, 관할 법원   14 보험회사가 보상하지 않는 사항
11 자기신체사고   15 보험금의 청구와 지급
12 무보험자동차에 의한 상해

❊ 다른 사람의 자동차사고로 피해를 입었을 경우

8 자동차사고 시 보상처리 흐름도   12 무보험자동차에 의한 상해
9 분쟁, 합의, 관할 법원   13 자기차량손해
10 배상책임   14 보험회사가 보상하지 않는 사항
11 자기신체사고   15 보험금의 청구와 지급

Ⅰ. 자동차보험 일반사항

① 보험종목 및 가입대상

보험종목	가입대상
개인용 자동차	법정정원 10인승 이하의 개인소유 자가용 승용차
업무용 자동차	개인용 자동차를 제외한 모든 비사업용 자동차
영업용 자동차	사업용 자동차
이륜자동차	이륜자동차 및 원동기장치자전거
녹기계보험	동력경운기, 농용트랙터 및 콤바인 등 농기계

② 자동차보험의 구성

1. 보험회사가 판매하는 자동차보험은 대인배상 Ⅰ, 대인배상 Ⅱ, 대물배상, 자기신체
   사고, 무보험자동차에 의한 상해, 자기차량손해의 6가지 담보종목과 특별약관으로
   구성되어 있으며, 보험회사는 대한민국(북한지역을 포함합니다) 안에서 생긴 사고에
   대하여 보험계약자가 가입한 담보내용에 따라 보상해 드립니다.
2. 보험계약자는 이들 6가지 담보종목 중 한 가지 이상을 선택하여 가입할 수 있습니
   다. 다만, 자동차손해배상보장법 제5조 제1항 및 제2항의 규정에 따라 자동차보유
   자가 의무적으로 가입하여야 하는 대인배상 Ⅰ(책임보험) 및 대물배상(이하 '의무
   보험'이라 합니다)은 반드시 가입하여야 합니다.
3. 각 담보별 보상 내용(상세한 내용은 'Ⅱ. 담보종목별 보상내용'에 규정되어 있습니다)
(1) 자동차사고로 인한 타인의 피해를 보상하는 담보(배상책임담보)

담보종목	보상하는 내용
대인배상 Ⅰ	자동차사고로 다른 사람을 죽게 하거나 다치게 한 경우에 자동차손해배상보장법에서 정한 한도 내에서 보상
대인배상 Ⅱ	자동차사고로 다른 사람을 죽게 하거나 다치게 한 경우, 그 손해가 대인배상 Ⅰ에서 지급하는 금액을 초과하는 경우에 그 초과손해를 보상
대물배상	자동차사고로 다른 사람의 재물을 없애거나 훼손한 경우에 보상

(2) 자동차사고로 인한 피보험자의 피해를 보상하는 담보

담보종목	보상하는 내용
자기신체사고	피보험자가 죽거나 다친 경우에 보상
무보험자동차에 의한 상해	무보험자동차에 의해 피보험자가 죽거나 다친 경우에 보상
자기차량손해	피보험자동차가 파손된 경우 보상

③ 보험계약의 성립

1. 보험회사와의 보험계약은 보험계약자가 청약을 하고 보험회사가 승낙을 하면 성립합니다.
2. 보험계약자가 청약을 할 때 '제1회 보험료'(보험료를 분납하기로 약정한 경우) 또는 '보험료 전액'(보험료를 일시에 지급하기로 약정한 경우)(이하 '제1회 보험료 등'이라 합니다)을 지급한 경우에는, 보험회사가 그 지급한 날로부터 30일 이내에 보험회사가 승낙 또는 거절의 통지를 발송하지 않으면 승낙한 것으로 봅니다.
3. 보험회사가 청약을 승낙한 때는 지체 없이 보험증권을 보험계약자에게 교부합니다. 그러나 보험계약자가 제1회 보험료 등을 지급하지 아니하거나 대인배상 Ⅰ만 가입한 경우에는 그러하지 아니합니다.
4. 보험계약이 성립하면 보험회사는 '⑤ 보험기간'의 규정에 따라 보험기간의 첫날부터 보상책임을 집니다. 다만, 보험계약자로부터 제1회 보험료 등을 받은 경우에는, 그 이후에 발생한 승낙 전의 사고라도 청약을 거절할 사유가 없는 한 보상합니다.

④ 청약철회

1. 보험계약자는 제1회 보험료 등을 지급하지 않은 경우에는 청약을 한 날로부터, 이를 지급한 경우에는 그 지급한 날로부터 15일 이내에 보험계약의 청약을 철회할 수 있습니다. 다만, 가입이 강제되는 의무보험에 대해서는 청약을 철회할 수 없습니다.
2. 보험회사는 보험계약자의 청약철회를 접수한 날로부터 3일 이내에 받은 보험료를 보험계약자에게 돌려 드립니다.
3. 보험회사가 위 '2.'의 보험료 반환기일을 지키지 못하는 경우에는, 반환기일의 다음

날로부터 반환하는 날까지의 기간에 대해서는 이자(보험개발원이 공시한 정기예금 이율을 적용하여 산정한 금액)를 가산한 금액을 돌려 드립니다.

⑤ 보험기간

보험회사가 피보험자에 대해 보상책임을 지는 보험기간은 다음과 같습니다.

구 분		보험기간
일반적용		보험증권에 기재된 보험기간의 첫날 24시부터 마지막 날 24시까지. 다만, 대인배상 Ⅰ(책임공제를 포함합니다)의 경우 전(前) 계약의 보험기간과 중복되는 경우에는 전 계약의 보험기간이 끝나는 시점부터 시작합니다.
예외적용	자동차보험에 처음 가입하는 자동차(용어정의①) 및 대인배상 Ⅰ	보험료를 받은 때부터 마지막 날 24시까지. 다만, 보험증권에 기재된 보험기간 이전에 보험료를 받았을 경우에는 그 보험기간의 첫날 0시부터 시작합니다.

⑥ 보험계약자의 의무사항

1. 계약 전 알릴 의무

(1) 보험계약자는 보험계약을 맺기 위하여 청약을 할 때 다음의 사항에 대하여 알고 있는 사실을 보험회사에 알려야 합니다.

① 이 보험계약을 맺는 담보종목의 보상내용과 전부 또는 일부가 일치하는 다른 보험계약(공제계약을 포함합니다)을 맺고 있을 때 그 계약사항

② 이 보험계약을 맺고 있는 자동차(이하 '피보험자동차'라고 합니다)의 검사에 관한 사항

③ 용도, 차종, 등록번호(이에 준하는 번호도 포함합니다. 이하 같습니다), 차명, 연식, 적재정량, 구조 등 피보험자동차에 관한 사항

④ 이 보험계약을 맺기 직전에 피보험자동차에 대하여 가입했던 대인배상 Ⅰ 또는 책임공제에 관한 사항

⑤ 기타 보험회사가 서면으로 질문한 사항 또는 보험청약서 기재사항 중에서 보험료의 계산에 영향을 미치는 사항

(2) 보험회사는 이 보험계약을 맺은 후 보험계약자가 계약 전 알릴 의무를 위반한 사실이 확인된 때에는 추가보험료를 더 받고 승인할 수 있습니다.

2. 계약 후 알릴 의무

(1) 보험계약자는 보험계약을 맺은 후 다음의 사실이 생긴 것을 안 때에는 지체 없이 보험회사에게 그 사실을 알리고 승인을 받아야 합니다. 이 경우 보험회사는 그 사실에 따라 보험료가 변경되는 경우에는 보험료를 더 받거나 돌려주고 계약을 승인할 수 있습니다.

① 이 보험계약을 맺는 담보종목의 보상내용과 전부 또는 일부가 일치하는 다른 보험계약(공제계약을 포함합니다)을 맺게 된 사실

② 용도, 차종, 등록번호, 적재정량, 구조 등 피보험자동차에 관한 사항이 변경된 사실

③ 피보험자동차에 화약류, 고압가스, 폭발물, 인화물 등의 위험물을 싣게 된 사실

④ 기타 위험이 뚜렷이 증가하거나 또는 적용할 보험료에 차이를 발생시키는 사실

(2) 보험계약자는 보험증권에 기재된 주소 또는 연락처가 변경된 때에는 지체 없이 보험회사에 알려야 합니다. 이를 알리지 아니한 경우에는 보험회사가 알고 있는 최후의 주소로 통지함으로 인해 불이익을 입을 수도 있습니다.

3. 사고발생 시의 의무

(1) 보험계약자 또는 피보험자는 사고가 생긴 것을 안 때에는 다음의 사항을 이행하여야 합니다.

① 지체 없이 손해의 방지와 경감에 힘쓰고, 남으로부터 손해배상을 받을 수 있는 권리가 있는 경우에는 그 권리(공동불법행위 등의 경우 연대채무자 상호 간의 구상권을 포함합니다. 이하 같습니다)의 보전과 행사에 필요한 절차를 밟아야 합니다.

② 다음 사항을 보험회사에 지체 없이 서면으로 알려야 합니다.

가. 사고가 발생한 때, 곳, 상황 및 손해의 정도

나. 피해자의 주소, 성명, 직업 및 연령

다. 가해자의 주소와 성명

라. 사고에 대하여 증인이 있을 때에는 그의 주소와 성명

마. 손해배상의 청구를 받은 때에는 그 내용

③ 손해배상의 청구를 받은 경우에는 미리 보험회사의 동의 없이 그 전부 또는 일부

를 합의하여서는 안 됩니다. 그러나 피해자의 응급치료, 호송 그 밖의 긴급조치에 대해서는 보험회사의 동의를 필요로 하지 아니합니다.

④ 손해배상청구의 소송을 제기하려고 할 때 또는 제기당한 때에는 지체 없이 서면으로 보험회사에 알려야 합니다.

⑤ 피보험자동차를 도난당하였을 때에는 지체 없이 그 사실을 경찰관서에 신고하여야 합니다.

⑥ 보험회사가 사고를 증명하는 서류 등 꼭 필요하다고 인정하는 서류와 증거를 요구한 경우에는 지체 없이 이를 제출하여야 하며, 또한 보험회사가 손해를 조사하는 데에 협력하여야 합니다.

(2) 보험회사는 보험계약자 또는 피보험자가 정당한 이유 없이 위 '(1)'에서 규정하고 있는 사항을 이행하지 아니한 경우에는, 그로 말미암아 늘어난 손해액이나 회복할 수 있었을 금액을 손해보상액에서 공제하거나 지급하지 아니합니다.

⑦ 자동차보험료의 계산방법

1. 자동차보험료는 보험회사가 금융감독원에 신고한 후 사용하는 '자동차보험 요율서'에서 정한 방법에 의하여 계산합니다.

<예시>

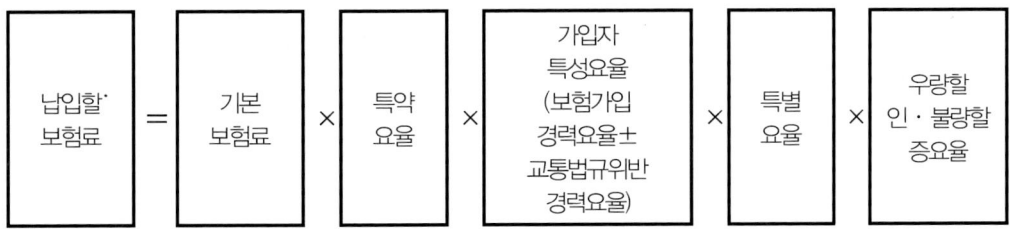

- 기본보험료: 차량의 종류, 배기량, 용도, 보험가입금액, 성별, 연령 등에 따라 미리 정해 놓은 기본적인 보험료
- 특약요율: 운전자의 연령범위를 제한하는 특약, 가족으로 운전자를 한정하는 특약 등 가입 시에 적용하는 요율
- 가입자특성요율: 보험가입기간이나 법규위반경력에 따라 적용하는 요율

- 특별요율: 자동차의 구조나 운행실태가 같은 종류의 차량과 다른 경우 적용하는 요율
- 우량할인·불량할증요율: 사고발생 실적에 따라 적용하는 요율

2. 보험기간의 개시 이전에 보험료의 변경이 있을 때에는 변경 전의 보험료와 변경 후의 보험료와의 차액을 더 받거나 돌려 드립니다.

3. 과오납 보험료의 반환

보험회사의 고의·과실로 피보험자에 대한 보험료 산정이 적정하지 아니하여 보험계약자가 적정보험료를 초과하여 납입한 경우, 보험회사는 이를 안 날 또는 보험계약자가 반환을 청구한 날로부터 10일 이내에 적정보험료를 초과하는 금액 및 이에 대한 납입한 날로부터 반환하는 날까지의 기간에 대한 이자(보험개발원이 공시한 정기예금이율을 적용하여 산정한 금액)를 돌려드립니다. 다만, 보험회사의 고의·과실이 없는 경우에는 적정보험료를 초과한 보험료만 돌려드립니다.

8 자동차사고 시 보상처리 흐름도

자동차사고가 발생한 경우 보상처리는 다음 그림의 절차에 따라 이루어집니다.

```
┌─────────────────────────────┐
│       교통사고 발생            │
└─────────────────────────────┘
              ⇩
┌─────────────────────────────┐        • 사고일시 및 장소
│         사고접수              │        • 사고 상황 및 피해 정도
└─────────────────────────────┘        • 운전자 성명·주소 등 접수
              ⇩
┌─────────────────────────────┐        • 보험가입 차량 여부 확인
│    보험계약사항 확인 및         │        • 이후 사고처리 절차 안내
│      사고처리 안내            │
└─────────────────────────────┘
              ⇩
┌─────────────────────────────┐        • 보상책임 유무 결정
│ 사고조사 및 치료비(수리비) 지불보증 │        • 병원·정비공장에 치료비(수리비) 지불보증
└─────────────────────────────┘
              ⇩
┌─────────────────────────────┐
│        보험금 산정            │
└─────────────────────────────┘
              ⇩
┌─────────────────────────────┐
│       보험금 지급 합의         │
└─────────────────────────────┘
              ⇩
┌─────────────────────────────┐
│      보험금 결정·지급          │
└─────────────────────────────┘
              ⇩
┌─────────────────────────────┐
│   보험금 지급내역 및 향후        │
│   보험계약 갱신 시 변동사항 안내   │
└─────────────────────────────┘
```

9 분쟁, 합의, 관할 법원

1. 분쟁의 조정

   이 보험계약의 내용 또는 보험금의 지급 등에 관하여 보험회사와 보험계약자, 피보험자, 손해배상청구권자, 기타 이해관계인과의 사이에 분쟁이 있는 경우에는 금융감독원에 설치된 금융분쟁조정위원회의 조정을 받을 수 있습니다.

2. 합의·절충·중재·소송의 협조·대행

(1) 보험회사는 피보험자의 법률상 손해배상책임을 확정하기 위하여 피보험자가 손해

배상청구권자와 행하는 합의·절충·중재 또는 소송(확인의 소를 포함합니다)에 대하여 협조하거나, 피보험자를 위하여 이러한 절차를 대행할 수 있습니다.

(2) 보험회사는 피보험자에 대하여 보상책임을 지는 한도(동일한 사고로 이미 지급한 보험금이나 가지급보험금이 있는 경우에는 그 금액을 공제한 액수. 이하 같습니다) 내에서 위 '(1)'의 절차에 협조하거나 대행합니다.

(3) 보험회사가 위 '(1)'의 절차에 협조하거나 대행하는 경우에는 피보험자는 보험회사의 요청에 따라 협력해야 합니다. 피보험자가 정당한 이유 없이 협력하지 아니하는 경우에는 그로 말미암아 늘어난 손해에 대해서 보상하지 아니합니다.

(4) 보험회사는 다음의 경우에는 위 '(1)'의 절차를 대행하지 아니합니다.

① 피보험자가 손해배상청구권자에 대하여 부담하는 법률상의 손해배상책임액이 보험증권에 기재된 보험가입금액을 명백하게 초과하는 때

② 피보험자가 정당한 이유 없이 협력하지 아니하는 때

3. 공탁금의 대부

보험회사가 위 '2.(1)'의 절차를 대행하는 경우에는, 피보험자에 대하여 보상책임을 지는 한도 내에서, 가압류나 가집행을 면하기 위한 공탁금을 피보험자에게 대부할 수 있으며 이에 소요되는 비용을 보상합니다. 이 경우 대부금의 이자는 공탁금에 붙여지는 것과 같은 율로 하며, 피보험자는 공탁금(이자를 포함합니다)의 회수청구권을 보험회사에 양도하여야 합니다.

4. 관할 법원

이 보험계약에 관한 소송은 보험회사의 본점 또는 지점 소재지 중 보험계약자 또는 피보험자가 선택하는 대한민국 내의 법원을 합의에 따른 관할 법원으로 합니다.

Ⅱ. 담보종목별 보상내용

🔟 배상책임(대인배상 Ⅰ, 대인배상 Ⅱ, 대물배상)

> '대인배상 Ⅰ(책임보험)' 및 '대물배상'은 자동차손해배상보장법에 의한 '의무보험'을 말하며, 자동차를 소유한 사람이면 누구나 가입하여야 합니다. 또한 '대인배상 Ⅱ'는 '대인배상 Ⅰ'에 가입하는 경우에 한하여 가입할 수 있습니다.

1. 보상내용

(1) 보험회사는 피보험자가 피보험자동차를 소유, 사용, 관리하는 동안에 생긴 피보험자동차의 사고로 인하여 남을 죽게 하거나 다치게 한 때 또는 남의 재물을 없애거나 훼손한 때에 법률상 손해배상책임을 짐으로써 입은 손해를 보상합니다. 다만, 대인배상 Ⅰ은 자동차손해배상보장법에 의한 손해배상책임에 한합니다.

(2) 보험회사는 이 약관의 '보험금지급기준에 의해 산출한 금액'과 '비용'을 합한 액수에서 '공제액'을 공제한 후 보험금으로 지급하며, 대인배상 Ⅰ의 경우에는 '자동차손해배상보장법령에서 정한 액수', 대인배상 Ⅱ와 대물배상의 경우 '보험증권에 기재된 보험가입금액'을 한도로 합니다.

| 지급
보험금 | = | 보험금지급기준에 의해 산출한 금액 또는 법원의 확정판결에 의하여 피보험자가 배상하여야 할 금액 | + | 비용 | - | 공제액 |

① 소송이 제기되었을 경우에는 대한민국 법원의 확정판결에 의하여 피보험자가 손해배상청구권자에게 배상하여야 할 금액(지연배상금을 포함합니다)을 위 '보험금지급기준에 의해 산출한 금액'으로 봅니다.

② 위 '비용'은 다음의 금액을 말합니다. 이 비용은 보험가입금액과 관계없이 보상하여 드립니다.

가. 손해의 방지와 경감을 위하여 지출한 비용(긴급조치비용을 포함합니다)

나. 남으로부터 손해배상을 받을 수 있는 권리의 보전과 행사를 위하여 지출한 필요 또는 유익한 비용

다. 기타 보험회사의 동의를 얻어 지출한 비용

③ 위 '공제액'은 대인배상 Ⅱ의 경우 '대인배상 Ⅰ로 지급되는 금액' 또는 피보험자
동차가 대인배상 Ⅰ에 가입되어 있지 아니한 경우에는 대인배상 Ⅰ로 지급될 수
있는 금액, 대물배상의 경우 사고차량을 고칠 때에 부득이 엔진, 미션 등 중요한
부분을 새 부분품으로 교환한 경우 '그 교환된 기존 부분품의 감가상각에 해당하
는 금액'을 말합니다.

2. 피보험자의 범위

피보험자는 보험회사에 보상을 청구할 수 있는 사람으로 그 범위는 다음과 같습니다.

(1) 보험증권에 기재된 피보험자(이 약관에서 '기명피보험자'라고 합니다)

(2) 기명피보험자와 같이 살거나 살림을 같이하는 친족으로서 피보험자동차를 사용 또
는 관리 중인 자

(3) 기명피보험자의 승낙을 얻어 피보험자동차를 사용하거나 관리 중인 자. 다만, 대인
배상 Ⅱ나 대물배상의 경우 자동차정비업, 주차장업, 급유업, 세차업, 자동차판매
업, 자동차탁송업 등 자동차를 취급하는 것을 업으로 하는 자(이들의 피용자 및 이
들이 법인인 경우에는 그 이사와 감사를 포함합니다)가 업무로서 위탁받은 피보험
자동차를 사용 또는 관리하는 경우에는 피보험자로 보지 아니합니다. <개정
2006.11.30.>

(4) 기명피보험자의 사용자 또는 계약에 의하여 기명피보험자의 사용자에 준하는 지위
를 얻은 자. 다만, 기명피보험자가 피보험자동차를 사용자의 업무에 사용하고 있는
때에 한합니다.

(5) 위 '(1)' 내지 '(4)'에서 규정하는 피보험자를 위하여 피보험자동차를 운전(용어정
의②) 중인 자(운전보조자를 포함합니다). 다만, 대인배상 Ⅰ의 경우 자동차손해배
상보장법상 자동차보유자의 손해배상책임이 발생한 경우를 말하며, 대인배상 Ⅱ나
대물배상의 경우 자동차정비업, 주차장업, 급유업, 세차업, 자동차판매업, 자동차탁
송업 등 자동차를 취급하는 것을 업으로 하는 자(이들의 피용자 및 이들이 법인인
경우에는 그 이사와 감사를 포함합니다)가 업무로서 위탁받은 피보험자동차를 사
용 또는 관리하는 경우에는 피보험자로 보지 아니합니다. <개정 2006.11.30.>

11 자기신체사고

1. 보상내용

(1) 보험회사는 피보험자가 피보험자동차를 소유, 사용, 관리하는 동안에 생긴 피보험자동차의 사고로 인하여 죽거나 다친 때 그로 인한 손해를 보상하여 드립니다.

(2) 보험회사가 자기신체사고에 대하여 지급하는 보험금의 종류와 한도는 다음과 같습니다.

① 사망보험금

   피보험자가 상해를 입은 직접적인 결과로 사망하였을 때에는, 보험증권에 기재된 사망보험가입금액을 피보험자의 상속인에게 지급합니다. 다만, 보험계약자인 기명피보험자가 본인의 사망보험금 수익자를 지정하거나 변경하고 그 사실을 보험회사에 서면으로 통지한 경우에는 그 수익자에게 보험금을 지급합니다.

② 부상보험금

   피보험자가 상해를 입은 직접적인 결과로 의사의 치료를 요하는 때에는, '26 자기신체사고 지급기준'의 '1) 상해구분 및 급별 보험가입금액표'에 따라, 실제 소요된 치료비(성형수술비를 포함합니다)를 부상보험금으로 피보험자에게 지급합니다. 다만, 실제 소요된 치료비가 1만 원을 넘는 경우에 한합니다.

③ 후유장해보험금

   피보험자가 상해를 입은 직접적인 결과로 치료를 받은 후에도 신체에 장해가 남은 때에는 '26 자기신체사고 지급기준'의 '2) 후유장해구분 및 급별 보험가입금액표'에 따라, 보험증권에 기재된 후유장해 보험가입금액에 해당하는 각 장해등급별 보험금액을 후유장해보험금으로 피보험자에게 지급합니다.

(3) 보험회사는 '자기신체사고보상액'에서 '공제액'을 공제한 후 보험금으로 지급합니다.

| 지급보험금 | = | 자기신체사고보상액 | - | 공제액 |

(4) 위 '(3)'의 '자기신체사고보상액'은 다음과 같이 계산합니다.

① 피보험자가 상해를 입은 직접적인 결과로 의사의 치료를 받던 중 사망한 경우

각 상해급별 보험가입금액 한도 내에서 사망에 이르기까지의 실제 소요된 치료비	+	사망보험금

② 후유장해보험금 지급 후 사망한 경우

사망보험금	-	후유장해보험금

③ 치료 후 신체에 장해가 남게 된 경우

각 상해급별 보험가입금액 한도 내에서 장해에 이르기까지의 실제 소요된 치료비	+	후유장해보험금

(5) 앞 '(3)'의 '공제액'은 다음의 금액을 말합니다.

① 자동차보험(공제계약을 포함합니다) 대인배상 Ⅰ(정부보장사업을 포함합니다) 및 대인배상 Ⅱ에 의하여 보상받을 수 있는 금액, 앞 '(4)'에 의하여 계산된 자기신체사고보상액을 합한 액수가 실제 손해액(용어정의③)을 초과하는 경우에는 그 초과액. 다만, 공제액이 음(-)의 수치인 경우 '0'으로 산정합니다.

공제액	=	대인배상 Ⅰ 및 대인배상 Ⅱ에 의하여 보상받을 수 있는 금액	+	자기신체사고 보상액	-	실제 손해액

② 피보험자가 사고 당시 탑승 중 안전벨트를 착용하지 아니한 경우에는, 위 '(4)'에 의하여 계산된 자기신체사고보상액에서 운전석 또는 그 옆 좌석은 20%, 뒷좌석은 10%에 상당하는 금액

2. 피보험자의 범위

(1) 피보험자는 보험회사에 보상을 청구할 수 있는 사람으로 그 범위는 다음과 같습니다.

① '⑩ 배상책임'의 대인배상 Ⅱ에 해당하는 피보험자

② 위 '①'의 피보험자의 부모, 배우자 및 자녀(용어정의④)

(2) 앞 '(1)'에서 규정하는 피보험자가 입은 손해에 대하여 피보험자동차가 가입한 대인배상 Ⅱ 또는 무보험자동차에 의한 상해에 의하여 보상을 받을 수 있는 때에는 피보험자로 보지 아니합니다.

12 무보험자동차에 의한 상해

'무보험자동차에 의한 상해'는 '대인배상 Ⅰ', '대인배상 Ⅱ', '대물배상', '자기신체사고'에 모두 가입하는 경우에 한하여 가입할 수 있습니다.

1. 보상내용
(1) 보험회사는 피보험자가 무보험자동차(용어정의⑤)에 의하여 생긴 사고로 죽거나 다친 때, 그로 인한 손해에 대하여 배상의무자(용어정의⑥)가 있는 경우에 이 약관에서 정한 바에 따라 보상하여 드립니다.
(2) 보험회사는 이 약관의 '보험금지급기준에 의해 산출한 금액'과 '비용'을 합한 액수에서 '공제액'을 공제한 후 보험금으로 지급합니다.

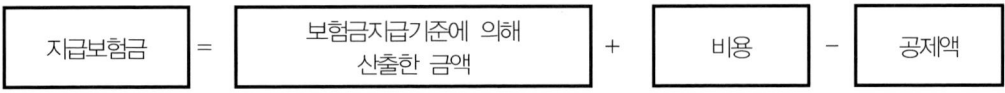

① 위 '지급보험금'은 피보험자 1인당 2억 원을 한도로 합니다.
② 위 '비용'은 다음의 금액을 말합니다. 이 비용은 보험가입금액과 관계없이 보상하여 드립니다.
가. 손해의 방지와 경감을 위하여 지출한 비용
나. 남으로부터 손해배상을 받을 수 있는 권리의 보전과 행사를 위하여 지출한 비용
③ 위 '공제액'은 다음의 금액을 말합니다.
가. 대인배상 Ⅰ(책임공제 및 정부보장사업을 포함합니다)에 의하여 지급될 수 있는 금액
나. 자기신체사고에 의하여 지급될 수 있는 금액. 다만, 자기신체사고 보험금의 청구를 포기한 경우에는 공제하지 아니합니다.

다. 배상의무자가 가입한 대인배상 Ⅱ 또는 공제계약에 의하여 지급될 수 있는 금액

라. 피보험자가 탑승 중이었던 자동차가 가입한 대인배상 Ⅱ 또는 공제계약에 의하여 지급될 수 있는 금액

마. 피보험자가 배상의무자로부터 이미 지급받은 손해배상액

바. 배상의무자가 아닌 제3자가 부담할 금액으로 피보험자가 이미 지급받은 금액

2. 피보험자의 범위

(1) 피보험자는 보험회사에 보상을 청구할 수 있는 사람으로 그 범위는 다음과 같습니다.

① 기명피보험자 및 기명피보험자의 배우자(피보험자동차에 탑승 중이었는지 여부를 불문합니다)

② 기명피보험자 또는 그 배우자의 부모 및 자녀(피보험자동차에 탑승 중이었는지 여부를 불문합니다)

③ 피보험자동차에 탑승 중인 경우로 기명피보험자의 승낙을 얻어 피보험자동차를 사용 또는 관리 중인 자. 다만, 자동차정비업, 주차장업, 급유업, 세차업, 자동차판매업, 자동차탁송업 등 자동차를 취급하는 것을 업으로 하는 자(이들의 피용자 및 이들이 법인인 경우에는 그 이사와 감사를 포함합니다)가 업무로서 위탁받은 피보험자동차를 사용 또는 관리하는 경우에는 피보험자로 보지 아니합니다. <개정 2006.11.30.>

④ 위 '①' 내지 '③'에서 규정하는 피보험자를 위하여 피보험자동차를 운전 중인 자. 다만, 자동차정비업, 주차장업, 급유업, 세차업, 자동차판매업, 자동차탁송업 등 자동차를 취급하는 것을 업으로 하는 자(이들의 피용자 및 이들이 법인인 경우에는 그 이사와 감사를 포함합니다)가 업무로서 위탁받은 피보험자동차를 사용 또는 관리하는 경우에는 피보험자로 보지 아니합니다. <개정 2006.11.30.>

(2) 위 '(1)'의 피보험자가 입은 손해에 대하여 피보험자동차가 가입한 대인배상 Ⅱ에 의하여 보상을 받을 수 있는 때에는 피보험자로 보지 아니합니다.

13 자기차량손해

1. 보상내용

(1) 보험회사는 피보험자가 피보험자동차를 소유, 사용, 관리하는 동안에 다음과 같은

사고로 인하여 피보험자동차에 직접적으로 생긴 손해를 보상합니다. 이 경우 피보험자동차에 통상 붙어 있거나 장치되어 있는 부속품과 부속기계장치는 피보험자동차의 일부로 봅니다. 그러나 통상 붙어 있거나 장치되어 있는 것이 아닌 것은 보험증권에 기재한 것에 한합니다.

① 타 차 또는 타 물체(용어정의⑦)와의 충돌, 접촉, 추락, 전복 또는 차량의 침수(용어정의⑧)로 인한 손해

② 화재, 폭발, 낙뢰, 날아온 물체, 떨어지는 물체에 의한 손해 또는 풍력에 의해 차체에 생긴 손해

③ 피보험자동차 전부의 도난으로 인한 손해. 그러나 피보험자동차에 장착 또는 장치되어 있는 일부 부분품, 부속품, 부속기계장치만의 도난에 대해서는 보상하지 아니합니다.

(2) 보험회사는 '피보험자동차에 생긴 손해액'과 '비용'을 합한 액수에서 보험증권에 기재된 '자기부담금'을 공제한 후 보험금으로 지급합니다.

① 위 '피보험자동차에 생긴 손해액'은 보험가액(용어정의⑨)을 기준으로 다음과 같이 결정합니다.

가. 보험증권에 기재된 보험가입금액을 한도로 보상하며, 보험가입금액이 보험가액보다 많은 경우에는 보험가액을 한도로 보상합니다.

나. 피보험자동차의 손상을 고칠 수 있는 경우에는, 사고가 생기기 바로 전의 상태로 만드는 데 드는 수리비. 다만, 잔존물이 있는 경우에는 그 값을 공제합니다.

다. 피보험자동차를 고칠 때에 부득이 새 부분품을 쓴 경우에는, 그 부분품의 값과 그 부착 비용을 합한 금액. 다만, 엔진, 미션 등 중요한 부분을 새 부분품으로 교환한 경우 그 교환된 기존 부분품의 감가상각에 해당하는 금액을 공제합니다.

라. 피보험자동차가 제힘으로 움직일 수 없는 경우에는, 이를 고칠 수 있는 가까운 정비공장이나 보험회사가 지정하는 곳까지 운반하는 데 든 비용 또는 그곳까지 운반하는 데 든 임시수리비용 중에서 정당하다고 인정되는 부분은 보상하여 드립니다.

② 위 '비용'은 다음의 금액을 말합니다. 이 비용은 보험가입금액과 관계없이 보상하

여 드립니다.

가. 손해의 방지와 경감을 위하여 지출한 비용

나. 남으로부터 손해배상을 받을 수 있는 권리의 보전과 행사를 위하여 지출한 비용

③ 위 '자기부담금'은 피보험자동차에 전부손해(용어정의⑩)가 생긴 경우 또는 보험회사가 보상하여야 할 금액이 보험가입금액 전액 이상인 경우에는 공제하지 않습니다.

(3) 보험회사는 피보험자동차에 생긴 손해에 대하여 보험회사가 필요하다고 인정하는 경우에는, 피보험자의 동의를 얻어 수리 또는 대용품의 교부로써 보험금의 지급을 대신할 수 있습니다.

(4) 보험회사가 보상한 손해가 전부손해일 경우 또는 보험회사가 보상한 금액이 보험가입금액 전액 이상인 경우에는 자기차량손해의 보험계약은 사고 발생 시에 종료합니다.

(5) 보험회사가 피보험자동차의 전부손해에 대하여 보험금 전액을 지급한 경우에는 피해물을 인수합니다. 이 경우 보험가입금액이 보험가액보다 적을 때에는 보험가입금액의 보험가액에 대한 비율에 따라 피해물을 인수합니다. 그러나 보험회사가 피해물을 인수하지 아니한다는 뜻을 표시하고 보험금을 지급하는 경우에는 피해물에 대한 피보험자의 권리가 보험회사에 이전되지 아니합니다.

2. 피보험자의 범위

피보험자는 보험회사에 보상을 청구할 수 있는 사람으로 보험증권에 기재된 기명피보험자입니다.

⑭ 보험회사가 보상하지 않는 사항(면책사항)

1. 일반 면책사항

구 분	보상하지 않는 경우
(1) 대인배상 Ⅰ	보험계약자 또는 피보험자의 고의로 인한 손해. 다만, 자동차손해배상보장법 제9조의 규정에 따라 보험회사에 직접청구를 한 경우에는, 보험회사는 자동차손해배상보장법령에서 정한 액수를 한도로 피해자에게 손해배상액을 지급하고 피보험자에게 그 금액의 지급을 청구합니다.
(2) 대인배상 Ⅱ	① 보험계약자 또는 피보험자의 고의로 인한 손해 ② 전쟁, 혁명, 내란, 사변, 폭동, 소요 및 이와 유사한 사태에 기인한 손해 ③ 지진, 분화, 태풍, 홍수, 해일 등의 천재지변에 의한 손해 ④ 핵연료물질의 직접 또는 간접적인 영향에 기인한 손해 ⑤ 요금이나 대가를 목적으로 반복적으로 피보험자동차를 사용하거나 대여한 때에 생긴 손해. 다만, 1개월 이상의 기간을 정한 임대차계약에 의하여 임차인이 피보험자동차를 전속적으로 사용하는 경우에는 보상합니다. 그러나 임차인이 피보험자동차를 요금이나 대가를 목적으로 반복적으로 사용하는 경우에는 보상하지 아니합니다. ⑥ 피보험자가 손해배상에 관하여 제3자와의 사이에 다른 계약을 맺고 있을 때 그 계약으로 말미암아 늘어난 손해 ⑦ 피보험자 본인이 무면허운전(용어정의⑪)을 하였거나, 기명피보험자의 명시적·묵시적 승인하에서 피보험자동차의 운전자가 무면허운전을 하였을 때에 생긴 사고로 인한 손해 ⑧ 피보험자동차를 시험용, 경기용 또는 경기를 위해 연습용으로 사용하던 중 생긴 손해. 다만, 운전면허시험을 위한 도로주행시험용으로 사용하던 중 생긴 손해는 보상합니다. ⑨ 다음에 해당하는 사람이 죽거나 다친 경우 가. 기명피보험자 또는 그 부모, 배우자 및 자녀 나. 피보험자동차를 운전 중인 자(운전보조자를 포함합니다) 또는 그 부모, 배우자 및 자녀 다. 기명피보험자로부터 허락을 얻어 피보험자동차를 운행하는 자 또는 그 부모, 배우자 및 자녀 라. 위 '나.' 및 '다.'의 '그 부모, 배우자 및 자녀'에 대해서는 이들에 대한 기명피보험자의 법률상 손해배상책임이 성립하는 경우에는 그 손해를 보상합니다. 마. 배상책임이 있는 피보험자의 피용자로서 산업재해보상보험법에 의한 재해보상을 받을 수 있는 사람. 다만, 그 사람이 입은 손해가 동법에 의한 보상범위를 넘어서는 경우에는 그 초과손해는 보상합니다. 바. 피보험자가 피보험자동차를 사용자의 업무에 사용하는 경우 그 사용자의 업무에 종사 중인 다른 피용자로서 산업재해보상보험법에 의한 재해보상을 받을 수 있는 사람. 다만, 그 사람이 입은 손해가 동법에 의한 보상범위를 넘는 경우에는 그 초과손해는 보상합니다. 사. 위 '마.' 및 '바.'의 규정은 각각의 피보험자 모두에게 개별적으로 적용합니다. 다만, 이로 인하여 약관에서 정한 보험금의 한도액이 증액되지는 아니합니다.

구 분	보상하지 않는 경우
(3) 대물배상	① 보험계약자 또는 피보험자의 고의로 인한 손해 ② 전쟁, 혁명, 내란, 사변, 폭동, 소요 및 이와 유사한 사태에 기인한 손해 ③ 지진, 분화, 태풍, 홍수, 해일 등의 천재지변에 의한 손해 ④ 핵연료물질의 직접 또는 간접적인 영향에 기인한 손해 ⑤ 요금이나 대가를 목적으로 반복적으로 피보험자동차를 사용하거나 대여한 때에 생긴 손해. 다만, 1개월 이상의 기간을 정한 임대차계약에 의하여 임차인이 피보험자동차를 전속적으로 사용하는 경우에는 보상합니다. 그러나 임차인이 피보험자동차를 요금이나 대가를 목적으로 반복적으로 사용하는 경우는 보상하지 아니합니다. ⑥ 피보험자가 손해배상에 관하여 제3자와의 사이에 다른 계약을 맺고 있을 때 그 계약으로 말미암아 늘어난 손해 ⑦ 피보험자 본인이 무면허운전을 하였거나, 기명피보험자의 명시적·묵시적 승인 하에서 피보험자동차의 운전자가 무면허운전을 하였을 때에 생긴 사고로 인한 손해. 다만, 자동차손해배상보장법 제5조 제2항의 규정에 따라 자동차보유자가 의무적으로 가입하여야 하는 대물배상 보험가입금액 한도 내에서는 보상합니다. ⑧ 피보험자동차를 시험용, 경기용 또는 경기를 위해 연습으로 사용하던 중 생긴 손해. 다만, 운전면허시험을 위한 도로주행시험용으로 사용하던 중 생긴 손해는 보상합니다. ⑨ 피보험자 또는 그 부모, 배우자 및 자녀가 소유, 사용 또는 관리하는 재물에 생긴 손해 ⑩ 피보험자가 사용자의 업무에 종사하고 있을 때 피보험자의 사용자가 소유, 사용 또는 관리하는 재물에 생긴 손해 ⑪ 피보험자동차에 싣고 있거나 운송 중인 물품에 생긴 손해 ⑫ 남의 서화, 골동품, 조각물, 기타 미술품과 탑승자와 통행인의 의류나 휴대품(용어정의⑫)에 생긴 손해 ⑬ 탑승자와 통행인의 분실 또는 도난으로 인한 소지품(용어정의⑫)에 생긴 손해. 그러나 훼손된 소지품에 대해서는 피해자 1인당 200만 원의 한도 내에서 실손 보상합니다. ⑭ 위 '⑩'의 규정은 각각의 피보험자 모두에게 개별적으로 적용합니다. 다만, 이로 인하여 약관에서 정한 보험금의 한도액이 증액되지는 아니합니다.
(4) 자기신체사고	① 피보험자의 고의로 그 본인이 상해를 입은 때. 이 경우 당해 피보험자에 대한 보험금만 지급하지 아니합니다. ② 피보험자가 범죄를 목적으로 피보험자동차를 사용하던 중 또는 싸움, 자살행위로 그 본인이 상해를 입은 때. 이 경우 당해 피보험자에 대한 보험금만 지급하지 아니합니다. ③ 상해가 보험금을 받을 자의 고의로 생긴 때에는 그 사람이 받을 수 있는 금액 ④ 피보험자가 마약 또는 약물 등(용어정의⑬)의 영향에 의하여 정상적인 운전을 하지 못하는 상태에서 운전하던 중 생긴 사고로 그 본인이 상해를 입은 때. 이 경우 당해 피보험자에 대한 보험금만 지급하지 아니합니다. ⑤ 피보험자동차 또는 피보험자동차 이외의 자동차를 시험용, 경기용 또는 경기를 위해 연습용으로 사용하던 중 생긴 손해. 다만, 운전면허시험을 위한 도로주행시험용으로 사용하던 중 생긴 손해는 보상합니다.

구 분	보상하지 않는 경우
(4) 자기신체사고	⑥ 전쟁, 혁명, 내란, 사변, 폭동, 소요 및 이와 유사한 사태에 기인한 손해 ⑦ 지진, 분화 등 천재지변에 의한 손해 ⑧ 핵연료물질의 직접 또는 간접적인 영향에 기인한 손해 ⑨ 요금이나 대가를 목적으로 반복적으로 피보험자동차를 사용하거나 대여한 때에 생긴 손해. 다만, 1개월 이상의 기간을 정한 임대차계약에 의하여 임차인이 피보험자동차를 전속적으로 사용하는 경우는 보상합니다. 그러나 임차인이 피보험자동차를 요금이나 대가를 목적으로 반복적으로 사용하는 경우는 보상하지 아니합니다.
(5) 무보험자동차에 의한 상해	① 보험계약자 또는 피보험자의 고의로 인한 손해 ② 전쟁, 혁명, 내란, 사변, 폭동, 소요 및 이와 유사한 사태에 기인한 손해 ③ 지진, 분화, 태풍, 홍수, 해일 등 천재지변에 의한 손해 ④ 핵연료물질의 직접 또는 간접적인 영향에 기인한 손해 ⑤ 요금이나 대가를 목적으로 반복적으로 피보험자동차를 사용하거나 대여한 때에 생긴 손해. 다만, 1개월 이상의 기간을 정한 임대차계약에 의하여 임차인이 피보험자동차를 전속적으로 사용하는 경우는 보상합니다. 그러나 임차인이 피보험자동차를 요금이나 대가를 목적으로 반복적으로 사용하는 경우는 보상지 아니합니다. ⑥ 피보험자가 범죄를 목적으로 피보험자동차를 사용하던 중 또는 싸움, 자살 행위로 생긴 손해 ⑦ 피보험자가 마약 또는 약물 등의 영향에 의하여 정상적인 운전을 하지 못하는 상태에서 운전하던 중 생긴 사고로 인한 손해 ⑧ 피보험자동차 또는 피보험자동차 이외의 자동차를 시험용, 경기용 또는 경기를 위해 연습용으로 사용하던 중 생긴 손해. 다만, 운전면허시험을 위한 도로주행 시험용으로 사용하던 중 생긴 손해는 보상합니다. ⑨ 기명피보험자나 보험증권에 기재된 범위 내의 운전자가 아닌 사람이 피보험자동차를 운전하였을 때 생긴 사고로 인한 손해 ⑩ 피보험자 본인의 무면허 운전 중 생긴 사고로 인한 손해 ⑪ 피보험자가 자동차등록증 등에 사업용(영업용)으로 기재되어 있는 자동차를 운전하던 중 생긴 사고로 인한 손해. 다만, 대여사업용 자동차의 경우 영리를 목적으로 요금이나 대가를 받고 사용하지 않는 때에는 보상합니다. ⑫ 다음의 사람이 배상의무자일 경우에는 보상하지 아니합니다. 가. 상해를 입은 피보험자의 부모, 배우자 및 자녀. 다만, 이들이 무보험자동차를 운전하지 않은 경우로서 이들 이외에 다른 배상의무자가 있는 경우에는 보상합니다. 나. 피보험자가 사용자의 업무에 종사하고 있을 때 피보험자의 사용자 또는 피보험자의 사용자의 업무에 종사 중인 다른 피용인 ① 보험계약자, 피보험자, 이들의 법정대리인 또는 피보험자와 살림을 같이하거나 같이 사는 친족의 고의로 인한 손해 ② 전쟁, 혁명, 내란, 사변, 폭동, 소요 및 이와 유사한 사태에 기인한 손해 ③ 지진, 분화 등 천재지변에 의한 손해 ④ 핵연료물질의 직접 또는 간접적인 영향에 기인한 손해

구 분	보상하지 않는 경우
(5) 무보험자동차에 의한 상해	⑤ 요금이나 대가를 목적으로 반복적으로 피보험자동차를 사용하거나 대여한 때에 생긴 손해. 다만, 1개월 이상의 기간을 정한 임대차계약에 의하여 임차인이 피보험자동차를 전속적으로 사용하는 경우는 보상합니다. 그러나 임차인이 피보험자동차를 요금이나 대가를 목적으로 반복적으로 사용하는 경우는 보상하지 아니합니다. ⑥ 소유권이 유보된 매매계약이나 대차계약에 따라 피보험자동차를 산 사람 또는 빌려 쓴 사람의 고의로 인한 손해 ⑦ 사기 또는 횡령으로 인한 손해 ⑧ 국가나 공공단체의 공권력 행사에 의한 압류, 징발, 몰수, 파괴 등으로 인한 손해. 그러나 소방이나 피난에 필요한 조치로서 취하여진 경우에는 그 손해를 보상합니다.
(6) 자기차량손해	⑨ 피보험자동차에 생긴 흠, 마멸, 부식, 녹, 그 밖의 자연소모로 인한 손해 ⑩ 피보험자동차의 일부 부분품, 부속품, 부속기계장치만의 도난으로 인한 손해 ⑪ 동파로 인한 손해 또는 우연한 외래의 사고에 직접 관련이 없는 전기적, 기계적 손해 ⑫ 피보험자동차를 시험용, 경기용 또는 경기를 위해 연습용으로 사용하던 중 생긴 손해. 다만, 운전면허시험을 위한 도로주행시험용으로 사용하던 중 생긴 손해는 보상합니다. ⑬ 피보험자동차를 운송 또는 싣고 내릴 때에 생긴 손해 ⑭ 피보험자동차가 주정차 중일 때 다른 자동차의 충돌 또는 접촉에 의하지 아니한 사고로 인한 타이어나 튜브에만 생긴 손해 및 주행 중 타이어나 튜브에만 생긴 손해. 다만, 화재, 산사태에 의한 손해는 보상합니다. ⑮ 보험계약자, 피보험자, 이들의 법정대리인, 피보험자와 같이 살거나 살림을 같이하는 친족, 피보험자동차를 빌려 쓴 사람 또는 피보험자동차에 관계되는 이들의 피용자(운전자를 포함)가 마약 또는 약물 등의 영향에 의하여 정상적인 운전을 하지 못할 상태에서 피보험자동차를 운전하고 있는 때에 생긴 손해 ⑯ 보험계약자, 피보험자, 이들의 법정대리인, 피보험자와 같이 살거나 살림을 같이하는 친족, 피보험자동차를 빌려 쓴 사람 또는 피보험자동차에 관계되는 이들의 피용자(운전자를 포함)가 무면허운전을 하였거나 음주운전(용어정의⑭)을 하였을 때에 생긴 손해

2. 음주운전 또는 무면허운전 관련 자기부담금

피보험자가 음주운전 또는 무면허운전을 하는 동안의 사고로 인하여 보험회사가 보험금을 지급하게 되는 경우, 다음 금액은 피보험자가 부담하여야 합니다.

구 분	음주운전·무면허운전 사고부담금
대인배상 Ⅰ·Ⅱ 및 대물배상	① 다음의 경우는 피보험자가 음주운전사고부담금(1사고당 대인배상 Ⅰ·Ⅱ: 200만 원, 대물배상: 50만 원) 또는 무면허운전사고부담금(1사고당 대인배상 Ⅰ: 200만 원, 대물배상: 50만 원)을 부담하여야 합니다. 가. 피보험자 본인이 음주운전 또는 무면허운전을 하였거나, 나. 피보험자의 명시적·묵시적 승인하에서 피보험자동차의 운전자가 음주운전 또는 무면허운전을 하였을 때에 생긴 사고로 손해를 입은 경우 ② 피보험자는 지체 없이 음주운전 또는 무면허운전 사고 부담금을 보험회사에 납입하여야 합니다. 다만, 피보험자가 경제적인 사유 등으로 동 사고부담금을 미납하였을 때 보험회사는 피해자에게 동 사고부담금을 포함하여 손해배상액을 우선 지급하고 피보험자에게 동 사고부담금의 지급을 청구할 수 있습니다.

15 보험금의 청구와 지급

1. 피보험자의 보험금의 청구와 지급

(1) 피보험자는 각 담보별로 다음의 경우에 보험금을 청구할 수 있습니다.

담보종류	청구할 수 있는 경우
대인배상 Ⅰ, 대인배상 Ⅱ, 대물배상	대한민국 법원에 의한 판결의 확정, 재판상의 화해, 중재 또는 서면에 의한 합의로 손해배상액이 확정된 때
자기신체사고	① 사망보험금의 경우에는 피보험자가 사망한 때 ② 부상보험금의 경우에는 피보험자의 상해등급 및 치료비가 확정된 때 ③ 후유장해보험금의 경우에는 피보험자에게 후유장해가 생긴 때
무보험자동차에 의한 상해	피보험자가 무보험자동차에 의해 생긴 사고로 죽거나 다친 때
자기차량 손해	사고가 발생한 때. 다만, 피보험자동차를 도난당한 경우에는 도난사실을 경찰관서에 신고한 후 30일이 지난 때에 보험금을 청구할 수 있습니다. 만약, 경찰관서에 신고한 후 30일이 지나 보험금을 청구하였으나 피보험자동차가 회수된 경우에는, 보험금의 지급 및 피보험자동차의 반환 여부는 피보험자의 의사에 따릅니다.

(2) 청구절차 및 유의사항

① 보험회사는 보험금 청구에 관한 서류를 받은 때에는 지체 없이 지급할 보험금액을 정하고 그 정하여진 날로부터 10일 이내에 지급합니다.

② 보험회사가 보험금 지급사유의 조사 및 확인을 위하여 지급기일 초과가 명백히 예상

되는 경우에는 구체적 사유와 지급예정일을 피보험자에게 서면으로 통지합니다.

③ 보험회사는 위 '①' 또는 '②'에서 정한 지급기일 내에 보험금을 지급하지 아니하였을 때에는, 그 다음 날부터 지급일까지의 기간에 대하여 보험개발원이 공시한 정기예금이율에 의한 이자를 보험금에 더하여 드립니다. 그러나 피보험자, 손해배상청구권자 등의 책임 있는 사유로 지급이 지연된 때에는 그 해당 기간에 대한 이자는 더하여 드리지 아니합니다.

④ 보험회사는 손해배상청구권자가 손해배상을 받기 전에는 보험금의 전부 또는 일부를 피보험자에게 지급하지 않으며, 피보험자가 손해배상청구권자에게 지급한 손해배상액을 초과하여 피보험자에게 지급하지 않습니다.

⑤ 피보험자의 보험금 청구가 손해배상청구권자의 직접청구와 경합하는 때에는 보험회사는 손해배상청구권자에게 우선하여 보험금을 지급합니다.

⑥ 대인배상 Ⅰ, 대인배상 Ⅱ, 자기신체사고, 무보험자동차에 의한 상해의 경우에는 보험회사는 피보험자의 청구가 있거나 기타 원인에 의하여 대인사고 피해자가 발생한 사실을 안 때에는 피해자를 진료하는 의료기관에 당해 진료에 따른 자동차보험 진료수가의 지급의사 유무 및 지급한도 등을 통지합니다.

⑦ 무보험자동차에 의한 상해의 경우에는 피보험자는 배상의무자에 대하여 지체 없이 서면으로 손해배상청구를 한 후 보험회사에 보험금을 청구해야 합니다.

(3) 제출서류

보험금 청구 시 필요 서류	대인배상	대물배상	자기차량손해	자기신체사고	무보험자동차에 의한 상해
보험금 청구서	O	O	O	O	O
손해액을 증명하는 서류(진단서 등)	O	O	O	O	O
손해배상의 이행사실을 증명하는 서류	O	O			
사고발생의 때와 장소 및 사고사실이 신고된 관할 경찰서			O		O
배상의무자의 주소, 성명 또는 명칭, 차량번호					O
배상의무자의 손해를 보상할 대인배상 Ⅱ 또는 공제계약의 유무 및 내용					O
배상의무자에게 서면으로 행한 손해배상청구의 금액과 내용					O
피보험자가 입은 손해를 보상할 대인배상 Ⅱ 또는 공제계약, 배상의무자 또는 제3자로부터 이미 지급받은 손해배상금이 있을 때에는 그 금액					O
도난 및 전손사고 시 폐차증명서 또는 말소사실 증명서			O		
기타 보험회사가 꼭 필요하다고 인정하는 서류 또는 증거	O	O	O	O	O

2. 손해배상청구권자의 직접청구 및 지급(배상책임담보)

(1) 피보험자가 손해배상청구권자에게 법률상의 손해배상책임을 지는 사고가 생긴 때에는, 손해배상청구권자는 보험회사에 직접 보험금을 청구할 수 있습니다. 그러나 보험회사는 피보험자가 그 사고에 관하여 가지는 항변으로써 손해배상청구권자에게 대항할 수 있습니다.

(2) 청구절차 및 유의사항

① 보험회사가 손해배상청구권자의 청구를 받았을 때에는 지체 없이 피보험자에게 통지합니다. 이 경우 피보험자는 보험회사의 요청에 따라 증거확보, 권리보전 등에 협력하여야 합니다. 만일 피보험자가 정당한 이유 없이 협력하지 아니한 경우에는 그로 말미암아 늘어난 손해에 대하여 보상하지 아니합니다.

② 보험회사가 손해배상청구권자에게 지급하는 보험금은 이 약관에 의하여 보험회사가 피보험자에게 지급책임을 지는 금액을 한도로 합니다.

③ 보험회사가 손해배상청구권자에게 보험금을 직접 지급하였을 때에는 그 금액의 한도 내에서 피보험자에게 보험금을 지급한 것으로 합니다.

④ 보험회사는 보험금 청구에 관한 서류를 받은 때에는 지체 없이 지급할 보험금액을 정하고 그 정하여진 날로부터 10일 이내에 지급합니다.

⑤ 보험회사가 보험금 지급사유의 조사 및 확인을 위하여 지급기일 초과가 명백히 예상되는 경우에는 구체적 사유와 지급예정일을 손해배상청구권자에게 서면으로 통지합니다.

⑥ 보험회사는 위 '④' 또는 '⑤'에서 정한 지급기일 내에 보험금을 지급하지 아니하였을 때에는, 그 다음 날부터 지급일까지의 기간에 대하여 보험개발원이 공시한 정기예금이율에 의한 이자를 보험금에 더하여 드립니다. 그러나 피보험자, 손해배상청구권자 등의 책임 있는 사유로 지급이 지연된 때에는 그 해당 기간에 대한 이자는 더하여 드리지 아니합니다.

⑦ 보험회사는 손해배상청구권자의 요청이 있을 때는 보험금을 일정기간을 정하여 정기금으로 지급할 수 있습니다. 이 경우 지급방법과 적용금리는 별도로 정한 바에 의합니다.

⑧ 대인배상 Ⅰ, 대인배상 Ⅱ의 경우에는 보험회사는 손해배상청구권자의 청구가 있거나 기타 원인에 의하여 대인사고 피해자가 발생한 사실을 안 때에는 피해자를 진료하는 의료기관에 당해 진료에 따른 자동차보험 진료수가의 지급의사 유무 및 지급한도 등을 통지합니다.

(3) 제출서류

직접 청구 시 필요 서류	대인배상 Ⅰ · Ⅱ	대물배상
교통사고 발생사실을 확인할 수 있는 서류	○	○
손해보상청구서 또는 보험금청구서	○	○
손해액을 증명하는 서류	○	○
기타 보험회사가 꼭 필요하다고 인정하는 서류 또는 증거	○	○

3. 가지급보험금의 지급

(1) 피보험자 또는 손해배상청구권자가 가지급보험금을 청구한 경우에는, 보험회사는 자동차손해배상보장법, 교통사고처리특례법 등에 의하여 이 약관에 따라 지급할 금액의 한도 내에서 가지급보험금을 지급합니다. 다만, 상기 법령의 적용을 받는 담보 이외의 대물배상, 자기신체사고, 무보험자동차에 의한 상해, 자기차량손해에 따른 가지급보험금은 이 약관에 따라 지급할 금액의 50%의 한도 내에서 지급합니다.

(2) 보험회사는 가지급보험금 지급 청구 건이 자동차손해배상보장법 등 관련 법령상 피보험자의 손해배상책임이 발생하지 아니하거나 이 약관상 보험회사의 보험금 지급의무가 발생하지 아니하는 것이 객관적으로 명백한 경우에는 가지급보험금을 지급하지 아니할 수 있습니다.

(3) 피보험자 또는 손해배상청구권자에게 지급한 가지급보험금의 금액은 장래 지급될 보험금에서 공제되나, 최종 보험금의 결정에는 영향을 미치지 아니합니다.

(4) 가지급보험금의 청구 시에는 보험금 청구 시와 동일한 서류를 제출하여야 합니다.

16 **용어정의**

① 자동차보험에 처음으로 가입하는 자동차

자동차 판매업자 또는 기타 양도인 등으로부터 매수인 또는 양수인에게 인도된 날로부터 10일 이내에 처음으로 동 매수인 또는 양수인을 기명피보험자로 하는 자동차보험에 가입하는 신차 또는 중고차를 말합니다. 다만, 양수인이 양도인이 맺은 보험계약을 승계한 후 그 보험기간이 종료하여 이 보험계약을 맺은 경우를 제외합니다.

② 운전(조종)

도로 및 도로 이외의 장소에서 자동차 또는 건설기계를 그 본래의 사용방법에 따라 사용하는 것을 말합니다.

③ 실제 손해액

동 약관의 보험금 지급기준에 따라 산정한 손해액 및 소송이 제기된 경우 확정판결금액(과실상계 및 보상한도 미적용 기준)을 말합니다.

④ 피보험자의 부모, 배우자, 자녀

피보험자의 부모라 함은 피보험자의 부모와 양부모를 말하며, 피보험자의 배우자는 법률상의 배우자 또는 사실혼관계에 있는 배우자를 말하며, 피보험자의 자녀라 함은 법률상의 혼인관계에서 출생한 자녀, 사실혼관계에서 출생한 자녀, 양자 또는 양녀를 말합니다.

⑤ 무보험자동차

피보험자동차 이외의 자동차로서 피보험자를 죽게 하거나 다치게 한 다음의 자동차를 말합니다. 이 경우 자동차란 자동차관리법에 의한 자동차, 건설기계관리법에 의한 자동차, 군수품관리법에 의한 차량, 도로교통법에 의한 원동기장치자전거 및 농업기계화촉진법에 의한 농업기계를 말합니다. 그러나 피보험자가 소유한 자동차는 제외합니다.

1. 자동차보험 대인배상 Ⅱ나 공제계약이 없는 자동차

2. 자동차보험 대인배상 Ⅱ나 공제계약에서 보상하지 아니하는 경우에 해당하는 자동차

3. 이 약관에서 보상될 수 있는 금액보다 보상한도가 낮은 자동차보험의 대인배상 Ⅱ나 공제계약이 적용되는 자동차. 다만, 피보험자를 죽게 하거나 다치게 한 자동차가 2대 이상인 경우에는 각각의 자동차에 적용되는 자동차보험의 대인배상 Ⅱ 또는 공제계약에서 보상되는 금액의 합계액이 이 약관에서 보상될 수 있는 금액보다 낮은 경우에 한하여 그 각각의 자동차

4. 피보험자를 죽게 하거나 다치게 한 자동차가 명확히 밝혀지지 않은 경우에 그 자동차

⑥ 배상의무자(무보험자동차에 의한 상해)

무보험자동차의 사고로 인하여 피보험자를 죽게 하거나 다치게 함으로써 피보험자에게 입힌 손해에 대하여 법률상 손해배상책임을 지는 사람을 말합니다.

⑦ 물체

구체적인 형체를 지니고 있어 충돌이나 접촉에 의해 자동차 외부에 직접적인 손상을 줄 수 있는 것을 말하며, 엔진 내부나 연료탱크 등에 이물질을 삽입하는 경우

물체로 보지 않습니다.

⑧ 침수

흐르거나 고인 물, 역류하는 물, 범람하는 물, 해수 등에 피보험자동차가 빠지거나 잠기는 것을 말하며, 차량 도어나 선루프 등을 개방해 놓았을 때 빗물이 들어간 것은 침수로 보지 않습니다.

⑨ 보험가액(자기차량손해)

보험개발원이 정한 차량기준가액표에 따라 보험계약을 맺었을 때에는 사고발생 당시의 보험개발원이 정한 최근의 차량기준가액을 말합니다. 그러나 위 차량기준가액이 없거나 이와 다른 가액으로 보험계약을 맺었을 경우 보험증권에 기재된 가액이 손해가 생긴 곳과 때의 가액을 현저하게 초과할 때에는 그 손해가 생긴 곳과 때의 가액을 보험가액으로 합니다.

⑩ 전부손해(자기차량손해)

피보험자동차가 완전히 파손, 멸실 또는 오손되어 수리할 수 없는 상태이거나, 피보험자동차에 생긴 손해액과 보험회사가 부담하기로 한 비용의 합산액이 보험가액 이상인 경우를 말합니다.

⑪ 무면허운전(조종)

도로교통법 또는 건설기계관리법의 운전(조종)면허에 관한 규정에 위반하는 무면허 또는 무자격운전(조종)(용어정의②)을 말하며, 운전(조종)면허의 효력이 정지 중에 있거나 운전(조종)의 금지 중에 있을 때에 운전(조종)(용어정의②)하는 것을 포함합니다.

⑫ 휴대품 및 소지품

휴대품이란 통상 몸에 지니고 있는 물품으로 현금, 유가증권, 지갑, 만년필, 라이터, 손목시계, 귀금속, 기타 장신구 및 이와 유사한 물품을 말하며, 소지품이란 휴대품 이외에 소지한 물품으로 휴대폰, 노트북, 캠코더, 카메라, CD플레이어, MP3, 워크맨, 녹음기, 전자수첩, 전자사전, 휴대용라디오, 핸드백, 서류가방 및 골프채 등을 말합니다.

⑬ 마약 또는 약물 등

도로교통법 제42조에서 정한 "마약, 대마, 향정신성의약품 그 밖의 행정자치부령이 정하는 것"을 말합니다.

⑭ 음주운전(조종)

도로교통법에서 규정하고 있는 한계치 이상으로 술을 마시고 운전(조종)(용어정의②)하거나 도로교통법에 의한 음주측정 불응행위를 말합니다.

Ⅲ. 기타 사항

17 보험계약의 소멸과 보험료의 환급

1. 보험계약의 소멸
(1) 보험계약의 무효

보험계약이 보험계약자 또는 보험계약자의 대리인의 사기행위에 의하여 맺어진 경우에는 무효로 됩니다.

(2) 보험계약의 효력상실

보험회사가 파산선고를 받은 날로부터 보험계약자가 보험계약을 해지함이 없이 3개월이 경과하는 경우에는 보험계약은 효력을 상실합니다.

(3) 보험계약자의 보험계약의 해지 또는 해제
① 보험계약자는 언제든지 임의로 보험계약을 해지할 수 있습니다. 다만, 의무보험에 대한 보험계약은 다음의 경우에만 해지할 수 있습니다.

가. 피보험자동차가 자동차손해배상보장법 제5조 제4항에서 규정하는 자동차(의무보험 강제 가입대상에서 제외되거나 도로가 아닌 장소에 한하여 운행하는 자동차)로 변경된 경우

나. 피보험자동차를 양도한 경우. 다만, '18 보험계약의 승계' 규정에 따라 보험계약이 양수인 또는 교체(대체)된 자동차에 승계된 경우에는 의무보험에 대한 보험계약을 해지할 수 없습니다.

다. 피보험자동차의 말소등록으로 운행을 중지한 경우. 다만, '18 보험계약의 승계' 중 '2.'에 따라 보험계약이 교체(대체)된 자동차에 승계된 경우에는 의무보험에 대한 보험계약을 해지할 수 없습니다.

라. 천재지변, 교통사고, 화재, 도난 등의 사유로 인하여 피보험자동차를 더 이상 운행할 수 없게 된 경우. 다만, '18 보험계약의 승계' 중 '2.'에 따라 보험계약이 교체(대체)된 자동차에 승계된 경우에는 의무보험에 대한 보험계약을 해지할 수 없습니다.

마. 이 보험계약을 맺은 후에 피보험자동차에 대하여 이 보험계약과 보험기간의 일부 또는 전부가 중복되는 의무보험이 포함된 다른 보험계약(공제계약을 포함합니다)

을 맺은 경우

바. 보험회사가 파산선고를 받은 경우

② 이 보험계약이 의무보험만 체결된 경우로서, 이 보험계약을 맺기 전에 피보험자동차에 대하여 의무보험이 포함된 다른 보험계약(공제계약을 포함합니다. 이하 같습니다)이 유효하게 맺어져 있는 경우에는, 보험계약자는 그 다른 보험계약이 종료하기 전에 이 보험계약을 해제할 수 있습니다. 만일, 그 다른 보험계약이 종료한 후에는 그 종료일 다음 날로부터 보험기간이 개시되는 의무보험이 포함된 새로운 보험계약을 맺은 경우에 한하여 이 보험계약을 해제할 수 있습니다.

③ 타인을 위한 보험계약의 경우에는, 보험계약자는 기명피보험자의 동의를 얻거나 보험증권을 소지한 경우에 한하여 위 '①' 또는 '②'의 규정에 따라 보험계약을 해지 또는 해제할 수 있습니다.

(4) 보험회사의 보험계약의 해지

보험회사는 다음의 경우에는 보험증권에 기재된 보험계약자의 주소지에 서면으로 통지함으로써 보험계약을 해지할 수 있습니다.

① 보험계약자가 계약 전 알릴 의무를 위반한 경우

가. 보험계약자가 보험계약을 맺을 때 고의 또는 중대한 과실로 '6 보험계약자의 의무사항' 중 '1. (1)'에서 규정한 사항에 관하여 알고 있는 사실을 알리지 아니하거나 사실과 다르게 알린 경우. 다만, 다음의 경우에는 보험회사는 보험계약을 해지하지 못합니다.

(ㄱ) 보험계약을 맺은 때에 보험회사가 보험계약자가 알려야 할 사실을 알고 있었거나 보험회사의 중대한 과실로 알지 못하였을 때

(ㄴ) 보험계약자가 보험금을 지급할 사고가 발생하기 전에 보험청약서의 기재사항에 대하여 서면으로 변경을 신청하여 보험회사가 이를 승인한 때

(ㄷ) 보험회사가 보험계약자가 계약 전 알릴 의무를 이행하지 아니한 사실을 안 날로부터 보험계약을 해지하지 아니하고 1월이 경과한 때

(ㄹ) 보험회사가 보험계약을 맺은 날로부터 보험계약을 해지하지 아니하고 3년이 경과한 때

(ㅁ) 보험계약자가 알려야 할 사항이 보험회사가 위험을 측정하는 데에 관련이 없는 때 또는 적용할 보험료에 차액이 생기지 아니한 때

나. 보험회사는 보험계약자가 계약 전 알릴 의무를 이행하지 아니하여 보험계약을 해

지한 때에는 해지 이전에 생긴 사고에 대해서도 보상하지 아니합니다. 이 경우 보험회사가 이미 보험금을 지급하였을 때에는 보험계약자는 이를 보험회사에 돌려주어야 합니다. 다만, 보험계약자가 고의 또는 중대한 과실로 알리지 아니하거나 다르게 알린 사실이 사고의 발생에 영향을 미치지 아니하였음을 증명한 때에는 보험회사는 보상합니다.

② 보험계약자가 계약 후 알릴 의무를 위반한 경우

가. 보험계약자가 보험계약을 맺은 후에 '⑥ 보험계약자의 의무사항' 중 '2.(1)'에서 규정한 사실이 생긴 것을 알았음에도 불구하고 지체 없이 알리지 아니하거나 사실과 다르게 알린 경우. 다만, 다음의 경우에는 보험회사는 보험계약을 해지하지 못합니다.

(ㄱ) 보험회사가 보험계약자가 계약 후 알릴 의무를 이행하지 아니한 사실을 안 날로부터 보험계약을 해지하지 아니하고 1개월이 경과한 때

(ㄴ) 보험계약자가 알려야 할 사실이 뚜렷하게 위험 또는 적용보험료를 증가시킨 것이 아닌 때

나. 보험회사는 보험계약자가 계약 후 알릴 의무를 이행하지 아니하여 보험계약을 해지한 때에는 해지 이전에 생긴 사고에 대해서도 보상하지 아니합니다. 이 경우 보험회사가 이미 보험금을 지급하였을 때에는 보험계약자는 이를 보험회사에 돌려주어야 합니다. 다만, 보험계약자가 알리지 아니하거나 다르게 알린 사실이 사고의 발생에 영향을 미치지 아니하였음을 증명한 때에는 보험회사는 보상합니다.

③ 보험계약자가 정당한 이유 없이 법령에서 정한 자동차검사를 받지 아니한 경우

④ 보험계약 내용의 변경 또는 위험의 변경으로 인하여 보험회사가 '⑥ 보험계약자의 의무사항' 중 '1.(2)', '2.(1)' 또는 '⑱ 보험계약의 승계' 중 '1.(3)', '2.(3)' 등에 의하여 추가보험료를 청구한 날로부터 14일 이내에 보험계약자가 그 보험료를 지급하지 아니한 경우. 다만, 의무보험에 대해서는 적용하지 아니합니다.

⑤ 보험금의 청구에 관하여 보험계약자, 피보험자, 보험금을 수령하는 자 또는 이들의 법정대리인의 사기행위가 있는 경우. 다만, 의무보험에 대해서는 적용하지 아니합니다.

2. 보험료의 환급

보험회사는 보험계약이 소멸된 경우에는 다음의 규정에 의한 보험료를 보험계약자에게 환급합니다.

(1) 보험계약이 무효로 된 경우

무효의 유형	환 급 방 법
보험계약자 또는 피보험자가 선의이며 중대한 과실이 없는 경우	보험료의 전액을 환급
보험계약자 또는 피보험자의 과실이 있는 경우	보험회사가 무효사실을 안 날까지의 경과기간에 대하여 단기요율로 계산한 보험료를 공제하고 나머지를 환급
보험계약자 또는 피보험자의 고의 또는 중대한 과실이 있는 경우	보험료를 환급하지 아니함

(2) 보험계약이 효력을 상실한 경우

효력상실의 유형	환 급 방 법
보험계약자 또는 피보험자에게 책임이 없는 사유로 인한 경우	경과되지 않은 기간에 대하여 일할로 계산한 보험료를 환급
보험계약자 또는 피보험자에게 책임이 있는 사유로 인한 경우	보험회사가 효력상실을 안 날까지의 경과기간에 대하여 단기요율로 계산한 보험료를 공제하고 나머지를 환급

(3) 보험계약이 해지된 경우

해지의 유형	환 급 방 법
보험계약자 또는 피보험자에게 책임이 없는 사유로 인한 경우 또는 피보험자동차가 자동차손해배상보장법 제5조 제4항의 자동차로 변경됨으로 인한 경우	경과되지 않은 기간에 대하여 일할로 계산한 보험료를 환급. 다만, 이 계약을 해지하기 전에 보험회사가 보상하여야 하는 사고가 발생한 경우에는 보험료를 환급하지 아니합니다.
보험계약자 또는 피보험자에게 책임이 있는 사유로 인한 경우	경과기간에 대하여 단기요율로 계산한 보험료를 공제하고 나머지를 환급. 다만, 이 계약을 해지하기 전에 보험회사가 보상하여야 하는 사고가 발생한 경우에는 보험료를 환급하지 아니합니다.

(4) 보험계약의 해제

보험계약이 해제된 경우에는 보험료 전액을 환급합니다.

18 보험계약의 승계

1. 피보험자동차를 양도하는 경우

(1) 보험계약자 또는 기명피보험자가 보험기간 중에 피보험자동차를 양도한 경우에는 이 보험계약으로 인하여 생긴 보험계약자 및 피보험자의 권리와 의무는 피보험자동차의 양수인에게 승계되지 아니합니다. 그러나 보험계약자가 이 권리와 의무를 양수인에게 이전하고자 한다는 뜻을 서면으로 보험회사에 통지하여 이에 대한 승인을 청구하고 보험회사가 승인한 경우에는 그 승인한 때로부터 양수인에 대하여 이 보험계약을 적용합니다. 만일 보험회사가 이 서면통지를 받은 날로부터 10일 이내에 승인 여부를 보험계약자에게 발송하지 아니하면, 그 10일이 되는 날의 다음 날 0시에 승인한 것으로 봅니다.

(2) 위 '(1)'에서 규정하는 피보험자동차의 양도에는 소유권을 유보한 매매계약에 따라 자동차를 '산 사람' 또는 대차계약에 따라 자동차를 '빌린 사람'이 그 자동차를 피보험자동차로 하고 자신을 보험계약자 또는 기명피보험자로 하는 보험계약이 존속하는 중에 그 자동차를 '판 사람' 또는 '빌려준 사람'에게 반환하는 경우도 포함합니다. 이 경우 '판 사람' 또는 '빌려준 사람'은 양수인으로 봅니다.

(3) 보험회사가 위 '(1)'의 승인을 하는 경우에는 피보험자동차의 양수인에게 적용되는 보험요율에 따라 피보험자동차의 양도 전의 보험계약자에게 보험료를 반환하거나, 피보험자동차의 양도 후의 보험계약자에게 추가보험료를 청구합니다.

(4) 보험회사가 위 '(1)'의 승인을 하지 않은 경우에는 피보험자동차가 양도된 후에 발생한 사고에 대해서는 보험금을 지급하지 아니합니다. 다만, 이 보험계약이 '무보험자동차에 의한 상해'를 포함하고 있고 해지되지 아니한 경우에는 피보험자동차가 양도된 후에 발생한 사고에 대해서도 '무보험자동차에 의한 상해' 및 '다른 자동차 운전담보 특별약관'에 의하여 이 보험계약의 피보험자가 입은 손해를 보상합니다.

(5) 보험계약자 또는 기명피보험자가 보험기간 중에 사망하는 등으로 인하여 상속인이 피보험자동차를 상속하는 경우에는 이 보험계약도 승계된 것으로 봅니다. 다만, 보험기간이 종료되거나 자동차의 명의를 변경하는 경우에는 상속인을 보험계약자 또는 기명피보험자로 하는 새로운 보험계약을 맺어야 합니다.

2. 피보험자동차를 다른 자동차로 교체(대체)하는 경우

(1) 보험계약자 또는 기명피보험자가 보험기간 중에 기존의 피보험자동차를 폐차 또는 양도하고 그 자동차와 동일한 차종의 다른 자동차로 교체(대체)한 경우에는, 보험계약자가 이 보험계약을 교체(대체)된 자동차에 승계시키고자 한다는 뜻을 서면으로 보험회사에 통지하여 이에 대한 승인을 청구하고 보험회사가 승인한 때로부터 이 보험계약을 교체(대체)된 자동차에 적용합니다. 이 경우 기존의 피보험자동차에 대한 보험계약의 효력은 이 승인이 있는 때에 상실됩니다.

(2) 위 '(1)'에서 규정하는 '동일한 차종의 다른 자동차로 교체(대체)한 경우'라 함은, 개인소유 자가용승용자동차 간, 업무용자동차의 경우에는 2종·3종화물자동차 간, 경·4종 화물자동차 간 또는 경·3종 승합자동차 간, 영업용자동차의 경우에는 2종·3종화물자동차 간에 교체(대체)한 경우를 말합니다.

(3) 보험회사가 위 '(1)'의 승인을 하는 경우에는 교체(대체)된 자동차에 적용하는 보험요율에 따라 보험계약자에게 보험료를 반환하거나 추가보험료를 청구할 수 있습니다. 이 경우 기존의 피보험자동차를 말소 등록한 날 또는 소유권을 이전 등록한 날로부터 승계를 승인한 날의 전날까지 기간에 해당하는 보험료를 일할로 계산하여 보험계약자에게 반환하여 드립니다.

(4) 보험회사가 위 '(1)'의 승인을 하지 않은 경우에는 교체(대체)된 자동차의 사용 중에 발생한 사고에 대해서는 보험금을 지급하지 아니합니다. 다만, 이 보험계약이 '무보험자동차에 의한 상해'를 포함하고 있고 해지되지 아니한 경우에는 교체(대체)된 자동차의 사용 중에 발생한 사고에 대해서도 '무보험자동차에 의한 상해' 및 '다른 자동차 운전담보 특별약관'에 의하여 피보험자가 입은 손해를 보상합니다.

<예시> 일할계산의 사례

$$기납입보험료\ 총액 \times \frac{해당기간}{365(윤년 : 366)}$$

⑲ 보험금의 분담 및 보험회사의 대위

1. 보험금의 분담 등 <개정 2006.11.30.>

대인배상 Ⅰ·Ⅱ, 대물배상, 무보험자동차에 의한 상해, 자기신체사고, 자기차량손

해에 대하여 적용됩니다.

(1) 이 보험계약과 보상책임의 전부 또는 일부가 중복되는 다른 보험계약(공제계약을 포함합니다)이 있는 경우에, 다른 보험계약이 없는 것으로 하여 각 보험계약에 의해 산출한 보상책임액의 합계액이 손해액보다 많게 되는 경우에는 다음의 산식에 따라 보험금을 지급합니다.

$$\text{손해액} \times \frac{\text{이 보험계약에 의해 산출한 보상책임액}}{\text{다른 보험계약이 없는 것으로 하여 각 보험계약에 의해 산출한 보상책임액의 합계액}}$$

(2) '⑩ 배상책임' 담보의 경우에 동일한 사고로 인하여 이 보험계약에서 배상책임이 있는 피보험자가 둘 이상 있게 되는 경우에는 '⑩ 배상책임' 중 '1.(2)'에서 규정하는 보상한도와 범위에 따른 보험금을 각 피보험자의 배상책임의 비율에 따라 분담하여 지급합니다.

(3) (1) 및 (2) 규정에도 불구하고 대리운전업자(대리운전자를 포함합니다)가 가입한 보험계약에서 보험금이 지급될 수 있는 경우에는 그 보험금을 초과하는 손해를 보상합니다. <신설 2006.11.30.>

2. 보험회사의 대위

(1) 보험회사는 피보험자 또는 손해배상청구권자에게 보험금을 지급한 경우에는, 그 보험금의 한도 내에서 제3자에 대한 피보험자의 권리를 취득합니다. 다만, 보험회사가 보상한 금액이 피보험자의 손해의 일부를 보상한 경우에는 피보험자의 권리를 침해하지 아니하는 범위 내에서 그 권리를 취득합니다.

(2) 보험회사는 다음의 권리는 취득하지 아니합니다.

① 자기신체사고의 경우 제3자에 대한 피보험자의 권리

② 자기차량손해의 경우 피보험자동차를 정당한 권리에 의하여 사용 또는 관리하던 자에 대한 피보험자의 권리. 다만, 다음의 경우에는 피보험자의 권리를 취득합니다.

가. 고의로 사고를 낸 경우, 무면허운전이나 음주운전을 하던 중에 사고를 낸 경우, 또는 마약 또는 약물 등의 영향에 의하여 정상적인 운전을 하지 못할 상태에서 운전을 하던 중에 사고를 낸 경우

나. 자동차정비업, 주차장업, 급유업, 세차업, 자동차판매업, 자동차탁송업 등 자동차를 취급하는 것을 업으로 하는 자(이들의 피용자 및 이들이 법인인 경우에는 그 이사

와 감사를 포함합니다)가 업무로서 위탁받은 피보험자동차를 사용 또는 관리하는 동안에 사고를 낸 경우 <개정 2006.11.30.>

(3) 피보험자는 보험회사가 위 '(1)' 또는 '(2)'에 의하여 취득한 권리의 행사 및 보전에 관하여 필요한 조치를 취하여야 하며, 또한 보험회사가 요구하는 증거 및 서류를 제출하여야 합니다.

⑳ 보험약관 등의 교부 및 설명

1. 보험회사는 보험계약을 맺을 때에 보험계약자에게 보험약관 및 청약서 부본을 교부하고, 보험약관의 중요한 내용을 설명해 드립니다. 다만, 전자거래기본법 제2조 제6호에 의해 컴퓨터를 이용하여 보험거래를 할 수 있도록 설정된 가상의 영업장(사이버몰)을 이용하여 보험계약을 체결한 때에는 청약서 부본을 교부하지 아니할 수 있습니다.

2. 보험회사가 위 '1.'의 규정을 위반한 때에는 보험계약자는 보험계약 성립일로부터 1개월 이내에 계약을 취소할 수 있습니다. 이 경우 보험회사는 이미 납입한 보험료 및 이자(보험료를 받은 때부터 반환 시까지의 기간에 대하여 보험료에 보험개발원이 공시한 정기예금이율을 적용하여 산정한 금액)를 반환하여 드립니다. 다만, 의무보험 부분은 제외합니다.

㉑ 보험안내장 등의 효력

보험회사(점포, 보험설계사 및 보험대리점을 포함합니다)가 보험모집과정에서 제작·사용한 보험안내장(서류·사진·도화 등 모든 안내자료를 포함합니다)의 내용이 보험약관의 내용과 다른 경우에는 보험계약자에게 유리한 내용으로 보험계약이 성립된 것으로 봅니다.

㉒ 보험계약 정보의 제공

보험회사는 신용정보의 이용 및 보호에 관한 법률 제23조, 동법 시행령 제12조에서 정하는 절차에 따라 보험계약자의 동의를 받아 다음의 사항을 다른 보험회사 및 보험관계단체에 제공할 수 있습니다.

(1) 피보험자의 성명, 주민등록번호 및 주소와 피보험자동차의 차량번호, 형식, 연식

(2) 계약일시, 보험종목, 담보종목, 보험가입금액, 자기부담금 및 제 할인·할증 적용과 특약가입사항, 계약해지 시 그 내용 및 사유

(3) 사고일시 또는 일자, 사고내용 및 각종 보험금의 지급내용 및 사유

23 기타 사항

1. 준용규정

이 약관에서 정하지 아니한 사항은 대한민국 법령에 따릅니다.

2. 피보험자동차 등에 대한 조사

보험회사는 피보험자동차 등에 관하여 필요한 조사를 하거나 보험계약자 또는 피보험자에게 필요한 설명 또는 증명을 요구할 수 있습니다. 이 경우 보험계약자, 피보험자 또는 이들의 대리인은 이러한 조사 또는 요구에 협력하여야 합니다.

3. 예금보험기금에 의한 지급보장

보험회사가 파산 등으로 인하여 보험금 등을 지급하지 못할 경우에는 예금자보호법에서 정하는 바에 따라 그 지급을 보장합니다.

Ⅳ. 보험금 지급기준

24 대인배상, 무보험자동차에 의한 상해 지급기준

가. 사망

각 담보별 보험가입금액 한도 내에서 다음 금액

항 목	지급기준
1. 장례비	지급액: 3,000,000 원
2. 위자료	가. 사망자 본인 및 유족의 위자료 (1) 사망자 연령이 20세 이상 60세 미만인 경우: 45,000,000 원 (2) 사망자 연령이 20세 미만 60세 이상인 경우: 40,000,000 원 나. 지급기준 (1) 청구권자의 범위: 피해자의 부모, 배우자, 자녀, 형제자매, 시부모, 장인장모 (2) 청구권자별 지급기준 (단위: 만 원) (3) 사망자 본인의 위자료는 위 가.의 위자료 총액에서 위 (2) 의 청구권자별 실 지급 위자료의 합산액을 차감한 금액으로 하며, 위 가.의 위자료 총액을 초과할 경우에는 실지급 청구권자별로 각각 균등 차감함
3. 상실수익액	가. 산정방법: 사망본인의 월평균 현실소득액(제세액공제)에서 본인의 생활비(월평균 현실소득액에 생활비율을 곱한 금액)를 공제한 금액에 취업가능월수에 해당하는 라이프니츠 계수를 곱하여 산정 〈산식〉 (월평균현실소득액 − 생활비) × 취업가능월수에 해당하는 라이프니츠 계수 나. 현실소득액의 산정방법 (1) 유직자 (가) 산정대상기간 ① 급여소득자: 사고발생 직전 또는 사망 직전 과거 3개월로 하되, 계절적 요인 등에 따라 급여의 차등이 있는 경우와 상여금, 체력단련비, 연월차휴가보상금 등 매월 수령하는 금액이 아닌 것은 과거 1년간으로 함

청구권자 신분	배우자	부모	자녀	형제자매	시부모· 장인장모
1인당	500	300	200	100	100

항 목	지급기준
	② 급여소득자 이외의 자: 사고발생 직전 과거 1년간으로 하며, 기간이 1년 미만인 경우에는 계절적인 요인 등을 감안하여 타당한 기간으로 함 (나) 산정방법 1) 현실소득액의 입증이 가능한 자 　세법에 따른 관계증빙서에 의하여 소득을 산정할 수 있는 자에 한하여 다음과 같이 산정한 금액으로 함 가) 급여소득자 　피해자가 근로의 대가로서 받은 보수액에서 제 세액을 공제한 금액. 그러나 피해자가 사망 직전에 보수액의 인상이 확정된 경우에는 인상된 금액에서 제 세액을 공제한 금액 〈용어풀이〉 ① 이 보험에서 급여소득자라 함은 소득세법 제20조에서 규정한 근로소득을 얻고 있는 자로서 일용근로자 이외의 자를 말함 ② 근로의 대가로서 받은 보수라 함은 본봉, 수당, 성과급, 상여금, 체력단련비, 연월차휴가보상금 등을 말하며, 실비변상적인 성격을 가진 대가는 제외함 ③ 이 보험에서 세법에 따른 관계증빙서라 함은 사고발생 전에 신고 또는 납부하여 발행된 관계증빙서를 말함. 다만, 신규취업자, 신규사업개시자 또는 사망 직전에 보수액의 인상이 확정된 경우에 한하여 세법 규정에 따라 정상적으로 신고 또는 납부(신고 또는 납부가 지체된 경우는 제외함)하여 발행된 관계증빙서를 포함함 나) 사업소득자 ① 세법에 따른 관계증빙서에 의하여 입증된 수입액에서 그 수입을 위하여 필요한 제 경비 및 제 세액을 공제하고 본인의 기여율을 감안하여 산정한 금액 〈산식〉 {연간수입액 – 주요경비 – (연간수입액×기준경비율) – 제세공과금}×노무기여율×투자비율 (주)　1. 제 경비가 세법에 따른 관계증빙서에 의하여 입증되는 경우에는 위 기준경비율 또는 단순경비율을 적용하지 아니하고 그 입증된 경비를 공제함 　2. 소득세법 등에 의해 단순경비율 적용대상자는 기준경비율 대신 동 비율 적용 　3. 투자비율은 입증이 불가능할 때에는 1/동업자 수로 함 　4. 노무기여율은 85/100를 한도로 타당한 율을 적용함

항 목	지급기준
	② 본인이 없더라도 사업의 계속성이 유지될 수 있는 경우에는 위 ①의 산식에 의하지 아니하고 일용근로자 임금을 인정함
	③ 위 ①에 따라 산정한 금액이 일용근로자 임금에 미달한 경우에는 일용근로자 임금을 인정함

〈용어풀이〉
① 이 보험에서 사업소득자라 함은 소득세법 제19조에서 규정한 소득을 얻고 있는 자를 말함
② 이 보험에서 일용근로자 임금이라 함은 통계법 제3조에 의한 통계작성 승인기관(공사부문: 대한건설협회, 제조부문: 중소기업협동조합중앙회)이 조사, 공표한 노임 중 보통인부의 임금을 말함

다) 기타 유직자(이자소득자, 배당소득자 제외)
 세법상의 관계증빙서에 의하여 입증된 소득액에서 제 세액을 공제한 금액. 다만, 부동산임대소득자의 경우에는 일용근로자 임금을 인정하며, 이 기준에서 정한 여타의 입증되는 소득이 있는 경우에는 그 소득과 일용근로자 임금 중 많은 금액을 인정함
라) 위 가), 나), 다)에 해당하는 자로서 기술직 종사자는 통계법 제3조에 의한 통계작성 승인기관(공사부문: 대한건설협회, 제조부문: 중소기업협동조합중앙회)이 조사, 공표한 노임에 의한 해당 직종 임금이 많은 경우에는 그 금액을 인정함
2) 현실소득액의 입증이 곤란한 자
 세법에 따른 관계증빙서에 의하여 소득을 산정할 수 없는 자는 다음과 같이 산정한 금액으로 함
가) 급여소득자
 일용근로자 임금
나) 사업소득자
 일용근로자 임금
다) 기타 유직자
 일용근로자 임금
라) 위 가), 나), 다)에 해당하는 자로서 기술직 종사자는 통계법 제3조에 의한 통계작성 승인기관(공사부문: 대한건설협회, 제조부문: 중소기업협동조합중앙회)이 조사, 공표한 노임에 의한 해당직종 임금이 많은 경우에는 그 금액을 인정함

3) 미성년자로서 현실소득액이 일용근로자 임금에 미달한 자: 20세에 이르기까지는 현실소득액, 20세 이후는 일용근로자 임금
(2) 가사종사자: 일용근로자 임금
(3) 무직자(학생포함): 일용근로자 임금
(4) 소득이 두 가지 이상인 자
(가) 세법에 따른 관계증빙서에 의하여 입증된 소득이 두 가지 이상 있는 경우에는 그 합산액을 인정함

항 목	지급기준
	(나) 세법에 따른 관계증빙서에 의하여 입증된 소득과 입증 곤란한 소득이 있는 때 혹은 입증이 곤란한 소득이 두 가지 이상 있는 경우에 이 기준에 의하여 인정하는 소득 중 많은 금액을 인정함

(5) 외국인

(가) 유직자

① 국내에서 소득을 얻고 있는 자로서 그 입증이 가능한 자: 위 1)의 현실소득액의 입증이 가능한 자의 현실소득액 산정방법으로 산정한 금액

② 위 ① 이외의 자: 일용근로자 임금

(나) 무직자(학생 및 미성년자 포함): 일용근로자 임금

다. 생활비율: 1/3

라. 취업가능월수

(1) 취업가능 연한을 60세로 하여 취업가능월수를 산정함. 다만, 법령, 단체협약 또는 기타 별도의 전년에 관한 규정이 있으면 이에 의하여 취업가능월수를 산정함

(2) 56세 이상의 자에 대해서는 〈표 1〉에서 정한 「56세 이상의 취업가능월수표」에 의하되, 사망 또는 장해 확정 당시부터 정년에 이르기까지는 월현실소득액을, 그 이후 취업가능월수까지는 일용근로자 임금을 인정함

(3) 정년이 60세 미만인 급여소득자의 경우에는 정년 이후 60세에 이르기까지의 현실소득액은 피해자의 사망 또는 장해 확정 당시의 일용근로자 임금을 인정함

(4) 취업가능 연한이 사회통념상 60세 미만인 직종에 종사하는 자인 경우 해당 직종에 타당한 취업가능 연한 이후 60세에 이르기까지의 현실소득액은 사망 또는 장해 확정 당시의 일용근로자 임금을 인정함

(5) 취업 시기는 20세로 하되 군복무 해당자는 그 기간을 감안하여 취업가능월수를 산정함(군복무 중인 경우에는 잔여 복무기간을 감안하여 적용함)

마. 라이프니츠 계수: 법정이율 월 5/12%, 복리에 의하여 중간이자를 공제하고 계산하는 방법

〈산식〉

$$\frac{1}{1+i} + \frac{1}{(1+i)^2} + \cdots\cdots\cdots\cdots\cdots + \frac{1}{(1+i)n}$$

i = 5/12%, n = 취업가능월수

※ 대인배상 Ⅰ의 경우 이 보험의 보험금 지급기준에 의하여 산출한 사망보험금이 20,000,000 원 미만일 경우에는 20,000,000 원으로 함

나. 부상

각 담보별 보험가입금액 한도 내에서 다음 금액. 다만, 대인배상 Ⅰ의 경우에는 <표 2>에서 정한 상해급별 보험가입금액 한도 내에서 다음 금액

항 목	지급기준
1. 적극손해	가. 구조수색비: 사회통념상으로 보아 필요 타당한 실비 나. 치료관계비: 의사의 진단 기간 내에서 치료에 소요되는 다음의 비용(외국에서 치료를 받은 경우에는 국내의료기관에서의 치료에 소요되는 비용 상당액. 다만, 국내의료기관에서 치료가 불가능하여 외국에서 치료를 받는 경우에는 그에 소요되는 타당한 비용)으로 하되, 관련 법규에서 환자의 진료비로 인정하는 선택진료비를 포함함 (1) 입원료 (가) 입원료는 대중적인 일반병실(이하 '기준병실'이라 함)의 입원료를 지급함. 다만, 의사가 치료상 부득이 기준병실보다 입원료가 비싼 병실(이하 '상급병실'이라 함)에 입원하여야 한다고 판단하여 상급병실에 입원하였을 때에는 그 병실의 입원료를 지급함 (나) 병실의 사정으로 부득이 상급병실에 입원하였을 때에는 7일의 범위 내에서는 그 병실의 입원료를 지급함. 만약, 입원일수가 7일을 넘을 때에는 그 넘는 기간에 대해서는 기준병실의 입원료와 상급병실의 입원료와의 차액은 지급하지 아니함 (다) 피보험자나 피해자의 희망으로 상급병실에 입원하였을 때는 기준병실의 입원료와 상급병실의 입원료와의 차액은 지급하지 아니함 (2) 응급치료, 호송, 진찰, 전원, 퇴원, 투약, 수술(성형수술 포함), 처치, 의지, 의치, 안경, 보청기 등에 소요되는 필요 타당한 실비 (3) 치아보철비: 금주조관보철(백금관보철 포함)에 소요되는 비용. 다만, 치아보철물이 외상으로 인하여 손상 또는 파괴되어 사용할 수 없게 된 경우에는 원상회복에 소요되는 비용
2. 위 자 료	a가. 청구권자의 범위: 피해자 본인 나. 지급기준: 책임보험 상해구분에 따라 다음과 같이 급별로 인정함 (단위: 만 원)

급별	인정액	급별	인정액	급별	인정액	급별	인정액
1	200	5	75	9	25	13	15
2	176	6	50	10	20	14	15
3	152	7	40	11	20		
4	128	8	30	12	15		

항 목	지급기준
3. 휴업손해	가. 산정방법: 부상으로 인하여 휴업함으로써 수입의 감소가 있는 경우에 한하여 휴업기간 중 피해자의 실제 수입감소액의 80% 해당액을 지급함 〈산식〉 $$1일\ 수입감소액 \times 휴업일수 \times \frac{80}{100}$$ 나. 휴업일수의 인정: 피해자의 상해 정도를 감안, 치료기간의 범위 내에서 인정 다. 수입감소액의 산정 (1) 유직자 (가) 사망의 경우 현실소득액의 산정방법에 따라 산정한 금액을 기준으로 하여 수입감소액을 산정함 (나) 실제의 수입감소액이 위 (가)의 기준으로 산정한 금액에 미달하는 경우에는 실제의 수입감소액으로 함 (2) 가사종사자 (가) 일용근로자 임금에 휴업일수를 곱한 액으로 함 (나) 가사에 종사하지 못하는 기간 동안 타인으로 하여금 종사케 한 경우에 일용근로자 임금을 수입감소액으로 함 (3) 무직자 (가) 무직자는 수입의 감소가 없는 것으로 함 (나) 유아, 연소자, 학생 연금생활자, 기타 금리나 임대료에 의한 생활자는 수입의 감소가 없는 것으로 함 (4) 소득이 두 가지 이상인 자 사망의 경우 현실소득액의 산정방법과 동일 (5) 외국인 사망의 경우 현실소득액의 산정방법과 동일
4. 기타 손해배상금	위 1. 내지 3. 외에 기타의 손해배상금으로 다음의 금액을 지급함 가. 입원의 경우 입원기간 중 1일 13,110원(병원에서 환자의 식사를 제공한 경우에는 그 식대를 공제한 나머지 금액으로 함) 나. 통원의 경우 실제 통원한 일수에 대하여 1일 8,000 원

다. 후유장해

각 담보별 보험가입금액 한도 내에서 다음 금액. 다만, 대인배상 Ⅰ의 경우에는 <표 3>에서 정한 장해급별 보험가입금액 한도 내에서 다음 금액

항 목	지급기준
1. 위자료	가. 청구권자의 범위: 피해자 본인 나. 지급기준: 노동능력 상실률에 따라 (1)항 또는 (2)항에 의해 산정한 금액을 피해자 본인에게 지급함 (1) 노동능력 상실률이 50% 이상인 경우 (가) 장해자 연령이 20세 이상 60세 미만: 45,000,000 원×장해율×70% (나) 장해자 연령이 20세 미만 60세 이상: 40,000,000 원×장해율×70% (2) 노동능력 상실률이 50% 미만인 경우 (단위: %, 만 원) <table><tr><th>노동능력 상실률</th><th>인정액</th></tr><tr><td>50 미만~45 이상</td><td>400</td></tr><tr><td>45 미만~35 이상</td><td>240</td></tr><tr><td>35 미만~27 이상</td><td>200</td></tr><tr><td>27 미만~20 이상</td><td>160</td></tr><tr><td>20 미만~14 이상</td><td>120</td></tr><tr><td>14 미만~9 이상</td><td>100</td></tr><tr><td>9 미만~5 이상</td><td>80</td></tr><tr><td>5 미만~0 초과</td><td>50</td></tr></table> 다. 부상위자료와 후유장해위자료가 중복될 때에는 양자 중 많은 금액을 지급함
2. 상실수익액	가. 산정방법: 노동능력의 상실이 있는 경우에 피해자의 월평균 현실소득액에 노동능력 상실률과 노동능력 상실기간에 해당하는 라이프니츠 계수를 곱하여 산정함. 다만, 소득의 상실이 없는 경우에는 치아보철로 인한 장해에 대해서는 지급하지 아니함 ┌─ <산식> ─────────┐ 월평균현실소득액×노동능력 상실률×노동능력 상실기간에 해당하는 라이프니츠 계수 └──────────────┘ 나. 현실소득액의 산정방법 (1) 유직자 (가) 산정대상기간 ① 급여소득자: 사고발생 직전 또는 장해발생 직전 과거 3개월로 하되, 계절적 요인 등에 따라 급여의 변동이 있는 경우와 상여금, 체력단련비, 연월차휴가보상금 등 매월 수령하는 금액이 아닌 것은 과거 1년간으로 함

항 목	지급기준
2. 상실수익액	② 급여소득자 이외의 자: 사고발생 직전 과거 1년간으로 하며, 그 기간이 1년 미만인 경우에는 계절적인 요인 등을 감안하여 타당한 기간으로 함 (나) 산정방법 사망의 경우 현실소득액의 산정방법과 동일 (2) 가사종사자 사망의 경우 현실소득액의 산정방법과 동일 (3) 무직자(학생 포함) 사망의 경우 현실소득액의 산정방법과 동일 (4) 소득이 두 가지 이상의 자 사망의 경우 현실소득액의 산정방법과 동일 (5) 외국인 사망의 경우 현실소득액의 산정방법과 동일 다. 노동능력 상실률 맥브라이드식 장해평가방법에 따라 일반의 옥내 또는 옥외 근로자를 기준으로 실질적으로 부상 치료 진단을 실시한 외사 또는 해당 가목 전문의가 지단 판정한 타당한 노동능력 상실률을 적용하며, 동 판정과 관련하여 다툼이 있을 경우 보험금 청구권자와 보험회사가 협의하여 정한 제3의 전문의료기관의 전문의에게 판정을 의뢰할 수 있음 라. 노동능력 상실기간 사망의 경우 취업가능월수와 동일 마. 라이프니츠 계수 사망의 경우와 동일
3. 가정간호비	가. 인정대상 치료가 종결되어 더 이상의 치료효과를 기대할 수 없게 된 때에 1인 이상의 해당 전문의로부터 노동능력 상실률 100%의 후유장해 판정을 받은 자로서 다음 요건에 해당하는 '식물인간상태의 환자 또는 척수손상으로 인한 사지완전마비 환자'로 생명유지에 필요한 일상생활의 처리동작에 있어 항상 다른 사람의 개호를 요하는 자 (1) 식물인간상태의 환자 뇌손상으로 다음 항목에 모두 해당되는 상태에 있는 자 (가) 스스로는 이동이 불가능하다 (나) 자력으로는 식사가 불가능하다 (다) 대소변을 가릴 수 없는 상태이다 (라) 안구는 겨우 물건을 쫓아가는 수가 있으나, 알아보지는 못한다 (마) 소리를 내도 뜻이 있는 말은 못한다 (바) '눈을 떠라', '손으로 물건을 쥐어라' 하는 정도의 간단한 명령에는 가까스로 응할 수 있어도 그 이상의 의사소통은 불가능하다 (2) 척수손상으로 인한 사지완전마비 환자 척수손상으로 인해 양팔과 양다리가 모두 마비된 환자로서 다음 항목에 모두 해당되는 자 (가) 생존에 필요한 일상생활의 동작(식사, 배설, 보행 등)을 자력으로 할 수 없다 (나) 침대에서 몸을 일으켜 의자로 옮기거나 집 안에서 걷기 등의 자력이동이 불가능하다

항 목	지급기준
	(다) 욕창방지를 위해 수시로 체위를 변경시켜야 하는 등의 타인의 상시 개호를 필요로 한다 나. 지급기준 가정간호 인원은 1일 1인 이내에 한하며, 가정간호비는 일용근로자 임금을 기준으로 보험금수령권자의 선택에 따라 일시금 또는 퇴원일로부터 향후 생존기간에 한하여 매월 정기금으로 지급함

〈표 1〉 56세 이상의 취업가능월수표

연 령	취업가능월수
56세 이상~59세 미만	48개월
59세 이상~67세 미만	36개월
67세 이상~76세 미만	24개월
76세 이상	12개월

〈표 2〉 상해구분 및 급별 보험가입금액표

(대인배상 Ⅰ - 책임보험 나. 부상 관련)

상해등급	보험가입금액	상해등급	보험가입금액
1급	2,000만 원	8급	240만 원
2급	1,000만 원	9급	240만 원
3급	1,000만 원	10급	160만 원
4급	900만 원	11급	160만 원
5급	900만 원	12급	80만 원
6급	500만 원	13급	80만 원
7급	500만 원	14급	80만 원

주) 상해등급은 자동차손해배상보장법 시행령 별표 1에서 정한 상해구분에 의함.

〈표 3〉 후유장해구분 및 급별 보험가입금액표

(대인배상 Ⅰ - 책임보험 다. 후유장해 관련)

장해등급	보험가입금액	장해등급	보험가입금액
1급	10,000만 원	8급	3,000만 원
2급	9,000만 원	9급	2,250만 원
3급	8,000만 원	10급	1,880만 원
4급	7,000만 원	11급	1,500만 원
5급	6,000만 원	12급	1,250만 원
6급	5,000만 원	13급	1,000만 원
7급	4,000만 원	14급	630만 원

주) 장해등급은 자동차손해배상보장법 시행령 별표 2에서 정한 후유장해 구분에 의함.

25 대물배상 지급기준

항 목	지급기준
1. 수리비용	가. 수리비 원상회복이 가능한 경우 사고 직전의 상태로 원상회복하는 데 소요되는 필요 타당한 비용으로서 실제 수리비용 나. 열처리 도장료 수리 시 열처리 도장을 한 경우 차령에 관계없이 열처리 도장료 전액 다. 수리비 및 열처리 도장료의 합계액은 피해물의 사고 직전 가액의 120%를 한도로 함
2. 교환가액	수리비용이 피해물의 사고 직전의 가액을 초과하는 경우와 원상회복이 불가능한 경우 사고 직전 피해물의 가액상당액 또는 사고 직전의 피해물과 동종의 대용품의 가액과 이를 교환하는 데 소요되는 필요 타당한 비용
3. 대 차 료	가. 지급대상 비사업용자동차(건설기계 포함)가 파손 또는 오손되어 가동하지 못하는 기간 동안에 다른 자동차를 대신 사용할 필요가 있는 경우 그에 소요되는 필요 타당한 비용 나. 인정기준액 (1) 대차를 하는 경우 (가) 대여 자동차로 대체 사용할 수 있는 차종에 대해서는 차량만을 대여하는 경우를 기준으로 한 대여 자동차 요금 (나) 대여 자동차로 대체 사용할 수 없는 차종에 대해서는 보험개발원이 산정한 사업용 해당 차종(사업용 해당 차종의 구분이 곤란할 때에는 사용방법이 유사한 차종으로 함. 이하 같음) 휴차료 일람표 범위 내에서 실임차료. 다만, 5톤 이하 밴형 화물자동차의 경우 중형승용차급 한도로 대차 가능 (2) 대차를 하지 아니하는 경우 (가) 대여 자동차가 있는 경우: 해당 차종 대여 자동차 요금의 20% 상당액 (나) 대여 자동차가 없는 경우: 사업용 해당 차종 휴차료 일람표 금액의 20% 상당액 다. 인정기간 (1) 수리 가능한 경우 수리가 완료될 때까지의 기간으로 하되, 30일을 한도로 함 (2) 수리 불가능한 경우: 10일
4. 휴차료	가. 지급대상 사업용자동차(건설기계 포함)가 파손 또는 오손되어 사용하지 못하는 기간 동안에 발생하는 타당한 영업손해 나. 인정기준액 (1) 입증자료가 있는 경우 1일 영업수입에서 운행경비를 공제한 금액에 휴차 기간을 곱한 금액 (2) 입증자료가 없는 경우 보험개발원이 산정한 사업용 해당 차종 휴차료 일람표 금액에 휴차 기간을 곱한 금액

항 목	지급기준
4. 휴차료	다. 인정기간 (1) 수리 가능한 경우 (가) 수리가 완료될 때까지의 기간으로 하되, 30일을 한도로 함 (나) 자동차운수사업법 시행규칙 제15조 1항 규정에 의하여 면허를 받은 자가 부상으로 자동차의 수리가 완료된 후에도 자동차를 운행할 수 없는 경우에는 사고일로부터 30일을 초과하지 않는 범위 내에서 운행하지 못한 기간으로 함 (2) 수리 불가능한 경우: 10일
5. 영업손실	가. 지급대상 　소득세법 시행령에서 규정하고 있는 사업을 경영하는 자의 사업장 또는 그 시설물을 파괴하여 휴업함으로써 상실된 이익 나. 인정기준액 (1) 입증자료가 있는 경우 　소득을 인정할 수 있는 세법에 따른 관계증빙서에 의하여 산정한 금액 (2) 입증자료가 없는 경우 　일용근로자 임금 다. 인정기간 (1) 원상복구에 소요되는 기간으로 함. 그러나 합의지연 또는 부당한 복구지연으로 연장되는 기간은 휴업기간에 넣지 아니함 (2) 영업손실의 인정기간은 30일을 한도로 함
6. 자동차시세 　하락손해	사고로 인한 자동차(출고 후 2년 이하인 자동차에 한함)의 수리비용이 사고 직전 자동차가액의 20%를 초과하는 경우 출고 후 1년 이하인 자동차는 수리비용의 15%를 지급하고, 출고 후 1년 초과 2년 이하인 자동차는 수리비용의 10%를 지급함

26 자기신체사고 지급기준

1) 상해구분 및 급별 보험가입금액표

상해등급	보험가입금액	상해등급	보험가입금액
1급	1,500만 원	8급	180만 원
2급	800만 원	9급	140만 원
3급	750만 원	10급	120만 원
4급	700만 원	11급	100만 원
5급	500만 원	12급	60만 원
6급	400만 원	13급	40만 원
7급	250만 원	14급	20만 원

주) 상해등급은 자동차손해배상보장법 시행령 별표 1에서 정한 상해구분에 의함.

2) 후유장해구분 및 급별 보험가입금액표

장해 등급	보험가입금액			
	1,500만 원	3,000만 원	5,000만 원	1억 원
1급	1,500만 원	3,000만 원	5,000만 원	1억 원
2급	1,350만 원	2,700만 원	4,500만 원	9,000만 원
3급	1,200만 원	2,400만 원	4,000만 원	8,000만 원
4급	1,050만 원	2,100만 원	3,500만 원	7,000만 원
5급	900만 원	1,800만 원	3,000만 원	6,000만 원
6급	750만 원	1,500만 원	2,500만 원	5,000만 원
7급	600만 원	1,200만 원	2,000만 원	4,000만 원
8급	450만 원	900만 원	1,500만 원	3,000만 원
9급	360만 원	720만 원	1,200만 원	2,400만 원
10급	270만 원	540만 원	900만 원	1,800만 원
11급	210만 원	420만 원	700만 원	1,400만 원
12급	150만 원	300만 원	500만 원	1,000만 원
13급	90만 원	180만 원	300만 원	600만 원
14급	60만 원	120만 원	200만 원	400만 원

주) 장해등급은 자동차손해배상보장법시행령 별표 2에서 정한 후유장해구분에 의함.

27 과실상계 등

항 목	지급기준
1. 과실상계	가. 과실상계의 방법 (1) 이 기준의 '대인배상 Ⅰ', '대인배상 Ⅱ', '대물배상' 및 '무보험자동차에 의한 상해'에 의하여 산출한 금액에 대하여 피해자 측의 과실비율에 따라 상계함 (2) '대인배상 Ⅰ', '대인배상 Ⅱ' 및 '무보험자동차에 의한 상해'의 경우에는 위 (1)에 의하여 상계한 후의 금액이 치료관계비 해당액에 미달하는 경우에는 치료관계비 해당액(입원환자 식대포함)을 보상함 나. 과실비율의 적용기준 별도로 정한 자동차사고 과실비율의 인정기준에 따라 적용하며, 사고유형이 동 기준에 없거나 동 기준에 의한 과실비율의 적용이 곤란할 때에는 판결례를 참작하여 적용함. 그러나 소송이 제기되었을 경우에는 확정판결에 의한 과실비율을 적용함
2. 손익상계	보험사고로 인하여 다른 이익을 받을 경우 이를 상계하여 보험금을 지급함
3. 동승자에 대한 감액	피보험자동차에 동승한 자에 대해서는 〈표 4〉의 '동승자 유형별 감액비율표'에 따라 감액함
4. 기왕증	이 약관의 보험금지급기준에 의해 '대인배상 Ⅰ', '대인배상 Ⅱ', '자기신체사고', '무보험자동차에 의한 상해'에 대한 보험금 산출 시, 당해 자동차사고가 있기 전에 이미 가지고 있던 증상에 대해서는 보상하지 아니함. 다만, 이미 가지고 있던 증상이라도 당해 사고로 인해 추가된 부분에 대해서는 보상함

1. 기준요소

〈표 4〉 동승자 유형별 감액비율표

동승의 유형		운행목적	감액비율
운전자(운행자)의 승낙이 없는 경우	강요동승 무단동승		100%
운전자의 승낙이 있는 경우	동승자의 요청	거의 전부 동승자에게	50%
		동승자가 주, 운전자는 종	40%
		동승자와 운전자에게 공존·평등	30%
		운전자가 주, 동승자는 종	20%
	상호의논 합의	동승자가 주, 운전자는 종	30%
		동승자와 운전자에게 공존·평등	20%
		운전자가 주, 동승자는 종	10%
	운전자의 권유	동승자가 주, 운전자는 종	20%
		동승자와 운전자에게 공존·평등	10%
		운전자가 주, 동승자는 종	5%
		거의 전부 운전자에게	0%

* 다만, 교통난 완화대책과 제조업 경쟁력 강화를 위한 교통소통 대책의 일환으로 출·퇴근(자택과 직장 사이를 순로에 따라 진행한 경우로서 관례에 따름) 시 '승용차 함께 타기' 실시차량의 운행 중 사고의 경우에는 위 감액비율에 불구하고 동승자 감액비율을 적용하지 않는다.

2. 수정요소

수정요소	수정비율
동승자의 동승과정에 과실이 있는 경우	+ 10~20%

(붙임) 자동차손해배상보장법시행령 [별표 1]

상해의 구분과 보험금 등의 한도금액

(자동차손해배상보장법시행령 제3조 제1항 제2호 관련)

상해급별	보험가입금액	상해부위	비고
1급	2,000만원	1. 고관절의 골절 또는 골절성 탈구 2. 척주체 분쇄성 골절 3. 척주체 골절 또는 탈구로 인한 제신경증상으로 수술을 시행한 상해 4. 외상성 두 개강 내 출혈로 개두술을 시행한 상해 5. 두개골의 함몰골절로 신경학적 증상이 심한 상해 또는 경막하 수종, 수활액 낭종, 지주막하 출혈 등으로 개두술을 시행한 상해 6. 고도의 뇌좌상(미만성 뇌축삭 손상을 포함한다)으로 생명이 위독한 상해(48시간 이상 혼수상태가 지속되는 경우에 한한다) 7. 대퇴골 간부의 분쇄성 골절 8. 경골 아래 3분의 1 이상의 분쇄성 골절 9. 화상, 좌창, 괴사창 등 연부조직에 손상이 심한 상해(체표의 9퍼센트 이상의 상해) 10. 사지와 몸통의 연부조직에 손상이 심하여 유경식피술을 시행한 상해 11. 상박골 경부 골절과 간부 분쇄골절이 중복된 경우 또는 상완골 삼각골절 12. 기타 1급에 해당한다고 인정되는 상해	1. 2급 내지 11급까지의 상해내용 중 개방성 골절은 해당 등급보다 한 급 높이 배상한다. 2. 2급 내지는 11급까지의 상해 내용 중 단순성 선상 골절로 인한 골편의 전위가 없는 골절은 해당 등급보다 한 급 낮게 배상한다. 3. 2급 내지 11급까지의 상해내용 중 2가지 이상의 상해가 중복된 경우에는 가장 높은 등급에 해당하는 상해로부터 하위 3등급(예상해 내용이 주로 2급에 해당되는 경우 에는 5급까지) 사이의 상해가 중복된 경우에 한하여 가장 높은 상해내용의 등급보다 한 급 높이 배상한다.
2급	1,000만원	1. 상박골 분쇄성 골절 2. 척주체의 압박골절이 있으나 제신경증상이 없는 상해 또는 경추 탈구(아탈구 포함), 골절 등으로 할로베스트 등 고정술을 시행한 상해 3. 두개골 골절로 신경학적 증상이 현저한 상해(48시간 미만의 혼수상태 또는 반혼수상태가 지속되는 경우를 말한다) 4. 내부장기 파열과 골반골 골절이 동반된 상해 또는 골반골 골절과 요도 파열이 동반된 상해	

상해 급별	보험가 입금액	상해부위	비 고
2급	1,000만원	5. 슬관절 탈구 6. 족관절부 골절과 골절성 탈구가 동반된 상해 7. 척골 간부 골절과 요골 골두 탈구가 동반된 상해 8. 천장골간 관절 탈구 9. 슬관절 전·후십자인대 및 내측부 인대 파열과 내·외 　측 반월상 연골이 전부 파열된 상해 10. 기타 2급에 해당한다고 인정되는 상해	
3급	1,000만원	1. 상박골 경부 골절 2. 상박골 과부 골절과 주관절 탈구가 동반된 상해 3. 요골과 척골의 간부골절이 동반된 상해 4. 수근 주상골 골절 5. 요골 신경손상을 동반한 상박골 간부 골절 6. 대퇴골 간부 골절(소아의 경우에는 수술을 시행한 경우 　에 한하며, 그 외의 자의 경우에는 수술의 수행 여부를 　불문한다) 7. 무릎골(슬개골을 말한다. 이하 같다) 분쇄골절과 탈구로 　인하여 무릎골 완전 적출술을 시행한 상해 8. 경골 과부 골절이 관절면을 침범하는 상해(경골극 골절 　로 관혈적 수술을 시행한 경우를 포함한다) 9. 족근 골척골간 관절 탈구와 골절이 동반된 상해 또는 　리스프랑씨씨(Lisfranc)관절의 골절 및 탈구 10. 전·후십자인대 또는 내·외측 반월상 연골 파열과 　　경골극 골절 등이 복합된 슬내장 11. 복부 내장 파열로 수술이 불가피한 상해 또는 복강 　　내 출혈로 수술한 상해 12. 뇌손상으로 뇌신경 마비를 동반한 상해 13. 중증도의 뇌좌상(미만성 뇌축삭 손상을 포함한다)으로 　　신경학적 증상이 심한 상해 (48시간 미만의 혼수상태 　　또는 반혼수 상태가 지속되는 경우를 말한다.) 14. 개방성 공막 열창으로 양 안구가 파열되어 양안 적출 　　술을 시행한 상해 15. 경추궁의 선상 골절 16. 항문 파열로 인공항문 조성술 또는 요도파열로 요도성 　　형술을 시행한 상해 17. 관절면을 침범한 대퇴골 과부 분쇄 골절 18. 기타 3급에 해당한다고 인정되는 상해	4. 일반외상과 치아보철 을 요하는 상해가 중 복된 경우에는 1급 의 금액을 초과하지 아니하는 범위 안에 서 각 상해등급별에 해당하는 금액의 합 산액을 배상한다.

상해 급별	보험가 입금액	상해부위	비 고
4급	900만 원	1. 대퇴골 과부(원부위, 과상부 및 대퇴과간을 포함한다)골절 2. 경골 간부 골절, 관절면 침범이 없는 경골 과부 골절 3. 거골 경부 골절 4. 슬개인대 파열 5. 견갑 관절부의 회선근개 골절 6. 상박골 외측상과 전위 골절 7. 주관절부 골절과 탈구가 동반된 상해 8. 화상, 좌창, 괴사창 등으로 연부조직의 손상이 체표의 약 4.5퍼센트 이상인 상해 9. 안구 파열로 적출술이 불가피한 상해 또는 개방성 공막 열창으로 안구 적출술, 각막 이식술을 시행한 상해 10. 대퇴 사두근, 이두근 파열로 관혈적 수술을 시행한 상 해 11. 슬관절부의 내·외측부 인대, 전·후십자인대, 내· 외측반월상 연골 완전 파열(부분 파열로 수술을 시행 한 경우를 포함한다) 12. 관혈적 정복술을 시행한 소아의 경·비골 아래 3분의 1 이상의 분쇄성 골절 13. 기타 4급에 해당한다고 인정되는 상해	
5급	900만 원	1. 골반골의 중복 골절(말가이그니씨 골절 등을 포함한다) 2. 족관절부의 내외과 골절이 동반된 상해 3. 족종골 골절 4. 상박골 간부 골절 5. 요골 원위부(Colles, Smith, 수근 관절면, 요골 원위 골 단 골절을 포함한다)골절 6. 척골 근위부 골절 7. 다발성 늑골 골절로 혈흉, 기흉이 동반된 상해 또는 단 순 늑골 골절과 혈흉, 기흉이 동반되어 흉관 삽관술을 시행한 상해 8. 족배부 근건 파열창 9. 수장부 근건 파열창(상완심부 열창으로 삼각근, 이두근 근건 파열을 포함한다) 10. 아킬레스건 파열 11. 소아의 상박골 간부 골절(분쇄골절을 포함한다)로 수 술한 상해 12. 결막, 공막, 망막 등의 자체 파열로 봉합술을 시행한 상해	

상해 급별	보험가 입금액	상해부위	비 고
5급	900만 원	13. 거골 골절(경부를 제외한다) 14. 관혈적 정복술을 시행하지 아니한 소아의 경·비골 아래의 3분의 1 이상의 분쇄 골절 15. 관혈적 정복술을 시행한 소아의 경골 분쇄 골절 16. 23치 이상의 치아보철을 요하는 상해 17. 기타 5급에 해당한다고 인정되는 상해	
6급	500만 원	1. 소아의 하지 장관골 골절(분쇄 골절 또는 성장판 손상을 포함한다) 2. 대퇴골 대전자부 절편 골절 3. 대퇴골 소전자부 절편 골절 4. 다발성 발바닥뼈(중족골을 말한다. 이하 같다) 골절 5. 치골·좌골·장골·천골의 단일 골절 또는 미골 골절로 수술한 상해 6. 치골 상·하지 골절 또는 양측 치골 골절 7. 단순 손목뼈 골절 8. 요골 간부 골절(원위부 골절을 제외한다) 9. 척골 간부 골절(근위부 골절을 제외한다) 10. 척골 주두부 골절 11. 다발성 손바닥뼈(중수골을 말한다. 이하 같다) 골절 12. 두개골 골절로 신경학적 증상이 경미한 상해 13. 외상성 경막하 수종, 수활액 낭종, 지주막하 출혈 등으로 수술하지 아니한 상해(천공술을 시행한 경우를 포함한다) 14. 늑골 골절이 없이 혈흉 또는 기흉이 동반되어 흉관 삽관술을 시행한 상해 15. 상박골 대결절 견연 골절로 수술을 시행한 상해 16. 대퇴골 또는 대퇴골 과부 견연 골절 17. 19치 이상 22치 이하의 치아보철을 요하는 상해 18. 기타 6급에 해당한다고 인정되는 상해	
7급	500만 원	1. 소아의 상지 장관골 골절 2. 족관절 내과골 또는 외과골 골절 3. 상박골 상과부 굴곡 골절 4. 고관절 탈구 5. 견갑 관절 탈구 6. 견봉쇄골간 관절 탈구, 관절낭 또는 견봉쇄골간 인대파열 7. 족관절 탈구 8. 천장관절 이개 또는 치골 결합부 이개	

상해 급별	보험가 입금액	상해부위	비 고
7급	500만 원	9. 다발성 안면두개골 골절 또는 신경손상과 동반된 안면 　두개골 골절 10. 16치 이상 18치 이하의 치아보철을 요하는 상해 11. 기타 7급에 해당한다고 인정되는 상해	
8급	240만 원	1. 상박골 절과부 신전 골절 또는 상박골 대결절 견연 골 　절로 수술하지 아니한 상해 2. 쇄골 골절 3. 주관절 탈구 4. 견갑골(견갑골극 또는 체부, 흉곽 내 탈구, 경부, 과부, 　견봉돌기, 오훼돌기를 포함한다)골절 5. 견봉쇄골 인대 또는 오구쇄골 인대 완전 파열 6. 주관절 내 상박골 소두 골절 7. 비골(다리)골절, 비골 근위부 골절(신경손상 또는 관절면 　침범을 포함한다) 8. 발가락뼈(족지골을 말한다. 이하 같다)의 골절과 탈구가 　동반된 상해 9. 다발성 늑골 골절 10. 뇌좌상(미만성 뇌축삭 손상을 포함한다)으로 신경학적 　증상이 경미한 상해 11. 안면부 열창, 두개부 타박 등에 의한 뇌손상이 없는 　뇌신경손상 12. 상악골, 하악골, 치조골, 안면 두개골 골절 13. 안구적출술 없이 시신경의 손상으로 실명된 상해 14. 족부 인대 파열(부분 파열을 제외한다) 15. 13치 이상 15치 이하의 치아보철을 요하는 상해 16. 기타 8급에 해당한다고 인정되는 상해	
9급	240만 원	1. 척주골의 극상돌기, 횡돌기 골절 또는 하관절 돌기 골절 　(다발성 골절을 포함한다) 2. 요골 골두골 골절 3. 완관절 내 월상골 전방 탈구 등 손목뼈 탈구 4. 손가락뼈(수지골을 말한다. 이하 같다)의 골절과 탈구가 　동반된 상해 5. 손바닥뼈 골절 6. 수근 골절(주상골을 제외한다) 7. 발목뼈(족근골을 말한다) 골절(거골·종골을 제외한다) 8. 발바닥뼈 골절 9. 족관절부 염좌, 경·비골 이개, 족부 인대 또는 아킬레 　스건의 부분파열 10. 늑골, 흉골 늑연골 골절 또는 단순 늑골 골절과 혈흉, 　기흉이 동반되어 수술을 시행하지 아니한 경우	

상해 급별	보험가 입금액	상해부위	비 고
9급	240만 원	11. 척주체간 관절부 염좌로서 그 부근의 연부 조직(인대 ・근육 등) 손상이 동반된 상해 12. 척수 손상으로 마비증상 없고 수술을 시행하지 아니한 경우 13. 완관절 탈구(요골, 손목뼈 관절 탈구 또는 수근간 관절 탈구, 하요척골 관절 탈구를 포함한다) 14. 미골 골절로 수술하지 아니한 상해 15. 슬관절부 인대의 부분파열로 수술을 시행하지 아니한 경우 16. 11치 이상 12치 이하의 치아보철을 요하는 상해 17. 기타 9급에 해당한다고 인정되는 상해	
10급	160만 원	1. 외상성 슬관절 내 혈종(활액막염을 포함한다) 2. 손바닥뼈 지골 간 관절 탈구 3. 손목뼈 손바닥뼈 간 관절 탈구 4. 상지부 각 관절부(견관절, 주관절, 완관절) 염좌 5. 척골・요골 경상돌기 골절, 제불완전골절[비골(코)골절 ・수지골절 및 발가락뼈 골절을 제외한다] 6. 수지 신전근건 파열 7. 9치 이상 10치 이하의 치아보철을 요하는 상해 8. 기타 10급에 해당한다고 인정되는 상해	
11급	160만 원	1. 발가락뼈 관절 탈구 및 염좌 2. 수지 골절・탈구 및 염좌 3. 비골(코) 골절 4. 손가락뼈 골절 5. 발가락뼈 골절 6. 뇌진탕 7. 고막 파열 8. 6치 이상 8치 이하의 치아보철을 요하는 상해 9. 기타 11급에 해당한다고 인정되는 상해	
12급	80만 원	1. 8일 내지 14일간의 입원을 요하는 상해 2. 15일 내지 26일간의 통원을 요하는 상해 3. 4치 이상 5치 이하의 치아보철을 요하는 상해	
13급	80만 원	1. 4일 내지 7일간의 입원을 요하는 상해 2. 8일 내지 14일간의 통원을 요하는 상해 3. 2치 이상 3치 이하의 치아보철을 요하는 상해	
14급	80만 원	1. 3일 이하의 입원을 요하는 상해 2. 7일 이하의 통원을 요하는 상해 3. 1치 이하의 치아보철을 요하는 상해	

자동차손해배상보장법시행령 [별표 2]

후유장해의 구분과 보험금 등의 한도금액

(자동차손해배상보장법 시행령 제3조 제1항 제3호 관련)

장해 급별	보험가입금액	신체장해	비 고
1급	10,000만 원	1. 두 눈이 실명된 사람 2. 말하는 기능과 음식물을 씹는 기능을 완전히 잃은 사람 3. 신경계통의 기능 또는 정신기능에 뚜렷한 장해가 남아 항상 보호를 받아야 하는 사람 4. 흉복부장기의 기능에 뚜렷한 장해가 남아 항상 보호를 받아야 하는 사람 5. 반신마비가 된 사람 6. 두 팔을 팔꿈치관절 이상에서 잃은 사람 7. 두 팔을 완전히 사용하지 못하게 된 사람 8. 두 다리를 무릎관절 이상에서 잃은 사람 9. 두 다리를 완전히 사용하지 못하게 된 사람	1. 신체장해가 2 이상 있는 경우에는 중한 신체장해에 해당하는 장해등급보디 한 급 높이 배상한다. 2. 시력의 측정은 국제적으로 인정되는 시력표에 의하며, 굴절이상이 있는 사람에 대해서는 원칙적으로 교정시력을 측정한다. 3. "손가락을 잃는 것"이란 엄지 손가락에 있어서는 지관절 기타의 손가락에 있어서는 제1지관절 이상을 잃은 경우를 말한다. 4. "손가락을 제대로 못 쓰게 된 것"이란 손가락의 말단의 2분의 1 이상을 잃거나 중수기관절 또는 제1지관절(엄지손가락에 있어서는 지관절)에 뚜렷한 운동장해가 있는 경우를 말한다.
2급	9,000만 원	1. 한 눈이 실명되고 다른 눈의 시력이 0.02 이하로 된 사람 2. 두 눈의 시력이 각각 0.02 이하로 된 사람 3. 두 팔을 손목관절 이상에서 잃은 사람 4. 두 다리를 발목관절 이상에서 잃은 사람 5. 신경계통의 기능 또는 정신기능에 뚜렷한 장해가 남아 수시로 보호를 받아야 하는 사람 6. 흉복부장기의 기능에 뚜렷한 장해가 남아 수시로 보호를 받아야 하는 사람	
3급	8,000만 원	1. 한 눈이 실명되고 다른 눈의 시력이 0.06 이하로 된 사람 2. 말하는 기능이나 음식물을 씹는 기능을 완전히 잃은 사람 3. 신경계통의 기능 또는 정신기능에 뚜렷한 장해가 남아 일생동안 노무에 종사할 수 없는 사람 4. 흉복부 장기의 기능에 뚜렷한 장해가 남아 일생동안 노무에 종사할 수 없는 사람 5. 두 손의 손가락을 모두 잃은 사람	

장해 급별	보험가 입금액	신체장해	비 고
4급	7,000만 원	1. 두 눈의 시력이 0.06 이하로 된 사람 2. 말하는 기능과 음식물을 씹는 기능에 뚜렷한 장해가 남은 사람 3. 고막의 전부의 결손이나 그 외의 원인으로 인하여 두 귀의 청력을 완전히 잃은 사람 4. 한 팔을 팔꿈치관절 이상에서 잃은 사람 5. 한 다리를 무릎관절 이상에서 잃은 사람 6. 두 손의 손가락을 모두 제대로 못 쓰게 된 사람 7. 두 발을 족근중족관절 이상에서 잃은 사람	5. "발가락을 잃은 것"이란 발가락의 전부를 잃은 경우를 말한다. 6. "발가락을 제대로 못 쓰게 된 것"이란 엄지발가락에 있어서는 끝관절의 2분의 1 이상을, 기타의 발가락에 있어서는 끝관절 이상을 잃은 경우 또는 중
5급	6,000만 원	1. 한 눈이 실명되고 다른 눈의 시력이 0.1 이하로 된 사람 2. 한 팔을 손목관절 이상에서 잃은 사람 3. 한 다리를 발목관절 이상에서 잃은 사람 4. 한 팔을 완전히 사용하지 못하게 된 사람 5. 한 다리를 완전히 사용하지 못하게 된 사람 6. 두 발의 발가락을 모두 잃은 사람 7. 흉복부 장기의 기능에 뚜렷한 장해가 남아 특별히 손쉬운 노무 외에는 종사할 수 없는 사람 8. 신경계통의 기능 또는 정신기능에 뚜렷한 장해가 남아 특별히 손쉬운 노무 외에는 종사할 수 없는 사람	족지 관절 또는 제1지관절(엄지발가락에 있어서는 지관절)에 뚜렷한 운동장해가 남은 경우를 말한다. 7. "흉터가 남은 것"이란 성형수술을 하였어도 육안으로 식별이 가능한 흔적이 있는 상태를 말한다.
6급	5,000만 원	1. 두 눈의 시력이 0.1 이하로 된 사람 2. 말하는 기능이나 음식물을 씹는 기능에 뚜렷한 장해가 남은 사람 3. 고막의 대부분의 결손이나 그 외의 원인으로 인하여 두 귀의 청력이 모두 귓바퀴에 대고 말하지 아니하고는 큰 말소리를 알아듣지 못하게 된 사람 4. 한 귀가 전혀 들리지 아니하게 되고 다른 귀의 청력이 40센티미터 이상의 거리에서는 보통의 말소리를 알아듣지 못하게 된 사람 5. 척주에 뚜렷한 기형이나 뚜렷한 운동장해가 남은 사람 6. 한 팔의 3대 관절 중 2개 관절이 못쓰게 된 사람 7. 한 다리의 3대 관절 중 2개 관절이 못 쓰게 된 사람 8. 한 손의 5개의 손가락 또는 엄지손가락과 둘째손가락을 포함하여 4개의 손가락을 잃은 사람	8. "항상 보호를 받아야 하는 것"은 일상생활에서 기본적인 음식 섭취 배뇨 등을 다른 사람에게 의존하여야 하는 것을 말한다. 9. "수시로 보호를 받아야 하는 것"은 일상생활에서

장해 급별	보험가 입금액	신체장해	비 고
7급	4,000만 원	1. 한 눈이 실명되고 다른 눈의 시력이 0.6 이하로 된 사람 2. 두 귀의 청력이 모두 40센티미터 이상의 거리에서는 보통의 말소리를 알아듣지 못하게 된 사람 3. 한 귀가 전혀 들리지 아니하게 되고 다른 귀의 청력이 1미터 이상의 거리에서는 보통의 말소리를 알아듣지 못하게 된 사람 4. 신경계통의 기능 또는 정신기능에 장해가 남아 쉬운 노무 외에는 종사하지 못하는 사람 5. 흉복부 장기의 기능에 장해가 남아 손쉬운 노무 외에는 종사하지 못하는 사람 6. 한 손의 엄지손가락과 둘째손가락을 잃은 사람 또는 엄지손가락이나 둘째손가락을 포함하여 3개 이상의 손가락을 잃은 사람 7. 한 손의 5개의 손가락 또는 엄지손가락과 둘째손가락을 포함하여 4개의 손가락을 제대로 못 쓰게 된 사람 8. 한 발을 족근중족관절 이상에서 잃은 사람 9. 한 팔에 가관절이 남아 뚜렷한 운동장해가 남은 사람 10. 한 다리에 가관절이 남아 뚜렷한 운동장해가 남은 사람 11. 두 발의 발가락을 모두 제대로 못 쓰게 된 사람 12. 외모에 뚜렷한 흉터가 남은 여자 13. 양쪽의 고환을 잃은 사람	기본적인 음식섭취, 배뇨 등은 가능하나 그 외의 일을 다른 사람에게 의존하여야 하는 것을 말한다. 10. "항상 보호 또는 수시 보호를 받아야 하는 기간"은 의사가 판정하는 노동능력 상실기간을 기준으로 하여 타당한 기간으로 한다. 11. "제대로 못 쓰게 된 것"이란 정상기능의 4분의 3이상을 상실한 경우를 말하고, 뚜렷한 장해가 남은 것이란 정상 기능의 2분의1 이상을 상실한 경우를 말하며, 장해가 남은 것이란 정상기능의 4분의 1 이상을 상실한 경우를 말한다.
8급	3,000만 원	1. 한 눈의 시력이 0.02 이하로 된 사람 2. 척주에 운동장해가 남은 사람 3. 한 손의 엄지손가락을 포함하여 2개의 손가락을 잃은 사람 4. 한 손의 엄지손가락과 둘째손가락을 제대로 못 쓰게 된 사람 또는 엄지손가락이나 둘째손가락을 포함하여 3개 이상의 손가락을 제대로 못 쓰게 된 사람 5. 한 다리가 5센티미터 이상 짧아진 사람 6. 한 팔의 3대 관절 중 1개 관절을 제대로 못 쓰게 된 사람 7. 한 다리의 3대 관절 중 1개 관절을 제대로 못 쓰게 된 사람 8. 한 팔에 가관절이 남은 사람 9. 한 다리에 가관절이 남은 사람 10. 한 발의 발가락을 모두 잃은 사람 11. 비장 또는 한쪽의 신장을 잃은 사람	

장해 급별	보험가 입금액	신체장해	비 고
9급	2,250만 원	1. 두 눈의 시력이 각각 0.6 이하로 된 사람 2. 한 눈의 시력이 0.06 이하로 된 사람 3. 두 눈에 반맹증·시야협착 또는 시야결손이 남은 사람 4. 두 눈의 눈꺼풀에 뚜렷한 결손이 남은 사람 5. 코가 결손되어 그 기능에 뚜렷한 장해가 남은 사람 6. 말하는 기능과 음식물을 씹는 기능에 장해가 남은 사람 7. 두 귀의 청력이 모두 1미터 이상의 거리에서는 보통의 　　말소리를 알아듣지 못하게 된 사람 8. 한 귀의 청력이 귓바퀴에 대고 말하지 아니하고는 큰 　　말소리를 알아듣지 못하고 다른 귀의 청력이 1미터 이 　　상의 거리에서는 보통의 말소리를 알아듣지 못하게 된 　　사람 9. 한 귀의 청력을 완전히 잃은 사람 10. 한 손의 엄지손가락을 잃은 사람 또는 둘째손가락을 　　포함하여 2개의 손가락을 잃은 사람 또는 엄지손가락 　　과 둘째손가락 외의 3개의 손가락을 잃은 사람 11. 한 손의 엄지손가락을 포함하여 2개의 손가락을 제대 　　로 못 쓰게 된 사람 12. 한 발의 엄지발가락을 포함하여 2개 이상의 발가락을 　　잃은 사람 13. 한 발의 발가락을 모두 제대로 못 쓰게 된 사람 14. 생식기에 뚜렷한 장해가 남은 사람 15. 신경계통의 기능 또는 정신기능에 장해가 남아 노무가 　　상당한 정도로 제한된 사람 16. 흉복부 장기의 기능에 장해가 남아 노무가 상당한 정 　　도로 제한된 사람	
10급	1,880만 원	1. 한 눈의 시력이 0.1 이하로 된 사람 2. 말하는 기능이나 음식물을 씹는 기능에 장해가 남은 사람 3. 14개 이상의 치아에 대하여 치아 보철을 한 사람 4. 한 귀의 청력이 귓바퀴에 대고 말하지 아니하고서는 큰 　　말소리를 알아듣지 못하게 된 사람 5. 두 귀의 청력이 모두 1미터 이상의 거리에서 보통의 말 　　소리를 알아듣는 데 지장이 있는 사람 6. 한 손의 둘째손가락을 잃은 사람 또는 엄지손가락과 둘 　　째손가락 외의 2개의 손가락을 잃은 사람 7. 한 손의 엄지손가락을 제대로 못 쓰게 된 사람 또는 둘 　　째손가락을 포함하여 2개의 손가락을 제대로 못 쓰게 　　된 사람 또는 엄지손가락과 둘째손가락 외의 3개의 손 　　가락을 제대로 못 쓰게 된 사람 8. 한 다리가 3센티미터 이상 짧아진 사람	

장해급별	보험가입금액	신체장해	비 고
10급	1,880만 원	9. 한 발의 엄지발가락 또는 그 외의 4개의 발가락을 잃은 사람 10. 한 팔의 3대 관절 중 1개 관절의 기능에 뚜렷한 장해가 남은 사람 11. 한 다리의 3대 관절 중 1개 관절의 기능에 뚜렷한 장해가 남은 사람	
11급	1,500만 원	1. 두 눈이 모두 근접반사 기능에 뚜렷한 장해가 남거나 또는 뚜렷한 운동장해가 남은 사람 2. 두 눈의 눈꺼풀에 뚜렷한 장해가 남은 사람 3. 한 눈의 눈꺼풀에 뚜렷한 결손이 남은 사람 4. 한 귀의 청력이 40센티미터 이상의 거리에서는 보통의 말소리를 알아듣지 못하게 된 사람 5. 두 귀의 청력이 모두 1미디 이상이 거리에서는 작은 말소리를 알아듣지 못하게 된 사람 6. 척주에 기형이 남은 사람 7. 한 손의 가운데손가락 또는 넷째손가락을 잃은 사람 8. 한 손의 둘째손가락을 제대로 못 쓰게 된 사람 또는 엄지손가락과 둘째손가락 외의 2개의 손가락을 제대로 못 쓰게 된 사람 9. 한 발의 엄지발가락을 포함하여 2개 이상의 발가락을 제대로 못 쓰게 된 사람 10. 흉복부장기의 기능에 장해가 남은 사람 11. 10개 이상의 치아에 대하여 치아보철을 한 사람	
12급	1,250만 원	1. 한 눈의 근접반사 기능에 뚜렷한 장해가 있거나 뚜렷한 운동장해가 남은 사람 2. 한 눈의 눈꺼풀에 뚜렷한 운동장해가 남은 사람 3. 7개 이상의 치아에 대하여 치아 보철을 한 사람 4. 한 귀의 귓바퀴의 대부분이 결손된 사람 5. 쇄골, 흉골, 늑골, 견갑골 또는 골반골에 뚜렷한 기형이 남은 사람 6. 한 팔의 3대 관절 중 1개 관절의 기능에 장해가 남은 사람 7. 한 다리의 3대 관절 중 1개 관절의 기능에 장해가 남은 사람 8. 장관골에 기형이 남은 사람 9. 한 손의 가운데손가락 또는 넷째손가락을 제대로 못 쓰게 된 사람 10. 한 발의 둘째발가락을 잃은 사람, 둘째발가락을 포함하여 2개의 발가락을 잃은 사람 또는 가운뎃발가락 이하의 3개의 발가락을 잃은 사람	

장해 급별	보험가 입금액	신체장해	비 고
12급	1,250만 원	11. 한 발의 엄지발가락 또는 그 외의 4개의 발가락을 제 대로 못 쓰게 된 사람 12. 국부에 뚜렷한 신경증상이 남은 사람 13. 외모에 뚜렷한 흉터가 남은 남자 14. 외모에 흉터가 남은 여자	
13급	1,000만 원	1. 한 눈의 시력이 0.6 이하로 된 사람 2. 한 눈에 반맹증, 시야협착 또는 시야결손이 남은 사람 3. 두 눈의 눈꺼풀의 일부에 결손이 남거나 속눈썹에 결손 이 남은 사람 4. 5개 이상의 치아에 대하여 치아보철을 한 사람 5. 한 손의 새끼손가락을 잃은 사람 6. 한 손의 엄지손가락의 마디뼈의 일부를 잃은 사람 7. 한 손의 둘째손가락의 마디뼈의 일부를 잃은 사람 8. 한 손의 둘째손가락의 끝관절을 굽히고 펼 수 없게 된 사람 9. 한 다리가 1센티미터 이상 짧아진 사람 10. 한 발의 가운뎃발가락 이하의 1개 또는 2개의 발가락 을 잃은 사람 11. 한 발의 둘째발가락을 제대로 못 쓰게 된 사람 또는 둘째발가락을 포함하여 2개의 발가락을 제대로 못 쓰 게 된 사람 또는 가운데 발가락 이하의 3개의 발가락 을 제대로 못 쓰게 된 사람	
14급	630만 원	1. 한 눈의 눈꺼풀의 일부에 결손이 있거나 속눈썹에 결손 이 남은 사람 2. 3개 이상의 치아에 대하여 치아 보철을 한 사람 3. 한 귀의 청력이 1미터 이상의 거리에서는 보통의 말소 리를 알아듣지 못하게 된 사람 4. 팔의 노출된 면에 손바닥 크기의 흉터가 남은 사람 5. 다리의 노출된 면에 손바닥 크기의 흉터가 남은 사람 6. 한 손의 새끼손가락을 제대로 못 쓰게 된 사람 7. 한 손의 엄지손가락과 둘째손가락 외의 손가락의 마디 뼈의 일부를 잃은 사람 8. 한 손의 엄지손가락과 둘째손가락 외의 손가락의 끝관 절을 제대로 못 쓰게 된 사람 9. 한 발의 가운뎃발가락 이하의 1개 또는 2개의 발가락 을 제대로 못 쓰게 된 사람 10. 국부에 신경증상이 남은 사람 11. 외모에 흉터가 남은 남자	

출처 - http://cafe.naver.com/okbosang.cafe

류승훈 ────────────────────────────────

　한국외국어대학교 법대 졸업(법학사)
　한국외국어대학교 대학원(법학석사)
　독일 쾰른대학교 법대(법학박사)
　독일 쾰른대학교 절차법연구소 초빙교수
　각종 자격시험 및 사법시험 등 출제 및 검토위원
　현) 선문대학교 법대 교수/법대 학장

　「한국과 독일 민사법에서의 증명책임
　(Die Beweislast im deutschen und koreani-schen Zivilrecht)」
　「대리권에 관한 연구」
　「국제관련 사적 분쟁과 관련한 현재의 제 문제」
　「Cyberspace상에서의 법적 분쟁과 재판관할」
　「민사소송에서의 당사자 간의 합의」
　「민사법상의 화해제도에 관한 연구」
　「민사관련 분쟁해결에 있어 ADR이 갖는 의미」
　「소송계약에 관한 연구」
　「자동차사고로 인한 손해배상책임의 기초 및 책임분담」
　「자동차사고와 과실상계에 관한 비교법적 연구」 등 다수

　『자동차사고와 민사상 책임분담』
　『민사소송법개설』
　『자동차사고와 손해배상Ⅰ, Ⅱ, Ⅲ』
　『법학의 이해와 기초』(공저)
　『민법기초Ⅰ』
　『소송아, 게 물렀거라!』
　『조선의 법이야기』
　『로스쿨 판례 민사소송법』
　『로스쿨 신민사소송법』

교통사고 법률 시리즈 4

교통사고 분쟁해결과
보험제도

초 판 인 쇄 | 2011년 3월 28일
초 판 발 행 | 2011년 3월 28일

지 은 이 | 류승훈
펴 낸 이 | 채종준
펴 낸 곳 | 한국학술정보(주)
주   소 | 경기도 파주시 교하읍 문발리 파주출판문화정보산업단지 513-5
전   화 | 031) 908-3181(대표)
팩   스 | 031) 908-3189
홈 페 이 지 | http://ebook.kstudy.com
E-mail | 출판사업부 publish@kstudy.com
등   록 | 제일산-115호(2000. 6. 19)

ISBN   978-89-268-1948-7 94360 (Paper Book)
            978-89-268-1949-4 98360 (e-Book)
            978-89-268-1940-1 94360 (Paper Book Set)
            978-89-268-1941-8 98360 (e-Book Set)